Gerd Baumann, Michael Baumgart, Werena Busker, Alfred Geltinger, Axel Jähring, Volker Kähler,
Kay Sanmann, Inka Schliebner

Logistische Prozesse

Berufe der Lagerlogistik

19. Auflage

Bestellnummer 00360

Bildungsverlag EINS

Die in diesem Produkt gemachten Angaben zu Unternehmen (Namen, Internet- und E-Mail-Adressen, Handelsregistereintragungen, Bankverbindungen, Steuer-, Telefon- und Faxnummern und alle weiteren Angaben) sind i. d. R. fiktiv, d. h., sie stehen in keinem Zusammenhang mit einem real existierenden Unternehmen in der dargestellten oder einer ähnlichen Form. Dies gilt auch für alle Kunden, Lieferanten und sonstigen Geschäftspartner der Unternehmen wie z. B. Kreditinstitute, Versicherungsunternehmen und andere Dienstleistungsunternehmen. Ausschließlich zum Zwecke der Authentizität werden die Namen real existierender Unternehmen und z. B. im Fall von Kreditinstituten auch deren IBANs und BICs verwendet.

Die in diesem Werk aufgeführten Internetadressen sind auf dem Stand zum Zeitpunkt der Drucklegung. Die ständige Aktualität der Adressen kann vonseiten des Verlages nicht gewährleistet werden. Darüber hinaus übernimmt der Verlag keine Verantwortung für die Inhalte dieser Seiten.

service@bv-1.de
www.bildungsverlag1.de

Bildungsverlag EINS GmbH
Ettore-Bugatti-Straße 6-14, 51149 Köln

ISBN 978-3-441-**00360**-1

Vorwort

Für wen ist das Lehrbuch gedacht?
Das Lehrbuch hat den Anspruch eines logistischen Fachbuches für Auszubildende, Umschüler, Ausbilder, Lehrkräfte und Dozenten. Es soll
- die Logistik umfassend darstellen,
- den Unterricht intensivieren,
- die Vorbereitungen auf die Abschlussprüfung erleichtern und
- über die Aus- und Weiterbildungszeit hinaus Wissen und Anregungen vermitteln.

Welche Ziele verfolgt das Lehrbuch?
Angestrebte Ziele sind
- das selbstständige, verantwortungsvolle Denken und Handeln anzuregen,
- die Fach- und Lernkompetenz für logistische Prozesse zu stärken und
- über unterschiedliche Fragetechniken und Bearbeitungsformen die Methoden- und Sozialkompetenz zu fördern.

Wie ist das Lehrbuch aufgebaut?
Das Lehrbuch entspricht den Lernzielen und Lerninhalten der KMK-Rahmenlehrpläne für die Ausbildungsberufe **Fachkraft für Lagerlogistik** und **Fachlagerist** und umfasst die Lernfelder 1 bis 11. Das Lernfeld 12 „Kennzahlen ermitteln und auswerten" wird durch das Lehrbuch „Betriebliche Werteprozesse", Best.-Nr. 00362, abgedeckt. Wirtschafts- und sozialpolitische bzw. rechtliche Inhalte der Lernfelder 1 bis 11 sind im Lehrbuch „Wirtschafts- und Sozialprozesse", Best.-Nr. 00363, dargestellt. Mathematische Inhalte dieser Lernfelder werden im Lehrbuch „Fachrechnen", Best.-Nr. 00361, behandelt. Querverweise in den Büchern zeigen dem Leser die Verbindungen auf:

FR Fachrechnen,

BWP Betriebliche Werteprozesse,

WSP Wirtschafts- und Sozialprozesse.

Wie sind die einzelnen Lernfelder strukturiert?
Vorwiegend wird auf die Entwicklung von Handlungskompetenzen geachtet.
Dabei gilt folgender Aufbau:
- einleitende Situation mit Handlungsaufträgen
- Darstellung des Stoffs
- Kernwissen als Zusammenfassung
- Aufgaben zur Lernzielsicherung

Weitere Aufgaben zur Übung und Prüfungsvorbereitung finden Sie in verschiedenen Arbeitsheften des Verlags.

Welche Neuerungen enthält die 19. Auflage?
Neben farblichen, grafischen und bildlichen Überarbeitungen legten die Autoren Wert auf Aktualisierung. Dazu gehören
- Neuerung bei der Abfallbewirtschaftung (Verpackungsabfall),
- Aktualisierung der Handhabungs-Bildzeichen auf der Verpackung,
- Änderungen bei der Kennzeichnung von Europaletten,
- neue Sicherheits- und Gesundheitsschutzkennzeichnung nach ASR A1.3,
- aktuelle Zahlen im Versand,
- Neuerungen im DGUV Vorschriftenwerk,
- Änderungen bei der Berechnung der Standsicherheit bei der Ladungssicherung.

Die Autoren wünschen den Lernenden und Lehrenden ein erfolgreiches Arbeiten mit diesem Buch und sind für Anregungen und Kritik dankbar.

Inhaltsverzeichnis

Lernfeld 4
Güter im Betrieb transportieren . . . 167

Lernfeld 5
Güter kommissionieren . . . 206

In der unten stehenden Übersicht finden Sie die Aufteilung der Lernfelder auf die beiden Ausbildungsgänge:

	Fachkraft für Lagerlogistik	Fachlagerist
Güter annehmen und kontrollieren	Lernfeld 1	Lernfeld 1
Güter lagern	Lernfeld 2	Lernfeld 2
Güter bearbeiten	Lernfeld 3	Lernfeld 3
Güter im Betrieb transportieren	Lernfeld 4	Lernfeld 4
Güter kommissionieren	Lernfeld 5	Lernfeld 5
Güter verpacken	Lernfeld 6	Lernfeld 6
Touren planen	Lernfeld 7	–
Güter verladen	Lernfeld 8	Lernfeld 7
Güter versenden	Lernfeld 9	Lernfeld 8
Logistische Prozesse optimieren	Lernfeld 10	–
Güter beschaffen	Lernfeld 11	–
Kennzahlen ermitteln und auswerten	Lernfeld 12	–

Lernfeld 1
Güter annehmen und kontrollieren

1 Warenannahme

Einstiegssituation

Die Emder Elektrogroßhandels-GmbH hat beim Lieferer „Lampenwelt AG" in Bremen 500 Deckenleuchten gemäß Angebot bestellt. Der Lkw der Spedition „Dollart-Logistik" steht an der Laderampe und legt folgenden Speditions-Übergabeschein vor:

Dollart-Logistik
– Der Logistiker im Norden –

Groninger Straße 117–119
26789 Leer (Ostfriesland)

Speditions-Übergabeschein

Bl. 1 = weiß = Empfänger, Bl. 2 = grün = Quittung,
Bl. 3 = gelb = Spediteur, Bl. 4 = rot = Absender

Sped.-Pos.	Datum
335578	02.02.20..

Empfänger:	Absender:
Emder Elektrogroßhandels-GmbH Dollartstraße 33 26723 Emden	Lampenwelt AG Weserstraße 25 28279 Bremen

Lieferschein-Nr.:	Anzahl	Verpackung	Inhalt	Nettogewicht/kg	Lademittelgewicht/kg	Bruttogewicht /kg
785/603	8	EUR-FP	Deckenleuchten	2632	224	2856

Frankatur	Warenwert/EUR	Nachnahme/EUR	Gefahrgut	Transportvers./EUR	frei ◯ / unfrei (X)
					unfrei

Gitterbox/Flachpaletten	Obige Sendung einwandfrei erhalten Ort/Datum/Firmenstempel u. Unterschrift	Besondere Vermerke
(8) Stück getauscht (X) ja ◯ nein		

Sie sind als Auszubildende/-r im Wareneingang tätig und erhalten den Auftrag, die Ware anzunehmen.

Handlungsaufträge

Erkundigen Sie sich im Lager Ihres Ausbildungsbetriebs nach der Vorgehensweise bei Warenanlieferungen und erläutern Sie,

1. *was Sie in Anwesenheit des Fahrers prüfen sollten,*
2. *was Sie zu unternehmen haben, wenn die Lieferung nicht einwandfrei ist und*
3. *was mit der Ware geschieht, wenn der Lkw abgefahren ist.*

1.1 Wege der Warenanlieferung

Im obigen Fall wird die bestellte Ware durch einen Spediteur per Lkw angeliefert. Hat der Käufer einen Bahnanschluss, ist auch eine Anlieferung per Bahn möglich. Kleinere (leichtere) Warensendungen werden durch die Post bzw. private Paketdienste geliefert. Auch die Belieferung durch den Verkäufer selbst oder die Abholung durch den Käufer ist denkbar.

1.2 Kontrolle in Anwesenheit des Überbringers

Wird die Ware z. B. mit dem Lkw angeliefert, ist es üblich, dass sich der Fahrer beim Wareneingang mit den Warenbegleitpapieren meldet. Als Erstes kann nun die **Lieferberechtigung** festgestellt werden. Im Rahmen dieses Bestellabgleichs wird mithilfe der Einkaufsunterlagen (Bestellung, Angebot, Auftragsbestätigung) geprüft, ob

- die Lieferung überhaupt für uns bestimmt ist,
- eine entsprechende Bestellung vorliegt und
- ob die Anlieferung zur vereinbarten Zeit erfolgt.

Ein Lagermitarbeiter vergleicht die Begleitpapiere mit der gelieferten Ware.

Stimmt etwas nicht bei diesem **Bestellabgleich**, wird die Ware ggf. nicht angenommen. Alle weiteren Schritte erübrigen sich. Wenn aber alles in Ordnung ist, kann mit der Entladung der Ware begonnen werden. Noch in Anwesenheit des Fahrers wird jetzt geprüft, ob

- die Anzahl der Packstücke (auch Collis genannt, also Kisten, Pakete, Paletten) mit den Angaben auf den Begleitpapieren übereinstimmt,
- Beschädigungen an der Ware oder Verpackung feststellbar sind.

Diese Prüfung kann bereits auf dem Transportmittel (Lkw, Waggon) erfolgen oder erst nach dem Entladen.

Als **Kontrollpapiere** dienen vor allem Lieferschein, Paketkarte oder Frachtbrief.

In der Schifffahrt kommen Ladeschein und Konnossement, bei Gefahrgut entsprechende Beförderungspapiere und im Fall von Importen Zolleinheitspapiere hinzu.

Beim Entladen gilt der Grundsatz:

Der Absender hat die Pflicht, die Güter zu entladen (vgl. §412 Abs. 1 HGB).

Diese Pflicht ergibt sich aus dem **Frachtvertrag**, den der Absender mit dem Frachtführer geschlossen hat. Die Entladung kann allerdings vom **Empfänger** durchgeführt werden, der dann als **Erfüllungsgehilfe des Absenders** gilt. Hilft der **Fahrer** (Frachtführer) beim Entladen, so tut er dies als Erfüllungsgehilfe des Empfängers. Verursacht der Fahrer dabei einen Schaden, so haftet er nur, wenn er unaufgefordert mitgeholfen hat.

Da es in der Praxis zu Streitigkeiten darüber kommen könnte, wer für Schäden beim Entladen aufzukommen hat, ist eine unmissverständliche **schriftliche Vereinbarung** sinnvoll.

Häufig wird z. B. im Frachtvertrag vereinbart, dass der Frachtführer gegen Entgelt die Entladung vorzunehmen hat.

1.3 Abladen der angelieferten Waren

Beförderungsschäden entstehen häufiger beim Be- und Entladen als während des Transportes selbst. Es ist daher wichtig, dass dabei sorgfältig und mit geeigneten Fördermitteln vorgegangen wird.

Als **Fördermittel** kommen beim Entladen Gabelstapler, Hubwagen oder Krane infrage. Welche Geräte zum Einsatz kommen, ist abhängig von

- der angelieferten Ware (Gewicht, Volumen),
- den verwendeten Förderhilfsmitteln (z. B. Paletten, Kleinbehälter, Schachteln) und
- den Fahrzeugen, mit denen die Ware angeliefert wird (Lkw, Kleintransporter, Waggon).

Neben der Wahl der richtigen *Hilfsmittel* ist es wichtig, den **Platzbedarf** für die angelieferte Ware festzustellen und eine entsprechende Fläche bereitzuhalten. Werden gleichzeitig auch noch andere Waren angeliefert, ist dafür zu sorgen, dass die Waren **separat** abgestellt werden. Dabei müssen **Gefahrgüter** entsprechend den Gefahrgutklassen behandelt werden. Leicht **verderbliche Waren** dürfen nicht zu lange hohen Temperaturen ausgesetzt sein.

Bei einwandfreier Lieferung bestätigt der Käufer den Empfang auf dem Begleitpapier durch seine Unterschrift. Die Bestätigung erfolgt unter Vorbehalt, weil eine genaue Überprüfung (siehe Kapitel 1.6) noch nicht erfolgt ist. Wurden die Waren auf Paletten angeliefert, wird häufig ein sogenannter **Palettenschein** ausgefüllt und unterschrieben.

Mit dem Niederhubwagen werden die beladenen Paletten aus dem Lkw gezogen.

Dollart-Logistik
– Der Logistiker im Norden –

Paletten-schein Nr.: *303*

Absender: *Lampenwelt AG, Weserstraße 25, 28279 Bremen*

Empfänger: *Emder Elektrogroßhandels-GmbH, Dollartstraße 33, 26723 Emden*

	EURO-Paletten	Gitterbox-Paletten
beladen	*8*	
davon defekt	*keine*	
getauscht	*8*	
davon defekt	*keine*	

Ort: *Emden* Datum: *3. Februar 20..* Uhrzeit: *9:30*

Kramer
Unterschrift Frachtführer

Janssen
Unterschrift Empfänger

1.4 Untersuchungs- und Anzeigepflichten

Weist die Verpackung Schäden auf, die auf den Transport zurückzuführen sind, oder stimmt die Anzahl der Packstücke nicht mit der auf den Begleitpapieren genannten überein, wird der Überbringer aufgefordert, den Schaden oder die Mindermenge zu bestätigen. Dies kann ebenfalls auf den Begleitpapieren erfolgen oder auf einem eigens dafür entwickelten Vordruck, der sogenannten **Tatbestandsaufnahme**.

Tatbestandsaufnahme

Emder Elektrogroßhandels-GmbH

Lieferer:

Lieferschein-Nr.: ____________________

Lieferdatum: ____________________

Frachtführer:	Mitarbeiter des Frachtführers
Art der Anlieferung: (Kfz-Kennzeichen)	Datum und Uhrzeit:
Artikelbezeichnung:	Artikelnummer(n):
Art der Transportverpackung	Anzahl der Packstücke
Gesamtgewicht lt.Transportpapier:	Tatsächliches Gesamtgewicht:

Beschreibung des Schadens (ggf. Ursachen des Schadens):

Unterschrift des Mitarbeiters des Transportunternehmens

Unterschrift des Mitarbeiters im Wareneingang

Anlagen: ☐ Lieferschein ☐ Rechnung ☐ Packzettel ☐ Speditionsauftrag ☐ Sofortbild ☐ Sonstiges

Es ist wichtig, dass die Anzeige des Schadens gegenüber dem Lieferer und/oder dem Frachtführer rechtzeitig erfolgt.

Untersuchungs- und Anzeigepflichten gegenüber dem Lieferer

Handelt es sich bei dem der Lieferung zugrunde liegenden Kaufvertrag um einen **zweiseitigen Handelskauf** (sind also beide Vertragspartner Kaufleute), so hat der Käufer die gelieferte Ware **unverzüglich zu prüfen**. Entdeckt er einen Mangel, so hat er diesen ebenfalls unverzüglich anzuzeigen. Unterlässt er eine Anzeige, so gilt die Ware als genehmigt, es sei denn, dass es sich um einen Mangel handelt, der bei der Untersuchung nicht erkennbar war (**versteckter Mangel**). Einen später entdeckten Mangel muss der Käufer unverzüglich nach Entdeckung (jedoch spätestens innerhalb von zwei Jahren – § 438 BGB) rügen, wenn er seine Rechte gegenüber dem Lieferer nicht verlieren will. Ausnahme: Wenn der Verkäufer den Mangel kannte und arglistig verschwiegen hat (HGB, § 377).

WSP Vergleichen Sie die Regelungen beim **einseitigen Handelskauf** hinsichtlich der **Verjährungsfristen** für **Mängelansprüche** im Buch „Wirtschafts- und Sozialprozesse".

Untersuchungs- und Anzeigepflichten gegenüber dem Frachtführer

Auch gegenüber dem Frachtführer ist die rechtzeitige schriftliche Anzeige eines **Transportschadens** wichtig, damit der Überbringer ggf. für den Schaden haftbar gemacht werden kann.

Erkennbare Schäden des Gutes sind dem Frachtführer **unverzüglich**, nicht sofort erkennbare Schäden innerhalb von **sieben Tagen** anzuzeigen (§ 438 HGB).

Wird eine vereinbarte Lieferfrist überschritten, so können Ansprüche nur geltend gemacht werden, wenn die **Überschreitung der Lieferfrist** innerhalb von **21 Tagen** angezeigt wird.

In vielen Fällen wird der festgestellte Schaden auch dem Absender angezeigt, der daraufhin mit dem Frachtführer klären muss, ob es sich um einen Lieferschaden (z. B. aufgrund unzureichender Verpackung) oder um einen Transportschaden handelt.

Tipp

Weitere Informationen zu den rechtlichen Grundlagen des Versands finden Sie in diesem Buch im Lernfeld 9, Kapitel 2.

Aufbewahrungspflicht bei Versendungskäufen

Bei zweiseitigen Handelskäufen ist der Käufer verpflichtet, die beanstandete Ware **einstweilig aufzubewahren** bzw. für eine Einlagerung bei einem Dritten (z. B. Lagerhalter) zu sorgen. Wenn es sich um verderbliche Ware handelt, kann der Käufer diese nach Benachrichtigung des Lieferers öffentlich versteigern lassen (**Notverkauf**, § 379 HGB).

Bestehen zwischen dem Lieferer und dem Käufer längere Geschäftsverbindungen, so ist es möglich, dass grundsätzliche Vereinbarungen darüber bestehen, wie im Falle von Beanstandungen zu verfahren ist.

1.5 Wareneingangsschein

Ist die Ware übernommen, stellt die Warenannahme in vielen Betrieben über EDV einen **Wareneingangsschein** aus. Je ein Exemplar wird in folgende Abteilungen geleitet:

- Einkaufsabteilung
- Buchhaltung
- Lagerbestandsverwaltung

Die Daten können auch über das betriebsinterne Datennetz (**Intranet**) an die Abteilungen weitergeleitet werden. Die Dateneingabe kann erfolgen, indem z. B. ein sich an der Ware befindender Strichcode eingescannt wird.

- In der **Einkaufsabteilung** wird der Wareneingang mit der Bestellung verglichen.
- In der **Buchhaltung** wird überprüft, ob die vom Lieferer erstellte Rechnung mit der Warenlieferung übereinstimmt. Ist dies der Fall, kann der Rechnungsbetrag nach rechnerischer Überprüfung entsprechend den Zahlungsbedingungen überwiesen werden.
- Schließlich wird in der **Lagerbestandsverwaltung** ein entsprechender Wareneingang verbucht. Eventuell wird der Lagerort ermittelt und an das Lager weitergeleitet.
- Im **Lager** kann dann (ggf. nach weiterer Warenprüfung) die Einlagerung vorgenommen werden. Dies sollte zügig geschehen, damit der meist knappe Platz im Wareneingangsbereich nicht unnötig lange blockiert wird und weil die angelieferte Ware im Lager gebraucht wird.

Wareneingangsschein
Emder Elektrogroßhandels-GmbH

Meldungs-Nr.:		Datum:	
Eingangstag	Verpackung:	Lieferer:	
Art des Anlieferung	Bestell-Nr.	Ausgeliefert durch:	Bemerkung über Mängel:

Menge	ME	Artikelbezeichnung	Artikelnummer	Menge pro VE

Verpackung rücksendefähig ☐ nicht rücksendefähig ☐	zurückgesandt am:	Nettogewicht lt. Versandpapier:	Lagerort

Warenannahme		Einkaufsabteilung		Buchhaltung		Warenbestandsv.		Lager	
Tag:	Zeichen	Tag:	Zeichen	Tag:	Zeichen	Tag:	Zeichen	Tag:	Zeichen

ME = Mengeneinheit, z. B. Stück; VE = Verpackungseinheit, z. B. Karton

1.6 Warenprüfung

1.6.1 Gegenstand der Prüfung

Wie zuvor beschrieben wird die Ware nach erster Kontrolle unter Vorbehalt angenommen. Ob die Ware der Bestellung entspricht, müsste nun unverzüglich vor der Einlagerung geprüft werden. Bei Lieferung größerer Mengen würde eine genaue Prüfung zu viel Zeit erfordern. Deshalb wird in diesen Fällen häufig eine **Stichprobenkontrolle** vorgenommen. Dabei werden aus jedem Packstück mehrere Teile (vorsichtig!) entnommen und auf ihre Ordnungsmäßigkeit geprüft. Die Prüfung bezieht sich auf die folgenden Aspekte:

Gegenstand der Prüfung		Vorgehensweise	Mögliche Mängel	
Aspekt	**Fragen**		**Mängelarten**	**Beispiele**
Identität	Wurde die richtige Ware geliefert?	Besichtigung der Ware und Vergleich mit den Begleitpapieren und der Bestellung	Mangel in der **Art** (Falschlieferung)	Statt Rotwein wird Weißwein geliefert.
Quantität	Wurde die bestellte Menge geliefert?	Zählen, Messen oder Wiegen der gelieferten Ware und Vergleich mit der Bestellung	Mangel in der **Menge** (z. B. Minderlieferung)	Statt 120 Dichtungen wurden nur 100 geliefert.
Qualität	Hat die Ware die vereinbarte Güte?	Prüfen der Eigenschaften und Merkmale der Ware und Vergleich mit der Bestellung, dem Angebot oder Proben und Mustern	Mangel in der Güte (Qualitätsmangel)	Die Schuhe sind aus minderwertigem Leder gefertigt.
Beschaffenheit	Weist die Ware Beschädigungen auf?	Untersuchung des Zustands der Ware im Hinblick auf Beschädigungen und Fehler	Mangel in der Beschaffenheit	Ein Schrank hat Kratzer auf einer Tür.

In kleineren Betrieben wird die Warenprüfung bereits in der Warenannahme durchgeführt. In Fertigungsbetrieben gibt es häufig eine eigene Abteilung, in der mithilfe von Schablonen, Mustern, Plänen, Zeichnungen, Fotos oder Waagen die angelieferten Teile überprüft werden. In Großbetrieben ist es auch denkbar, dass in eigenen Prüflabors technische, physikalische oder chemische Untersuchungen durchgeführt werden. Je nachdem, ob dabei die zur Prüfung entnommenen Waren oder Teile zerstört werden oder nicht, spricht man von

- **zerstörenden Prüfverfahren**, wie Crashtests, Zerreiß- oder Brennproben, oder
- **zerstörungsfreien Prüfverfahren**, wie Dichtigkeits-, Festigkeits- oder Funktionstests bzw. Zählen, Messen oder Wiegen.

Wird bei der Prüfung ein Mangel festgestellt, ist eine **unverzügliche** Anzeige des Mangels beim Lieferer (**Mängelrüge**) erforderlich (siehe Punkt 1.4). Die bemängelte Ware muss getrennt gelagert werden. Um zu verhindern, dass diese Ware versehentlich beim Kommissionieren entnommen wird, sollte diese Ware mit einem **Sperrvermerk** versehen werden.

WSP

Tipp

Eine schematische Übersicht über den Material- und Informationsfluss bei der Anlieferung von Waren finden Sie im Kapitel 1.2 des Lernfelds 10.

1.6.2 Leistungsstörungen seitens des Lieferers

Es kommt leider immer wieder vor, dass Lieferer die sich aus dem Kaufvertrag ergebenden Pflichten nicht oder nur unvollständig erfüllen. Dabei kann eine Leistungsstörung entweder darin bestehen, dass

- die gelieferte Ware Mängel aufweist **(Schlechtlieferung)** oder
- die Ware nicht innerhalb der vereinbarten Zeit geliefert wurde (**Lieferungsverzug**).

1.6.2.1 Schlechtlieferung

Die im Zusammenhang mit den Untersuchungs- und Anzeigepflichten bzw. der Warenprüfung bereits erwähnten **Mängelarten** sollen hier noch einmal übersichtlich zusammengefasst werden.

Sachmängel

- nach ihrer Erkennbarkeit:
  - **offener Mangel** (Flüssigkeiten sind ausgelaufen.)
  - **versteckter Mangel** (Ein Gerät funktioniert nach zwei Monaten Nutzung nicht mehr.)
  - **arglistig verschwiegener Mangel** (Der Verkäufer verschweigt dem Käufer, dass bei der Herstellung minderwertiges Material verwendet wurde.)
- bezüglich des Zustands der Ware:
  - **Mangel in der Güte bzw. Qualität** (Die Verarbeitung von Textilien ist schlecht.)
  - **Mangel in der Beschaffenheit** (Die Ware weist Kratzer auf.)
- bezüglich der Art und Menge:
  - **Falschlieferung** (Es wurden Schrauben statt Nägel geliefert.)
  - **Quantitätsmangel** (Statt 100 Luftfilter werden nur 90 geliefert.)

Grundsätzlich liegt ein Sachmangel vor, wenn die Ware nicht die vertragsgemäße Beschaffenheit aufweist. Sollte diese im Kaufvertrag nicht ausdrücklich vereinbart worden sein, kann der Käufer erwarten, dass die Ware in mittlerer Güte und Qualität geliefert wird und funktionsfähig ist.

Rechte des Käufers bei Schlechtlieferung

Wenn der Käufer die Rügefristen eingehalten hat, steht ihm **vorrangig** das **Recht auf Nacherfüllung** zu (§§ 437 Ziff. 1 und 439 BGB). Je nach Mangel und Sache kann die Nacherfüllung bestehen aus:

- Reparatur des Kaufgegenstands oder
- Neulieferung mangelfreier Ware oder
- Neulieferung richtiger Ware oder
- Nachlieferung zu wenig gelieferter Ware.

Die entstehenden Kosten (z. B. auch für den Rücktransport der reklamierten Ware) hat der Verkäufer zu tragen. Er kann die vom Käufer gewählte Art der Nacherfüllung nur ablehnen, wenn diese mit unverhältnismäßig hohen Kosten verbunden ist (§ 439 Abs. 3 BGB).

Nachrangig stehen dem Käufer weitere Rechte zu, wenn in angemessener Zeit eine Nacherfüllung fehlgeschlagen (§ 437 Abs. 2 BGB) oder nicht zumutbar ist:

Rücktritt vom Kaufvertrag
Die reklamierte Ware wird zurückgegeben und der Kaufpreis erstattet. Dies Recht kann nicht bei geringfügigen Mängeln in Anspruch genommen werden.

Minderung des Kaufpreises
Im Gegensatz zum Rücktritt kann die Minderung auch bei geringfügigen Mängeln in Anspruch genommen werden (§ 441 BGB).

Schadenersatz
Der Käufer kann Schadenersatz verlangen, wenn der Lieferer vorsätzlich oder fahrlässig seine Lieferpflichten verletzt hat und ein Schaden eingetreten ist. Ein **Schaden** ist z. B. einem Einzelhändler in Höhe des entgangenen Gewinns entstanden, wenn er die mangelhafte Ware nicht verkaufen konnte. Wird die mangelhafte Ware zu einem erheblich niedrigeren Preis verkauft, entsteht ein Schaden in Höhe des Mindererlöses. Der Käufer wird in diesen Fällen Schadenersatz **neben der Leistungserfüllung** verlangen. Wird auf eine Neulieferung verzichtet, kann auch nur Schadenersatz, also **statt der Leistung** verlangt werden.

1.6.2.2 Nicht-Rechtzeitig-Lieferung (Lieferungsverzug)

Lieferungsverzug liegt unter folgenden **Voraussetzungen** vor:

- Die Lieferung muss **fällig** sein. Dies ist der Fall, wenn der Verkäufer nicht in der vereinbarten Zeit geliefert hat. Ist keine Lieferzeit vereinbart worden, hätte er sofort liefern müssen.
- Der Verkäufer muss **gemahnt** worden sein. Dies ist nicht nötig beim Fixkauf oder wenn der Verkäufer selbst erklärt, dass er nicht liefern kann. Mit der Mahnung wird dem Lieferer eine **angemessene Nachfrist** gesetzt (§ 286 BGB).
- Den Verkäufer muss **Verschulden** treffen. Dies ist z. B. der Fall, wenn der Verkäufer bei Entgegennahme des Auftrags nicht genügend geprüft hat, ob er überhaupt rechtzeitig liefern kann. Auch das Verhalten seiner Mitarbeiter kann dem Verkäufer angelastet werden. Beispiel: Ein Lkw-Fahrer verursacht in betrunkenem Zustand einen Unfall, bei dem die Ware vernichtet wird. **Kein** Verschulden liegt bei sogenannter **höherer Gewalt** vor. Dies wäre der Fall, wenn in das Lager des Verkäufers der Blitz einschlägt und es niederbrennt (§ 276 BGB). Auch **ohne Verschulden** kann der Lieferer in Verzug kommen, wenn es sich bei der Ware um Gattungsware (gleichartige, vertretbare Ware) handelt. In diesem Fall wird davon ausgegangen, dass der Verkäufer sich die Ware anderweitig hätte beschaffen können.

Rechte des Käufers bei Nicht-Rechtzeitig-Lieferung

Der Käufer könnte

- **auf Lieferung bestehen.** Selbstverständlich kann der Käufer weiter auf Lieferung bestehen. Dies wird er tun, wenn er die Ware nirgendwo sonst bekommen bzw. so günstig bekommen kann.
- **vom Vertrag zurücktreten** (§ 323 BGB). Wenn für den Käufer die Lieferung nicht mehr von Interesse ist, weil z. B. die Saison für ein bestimmtes Produkt vorbei ist, kann es sinnvoll sein, zurückzutreten. Eine spätere Lieferung braucht er dann nicht mehr anzunehmen. Nach § 325 BGB schließt der Rücktritt eine Schadenersatzforderung nicht aus.
- **Schadenersatz wegen Pflichtverletzung verlangen** (§ 280 BGB). Ist dem Käufer durch die verspätete Lieferung ein Schaden entstanden, weil die Ware z. B. nicht wie geplant in der Sommersaison verkauft werden konnte oder weil der Käufer seinerseits Kunden nicht rechtzeitig beliefern konnte, so wird er einen Ersatz dieses Schadens verlangen.
- **Schadenersatz statt der Leistung verlangen** (§ 281 BGB). Mit dieser Forderung verliert der Käufer den Anspruch auf Lieferung. Er wird sich aber dafür entscheiden, wenn er sich die Ware z. B. bei einem anderen Lieferer teurer beschaffen musste.
- **Ersatz vergeblicher Aufwendungen verlangen** (§ 284 BGB). Dies könnte sinnvoll sein, wenn der Käufer z. B. in Erwartung der Lieferung Lagerraum angemietet hatte und ihm dadurch vergebliche Aufwendungen in Höhe der Lagermiete entstanden sind.

Der Schadenersatzanspruch kann sich auf einen **konkreten Schaden** (z. B. die Preisdifferenz beim Deckungskauf) oder auf einen abstrakten Schaden beziehen. Beim **abstrakten Schaden** ist der Nachweis schwierig zu führen. Beispiel: Dem Käufer sind durch die verspätete oder ausgebliebene Lieferung Kunden verlorengegangen. Weil die Höhe des Schadens schwer festzustellen ist (häufig ist dies nur in einem gerichtlichen Verfahren möglich), wird in der Praxis oft eine **Vertragsstrafe** (Konventionalstrafe) vereinbart. Sie wird fällig, sobald der Verkäufer im Verzug ist.

1.7 Codiertechniken

Wie im Zusammenhang mit dem Wareneingangsschein bereits erwähnt, erfolgt die Eingabe der Warendaten vielfach über Lesegeräte, die an der Ware befestigte Barcodes einlesen. In großen Bereichen der Wirtschaft, insbesondere im Handel, hat sich das GS1-System durchgesetzt. Es handelt sich dabei um eine weltweite Organisation (Global Standards One), in Deutschland vertreten durch die GT1 Germany, die für die Vergabe der Global Trade Item Number (GTIN) zuständig ist. Mit dem GTIN-Code versehene Packstücke sind weltweit eindeutig zu identifizieren.

Tipp

Eine eingehendere Darstellung des GTIN-Codes befindet sich im Lernfeld 2 im Kapitel 5.3 – Preisauszeichnung.

In der Lagerlogistik ist die Codierung der Packstücke bzw. Güter nicht mehr wegzudenken. Eine Verwechslung der Ware ist nicht möglich, eine einfache und fehlerfreie Weiterleitung der Daten ist möglich. Für den Einsatz moderner Lagertechnik jedoch reicht die klassische Identifikation nicht mehr aus. Es sind Zusatzinformationen wie Herstellungs- und Verfalldatum, Mengenangaben, Versender- oder Empfängerdaten gefragt. Gleichzeitig sollen die zusätzlichen Informationen auf möglichst kleinem Raum zur Verfügung stehen. Aus diesem Grunde sind zahlreiche Codiertechniken entwickelt worden, von denen hier beispielhaft einige dargestellt werden, die in der Logistik zur Anwendung kommen.

Nebenstehend findet sich ein Beispiel für einen durch Barcodes optimierten Paketaufkleber.

Quelle: AKA-Prüfung Sommer 2001, Teil 3, Technische Kommunikation, Abbildung zur Aufgabe 9

Strichcode, 2/5 interleaved,
noch weitverbreitet im Logistikbereich

80.0001 12.345 9

Strichcode 128,
ebenfalls weitverbreitet in Industrie und Logistik, löst den 2/5 interleaved teilweise ab

Code 128

2-D-Code/Stapelcode,
Code 49 dient der Produkt-Kennzeichnung.

Stapelcode, PDF 417,
kann eine Fülle von Begleitinformationen aufnehmen.

Matrixcode Maxi Code,
ist sehr gut für Paketdienste geeignet.

QR-Code,
(engl. „quick response“) – dieser weitverbreitete Code kann von Smartphones gelesen werden.

Entsprechend der Weiterentwicklung der Codes ist auch die Technik der Lesegeräte weiterentwickelt worden. So sind z. B. für die Matrixcodes entsprechende Matrix-Kameras oder schnelle Bildverarbeitungssysteme notwendig.

Hinsichtlich der **Einsatzmöglichkeit der Lesegeräte** kann unterschieden werden in

- mobile Datenerfassungsgeräte, z. B. Lesestifte, tragbare Terminals, oder
- Lichtschranken und stationäre Lesegeräte (Scanner oder CCD-Zeilen-Kameras).

Beispiel eines Druckers für Etiketten

Bei den stationären Geräten ist die Transportgeschwindkeit der Ware zu berücksichtigen. Die Codierung muss auf der Ware bzw. dem Behälter in einem Bereich angebracht sein, der vom Lesegerät erfasst werden kann.

RFID-Technologie

Völlig neue Möglichkeiten bietet die RFID-Technologie (Radio-Frequency-Identifikation). Packstücke z. B. können durch Radiowellen identifiziert werden. Man könnte von „elektronischen Etiketten“ sprechen.

Ein Beispiel für einen beleglosen Sendungseingang durch Anwendung der **RFID-Technologie** soll in diesem Abschnitt vorgestellt werden.

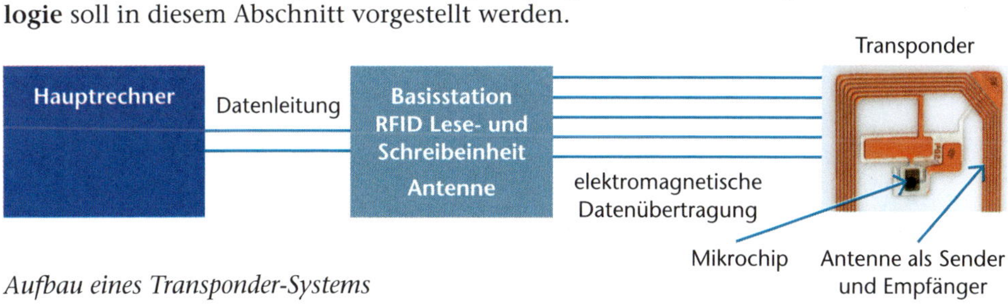

Aufbau eines Transponder-Systems

Kernstück dieser **RFID-Technologie** ist ein **Transponder**, der beispielsweise als elektronisches Label auf Packstücken angebracht werden kann. Der Begriff **Transponder** wurde aus der Nachrichtentechnik übernommen und setzt sich aus den Wörtern **Transmitter** (Sender) und **Responder** (Antwortgeber) zusammen. Der Transponder besteht aus einem Mikrochip und einer Antenne. Gerät das Etikett in den Arbeitsbereich der Antenne einer Basisstation, können Daten von der Basisstation gesendet und in den Speicher des Etiketts geschrieben oder von dort gelesen und an die Basisstation übertragen werden. Die Basisstation ist in der Regel über Datenleitungen mit dem Hauptrechner des Unternehmens verbunden. Die Datenübertragung kann aber auch über elektromagnetische Wellen erfolgen.

Beispiel eines Sendungseinganges mithilfe der RFID-Technologie
Die Packstücke werden bereits vor dem Versand mit einem elektronischen Label (Transponder) gekennzeichnet, auf dem die Adresse des Empfängers und die Identifikationsnummer der versendeten Ware gespeichert sind. Im Wareneingang des Empfängers werden die Packstücke mit einem RFID-Scanner erfasst. Der Scanner übernimmt hierbei die Aufgabe der Basisstation. Er kann am Label die Identität der eingetroffenen Sendung lesen und diesen durch zusätzliche Informationen ergänzen, wie z. B. Zeitpunkt des Sendungseingangs, Kennung des Lieferfahrzeugs und des Fahrers, Kennung des empfangenden Lagerarbeiters sowie den Zustand der gescannten Teile. Vom Scanner erfasste Informationen werden drahtlos, über elektromagnetische Wellen (Bluetooth-Funktion) dem Hauptrechner übermittelt.

Die zur Lieferung gehörende Bestellung wird im PC aufgerufen. Im Wareneingang eingehende Packstücke werden über den RFID-Tunnelscanner erfasst, mit der Bestellung verglichen und mit einer Kennung für den Lagerplatz versehen. Nicht bestellte Ware wird an dieser Stelle aussortiert und als Retoursendung bereitgestellt.

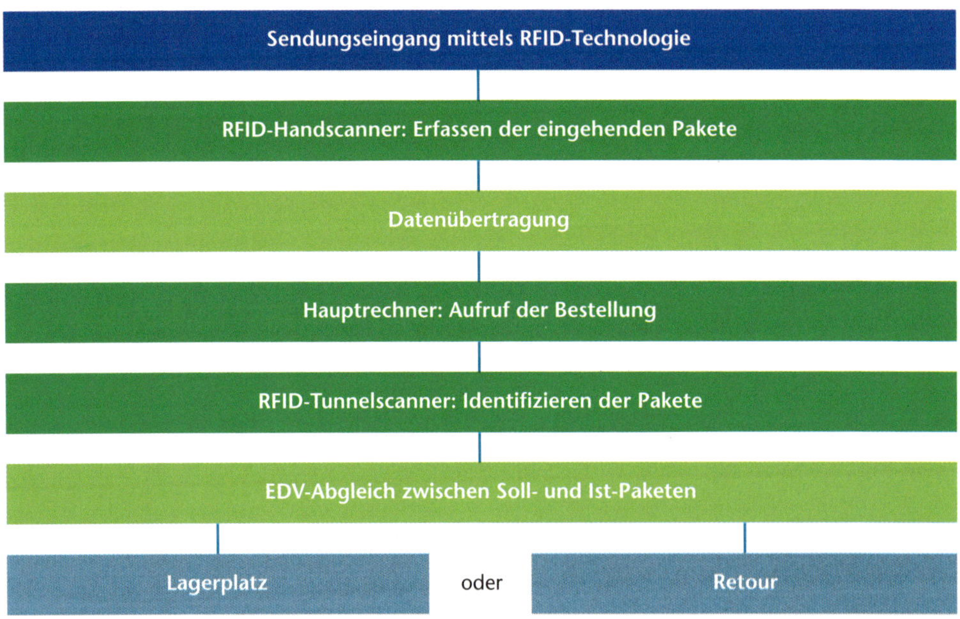

Der Einsatz vom Transponderlabel hat gegenüber dem Einsatz vom Barcodelabel einige Vorteile:

- Schreib- und Lesevorgänge können ohne Sichtkontakt stattfinden.
- Schreib- und Lesevorgänge können durch fast alle Materialien stattfinden.
- Pulkfähigkeit, d.h., Schreib- und Lesevorgänge können bei mehreren Transpondern gleichzeitig stattfinden.
- Robustheit, d.h., das Transponderlabel geht nicht so schnell kaputt wie ein Barcodelabel. (Ein Kratzer macht den Barcode bereits unbrauchbar.)
- hohes, veränderliches Datenspeichervolumen auf Transponderlabeln
- Sendungen, die mit einem Transponder versehen sind, können mithilfe moderner Informations- und Kommunikationssysteme innerhalb einer Transportkette identifiziert werden (Tracking and Tracing).

Die Fähigkeit der Transponder (auch **Tag** genannt) nicht nur eingelesen, sondern auch mit zusätzlichen Daten beschrieben werden zu können, macht es z. B. möglich, die Temperatur während des Transports zu überwachen, was etwa bei Pharma-Produkten sehr wichtig ist.

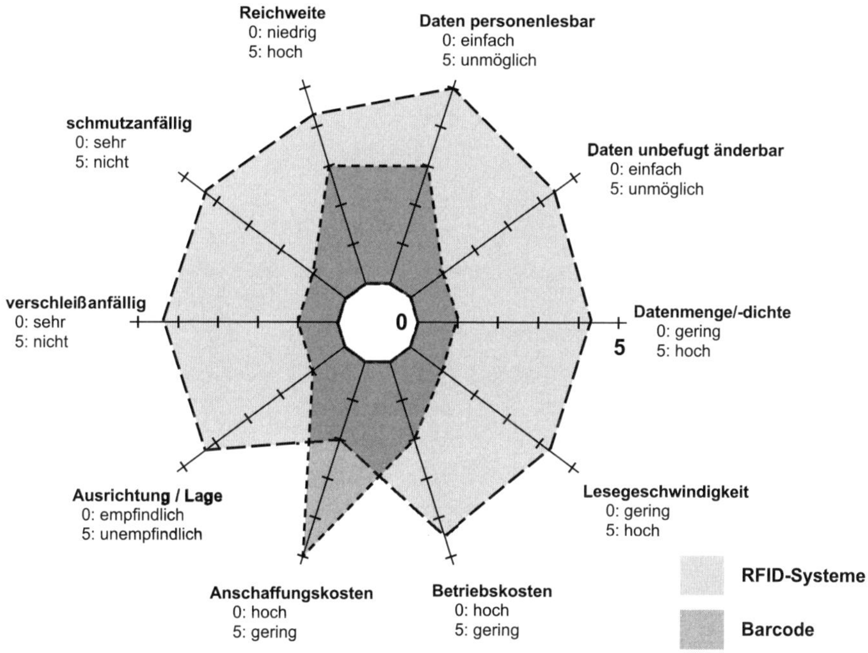

Vergleich der Einsatzmerkmale von RFID- und Barcodesystemen
Quelle: ten Hompel, Michael/Schmidt, Thorsten: Warehouse Management, 2. Auflage, Berlin, Springer Verlag, 2005, S. 250

Allerdings gibt es (noch) eine Reihe von technischen Problemen. So ist z. B. die Lesequalität bisher schlecht bei Flüssigkeiten und Metallfolien. Außerdem sind Transponder noch vergleichsweise teuer.

Neben der Kennzeichnung von Packstücken oder Produkten mit dem RFID-Tag können auch Mehrwegtransportbehälter, also z.B. Europaletten, damit ausgestattet werden. Dadurch wird es möglich, Alter und Wege einer Palette an jedem Punkt der logistischen Kette zurückzuverfolgen. Auch wäre es möglich, dass eine „getaggte“ Palette als gewissermaßen „intelligente“ Palette selbst ihren Lagerplatz mitteilen kann. Dazu müssten die Stapler mit entsprechenden Leseeinrichtungen versehen sein. Dies macht völlig neue Wege der Steuerung von Logistiksystemen möglich.

1.8 Mehrweg-Transportverpackungen

Die bestellte Ware wird im Normalfall in Transportverpackungen geliefert. Je nach Art der Verpackung ergeben sich verschiedene Möglichkeiten der Weiterverwendung:

Einwegverpackungen, wie z. B. Schachteln, können
- für den eigenen Bedarf weiterverwendet werden oder
- sind entsprechend sortiert als Wertstoff zu sammeln.

Bei **Mehrweg-Transportverpackungen** (MTV, wie z. B. Paletten, Kleinbehälter, Boxen oder Container) ist das Verfahren davon abhängig, welches Mehrwegsystem besteht. Folgende **Mehrwegsysteme** werden **nach der Zugänglichkeit** unterschieden:

Geschlossene Mehrwegsysteme	Tausch nur innerhalb eines Unternehmens
Branchenspezifische Mehrwegsysteme	Versender und Empfänger sind aus einer Branche
Offene Mehrwegsysteme	Sie sind für Teilnehmer aller Branchen offen.
Bilaterale Mehrwegsysteme	MTV werden nur zwischen einem Versender und einem Empfänger getauscht.
Multilaterale Mehrwegsysteme	Mehrere Versender und mehrere Empfänger können sich beteiligen.

Es leuchtet ein, dass geschlossene Systeme eher geeignet sind, spezielle MTV, wie z. B. Gestelle für Karosserieteile, einzusetzen. Bei offenen Systemen wiederum kommen eher standardisierte MTV wie die Europalette zum Einsatz.

- Bei **bilateralen Systemen** werden stets dieselben MTV ausgetauscht.
- Bei **multilateralen Systemen** ist dies nicht möglich. Eine **Bestandsführung** ist notwendig. Es werden bei den einzelnen Teilnehmern alle MTV mit dem Beladungszustand (Vollgut/Leergut) erfasst. Dadurch können Über- und Unterbestände festgestellt werden. Gegebenenfalls muss ein entsprechender Austausch vorgenommen oder es müssen neue MTV zugeführt werden.
- Beim **Poolsystem** werden die MTV vom Empfänger erst einem gemeinsamen Pool zugeführt, aus dem sich die Versender wiederum versorgen können.
- Beim **Pfandsystem** wird dem Systembetreiber für die zur Verfügung gestellten MTV vom Versender ein Pfand entrichtet, dessen Höhe sich am Wiederbeschaffungspreis orientiert. Der Empfänger der MTV muss seinerseits das Pfand an den Versender zahlen. Wenn er dem Systembetreiber die MTV zurückgibt, erhält er das Pfand zurück. Der Vorteil dieses Systems besteht darin, dass eine Bestandsführung nicht notwendig ist. Geht eine MTV verloren, kann eine Neubeschaffung durch das Pfand finanziert werden. Das im Pfand gebundene Kapital veranlasst den jeweiligen Besitzer zur schnellen Weitergabe, wodurch sich die Umlaufzeiten verkürzen. Die Wirtschaftlichkeit erhöht sich dadurch. Ein Kontrollsystem sorgt dafür, dass Beschädigungen und Schwund den Verursachern zugeordnet werden können. Dies ist für eine evtl. Reinigung, Reparatur oder Neubeschaffung wichtig und sichert den notwendigen Qualitätsstandard der MTV.

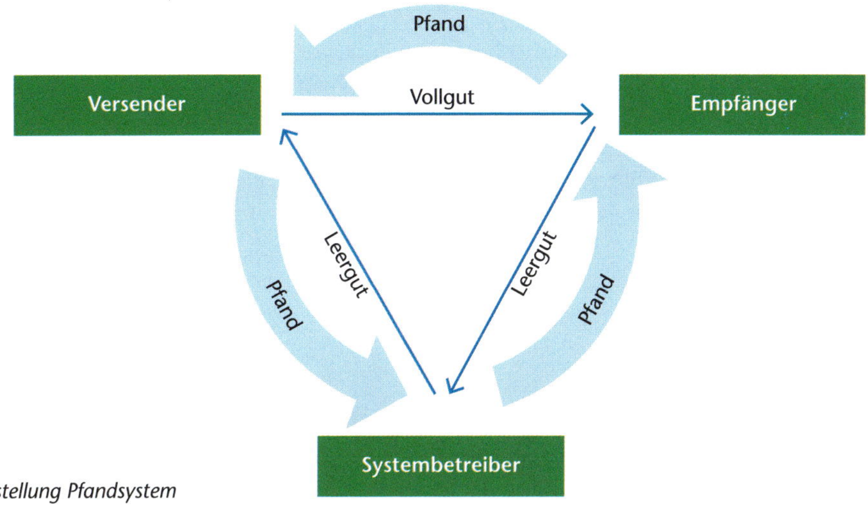

Darstellung Pfandsystem

Es ist auch denkbar, dass MTV **gekauft** oder **gemietet** werden. Beim Kauf hat der Empfänger die Möglichkeit, die leeren MTV gegen einen Rückkaufpreis an den Systembetreiber zurückzugeben. Die Differenz zwischen Kaufpreis und Rückkaufpreis ist als Entgelt für die Teilnahme an diesem System zu sehen. Bei der Miete erfüllt die Mietgebühr diese Funktion.

Je nach System ist **bei Anlieferung der Ware** mit den MTV unterschiedlich zu verfahren. Folgende Möglichkeiten sind denkbar:

- Dem **Frachtführer** wird die gleiche Anzahl leerer MTV wie angelieferter voller MTV wieder mitgegeben. Es ist deshalb wichtig, bei Warenanlieferung auch den Zustand der MTV (z. B. der Paletten) zu prüfen. Beschädigte MTV sollten nicht gegen einwandfreie getauscht werden. Auf dem Begleitpapier ist die Anzahl der getauschten MTV festzuhalten.
- Die Paletten sind nach EPAL (European Pallet Association) **nicht tauschfähig**, wenn
  - sie nicht von einem lizenzierten Betrieb nach EPAL-Kriterien hergestellt werden bzw. repariert wurden.
  - die Markierungen (z. B. EUR) auf den Klötzen fehlen.
  - sie stark beschädigt sind (wenn z. B. ein Brett gebrochen ist, Nagelschäfte sichtbar sind oder ein Klotz fehlt).
  - der Allgemeinzustand sehr schlecht ist (morsch, stark verschmutzt).

- Die leeren MTV werden von einem **Systembetreiber** abgeholt. Sie müssen bis dahin entsprechend gelagert werden. Auch hier ist wichtig, dass eine eventuelle Beschädigung der MTV festgestellt wird.

Vorteile von Mehrweg-Transportsystemen

Die meist in vielen Größen und Ausführungen lieferbaren MTV ermöglichen
- eine hohe Transportsicherheit und Schutz der verpackten Ware,
- eine optimale Handhabung bei Lagerung, Kommissionierung und Versand.

Je nach Ausführung können sie

- für den Rücktransport volumenreduziert (zusammengefaltet),
- individuell gekennzeichnet oder
- diebstahlsicher verschlossen (verplombt) werden.

Außerdem sind sie gegenüber Einwegverpackungen **ökologisch sinnvoll** (Einsparung von Rohstoffen, Verringerung des Verpackungsmülls) und auch **ökonomisch vorteilhaft**.

Wie die folgende Grafik zeigt, lohnt sich der Einsatz von MTV gegenüber Einwegbehältern ab 10 Umläufen (Nutzungen):

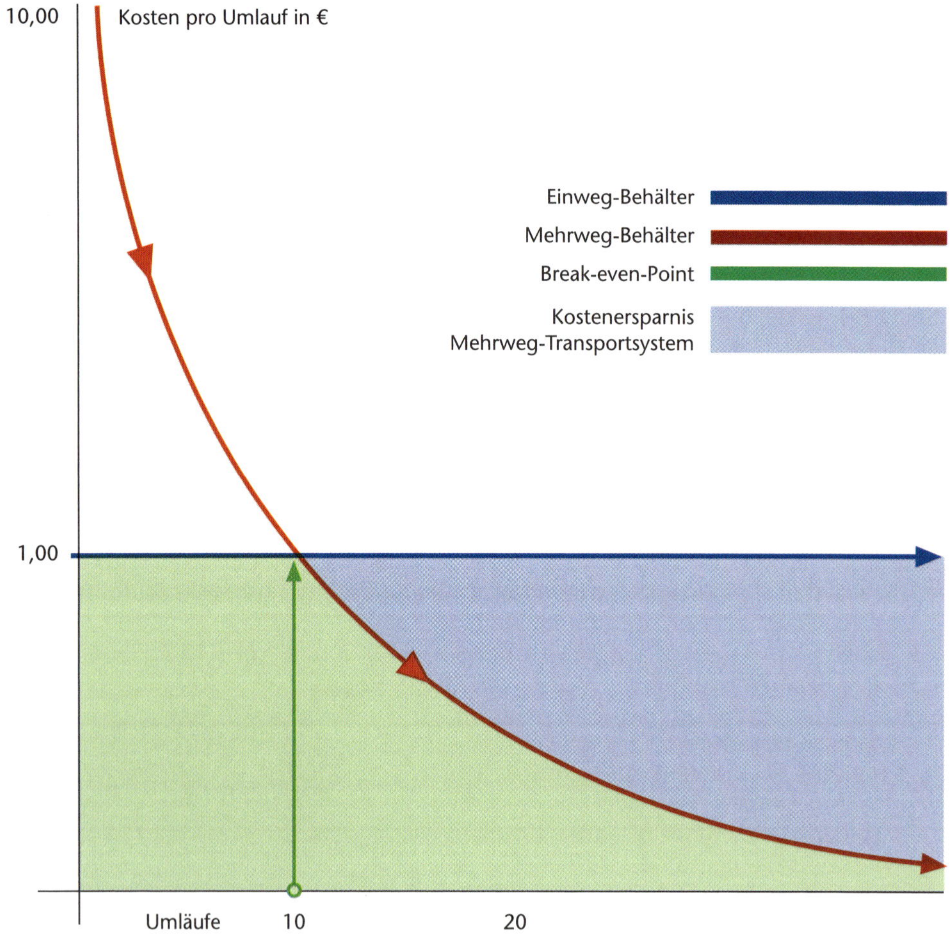

Tipp

Im Lernfeld 6 – „Güter verpacken" – werden im Kapitel 2 „Packmittel" viele verschiedene MTV beschrieben und dargestellt.

Kernwissen

- Ablauf einer Warenannahme

Hilfsmittel Prüfungsunterlagen	Vorgehensweise	mögliche Konsequenzen bei Abweichungen
	Anlieferung der Ware (per Spediteur, Bahn, KEP-Dienst oder Lieferer selbst) In Anwesenheit des Frachtführers (Fahrers) wird **kontrolliert**, ob	
Empfängeranschrift auf Frachtbrief oder Lieferschein	1. die Ware **für uns bestimmt** ist.	**wenn nicht**, wird die Ware nicht angenommen
Bestellung (Wareneinkauf)	2. die Ware **von uns bestellt** wurde,	**wenn nicht**, Ablehnung der Annahme oder Annahme unter Vorbehalt
Lieferzeit (Angebot) Frachtvertrag	3. die Ware **rechtzeitig geliefert** wurde.	– bei **Nicht-Rechtzeitig-Lieferung**: ggf. Schadenersatz; bei **Überschreitung der Lieferzeit**: Anzeige an den Frachtführer innerhalb 21 Tagen (Frachtführer haftet für Verspätungsschäden)
Gabelstapler Hubwagen	**Abladen der Ware** 4. Kontrolle, ob Waren oder Verpackung **äußerliche Beschädigungen** aufweisen. Anschauen der Colli und Packmittel von allen Seiten.	– bei **Beschädigungen** je nach Betrieb und Vereinbarung mit dem Lieferer: entweder Annahmeverweigerung oder Bestätigung der Beschädigungen durch Fahrer auf den Frachtpapieren bzw. Tatbestandsaufnahme bei **Transportschäden**: Benachrichtigung des Frachtführers innerhalb von 7 Tagen
Frachtpapiere Bestellung	5. Prüfen, ob die **Anzahl der angelieferten Colli** mit der in den Versandpapieren angegebenen Anzahl übereinstimmt.	– bei **Mehr**lieferung: Bestätigung durch Fahrer, evtl. Ablehnung der Mehrlieferung – bei **Minder**lieferung: Bestätigung durch Fahrer (ggf. Nachlieferung durch Lieferer)
	Ist alles in Ordnung? Empfangsbestätigung auf den Frachtpapieren und ggf. Palettentausch	**Beschädigte Paletten** brauchen nicht angenommen (getauscht) zu werden.
Gabelstapler Hubwagen	Nach Abfahrt des Frachtführers: **Verbringung der Ware auf Stellfläche im Wareneingangsbereich**	
Bestellung, Angebot Muster/Proben Warenbegleitpapiere	**genaue Überprüfung der Ware***, **unverzüglich** hinsichtlich 1. Identität der Ware 2. Qualität der Ware 3. Quantität der Ware 4. Beschaffenheit * ggf. durch Stichproben	– **Bei Mängeln/Abweichungen**: unverzügliche Reklamation, beanstandete Ware aufbewahren Rechte gegenüber dem Lieferer: **Nacherfüllung** und ggf. nach Nachfristsetzung: Minderung, Schadenersatz oder/und Rücktritt vom Vertrag **Anzeige versteckter Mängel**: unverzüglich nach Entdeckung, jedoch innerhalb 2 Jahren
EDV/Drucker	Erstellen der **Wareneingangspapiere** (Meldung an Einkaufsabteilung und Zugangsbuchung bei Lagerbuchführung, Bestimmung des Lagerplatzes)	
(Sprüh-)Kleber, Label	**Kennzeichnung der Ware** (z. B. Artikel-Nr. oder Stellplatz)	
Gabelstapler/ Hubwagen	**Einlagerung der Ware**	

- **Leistungsstörungen** seitens des Lieferers können **Schlechtlieferung** oder **Nicht-Rechtzeitig-Lieferung** sein.
- **Sachmängelarten** nach ihrer **Erkennbarkeit**: offene, versteckte, arglistig verschwiegene Mängel; bezüglich des **Zustands der Ware**: Qualitätsmangel, Mangel in der Beschaffenheit; bezüglich der **Art und Menge**: Falschlieferung, Quantitätsmangel
- **Anzeigefristen bei Mängeln:** gegenüber dem **Frachtführer** bei Transportmängeln innerhalb von **7 Tagen** (bei Überschreiten der Lieferfrist innerhalb **von 21 Tagen**); gegenüber dem **Lieferer** bei offenen Mängeln **unverzüglich**, bei versteckten Mängeln unverzüglich nach Entdeckung, jedoch spätestens vor Ablauf von **2 Jahren**
- **Rechte des Käufers bei Schlechtlieferung** sind **vorrangig**: Nacherfüllung (Reparatur, Neu- oder Nachlieferung); **nachrangig**: Rücktritt vom Kaufvertrag, Minderung des Kaufpreises, Schadenersatz
- **Rechte des Käufers bei Nicht-Rechtzeitig-Lieferung** sind **ohne Nachfristsetzung**: auf Lieferung bestehen und ggf. Schadenersatz wegen Pflichtverletzung; **nach erfolglosem Ablauf der Nachfrist**: Schadenersatz statt der Leistung, Ersatz vergeblicher Aufwendungen, Rücktritt vom Vertrag
- Mithilfe von **Strichcodes** kann die Ware eindeutig identifiziert werden. Die Daten können einfach und fehlerfrei weitergeleitet werden.
- **Stapelcodes** oder **Matrixcodes** sind Weiterentwicklungen des Strichcodes. Sie können zusätzliche Daten über die Ware sowie Empfänger- oder Versenderdaten aufnehmen.
- **QR-Codes** können mit Smartphones gelesen werden. Sie werden häufig in der Werbung eingesetzt.
- **Lesegeräte** werden sowohl mobil als auch stationär eingesetzt.
- Kernstück der **RFID-Technologie** ist der **Transponder (Tag)**, der aus einem Mikrochip und einer Antenne besteht. Die auf den elektronischen Etiketten gespeicherten Daten werden mittels radiofrequenten Wellen an Lesegeräte gesendet. Tags bieten gegenüber Barcodelabeln u. a. folgende **Vorteile**: kein Sichtkontakt zum Lesegerät notwendig, Pulkfähigkeit, zusätzliche Speicherung von Daten.
- Vor der Einlagerung ist die Ware im Hinblick auf **Identität, Quantität, Qualität und Beschaffenheit** zu überprüfen. Bei größeren Mengen erfolgt eine stichprobenartige Kontrolle.
- **Einwegverpackungen** werden entweder weiterverwendet oder als Wertstoff entsorgt.
- Mehrweg-Transportverpackungen (MTV) werden in geschlossenen Systemen zwischen Versender und Empfänger (**bilateral**) oder innerhalb einer Branche getauscht.
- Multilaterale Mehrwegsysteme sind für mehrere Versender und Empfänger zugänglich. Sie können in Form von **Poolsystemen** oder **Pfandsystemen** betrieben werden. Auch der Kauf oder die Miete von MTV sind möglich.
- Je nach Mehrwegsystem müssen die angelieferten MTV im **Austausch** (leere gegen volle MTV) an den Versender zurückgegeben oder bis zur Abholung durch den Systembetreiber **gelagert** werden.

Aufgaben

1. *An der Rampe Ihres Ausbildungsbetriebs ist ein Lkw vorgefahren. Der Fahrer will 3 Paletten mit je 6 Schachteln abliefern.*
   a) Welche Papiere lassen Sie sich vom Fahrer zeigen?
   b) Wer haftet für Schäden, die beim Abladen entstehen könnten?
   c) Beschreiben Sie, was Sie in Anwesenheit des Fahrers unternehmen.

2. *Warum sind bei der Warenannahme*
   a) die Quittierung der äußerlich einwandfreien Waren gegenüber dem Überbringer,
   b) die Bestätigung von Beschädigungen durch den Überbringer und
   c) die unverzügliche Prüfung und ggf. Anzeige von Mängeln gegenüber Lieferer bzw. Frachtführer wichtig?

3. *Erläutern Sie, welche Vorgänge bei einem Wareneingang (z. B. durch einen Wareneingangsschein) in den verschiedenen Abteilungen ausgelöst werden.*

4. *Die mit Lkw angelieferte Ware weist offene Mängel auf. Es wird ein Transportschaden vermutet. Was haben Sie in diesem Fall zu beachten?*

5. *Bei der Warenprüfung stellen Sie fest, dass*
   - *falsche Ware geliefert wurde,*
   - *3 von 20 Lampenschirmen verkratzt und*
   - *bestellte Ware nicht geliefert wurde.*

   Was ist in diesem Fall zu unternehmen und welche Rechte könnten seitens des Käufers in Anspruch genommen werden?

6. *Ware, die für die Wintersaison im Oktober geliefert werden sollte, ist am 31.10. immer noch nicht eingetroffen. Auf Nachfrage kündigt der Lieferer an, erst Ende Dezember liefern zu können. Welche Handlungsmöglichkeiten haben Sie als Käufer?*

7. *Schildern Sie die grundsätzlichen Einsatzmöglichkeiten und die damit verbundenen Vorteile des Einsatzes von Strichcodes.*

8. *Beschreiben Sie die Funktionsweise der RFID-Technologie. Welche Chancen könnte diese Technologie für die Lagerlogistik bringen?*

9. *Was ist mit der Überprüfung der einzulagernden Waren hinsichtlich ihrer Identität, Quantität, Qualität und Beschaffenheit gemeint und welche Unterlagen/Einrichtungen stehen hierfür zur Verfügung?*

10. *Schildern Sie den Umgang mit Einwegverpackungen in Ihrem Ausbildungsbetrieb.*

11. *Diskutieren Sie Vor- und Nachteile von Mehrweg- und Einwegverpackungen.*

12. *Worin besteht der Unterschied zwischen einem bilateralen und einem multilateralen Mehrwegsystem?*

13. *Erläutern Sie den Ablauf beim Pfandsystem für MTV.*

14. *Beschreiben Sie, wie in Ihrem Ausbildungsbetrieb mit MTV verfahren wird.*

2 Unfallgefahr

Einstiegssituation

Die bei der Emder Elektrogroßhandels-GmbH per Lkw angelieferten 8 Paletten mit Deckenleuchten sind von Ihnen auf Vollständigkeit und äußere Beschädigungen überprüft worden. Ein Kollege hatte die Paletten vom Lkw heruntergehoben und in den Wareneingangsbereich gestellt. Nachdem der Empfang quittiert worden und der Lkw-Fahrer abgefahren war, machten Sie sich daran, die Waren genauer zu überprüfen. Dazu mussten Sie die Umreifung lösen, mit der die Schachteln auf der Palette gesichert waren. Fast hätten Sie sich dabei in die Hand geschnitten, weil die Stahlbänder sehr scharfkantig sein können.

Handlungsaufträge

1. *Wie hätten Sie sich gegen die Gefahr des Schneidens schützen können?*
2. *Welche weiteren Unfallverhütungsvorschriften sind für das Arbeiten in einem Lager von Bedeutung?*
3. *Erkundigen Sie sich in Ihrem Ausbildungsbetrieb, welche Unfallverhütungsvorschriften dort bestehen und welche Berufsgenossenschaft für Ihren Ausbildungsbetrieb zuständig ist.*

2.1 Vorschriftarten zum Arbeitsschutz

Es gibt zwei Arten von **Rechtsvorschriften** für den Arbeits- und Gesundheitsschutz der Arbeitnehmer in der gewerblichen Wirtschaft:

- die Unfallverhütungsvorschriften der Berufsgenossenschaften,
- die staatlichen Vorschriften (Gesetze und Verordnungen).

Diese Vorschriften werden ergänzt durch DIN-Normen, VDE- und VDI-Bestimmungen sowie durch Richtlinien, Sicherheitsregeln, Empfehlungen, Grundsätze und Merkblätter (zusammengefasst in der ZH 1), die die sicherheitstechnischen Tatbestände bis in alle notwendigen Details regeln.

WSP 2.2 Unfallverhütungsvorschriften

Nach dem Siebten Sozialgesetzbuch (SGB VII) haben die **Berufsgenossenschaften als Träger der gesetzlichen Unfallversicherung** die Aufgabe, **Unfallverhütungsvorschriften** zu erlassen. Unter dem Titel „Grundsätze der Prävention“[1] wurden die wichtigsten Vorschriften für gewerbliche Unternehmen und öffentliche Einrichtungen zur **DGUV[2] Vorschrift 1** zusammengefasst. Die DGVU Vorschrift 1 enthält

- Pflichten des Unternehmers und der Versicherten sowie
- Vorschriften zur Organisation des betrieblichen Arbeitsschutzes.

---

1 *Prävention = Vorbeugung, Verhütung*

2 *DGVU = Deutsche Gesetzliche Unfallversicherung*

Der Unternehmer hat u. a. die Pflicht,

- die erforderlichen Maßnahmen zur Verhütung von Arbeitsunfällen, Berufskrankheiten und arbeitsbedingten Gesundheitsgefahren sowie für eine wirksame Erste Hilfe zu treffen (vgl. §2 Abs. 1).
- die Versicherten (Arbeitnehmer) über Sicherheit und Gesundheitsschutz bei der Arbeit zu unterweisen. Die Unterweisung muss mindestens einmal jährlich erfolgen und dokumentiert werden (vgl. §4 Abs. 1). Sie haben dem Unternehmer unverzüglich jede unmittelbare erhebliche Gefahr für die Sicherheit und Gesundheit, die sie bemerkt haben, zu melden (vgl. § 16 Abs. 1).
- die für das Unternehmen geltenden Unfallverhütungsvorschriften an geeigneter Stelle zugänglich zu machen (vgl. §12 Abs. 1).
- Arbeitsunfälle (mindestens drei Tage Arbeitsunfähigkeit) der zuständigen Berufsgenossenschaft innerhalb von drei Tagen (tödliche Unfälle oder Massenunfälle sofort) zu melden.

Aber auch die **versicherten Arbeitnehmer** haben Pflichten:

- Sie sind verpflichtet, nach ihren Möglichkeiten und gemäß den Weisungen des Unternehmers für ihre Sicherheit und Gesundheit zu sorgen und die entsprechenden Maßnahmen zu unterstützen (vgl. §15 Abs. 1).
- Sie dürfen sich durch den Konsum von Alkohol, Drogen oder anderen berauschenden Mitteln nicht in einen Zustand versetzen, durch den sie sich selbst oder andere gefährden können (vgl. §15 Abs. 2).
- Sie haben dem Unternehmer unverzüglich jede unmittelbare, erhebliche Gefahr für die Sicherheit und Gesundheit, die sie bemerkt haben, zu melden (vgl. § 16 Abs. 1)
- Sie haben Einrichtungen, Arbeitsmittel und Arbeitsstoffe sowie Schutzvorrichtungen bestimmungsgemäß und im Rahmen der ihnen übertragenen Arbeitsaufgaben zu benutzen (vgl. §17).

Für die Arbeit im Lager sind u. a. folgende Unfallverhütungsvorschriften bedeutsam:

Schutzausrüstung

Der Arbeitgeber hat dem Arbeitnehmer die persönliche Schutzausrüstung zur Verfügung zu stellen und ihn anzuhalten, diese zu tragen. Die Beschäftigten müssen diese Schutzmittel benutzen. Dazu zählen

- Kopfschutz (Schutzhelme, Haarnetze),
- Fuß- und Beinschutz (Sicherheitsschuhe),
- Augen- und Gesichtsschutz (Brillen, Masken),
- Atemschutz (Masken),
- Gehörschutz (schalldämpfende Kopfhörer),
- Rumpf-, Arm- und Handschutz (Kleidung, Handschuhe),
- Wetterschutzkleidung,
- Warnkleidung,
- Anseilschutz (Sicherheitsgeschirre bei Absturzgefahr),
- Abseilschutz (bei tiefliegenden Arbeitsplätzen),
- Hautschutzmittel.

Sicherheits- und Gesundheitsschutzkennzeichnung

Um die Mitarbeiter vor Unfällen oder Gesundheitsgefährdungen zu schützen, wurde im Rahmen der Technischen Regeln für Arbeitsstätten (ASR) die **Richtlinie ASR A1.3** herausgegeben. Im Rahmen einer Gefährdungsprüfung hat der Arbeitgeber zu entscheiden, welche Sicherheits- und Gesundheitsschutz-Kennzeichnungen vorzunehmen sind und welche Flucht- und Rettungspläne vorhanden sein müssen.

Die Sicherheits- und Gesundheitsschutz-Kennzeichnungen umfassen neben den bekannten Verbots-, Gebots-, Warn-, Rettungs- und Brandschutzzeichen (siehe Beispiele auf den folgenden Seiten) die unten in der Tabelle aufgeführten Zeichen und Markierungen.

Zusatzzeichen und Kombinationszeichen	Sicherheitszeichen mit zusätzlichen Hinweisen (Erklärungen, Verhaltensweisen)
Sicherheitsmarkierungen	gelb-schwarze oder rot-weiße Streifen (Hindernisse und Gefahrenstellen)
Markierungen von Fahrwegen	Markierungen von mind. 5 cm Breite in gut sichtbarer Farbe (gelb oder weiß) z. B. auf dem Boden
Leuchtzeichen	Leuchtende Flächen oder Blinkzeichen bei Drohen einer Gefahr
Schallzeichen	Sirenen, Hupsignale, die sich von öffentlichen Alarmen unterscheiden müssen
Verbale Kommunikation	Kurze, eindeutige Aussagen evtl. unterstützt durch Lautsprecher oder Megaphone etwa bei der Nutzung technischer Einrichtungen
Handzeichen	Eindeutige, leicht durchführbare und gut erkennbare Bewegungen mit Händen und Armen zur Verständigung bspw. bei Kranen

Die folgende Tabelle gibt einen Überblick über die Kombination geometrischer Formen sowie Farben und ihre Bedeutung für Sicherheitszeichen.

Geometrische Form	Bedeutung	Sicherheitsfarbe	Kontrastfarbe zur Sicherheitsfarbe	Farbe des graphischen Symbols	Anwendungsbeispiele
 Kreis mit Diagonalbalken	Verbot	Rot	Weiß	Schwarz	– Rauchen verboten – Kein Trinkwasser – Berühren verboten
 Kreis	Gebot	Blau	Weiß	Weiß	– Augenschutz benutzen – Schutzkleidung benutzen – Hände waschen
 gleichseitiges Dreieck mit gerundeten Ecken	Warnung	Gelb	Schwarz	Schwarz	– Warnung vor heißer Oberfläche – Warnung vor Biogefährdung – Warnung vor elektrischer Spannung
 Quadrat	Gefahrlosigkeit	Grün	Weiß	Weiß	– Erste Hilfe – Notausgang – Sammelstelle
 Quadrat	Brandschutz	Rot	Weiß	Weiß	– Brandmeldetelefon – Mittel und Geräte zur Brandbekämpfung – Feuerlöscher
[...]					

Quelle: Bundesanstalt für Arbeitsschutz und Arbeitsmedizin (BAuA): Arbeitsstätten. Arbeitsstättenverordnung, Technische Regeln für Arbeitsstätten, Sicherheits- und Gesundheitsschutzkennzeichnung, ASR A1.3, 2. Aufl., Dortmund, 2013, S. 8 (Auszug)

Im Folgenden ist eine Auswahl der bekanntesten Sicherheitszeichen dargestellt:

Verbotszeichen

Allgemeines Verbotszeichen

Rauchen verboten

Keine offene Flamme, Feuer, offene Zündquelle und Rauchen verboten

Für Fußgänger verboten

Für Flurförderzeuge verboten

Berühren verboten

Keine schwere Last

Eingeschaltete Mobiltelefone verboten

Abstellen oder Lagern verboten

Zutritt für Unbefugte verbogen

Warnzeichen

Allgemeines Warnzeichen

Warnung vor explosionsgefährlichen Stoffen

Warnung vor radioaktiven Stoffen oder ionisierender Strahlung

Warnung vor Laserstrahl

Warnung vor Hindernissen am Boden

Warnung vor Rutschgefahr

Warnung vor elektrischer Spannung

Warnung vor Flurförderfahrzeugen

Warnung vor schwebender Last

Warnung vor giftigen Stoffen

Warnung vor Quetschgefahr

Warnung vor feuergefährlichen Stoffen

Warnung vor ätzenden Stoffen

Warnung vor Handverletzungen

Warnung vor explosionsfähiger Atmosphäre

Gebotszeichen

Allgemeines Gebotszeichen

Gehörschutz benutzen

Augenschutz benutzen

Fußschutz benutzen

Handschutz benutzen

Gesichtsschutz benutzen

Kopfschutz benutzen

Warnweste benutzen

Atemschutz benutzen

Fußgängerweg benutzen

Rettungszeichen

Rettungsweg/ Notausgang (links)

Erste Hilfe

Notruftelefon

Sammelstelle

Augenspüleinrichtung

Krankentrage

Notausstieg

Beispiel für Rettungsweg/Notausgang (E002) mit Zusatzzeichen (Richtungspfeil)

Brandschutzzeichen

Feuerlöscher

Löschschlauch

Feuerleiter

Mittel und Geräte zur Brandbekämpfung

Brandmelder

Brandmeldetelefon

2.3 Verhalten bei Unfällen

So wichtig Unfallverhütungsmaßnahmen sind, es können trotzdem immer wieder Arbeitsunfälle passieren. Jeder Mitarbeiter kann in die Situation kommen, Verletzten helfen zu müssen. Dabei ist dies nicht nur eine moralische Pflicht. Nach dem Strafgesetzbuch wird unterlassene Hilfeleistung mit Strafe bedroht:

§ 323 c StGB „Unterlassene Hilfeleistung" Mit einer Freiheitsstrafe bis zu einem Jahr oder mit Geldstrafe wird bestraft, wer bei Unglücksfällen oder gemeiner Gefahr oder Not nicht Hilfe leistet, obwohl dies erforderlich und ihm den Umständen nach zuzumuten ist, insbesondere, wenn keine erhebliche eigene Gefahr und keine Verletzung anderer wichtiger Pflichten vorliegt.

Was sollten Sie beim Auffinden einer verletzten Person tun?

- Versuchen Sie **ruhig und besonnen** zu bleiben und handeln Sie nicht kopflos.
- Sichern Sie die **Unfallstelle** ab.
- Achten Sie auf die **eigene Sicherheit**.
- **Melden Sie den Unfall** möglichst schnell über die Notrufnummern **112** an die zuständige Rettungsleitstelle oder über **110** an die nächste Polizeileitstelle. Beim **Notruf** sollten die **5 „Ws“** beachtet werden:

Wo	ist es passiert?	Ort, Straße, Betrieb, Etage
Was	ist passiert?	Erkrankung, Unfall, Feuer, eingeklemmte Person
Wie viele	Verletzte/Erkrankte?	Anzahl der zu Versorgenden
Welche	Verletzungen/Erkrankungen?	ungefähre Verletzungsschwere, Zustand der Verletzten
Warten	auf Rückfragen	erst auflegen, wenn die Leitstelle das Gespräch beendet

- Holen Sie ggf. **weitere Hilfe** herbei und bleiben Sie bis zum Eintreffen des Rettungsdienstes bei dem/den Verletzten.
- Nehmen Sie **Kontakt** zum Verletzten auf. Eine gute Erstbetreuung wirkt sich günstig auf den Gesamtzustand des Verletzten aus.

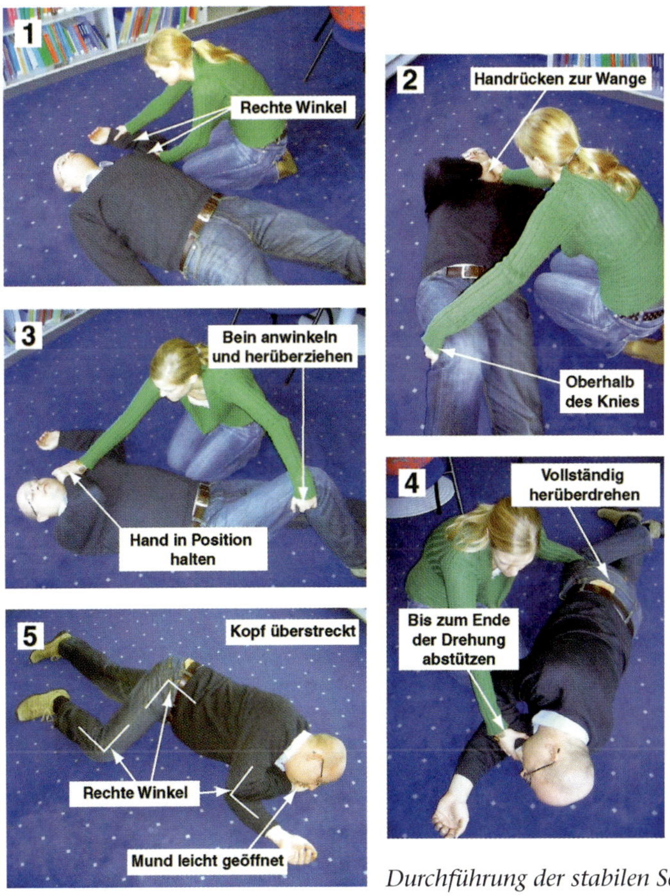

Durchführung der stabilen Seitenlage

- **Beachten Sie dabei Folgendes:**
  - Begeben Sie sich auf die Höhe des Verletzten (evtl. knien oder hocken).
  - Schauen Sie den Verletzten aufmerksam an.
  - Nennen Sie Ihren Namen.
  - Stellen Sie vorsichtig Körperkontakt her.
  - Sagen Sie dem Verletzten immer, was Sie tun bzw. schon getan haben.
  - Bitten Sie ggf. Umstehende um Mithilfe.
  - Legen Sie den Verletzten möglichst auf eine (Rettungs-)Decke und decken Sie ihn zu, um einen Wärmeverlust zu vermeiden.
  - Bei Bewusstlosigkeit: Bringen Sie den Verletzten in die stabile Seitenlage.

Als **Ersthelfer oder ausgebildeter Rettungssanitäter** sollten Sie bis zum Eintreffen des Rettungsdienstes weitere Rettungsmaßnahmen einleiten. Dabei ist zu unterscheiden zwischen

- **lebensrettenden Sofortmaßnahmen** (Beispiele: Mund-zu-Mund-Beatmung, Herzdruckmassage bei Bewusstlosigkeit),
- **Erstversorgung des/der Verletzten** (Beispiele: Schienen bei Knochenbrüchen, keimfreier Druckverband bei Schnittverletzungen, Wasseranwendungen bei Verbrennungen oder Verätzungen).

Die Beschreibung dieser und weiterer Maßnahmen ist an dieser Stelle nicht möglich.

- **Wenn der Rettungsdienst bzw. Notarzt eintrifft**, helfen Sie ihm – vor allem bei unübersichtlichen örtlichen Gegebenheiten – schnell zum Verletzten zu gelangen.

Nach § 26 DGUV Vorschrift 1 hat der Unternehmer dafür zu sorgen, dass für die Erste-Hilfe-Leistung **Ersthelfer** mindestens in folgender Zahl grundsätzlich zur Verfügung stehen:

- bei 2 bis 20 anwesenden Versicherten ein Ersthelfer
- bei mehr als 20 anwesenden Versicherten
  - in Verwaltungs- und Handelsbetrieben 5 %
  - in sonstigen Betrieben 10 %

Ersthelfer müssen von einer durch die Berufsgenossenschaft autorisierten Stelle entsprechend ausgebildet worden sein und sollen alle 2 Jahre fortgebildet werden.

Tipp

Informieren Sie sich über die Ausbildung zum Ersthelfer. Auskunft erhalten Sie unter der gebührenfreien Telefonnummer 0800–41 41 41 0 sowie im Internet unter www.drk.de. Besorgen Sie sich dazu ein Handbuch zur Ersten Hilfe, z. B. Erste Hilfe konkret, Bildungsverlag EINS, Best.-Nr. 92000.

Kernwissen

- Für den Arbeits- und Gesundheitsschutz in der gewerblichen Wirtschaft gibt es die **Unfallverhütungsvorschriften** der Berufsgenossenschaften sowie staatliche Gesetze und Verordnungen.
- Die **UVV** enthalten Vorschriften über die **Rechte und Pflichten** von Arbeitgeber und Arbeitnehmer, **sicherheitstechnische Anforderungen** an Werkzeuge und Geräte sowie **Verhaltensvorschriften** für bestimmte Arbeitsplätze und Arbeitsverfahren.

- **Pflichten des Unternehmers:**
  - Treffen der erforderlichen Maßnahmen zur Unfallverhütung
  - Unterweisung der Versicherten mindestens einmal jährlich
  - Aushang der Vorschriften an geeigneter Stelle im Betrieb
  - Meldung von Arbeitsunfällen an die Berufsgenossenschaft innerhalb von 3 Tagen
- **Pflichten der Versicherten:**
  - Befolgung der vom Unternehmer zur Unfallverhütung angeordneten Maßnahmen
  - sich nicht durch Alkohol oder Drogen in einen Zustand versetzen, durch den sie sich und andere gefährden könnten
- Der Arbeitgeber hat dem Arbeitnehmer **persönliche Schutzausrüstungen** zur Verfügung zu stellen; der Arbeitnehmer ist verpflichtet, diese zu tragen.
- Die **Sicherheitskennzeichen** werden unterteilt in
  - **Verbotszeichen** (rote Umrandung, weißer Hintergrund, schwarzes Symbol),
  - **Warnzeichen** (gelber Grund, schwarze Umrandung, schwarzes Symbol),
  - **Gebotszeichen** (blauer Grund, weißes Symbol),
  - **Rettungszeichen** (grüner Grund, weißes Symbol) und
  - **Brandschutzzeichen** (roter Grund, weißes Symbol).
- **Jeder ist zur Ersten Hilfe bei Unfällen oder Krankheiten verpflichtet.** Neben dem Notruf (112 oder 110) ist es wichtig, sich um den/die Verletzten zu kümmern, bis der Rettungsdienst eintrifft.
- Beim **Notruf** sollten die **5 „Ws“** beachtet werden:
  - Wo ist der Notfall?
  - Was ist geschehen?
  - Wie viele Verletzte/Betroffene sind zu versorgen?
  - Welche Art von Verletzungen oder Krankheitszeichen haben die Betroffenen?
  - Warten auf mögliche Rückfragen der Rettungsleitstelle!

Aufgaben

1. *Erläutern Sie die Aufgaben der Berufsgenossenschaften und informieren Sie sich, welche Berufsgenossenschaft für Ihren Ausbildungsbetrieb zuständig ist.*
2. *Welche Regelungen sind in den Unfallverhütungsvorschriften enthalten?*
3. *Welche Pflichten nach der DGUV Vorschrift 1*
   a) hat der Unternehmer und
   b) haben die Versicherten?
4. *Schildern Sie anhand von Beispielen, vor welchen Gefahren die persönliche Schutzausrüstung schützen kann.*
5. *Beschreiben Sie jeweils folgende Sicherheitszeichen und nennen Sie Beispiele:*
   a) Verbotszeichen
   b) Warnzeichen
   c) Gebotszeichen
   d) Rettungszeichen und
   e) Brandschutzzeichen
6. *Schildern Sie, wie Sie sich bei einem Unfall verhalten sollten.*
7. *Was versteht man beim Notruf unter den 5 „Ws“?*
8. *Informieren Sie sich in Ihrem Ausbildungsbetrieb über die Maßnahmen zur Ersten Hilfe.*

Lernfeld 2
Güter lagern

1 Lager planen

Einstiegssituation

Im Lager der Zweirad GmbH herrscht Chaos. Bei Neuanlieferungen weiß niemand, wo die Teile untergebracht werden sollen. Es ist zu wenig Platz vorhanden. Ständig muss die Ware umgelagert werden. Wenn Mitarbeiter Teile für die Kunden, die Werkstatt oder die Produktion brauchen, beginnt erst einmal das große Suchen.

Nachdem sich die Beschwerden häufen und die Geschäftsleitung sich von der derzeitigen Lagersituation ein Bild gemacht hat, beschließt sie den Bau eines neuen Lagers. Sie erhalten den Auftrag, an der Planung dieses Lagers mitzuwirken.

Handlungsaufträge

1. *Überlegen Sie zunächst, welche Güter Sie in Ihrem eigenen Haushalt wo lagern.*
2. *Leiten Sie aus den gesammelten Überlegungen aus Handlungsauftrag 1 ab, welche Aufgaben die Lagerhaltung erfüllt.*

1.1 Aufgaben des Lagers

Lagerhaltung ist nichts Neues. Schon unsere Vorfahren legten Nahrungsmittelvorräte an und schufen dafür entsprechende Lagerstätten. Auch aus der Tierwelt ist eine Vorratswirtschaft bekannt. So vergraben Eichhörnchen im Herbst die gefundenen Nüsse im Erdreich, um sie in Notzeiten wieder auszugraben. Allerdings ist deren Lagerhaltung recht planlos, sodass – nach Angaben von Tierwissenschaftlern – die Eichhörnchen, die mit einem recht schlechten Gedächtnis ausgestattet sind, die Vorräte nur rein zufällig wiederfinden. Im Prinzip haben wir es hierbei mit der ersten Form der chaotischen Lagerhaltung zu tun – aber dazu später mehr.

Unter dem **Begriff** Lager versteht man zweierlei:
- den Raum, in dem Güter auf Vorrat aufbewahrt werden
- die Gegenstände selbst, die gelagert werden[1]

---

[1] *Der Plural (Mehrzahl) von Lager ist Lager. Meint man aber in der Kaufmannssprache die Warenvorräte, so heißt es im Plural „Läger".*

Kein Betrieb kann auf ein Lager verzichten, da unmöglich immer nur so viel eingekauft werden kann, wie in der Produktion eines Industriebetriebs oder beim Verkauf eines Handelsbetriebs gerade benötigt wird. Somit erfüllt die Lagerhaltung folgende **Aufgaben**:

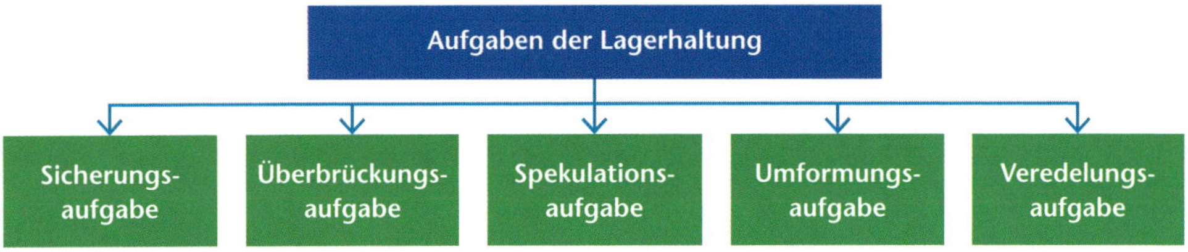

Sicherungsaufgabe	Bei Lieferverzögerungen, Transportschwierigkeiten, bei anfallendem Mehrverbrauch oder erhöhter Nachfrage sichert die Lagerhaltung vor Engpässen. Nicht umsonst wird der eiserne Bestand/Mindestbestand auch Sicherungsbestand genannt und erfüllt die Sicherungsfunktion des Lagers.
Überbrückungsaufgabe	Fallen Herstellungs- und Verwendungszeitpunkt auseinander, so wird dies durch die Lagerhaltung überbrückt. So dauert die Ernte nur wenige Wochen, der Verbrauch erstreckt sich aber über das ganze Jahr hinweg. Das Lager erfüllt aber auch eine Überbrückungsaufgabe/Ausgleichsfunktion, wenn die Beschaffung von Gütern zeitlich und mengenmäßig mit dem Verbrauch in der Produktion nicht parallel verläuft. Umgekehrt entfällt bei der Beschaffung nach dem Just-in-time-Verfahren die Überbrückungsaufgabe der Lagerhaltung. Auch das Fertigwarenlager erfüllt eine Ausgleichsfunktion, wenn in der Produktion aus Kostengründen große Stückzahlen hergestellt und auf Lager genommen werden und der Verkauf erst nach und nach erfolgt.
Spekulationsaufgabe	Sind Preissteigerungen zu erwarten, schafft ein früher Einkauf Preisvorteile, die die Kosten der Lagerhaltung überwiegen (z. B. Heizölkauf im Sommer).
Umformungsaufgabe	Gerade in Lagern der Handelsbetriebe finden Umfüll-, Misch- oder Sortiervorgänge statt, um dem Kunden ein breites Sortiment (Warenauswahl) zu bieten und die Ware in den gewünschten Mengen (100 g, 500 g usw.) und Sätzen (Dichtungssatz, Reparatursatz usw.) bereitzustellen. Zur Umformungsaufgabe gehört aber auch die Aussortierungsfunktion, wenn nicht mehr benötigte, veraltete oder verdorbene Güter aus dem Lager entfernt werden, um Platz für neue Güter zu schaffen. Auch die Verschrottung ist dazuzuzählen.
Veredelungsaufgabe	Etliche Güter erhalten erst durch ihre Lagerung ihre volle Qualität und Reife (Wein, Holz, Tabak, Malz, Käse usw.). Man spricht dann von **Produktivlagern**.

Kernwissen

Zu den Aufgaben der Lagerhaltung zählen:
- die Sicherungsaufgabe
- die Überbrückungsaufgabe/die Ausgleichsfunktion
- die Spekulationsaufgabe
- die Umformungsaufgabe
- die Veredelungsaufgabe

Aufgaben

Stellen Sie fest, welche Aufgaben die Lagerhaltung in den folgenden Fällen jeweils zu erfüllen hat.

a) Nach der Herstellung werden die Produkte bis zum Verkauf in einem Auslieferungslager gelagert.

b) Um Produktionsausfälle zu vermeiden, wird ein Mindestbestand gehalten.

c) Die Ware erhält durch die Lagerung ihre notwendige Qualität.

d) Der Betrieb kauft in Erwartung steigender Preise die doppelt benötigte Menge und lagert sie ein.

e) Die Mitarbeiter im Lager entnehmen von einer Palette mit 1 000 Teilen jeweils 10 Teile und packen diese in Schachteln mit Firmenlogo.

1.2 Lagerarten

Lager ist nicht gleich Lager. Bevor mit der Planung eines Lagers begonnen werden kann, müssen zunächst einige Unterscheidungsmerkmale beachtet werden. Hierzu können gehören:

- die zu lagernden Güterarten
- die Betriebsart des Unternehmens
- der Lagerstandort
- die Lagerbauweise
- der Lagereigentümer
- die Lagertechnik
- die Lagereinrichtungen
- die Lagertransportmittel

WSP

1.2.1 Unterscheidung nach den Güterarten

Für die Planung eines Lagers ist bedeutsam, welche Güter darin gelagert werden sollen. Dazu können die Güter nach verschiedenen Merkmalen weiter unterteilt werden:

FR

nach ihrer **Konsistenz** (Struktur):	feste, flüssige, gasförmige Güter
nach ihrer **Materialart**:	Holz, Metall, Kunststoff, Glas
nach ihrem **Gewicht**:	leichte oder schwere Güter
nach ihrem **Volumen**:	kleine, große, sperrige Güter
nach der einzulagernden **Menge** pro Güterart:	geringe oder hohe Bestände
nach ihren **Lager- und Verbrauchseinheiten**:	Stück, Paar, Dutzend, Zehnerstufung (z. B. je 100 Stück)
nach ihrem **Lagerzustand**:	verpackt, unverpackt, stapelbar, nicht stapelbar
nach ihrem **Wert**:	geringwertige oder hochwertige Güter
nach ihrer **Empfindlichkeit** vor Bruch, Temperatur, Nässe usw.:	empfindliche, unempfindliche, wartungsbedürftige, pflegebedürftige Güter
nach ihrer **Gefährlichkeit**:	spitze, scharfe, giftige, ätzende Güter usw.
nach ihrer **Verwendungsart**:	Roh-, Hilfs-, Betriebsstoffe, Halbfertigerzeugnisse, Fertigerzeugnisse, Handelswaren
nach ihrer **Haltbarkeit**:	unbegrenzt oder begrenzt haltbare Güter
nach ihrer **Entnahmehäufigkeit/Umschlagshäufigkeit**:	„Schnelldreher“, „Ladenhüter“.

1.2.2 Unterscheidung nach den Betriebsarten

WSP

1.2.2.1 Industriebetrieb

Industriebetriebe sind hauptsächlich mit der Herstellung von Gütern (Maschinen, Möbel, Kleidung, Lebensmittel usw.) beschäftigt. Der Leistungsprozess läuft dabei gleich ab.

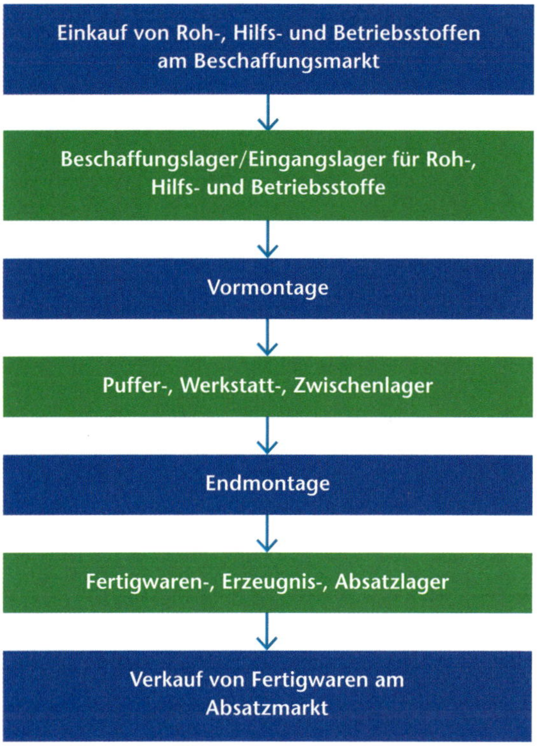

Merke

Rohstoffe *bilden den Hauptbestandteil eines herzustellenden Gutes, z. B. Holz bei einem Schrank, Stahl bei einem Fahrzeug, Stoffe bei der Herstellung von Bekleidung.*

Hilfsstoffe *spielen bei der Herstellung eines Gutes wert- und mengenmäßig nur eine geringe Rolle, z. B. Leim, Schrauben.*

Betriebsstoffe *werden bei der Herstellung eines Gutes verbraucht, z. B.*
- *Strom für den Antrieb von Maschinen*
- *Wasser für die Kühlung von Maschinen*
- *Schmierstoffe, um die Funktionsfähigkeit von Maschinen zu gewährleisten.*

Der Leistungsprozess bedingt deshalb auch verschiedene Lager:

- **Roh-, Hilfs- und Betriebsstofflager.** Es ist möglich, ein zentrales Lager für den Gesamtbetrieb zu errichten oder jeweils am Ort der Verwendung ein eigenes dezentrales Lager zu führen. Diese Lager erfüllen vorwiegend eine Sicherungsaufgabe, d. h. die reibungslose Versorgung der Produktion mit Roh-, Hilfs- und Betriebsstoffen. Beim Einkauf großer Mengen aufgrund günstiger Preise üben die Lager aber auch die Überbrückungs- und Spekulationsfunktion aus.

Die Organisation des Lagers kann sein:

- **stofforientiert.** Bei dieser Lagerung werden gleichartige Güter oder Gütergruppen in dafür vorgesehenen Lagern zusammengefasst.

  Beispiele
  Kabellager, Stangenlager, Treibstofflager

- **verbrauchsorientiert.** In verbrauchsorientierten Lagern ist die Lagerung der Teile nach dem Bedarf der Teile in der Fertigung ausgerichtet. **Handlager am Arbeitsplatz.**

- **Puffer-, Werkstatt- oder Zwischenlager.** Durchlaufen die hergestellten Produkte mehrere Fertigungsstufen (beim Automobilbau: Presswerk → Karosseriebau → Lackierung → Endmontage), dann entstehen dazwischen häufig Wartezeiten und somit Zwischenlager. Damit erfüllen Zwischenlager häufig eine Überbrückungsfunktion. Bei der Fließfertigung sind Zwischenlager vermeidbar.

Scheibenlagerung in Automobilersatzteilelager

- **Fertigwaren- oder Erzeugnislager.** Können die hergestellten Erzeugnisse nicht sofort verkauft werden, lagert man sie zwischenzeitlich ein. Aufgabe des Fertigwarenlagers ist damit hauptsächlich die Überbrückung zwischen Produktion und Verkauf. Dies kommt besonders dann vor, wenn, um Umrüstkosten der Maschinen zu vermeiden, eine große Menge/Losgröße eines Produkts auf einmal hergestellt wird. Man spricht hier von Fertigung auf Lager.
  Bei Fertigung im Kundenauftrag erfolgt die sofortige Lieferung des hergestellten Produkts an den Kunden. Hier entfallen weitgehend Fertigwarenlager.

- **Sonderlager.** Neben den genannten Lagern führt der Industriebetrieb für die benötigten Werkzeuge und das benötigte Büromaterial eigene **Werkzeuglager** und **Büromateriallager.** Besonders im Automobilbereich ist ein **Ersatzteillager** erforderlich, um Händler und Werkstätten mit Ersatzteilen für Reparaturen und Wartungsarbeiten beliefern zu können. Für die Fachkräfte im Lager bedeutsam ist das **Packmittellager**, in dem die für den Versand notwendigen Packmittel aufbewahrt werden.

1.2.2.2 Großhandel

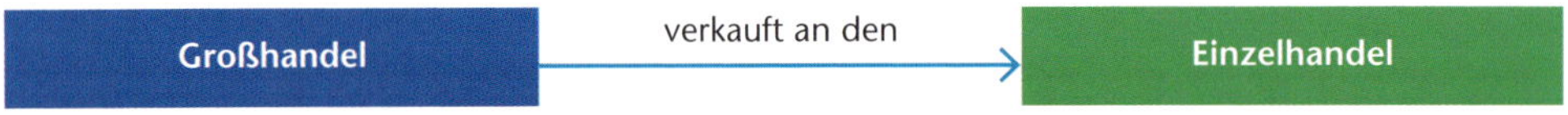

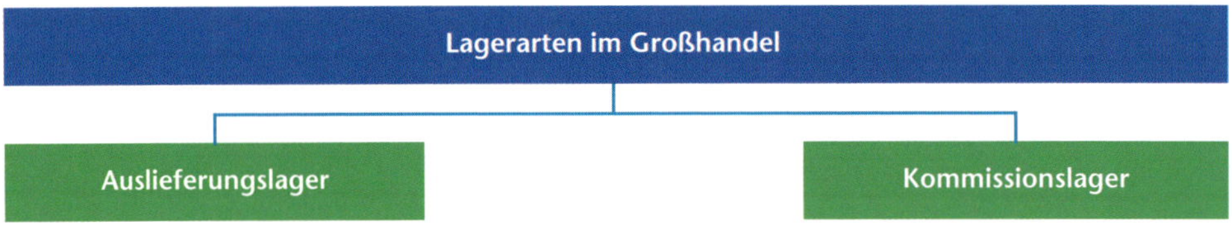

Großhandelsbetriebe verkaufen Waren in großen Mengen an den Einzelhandel und an Industriebetriebe. Hierfür sind große Lager notwendig. Zur Senkung der Lager- und Transportkosten sind diese Lager meist am Rande der Städte angesiedelt. Außerdem besitzen sie häufig einen eigenen Gleisanschluss bzw. befinden sich nahe von Hafenanlagen oder Autobahnen. Viele Großhändler unterhalten noch eigene **Auslieferungslager**, um Transportweg und -zeit zum Kunden zu verkürzen.

Bei einem **Kommissions-** oder **Konsignationslager** stellt ein Lieferer (z. B. Hersteller) seinem Kunden (z. B. Großhändler) auf eigene Kosten seine Ware zur Verfügung. Die Ware bleibt Eigentum des Lieferers, lagert aber beim Kunden. Die Entnahmen durch den Kunden werden monatlich abgerechnet. Für den Kunden verringert sich die Kapitalbindung und der reibungslose Arbeitsablauf bleibt gesichert.

Merke

*Vom Kommissionslager zu unterscheiden ist das **Kommissionierlager,** in dem die Güter z. B. für einen Kundenauftrag kommissioniert werden.*

1.2.2.3 Einzelhandel

Einzelhandel → verkauft an den → **Endverbraucher**

Der Einzelhandel bezieht seine Waren direkt vom Hersteller oder über den Großhandel und verkauft sie in kleinen Mengen an den Endverbraucher.

Einzelhandelsbetriebe unterhalten ein **Verkaufslager** und ein oder mehrere **Reservelager**. Das Verkaufslager ist der Verkaufsraum, in dem die Ware dem Kunden angeboten wird. Im Reservelager wird die Ware angenommen, ausgepackt, geprüft, ausgezeichnet und gelagert, bis sie im Verkauf benötigt wird.

1.2.2.4 Spedition

Auslieferungslager. Vielfach unterhalten Industriebetriebe bei Speditionen ein Lager, aus dem die Güter bei Abruf durch den Kunden ohne Verzögerung durch die Spedition ausgeliefert werden können.

Umschlagslager. Güter verschiedener Absender werden hier entladen, sortiert, nach ihren Empfangsorten bzw. Empfängern umverteilt und anschließend auf die entsprechenden Fahrzeuge verladen. Eine Lagerung der Ware im herkömmlichen Sinn findet dabei nicht statt.

1.2.3 Unterscheidung nach dem Lagerstandort

1.2.3.1 Vorgaben bei der Standortwahl

Die Wahl des geeigneten Standorts wird bestimmt durch verschiedene Vorgaben:

- nach **internen Vorgaben**. So werden Art, Gewicht und Volumen der Güter, aber auch die Anzahl der Ein- und Auslagerungen entscheidend sein für die Standortwahl. In der Praxis hat sich herausgestellt, dass umschlagsstarke, schnelldrehende Güter kostengünstiger über dezentrale Standorte, umschlagsschwache, langsam drehende Güter dagegen besser über zentrale Standorte verteilt werden. WSP
- nach **externen Vorgaben**. Damit ist gemeint, dass die freie Wahl des Standorts häufig begrenzt ist durch Bauvorschriften, Umweltauflagen, Bestimmungen zum Lärmschutz bzw. zur Lagerung gefährlicher Güter. Auch die Möglichkeiten der Energieversorgung und der Entsorgung von Abfällen, Chemikalien, Schmutzwasser sind bei der Standortwahl zu berücksichtigen.

Zu den externen Vorgaben zählt aber auch die **verkehrsgünstige Standortwahl**. Gerade Großunternehmen suchen als Standort für ihre Verkaufslager neben der Nähe zum Kunden auch die Nähe zu Autobahnanschlüssen, Flughäfen, Häfen oder zum Schienennetz. Nicht nur aus Kostengründen, sondern aufgrund verkehrstechnischer Überlegungen errichten heute viele Unternehmen ihre Lager am Rande einer Stadt.

1.2.3.2 Zentrale Lager oder dezentrale Lager bei der Beschaffung

Roh-, Hilfs- und Betriebsstofflager werden meist in der Nähe der Produktionsstätten gebaut. Nur so ist der Materialfluss zwischen Lager und Fertigung kostengünstig, schnell und störungsfrei zu bewältigen. Das Unternehmen muss sich dabei zwischen zentraler oder dezentraler Lagerung entscheiden.

Wird der gesamte Produktionsbereich von einem **zentralen Lager** aus versorgt, ergeben sich verschiedene **Vorteile**:
- Die vorhandenen Lagereinrichtungen und Förderzeuge können besser genutzt werden.
- Die Raumausnutzung ist günstiger.
- Die notwendigen Materialvorräte können niedriger gehalten werden.
- Der Gesamtbedarf ist besser feststellbar.
- Weniger, aber dafür größere Einkäufe senken die Beschaffungskosten (weniger Bestellungen, höherer Mengenrabatt).
- Das Personal ist besser einsetzbar.
- Die Kontrolle bei der Materialannahme und -abgabe ist gut durchführbar.

Ist die Entfernung zwischen dem Lager und den Produktionsstätten groß, empfiehlt es sich, in der Nähe des Fertigungsbereichs einzelne **dezentrale Lager** anzulegen, um die **Transportwege** zu **verkürzen**. Dies gilt besonders bei schweren und sperrigen Gütern. Auch bei der Anlieferung der Güter im Just-in-time-Verfahren werden kleinere dezentrale Lager bevorzugt.

Dezentrale Lager bieten weitere **Vorteile**:
- Die Abstimmung zwischen Lager und Produktion bzw. Verkauf ist meist einfacher.
- Der Informationsfluss zwischen den Abteilungen läuft schneller.
  Sie erlauben den Einsatz von Spezialgeräten (Heizung, Lüftung, Befeuchtung) und gewährleisten eine sachgemäße Lagerung.

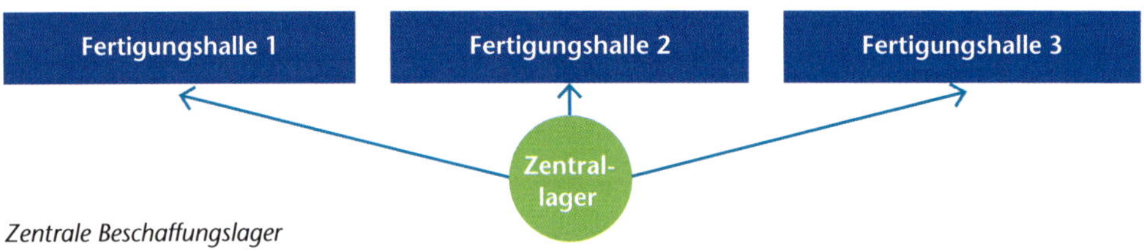

Zentrale Beschaffungslager

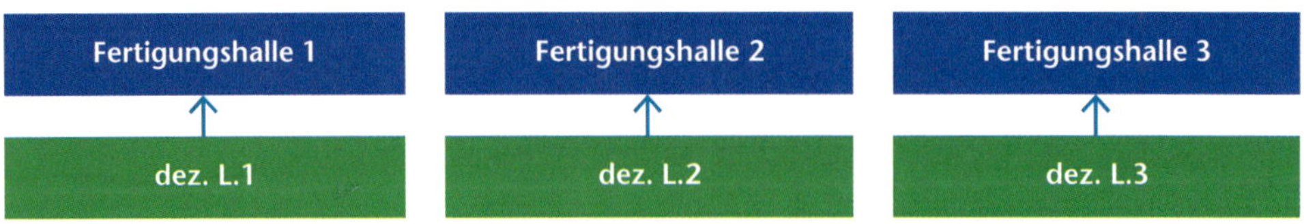

Dezentrale Beschaffungslager

1.2.3.3 Zentrale Lager oder dezentrale Lager beim Absatz

Für **Fertigwarenlager** dagegen sucht man die Kundennähe, um den Kunden schnell beliefern zu können. Auch hier bestehen die Alternativen, alle Kunden aus einem **Zentrallager** zu beliefern oder Regionallager und Auslieferungslager als **Distributionslager** (distribuieren = verteilen) **dezentral** einzuschalten. Dabei gilt:

Auslieferung von Gütern an Kunden direkt aus einem Zentrallager	Auslieferung von Gütern über dezentrale Regional- und Auslieferungslager an die Kunden
▪ niedrige Lagerkosten ▪ hohe Transportkosten ▪ langsame Liefermöglichkeit ▪ weniger Kundenkontakt	▪ hohe Lagerkosten ▪ niedrige Transportkosten ▪ schnelle Liefermöglichkeit ▪ besserer Kundenkontakt

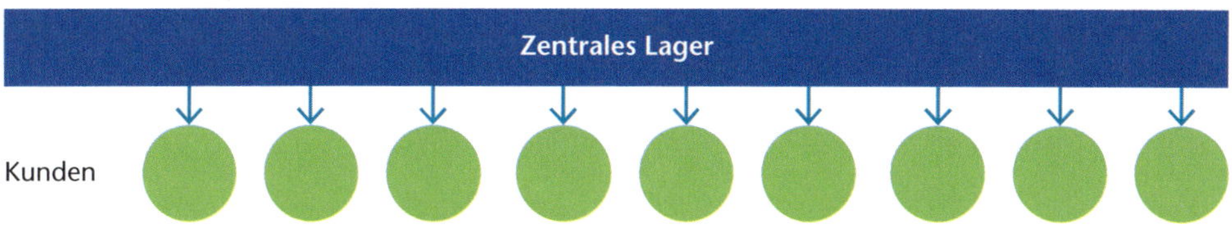

Auslieferung an Kunden über ein zentrales Lager

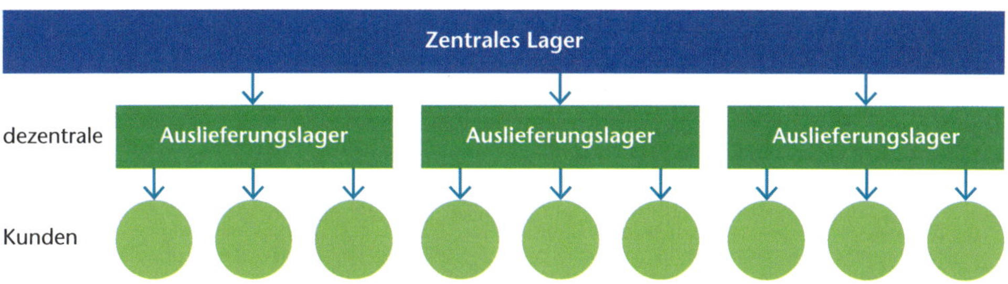

Auslieferung an Kunden über dezentrale Auslieferungslager

1.2.3.4 Handlager

Besonders im Bereich der industriellen Fertigung befinden sich am jeweiligen Arbeitsplatz Handlager für Kleinteile wie Schrauben, Dichtungen, Nieten, Kabel usw. Hierdurch werden der Arbeitskraft unnötige Wege erspart. Der Verbrauch dieser Materialien erfolgt meist zugriffsfrei, d. h., bei Bedarf wird aus dem Handlager Material entnommen, ohne dass die einzelne Entnahme notiert wird. Dadurch werden einerseits umfangreiche Verwaltungsarbeiten eingespart, andererseits ist jedoch der Verbrauch nicht genau kontrollierbar.

1.2.4 Unterscheidung nach der Bauweise

Die zu lagernde Ware bestimmt in den meisten Fällen auch die Art und das Aussehen des Lagers.

1.2.4.1 Freilager

Freilager sind für die Lagerung von **witterungsunempfindlichen** und **wenig diebstahlgefährdeten** Gütern geeignet. Ihr häufigster Anwendungsbereich ist bei Schüttgütern, Holz, Baustoffen und Leergut zu finden. Die baulichen Maßnahmen beschränken sich auf eine Befestigung des Bodens, der die Verschmutzung minimieren und außerdem einen entsprechenden Untergrund für den Einsatz von Transport- und Fördermitteln schaffen soll.

Unter **halboffenen** Lagern versteht man **überdachte Lagerflächen**, die seitlich keinen Schutz bieten, jedoch niedrige Bau- und Unterhaltskosten schaffen. Zur Aufbewahrung in halboffenen Lagern eignen sich Maschinen, Rohre, Erze, Stahl. Wie schon beim offenen Lager ist eine Umzäunung zum Schutz vor Diebstahl erforderlich.

1.2.4.2 Bunker-/Silo-Tanklager

Bunker, Silos oder Tanks sind Speicherbehältnisse zur Lagerung von Schüttgütern, Flüssigkeiten oder Gasen. Die Bauformen können – je nach Lagergut – zylindrisch oder quaderförmig sein. Es werden Höhen bis zu 50 m und Nutzinhalte bis zu 2000 m^3 erreicht. Die Beschickung der Bunker geschieht von oben über Krane oder Stetigförderer, während die Entnahme meist über Auslaufvorrichtungen am Boden erfolgt.

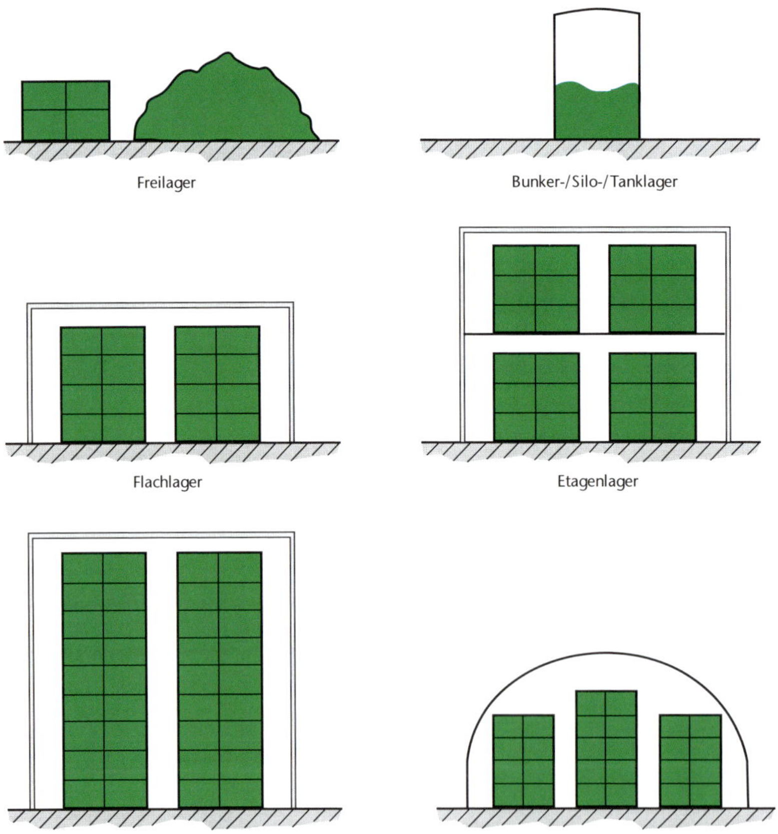

Lagerbauformen

1.2.4.3 Geschlossene Lager

Waren, die der Witterung und der Gefahr des Diebstahls ausgesetzt sind, werden in geschlossenen Lagern, d.h. in Hallen oder Gebäuden, aufbewahrt. Sie enthalten in der Regel alle Einrichtungen zum Aufbewahren, Umlagern, Ausgeben, Messen und Wiegen der zu lagernden Waren, wie auch die Räume für das Lagerpersonal, um die mit der Lagerung anfallenden Verwaltungsarbeiten auszuführen, sowie sanitäre Einrichtungen.

1.2.4.4 Flachlager

Als Flachlager werden Lager bezeichnet, die in Gebäuden bis zu ca. sieben Meter Höhe untergebracht sind. Von einem Hochflachlager spricht man, wenn die Gebäude Höhen bis ca. zwölf Meter erreichen. Flachlager sind sowohl für Blocklagerung als auch Regallagerung geeignet. Wichtig ist, bei der Planung auf einen entsprechenden Stützenabstand zu achten, da diese Stützen bei der Gestaltung des Lagerlayouts berücksichtigt werden müssen. Bei Flachlagern entfällt meist der Einbau von Treppen, Aufzügen und dergleichen.

1.2.4.5 Etagenlager

Ein Etagenlager ist prinzipiell ein übereinander angeordnetes Flachlager auf mehreren Stockwerken. Anlass für seine Errichtung ist häufig die Forderung, bei zu kleinen Grundstücksflächen die Lagerflächen zu erhöhen. Nachteilig erweist sich fast immer die Notwendigkeit der Bedienung über Aufzüge, die stets ein Engpass im Materialfluss sind. Auch ist bereits bei der Planung auf die entsprechende Deckentragfähigkeit zu achten. Bei Gefahr sind die Brandbekämpfungs- und Fluchtmöglichkeiten im Obergeschoss eingeschränkt.

1.2.4.6 Hochregallager

Hochregallager sind Lager mit Höhen über ca. zwölf Meter. Die höchsten Lager in der Praxis haben sogar Höhen von 45 m, bei einer Länge von 120 m. Man unterscheidet zwei prinzipielle Bauweisen. Bei der einen wird ein fester Baukörper geschaffen (Betonbauweise), in den die Regale freistehend eingebracht werden. Bei der anderen werden die Regale selbst als Tragkonstruktion für Wände und Dach des Lagers genutzt. Während der Baukörper für Flach- oder Etagenlager auch anderweitig genutzt werden kann, z.B. für Fertigungseinrichtungen, ist ein Hochregallager nicht für andere Zwecke nutzbar und daher als Einzweckanlage zu betrachten (siehe auch Abschnitt 3.1.13).

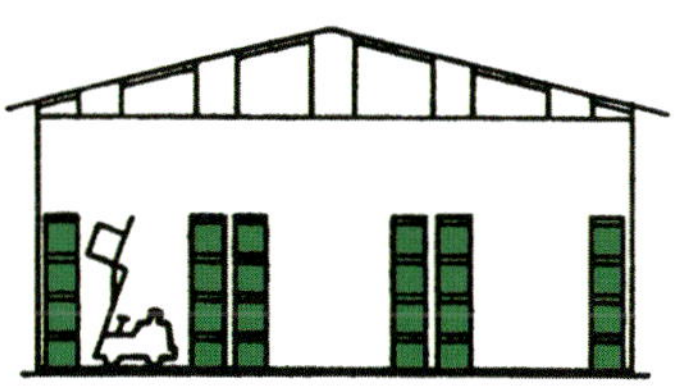

herkömmliches Eingeschosslager,
Bedienung mit Gabelstapler,
Lagerkapazität 24 Paletten

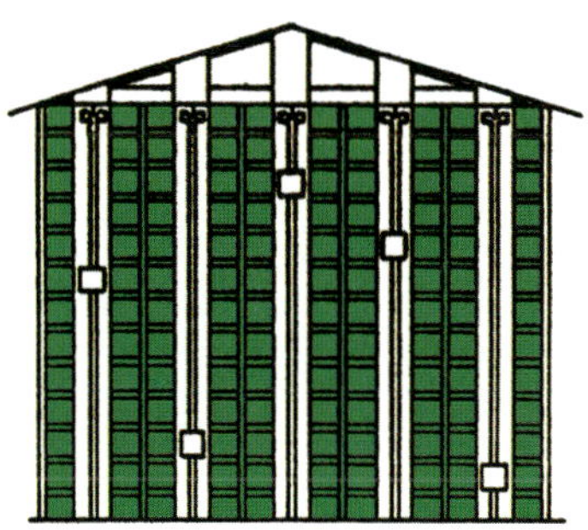

Hochregallager;
Bedienung mit Regalförderzeug;
Lagerkapazität bei gleicher Grundfläche 120 Paletten.

Eingeschoss- und Hochregallager

Traglufthalle

> **Merke**
>
> *Traglufthallenlager haben einen ungünstigen/geringen Raumausnutzungsgrad. Sie eignen sich aber als flexible Ausweichlager.*

1.2.4.7 Traglufthallenlager

Traglufthallenlager bestehen aus einer Hallenhaut eines luftundurchlässigen Gewebes, welche durch Gebläse ballonartig über einer befestigten Grundfläche aufgespannt wird. Die Zugänge erfolgen über Luftschleusen. Traglufthallen haben sich vor allem als Ausweichlager bewährt, da sie sehr schnell auf- und abgebaut werden können. Problematisch sind sie bei Sturm und Schneefällen. Auch ist wegen ihrer gewölbten Form ihr Raumnutzungsfaktor beschränkt.

1.2.4.8 Speziallager

Für bestimmte Waren sind besondere Lager anzulegen. Dazu zählen vor allem flüssige, gasförmige, aber auch diebstahlgefährdete, umweltschädigende und leicht verderbliche Materialien.

1.2.5 Unterscheidung nach dem Eigentümer

1.2.5.1 Eigenlagerung – Fremdlagerung

Kein Unternehmen kommt heute ohne ein eigenes Lager aus (Eigenlager). Oftmals ist es aber sinnvoll, die Güter einem anderen Unternehmen zur Lagerung zu überlassen **(Fremdlager)**. Eine Fremdlagerung kann erfolgen

- auf Dauer, z. B. aus Kostengründen,
- vorübergehend, z. B. bei vollem eigenen Lager,
- ausnahmsweise, z. B. wenn erforderliche Lagereinrichtungen (Kühlgeräte usw.) im eigenen Lager nicht vorhanden sind,
- als Zwischenlagerung während eines Transports der Güter, z. B. in Häfen, auf Flughäfen und Bahnhöfen.

Outsourcing. Viele Unternehmen gehen heute dazu über, die Logistik an fremde Logistikdienstleister zu übertragen. Man spricht dann von Outsourcing. Diese Logistikdienstleister übernehmen neben der Lagerung der Güter meist weitere **logistische Dienste**. Dazu zählen u. a.:

- Kommissionierung
- Quantitäts- und Qualitätsprüfung
- Warenpflege
- Portionierung und Komplettierung
- Etikettierung und Verpackung
- Verzollung
- Verteilung und Versand
- Sendungsverfolgung
- Montage- und Reparaturservice
- Leergutverwaltung
- Entsorgung

Fremdlagerung	
Vorteile einer Fremdlagerung können sein: ▪ Einsparung von Investitionskosten für den Bau eines eigenen Lagers ▪ Einsparung von Lagerkosten für Personal, Material und Einrichtung ▪ keine Leerkosten bei schlechter Lagerauslastung ▪ qualifiziertes Personal beim Logistikdienstleister	**Nachteile der Fremdlagerung können sein:** ▪ Gefahr der Unzuverlässigkeit des Logistikdienstleisters ▪ Abhängigkeit vom Logistikdienstleister ▪ umständlicher Informationsfluss vom Unternehmen zum Kunden über den Logistikdienstleister ▪ Verlust von Ansehen, da kein eigenes Lager mehr geführt wird

1.2.5.2 Gesetzliche Grundlagen

Lagerhalter

Gesetzlich ist das Lagergeschäft im Sinne der Fremdlagerung nach dem Lagerrecht im **Handelsgesetzbuch** geregelt. Danach ist der **Lagerhalter** ein **selbstständiger Kaufmann**, der die gewerbsmäßige Einlagerung und Aufbewahrung von Gütern für andere übernimmt. Lagerhalter treten häufig gleichzeitig als Spediteur und Frachtführer auf. WSP

Arten der Fremdlagerung		
Trennungslagerung	**Sammellagerung**	**Mietlagerung**
Die Güter aller Einlagerer werden getrennt gelagert.	Gleiche Güter verschiedener Einlagerer werden gemeinsam gelagert, z. B. Mineralöl, Getreide.	Der Einlagerer mietet nur einen Lagerraum und ist für die Pflege und Verwaltung seiner Ware selbst zuständig.

Lagervertrag (§ 467)

Durch den Lagervertrag wird der **Lagerhalter** verpflichtet, das Gut zu lagern und aufzubewahren. Der **Einlagerer** wird verpflichtet, die vereinbarte Vergütung zu bezahlen.

Behandlung des Gutes, Begleitpapiere, Mitteilungs- und Auskunftspflichten (§ 468)

Der Einlagerer muss dem Lagerhalter rechtzeitig schriftlich mitteilen, wenn er gefährliches Gut einlagern will und welche Vorsichtsmaßnahmen dabei zu ergreifen sind. Soweit dies erforderlich ist, muss der Einlagerer das Gut verpacken und kennzeichnen, die notwendigen Urkunden zur Verfügung stellen und Auskünfte erteilen, die der Lagerhalter benötigt, um eine ordnungsgemäße Lagerung vornehmen zu können.

Sammellagerung (§ 469)

Der Lagerhalter ist berechtigt, Sachen gleicher Art und Güte zu vermischen, wenn die beteiligten Einlagerer damit einverstanden sind. Den Einlagerern steht damit ein **Miteigentum nach Bruchteilen** zu. Der Lagerhalter darf jedem Einlagerer seinen Anteil ausliefern, ohne die Genehmigung der anderen Einlagerer einholen zu müssen.

Empfang des Gutes (§ 470)

Befindet sich ein Gut, das dem Lagerhalter zur Einlagerung zugesandt wird, in einem erkennbaren beschädigten Zustand, so muss der Lagerhalter dies dem Einlagerer unverzüglich mitteilen, damit Schadenersatzansprüche geltend gemacht werden können.

Erhaltung des Gutes (§ 471)

Der Lagerhalter muss dem Einlagerer die Möglichkeit geben, während der üblichen Geschäftszeit

- das Gut zu besichtigen,
- Proben zu entnehmen,
- Handlungen zur Werterhaltung des Gutes vorzunehmen.

Der Lagerhalter darf dabei anwesend sein.

Stellt der Lagerhalter Veränderungen am Gut fest, die Schäden erwarten lassen, muss er beim Einlagerer Weisungen einholen. Trifft er den Einlagerer nicht an, muss er selbst geeignet erscheinende Maßnahmen ergreifen.

Versicherung, Einlagerung bei einem Dritten

Der Lagerhalter ist verpflichtet, das Gut auf Verlangen des Einlagerers gegen Feuer, Löschwasser, Leitungswasser, Diebstahl usw. zu versichern.

Dauer der Lagerung (§ 473)

Die Lagerung endet mit Ablauf der im Lagervertrag vereinbarten Zeit. Bei Lagerung auf unbestimmte Zeit kann der Lagervertrag mit einer Frist von einem Monat gekündigt werden. Liegt ein wichtiger Grund vor, kann der Lagervertrag fristlos gekündigt werden.

Beispiel
Verschweigen, dass es sich um Gefahrgut handelt.

Haftung für Verlust oder Beschädigung (§ 475)

Der Lagerhalter haftet für den Schaden, der durch Verlust oder Beschädigung des Gutes in der Zeit von der Übernahme zur Lagerung bis zur Auslieferung entsteht, es sei denn, dass der Schaden durch die Sorgfalt eines ordentlichen Kaufmanns nicht abgewendet werden konnte.

Pfandrecht (§ 475 b)

Der Lagerhalter hat ein **Pfandrecht** an dem Gut, wenn der Einlagerer die zu zahlende Vergütung nicht begleicht.

Lagerschein (§ 475 c)

Über die Verpflichtung zur Auslieferung des Gutes kann von dem Lagerhalter, nachdem er das Gut erhalten hat, ein **Lagerschein** ausgestellt werden, der die folgenden **Angaben** enthalten soll:

- Ort und Tag der Ausstellung des Lagerscheins
- Name und Anschrift des Einlagerers
- Name und Anschrift des Lagerhalters
- Ort und Tag der Einlagerung
- übliche Bezeichnung der Art des Gutes, bei gefährlichen Gütern ihre nach den Gefahrgutvorschriften vorgesehene Bezeichnung
- Anzahl, Zeichen und Nummern der Packstücke
- Rohgewicht oder die anders angegebene Menge des Gutes
- bei Sammellagerung ein Vermerk hierüber

Definition

Lagerscheine sind Warenwertpapiere.
Sie verbriefen das Recht auf Herausgabe des eingelagerten Gutes.

Arten der Lagerscheine		
Namenslagerschein	**Inhaberlagerschein**	**Orderlagerschein**
Die Herausgabe der gelagerten Ware erfolgt nur an die namentlich im Lagerschein genannte Person. Soll der Herausgabeanspruch auf eine andere Person übertragen werden, ist eine Abtretungserklärung erforderlich. Nachteil: umständliche Übertragung des Lagerscheins an eine andere Person	Die Herausgabe der gelagerten Ware erfolgt an jede Person, die den Lagerschein vorlegt. Soll der Herausgabeanspruch auf eine andere Person übertragen werden, ist dieser Person nur der Lagerschein zu übergeben. Nachteil: Gefahr, dass eine unberechtigte Person das Recht an der Ware erwirbt	Der Lagerschein kann durch einen Übertragungsvermerk (Indossament) auf der Rückseite des Lagerscheins auf eine andere Person übertragen werden. Die Herausgabe der gelagerten Ware erfolgt somit an die genannte Person oder „deren Order". Die Übertragung bewirkt den Eigentumsübergang der gelagerten Ware.

Beispiel

Orderlagerschein: Der Einlagerer erhält vom Lagerhalter über die Einlagerung einen Orderlagerschein, den er durch ein Indossament an einen seiner Kunden überträgt. Somit wird der Kunde des Einlagerers berechtigter Besitzer des Lagerscheins und erlangt damit den Herausgabeanspruch an dem eingelagerten Gut.

Die Auslieferung eines Teils des Gutes erfolgt gegen **Abschreibung** auf dem Lagerschein. Der Abschreibungsvermerk ist vom Lagerhalter zu unterschreiben.

Tipp

Bearbeiten Sie den im Arbeitsheft abgebildeten Lagerschein.

Im Gegensatz zum Lagerschein ist der **Lagerempfangsschein** nur eine **Quittung** des Lagerhalters über den Empfang des Gutes. Das Gut wird zwar grundsätzlich nur gegen Rückgabe des Lagerempfangsscheines herausgegeben, der Lagerhalter ist aber nicht verpflichtet, die Berechtigung des Vorzeigers des Lagerempfangsscheins zu prüfen. Nach Prüfung der Berechtigung des Abholers könnte er sogar das Gut ohne Vorlage des Lagerempfangsscheins aushändigen.

1.2.5.3 Kostenvergleich Eigenlagerung – Fremdlagerung

Beispiel

Ein Fahrzeughersteller steht vor der Entscheidung, die fertiggestellten Fahrzeuge vor dem Versand in einem eigenen Lager oder in einem Fremdlager zu lagern. Das Unternehmen plant mit einem durchschnittlichen Lagerbestand von 500 Fahrzeugen.

Ein Kostenvergleich ergibt folgende Werte:

Eigenlagerung	Fixkosten 30 000,00 €, variable Kosten 20,00 € pro Fahrzeug
Fremdlagerung	variable Kosten 60,00 € pro Fahrzeug

Tipp

***Fixe Kosten** sind unabhängig vom Lagerbestand, z. B. zu zahlende Zinsen für einen aufgenommenen Kredit für den Bau des Lagers.*
***Variable Kosten** sind abhängig vom Lagerbestand, z. B. die Lagermiete wird nach der Zahl der gelagerten Fahrzeuge berechnet.*

Aufgaben

a) ***Ermitteln Sie, welche Lagerart beim geplanten Lagerbestand günstiger ist.***

b) ***Ermitteln Sie, welche Lagerart günstiger ist, wenn sich der Lagerbestand verdoppelt.***

c) ***Ermitteln Sie, bei welchem Lagerbestand beide Lagerarten gleich teuer sind.***

d) ***Stellen Sie den Kostenvergleich grafisch dar.***

Lösung a) und b)

Menge in Stück	Eigenlagerung			Fremdlagerung
	Fixe Kosten	Variable Kosten 20,00 € je Fahrzeug	Gesamtkosten	60,00 € je Fahrzeug
500	30 000,00	10 000,00	40 000,00	30 000,00
1 000	30 000,00	20 000,00	50 000,00	60 000,00

Bei einem Lagerbestand von 500 Stück ist die Fremdlagerung um 10 000,00 € günstiger.
Bei einem Lagerbestand von 1 000 Stück ist die Eigenlagerung um 10 000,00 € günstiger.

Lösung c)
über eine Gleichung mit der unbekannten Menge x:

Fremdlagerung	*= Einlagerung (Fixkosten + variable Kosten)*	*Rechenweg*
60x	*= 30 000 + 20x*	*– 20x*
40x	*= 30 000*	*: 40*
X	*= 750*	

*Bei einem Lagerbestand von 750 Fahrzeugen sind Eigenlagerung und Fremdlagerung gleich teuer. Man spricht dabei auch von der **kritischen Lagermenge**.*

Lösung d)

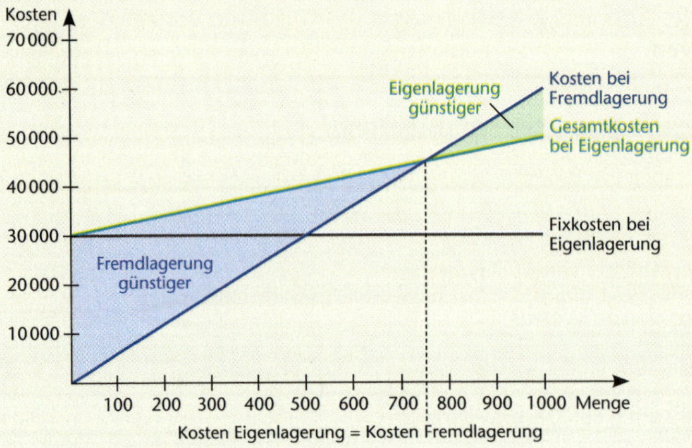

Kernwissen

1. **Die Unterscheidung der Lagerarten erfolgt**
   - nach der Betriebsart
   - nach dem Standort
   - nach der Lagerbauweise
   - nach dem Eigentümer

2. **Zu den Lagern bei Industriebetrieben gehören**
   - Roh-, Hilfs-, Betriebsstofflager
   - Zwischen-/Pufferlager
   - Fertigwaren-/Erzeugnis-/Verkaufslager
   - Werkzeug-, Packmittel-, Büromaterial-Ersatzteillager usw.

3. **Zu den Lagern im Groß- und Einzelhandel zählen**
   - Kommissionslager
   - Auslieferungslager
   - Verkaufslager
   - Reservelager

4. **Nach dem Lagerstandort unterscheidet man**
   - zentrale Lager
   - dezentrale Lager
   - Handlager

5. **Nach der Lagerbauweise unterscheidet man**
   - Freilager
   - Bunker-, Silo-, Tanklager
   - Flachlager
   - Etagenlager
   - Hochregallager
   - Traglufthallenlager

6. **Nach dem Eigentümer unterscheidet man**
   - Eigenlager
   - Fremdlager

7. Der Lagerhalter ist ein selbstständiger Kaufmann, der gewerbsmäßig Güter für andere einlagert.

8.

Rechte des Lagerhalters	Pflichten des Lagerhalters
▪ Anspruch auf Lagermiete und Auslagenersatz ▪ Recht auf Sammellagerung ▪ Pfandrecht bei Nichtzahlung der Lagermiete durch den Einlagerer ▪ Kündigung des Lagervertrags	▪ ordnungsgemäße Lagerung ▪ Ausstellung eines Lagerscheins ▪ Benachrichtigung des Einlagerers bei drohender Verschlechterung der gelagerten Güter ▪ Schadenersatz bei Verderb ▪ auf Verlangen Versicherung der gelagerten Güter ▪ Aushändigung der Güter an den Empfangsberechtigten

9. Der Lagerschein ist ein Warenwertpapier und verbrieft das Recht auf Herausgabe der gelagerten Ware.

Aufgaben

1. *Ein Industriebetrieb plant für seine drei Fertigungsbereiche ein zentrales Rohstofflager. Nennen Sie die Vorteile und Nachteile der zentralen Lagerung.*

2. *Nennen Sie die Lagerarten, die in einem Industriebetrieb weitgehend entfallen, wenn*
   a) die Beschaffung von Rohstoffen im Just-in-time-Verfahren erfolgt,
   b) in Fließfertigung produziert wird,
   c) im Kundenauftrag produziert wird.

3. *Ein Industriebetrieb plant für den Vertrieb seiner Produkte in Deutschland vier Lagerstandorte in den auf der unten stehenden Landkarte abgebildeten Regionen.*
   a) Wie nennt man solche Lager?
   b) Was möchte das Unternehmen damit erreichen?
   c) Nennen Sie Vorteile und Nachteile, die sich durch diese Standortwahl ergeben.
   d) Welche externen Vorgaben müssen Sie bei der Planung eines Standorts berücksichtigen?
   e) Suchen Sie auf einer Landkarte geeignete Städte, die in diesen Regionen liegen.
   f) Stellen Sie fest, welche Autobahnen, Flughäfen, Bahnstrecken oder Häfen in der Nähe den An- und Abtransport der Güter erleichtern.

4. *Welche Güter lagern Sie in einem Freilager?*

5. *Vergleichen Sie die Vorteile von*
   a) Flachlagern,
   b) Etagenlagern,
   c) Traglufthallenlagern.

6. *a) Welchen Fachbegriff für die Fremdlagerung kennen Sie?*
b) Nennen Sie die Vorteile und Nachteile der Fremdlagerung.
c) Welcher selbstständige Kaufmann übernimmt die Lagerung von Gütern für andere?
d) Nennen Sie den Oberbegriff für die Unternehmen, die neben der Lagerung noch weitere logistische Dienstleistungen für andere übernehmen.
e) Nennen Sie Beispiele für derartige logistische Dienstleistungen.

7. *Erklären Sie die Aussage „Der Lagerschein ist ein Warenwertpapier" am unten stehenden Schaubild.*

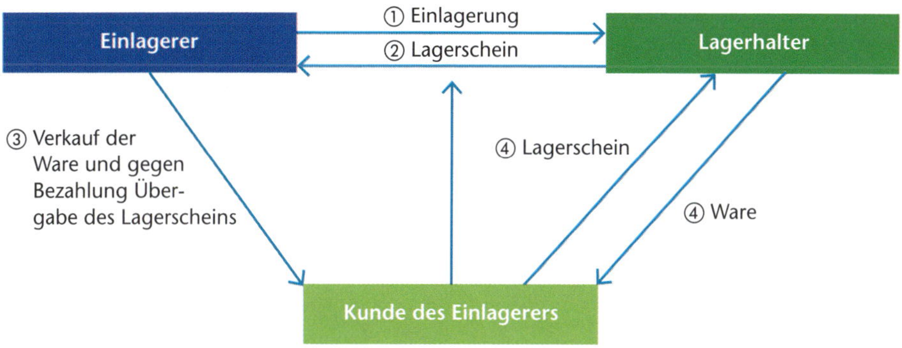

Beispiel für die Einschaltung eines Lagerhalters

8. *Ein Kostenvergleich ergibt folgende Werte:*

Eigenlagerung	Fixkosten 40 000,00 €, variable Kosten 10,00 € pro m^3
Fremdlagerung	variable Kosten 90,00 € pro m^3

Geplante Lagermenge: 1 000 m^3
a) Ermitteln Sie, welche Lagerart beim geplanten Lagerbestand günstiger ist.
b) Ermitteln Sie, bei welchem Lagerbestand beide Lagerarten gleich teuer sind.
c) Stellen Sie den Kostenvergleich grafisch dar.

2 Lagertechnik

Einstiegssituation

Sie möchten sich nach Ihrer Ausbildung selbstständig machen und einen Getränkemarkt übernehmen, der in der Zeitung zur Pacht angeboten wird. Bei Besichtigung der Geschäftsräume finden Sie einen leeren Verkaufsraum von 20 m x 10 m vor. In Gedanken überlegen Sie, wie Sie die Lagerung der Getränke vornehmen werden.

Halle zu vermieten

Bonn, beheizte Halle zu vermieten, 200 m^2.
Lkw-Zufahrt, Laderampe vorhanden.
Kaltmiete 1 200,00 €
Sofort beziehbar.
Zentrale Lage, besonders für
Getränkemarkt geeignet.

Tel: 0228 12345

Handlungsaufträge

1. *Stellen Sie in einem Plan im Maßstab 1:100 die Lagerfläche des Getränkemarkts dar und zeichnen Sie darin ein, wie Sie das Lager aufbauen würden.*
2. *Schlagen Sie verschiedene Lagertechniken und Fördermittel vor, die die Lagerung und den Materialfluss in diesem Getränkemarkt erleichtern und beschleunigen.*

Unter Lagertechnik versteht man die Systeme, nach denen die Güter gelagert werden. So werden flüssige Güter in Tanks, Gase in Druckbehältern und Schüttgüter in Silos oder auf Halden gelagert. Für feste Güter können in einem Lager je nach Güterart eine oder auch mehrere Lagertechniken eingesetzt werden.

In der Praxis kommen für feste Güter folgende Lagertechniken zum Einsatz.

- **Bodenlagerung** = Lagerung von Gütern auf dem Boden. Diese kann erfolgen:
  - unverpackt oder verpackt
  - mit oder ohne Lagergeräten/Lagerhilfsmitteln, z. B. Paletten
  - gestapelt oder ungestapelt
  - als Block oder Reihe/Zeile

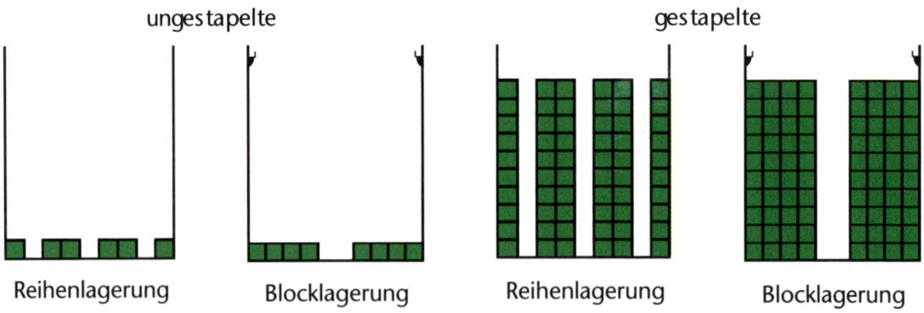

Formen der Bodenlagerung

- **Regallagerung** = Lagerung von Gütern in Regalen
  - unverpackt oder verpackt
  - mit oder ohne Lagergeräte, z. B. Paletten
  - gestapelt oder ungestapelt
  - als Block oder Reihen/Zeile
  - statisch oder dynamisch

Die Bodenlagerung kann im Freien, aber auch in geschlossenen Lagern erfolgen.

Bodenlagerung	
Vorteile der Bodenlagerung	**Nachteile der Bodenlagerung**
▪ keine Kosten für Lagereinrichtungen ▪ hoher Flächen- und Raumausnutzungsgrad ▪ flexible Lagerung und Flächenaufteilung ▪ einfache Lagerorganisation ▪ gute Erweiterungsmöglichkeiten	▪ schlecht mechanisierbar ▪ hoher Personalaufwand ▪ geringe Lagerübersicht bei hohen Beständen ▪ Kommissionierung nur ganzer Lagereinheiten ▪ Raumnutzung durch begrenzte Stapelhöhe eingeschränkt

2.1 Bodenlagerung ohne Lagergerät

Bei dieser Lagertechnik liegen bzw. stehen die Güter in unverpacktem oder verpacktem Zustand auf dem Boden. Diese Lagerart eignet sich besonders für schwere, sperrige Güter, aber auch für Schüttgüter.

Beispiele
- *unverpackt: Fahrzeuge, Fahrgestelle, Maschinen, Großwerkzeuge*
- *verpackt: Elektrogeräte, Baustoffe wie Dämmmaterial*
- *Schüttgut: Kies*

Eine Stapelung ist nur möglich, wenn das Gut den Staudruck des Stapels aushält.

2.2 Bodenlagerung mit Lagergerät

Bei dieser Lagertechnik befinden sich die Güter in unverpacktem oder verpacktem Zustand auf Lagergeräten/Lagerhilfsmitteln. Dazu zählen Paletten, Gitterboxen, Behälter, Racks (Metallgestelle zur Lagerung von Karosserieteilen usw.). Die Verwendung von Lagergeräten verbessert die Stapelbarkeit und erlaubt den Einsatz von Hubwagen und Gabelstaplern. Durch den Einsatz von Lagerhilfsgeräten wie Rungen oder Aufsatz- und Stapelrahmen werden Flachpaletten mit nicht stapelfähigem Gut, z. B. Säcken, ebenfalls stapelbar.

Die **erreichbare Stapelhöhe** ist abhängig
- von der Belastbarkeit der untersten Lagereinheit,
- von der Standfestigkeit des Stapels,
- von der verfügbaren Raumhöhe,
- von der Tragfähigkeit des Bodens,
- von den vorhandenen Fördermitteln (Stapler).

Durch Verwendung von Aufsteckrahmen, Rungen, Gitterboxpaletten lassen sich maximal vier bis acht Ladeeinheiten aufeinanderstapeln.

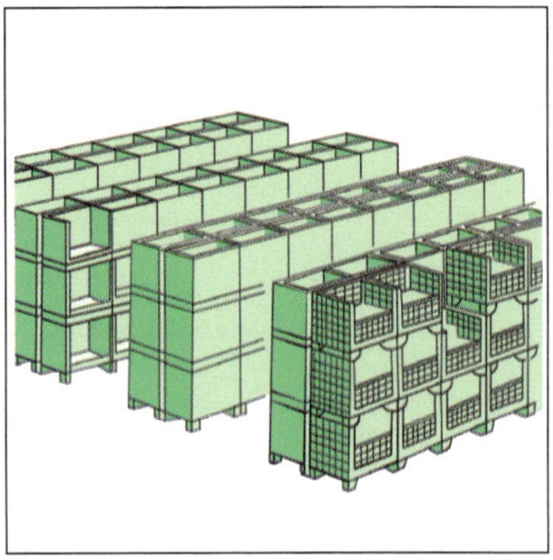

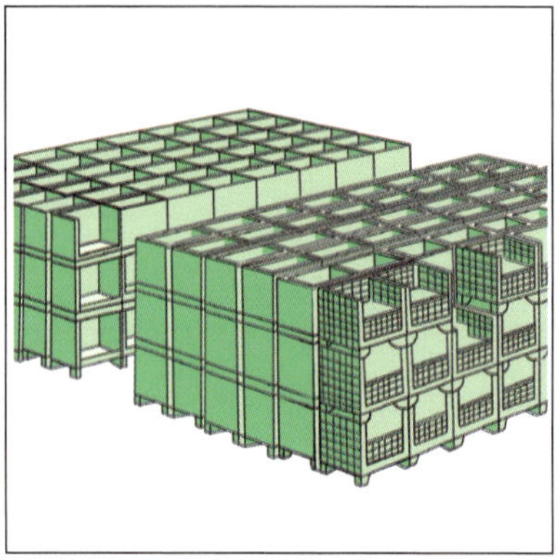

Bodenlagerung mit Paletten als Reihen- und als Blockstapel

2.3 Blocklagerung oder Reihenlagerung

Nach der Art der Zusammenfassung der Stapel unterscheidet man Reihen- und Blockstapel.

- Beim Reihenstapel stehen zwei Stapelsäulen in der Tiefe hintereinander.

Vorteil des Reihenstapels:
- direkter Zugriff von beiden Seiten

Nachteil des Reihenstapels:
- geringe Raumausnutzung

- Beim Blockstapel werden die Ladeeinheiten lückenlos nebeneinander-, hintereinander- und aufeinandergestellt.

Vorteil des Blockstapels:
- hohe Flächen- und Raumausnutzung

Nachteile des Blockstapels:
- kein direkter Zugriff zu jeder Ladeeinheit
- das Fifo-Prinzip ist nur durch Umstapeln erreichbar

Die Anordnung der Reihen- und Blockstapel kann sowohl rechtwinklig als auch schräg zum Gang erfolgen. Die schräge Anordnung senkt die Rangierzeiten der Stapler, vermindert aber die Raumausnutzung.

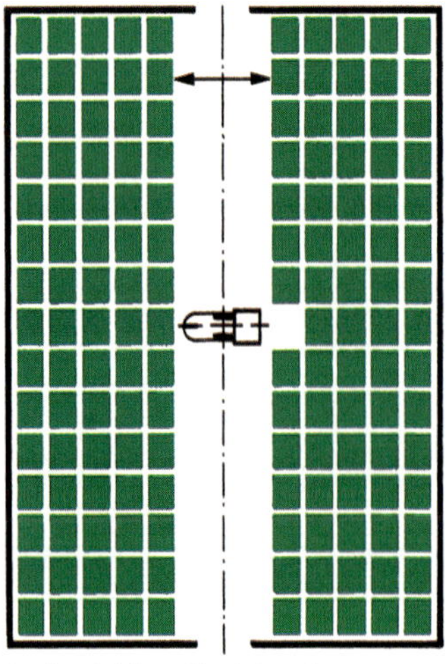

Rechtwinkliger Blockstapel

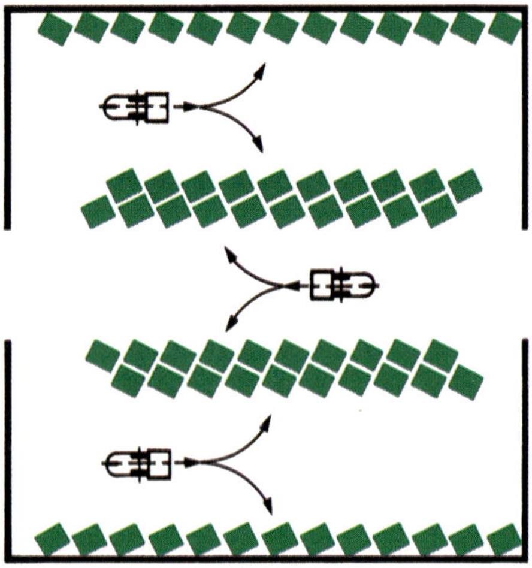

Schräger Reihenstapel

Blocklager sind besonders geeignet,

- wenn auf das Lagergut nur selten zugegriffen werden muss, z. B. Sommerreifen im Winter,
- wenn gleichartige Güter gelagert werden, z. B. Mineralwasserpaletten in großen Mengen,
- wenn bei den Gütern die Gefahr des Verderbs und Veraltens weitgehend ausgeschlossen ist, z. B. Leergut, Baustoffe.

2.4 Sicherheitsvorschriften bei der Bodenlagerung

Die Regeln für Lagereinrichtungen und -geräte, DGUV Regel 108-007 (früher BGR 234), enthalten zahlreiche Vorschriften, die bei der Bodenlagerung zu beachten sind. Dazu zählen:

Nutzlast, Auflast, Stapelhöhe	▪ Bei der Stapelung von Paletten und Stapelbehältern dürfen die zulässigen Nutzlasten, Auflasten und Stapelhöhen nicht überschritten werden.
Neigung	▪ Stapel sind lotrecht zu errichten. Beträgt die Neigung mehr als 2 %, sind die Stapel in gefahrloser Weise abzubauen.
Verhältnis Höhe/ Schmalseite	▪ Die Schlankheit von Stapeln – das Verhältnis der Höhe zur Schmalseite der Grundfläche – darf nicht größer als 6 : 1 sein.
Lastenverteilung	▪ Schwere Lasten im Stapel sind unten, leichte Lasten sind oben zu lagern.
Lastenverteilung für Vierwegepaletten	▪ Vierwegepaletten aus Holz nach DIN 15146 dürfen mit höchstens 1 000 bis 1 500 kg belastet werden. Bei vollflächiger, ebener und horizontaler Auflage darf die unterste Palette im Stapel das Vierfache der einzelnen Palettenlast aufnehmen.
Lasten für Gitterboxpaletten	▪ Gitterboxpaletten nach DIN 15155 dürfen bei gleichmäßig verteilter Last mit einer Nutzlast von höchstens 1 000 kg belastet und einschließlich der Grundpalette höchstens fünffach gestapelt werden.
Stapel, Standsicherheit, Leitern	▪ An Stapel dürfen keine Leitern oder sonstigen Gegenstände angelehnt werden, wenn hierdurch die Standsicherheit der Stapel beeinträchtigt werden kann.
geeignete Lastaufnahmemittel	▪ Stapelpaletten und Stapelbehälter dürfen nur mit geeigneten Lastaufnahmemitteln aufgenommen und gestapelt werden.
Stapeln mit Flachpaletten	▪ Das Stapeln mit Flachpaletten ohne Stapelhilfsmittel ist nur zulässig, wenn das Ladegut tragfähig ist und seine Oberflächen auch bei Nässe und Temperaturveränderungen ein sicheres Stapeln zulassen.
Verkehrswege	▪ Die Verkehrswege/Gänge für Fußgänger zwischen den Lagergeräten müssen mindestens 1,25 m breit sein.
Gänge	▪ Gänge, die nur für das Be- und Entladen von Hand bestimmt sind, müssen mindestens 0,75 m breit sein.
Verkehrswege für Fördermittel	▪ Verkehrswege für kraftbetriebene oder spurgebundene Fördermittel müssen so breit sein, dass auf beiden Seiten der Fördermittel ein Sicherheitsabstand von 0,50 m gewährleistet ist. Damit sollen Personen geschützt werden, die sich gleichzeitig mit den Fördermitteln im Bereich der Verkehrswege aufhalten.

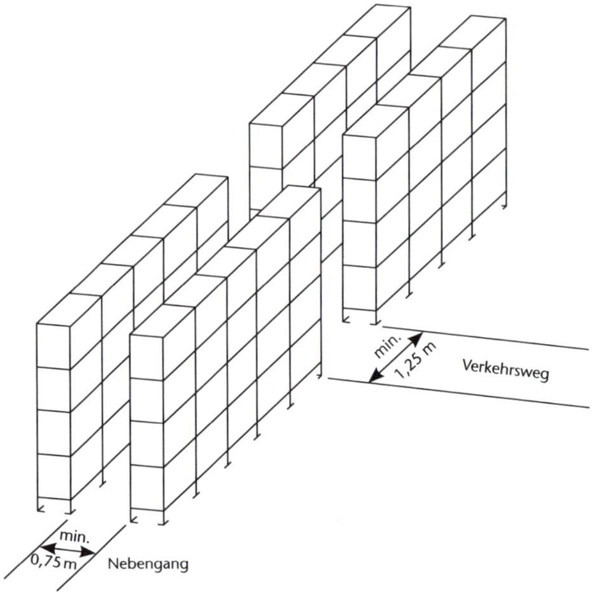

Mindestgangbreiten bei Regalen, die nur von Hand be- und entladen werden

Wird eine Person von diesem Schutzfeld erfasst, erfolgt automatisch ein **Notstopp**. Bei Einfahrt in den Schmalgang erfolgt die automatische Aktivierung des Personenschutzsystems, bei Ausfahrt die Deaktivierung.

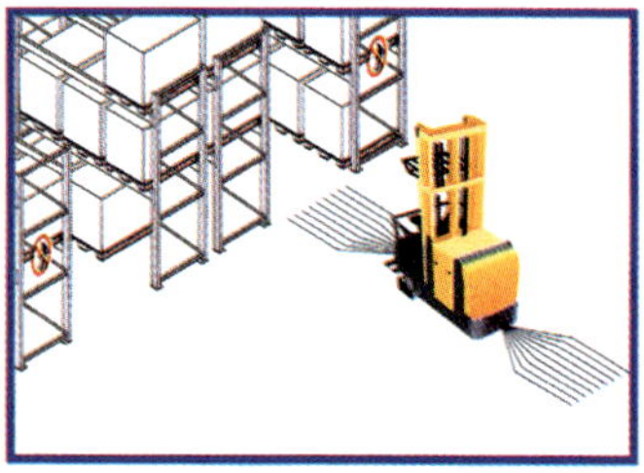

Aktiv-Infrarot-Laserscanner: Hinderniserkennung durch Wegzeitmessung

Kernwissen

1. Lagertechniken sind die Bodenlagerung und die Regallagerung.
2. Die Lagerung der Güter kann bei der Bodenlagerung erfolgen
   - mit oder ohne Einsatz von Lagergeräten,
   - gestapelt oder ungestapelt,
   - als Block- oder Reihenstapel.
3. Zu den Lagergeräten/Lagerhilfsmitteln zählen Paletten, Gitterboxen, Behälter, Racks. Lagerhilfsgeräte sind Rungen und Aufsatzrahmen für Flachpaletten.
4. Bei Blocklagerung stehen mehrere Paletten hinter- und übereinander. Dies spart Platz. Ein direkter Zugriff zu jeder Palette ist aber nicht gegeben.
5. Bei der Reihenlagerung besteht ein direkter Zugriff zu jeder Palette. Dafür ist aber mehr Platz erforderlich.
6. Die Sicherheitsvorschriften für die Bodenlagerung finden sich in den Regeln für Lagereinrichtungen und -geräte, DGUV Regel 108-007 (früher BGR 234).

Aufgaben

1. *a) Erklären Sie die Bodenlagerung.*
   b) Nennen Sie die Vor- und Nachteile der Bodenlagerung.
   c) Nennen Sie Güter, für die Bodenlagerung geeignet ist.
2. *a) Erklären Sie die Reihenlagerung.*
   b) Nennen Sie die Vor- und Nachteile der Reihenlagerung.

3. *Wovon hängt ab, wie hoch Sie Güter stapeln dürfen?*

4. *Stellen Sie fest, ob in den folgenden Fällen die Richtlinien für Lagereinrichtungen und -geräte, DGUV Regel 108-007 (früher BGR 234), eingehalten werden.*
   a) *Im Palettenlager sind sechs Gitterboxpaletten aufeinandergestapelt.*
   b) *Auf einer Flachpalette mit einer Beladung von 1 000 kg sind sechs weitere Flachpaletten mit jeweils demselben Gewicht gestapelt.*
   c) *Im Kleinteilelager sind Stapelbehälter übereinandergestapelt. Die Höhe des Stapels beträgt 3,50 Meter. Da Ihnen der Stapel nicht lotrecht erscheint, messen Sie mit einem Lot die Neigung des Stapels und stellen fest, dass der Stapel 15 cm aus dem Lot ist.*
   d) *Bei einem anderen Stapel mit einer Höhe von 3,20 m stellen Sie eine Neigung von 9 cm fest.*
   e) *Die Gangbreite für Fußgänger zwischen zwei Blockstapeln beträgt 1,50 Meter.*
   f) *Die Breite eines Elektrogabelstaplers beträgt 800 mm. Wie breit muss der Gang sein, wenn er vom Elektrogabelstapler befahren wird und sich in diesem Gang auch Personen aufhalten können?*

5. *Lösen Sie die folgende Aufgabe in Partner- oder Gruppenarbeit.* FR
   Die Grundmaße für einen kleinen Getränkeabholmarkt betragen 20 x 10 m. Ein Viertel der Fläche dient für die Kasse und die Leergutablage. Die restliche Fläche wird als Verkaufsfläche für die Getränke benutzt.

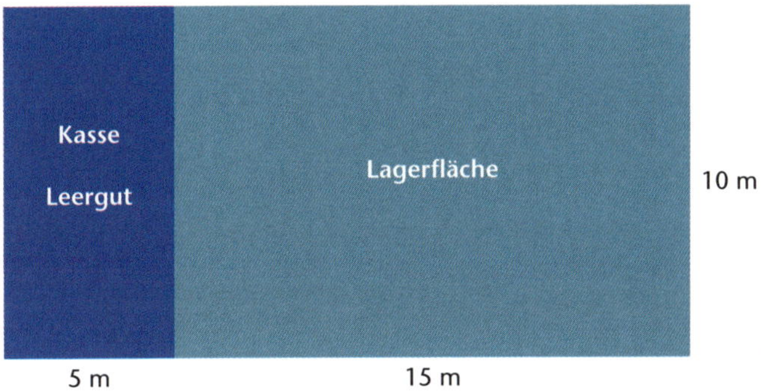

Die Verkaufswagen befinden sich überdacht vor dem Gebäude. Die Getränketräger für alkoholische und nichtalkoholische Getränke haben die Maße 40 x 30 x 30 cm. Sie befinden sich auf Europaletten mit den Grundmaßen 1,20 x 0,80 m. Auf jeder Palette dürfen 4 Getränketräger übereinandergestapelt werden.
   a) *Berechnen Sie die Zahl der Getränketräger, die auf eine Europalette passen.*
   b) *Zeichnen Sie als Draufsicht die Europalette im Maßstab 1 : 10 und darauf die erste Lage der Getränketräger.*
   c) *Zeichnen Sie im gleichen Maßstab die Vorderansicht der Längsseite der Palette mit den gestapelten Getränketrägern.*
   d) *Ermitteln Sie die Gesamthöhe der beladenen Europalette, wenn die Palette selbst eine Höhe von 15 cm hat.*
   e) *Begründen Sie, warum Sie für die Europaletten mit den Getränketrägern im Verkaufsbereich die Reihenlagerung wählen.*
   f) *Berechnen Sie, wie viele Europaletten ungestapelt in den Verkaufsraum gestellt werden können. Dabei*
      - *soll die Gangbreite jeweils 1,60 m betragen,*
      - *sollen die Europaletten mit ihrer Längsseite zum Gang stehen,*
      - *soll für jede Europalette eine Grundfläche von 1,25 x 0,85 m geplant werden, damit beim Abstellen und Aufnehmen der Palette mit einem Hubwagen noch Spielraum ist.*
   g) *Zeichnen Sie das Lager gemäß den berechneten Werten.*

6. *Überlegen Sie sich andere Lösungsmöglichkeiten, z. B. bei größerer Gangbreite, bei Positionierung der Europalette mit der Breitseite zum Gang usw.*

7. *a) Berechnen Sie, wie viele Europaletten in den Lagerbereich bei Aufgabe 5 passen würden, wenn*
   - *statt der Reihenlagerung die Blocklagerung gewählt wird,*
   - *jeweils drei Paletten übereinandergestellt werden,*
   - *nur ein Mittelgang mit einer Gangbreite von drei Metern vorgesehen ist.*

   b) Auf wie viele Europaletten haben Sie bei dieser Lagertechnik mit dem Gabelstapler einen direkten Zugriff?

3 Lager einrichten

Einstiegssituation

Ihr Geschäft läuft gut. Sie möchten Ihr Sortiment im Getränkemarkt erweitern und planen u. a. den Verkauf von Getränken in Geschenkverpackungen. Dazu suchen Sie eine passende Lagereinrichtung. Außerdem erwägen Sie die Anmietung eines Reservelagers.

Handlungsaufträge

1. *Welche Lagereinrichtungen bieten Ihnen die Möglichkeit, Ihr neues Sortiment werbewirksam und kundenfreundlich zu präsentieren?*
2. *Mit welchen Lagereinrichtungen schaffen Sie in einem Reservelager eine bessere Raumausnutzung bei gleichzeitig direktem Zugriff zu den Paletten mit den Getränketrägern?*

3.1 Regale als Lagereinrichtungen

In Handels- und Industriebetrieben hängt die Einrichtung eines Lagers von verschiedenen Gesichtspunkten ab:

- von den baulichen Gegebenheiten
- von der Ausbaufähigkeit
- von Art, Gewicht und Volumen der einzulagernden Güter
- von der Menge der Güter
- vom gewünschten Mechanisierungs- und Automatisierungsgrad
- von der Lagerart (Rohstofflager, Zwischenlager, Kommissionierlager usw.)
- von der gewünschten Zugriffszeit
- von der erwarteten Umschlagshäufigkeit

Nach den **Regeln für Lagereinrichtungen und -geräte** versteht man unter Lagereinrichtungen ortsfeste und verfahrbare Regale und Schränke zum Lagern von Gütern.

Gegenüber der Bodenlagerung ermöglicht die **Regallagerung** beides, und zwar:

- **hohe Raumausnutzung**, bestimmt durch die Regalhöhe, und gleichzeitig
- **direkten Zugriff** zu jedem Lagerfach und den sich darin befindlichen Gütern.

In Regallagern werden die Güter mit oder ohne Lagerhilfsmittel (Sichtkästen, Schubladen, Paletten usw.) in Regalen aufbewahrt, die auf dem Boden stehen oder fest mit dem Boden verbunden sind.

Regale erlauben eine übersichtliche Einlagerung der Lagereinheiten. Sie sind auch für nicht stapelbare Lagergüter geeignet und können dem Lagergut angepasst werden.

Als **Baustoffe** werden vorwiegend **Stahl**, aber auch **Beton**, **Holz**, **Kunststoff** und in Verkaufsräumen oder zu Hause **Glas** eingesetzt.

Die Lagerung der Güter in den Regalen kann **statisch** oder **dynamisch** erfolgen.

Statische Lagerung. Von statischer Lagerung spricht man, wenn die gelagerten Güter von der Einlagerung bis zur Auslagerung nicht bewegt werden, z. B. bei der Lagerung in Fachboden-, Paletten-, Kragarm- oder Wabenregalen.

Dynamische Lagerung. Bei der dynamischen Lagerung werden die Güter während ihrer Lagerzeit bewegt. Durch diese Lagertechnik kann je nach Regalart

- die Flächen- und Raumnutzung erhöht werden,
- der Zugriff zur Ware verbessert werden,
- das Fifo-Prinzip ohne Umlagerung realisiert werden.

Dabei bestehen folgende Varianten:

- Die Güter werden in feststehenden Regalen bewegt, z. B. in Durchlauf-, Einschub- und Kanalregalen.
- Die feststehenden Güter werden mit den Regalen bewegt, z. B. in Verschiebe- und Umlaufregalen.
- Die Güter werden auf Fördermitteln bewegt und dabei auch vorübergehend gelagert, z. B. Lagerung auf Stetigförderern.

3.1.1 Fachbodenregale

Fachbodenregale setzen sich aus Rahmen (Ständern) und Fachböden zusammen, die eingehängt oder eingeschraubt werden. Zur Stabilisierung dienen Kreuz- und Querverbände.

Sie dienen in erster Linie der Aufnahme von **unpalettiertem Lagergut** und werden vorzugsweise als Kommissionierlager in **ein- und mehrgeschossiger Bauweise** eingesetzt. Die Fachhöhe kann durch Umstecken der Fachböden variiert werden.

Für Fachbodenregale gibt es verschiedenes **Zubehör**: ausziehbare Fachböden, Schubladeneinheiten, Konstruktionsteile für hängende Lagerung, Lagersichtkästen, Lagerwannen, Flügeltüren zum Abschließen des Regals usw.

Eignung: Durch das reichhaltige Zubehör können unterschiedliche Güter in beliebigen Mengen gelagert werden. Dies gilt besonders für die Kleinteilelagerung.

Zweigeschossiges Fachbodenregal mit Regalkästen und Lagerwannen

Vorteile	Nachteile
▪ direkter Zugriff zu jedem Artikel ▪ gute Übersicht ▪ einfache Konstruktion ▪ geringe Investitionskosten ▪ niedrige Lagerkosten ▪ geringe Störanfälligkeit ▪ einfache Lagerorganisation	▪ hoher Flächenbedarf ▪ begrenzte Tragfähigkeit ▪ hoher Personalaufwand bei manueller Bedienung ▪ geringe Automatisierbarkeit ▪ körperlicher Kraftaufwand bei schweren und sperrigen Gütern ▪ schlechte Greifmöglichkeit in den unteren und oberen Bereichen (Bücken, Leitereinsatz) ▪ lange Wegstrecken, da Mann zur Ware ▪ größere Gangbreiten bei ausziehbaren Fachböden und Schubladen erforderlich

3.1.2 Palettenregale

Sie dienen der Lagerung von palettierten Gütern. Palettenregale enthalten meist keine Regalböden, sondern Auflageträger, auf die die Paletten abgesetzt werden. Man unterscheidet dabei zwischen **Längstraversenregalen** und **Quertraversenregalen**.

Bei der **Mehrplatzlagerung** stehen mehrere Lagereinheiten nebeneinander im Regalfach, während bei der **Einplatzlagerung** nur eine Lagereinheit pro Fach eingelagert wird.

Je nach Lagerhöhe lassen sich unterscheiden:
- Paletten-Flachregallager bis etwa 7 m Bauhöhe,
- mittelhohe Paletten-Regallager bis etwa 15 m Bauhöhe,
- Paletten-Hochregallager bis 45 m Bauhöhe (siehe Kapitel 3.1.13).

Palettenregallager eignen sich für die Lagerung großer Mengen je Artikel bei großem Sortiment.

Zur Einlagerung und Auslagerung werden herkömmliche Gabelstapler, im oberen Bereich Hochregalstapler, Stapelkräne und Regalförderzeuge eingesetzt.

Lagerung in Palettenregalen, Einplatzsystem mit Quertraversen

Lagerung in Palettenregalen, Mehrplatzsystem mit Längstraversen

Vorteile	Nachteile
▪ gute Flächen- und Raumausnutzung ▪ hohe Anpassungsfähigkeit an unterschiedliches Lagergut (freie Lagerordnung möglich) ▪ Automatisierung und Mechanisierung möglich ▪ direkter Zugriff auf alle Lagergüter ▪ gute Kommissionierung möglich ▪ einfache Bestandskontrolle	▪ hohe Investitionskosten für Lagereinrichtung und Fördersystem ▪ Störanfälligkeit bei hoher Automatisierung ▪ behördliche Auflagen ab bestimmter Regalhöhe ▪ beschränkte Umschlagleistung der Fördersysteme ▪ Abmessungen der gelagerten Güter dürfen die Palettengröße nicht überschreiten

3.1.3 Einfahrregale

Bei diesen Regalsystemen werden die Vorteile der Blockstapelung und der Regallagerung miteinander verbunden. Die Paletten werden hintereinander auf zwei durchlaufenden Spezialprofilen (Konsolen, Seitenholmen, Quertraversen) abgesetzt.

Einfahrregale haben pro Stichgang eine offene Stirnseite, in die der Stapler hineinfährt und die Palette absetzt bzw. auch wieder herausholt.

Das bedeutet, dass die zuletzt eingelagerte Palette auch wieder zuerst ausgelagert wird (**Lifo = Last in – first out**). Ein direkter Zugriff zu jeder Palette wie auch die Einhaltung des Fifo-Prinzips ist also nicht möglich. Aus diesem Grund sollte ein Stichgang auch nur „**artikelrein**" bestückt werden.

Einfahrregal/Drive-in-Regal

Durchfahrregale haben zwei offene Stirnseiten, sodass von beiden Seiten in das Regal eingefahren werden kann. Damit ist auch **Fifo = First in – first out** möglich.

Einfahr-/Durchfahrregale eignen sich besonders für die Lagerung **großer Mengen gleichartigen Lagergutes**.

Vorteile der Einfahr-/Durchfahrregale	Nachteile der Einfahr-/Durchfahrregale
▪ sehr gute Flächennutzung ▪ bessere Nutzung der Raumhöhe gegenüber der regallosen Blocklagerung, da der Staudruck entfällt	▪ kein direkter Zugriff zu jeder Palette ▪ keine freie Lagerplatzzuordnung möglich ▪ Feldebenen im Regal sind mit gleichen Gütern zu beschicken ▪ pro Feldebene kann der Gabelstapler immer nur eine Palette einlagern oder auslagern ▪ Einlagern im festen Zyklus in das Regalfeld von unten nach oben, Auslagern von oben nach unten notwendig, da sonst der obere Mastteil oder das Fahrerdach in die Feldebene ragt ▪ Anschaffung eines Gabelstaplers in der Breite, damit er in die Feldebene des Regals einfahren kann

3.1.4 Durchlaufregale

Durchlaufregale sind Regale mit separater Ein- und Auslagerung von hintereinanderliegendem Lagergut, das sich durch **Schwerkraft** oder mithilfe von **Antriebselementen** von der Einlagerungs- zur Auslagerungsstätte bewegt. Antriebselemente können dabei sein:

- Tragrollen für schwere Lasten
- Röllchenbahnen für leichte und mittelschwere Lasten
- L-Profile und Fachböden für leicht rutschende Lasten

Die **Neigung** der Durchlaufbahnen darf nicht mehr als 8° aufweisen, ansonsten sind Bremssysteme erforderlich.

Bei Durchlaufregalen mit Tragkettenförderstrecken, angetrieben durch einen Elektromotor, rücken die Güter automatisch gesteuert staudrucklos nach. Hier entfällt die Neigung der Durchlaufbahn.

Durchlaufregale eignen sich besonders bei großen Mengen je Artikel und kleiner bis mittlerer Sortimentsgröße, wenn die Fächer **artikelrein** beschickt werden (nur gleiche Artikel in einem Fach).

Sie kommen vor als Behälter-Durchlaufregale und Paletten-Durchlaufregale.

Vorteile	Nachteile
▪ sehr große Wegzeiteinsparungen beim Kommissionieren ▪ Einhaltung des Fifo-Prinzips bei artikelgleicher Bestückung eines Regalfachs ▪ gleiche Lagerkapazität auf kleinerem Raum, da Regalgänge entfallen ▪ Verringerung der Kommissionierfehler, da Produkte übersichtlich angeordnet sind ▪ gesteigerte Produktivität, da Beschickung und Entnahme getrennt sind ▪ geringere Unfallgefahr, da Beschickung und Entnahme getrennt sind ▪ keine Gassenbildung, da die Güter selbstständig nachrücken	▪ hohe Investitionskosten ▪ bei großen Bahnlängen laufen die Güter häufig nicht geradeaus ▪ Unfallgefahr, wenn hängen gebliebene Güter innerhalb des Durchlaufregals gelöst werden müssen ▪ nur artikelreine Bahnen sinnvoll ▪ Gefahr des Staudrucks bei großer Güterzahl in der Bahn ▪ Gefahr des Auffahrstoßes bei empfindlichen Gütern ▪ Gefahr des Herausfallens der Güter am Ende der Bahn bei fehlender Bremssicherung

Lagerung in Durchlaufregalen, Schwerkraft, mit Rolluntersätzen

Lagerung in Kragarmregalen

3.1.5 Kragarmregale

Kragarmregale bestehen aus Ständern und einseitig oder zweiseitig auskragenden Metallarmen (Kragarm = als Träger verwendete Konsole, auskragend = vorstehend).

In Kragarmregalen wird vorwiegend Langgut, wie Rohre, Profile, Stabmaterial, auf ausragenden Armen gelagert. Die Bedienung kann manuell, aber auch mit Stapler, Kran oder durch ein Regalförderzeug erfolgen.

Vorteile	Nachteile
▪ bei lösbaren Kragarmen ist eine Anpassung an ein verändertes Sortiment möglich ▪ ausbaufähig ▪ zu einem Fachbodenregal umbaubar	▪ Automatisierung eingeschränkt, besser möglich bei Wabenregalen ▪ meist nur Lifo-Prinzip möglich, da das zuerst eingelagerte Langgut unten liegt und damit schlecht bzw. nur durch Umlagerung greifbar ist

3.1.6 Wabenregale/Kassettenregale

Wabenregale werden als Kompaktregale für die Langgutlagerung eingesetzt. Das Lagergut wird dazu von der Stirnseite horizontal in wabenähnliche Fächer eingeschoben.

Wabenregal für Langgut

Die Beschickung und Entnahme erfolgt meist mit einem Kran oder Regalbediengerät. Ein kugelgelagerter Rollbügel erleichtert den Einschub.

Liegt das Langgut in Stahlblechkassetten, so spricht man von Kassettenregalen.

Verzinkte Stahlblech-Kassette mit Transportwagen für Restlängen und instabile Langmaterialien

3.1.7 Verschieberegale

Verschieberegale gehören zu den variablen Regalanlagen. Dafür werden Fachboden-, Paletten- oder Kragarmregale auf Fahrgestellen montiert. Über Lauf- und Führungsschienen kann dann das Regal mit dem Lagergut bewegt werden. Als **Antrieb** sind möglich:

- Handantrieb mit Handrädern
- Motorantrieb durch umlaufende Schleppketten

Verschieberegale können manuell oder von Staplern bedient werden.

Kraftbetriebene, verfahrbare Regale und Schränke müssen mit einer oder mehreren **Schutzeinrichtungen** ausgerüstet sein. Damit können die möglichen Gefahren durch sich bewegende Regal- oder Schrankeinheiten ausgeschaltet werden. Dazu zählen: **Schaltleisten**, **Lichtschranken**, **Seilzugsicherungen** und **Freigabeschalter**.

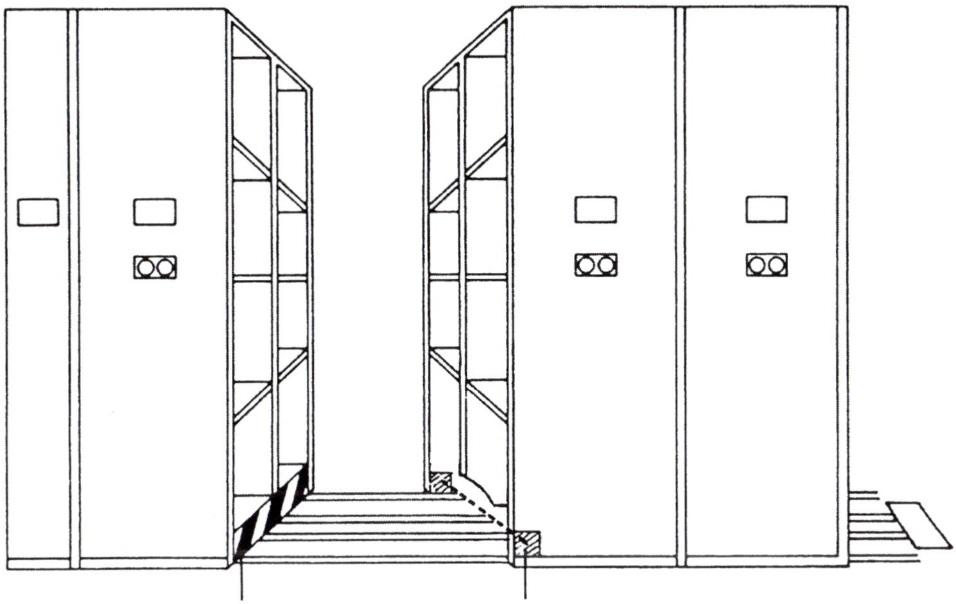

Sicherung durch Schaltleisten oder Lichtschranken

Vorteile	Nachteile
▪ sehr gute Flächenausnutzung ▪ direkter Zugriff ▪ kurze Arbeitswege	▪ hohe Investitionskosten ▪ regelmäßige Wartung ▪ umfangreiche Sicherheitsvorkehrungen ▪ Wartezeit für Gangöffnung

Eine Sonderform bilden die **Schubladenregale**. Diese längs ausziehbaren Regale erlauben einen direkten Zugriff und eignen sich für leichtes Stückgut bei geringen Regallängen. Man findet sie als Fachbodenregale in Apotheken und Ersatzteillagern.

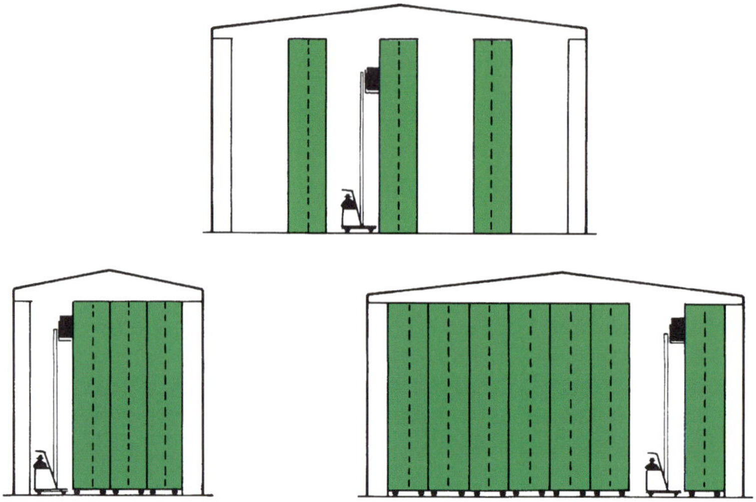

Paletten-Verschiebe-Regallager

Die oben stehende Abbildung zeigt ein konventionelles Hochregallager mit vier Regalgängen. Drei Regalgänge stellen sich als teure, nicht genutzte Lagerkapazität dar. Links darunter ein Lager, das bei gleicher Lagerkapazität nur halb so viel Hallenplatz benötigt. Rechts ist ein Lager abgebildet, das bei gleicher Hallengröße 100% mehr Lagerkapazität bietet.

3.1.8 Umlaufregale

Auch Umlaufregale zählen zu den **beweglichen** Regalanlagen. Bei allen Umlaufregalen liegt die Beschickungs- und Entnahmestation fest. Für die Ein- und Auslagerung werden die gesamten Regalfächer samt Lagergut in einem **zyklischen Umlauf** zu diesen Stationen gebracht.

Man unterscheidet drei Formen der Umlaufregallager:
- Umlaufregale in Vertikalausführung (**Paternosterregale**)
- Umlaufregale mit horizontalem Umlauf und Höhenveränderung der Regale
- Umlaufregale mit horizontalem Umlauf ohne Höhenveränderung der Regale (**Karussellregale**, Floor-System)

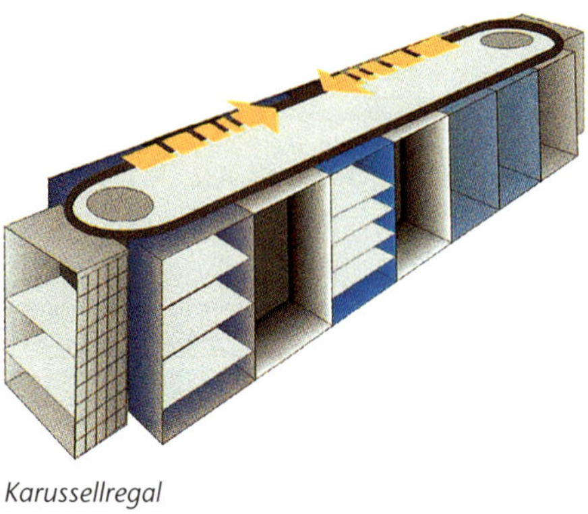

Karussellregal

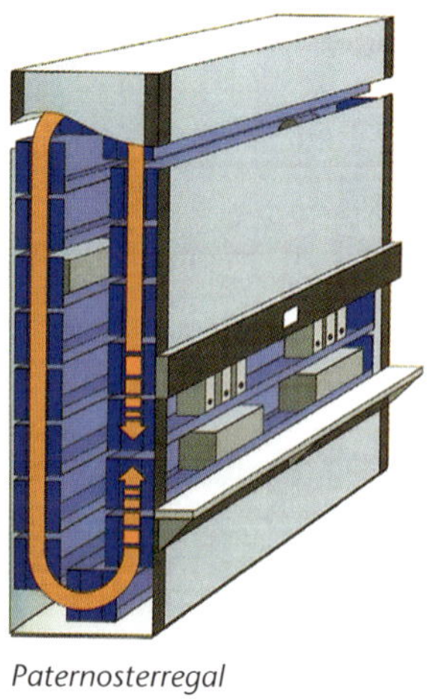

Paternosterregal

Horizontalkarussell

EDV-gesteuertes Paternosterregal

Vorteile	Nachteile
▪ hohe Flächen- und Raumausnutzung ▪ freie Lagerplatzzuordnung möglich ▪ Fifo-Verfahren möglich ▪ Arbeitsprinzip „Ware zum Mann" ▪ wegoptimierter Teilezugriff (kein Laufen, kein Suchen, kein Heben, keine Leiter) ▪ hohe Arbeitssicherheit durch selbstüberwachende Sicherheitsschalter und Verriegelung; ein Einklemmen von Personal und Material wird dadurch vermieden	▪ hohe Investitionskosten ▪ fehlende Ausbaubarkeit ▪ Zugriffsmöglichkeit nur in zeitlichen Abständen möglich, da diese von den Umlaufzeiten und den Stillstandszeiten für das Einlagern und Entnehmen abhängen ▪ begrenztes Lagergutgewicht

Hubhöhen bis 15 Meter und Nutzlasten bis 80 Tonnen je Regaleinheit sind möglich. Die gelagerten Güter befinden sich dabei z. B. auf Tablaren, in Fächern, Boxen oder Schubladen.

3.1.9 Turmregale

Dabei handelt es sich um ein turmförmiges, bis zehn Meter hohes Regal mit **Tablaren** (= bis ca. 1250 x 825 mm große Behälter aus Aluminium, Blech oder Kunststoff mit ca. 300 mm Höhe) als Lagerhilfsmittel, in denen sich die gelagerten Teile befinden. Die Ein- und Auslagerung der Tablare übernimmt ein mit einem Aufzug vergleichbares Ketten-Hubgerät. Deshalb wird diese Regalart auch **Lift-**, **Vertikal-**, **Aufzugs-** oder **Shuttleregal** genannt.

Das Regal arbeitet vollautomatisch. Im Gegensatz zu den Umlaufregalen wird beim Turmregal das Lagergut nur bei der Ein- und Auslagerung bewegt. Es gilt auch hier das Prinzip „Ware zum Mann“.

Sonstige Merkmale:

- feste oder freie Lagerplatzwahl
- computergesteuerte Ein- und Auslagerung
- einfache Übergabe der Teile auf Stetigförderer
- Zuladung pro Tablar bis 280 kg
- hohe Flächen- und Raumausnutzung
- Schutz gegen Staub und Diebstahl

Turmregal für Flachgut

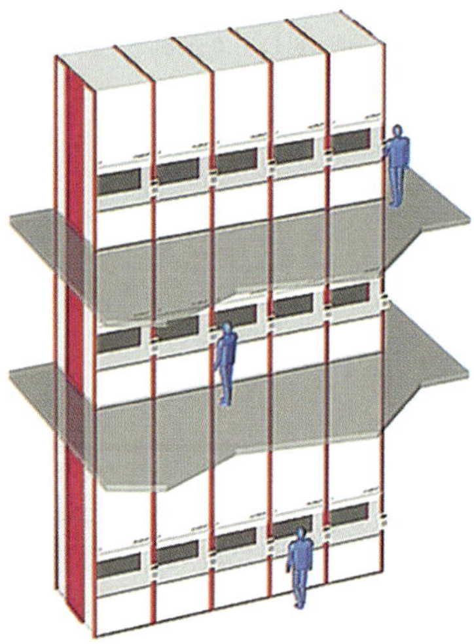

Liftsystem

3.1.10 Einschubregale

Bei Einschubregalen lagern die meist palettierten Ladeeinheiten auf Rollenbahnen mit einer Neigung bis 5 %. In der Regel lagern pro Rollenbahn drei Paletten als Block hintereinander.

Befindet sich auf einer Rollenbahn nur eine Palette und soll mit dem Gabelstapler eine zweite bzw. dritte Palette in der Bahn eingelagert werden, so wird die bereits gelagerte Palette über die Rollen nach hinten geschoben. Bei der Auslagerung entnimmt der Gabelstapler die vordere, zuletzt eingelagerte Palette. Durch die schiefe Ebene rollen die beiden sich dahinter befindlichen Paletten selbstständig nach vorne.

Die Ein- und Auslagerung erfolgt im Gegensatz zu einem Durchlauflager von der gleichen Seite des Regals. Durch eingebaute Bremssysteme kann ein Herausfallen der Paletten verhindert werden.

Einschubregale eignen sich zur Lagerung von Massengütern.

Vorteile	Nachteile
▪ Durch das selbstständige Nachrücken der Ladeeinheiten bilden sich keine Leergassen wie bei einfacher Blocklagerung. Der Gabelstapler kann also, wie beim Palettenlager, die Palette direkt an der Regalfront entnehmen. ▪ hoher Füllgrad und hohe Flächennutzung ▪ mechanisierbar und automatisierbar	▪ Die Anzahl der Paletten hintereinander ist wegen des Staudrucks und der Verschiebekraft begrenzt. ▪ Unfallgefahr, wenn Paletten hängen bleiben oder herausfallen ▪ Die Einhaltung des Fifo-Prinzips ist nur durch Umräumen möglich. ▪ artikelreine Bahnen erforderlich ▪ schlechte Einsichtnahme in die oberen Bahnen, es ist schwierig zu prüfen, ob noch Platz für weitere Paletten ist

3.1.11 Kanalregale (Tunnellager)

In Kanalregalen werden die Ladeeinheiten – meist Paletten – pro Regalfach als Block hintereinander auf Konsolen wie auch beim Einfahr- bzw. Durchfahrregal gelagert. Jedes Regalfach stellt dabei einen Kanalgang bzw. eine Kanalebene dar.

Die **Einlagerung** einer Palette erfolgt meist mit einem **Regalbediengerät** an der Frontseite des Regals. Von dort übernimmt ein mit einem Elektromotor betriebenes und mit dem Regalbediengerät verbundenes **Satellitenfahrzeug** die Palette und fährt diese bis zum freien Stellplatz in den Kanalgang hinein. Bei der Auslagerung holt das Satellitenfahrzeug die Palette aus dem **Kanalgang** und stellt sie an der Frontseite des Regals ab, wo sie vom Regalbediengerät übernommen werden kann.

Lagerung in Kanalregalen

Kanalregale können wie Durchfahrregale eine Einlagerungs- und eine Auslagerungsseite haben. In diesem Fall ist das Fifo-Prinzip gewährleistet.

Kanalregale eignen sich ebenfalls zur Lagerung von Massengütern.

Vorteile	Nachteile
▪ als Hochregal geeignet ▪ ausbaufähig ▪ hohe Flächen- und Raumausnutzung	▪ hohe Investitionskosten ▪ Spezialfahrzeuge für die Kanalbedienung erforderlich ▪ nur artikelreine Lagerung pro Kanalgang sinnvoll ▪ keine Verfügbarkeit bei Ausfall der Fördermittel ▪ Regalbediengerät „ruht“, solange das Satellitenfahrzeug im Kanal ein- oder auslagert

3.1.12 Automatisches Behälterregal

Bei dieser Regalart, die auch automatisches Kassettenregal oder AKL-System (AKL = automatisches Kleinteilelager) genannt wird, erfolgt die **Lagerung der Güter** in Behältnissen wie **Kassetten**, **Kästen**, **Lagerwannen** oder **Tablaren**. Diese werden auf Auflagekonsolen bis zu einer Raumhöhe von 12 Metern gelagert.

Lagerung in automatisierten Behälterregalen

Die Ein- und Auslagerung übernehmen automatisierte **Regalbediengeräte**, gesteuert von einem Computer.

Die Dateneingabe erfolgt über Tastatur, Klarschriftleser oder Barcode. Die **Zuweisung** des **Lagerplatzes** und dessen Speicherung übernimmt der **Computer**.

Die meist manuelle Übergabe der einzulagernden Güter an das Regalbediengerät bzw. die Übernahme der auszulagernden Güter erfolgt vor der Regalanlage. Die Regalanlage arbeitet meist im **Doppelspiel**, d.h., im Anschluss an eine Einlagerung nimmt das Regalbediengerät auf dem Rückweg umgehend eine Auslagerung vor, sodass Leerfahrten vermieden werden.

Automatische Behälterlager eignen sich besonders, wenn sehr viele verschiedene Güter in begrenzten Stückzahlen häufig umgeschlagen werden.

Vorteile	Nachteile
▪ durch das geschlossene Regalsystem sind die Güter sehr gut vor Schmutz und Diebstahl geschützt ▪ beste Automatisierungsmöglichkeit ▪ günstige Greifposition für den Ein-/Auslagerer, der die Güter vor dem Regal in die Behälter legt bzw. sie daraus entnimmt ▪ Wegfall von Wegzeit, da die Güter zum Mann/ zur Frau kommen, das Prinzip „Ware zum Mann“ voll gewährleistet ist ▪ für die Einhaltung des Fifo-Prinzips sorgt der Computer, d.h., er sucht bei einer Auslagerung automatisch den Behälter, in dem sich das bereits am längsten eingelagerte Gut befindet ▪ automatische Bestandsfortschreibung durch den Computer bei jeder Ein- und Auslagerung; das Finanzamt erkennt diese Bestände bei der Inventur an	▪ Güter ab einem bestimmten Gewicht und Volumen sind zur Lagerung in den Behältern nicht geeignet ▪ hohe Investitionskosten ▪ Stillstand der Anlage bei Strom- und Computerausfall

Automatisches Behälterlager als Tablarlager mit Regalbediengerät

3.1.13 Hochregallager

Die Weiterentwicklung von Regalkonstruktionen führte zu Hochregallagern, die Bauhöhen bis 45 Meter aufweisen.

Die Lagerung der Güter erfolgt dabei vorwiegend in Gitterboxpaletten, die wiederum in Regalen gelagert werden. Die Abmessungen der Regale richten sich nach den verwendeten Palettengrößen. Die einzelnen Regale sind durch **Gassen** (Gänge) voneinander getrennt, deren Breite durch die Paletten bzw. die verwendeten Regalbediengeräte bestimmt wird.

- **Bauweise.** Beim **Einbauhochregallager** wird in ein bereits vorhandenes Gebäude mit entsprechendem Volumen ein Hochregal nachträglich eingebaut.

  Bei der **gebäudetragenden Silobauweise** besteht die Gebäudeaußenhaut aus leichten Profilblechen, die unmittelbar an die äußersten Regalgestelle anmontiert werden. Das Dach wird durch verlängerte Regalständer getragen. So lassen sich enorme Baukosten sparen. Neue Hochregallager werden üblicherweise in Silobauweise errichtet. Als Regaltypen eignen sich Längstraversen, Quertraversen oder Fachböden.

- **Ein- und Auslagerungspunkte.** Bei den meisten Hochregallagern befindet sich die Ein- und Auslagerung an der Stirnseite des Hochregallagers. Am Einlagerungspunkt werden die Ladeeinheiten vom Zufördersystem an das Regalförderzeug übergeben. Hier befindet sich auch der **Identifikationspunkt** (I-Punkt) zur Waren- und Konturenkontrolle. Am Auslagerungspunkt übernimmt das Abfördersystem die Ladeeinheiten vom Regalförderzeug. Der dort befindliche **Kontrollpunkt** (K-Punkt) prüft, ob die richtige Ladeeinheit ausgelagert wurde.
- **Bedienung der Hochregallager.** Zur Bedienung eignen sich mechanische oder automatische Regalbediengeräte, die regalabhängig oder regalunabhängig sein können. Automatische Regalbediengeräte sind in der Lage, die Einlagerungsplätze **diagonal** anzusteuern.
- Für die Bedienung der einzelnen Regalgassen bestehen zwei Möglichkeiten. Zum einen kann für jede Regalgasse ein eigenes Regalförderzeug betrieben werden. Zum anderen kann durch Umsetzeinrichtungen oder **kurvengängige** Regalförderzeuge die Bedienung mehrerer Gassen von einem Regalförderzeug erfolgen.

Hochregallager in Silobauweise im Bau

- **Steuerungsarten.** Bei **manueller** Flursteuerung steuert die mitgehende Bedienperson über eine Druckknopftaste die Ein- und Auslagerungen.
  Bei der **teilautomatischen Steuerung** erfolgt die Steuerung durch eine Bedienperson über einen Steuerschalter. Die Bedienperson befindet sich in einer am Fahrwerk oder am Hubwagen befestigten Kabine.
  Bei der **automatischen** Steuerung wird über Computer jeder neu einzulagernden Palette ein freier Platz zugewiesen und bei der Entnahme der Lagerort der benötigten Palette sekundenschnell ermittelt.
- **Datenübertragung.** Die Datenübertragung zwischen Bediener und Regalbediengerät kann u. a. erfolgen:
  - durch Schleppkabel, die aber immer mehr durch drahtlose Datenübertragungstechniken ersetzt werden,
  - durch induktive Antennenschleifen,
  - durch Infrarot-Übertragung,

- durch Datenfunk,
- durch Ultraschall-Übertragung,
- durch optische Einrichtungen zur Datenübertragung.

- **Eignung.** Hochregallager eignen sich
  - für die Lagerung großer Mengen je Artikel bei großem Sortiment,
  - für leichtes bis mittelschweres Gut,
  - je nach Fördertechnik für Güter mit mittlerer bis hoher Umschlagshäufigkeit.

Vorteile	Nachteile
▪ gute Flächen- und Raumausnutzung ▪ geringer Personalbedarf ▪ schnelle Ein- und Auslagerung ▪ direkter Zugriff zu den einzelnen Paletten ▪ leichte Anpassung an geänderte Warensortimente ▪ bei geeigneten Fördermitteln gute Kommissioniermöglichkeit	▪ hohe Investitionskosten beim Bau ▪ umfangreiche Organisation vor Inbetriebnahme ▪ absoluter Stillstand bei Ausfall des Computers bzw. des Regalbediengerätes ▪ begrenzt ausbaufähig ▪ spezielle Fördermittel, die nur in diesem Bereich einsetzbar sind

3.1.14 Lagerung auf Stetigförderern

Die Lagerung von Gütern auf Stetigförderanlagen ist nur für den Bereich der Zwischenlagerung im Fertigungsprozess bedeutsam.

Stetigförderanlagen erfüllen dabei zwei Aufgaben:
- Sie transportieren das Werkstück von Arbeitsplatz zu Arbeitsplatz.
- Sie lagern das Werkstück, bis der nächste Arbeitsgang ausgeführt werden kann.

Für die eigentliche Lagerhaltung hat dieses Lagersystem nur eine geringe Bedeutung.

Kernwissen

1. Bei der Lagertechnik kann unterschieden werden
   - nach dem **Einsatz von Lagereinrichtungen**
     - in Boden- oder Regallagerung
   - nach der **Stapelhöhe**
     - in ungestapelte und gestapelte Lagerung
   - nach dem **Zugriff**
     - in Reihenlagerung und Blocklagerung
2. Für die meisten Lagertechniken gilt: Je **höher** die **Flächen- und Raumausnutzung**, desto **geringer** ist die **direkte Zugriffsmöglichkeit** zu den gelagerten Gütern.

3. Zu den **Lagereinrichtungen** zählen **Regale** und **Schränke**.

4. Die Lagerung von Gütern in Regalen erhöht die Raumausnutzung und die Zugriffsmöglichkeit.

5. Bei der statischen Regallagerung werden die Güter im Regal während der Lagerung nicht bewegt.

6. Bei der dynamischen Regallagerung werden entweder die Güter im Regal oder das ganze Regal mit den Gütern bewegt.

7. Je nach Regalart ist eine Block- oder Reihenlagerung möglich.

8. Die Lagerung der Güter in den Regalen kann ohne oder mit Lagerhilfsmittel erfolgen.

9. Zu den gängigen Regalarten gehören Fachboden-, Paletten- und Langgutregale.

10. Je nach Lagertechnik und Automatisierungsgrad werden diese Regalarten als Einfahr-, Durchfahr-, Durchlauf-, Kragarm-, Waben-, Kassetten-, Verschiebe-, Umlauf-, Turm-, Einschub-, Kanal-, automatisches Behälter- oder automatisches Hochregal eingesetzt.

11. Übersicht

Stückgut als Lagergut					
Merkmale	**Bodenlagerung**		**Regallagerung**		
Lagerhilfsmittel, z. B. Behälter, Palette, Kassette	mit Lagerhilfsmittel	ohne Lagerhilfsmittel	mit oder ohne Lagerhilfsmittel		
Lagertechnik/ Zugriffsart	Reihen- oder Blocklagerung	Reihen- oder Blocklagerung	Reihenlagerung	Blocklagerung	
Güter-/ Regalbewegung	statisch	statisch	statisch	statisch	dynamisch
Lagereinrichtung	keine	keine	Fachbodenregal – eingeschossig – mehrgeschossig, Palettenregal als – Einplatzsystem – Mehrplatzsystem, Kragarmregal, Turmregal, automatisches Behälterregal, automatisches Hochregal	Wabenregal, Einfahrregal, Durchfahrregal	Verschieberegal, Kanalregal, Durchlaufregal, Einschubregal, Umlaufregal als Paternosterregal oder Karussellregal

12. Die folgende Übersicht untersucht die Regalarten nach verschiedenen Bewertungskriterien. Dabei bedeutet:

+++ sehr gut geeignet, überhaupt nicht abhängig, sehr gering
++ gut geeignet, nicht abhängig, gering
\+ geeignet, bedingt abhängig, klein
– – – sehr ungünstig, sehr abhängig, sehr hoch
– – ungünstig, abhängig, hoch
– bedingt geeignet, teilweise geeignet, mittelhoch

Lagerungsart		Bodenlagerung		Regallagerung												
Bewertungskriterien \ Lagereinrichtung		Reihenlagerung ohne Lagerhilfsmittel	Blocklagerung mit Lagerhilfsmittel	Fachbodenregal	Palettenregal Einplatzsystem	Palettenregal Mehrplatzsystem	Kragarmregal	Automatisches Behälterregal	Wabenregal	Einfahrregal	Durchfahrregal	Kanalregal	Durchlaufregal	Einschubregal	Umlaufregal	Verschieberegal
Lagergutgewicht	schwer	+++	+++	– –	+++	++	++	– –	+	++	++	+	+	++	– – –	+
	mittel	+++	+++	+	+++	+++	+++	+	++	+++	+++	++	++	+++	– –	+++
	leicht	+	++	+++	– –	– –	–	+++	+++	– –	– –	– –	+++	– –	+++	+++
Artikelanzahl	hoch	– –	– – –	++	++	++	–	++	–	– –	– –	– –	– –	–	++	–
	mittel	–	– –	+++	+	+	++	+	+	–	–	–	–	+	+	+
	klein	++	+++	–	–	–	+	– –	++	+	+	+++	+++	++	–	++
Menge pro Artikel	hoch	++	+++	– –	+	+	+	– –	– –	++	++	+	+	+	– –	–
	mittel	+	+	+	++	++	++	–	–	+	+	++	++	++	+	+
	klein	– –	– – –	++	++	++	–	++	+	– –	– –	+	+	–	++	++
Umschlagsleistung	hoch	– –	– –	–	+	+	–	++	– –	– –	–	++	+	+	–	– –
	mittel	–	+	+	++	++	+	+	–	–	+	+	+	+	+	–
	klein	++	++	+++	–	–	++	– –	+	+	++	++	++	++	++	+
Flächennutzung		+	++	– –	–	+	+	+	++	+	+	++	++	++	+	+++
Raumnutzung		– –	– –	– –	++	++	–	+	++	++	++	++	+	++	+++	++
Flexibilität		++	+++	++	+	++	–	– – –	–	– –	– –	– –	– –	+	– –	–
Mechani-/Automatisierung		– – –	– – –	++	+++	+++	+	+++	+++	–	–	+++	++	+	++	+
Fifo (zuerst rein – zuerst raus)		– –	– –	–	++	++	–	+	– –	– –	+++	+++	+++	– –	+	+
Bestandsführung mit EDV		–	– –	++	++	++	++	+++	+	–	–	++	+	+	+	+
Entnahme durch Personen		–	–	+++	+++	++	+	– –	+	– –	–	–	–	–	+++	– –
Wartung und Instandhaltung		++	+	++	+	+	+	– –	+	–	–	– –	– –	–	– –	– –
Störanfälligkeit		+	++	++	+	+	+	– –	+	–	–	– –	– –	+	–	–
Investitionskosten		++	++	++	– –	–	– –	– –	–	–	– –	– – –	–	–	– –	– – –

Auszug aus der Auswahlmatrix von G. Vogt, Lagerplanung, Verlag moderne Industrie, Landsberg, 1996

Aufgaben

1. *Nennen Sie Vorteile der Regallagerung gegenüber der Bodenlagerung.*
2. *Erklären Sie die statische und die dynamische Regallagerung und nennen Sie die zutreffenden Regalarten.*
3. *Ordnen Sie die Aussagen den verschiedenen Regalarten zu:*
   a) Die Lagerung der Ladeeinheiten (z. B. Paletten) erfolgt im Block.
   b) Die Investitionskosten sind gering.
   c) Die Entnahme der Güter erfolgt manuell.
   d) Die Störanfälligkeit ist gering.
   e) Die Einlagerung erfolgt von der einen und die Auslagerung von der anderen Regalseite.
   f) Die Flächen- und Raumausnutzung, aber auch die Investitionskosten sind sehr hoch.

g) Bei artikelreiner Lagerung ist das Fifo-Prinzip einhaltbar.
h) Das Regal ist für die Lagerung von Langgut besonders geeignet.
i) Die Wartungs- und Instandhaltungskosten sind gering.
j) Das Regal ist für die Lagerung leichter Güter besonders geeignet.
k) Das Regal ist für die Lagerung schwerer Güter besonders geeignet.
l) In das Regal werden vorwiegend unpalettierte Güter eingelagert.
m) Das Regal mit dem Lagergut kann manuell oder mit Motorantrieb bewegt werden.

4. *Führen Sie für*
   a) das mehrgeschossige Fachbodenregal,
   b) das Turmregal,
   c) das automatische Hochregal
   die Bewertung nach den Bewertungskriterien gemäß Punkt 12 in der Zusammenfassung durch.

5. *Sie suchen ein preisgünstiges Regal für die manuelle Bedienung. Es soll eine große Anzahl verschiedener Güter mit niedrigem Gewicht in kleinen Mengen und geringer Umschlagsleistung darin gelagert werden. Für welche Regalart entscheiden Sie sich?*

6. *Bei welcher Stapelform sind die Ladeeinheiten lückenlos hintereinander-, nebeneinander- und übereinandergestellt?*

7. *Nennen Sie Sicherheitseinrichtungen, durch die bei Verschieberegalen Unfälle vermieden werden können.*

8. *Unterscheiden Sie den Aufbau und die Funktionsweise von Paternosterregalen und Turmregalen. Nehmen Sie dafür auch das Internet zu Hilfe.*

9. *Begründen Sie den geringeren Raumausnutzungsgrad bei einem Traglufthallenlager.*

10. *Erstellen Sie mithilfe des Internets eine Präsentation zum Thema Hochregale.*
    a) Stellen Sie die verschiedenen Bauweisen vor.
    b) Erläutern Sie dabei auch die Begriffe I-Punkt, K-Punkt, Steuerungsarten, Bedienung, Datenübertragung.

3.2 Lageraufbau nach dem Materialfluss

Bei der Planung eines Lagers sind nicht nur die verwendeten Lagertechniken, Lagerhilfsmittel und Lagereinrichtungen von Bedeutung, sondern auch der Aufbau des Lagers, d. h. die Anordnung der Lagereinrichtungen im Lager. Dabei ist besonders auf einen optimalen Materialfluss im Lager bzw. zwischen dem Lager oder den Lagern und den anderen betrieblichen Teilbereichen, z. B. Lager ↔ Produktion, zu achten.

Innerhalb eines Lagers kann der Lageraufbau nach den lagerlogistischen Funktionen aufgebaut sein. Dabei sind zwei grundsätzliche Möglichkeiten denkbar:

Wareneingang und Warenausgang sind räumlich voneinander getrennt.

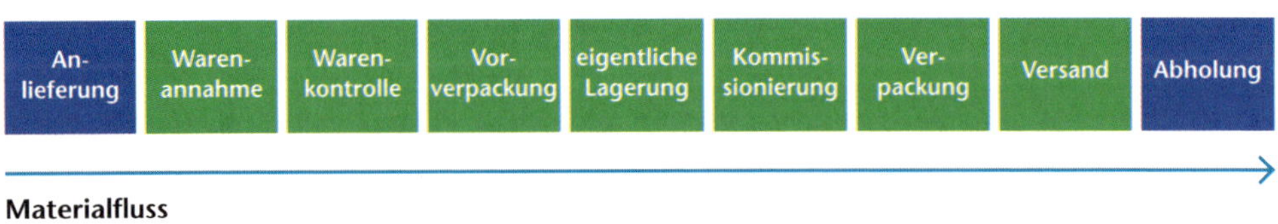

Vorteile der räumlichen Trennung von Warenannahme und Warenversand sind:

- übersichtliche Verkehrsführung, damit geringere Unfallgefahr
- eindeutiger Materialfluss innerhalb des Unternehmens
- keine Vermischung zwischen Wareneingängen und Warenausgängen
- klare Aufgabenverteilung für das Personal

Wareneingang und Warenausgang sind räumlich zusammengelegt.

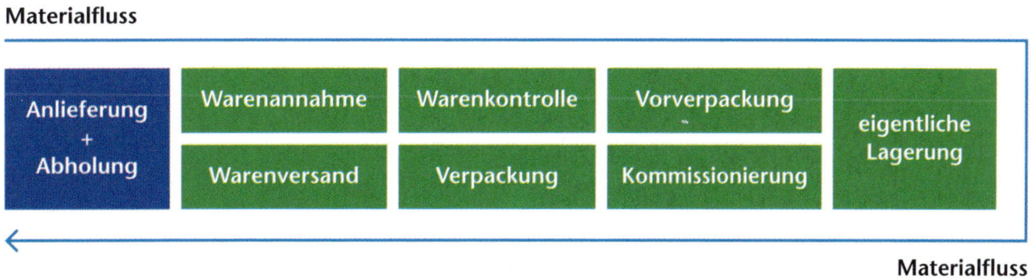

Vorteile der räumlichen Zusammenlegung von Warenannahme und Warenversand:

- nur eine Rampenanlage erforderlich
- weniger Fläche erforderlich
- bessere Auslastung des Personals
- Fördermittel sind für Warenannahme und -versand gleichzeitig verwendbar.
- Die Gefahr des Zutritts für unbefugte Personen vermindert sich.

Die Zusammenlegung erfolgt vorwiegend in Kleinbetrieben.

4 Voraussetzungen für eine ordnungsgemäße Lagerung

Einstiegssituation

„Was soll denn das?", fragt sich der neue Auszubildende, als er an seinem ersten Arbeitstag von seinem Vorgesetzten den Besen in die Hand gedrückt bekommt und zwischen den Regalen kehren soll.

Handlungsaufträge

1. *Auch Sie werden schon einmal mit Reinigungsaufgaben in Ihrem Ausbildungsbetrieb beschäftigt gewesen sein. Überlegen Sie, weshalb Sauberkeit am Arbeitsplatz so wichtig ist.*
2. *Stellen Sie im Ausbildungsrahmenplan für Ihren Beruf fest, bei welchen zu vermittelnden Kenntnissen und Fertigkeiten auch die Sauberkeit im Lager angesprochen ist.*

4.1 Sauberkeit

Sauberkeit ist eine Grundvoraussetzung für eine ordnungsgemäße Arbeit im Lager. Die Sauberkeit im Lager **bezieht** sich auf

- die Arbeitsräume,
- die Transportwege,
- die Lagereinrichtungen,
- die gelagerte Ware,
- die Werkzeuge und Transportmittel,
- den mit der Ware hantierenden Menschen.

Ein sauberes Lager hat viele **Vorteile**:

- geringere Verletzungs- und Unfallgefahr
- guter Eindruck auf Lieferer, Kunden, Mitarbeiter und Besucher
- längere Haltbarkeit der Lagereinrichtungen, Werkzeuge und Transportmittel
- weniger Verderb und Ausschuss bei der Ware
- angenehmeres Arbeiten am Arbeitsplatz

Die Sauberkeit im Lager kann **erreicht** werden

- durch tägliche Reinigung,
- durch Reinigung in bestimmten Situationen, z. B. bei Ölflecken auf den Geh- und Fahrwegen, bei Bruch von Waren,
- durch Reinigung zu bestimmten Anlässen, z. B. bei der Inventur, bei der Einlagerung oder Auslagerung der Ware,
- durch Reinigung in Zeiten, in denen wenige andere Arbeiten anfallen.

Die **Reinigung** des Lagers kann durch die **Lagerarbeiter** selbst oder eigenes **Putzpersonal** erfolgen. Je nach Lagergröße sind **Reinigungsmaschinen** im Einsatz.

4.2 Geräumigkeit

Voraussetzung für eine übersichtliche und saubere Lagerung sind geräumige Lager. Ist genügend Platz vorhanden, ist auch der Einsatz von Fördermitteln möglich. Einlagerungen sind schneller, da unnötiges Suchen und Umschichten entfällt. Breite Fahr- und Gehwege vermindern auch die Unfallgefahr.

4.3 Übersichtlichkeit

Die Übersichtlichkeit im Lager kann in mehrfacher Sicht verwirklicht werden:

- durch die Einteilung des Lagers in **Lagerbereiche**. Gemäß den Tätigkeiten, die im Lager anfallen, kann das Lager räumlich in verschiedene Lagerbereiche gegliedert sein.

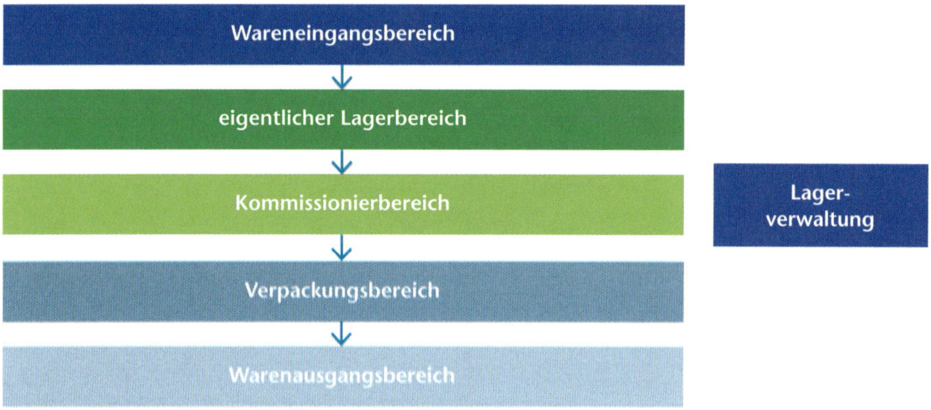

  In der Regel durchläuft die Ware alle Bereiche des Lagers. Es ist aber auch möglich, dass
  - z. B. in Speditionen der Warenfluss direkt vom Wareneingangsbereich zum Warenausgangsbereich stattfindet.
  - z. B. bei palettierter Ware eine Verpackung wegfällt und die Palette direkt vom Kommissionierbereich in den Warenausgangsbereich befördert wird.

  Als weiterer Lagerbereich ist die Lagerverwaltung zu nennen, die vorwiegend für den Informationsfluss im Lager zuständig ist.

- durch die Einteilung des Lagerbereichs in **Lagerzonen**. Die Aufteilung kann dabei nach verschiedenen Gesichtspunkten erfolgen:
  - nach dem Gewicht
  - nach der Gängigkeit
  - nach der Größe
  - nach der Bestellhäufigkeit
  - nach dem Wert
  - nach der Empfindlichkeit
  - nach der Gefährlichkeit

- durch eine Stellplatzkennzeichnung **(location)**. Enthält jeder Stellplatz eine eigene Nummer, so spricht man vom **Lagerplatznummernsystem**. Darin festgelegt ist die Regalzeile, das Regalfeld (Steher) als Längsposition und die Regalebene (Fach) als Höhenposition. Diese Koordinaten bilden gleichzeitig die Basis für manuelle wie auch EDV-gesteuerte Lagerverwaltungssysteme. Eine Stellplatzkennzeichnung vermeidet auch unnötige Umwege und kostenintensive Suchfahrten.

Beispiel

Regalzeile 07 Längsposition 04 Höhenposition 05

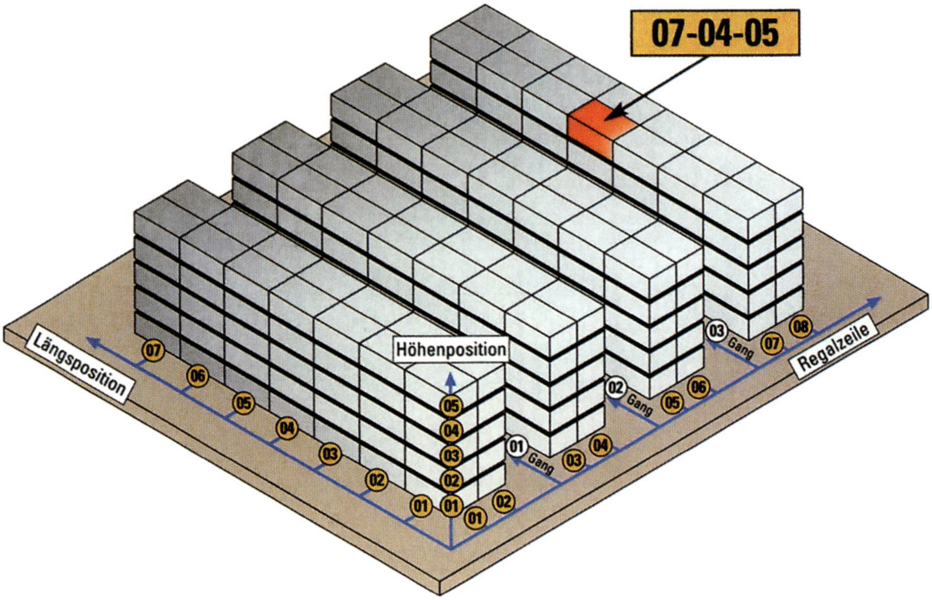

- durch die Vergabe von **Teile-** bzw. **Materialnummern**. Der Zweck der Nummerierung liegt darin, die vorhandenen Materialien in ein Ordnungssystem einzufügen. Die Nummerierung kann vier Aufgaben erfüllen.

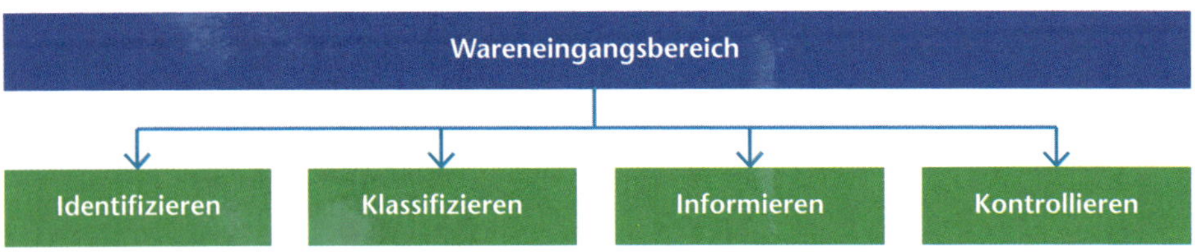

  - Beim **Identifizieren** wird eine bestimmte Nummer einem bestimmten Teil zugeordnet. Dabei darf keine Nummer doppelt vergeben werden. Die vergebenen Nummern sind somit absolut eindeutig. Für die Zuordnung bestehen verschiedene Möglichkeiten. Mit einer 5-stelligen Zahl können 99999 Teile identifiziert werden.
  - Beim **Klassifizieren** wird einer Nummer ein bestimmtes Merkmal zugeordnet. So können z.B. in einem Automobilwerk die Motorenteile mit der Nummer 1, die Getriebeteile mit der Nummer 2 und die Fahrwerkteile mit der Nummer 3 beginnen.
  - Eine Nummer **informiert**, wenn durch sie allgemein verständliche Aussagen gemacht werden.

    Beispiel

    Die Nummer 0813 kann das Herstellungsdatum August 2013 ausdrücken. Die Anfangsziffer 40 beim GTIN-Code drückt z.B. das Herstellerland Deutschland aus.

  - **Selbstprüfende Nummernkombinationen** schließen weitgehend die fehlerhafte Eingabe von Teilenummern in der EDV-Bearbeitung aus. Kontrollarbeiten und Fehlersuche sind damit eingeschränkt.

Diese Kontrollaufgabe kann eine **Prüfziffer** ausüben, die über EDV aus der Grundnummer errechnet und als letzte Stelle an diese Nummer angehängt wird. Die Prüfziffer wird also Bestandteil der Nummer selbst.

Üblich sind das Modulo-10- und das Modulo-11-Verfahren. Als Beispiel soll hier eine Möglichkeit zur Ermittlung der Prüfziffer für die Identnummern

- GTIN (Global Trade Item Number = Globale Artikelnummer, früher EAN-Code = Europäische Artikelnummer)
- GLN (Global Location Number = Betriebsnummer)
- NVE (Nummer der Versandeinheit, international SSCC = Serial Shipping Container Code)

nach dem Modulo-10-Verfahren dargestellt werden.

Beispiel
für die Ermittlung der Prüfziffer einer GTIN-13 (= 13-stelligen Artikelnummer)

a)	4	0	2	3	4	5	6	1	8	4	7	2	–
b) x	1	3	1	3	1	3	1	3	1	3	1	3	
c)	4	0	2	9	4	15	6	3	8	12	7	6	
d)	Produktsumme 76												
e)	Aufrunden auf 80												
f)	76 + 4 = 80, d. h., 4 ist die Prüfziffer												
g)	4	0	2	3	4	5	6	1	8	4	7	2	4

Vorgehensweise:

a) Schreiben Sie die ersten 12 Ziffern der GTIN-Nummer nebeneinander in die Kästchen. Das letzte Kästchen bleibt frei für die zu ermittelnde Prüfziffer.

b) Setzen Sie darunter von rechts beginnend abwechselnd die Faktoren 3 und 1. Beginnen Sie mit der 3 im vorletzten Kästchen. Das Kästchen für die Prüfziffer bleibt frei.

c) Multiplizieren Sie a) mit b). Damit erhalten Sie die Produkte in den Kästchen in Zeile c).

d) Addieren Sie die einzelnen Produkte in Zeile c) und tragen Sie die Produktsumme in d) ein.

e) Runden Sie die Produktsumme auf den nächsten „Zehner" (hier 80) auf. Die Differenz zwischen nächstem Zehner und Produktsumme ergibt die Prüfziffer. Ist die Differenz Null, dann ist auch die Prüfziffer Null.

f) Die Prüfziffer ist bei dieser GTIN-Nummer Vier.

g) Damit lautet die vollständige GTIN-Nummer: 4023456184724.

- durch Führen von **Lagerfachkarten**.
  Lagerfachkarten werden für jede Güterart geführt und befinden sich in den Lagerfächern bei jeder Güterart. Eingetragen werden u. a.:
  - Teilenummer
  - Güterbezeichnung
  - Mindest- und Meldebestand
  - Zugänge und Ausgänge
  - der jeweilige Bestand

Durch Lagerfachkarten ist der jeweilige Bestand schnell feststellbar, sodass notwendige Nachbestellungen sofort erkennbar sind.

In den meisten Betrieben haben EDV-Lagerverwaltungsprogramme die Lagerfachkarte abgelöst.

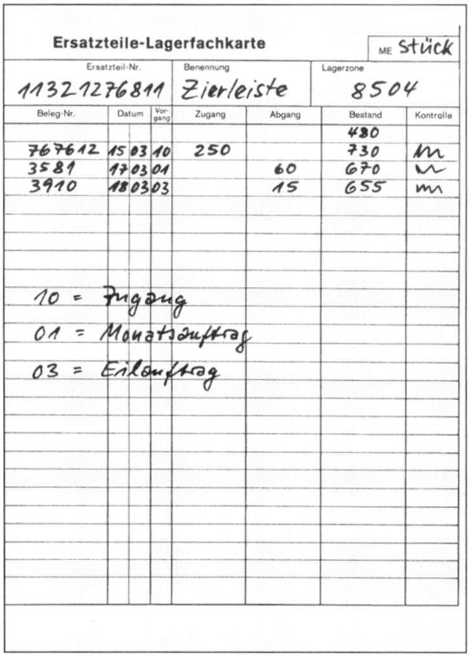

Ersatzteile-Lagerfachkarte ME Stück

Ersatzteil-Nr.	Benennung	Lagerzone
11321276811	Zierleiste	8504

Beleg-Nr.	Datum	Vorgang	Zugang	Abgang	Bestand	Kontrolle
					480	
767612	15 03	10	250		730	
3581	17 03	01		60	670	
3910	18 03	03		15	655	

10 = Zugang
01 = Monatsauftrag
03 = Eilauftrag

- EDV-Lagerverwaltungsprogramme. **Lagerverwaltungsprogramme** sind häufig ein Baustein (Modul) des elektronischen Warenwirtschaftssystems im Unternehmen. Mit entsprechender Software steuern Lagerverwaltungsprogramme die anfallenden Aufgaben im Lager vom Wareneingang über die Bestandsführung und Inventur bis zur Kommissionierung und dem Warenausgang einschließlich Transport.

  Dazu zählen u. a.:
  - Abgleich des Wareneingangs mit den Bestellungen
  - Vergabe von Wareneingangs- und Teilenummern mit Etikettendruck
  - Festlegung und Verwaltung von Lagerplätzen
  - Bestandsfortschreibung, -überwachung, Auslösung von Bestellungen
  - Vorbereitung der Inventurarbeiten
  - Steuerung der eingesetzten Fördermittel und deren Wegeoptimierung
  - Erstellung von Kommissionieraufträgen aus den vorliegenden Kundenaufträgen
  - Ermittlung der Umschlagshäufigkeit der einzelnen Waren

5 Arbeiten bei der Einlagerung

Einstiegssituation

Zwei Auszubildende unterhalten sich in der Berufsschule über ihre tägliche Arbeit.

Karl: „Wir sind nur zu dritt im Lager. Da mache ich jeden Tag alles, wie die Arbeit gerade anfällt: Lkw entladen helfen, Waren kontrollieren, einlagern, Teile an die Werkstatt ausgeben. Immer viel Arbeit, aber abwechslungsreich."

Thomas: „Das ist bei uns ganz anders. Ich bin jetzt schon vier Wochen in der Vorverpackung tätig. Da packen wir die ankommenden Teile vor der Einlagerung abgezählt in Schachteln und Beutel. Immer dasselbe, ganz schön langweilig manchmal."

Handlungsaufträge

1. *Überlegen Sie, welche Größe die Unternehmen von Karl und Thomas haben könnten.*
2. *Erläutern Sie, wie die Arbeitsteilung in Ihrem Ausbildungsunternehmen erfolgt.*
3. *Beschreiben Sie, welche Arbeiten bei der Einlagerung der Güter in Ihrem Ausbildungsunternehmen anfallen.*

Nach der Annahme und Kontrolle der Güter werden die Güter an ihren Bestimmungsort weitergeleitet. Dies kann sein:
- direkt in die Fertigung zur Weiterverarbeitung
- direkt in den Verkauf/Versand an die Kunden
- in das Lager

In vielen Betrieben ist die Weiterleitung der Güter erst möglich, wenn eine Freigabeerklärung durch die Qualitätskontrolle erfolgt und die Rechnung auf ihre rechnerische und sachliche Richtigkeit geprüft ist.

Erfolgt die Einlagerung der Güter, so ist zu entscheiden, ob die Güter in ihrem angelieferten Zustand einzulagern sind oder vorher noch eine „Behandlung" erfahren.

5.1 Vorverpackung und Portionierung

In den meisten Fällen wird die angelieferte Ware nicht lose in den Regalen, sondern in vorgezählten Mengen in Packmittel vorverpackt.

Die **Vorverpackung** hat etliche **Vorteile**:
- Schutz der Ware während der Lagerung
- bessere Stapelung und Platzersparnis
- schnellere Entnahme bestimmter Mengen ohne langes Zählen
- leichtere Bestandsaufnahme
- Einsatz von Fördermitteln möglich
- Vorverpackung dient zugleich als Versandverpackung.

Die gebräuchlichsten Packmittel für die Vorverpackung sind Paletten, Behälter, Kisten, Kartons, Beutel und Säcke.

5.2 Komplettierung

Das Abfüllen verschiedener Einzelteile zu einer **Kombinationspackung** nennt man Komplettierung.

Beispiel
Reparatursatz

Wenn die Komplettierung bereits vor der Einlagerung geschieht, ist eine rasche Bedienung des Kunden, der Werkstatt oder der Produktion möglich.

5.3 Preisauszeichnung

Preisangabenverordnung

Ist die einzulagernde Ware für den Verkauf im **Einzelhandel** bestimmt, wird sie oft vor, während oder nach der Lagerung mit einem Preis ausgezeichnet.

Nach der **Preisangabenverordnung** sind alle Waren mit ihrem **Endpreis** (einschließlich Umsatzsteuer) auszuzeichnen. Anzugeben ist auch die Gütebezeichnung (z. B. Handelsklasse, 2. Wahl). Bei Fertigpackungen im Lebensmittelbereich ist neben dem Endpreis auch der **Preis pro Verkaufseinheit** (Preis pro kg) anzugeben.

Preisangabe an der Ware

Die **Preisangabe** ist möglich
- an der Ware selbst durch **Preisschilder**,
- an den Regalen oder Behältern, in denen sich die Ware befindet,
- auf Preisverzeichnissen, die im Verkaufsraum an gut sichtbarer Stelle angebracht sind.

Die Befestigung der Preisschilder an der Ware kann geschehen durch
- Klebe-Etiketten (Lebensmittel),
- Hänge-Etiketten (Bekleidung),
- Ansteck-Etiketten (Bekleidung),
- Sicherungs-Etiketten (Bekleidung).

Die Preisschilder enthalten häufig auch zusätzliche Angaben, wie Artikelnummer, Artikelname, Lieferdatum, Einkaufspreis. Soll sie der Kunde nicht lesen können, werden die Angaben verschlüsselt.

GTIN-Code

Nahezu alle Güter im **Konsumgüterbereich** sind heute mit dem **GTIN-Code** ausgezeichnet, der sich auf der Verpackung der Ware befindet **(Global Trade Item Number = Globale Artikelnummer, früher EAN-Code)**. Der GTIN-Code hat standardmäßig 13 Stellen, bei kleineren Produkten 8 Stellen. Der GTIN-13 besteht aus
- der Ländernummer (LN) des Staates mit 2 bis 3 Stellen (Beispiel: Deutschland hat 40 bis 440),
- der Betriebsnummer (BN) des Herstellers mit 4 bis 5 Stellen,
- der Artikelnummer (AN) mit 5 Stellen,
- einer Prüfziffer (PZ); siehe dazu auch Modulo-10-Verfahren.

Preisauszeichnung mit Herstellerangaben, Mindesthaltbarkeit, Kilopreis und GTIN-Code

Der GTIN-Code enthält nicht den Preis der Ware. Diesen muss der Einzelhändler vor Verkaufsbeginn bzw. vor jeder Preisänderung in den Datenspeicher des Computers eingeben.

Der GTIN-Code wird an der Kasse durch einen Lesestift oder Leseschlitz (**Scanner**) fotoelektronisch gelesen. Der Computer holt daraufhin den Preis und den Namen des Artikels aus dem Datenspeicher und erstellt daraus den Kassenbeleg.

Mit der **Strichcodierung** und einer entsprechenden EDV-Anlage kann der gesamte Warenumschlag rationalisiert werden. So entfällt das zeitaufwendige und fehleranfällige Eintippen von Artikelnummern und Artikelpreisen an der Kasse. Außerdem können mit entsprechenden Programmen die Lagerbestände fortgeschrieben, die erforderlichen Nachbestellungen ausgeführt und Verkaufsstatistiken erstellt werden. Die Warenbestände der einzelnen Artikel sind somit ständig über EDV abrufbar.

Länderkennzeichen		Bundeseinheitliche Betriebsnummer					Individulle Artikelnummer des Herstellers					Prüfziffer
4	0	1	2	3	4	2	5	1	8	6	8	2

GTIN-Code-Aufbau

5.4 Buchung der Einlagerung

Der Grundsatz „**Keine Einlagerung oder Auslagerung ohne Beleg**" ist zu beachten. Vielfach dient hierfür der **Lieferschein**, doch wird häufig ein eigener **Wareneingangsschein** mit **Barcode** erstellt.

Die buchmäßige Erfassung des Wareneingangs erfolgt dann über EDV. Meist werden dazu die codierten Wareneingangsdaten auf dem Beleg per Scanner erfasst. Nur noch in ganz wenigen Betrieben erfolgt die Erfassung des Wareneingangs in Lagerfachkarten.

5.5 Güterart und Lagerplatz

Wo und wie Güter gelagert werden, hängt ab
- vom Gewicht und vom Volumen der Güter,
- von der Menge der Güter,
- von der gewählten Verpackung,
- von der Empfindlichkeit der Güter,
- von der Gefährlichkeit der Güter,
- vom Wert der Güter,
- von der Haltbarkeit der Güter,
- von der Verwendungsart der Güter,
- von der Häufigkeit der Einlagerung und Auslagerung der Güter.

Nur selten wählt der Einlagerer den Lagerplatz für ein einzulagerndes Gut selbst aus. Dies kommt vor in Kleinbetrieben oder bei der Einlagerung von Neuteilen, denen noch kein Lagerplatz zugeordnet ist. Auch wenn der geplante Lagerplatz belegt ist, wird der Einlagerer einen anderen Lagerplatz suchen müssen. Auf alle Fälle muss der Einlagerer dabei **wirtschaftliche**, **technische** und **sicherheitsrelevante** Gesichtspunkte beachten.

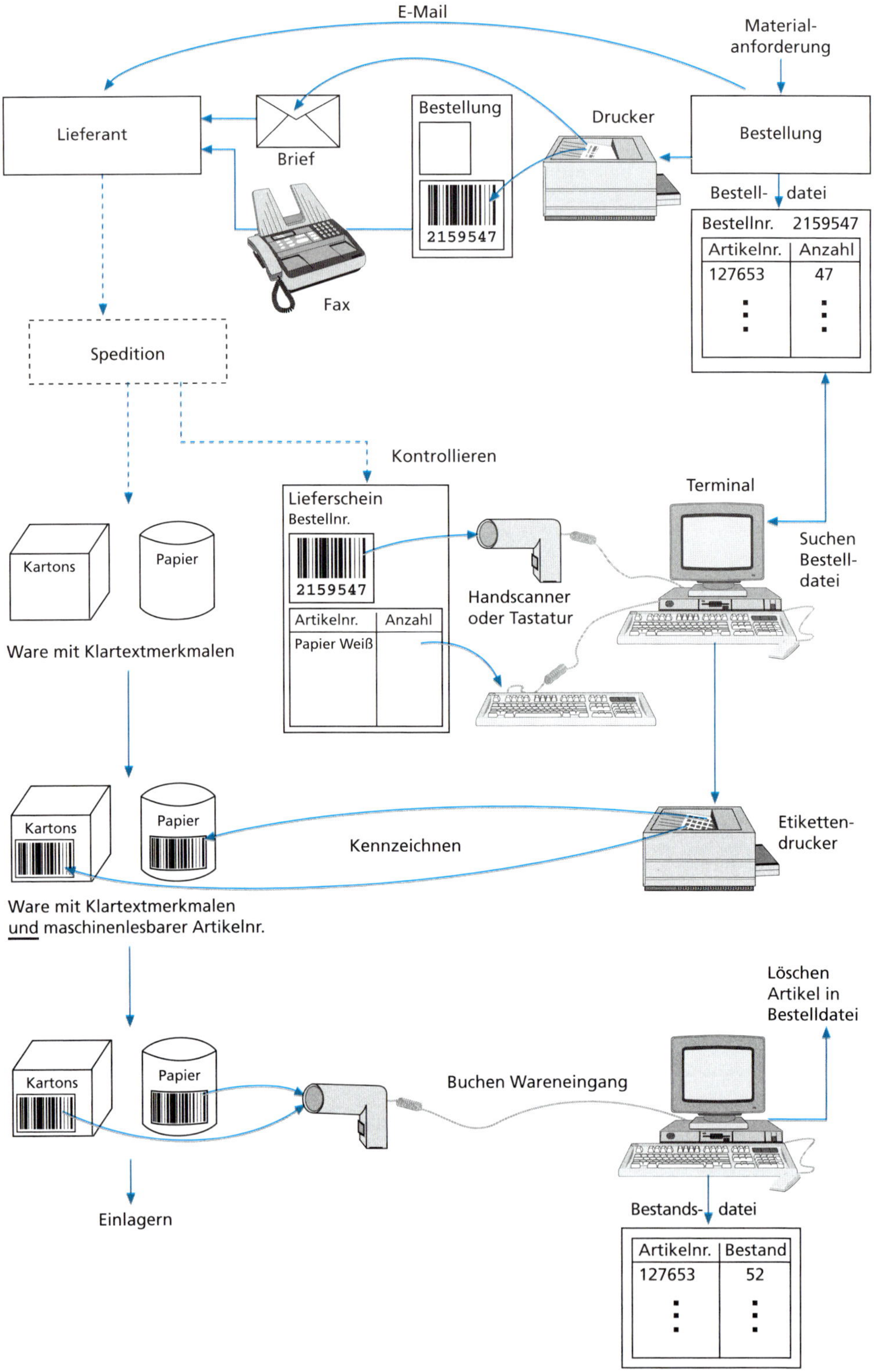

Durchgängiges Bestandsführungssystem mithilfe der Barcodierung im Wareneingang

Beispiele

- *für die Einlagerung nach wirtschaftlichen Gesichtspunkten:*
  umschlagsstarke Güter in der Nähe des Warenausgangs lagern, um Wegezeiten zu sparen; umschlagsstarke Güter in Griffhöhe lagern, um Greifzeiten zu sparen; Güter in kundengerechten Größen und Mengen lagern, um Abzähl-, Abfüll-, Wiegevorgänge beim Warenausgang zu vermeiden; geringe Stückzahlen bei hochwertigen Gütern lagern, um die Kapitalbindungskosten zu senken.
- *für die Einlagerung nach technischen Gesichtspunkten:*
  verderbliche Güter in Kühllager, diebstahlgefährdete Güter in Verschlusslager, korrosionsgefährdete Teile in klimatisierte Lager, Teile in Standardbehältern (Paletten) in Lager mit Regalförderzeugen, Coils (Stahl in Rollenform) in Lager mit Kränen usw.
- *für die Einlagerung nach Sicherheitsgesichtspunkten:*
  Güter mit gleicher Brandgefahrenklasse, explosive Stoffe, Chemikalien, Öle, Farben usw. sind artgemäß zu lagern.

In vielen Lagern haben die Güter ihre festen Lagerplätze, die der Einlagerer kennt. Wird den Gütern über EDV ein Lagerplatz zugeteilt, erhält der Einlagerer die Information über den anzusteuernden Lagerplatz

- schriftlich über einen Einlagerungsschein,
- akustisch über Headset,
- optisch über einen mitgeführten Funk-PC mit Farbdisplay, Touchscreen und Imagescanner oder
- optisch und akustisch durch die Ausstattung von Staplern mit Terminals.

5.6 Einlagerungsgrundsätze

First in – first out

Die Einlagerung erfolgt nach dem Prinzip „first in – first out" (Fifo-Verfahren). Das bedeutet, dass Güter die als erste im Lager eingelagert werden, auch zuerst ausgelagert werden. Damit die Ware nicht verdirbt bzw. veraltet, ist es erforderlich, die alte Ware so zu platzieren, dass diese zuerst entnommen wird. Besonders im Einzelhandel ist es im Frischgutbereich täglich erforderlich, die alte Ware nach vorne zu schichten und die neue Ware dahinter zu lagern. Beim Einsatz von Durchlaufregalen ist das Prinzip grundsätzlich realisiert.

Last in – first out

Selten wird nach dem Lifo-Verfahren („last in – first out") eingelagert, d.h., die zuletzt eingelagerte Ware wird zuerst entnommen. Das Lifo-Verfahren wird bei Schüttgütern (Kohle, Kies) angewendet. Es ist aber auch bei Blocklagerung sowie bei Verwendung von Einfahrregalen vorhanden.

Highest in – first out

Buchhalterisch ist das Hifo-Verfahren („highest in – first out") von Bedeutung. Sind gleichartige Teile zu unterschiedlichen Preisen eingekauft worden, wird rechnerisch so getan, als ob die am teuersten gekauften Teile zuerst verbraucht werden.

5.7 Starre Einlagerung

Die Einlagerung selbst kann unterschiedlich organisiert sein.

Bei der starren oder systematischen Einlagerung ist jedem Artikel ein eigener, **fester Lagerplatz** zugeordnet, der nur mit diesem Artikel belegt werden darf **(Festplatzsystem)**.

Die Einlagerung kann dabei nach **aufsteigender Teilenummer** oder nach der **Gängigkeit** der Ware organisiert sein.

Die Einlagerung nach aufsteigenden Teilenummern ist nur sinnvoll, wenn bei den Artikeln gleichmäßige Bestände und geringe Verbrauchsschwankungen vorliegen. Neu einzulagernde Teile benötigen eine höhere Teilenummer.

Vorteile:
- Mitarbeiter kennt die Einlagerungsplätze der einzelnen Teile.
- kurze Einarbeitungszeit für neue Mitarbeiter

Nachteile:
- Bei vielen Teilenummern ist eine Lagerkartei erforderlich.
- großer Lagerplatzbedarf für den Maximalbestand je Teil
- viel Leerraum bei geringem Lagerbestand

Wird nach der **Gängigkeit** der Artikel eingelagert, kann für jeden Artikel der transportgünstigste Lagerplatz gewählt werden. Probleme entstehen, wenn sich die Umschlagshäufigkeit der Artikel ändert, z. B. bei Saison- oder Auslaufartikeln.

5.8 Flexible Einlagerung

Bei der **flexiblen**, **freien** oder **chaotischen** Einlagerung werden die Artikel dort gelagert, wo ein freier Lagerplatz vorhanden ist. Nur bei kleinen Lagern mit wenig Teilen ist dieses Lager noch manuell zu organisieren. In der Regel ist der Einsatz einer EDV-Anlage erforderlich.

Vorteile:
- Die vorhandene Lagerfläche kann besser genutzt werden.
- Neue Teile können problemlos zusätzlich eingelagert werden.
- Die wechselnde Gängigkeit von Teilen kann bei der Platzbelegung berücksichtigt werden.
- Die Mitarbeiter brauchen sich keine Lagerplätze für die Teile zu merken, da sie bei Ein- und Auslagerungen Computerausdrucke mit den Lagerorten der Teile erhalten.

Nachteile:
- EDV-Anlage ist Voraussetzung.
- Die Lagerliste ist nur kurze Zeit aktuell.
- Bei Ausfall des Computers ist das Finden der Lagerplätze bestimmter Teile nahezu aussichtslos.
- Den Standort von irrtümlich falsch eingelagerter Ware kann auch der Computer nicht feststellen.

Kernwissen

1. Voraussetzungen für eine **ordnungsgemäße Lagerung** sind
   - **Sauberkeit,**
   - **Geräumigkeit,**
   - **Übersichtlichkeit.**
2. Beim **Festplatznummernsystem** erhält jeder **Stellplatz** eine **eigene Nummer**.
3. **Teilenummern** identifizieren, klassifizieren, informieren und kontrollieren.
4. Vor der Einlagerung der Güter erfolgt häufig eine **Portionierung, Vorverpackung, Komplettierung, Preisauszeichnung** und **Verbuchung der Güter**.
5. Die Einlagerung der Güter erfolgt nach **wirtschaftlichen, technischen** und **sicherheitsrelevanten Gesichtspunkten.**
6. Zu den Einlagerungsgrundsätzen gehören das **Fifo-Prinzip** und das **Lifo-Prinzip**. Das Hifo-Prinzip hat nur eine bewertungstechnische Bedeutung.
7. Bei der **starren** Einlagerung hat jedes Gut seinen festen Lagerplatz.
8. Bei der **freien, flexiblen, chaotischen** Einlagerung werden die Güter dort gelagert, wo Platz ist.

Aufgaben

1. *Erläutern Sie einem neuen Auszubildenden die Notwendigkeit eines sauberen Lagers.*
2. *Ermitteln Sie unter Verwendung der Abbildung in Kapitel 4.3 den Stellplatz mit den Koordinaten*

Regalzeile	Längsposition	Höhenposition
01	06	02

3. *Erklären Sie den Unterschied zwischen identifizierenden und klassifizierenden Ziffern in einer Teilenummer.*
4. *Stellen Sie fest, wie die Teilenummern in Ihrem Ausbildungsunternehmen aufgebaut sind.*
5. *a) Ein Nahrungsmittel hat die GTIN-Nummer 400550008715. Ermitteln Sie die Prüfziffer nach dem Modulo-10-Verfahren.*
   b) Stellen Sie über das Internet fest, um welches Nahrungsmittel es sich handelt, indem Sie die vollständige GTIN-Nummer eingeben.
6. *Nennen Sie die Vorteile der Portionierung und Vorverpackung von Gütern.*
7. *Welche Arbeiten führen Sie beim Komplettieren durch?*
8. *Beschreiben Sie den Aufbau der GTIN-Nummer an einem Beispiel.*
9. *Erklären Sie die Begriffe*
   a) Fifo,
   b) Lifo,
   c) starre Einlagerung,
   d) flexible Einlagerung.

10. Sie erhalten von Ihrem Vorgesetzten die gesamten Lieferscheine zu den Teileeingängen sowie die gesamten Materialentnahmescheine zu den gesamten Teileentnahmen des letzten Monats für das Teil CAS 2345 in jeweils zeitlicher Reihenfolge.

Lieferscheine:

Lieferscheinnummer	*Datum*	*erhaltene Stückzahl*
L-1855	*18.01.*	*200*
L-3673	*26.01.*	*150*

Materialentnahmescheine:

Materialentnahmescheinnummer	*Datum*	*ausgegebene Stückzahl*
K-1409	*04.01.*	*25*
K-1422	*08.01.*	*33*
K-1429	*11.01.*	*19*
K-1507	*14.01.*	*15*
K-1598	*24.01.*	*30*
K-1675	*27.01.*	*83*

Als weitere Vorgaben erhalten Sie folgende Angaben zum Teil CAS 2345:

Anfangsbestand am 01.01.:	*100 Stück*
Höchstbestand:	*300 Stück*
Mindestbestand:	*10 Stück*
Meldebestand:	*25 Stück*

Als Muster liegt Ihnen die unten stehende Lagerfachkarte vor.

Erstellen Sie eine Lagerfachkarte nach dem folgenden Muster. Tragen Sie die Zugänge und Ausgänge des Monats in die Lagerfachkarte ein, ermitteln Sie die jeweiligen Bestände sowie den Endbestand am 31.01. Hinweis: Die beiden ersten Zeilen sind bereits vorgegeben.

Lagerfachkarte für Teilenummer: ________	Höchstbestand: ________ Stück	Mindestbestand: ________ Stück	Meldebestand: ________ Stück	
Datum:	**Text:**	**Eingang:**	**Ausgang:**	**Bestand:**
01.01.	AB	–	–	100
04.01.	K-1409	–	25	75

11. Ermitteln Sie aus der ausgefüllten Lagerfachkarte
a) die Bestände am 15.01. und am 31.01.,
b) die Summe der Eingänge vom 01.01.–31.01.,
c) die Summe der Ausgänge vom 01.01.–31.01.
d) An welchen Tagen wurde
da) der Meldebestand erreicht bzw. unterschritten,
db) der Mindestbestand erreicht bzw. unterschritten,
dc) der Höchstbestand überschritten?

12. Übernehmen Sie die Teileeingänge und -ausgänge in ein Lagerverwaltungsprogramm, das Sie zur Verfügung haben, oder erstellen Sie mit einem Tabellenkalkulationsprogramm (z. B. EXCEL) eine entsprechende Lagerfachkarte zur Verbuchung der Teileeingänge und -ausgänge sowie zur Bestandsermittlung.

13. *Am 20.07. möchten Sie von Teil KR 57 12 33 die gelieferten 250 Stück einlagern. Dabei stellen Sie fest, dass von diesem Teil nur noch 35 Stück auf Lager sind, obwohl der Bestand laut Lagerfachkarte noch 265 Stück betragen müsste. Sie prüfen deshalb die vorliegenden Einträge der Zugänge und Abgänge im Laufe dieses Monats auf mögliche Fehler:*

Bezeichnung	KR 57 12 33		
Datum	**Zugang**	**Abgang**	**Bestand**
1.7.			185
4.7.	200		385
8.7.		50	335
12.7.		100	435
15.7.		70	365
17.7.		130	265

a) Welche Buchungsfehler stellen Sie fest?

b) Mit welchem Bestand führen Sie die Lagerfachkarte am 20.07. nach Einlagerung der gelieferten 250 Stück fort?

6 Gefahren im Lager

Einstiegssituation

Auszug aus einem Zeitungsbericht:

Aus bisher noch ungeklärter Ursache brach gestern gegen 15:00 Uhr im Lager eines Industriebetriebs ein Brand aus. Da vermutet wurde, dass der entweichende Rauch gesundheitsschädliche Stoffe enthält, wurde die umliegende Bevölkerung aufgefordert, die Fenster geschlossen zu halten und dem Brandgelände fernzubleiben. Zwei Mitarbeiter erlitten mittelschwere Verletzungen und wurden zur Untersuchung in das Krankenhaus gebracht. Der Sachschaden wird auf 500 000,00 € geschätzt. Die Feuerwehr konnte ein Übergreifen auf das Produktionsgelände verhindern.

Handlungsaufträge

1. *Suchen Sie nach Ursachen für den Brand.*
2. *Erläutern Sie die Folgen dieses Brandes für die verschiedenen Beteiligten.*
3. *Überlegen Sie, welche gelagerten Güter diese gesundheitliche Gefährdung verursacht haben könnten.*
4. *Nennen Sie Maßnahmen und Vorschriften, die Sie im Umgang mit gefährlichen Stoffen zu beachten haben.*

6.1 Gefahrenarten und ihre Folgen

Zu den Gefahren im Lager zählen
- **Unfallgefahr**,
- **Brandgefahr**,
- **Diebstahlgefahr**.

Besonders die beiden erstgenannten Gefahren können vielfältige Folgen verursachen:

- für den **Menschen**:
  - Tod
  - Verletzung
  - Arbeitsunfähigkeit
- für **Lagergut**, **Lagereinrichtung**, **Maschinen** und **Werkzeuge**
  - Beschädigung
  - Vernichtung
  - Reparatur
  - Neuanschaffung
- für die **Volkswirtschaft**:
  - Inanspruchnahme der Sozialversicherungsleistungen
  - verringertes Warenangebot
- für die **Umwelt**:
  - Umweltbelastung durch entstehende und entweichende Flüssigkeiten und Gase für Boden, Luft und Gewässer
  - Problem bei der Beseitigung der Umweltschäden

- für das **Unternehmen**:
  - Produktionsausfall
  - Kundenverlust
  - entgangene Gewinne
  - Schließung des Unternehmens

6.2 Gesetze und Verordnungen zum Arbeitsschutz und Umweltschutz

6.2.1 Arbeitsschutzgesetz

Geltungsbereich

Das neue deutsche Arbeitsschutzgesetz stellt sozusagen das „Grundgesetz" des deutschen Arbeitsschutzes dar und setzt dabei auch die EG-Rahmenrichtlinie-Arbeitsschutz um. Es schafft eine für **alle** Tätigkeitsbereiche geltende einheitliche Basis.

Zweck

Zweck des **Arbeitsschutzgesetzes** ist, Sicherheit und Gesundheitsschutz der Beschäftigten bei der Arbeit durch Maßnahmen des Arbeitsschutzes zu sichern und zu verbessern sowie die Arbeit menschengerecht zu gestalten (§ 2 ArbSchG).

Beispiel

Ergonomischer Palettenkipper mit einer kippbaren Gabel bis 90° und einer regulierbaren Arbeitshöhe von 75 bis 95 cm. Er erlaubt eine stehende oder sitzende Arbeit und verringert die körperliche Belastung spürbar.
Ergonomie = Zweig der Arbeitswissenschaft, der sich mit der Anpassung der Technik an den Menschen befasst, wobei eine Erleichterung der Arbeit das Ziel ist.

Tipp

Stellen Sie in § 1 des Arbeitsschutzgesetzes fest, für welche Beschäftigten das Gesetz nicht gilt.

Verantwortung

Die **grundsätzliche Verantwortung** für den betrieblichen Arbeitsschutz liegt beim Arbeitgeber.

Die Verantwortung trifft daneben noch

- seinen gesetzlichen oder bevollmächtigten Vertreter,
- Personen, die zur Leitung des Unternehmens beauftragt sind,
- beauftragte, fachkundige Personen, z. B. Sicherheitsfachkräfte.

Grundsätze

Bei der **Festlegung der Maßnahmen** gelten für den Arbeitgeber folgende **Grundsätze**:

- Die Arbeit ist so zu gestalten, dass eine Gefährdung für Leben und Gesundheit möglichst vermieden wird.
- Die für die Durchführung der Maßnahmen erforderlichen **finanziellen** Mittel sind bereitzustellen.
- Die Gefahren sind an ihrer Quelle zu bekämpfen.
- Bei den Maßnahmen sind der Stand der Technik, Arbeitsmedizin und Hygiene zu berücksichtigen.
- Spezielle Gefahren für besonders schutzbedürftige Beschäftigtengruppen sind zu berücksichtigen.
- Geschlechtsspezifisch wirkende Regelungen sind nur zulässig, wenn dies aus biologischen Gründen zwingend geboten ist.

  Beispiel
  Männern und Frauen werden unterschiedlich hohe Lasten zugemutet.

Je nach Art der Arbeitsstätte, der Tätigkeit sowie der Zahl der Beschäftigten muss der Arbeitgeber Maßnahmen zur Ersten Hilfe, zur Brandbekämpfung und Evakuierung treffen.

Überprüfung

Die Maßnahmen sind auf ihre Wirksamkeit zu überprüfen und sich ändernden Gegebenheiten anzupassen, z. B. bei

- neuen Erkenntnissen über eine bestimmte Gefährdung,
- besseren Schutzmöglichkeiten aufgrund neuer Techniken,
- Änderung der Belastungsfähigkeit der betroffenen Beschäftigten.

Gefährdungsbeurteilung

Der Arbeitgeber hat die **Arbeitsplätze** nach ihren **Gefahren** zu **beurteilen** und festzustellen, welche Maßnahmen des Arbeitsschutzes daraufhin erforderlich sind (§ 5 ArbSchG). Eine Gefährdung kann sich ergeben durch

- die Gestaltung und Einrichtung der Arbeitsstätte und des Arbeitsplatzes,
- physikalische, chemische und biologische Einwirkungen,

- die Gestaltung, Auswahl und den Einsatz von Arbeitsmitteln, insbesondere von Arbeitsstoffen, Maschinen, Geräten und Anlagen sowie den Umgang damit,
- die Gestaltung von Fertigungsverfahren, Arbeitsabläufen und Arbeitszeit und deren Zusammenwirken,
- unzureichende Qualifikation und Unterweisung der Beschäftigten.

Dokumentation

Diese **Gefährdungsbeurteilung** ist zu **dokumentieren**, z. B. in Form von Berichten des betrieblichen Sicherheitsexperten. Bei identischen Arbeitsplätzen genügt die Bewertung eines Arbeitsplatzes.

Unterweisung

Der Arbeitgeber – bei Arbeitnehmerüberlassung der Entleiher – hat die Beschäftigten während ihrer Arbeitszeit ausreichend und angemessen über Sicherheit und Gesundheitsschutz in ihrem Aufgabenbereich zu **unterweisen**. Die **Unterweisung** muss vor Aufnahme der Tätigkeit sowie bei jeder Veränderung des Aufgabenbereichs erfolgen und erforderlichenfalls regelmäßig wiederholt werden.

Pflichten und Rechte des Arbeitnehmers

Die **Beschäftigten** sind **verpflichtet**, nach ihren Möglichkeiten sowie gemäß den Weisungen des Arbeitgebers für ihre Sicherheit und Gesundheit bei der Arbeit Sorge zu tragen. Stellen sie **Sicherheitsmängel** fest, haben sie diese dem Arbeitgeber, dem zuständigen Vorgesetzten oder auch der Fachkraft für Arbeitssicherheit, dem Betriebsarzt oder dem Sicherheitsbeauftragten zu **melden**.

Keine Nachteile dürfen dem Arbeitnehmer entstehen, wenn er bei unmittelbar **erheblicher Gefahr** den **Arbeitsplatz verlässt**, um sich in Sicherheit zu bringen oder er die geeigneten **Maßnahmen** zur **Gefahrenabwehr** oder **Schadensbegrenzung** trifft.

Die Beschäftigten haben das Recht, sich je nach Gefahr bei der Arbeit regelmäßig **arbeitsmedizinisch untersuchen** zu lassen.

Schema der Gefährdungsbeurteilung nach dem Arbeitsschutzgesetz

systematische Untergliederung des Betriebs, Festlegung von Betrachtungsbereichen/ Arbeitsplatz, Tätigkeit, Person

↓

Ermittlung und Beurteilung der Gefährdung in den Betrachtungsbereichen (Mängel)

↓

Festlegung der erforderlichen Arbeitsschutzmaßnahmen (Schutzziel/Vorschrift)

↓

Durchführung und Überprüfung der Wirksamkeit der festgelegten Maßnahmen (wer, wann, Ergebnis)

6.2.2 Betriebssicherheitsverordnung

Die Betriebssicherheitsverordnung (BetrSichV) – im vollen Wortlaut „Verordnung über Sicherheit und Gesundheitsschutz bei der Verwendung von Arbeitsmitteln" – baut auf dem Arbeitsschutzgesetz auf und konkretisiert die Anforderungen und Verpflichtungen im Sinne des Arbeitsschutzes.

Mit der Neufassung treten ab dem 1. Juni 2015 zahlreiche Neuerungen in Kraft.

Grundsätzlich regelt dieses Gesetz die Verantwortlichkeiten des Arbeitgebers bei der Verwendung von Arbeitsmitteln im Betrieb.

Dazu zählen:
- Erstellung einer Gefährdungsbeurteilung durch den Arbeitgeber,
- notwendige Maßnahmen für die sichere Bereitstellung und Benutzung der Arbeitsmittel,
- Festlegung von Schutzmaßnahmen beim Umgang mit Arbeitsmitteln,
- Festlegung von Prüffristen,
- Unterweisung der Mitarbeiter im sicheren Umgang mit den Arbeitsmitteln.

Zu den **Arbeitsmitteln** gehören Werkzeuge, Geräte, Maschinen und Anlagen. Das Spektrum reicht damit vom einfachen Schraubenzieher über mobile Arbeitsmittel wie Hubwagen oder Gabelstapler bis hin zu überwachungsbedürftigen Anlagen wie Aufzügen, Druckbehältern oder Anlagen in explosionsgefährdeten Bereichen.

Neben den §§ 1 bis 27 sind im Anhang der BetrSichV besondere Betriebs- und Prüfvorschriften für bestimmte Arbeitsmittel festgehalten. Dazu zählen z. B.:

- überwachungsbedürftige Anlagen, wie Tankanlagen, Silos, Lackieranlagen, Druckbehälter und Füllanlagen,
- Arbeitsmittel zum Heben von Lasten, wie Krananlagen und Anschlagmittel,
- selbstfahrende und nicht selbstfahrende mobile Arbeitsmittel, wie Hubwagen, Gabelstapler, FTS.

6.2.3 Gesetz zum Schutz vor schädlichen Umwelteinwirkungen durch Luftverunreinigungen, Geräusche, Erschütterungen und ähnliche Vorgänge (Bundesimmissionsschutzgesetz)

Zweck des Gesetzes

Zweck des Gesetzes ist es, Menschen, Tiere, Pflanzen, den Boden, das Wasser, die Atmosphäre und sonstige Kulturgüter (z. B. Gebäude) **vor schädlichen Umwelteinwirkungen** zu **schützen** und ihrem Entstehen vorzubeugen.

Genehmigungspflichtige Anlagen

Anlagen im Sinne des Gesetzes sind Betriebsstätten, Maschinen, Geräte, Fahrzeuge und Grundstücke, von denen schädliche Umwelteinwirkungen ausgehen. Die Errichtung und der Betrieb dieser Anlagen ist **genehmigungspflichtig**.

Emissionen

Unter **Emissionen** versteht man die von diesen Anlagen **ausgehenden** Luftverunreinigungen, Geräusche, Erschütterungen, Licht, Wärme, Strahlen und sonstige Erscheinungen. Luftverunreinigungen sind Veränderungen der Luft durch Rauch, Ruß, Staub, Gase, Aerosole, Dämpfe oder Geruchsstoffe.

Immissionen

Schädliche Umwelteinwirkungen sind **Immissionen**, die nach Art, Ausmaß oder Dauer Gefahren, Nachteile oder Belästigungen für die Allgemeinheit oder die Nachbarschaft verursachen. Unter einer Immission versteht man dabei die **Einwirkungen**, die die Emissionen auf Mensch, Tier, Pflanzen, Boden, Wasser, Atmosphäre und Sachgüter haben.

Beispiel

		Abgas		
		Geruch		*Mensch*
Kraftfahrzeug →	*emittiert* →	*Lärm* →	*immitieren* →	*Umwelt*
		Ruß	*(wirken ein auf)*	*Atmosphäre*
		Staub …		*Kultur- und Sachgüter*

Betreiber

Der Betreiber von genehmigungspflichtigen Anlagen
- muss schädliche Umwelteinflüsse durch die Anlage möglichst vermeiden,
- darf bestimmte Grenzwerte nicht überschreiten,
- muss regelmäßige Messungen und sicherheitstechnische Prüfungen durch Sachverständige durchführen lassen,
- muss vorhandene Reststoffe und Abfälle schadlos verwerten bzw. beseitigen.

Verordnungen

Zur Durchsetzung der Forderungen des Bundesimmissionsschutzgesetzes sind zahlreiche Verordnungen erlassen worden. Dazu zählen u. a.:
- Verordnung über Kleinfeuerungsanlagen
- Verordnung über die Emissionsbegrenzung von leicht flüchtigen Halogenwasserstoffen
- Störfall-Verordnung
- Verordnung über Großfeuerungsanlagen
- Verkehrslärmschutz-Verordnung
- Verordnung über Verbrennungsanlagen für Abfälle und ähnliche brennbare Stoffe

6.2.4 Geräte- und Produktsicherheitsgesetz

Dieses Gesetz verpflichtet **Hersteller**, **Importeure** und **Händler**, nur solche **technischen Arbeitsmittel** und **Verbraucherprodukte** in den Verkehr zu bringen, die die Anforderungen des Gesetzes an die Sicherheit und Gesundheit erfüllen.

CE-Kennzeichnung

Die Abkürzung „CE" steht für „Communauté Européenne" (frz. Europäische Gemeinschaft). Die CE-Kennzeichnung ist kein Gütesiegel. Mit dem Anbringen der CE-Kennzeichnung bestätigt der Hersteller, dass für das Produkt eine Richtlinie gilt, die die CE-Kennzeichnung vorsieht. Das Produkt entspricht den Sicherheitsanforderungen der Europäischen Union. Mit dem Anbringen des CE-Zeichens am Produkt oder an der Verpackung wird nach außen sichtbar gemacht, dass ein Produkt auf dem europäischen Markt genehmigt ist (z. B. CE-Zeichen auf Kinderspielzeug oder Feuerlöschern).

DGUV Test-Zeichen

Produkte mit dem DGUV Test-Zeichen sind einer umfassenden Baumusterprüfung durch eine Prüf- und Zertifizierungsstelle unterzogen worden. Dabei wird festgestellt, ob ein Produkt die Anforderungen an Sicherheit und Gesundheitsschutz einhält. Eine Produktionskontrolle ist ein wesentlicher Bestandteil des Zertifizierungsprogramms, um den Schutz des Zeichens sicherzustellen. Ein Zertifikat mit Zuerkennung des DGUV Test-Zeichens ist maximal fünf Jahre gültig.

GS-Zeichen

Mit dem Siegel „Geprüfte Sicherheit" (GS-Zeichen) wird einem Produkt bescheinigt, dass es den Anforderungen des Geräte- und Produktsicherheitsgesetzes (GPSG) entspricht. Diese Anforderungen sind vor allem in DIN-Normen und Europäischen Normen oder anderen allgemein anerkannten Regeln der Technik festgelegt. Die im Jahr 1977 eingeführte Zertifizierung soll den Benutzer und Dritte bei bestimmungsgemäßer und vorhersehbarer Verwendung eines Produkts vor Schäden bewahren. Die GS-Bescheinigung ist fünf Jahre gültig.

Vergleich

Name	CE-Kennzeichnung	GS-Zeichen	DGUV Test-Zeichen
Rechtsgrundlage	europäische Richtlinien und Umsetzungen in nationales Recht	Produktsicherheitsgesetz (ProdSG)	Vertrag zwischen Hersteller und DGUV Test
Prüfung durch unabhängige Stelle	Prüfung nur verpflichtend, wenn sie in einer Richtlinie für bestimmte Produkte vorgesehen ist	Prüfung ist Voraussetzung, um das GS-Zeichen zuerkannt zu bekommen	Prüfung ist Voraussetzung, um das DGUV Test-Zeichen zuerkannt zu bekommen
Verwendung des Kennzeichens	verpflichtend, wenn das Produkt von einer entsprechenden Richtlinie erfasst wird	freiwilliges Prüfzeichen	freiwilliges Prüfzeichen
Vergabe des Kennzeichens	CE-Kennzeichnung wird durch den Hersteller selbst angebracht	GS-Zeichen wird von einer der hierfür zugelassenen Prüf- und Zertifizierungsstellen zuerkannt	DGUV Test-Zeichen wird von einer der Prüf- und Zertifizierungsstellen im DGUV Test vergeben

6.2.5 Arbeitsstättenverordnung

Der Begriff **Arbeitsstätte** umfasst alle Arbeitsplätze und Arbeitsräume in Gebäuden und im Freien, einschließlich der Verkehrs- und Fluchtwege sowie Notausgänge, Lager-, Maschinen- und Nebenräume, Sanitärräume in Form von Umkleide-, Wasch- und Toilettenräumen, Pausen- und Bereitschaftsräume, Erste-Hilfe-Räume und Unterkünfte.

Die **Arbeitsstättenverordnung** gibt den Betrieben allgemein gehaltene Anforderungen vor. Die **Technischen Regeln für Arbeitsstätten (ASR)** enthalten konkrete Angaben.

Tipp

Informieren Sie sich im Internet, z. B. unter www.baua.de, zu den Inhalten der ASR.

Definition

*Arbeitsstätten sind so **einzurichten** und zu **betreiben**, dass von ihnen keine Gefährdungen für die **Sicherheit** und die **Gesundheit** der Beschäftigten ausgehen (§ 4 ArbStättV).*

Auszüge aus der Arbeitsstättenverordnung:

Besondere Anforderungen an das Betreiben von Arbeitsräumen nach § 3 a ArbStättV

Mängel und Verunreinigungen	Festgestellte Mängel und hygienische Verunreinigungen sind unverzüglich zu beseitigen.
Sicherheits-einrichtungen	Sicherheitseinrichtungen zur Verhütung und Beseitigung von Gefahren wie Sicherheitsbeleuchtungen, Feuerlöscheinrichtungen, Signalanlagen, Notaggregate, Notschalter sind regelmäßig zu warten und auf ihre Funktionsfähigkeit zu prüfen.
Verkehrswege, Fluchtwege und Notausgänge	Verkehrswege, Fluchtwege und Notausgänge müssen ständig freigehalten werden.
Rettungs- und Fluchtpläne	Rettungs- und Fluchtpläne sind aufzustellen und an geeigneten Stellen auszuhängen.
Erste Hilfe	Mittel und Einrichtungen zur Ersten Hilfe sind zur Verfügung zu stellen und regelmäßig auf ihre Vollständigkeit zu prüfen.

Nichtraucherschutz nach § 5 ArbStättV

Nichtraucher	**Nichtraucher** sind vor den Gefahren des Tabakrauchs zu schützen.

Räume nach § 6 ArbStättV

Umkleide-, Wasch- und Toilettenräume	**Umkleide-, Wasch- und Toilettenräume** sind für Männer und Frauen getrennt einzurichten.
Pausenraum	Bei mehr als zehn Beschäftigten ist ein **Pausenraum** zur Verfügung zu stellen, es sei denn, im Arbeitsraum selbst ist eine Erholung während der Pause möglich.
Erste-Hilfe-Raum	Entsprechend der Unfallgefahren und der Zahl der Beschäftigten muss ein **Erste-Hilfe-Raum** vorhanden sein.

Anforderungen an Arbeitsstätten nach § 3 ArbStättV gemäß Anhang

Arbeitsräume	**Arbeitsräume** müssen eine ausreichende Grundfläche und Höhe sowie einen ausreichenden Luftraum aufweisen.
Sicherheits- und Gesundheitskenn-zeichnungen	**Sicherheits-** und **Gesundheitskennzeichnungen** sind an geeigneten Stellen deutlich erkennbar anzubringen.

Fußböden	**Fußböden** dürfen keine Stolperstellen aufweisen und müssen tragfähig, trittsicher und rutschhemmend sein.
Türen, Tore	Durchsichtige **Türen** müssen in Augenhöhe gekennzeichnet sein. In unmittelbarer Nähe von **Toren** für den Fahrzeugverkehr müssen sichtbar gekennzeichnete Türen für Fußgänger vorhanden sein, es sei denn, der Durchgang durch die Tore ist für Fußgänger gefahrlos möglich.
Verkehrswege	Die Bemessung der **Verkehrswege** für den Personen- und Güterverkehr muss sich nach der Zahl der Benutzer und der Art des Betriebs richten. Für Fußgänger muss ein ausreichender Sicherheitsabstand gewahrt werden. Bei Bedarf sind die Verkehrswege zu kennzeichnen.
Laderampen	**Laderampen** sind entsprechend den Abmessungen der Transportmittel und der Ladung auszulegen. Sie müssen mindestens einen Abgang haben und sind mit Schutzausrüstungen gegen Absturz auszurüsten.
Schutz vor Absturz und herabfallenden Gegenständen	Arbeitsplätze und Verkehrswege müssen mit **Einrichtungen** versehen sein, die verhindern, dass Beschäftigte abstürzen oder durch herabfallende Gegenstände verletzt werden.
Schutz vor Entstehungsbränden	Arbeitsstätten sind je nach Größe und Nutzung, Brandgefährdung und maximaler Zahl anwesender Personen mit einer ausreichenden Zahl von **Feuerlöscheinrichtungen** und gegebenenfalls mit **Brandmeldern** und **Alarmanlagen** auszustatten.
Fluchtwege und Notausgänge	**Fluchtwege** müssen in ausreichender Zahl vorhanden sein, auf möglichst kurzem Weg ins Freie führen und dauerhaft gekennzeichnet sein. **Türen** von **Notausgängen** müssen sich leicht öffnen lassen und dauerhaft gekennzeichnet sein.
Bewegungsfläche	Dem Beschäftigten ist am **Arbeitsplatz** eine ausreichend große **Bewegungsfläche** zur Verfügung zu stellen. Er soll den Arbeitsplatz sicher erreichen und verlassen können.
Beleuchtung und Sichtverbindung	Arbeitsstätten müssen möglichst ausreichend **Tageslicht** erhalten und mit angemessener **künstlicher Beleuchtung** ausgestattet sein. Bestehen bei Ausfall der Allgemeinbeleuchtung Unfallgefahren, muss eine ausreichende **Sicherheitsbeleuchtung** vorhanden sein.
Raumtemperatur	An Arbeitsstätten muss während der Arbeitszeit eine gesundheitlich zuträgliche **Temperatur** bestehen. Dabei sind das Arbeitsverfahren, die körperliche Beanspruchung und der Nutzungszweck des Raums zu berücksichtigen.
Lüftung	In geschlossenen Arbeitsräumen muss für die Beschäftigten ausreichend gesundheitlich zuträgliche **Atemluft** vorhanden sein. Raumlufttechnische Anlagen (**Klimaanlagen**) müssen stets funktionsfähig sein. **Störender Luftzug** ist zu vermeiden.
Lärm	Der **Schalldruckpegel** ist so niedrig zu halten, wie es nach der Art des Betriebs möglich ist. Er darf höchstens 85 dB (Dezibel) betragen.
Sanitärräume	**Toilettenräume** sind in der Nähe der Arbeitsplätze mit verschließbaren Zugängen und mit einer ausreichenden Anzahl von Toilettenbecken und Handwaschbecken zur Verfügung zu stellen. **Wasch- und Umkleideräume** sind in der Nähe der Arbeitsplätze und sichtgeschützt einzurichten.
Erste-Hilfe-Räume	**Erste-Hilfe-Räume** müssen an ihren Zugängen als solche gekennzeichnet werden und auch für Rettungstransportmittel leicht zugänglich sein.
Im Freien liegende Arbeitsstätten	**Arbeitsplätze im Freien** sind gegen Witterungseinflüsse zu schützen oder den Beschäftigten sind geeignete persönliche Schutzausrüstungen zur Verfügung zu stellen.

6.2.6 Gesetz zum Schutz vor gefährlichen Stoffen (Chemikaliengesetz)

Durch das Gesetz sollen Mensch und Umwelt vor den Wirkungen gefährlicher Stoffe geschützt werden. Gefährliche Stoffe sind auch Gemische oder Lösungen aus zwei oder mehreren Stoffen und Erzeugnisse, in denen gefährliche Stoffe enthalten sind. Es gibt Ziele und Grundsätze z. B. zu den Aufgaben von Bundes- und Landesbehörden und zur Einstufung, Kennzeichnung und Verpackung von gefährlichen Stoffen vor.

Verordnungen (z. B. Gefahrstoffverordnung) und Technische Regeln (z. B. TRGS = Technische Regeln für Gefahrstoffe) legen die genauen Einzelheiten der Schutzmaßnahmen auf nationaler Ebene fest.

Mit der **REACH-Verordnung** (Verordnung zur Registrierung, Bewertung, Zulassung und Beschränkung chemischer Stoffe; englisch: **R**egistration, **E**valuation and **A**uthorisation of **Ch**emicals) trat zum 1. Juni 2007 die neue Chemikalienverordnung der EU in allen Mitgliedsstaaten in Kraft.

Die REACH-Verordnung harmonisiert und vereinfacht das bisherige Chemikalienrecht.

Wesentlich sind dabei:

- **Beweislastumkehr**. Nicht mehr der Staat muss die Gefährlichkeit einzelner Stoffe feststellen, sondern Hersteller und Importeure sind für die Sicherheit ihrer Gefahrstoffe verantwortlich.
- **No data – no market**. Hersteller und Importeure von Gefahrstoffen dürfen bei Herstellungsmengen von über 1 Tonne/Jahr diese erst auf den Markt bringen, wenn eine Registrierung bei der Europäischen Chemikalienagentur (EchA) in Helsinki erfolgt ist.
- **Nachgeschaltete Anwender**. Verwender von registrierungspflichtigen Stoffen müssen den vorgeschalteten Herstellern und Importeuren Informationen über die genaue Verwendung des Gefahrstoffes liefern, damit dieser die Verwendung in seinen diesbezüglichen Angaben berücksichtigen kann.
- Erstellen einer für die Öffentlichkeit zugänglichen Datenbank aller bei der EchA im Registrierungsverfahren übermittelten Daten

6.2.7 Verordnung zum Schutz vor Gefahrstoffen (Gefahrstoffverordnung)

Ziel der Verordnung

Ziel dieser Verordnung ist es, den Menschen und die Umwelt vor stoffbedingten Schädigungen zu schützen, die im **Umgang mit Gefahrstoffen im Unternehmen** auftreten können.

Gefährlichkeitsmerkmale

Gefährlich sind Stoffe und Zubereitungen, wenn sie als

- explosionsgefährlich,
- brandfördernd,
- hoch und leicht entzündlich,
- giftig und sehr giftig,
- sensibilisierend,
- krebserzeugend (kanzerogen),
- fortpflanzungsgefährdend, (reproduktionstoxisch),

- gesundheitsschädlich,
- ätzend,
- oder reizend
- erbgutverändernd (mutagen),
- umweltgefährlich,

eingestuft werden.

Tätigkeiten

Der Gefahrstoffverordnung unterliegen verschiedene Tätigkeiten mit Gefahrstoffen im Unternehmen. Dazu zählen:

- Herstellung
- Mischung
- Ge- und Verbrauch
- Lagerung
- Aufbewahrung
- Be- und Verarbeitung
- Ab- und Umfüllung
- Entfernung
- Entsorgung
- Vernichtung
- innerbetriebliche Beförderung
- Bedienungs- und Überwachungsarbeiten

Unter **Lagern** versteht die Gefahrstoffverordnung das Aufbewahren von Gefahrstoffen zur späteren Verwendung und Abgabe an andere sowie die Bereitstellung zur späteren Beförderung.

Gefährdungsbeurteilung und Gefährdungsdokumentation

Die zentrale Forderung der Gefahrstoffverordnung besteht darin, dass der Arbeitgeber beim Umgang mit Gefahrstoffen im Betrieb eine **Gefährdungsbeurteilung** erstellen und diese dokumentieren muss.

Eine Tätigkeit mit Gefahrstoffen darf im Betrieb erst erfolgen, nachdem die Gefährdungsbeurteilungen vorgenommen und die erforderlichen **Schutzmaßnahmen** getroffen wurden.

Die Gefährdungsbeurteilung darf nur von **fachkundigen Personen** durchgeführt werden. Dazu zählen insbesondere der **Betriebsarzt** und die **Fachkraft für Arbeitssicherheit**.

Vor der Aufnahme der Tätigkeit mit Gefahrstoffen ist die Gefährdungsbeurteilung zu **dokumentieren**. Dabei ist anzugeben, welche Gefährdungen am Arbeitsplatz auftreten können und welche Maßnahmen durchgeführt werden müssen.

Schutzmaßnahmen

Der Arbeitgeber hat bei Tätigkeiten mit Gefahrstoffen Schutzmaßnahmen zu ergreifen. Dazu zählen u. a.:

- geeignete Gestaltung des Arbeitsplatzes und der Arbeitsorganisation
- Bereitstellung geeigneter Arbeitskleidung
- geeignete Arbeitsmethoden
- angemessene Hygienemaßnahmen
- Begrenzung der am Arbeitsplatz vorhandenen Gefahrstoffe auf die Menge, die zum Fortgang der Tätigkeit erforderlich ist

Zusätzliche Schutzmaßnahmen sind zu ergreifen, wenn Arbeitsplatzgrenzwerte (AGW) bzw. biologische Grenzwerte (BGW) überschritten werden.

Besondere Schutzmaßnahmen sind zu ergreifen

- bei Tätigkeiten mit krebserzeugenden, erbgutverändernden, fruchtbarkeitsgefährdenden Gefahrstoffen,
- bei Brand- und Explosionsgefährdungen.

Sicherheitsdatenblatt

Um eine Gefährdungsbeurteilung der Stoffe, der Arbeitsplätze und Tätigkeiten im Betrieb vornehmen zu können, benötigt der Arbeitgeber Informationen. Diese **stofflichen Basisinformationen** bietet das **Sicherheitsdatenblatt**.

Wer als Hersteller einen gefährlichen Stoff in den Verkehr bringt, ist verpflichtet, spätestens bei der ersten Lieferung den Käufern dieses Stoffes ein Sicherheitsdatenblatt in deutscher Sprache kostenlos zur Verfügung zu stellen. Das Sicherheitsdatenblatt ist von einer **fachkundigen Person** zu erstellen, richtig und vollständig auszufüllen und regelmäßig zu aktualisieren.

Das Sicherheitsdatenblatt muss folgende **Angaben** in nachstehender Reihenfolge enthalten:

1. Stoff-/Zubereitungs- und Firmenbezeichnung, Registrierungsnummer
2. Zusammensetzung/Angaben zu Bestandteilen
3. Mögliche Gefahren
4. Erste-Hilfe-Maßnahmen
5. Maßnahmen zur Brandbekämpfung
6. Maßnahmen bei unbeabsichtigter Freisetzung
7. Handhabung und Lagerung
8. Expositionsbegrenzung und persönliche Schutzausrüstungen (Exposition = Grad der Gefährdung für einen Organismus)
9. Physikalische und chemische Eigenschaften
10. Stabilität und Reaktivität
11. Angaben zur Toxikologie (Giftigkeit)
12. Angaben zur Ökologie
13. Hinweise zur Entsorgung
14. Angaben zum Transport
15. Vorschriften
16. Sonstige Angaben

Tipp

Besorgen Sie sich über das Internet ein Sicherheitsdatenblatt für einen gefährlichen Stoff Ihrer Wahl.

Verpackungsanforderungen

Wer als Hersteller oder Einführer (Importeur) gefährliche Stoffe oder Zubereitungen in den Verkehr bringt, hat sie nach den Gefährlichkeitmerkmalen einzustufen, entsprechend zu verpacken und zu kennzeichnen. Die Kennzeichnung erfolgt nach der neuen GHS-Verordnung mit rautenförmigen Piktogrammen (siehe Kapitel 6.2.8).

Gefahrstoffe dürfen nicht in **Behältnissen** aufbewahrt und gelagert werden, durch deren Form und Bezeichnung der Inhalt mit Lebensmitteln verwechselt werden kann.

Verkauft ein Hersteller einen gefährlichen Stoff an einen **Endverbraucher**, so muss er diesem zwar kein Sicherheitsdatenblatt zur Verfügung stellen. Soweit dieser Stoff auf der Verpackung aber als sehr giftig, giftig oder ätzend eingestuft ist, muss auf der **Verpackung** eine genaue und **verständliche Gebrauchsanweisung** angebracht sein bzw. eine Gebrauchsanweisung der Verpackung beiliegen.

Produktidentifikatoren

Methanol
CH_3OH

Gefahr

Signalwort

Gefahrenpiktogramme

Gefahrenhinweise (H-Sätze)

Gefahrenhinweise:

H225	Flüssigkeit und Dampf leicht entzündbar.
H301 + H311 + H331	Giftig bei Verschlucken, Hautkontakt oder Einatmen
H370	Schädigt die Organe.

Sicherheitshinweise:

P210	Von Hitze/Funken/offener Flamme/heißen Oberflächen fernhalten. Nicht rauchen.
P260	Staub/Rauch/Gas/Nebel/Dampf/Aerosol nicht einatmen.
P280	Schutzhandschuhe/Schutzkleidung/Augenschutz/Gesichtsschutz tragen.
P302 + P352	Bei Kontakt mit der Haut mit viel Wasser und Seife waschen.
P307 + P311	Bei Exposition: Giftinformationszentrum oder Arzt anrufen.
P403 + P233	Behälter dicht verschlossen an einem gut belüfteten Ort aufbewahren.

Sicherheitshinweise (max. 6 P-Sätze)

Angaben zum Lieferanten

Musterfirma ■ Musterstraße 1 ■ 12345 Musterstadt ■ +49 1234 56789

Gebrauchsanweisung auf bzw. in der Verpackung

Unterrichtung und Unterweisung der Beschäftigten

- **Betriebsanweisung**

  Liegt im Betrieb ein Umgang mit gefährlichen Stoffen vor, hat der Arbeitgeber eine Betriebsanweisung zu erstellen, die den Beschäftigten in verständlicher Form und Sprache zugänglich gemacht wird. Der **Inhalt** der Betriebsanweisung ist in der Technischen Regel festgelegt und muss **arbeitsplatz**- und **tätigkeitsbezogen** erstellt werden.

  Die Betriebsanweisung muss bei jeder maßgeblichen Veränderung der Arbeitsbedingungen aktualisiert werden.

- **Unterweisung**

  Der Arbeitgeber stellt sicher, dass die Beschäftigten anhand der Betriebsanweisung über auftretende Gefahren und Schutzmaßnahmen in **verständlicher Form** und **Sprache** unterwiesen werden.

  Die Unterweisung muss **vor** Aufnahme der Beschäftigung und danach mindestens **einmal jährlich** arbeitsplatzbezogen durchgeführt werden. Inhalt und Zeitpunkt der Unterweisung sind schriftlich festzuhalten und vom Unterwiesenen durch Unterschrift zu bestätigen.

Betriebsanweisung

nach Gefahrstoffverordnung

Methanol (Muster)

Einsatzbereich: Labor **Verwendung:** Lösemittel zur Extraktion

Bezeichnung der Inhaltsstoffe

Methanol 98 %

Gefahren für Mensch und Umwelt

Gefahr

Flüssigkeit und Dampf leicht entzündbar.
Giftig bei Verschlucken.
Giftig bei Hautkontakt.
Giftig bei Einatmen.
Schädigt die Organe.

Schutzmaßnahmen und Verhaltensregeln

Prävention	Von Hitze/Funken/offener Flamme/heißen Oberflächen fernhalten. Nicht rauchen.
Prävention	Behälter dicht verschlossen halten.
Handschutz	Schutzhandschuhe, Vollkontakt: Butylkautschuk Stärke: 0,7 mm, Durchdringzeit > 480 min z.B. KCL 898 Butoject ® Spritzkontakt Fluorkautschuk Stärke: 0,7 mm, Durchdringzeit > 120 min z.B. KCL 890 Vioject ®
Weitere Hinweise	Arbeiten unter Abzug vornehmen

Verhalten im Gefahrfall

Besondere Gefahren	Brennbarer Stoff. Dämpfe sind schwerer als Luft und breiten sich über dem Boden aus. Im Brandfall Entstehung gefährlicher Brandgase oder Dämpfe möglich. Explosionsfähige Gemische mit Luft sind schon bei Normaltemperaturen möglich. Auf Rückzündung achten.
Geeignete Löschmittel	CO2, Schaum, Löschpulver
Personenbezogene Vorsichts-maßnahmen	Dämpfe/Aerosol nicht einatmen. Substanzkontakt vermeiden. In geschlossenen Räumen für Frischluft sorgen.
Schutzausrüstung Brand	Entstehungsbrände mit Feuerlöscher bekämpfen. Hautkontakt durch Einhalten eines Sicherheitsabstandes oder Tragen von Schutzkleidung vermeiden.
Umweltschutz-maßnahmen	Nicht in die Kanalisation gelangen lassen. Explosionsgefahr.
Verfahren zur Reinigung / Aufnahme	Mit flüssigkeitsbindendem Material, z.B. Chemizorb aufnehmen. Der Entsorgung zuführen. Nachreinigen.

Feuer: 112
Sicherheit: 9865

Erste Hilfe

Reaktion	Sofort GIFTINFORMATIONSZENTRUM oder Arzt anrufen.
Allgemeine Hinweise	Ersthelfer muss sich selbst schützen.
Nach Augenkontakt	Bei Berührung mit den Augen sofort gründlich mit viel Wasser ausspülen und Arzt konsultieren.
Nach Einatmen	Frischluft. Bei Atemstillstand: Sofort Gerätebeatmung, ggf. Sauerstoffzufuhr. Sofort Arzt hinzuziehen.
Nach Hautkontakt	(oder dem Haar): Alle kontaminierten Kleidungsstücke sofort ausziehen. Haut / Haar mit Wasser abwaschen/duschen. Sofort Arzt hinzuziehen.
Nach Verschlucken	Frischluft. Ethanol trinken lassen (z.B. 1 Trinkglas eines 40%igen alkoholischen Getränks). Sofort Arzt hinzuziehen. Nur in Ausnahmefällen, wenn innerhalb einer Stunde keine ärztliche Versorgung möglich ist, Erbrechen auslösen (nur bei wachen, nicht bewusstseingetrübten Personen) und erneute Gabe von Ethanol (ca. 0,3 ml eines 40%igen alkoholischen Getränks/kg Körpergewicht/Stunde).

Rettungsdienst: 112
Arzt und Ersthelfer: siehe Aushang Notfallplan

Sachgerechte Entsorgung

Abfall

Mit Methanol verunreinigte Tücher in vorgesehenem Abfallbehälter entsorgen.
Verunreinigtes Methanol als Abfall in den Sammelbehälter für brennbare flüssige Abfälle entsorgen.
Auf Behälterkennzeichnung achten.

Stand 30.07.2015 erstellt durch: Dr. Klaus Mustermann erstellt am: 30.07.2015 SEITE 1 VON 1

Außerdem hat der Arbeitgeber sicherzustellen, dass alle Beschäftigten, die Tätigkeiten mit Gefahrstoffen ausführen, eine allgemeine **arbeitsmedizinisch-toxikologische** Beratung erhalten, die durch einen Arzt zu erfolgen hat, wenn dies aus arbeitsmedizinischen Gründen erforderlich ist.

Arbeitsmedizinische Vorsorge

- **Gesundheitliche Überwachung**
  Erfolgt ein Umgang mit gefährlichen Stoffen am Arbeitsplatz, hat der Arbeitgeber arbeitsmedizinische Vorsorgeuntersuchungen zu veranlassen:
  - als Erstuntersuchung vor Aufnahme der Tätigkeit
  - als Nachuntersuchung in regelmäßigen Abständen während der Tätigkeit
  - als Nachuntersuchung nach Beendigung der Tätigkeit
  - als Untersuchung bei aktueller Erkrankung aufgrund der Tätigkeit mit Gefahrstoffen
- **Vorsorgedatei**
  Der Arzt hat dem Arbeitgeber und Arbeitnehmer eine Bescheinigung darüber auszustellen, ob der Arbeitnehmer für den Arbeitsplatz gesundheitlich geeignet ist. Über die Untersuchungen ist eine Vorsorgedatei zu führen, in die der Arbeitnehmer Einsicht hat.
- **Beschäftigungsbeschränkungen**
  Nach dem **Jugendarbeitsschutzgesetz** dürfen Jugendliche nur unter bestimmten **Voraussetzungen** Tätigkeiten mit Gefahrstoffen ausführen:
  - Das Mindestalter muss 16 Jahre betragen.
  - Die Tätigkeit muss zum Erreichen des Ausbildungsziels erforderlich sein.
  - Eine fachkundige Aufsicht muss sichergestellt sein.

  Auch werdende und stillende Mütter dürfen gemäß **Mutterschutzgesetz** keine Arbeiten ausführen, wenn sie dabei Gefahrstoffen ausgesetzt sind.

6.2.8 GHS (Globally Harmonized System of Classification and Labelling of Chemicals)

Unter GHS versteht man ein weltweit einheitliches System zur Einstufung von Chemikalien sowie deren Kennzeichnung auf Verpackungen und Sicherheitsdatenblättern.

Gemäß Beschluss des Europäischen Parlaments sind demnach in Europa
- Gefahrstoffe seit 01.12.2010,
- Zubereitungen (Gemische) ab 01.06.2015

nach der GHS-Verordnung verbindlich zu kennzeichnen.

Gefahrensymbole nach GHS und ihre Bedeutung

Piktogramm	Symbol	Wirkungsbeispiele	Sicherheit
	**Explodierende Bombe** GHS01	Explodieren durch Feuer, Schlag, Reibung, Erwärmung; Gefahr durch Feuer, Luftdruck, Splitter.	Nicht reiben oder stoßen, Feuer, Funken und jede Wärmeentwicklung vermeiden.

Piktogramm	Symbol	Wirkungsbeispiele	Sicherheit
	**Flamme** GHS02	Sind entzündbar; Flüssigkeiten bilden mit Luft explosionsfähige Mischungen; erzeugen mit Wasser entzündbare Gase oder sind selbstentzündbar.	Von offenen Flammen und Wärmequellen fernhalten; Gefäße dicht schließen; brandsicher aufbewahren.
	**Flamme über Kreis** GHS03	Wirken oxidierend und verstärken Brände. Bei Mischung mit brennbaren Stoffen entstehen explosionsgefährliche Gemische.	Von brennbaren Stoffen fernhalten und nicht mit diesen mischen; sauber aufbewahren.
	**Gasflasche** GHS04	Gasflaschen unter Druck können beim Erhitzen explodieren, tiefkalte Gase erzeugen Kälteverbrennungen.	Nicht erhitzen; bei tiefkalten Gasen Schutzhandschuhe und Schutzbrille tragen.
	**Ätzwirkung** GHS05	Zerstören Metalle und verätzen Körpergewebe; schwere Augenschäden sind möglich.	Kontakt vermeiden; Schutzbrille und Handschuhe tragen. Bei Kontakt Augen und Haut mit Wasser spülen.
	**Totenkopf mit Knochen** GHS06	Führen in kleineren Mengen sofort zu schweren gesundheitlichen Schäden oder zum Tode.	Nicht einatmen, berühren, verschlucken. Arbeitsschutz tragen. Sofort Giftinformationszentrum oder Arzt anrufen. Stabile Seitenlage.
	**Ausrufezeichen** GHS07	Führen zu gesundheitlichen Schäden, reizen Augen, Haut oder Atemwegsorgane. Führen in größeren Mengen zum Tode.	Wie oben; bei Hautreizungen oder Augenkontakt mit Wasser oder geeignetem Mittel spülen.
	**Gesundheitsgefahr** GHS08	Wirken allergieauslösend, krebserzeugend (karzinogen), erbgutverändernd (mutagen), fortpflanzungsgefährdend und fruchtschädigend (reprotoxisch) oder organschädigend.	Vor der Arbeit mit solchen Stoffen muss man sich gut informieren; Schutzkleidung und Handschuhe, Augen- und Mundschutz oder Atemschutz tragen.

Piktogramm	Symbol	Wirkungsbeispiele	Sicherheit
	**Umwelt** GHS09	Sind für Wasserorganismen schädlich, giftig oder sehr giftig, akut oder mit Langzeitwirkung.	Nur im Sondermüll entsorgen, keinesfalls in die Umwelt gelangen lassen.

Quelle: Seilnacht, Thomas: GHS-Piktogramme für Gefahrstoffe, Zugriff am 11.09.2015 unter: www.seilnacht.com/Chemie/ghspikto.htm

Zusätzliche Kennzeichnung mit Signalwörtern

Achtung (Warning)	Gefahr (Danger)
Hinweis auf Stoffe mit geringer Gefahr	Hinweis auf Stoffe mit hoher Gefahr

Zusätzliche Kennzeichnung mit H-Sätzen und P-Sätzen

H-Sätze (Hazard Statements)	P-Sätze (Precautionary Statements)
Gefahrenhinweise sind Informationen über die vom gefährlichen Stoff oder Stoffgemisch ausgehende Gefahr.	Sicherheitshinweise sind Informationen für den Umgang mit dem gefährlichen Stoff oder Stoffgemisch.
Das GHS-System verwendet für die Gefahrenhinweise folgendes Kodierungssystem: H 3 01 → laufende Nummer → Gruppierung 2 = Physikalische Gefahren 3 = Gesundheitsgefahren 4 = Umweltgefahren → steht für Gefahrenhinweis (Hazard Statement)	Das GHS-System verwendet für die Sicherheitshinweise folgendes Kodierungssystem: P 1 02 → laufende Nummer → Gruppierung 1 = Allgemein 2 = Vorsorgemaßnahmen 3 = Empfehlungen 4 = Lagerhinweise 5 = Entsorgung → steht für Sicherheitshinweis (Precautionary Statement)

Beispiel

P202 = Vor Gebrauch alle Sicherheitshinweise lesen und verstehen.

CLP-Verordnung

„Die CLP-Verordnung gewährleistet, dass Arbeitnehmer und Verbraucher in der Europäischen Union durch die Einstufung und Kennzeichnung von Chemikalien eindeutig über die mit Chemikalien verbundenen Gefahren informiert werden.

Vor dem Inverkehrbringen von Chemikalien muss die Industrie die potenziellen Risiken dieser Stoffe und Gemische für die menschliche Gesundheit und die Umwelt feststellen und diese entsprechend den ermittelten Gefahren einstufen. Gefährliche Chemikalien müssen außerdem nach einem standardisierten System gekennzeichnet werden, damit Arbeitnehmer und Verbraucher ihre Wirkungen kennen, bevor sie sie einsetzen. [...]

[...] CLP bedeutet Einstufung, Kennzeichnung und Verpackung (Classification, Labelling and Packaging). Die CLP-Verordnung trat im Januar 2009 in Kraft und die dadurch eingeführte Methode der Einstufung und Kennzeichnung von Chemikalien beruht auf dem Global Harmonisierten System der Vereinten Nationen (GHS). [...]"

Quelle: European Chemicals Agency (ECHA): Verständnis der CLP-Verordnung, Zugriff am 11.09.2015 unter: http://echa.europa.eu/de/regulations/clp/understanding-clp

6.2.9 Flammpunktgrenzen für brennbare Flüssigkeiten

Brennbare Flüssigkeiten sind Stoffe mit niedrigen **Flammpunkten**. Die GHS-Verordnung unterscheidet in der Gefahrenklasse „entzündbare Flüssigkeiten" vier Kategorien.

Definition

Der Flammpunkt gibt dabei an, bei welcher niedrigsten Temperatur eine brennbare Flüssigkeit Dämpfe an ihre Oberfläche abgibt, die in Verbindung mit Luft durch Fremdzündung entflammt werden können.

Neue Flammpunktgrenzen von entzündlichen Flüssigkeiten nach GHS

Kategorie	a) Flammpunkt b) Siedebeginn	Symbol	Signalwort	Gefahrenhinweis
1 Extrem entzündbare Flüssigkeiten und Dämpfe	a) < 23° C b) ≤ 35° C		Gefahr	H224: Flüssigkeit und Dampf extrem entzündbar
2 Leicht entzündbare Flüssigkeiten und Dämpfe	a) < 23 ° C b) > 35° C		Gefahr	H225: Flüssigkeit und Dampf leicht entzündbar
3 Entzündbare Flüssigkeiten und Dämpfe	a) ≥ 23° C b) ≤ 60° C		Achtung/ Warnung	H226: Flüssigkeit und Dampf entzündbar
4 Brennbare Flüssigkeiten	a) > 60° C b) ≤ 93° C	kein Symbol	Warnung/ Achtung	Nicht EU-GHS

Lagerung

Unternehmen, die brennbare Flüssigkeiten lagern, abfüllen oder befördern, haben den Behörden auf Verlangen den **Flammpunkt** und die **Wasserlöslichkeit** des Stoffs nachzuweisen. Ab bestimmten Mengen ist die Lagerung und Abfüllung brennbarer Flüssigkeiten den Behörden anzuzeigen bzw. von diesen genehmigen zu lassen.

An ein **Lager** für **brennbare Flüssigkeiten** sind folgende **Anforderungen** zu stellen:

- Unbefugten ist der Zutritt verboten.
- feuerbeständige Trennung von den übrigen Räumen
- Bodenabläufe dürfen nicht vorhanden sein.
- ausreichende Belüftung
- Aufstellen von Behältern in einem Auffangraum, wenn in einem Raum mehr als 450 Liter gelagert werden
- Sicherheitsabstände von Gebäuden bei oberirdischer Lagerung der Behälter im Freien

Unzulässig ist die Lagerung brennbarer Flüssigkeiten in Durchgängen, Durchfahrten, Treppenhäusern, Fluren, Arbeitsräumen. In Räumen ohne feuerbeständige Türen, Kellern in Wohnhäusern sowie in Lagerräumen des Einzelhandels dürfen nur **bestimmte Mengen** brennbarer Flüssigkeiten gelagert werden.

In explosionsgefährdeten Bereichen sind **Schutzmaßnahmen** zu treffen, die eine Entzündung verhindern oder einschränken. Als **Brandschutzeinrichtungen** eignen sich CO_2-Anlagen und Sprinkleranlagen. Explosionen, Brände und ein Auslaufen von mehr als 10 Litern/Stunde sind der Aufsichtsbehörde unverzüglich anzuzeigen.

Vorschriften

Bei der **Arbeit** mit **brennbaren Flüssigkeiten** ist zu beachten:

- Der Betreiber muss eine Betriebsanweisung erstellen und die Beschäftigten mindestens einmal jährlich unterweisen.
- Die Abfüllung ist nur in geeignete Behälter erlaubt.
- Beim Abfüllen sind ein Überlaufen und ein Überdruck zu vermeiden.
- Beim Abfüllen dürfen keine Druckgase eingesetzt werden.
- Das beim Abfüllen entstehende Dampf-/Luft-Gemisch ist gefahrlos abzuleiten.
- Bei Reinigungsarbeiten sind die vom Unternehmer angeordneten Sicherheitsmaßnahmen einzuhalten.

6.2.10 Wasserhaushaltsgesetz

Im Sinne des Umweltschutzes soll durch dieses Gesetz eine **Verunreinigung** des Wassers vermieden werden. Insbesondere ist darin das **Einbringen** und **Einleiten** von Stoffen in oberirdische Gewässer und in das Grundwasser geregelt.

Wassergefährdungsklassen		Beispiel
WGK 3	stark wassergefährdender Stoff	Altöl
WGK 2	wassergefährdender Stoff	Heizöl
WGK 1	schwach wassergefährdender Stoff	Salzsäure

Wassergefährdende Stoffe sind dabei Rohöle, Benzine, Dieselkraftstoffe, Heizöle und andere flüssige und gasförmige Stoffe, die geeignet sind, Gewässer zu verunreinigen.

Fasspalette mit Auffangwanne und Abfüllstation

Abwasser ist so zu beseitigen, dass das Wohl der Allgemeinheit nicht beeinträchtigt wird. Die Erlaubnis zur Einleitung von Abwasser darf nur erteilt werden, wenn die Schadstofffracht des Abwassers so gering gehalten wird, wie dies bei Einhaltung der bekannten Regeln der Technik möglich ist. Soll Abwasser mit gefährlichen Stoffen in eine öffentliche Abwasseranlage eingeleitet werden, sind vorher die erforderlichen Reinigungsmaßnahmen zu treffen.

Anlagen zum Lagern, Abfüllen, Herstellen und Behandeln wassergefährdender Stoffe müssen so beschaffen sein und so aufgestellt, unterhalten und betrieben werden, dass eine Verunreinigung der Gewässer nicht zu erwarten ist. Vor Beginn der Arbeiten hat sich der Bediener der Anlagen vom ordnungsgemäßen Zustand und den erforderlichen Sicherheitseinrichtungen zu überzeugen.

Auszug aus VAwS (Verordnung über Anlagen zum Umgang mit wassergefährdenden Stoffen): Der Auffangraum muss mindestens den Rauminhalt des größten in ihm aufgestellten Tanks bzw. Tankcontainers fassen können.

6.2.11 RAL-Druckschriften

Vom Deutschen Institut für Gütesicherung und Kennzeichnung e.V. wurden unter Mitarbeit der betroffenen Fachkreise und der zuständigen Behörden die Gütesicherung **RAL-RG 614** veröffentlicht. Sie enthält die **Allgemeinen Güte- und Prüfbestimmungen für Lager- und Betriebseinrichtungen** sowie ergänzende Bestimmungen für Fachbodenregale, Palettenregale, mehrgeschossige Regalanlagen, verfahrbare Regale und Schränke, Kragarmregale. Für **dynamische Lagersysteme** gilt die Gütesicherung RAL-GZ 608.

Lager- und Betriebseinrichtungen, die den jeweiligen Güte- und Prüfbestimmungen entsprechen, erhalten entsprechende **Gütezeichen**.

Tipp

Nähere Informationen gibt es beim RAL Deutsches Institut für Gütesicherung und Kennzeichnung e. V., Siegburger Straße 39, 53757 Sankt Augustin bzw. im Internet unter www.ral.de.

6.2.12 DGUV Regeln (früher Berufsgenossenschaftliche Regeln)

Für den Lagerbereich besonders zu beachten ist die DGUV Regel 108-007 (früher BGR 234).

Begriffserklärungen

- **Lagereinrichtungen** sind ortsfeste sowie verfahrbare Regale und Schränke.
- **Lagergeräte** sind zur Wiederverwendung bestimmte Paletten sowie Stapelbehälter.
- **Paletten** sind z. B. Flachpaletten aus Holz, Stahl, Kunststoff oder Leichtmetall.
- **Stapelbehälter** sind Behälter, deren Aufbau mit dem Unterbau fest verbunden sind, z. B. Gitterboxpaletten, Stapelwannen oder Stapelkästen.
- **Stapelhilfsmittel** sind Rahmen und Rungen, die z. B. auf Flachpaletten aufgesetzt, ein- oder aufgesteckt werden.

Auszüge aus DGUV Regel 108-007 (früher BGR 234)

- Die **Standsicherheit** von Regalen und Schränken muss in jedem Betriebszustand gegeben sein. Dabei sind neben der Nutzlast auch die auftretenden Kräfte beim Ein- und Auslagern zu berücksichtigen.
- Für Regale muss eine **Aufbau-** und **Betriebsanleitung** vorliegen.
- **Bauelemente** von Regalen und Schränken müssen vor dem **Heraus-** oder **Herabfallen** gesichert sein.
- Regale müssen **Sicherungen** gegen das **Herabfallen** von **Ladeeinheiten** und **Lagergut** enthalten.
- Ortsfeste Regale, die mit nicht liniengeführten Fördermitteln be- oder entladen werden, müssen an ihren Eckbereichen durch einen **Anfahrschutz** mit gelb-schwarzer Gefahrenkennzeichnung gesichert sein.
- An ortsfesten Regalen mit einer **Fachlast** von mehr als 200 kg und einer **Feldlast** von mehr als 1 000 kg sowie an verfahrbaren Regalen und Schränken müssen dauerhaft angebracht sein:
  - Hersteller
  - Typbezeichnung
  - Baujahr
  - Fach- und Feldlasten
  - elektrische Nenndaten

  Fachlast: Last, die von einer Regalseite aus in ein Feld eingebracht werden kann.
  Feldlast: Summe der Fachlasten in einem Feld bei gleichmäßig verteilter Last auf die Fächer.

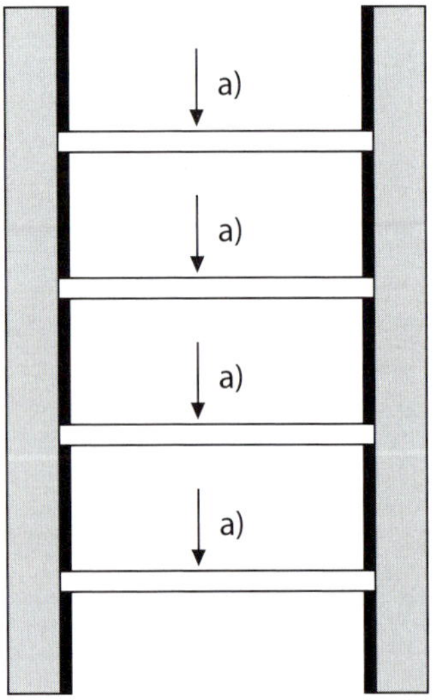

a) = Fachlast pro Fach/Regalboden, 4 x a) = Feldlast

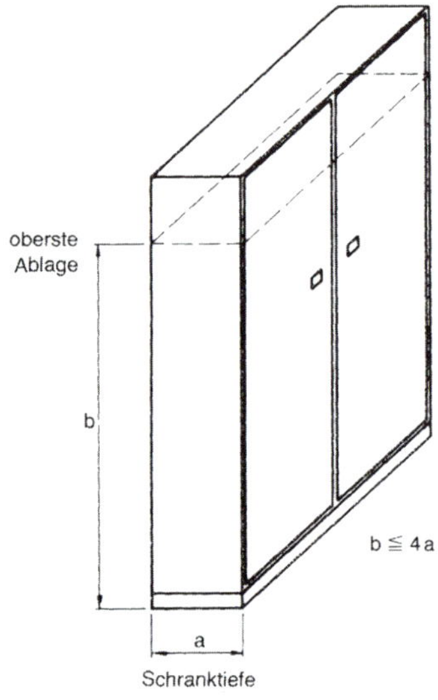

Verhältnis von Schranktiefe zu Schrankhöhe

- Bei **verfahrbaren Regalen** und **Schränken** müssen an allen Frontseiten **Schaltleisten** und **Lichtschranken** angebracht sein.
- An **Stapelbehältern** muss der Hersteller die zulässige Nutzlast einer Stapeleinheit und die zulässige Auflast angeben.
- Der Unternehmer hat für die Lagereinrichtung und Lagergeräte **Betriebsanweisungen** zu erstellen und den Beschäftigten bekannt zu geben.
- Verfahrbare Regale und Schränke dürfen nur von **Personen** in Gang gesetzt werden, die hierzu **beauftragt** und **ausgebildet** sind.

- Die maximale **Durchbiegung** der **tragenden Elemente** von Lagereinrichtungen bei Einbringung der zulässigen Nutzlast darf für metallische Werkstoffe höchstens l/200, für alle anderen Werkstoffe höchstens l/150 ihrer **Stützweite** betragen.

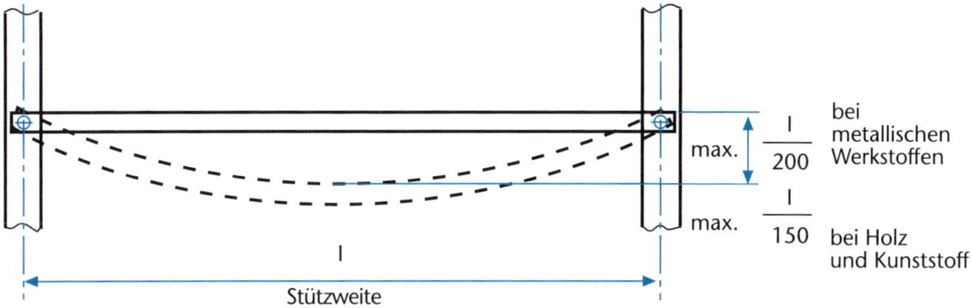

Höchstzulässige Durchbiegung der tragenden Elemente von Lagereinrichtungen und -geräten

- Die **elektrische Ausrüstung** von Lagereinrichtungen muss den anerkannten Regeln der Elektrotechnik entsprechen.
- An kraftbetriebenen Regalen und Schränken müssen die für den sicheren Betrieb maßgeblichen Inhalte der **Betriebsanleitung** deutlich erkennbar und dauerhaft angebracht sein.
- Regale und Schränke mit kraftbetriebenen Inneneinrichtungen müssen an jeder Entnahmeöffnung mit einer **Not-Befehlseinrichtung** ausgerüstet sein.
- **Kragarmregale** müssen so beschaffen sein, dass die Kragarme nicht über die äußeren Abstützpunkte des Fußsockels hinausragen. An den Kragarmen müssen die zulässigen Belastungen angegeben sein.
- **Schränke mit Flügeltüren** gelten als standsicher, wenn die Höhe der obersten Ablage nicht mehr als das Vierfache der Schranktiefe beträgt.
- Verfahrbare Regale und Schränke sind mindestens **einmal jährlich** von einem **Sachkundigen** auf ihren sicheren Zustand zu **prüfen**.

6.2.13 Sicherheit beim Lagern und Stapeln nach den Vorschriften der DGUV

In der DGUV Information 208-006 sind die **Schutzziele** für das **Lagern** und **Stapeln** festgelegt.

Danach sind Lager und Stapel so zu errichten,

- dass die Belastung sicher aufgenommen werden kann; dabei ist die **zulässige Belastung** an den Bauteilen (z. B. Regalen) erkennbar und dauerhaft anzugeben,
- dass niemand durch **herabfallende**, **umfallende** oder **wegrollende** Gegenstände oder **ausfließende** Stoffe gefährdet wird,
- dass der **Abstand** zwischen den Stapeln untereinander und gegenüber anderen Arbeitsmitteln genügend groß ist,
- dass sie auch **äußeren Einwirkungen** (z. B. Sturm, Regen) standhalten,
- dass die **Haltbarkeit** der verwendeten Verpackungen nicht durch äußere Einwirkungen (Nässe, Hitze, aggressive Stoffe) beeinträchtigt wird.

Für das sichere Lagern und Stapeln sind **Lagereinrichtungen** (Regale) und **Lagerhilfsmittel** (Keile, Kanthölzer, Zwischenlagen, Umschnürungen, Klammern usw.) zu verwenden.

Beim **Stapeln** ist zu beachten:
- nur geeignete Teile stapeln
- kleine auf große Teile stapeln
- leichte auf schwere Teile stapeln
- im Verbund stapeln
- Zwischenlagen verwenden

6.3 Brandgefahr

Brand eines holzverarbeitenden Betriebs

Bedingungen für die Entstehung eines Brandes

Damit ein Brand bzw. eine Explosion eintritt, müssen drei **Bedingungen** zusammenkommen:

- ein **brennbarer** Stoff. Dies können sein:
  - Gase; abhängig von Konzentration und Gasart
  - Flüssigkeiten; hier brennen nicht die Flüssigkeiten selbst, sondern die Dämpfe, die über den Flüssigkeiten entstehen. Die Brennbarkeit ist dabei abhängig vom **Flammpunkt** (Temperatur, bei der sich brennbare Gase entwickeln können) und der **Zündtemperatur** (niedrigste Temperatur, bei der der Dampf explodiert).
  - Stäube wie Mehl, Zucker, Schwefel, Kohle, Holz
  - feste Stoffe wie Holz, Papier, Kunststoffe

- die **notwendige Wärme**. Sie entsteht u.a. durch
  - Flammen,
  - Funken,
  - elektrostatische Entladungen,
  - heiße Oberflächen,
  - Reibung,
  - chemische Reaktionen.

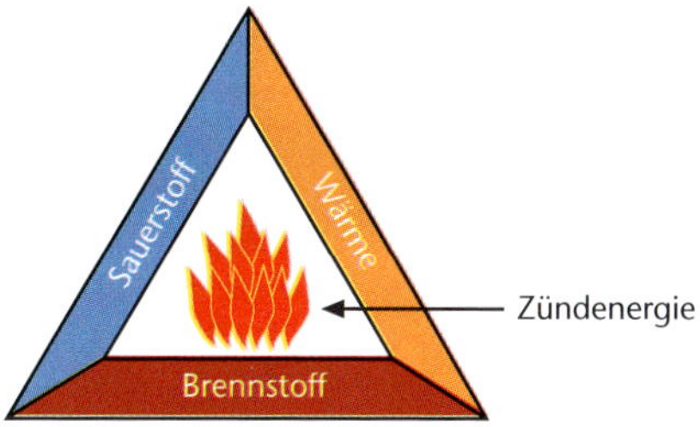

- **Sauerstoff.** Er befindet sich in ausreichendem Maß in der Luft (ca. 21 %).

Vorbeugender Brandschutz

Einfache Verhaltensmaßnahmen helfen, einen Brand zu **verhindern**. Dazu gehören:

- Rauchverbot im Lager
- keine offene Flamme in der Nähe von feuergefährlichem Material
- Lagerung von leicht entflammbaren Materialien in feuerbeständigen Lagerräumen
- Lagerräume mit brennbaren Materialien als solche kennzeichnen
- leicht brennbare Abfälle in getrennten, nicht brennbaren Behältern sammeln und entsorgen, z.B. ölige Putzlappen

Baulicher Brandschutz

Bereits bei der **Planung** und beim **Bau** der Lagerräume sind Vorschriften für den Brandfall zu beachten. Dazu zählen:

- feuerhemmende Wände, Böden und Decken aus nicht bzw. schwer brennbaren Materialien
- feuersichere Stahltüren, die sich im Brandfall automatisch schließen
- Unterteilung des Lagers in einzelne Brandabschnitte durch Einbau von feuerbeständigen Wänden
- Einbau und Anbringen von Brandmeldern, Feuerwarnanlagen, Feuerlöschanlagen, Rauch- und Wärmeabzugsanlagen
- Kennzeichnung der Fluchtwege, Notausgänge und Sammelstellen durch Schilder. Der Weg zum nächstliegenden Notausgang sollte dabei höchstens 30 Meter betragen.
- Aushang von Flucht- und Rettungsplänen
- Anbringen von Hinweistafeln für das Verhalten im Brandfall

Organisatorische Maßnahmen für den Brandfall

Damit im Fall eines Brandes die Personen- und Sachschäden möglichst gering gehalten werden, sollten verschiedene **Vorkehrungen** getroffen werden:

- Mitarbeiter mit der Handhabung von Feuerlöschgeräten vertraut machen
- regelmäßig Brandschutz- und Rettungsübungen durchführen
- Wirksamkeit der Brandschutzanlagen und Feuerlöscheinrichtungen regelmäßig überprüfen
- Rettungswege und Notausgänge nicht verstellen und verschließen
- Brandmelde- und Feuerlöscheinrichtungen nicht verstellen

Brandklassen und Feuerlöscherarten

Brandklasse	Stoffart	Beispiel für den Stoff	Geeignete Feuerlöscher
	feste Stoffe ohne Leichtmetalle	Holz Phosphor	ABC-Pulverlöscher CO_2-Anlagen Wasser, jedoch nicht für Klasse 4.3 oder für X in der Gefahrnummer
	brennbare Flüssigkeiten	Benzin Lacke	ABC-Pulverlöscher BC-Pulverlöscher CO_2-Anlagen Light-Water-/Schaumlöscher
	Gase	Propan Acetylen	ABC-Pulverlöscher BC-Pulverlöscher CO_2-Anlagen
	Leichtmetalle	Aluminium Kalium	Pulverlöscher mit Metallbrandpulver, trockener Topfdeckel
	Fette	Speiseöle, Speisefette	Speziallöschmittel

Feuermeldeanlagen

Durch **Feuermeldeanlagen** kann der Ausbruch eines Brandes frühzeitig entdeckt und bekämpft werden. Zu diesen Anlagen zählen:

- **Feuermelder (Druckknopfmelder)**. Sie befinden sich im ganzen Gebäude. Bei Ausbruch eines Brandes wird manuell per Druckknopf Alarm ausgelöst.
- **Rauchmelder**. Sie reagieren auf Rauchbildung bereits vor einer Flammenbildung. Treten sie in Kraft, lösen sie Alarm aus und schließen die Feuertüren. Sie können bis 120 m^2 Lagerfläche überwachen.

- **Thermomelder**. Sie reagieren auf Wärme. Diese Wirkung kann eintreten, wenn innerhalb eines kurzen Zeitraums die Temperatur stark ansteigt oder wenn eine bestimmte Temperatur überschritten wird (Wärmedifferenzialmelder, Wärmemaximalmelder). Überwachungsfläche bis 20 m².
- **Flammen- bzw. Strahlenmelder**. Sie reagieren auf Flammenstrahlung im Infrarotbereich und können ohne Sichtbehinderung bis 1 000 m² überwachen.

Brandbekämpfungsgeräte und -anlagen

Bei **ausgebrochenem Feuer** ist es erforderlich, dass geeignete **Löscheinrichtungen** zur Verfügung stehen. Dazu gehören:

- **Handfeuerlöscher (vgl. Tabelle auf Seite 128)**
  Sie sind an gut sichtbaren und leicht zugänglichen Stellen in der Nähe der Gefahrenpunkte unterzubringen. Jeder Mitarbeiter sollte in die Bedienung eines Feuerlöschers **eingewiesen** sein und ihn im Ernstfall unverzüglich einsetzen können. Spätestens alle zwei Jahre sind sie durch **fachkundige Personen** (Lieferfirma, Werksfeuerwehr) zu überprüfen. Das **Prüfetikett** ist an den Handfeuerlöschern plombiert anzubringen.
  Handfeuerlöscher gehören zu den mobilen Feuerlöschgeräten. Sie kommen als Wasserlöscher, Pulverlöscher, Schaumlöscher und Kohlendioxydlöscher zum Einsatz.
- **Löschdecken und Feuerpatschen**
  Zur Bekämpfung kleinerer Brände eignen sich auch Löschdecken und Feuerpatschen.
  Mit ihnen kann ein Feuer erstickt bzw. ausgeschlagen werden.

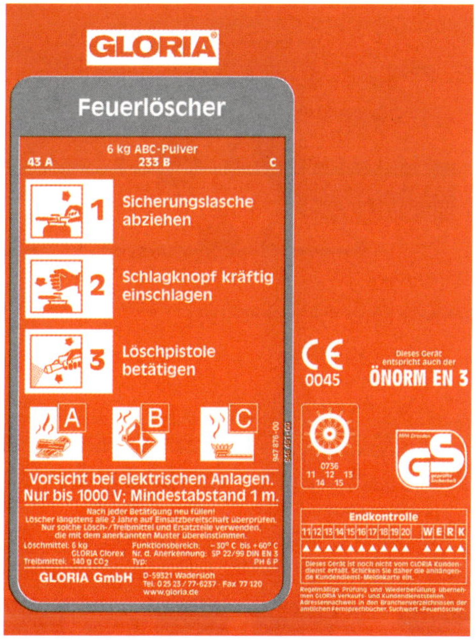

Angaben auf dem Schriftfeld eines Handfeuerlöschers

- **Sprinkleranlagen**
  Bei Erreichen der Auslösetemperatur der Sprinklerflüssigkeit zerplatzt das Sprinklergläschen.
  Durch den Wasserdruck öffnet sich der Verschluss und das Wasser sprüht über einen Sprühteller auf den Brandherd.
- **Sonstige Anlagen**
  Neben den in vielen Unternehmen verwendeten Sprinkleranlagen werden auch Sprühwasser-, Berieselungsanlagen zum **Löschen** von Bränden sowie Schaumlösch- und Pulverlöschanlagen zum **Ersticken** eines Feuers fest eingebaut.
- **CO_2-Anlagen**
  Feuerhemmendes, den Sauerstoff verdrängendes Kohlenstoffdioxyd wird in den Brandraum geleitet und erstickt das Feuer. Menschen müssen den Raum dabei unbedingt verlassen haben, sonst besteht **Erstickungsgefahr**.
  Als Anreiz zum Einbau solcher Brandschutzanlagen gewähren die Versicherungsgesellschaften Rabatte auf die Versicherungsprämien.

Schema einer Sprinkleranlage

1 Löschwasserbehälter
2 Sprinkler-Pumpe
3 Trocken-Alarmventilstation
4 Nass-Alarmventilstation
5 Sprinkler-Trockenrohrnetz (stehende Sprinkler, freiliegendes Rohrnetz)
6 Sprinkler-Nassrohrnetz (hängende Sprinkler, verdecktes Rohrnetz)
7 Druckluft-Wasserbehälter
8 Pumpentestleitung mit Messeinrichtung
9 Einspeiseleitung der Feuerwehr
10 Behälter-Füllpumpe
11 Kompressor
12 mechanische Alarmglocken
13 Brandmeldezentrale
14 Alarm-Druckschalter
15 Druckschalter für Pumpenstart
16 elektrischer Schaltschrank

Auslösen einer Sprinklerdüse

Verhalten im Brandfall

Kommt es tatsächlich zu einem Brand, gilt es auf alle Fälle, **Ruhe zu bewahren** und bestimmte Verhaltensregeln einzuhalten, damit die Rettungs- und Brandbekämpfungsmaßnahmen erfolgreich sind. Dabei sollte man stets in folgender Reihenfolge vorgehen:

Melden → **Retten** → **Löschen**

Die Verhaltensregeln sind aus den aushängenden bzw. ausliegenden **Hinweistafeln** ersichtlich.

Warnschild „Verhalten im Brandfall"

6.4 Diebstahlgefahr

Diebstahlgefahr besteht in jedem Lager, insbesondere aber in den Verkaufsräumen des **Einzelhandels**.

Diebstahlarten

Je nach **Vorgehensweise** der Diebe können unterschieden werden:

- **Ungeplanter** Diebstahl. Der Dieb nutzt dabei die Situation und lässt möglicherweise ohne vorherige große Absicht eine Ware verschwinden. Hier gilt die Redewendung: „Gelegenheit macht Diebe".
- **Geplanter** Diebstahl. Der Dieb betritt bereits mit Diebstahlabsicht den Raum und entwendet bestimmte Teile.
- **Organisierter** Diebstahl. Diese Diebstähle sind oft von langer Hand vorbereitet, von einer Personengruppe organisiert und verursachen die größten Schäden. Vielfach erfolgen sie in Verbindung mit einem Einbruch.

Nach der **Art der gestohlenen Gegenstände** unterscheidet man:

- Diebstahl ganzer Packstücke. Gestohlen werden hier ganze Lagereinheiten (Paletten, Kisten), oft unter Zuhilfenahme von Transportmitteln. Diese Art erfolgt meist in Verbindung mit dem organisierten Diebstahl.
- Diebstahl einzelner Teile. Er ist vorwiegend beim ungeplanten und geplanten Diebstahl anzutreffen.

Täter

Als **Täter** können in Betracht kommen:

- eigene Mitarbeiter
- Kunden
- Mitarbeiter von Fremdfirmen (Monteure, Handwerker, Putzpersonal)
- Besucher
- Zulieferer

Folgen

Folgen für den Dieb können sein:

- bei Mitarbeitern
  - Abmahnung
  - fristlose Kündigung mit nachfolgender Arbeitslosigkeit
  - Strafanzeige mit nachfolgender Geldstrafe oder Freiheitsentzug
  - Schadenersatz für den angerichteten Schaden
  - Gerichtskosten
- Bei anderen Personen wird meist zusätzlich ein Hausverbot ausgesprochen.

Folgen für den Betrieb können sein:

- Ausgaben für zusätzliches Personal und Kontrolleinrichtungen
- Kosten für die verlorene Ware
- Kundenverlust
- Produktionsausfall
- Reparaturkosten für die angerichteten Schäden
- höhere Versicherungskosten
- Verschlechterung des Betriebsklimas wegen gegenseitiger Überwachung und Verdächtigung

Vorsorge- und Sicherungsmaßnahmen

- Verschlusslager für hochwertige Ware
- Alarmanlagen
- Sperrzonen für betriebsfremde Personen
- Warntafeln über die Folgen von Diebstählen
- übersichtliche Lagerung, Vermeidung „toter Winkel"
- häufige Kontrollen (z. B. Hausdetektive)
- Überwachung durch Fernsehanlagen und Spiegel (im Einzelhandel)
- Kontrolleinrichtungen an Türen und Werkstoren
- neutrale Verpackungen
- Packmittel, bei denen ein Entwenden schnell feststellbar ist

Zwar ist der Abschluss einer **Diebstahlversicherung** zweckmäßig, doch sollte diese nie zu einer Vernachlässigung der Vorsorge- und Sicherheitsmaßnahmen führen. In den meisten Fällen sind solche Sicherungsmaßnahmen sogar Voraussetzung dafür, dass eine Versicherung einen Diebstahlschaden übernimmt.

Kernwissen

1. Zu den Gefahren im Lager zählen **Unfallgefahr**, **Brandgefahr** und **Diebstahlgefahr**.
2. Unfälle und Brände können **Folgen** haben für den **Menschen**, die **Umwelt**, das **Unternehmen** und die **gesamte Volkswirtschaft**.
3. Zu den wichtigsten **Vorschriften** zum **Arbeits-** und **Umweltschutz** bei der Arbeit im Lager gehören:

Staatliche Gesetze und Verordnungen	Regelwerk der gesetzlichen Unfallversicherung	Technische Regelwerke privater Organisationen
▪ Arbeitsschutzgesetz ▪ Betriebssicherheits-verordnung ▪ Bundesimmissions-schutzgesetz ▪ Geräte- und Produkt-sicherungsgesetz ▪ Arbeitsstättenverordnung ▪ Chemikaliengesetz ▪ Gefahrstoffverordnung ▪ GHS-Verordnung ▪ Wasserhaushaltsgesetz	▪ DGUV Vorschriften ▪ DGUV Regeln ▪ DGUV Informationen ▪ DGUV Grundsätze	▪ DIN-Normen ▪ VDE-Normen ▪ VDI-Richtlinien ▪ RAL-Druckschriften

4. Unter einer **Emission** versteht man den **Ausstoß** von **Lärm**, **Abgasen**, **Gerüchen** usw. Unter einer **Immission** versteht man die **Einwirkung** von **Lärm**, **Abgasen**, **Gerüchen** auf den Menschen, die Umwelt usw.
5. Maschinen und Geräte tragen in der EU das **CE-Zeichen**.
6. Die Arbeitsstättenverordnung bestimmt, dass Arbeitsstätten so **einzurichten** und zu **betreiben** sind, dass von ihnen keine Gefährdung für die **Sicherheit** und die **Gesundheit** der Beschäftigten ausgehen.

7. Die **GHS-Verordnung** unterscheidet im Rahmen des Europäischen Chemikalienrechts nach
   - physikalisch-chemischen Gefahren,
   - toxischen Gefahren,
   - Umweltgefahren.
8. Beim Umgang mit gefährlichen Stoffen hat der Arbeitgeber eine **Betriebsanweisung** zu erstellen.
9. **Brennbare Flüssigkeiten** unterscheiden sich nach ihren Flammpunkten in vier Kategorien.
10. Regale, die den Anforderungen der RAL-RG 614 entsprechen, erhalten ein **Gütezeichen.**
11. Lagereinrichtungen und -geräte müssen den **Regeln** für **Lagereinrichtungen** und **-geräte** entsprechen, die von den Berufsgenossenschaften herausgegeben werden. Die Einhaltung der Regeln dient der Arbeitssicherheit.
12. Für einen Brand sind ein **brennbarer Stoff**, eine **Zündquelle** und **Sauerstoff** erforderlich.
13. Rauchmelder sind **Feuermeldeanlagen.** Feuerlöscher, Sprinkleranlagen und CO_2-Anlagen sind **Brandbekämpfungseinrichtungen.**

Aufgaben

1. Beurteilen Sie die Folgen eines Unfalls oder eines Brandes im Lager
a) für den Menschen,
b) für die Umwelt,
c) für das Unternehmen.

2. Welchen Zweck verfolgt das Arbeitsschutzgesetz?

3. Wer ist nach dem Arbeitsschutzgesetz für den betrieblichen Arbeitsschutz verantwortlich?

4. Bringen Sie die Tätigkeiten bei der Gefährdungsbeurteilung nach dem Arbeitsschutzgesetz in die richtige Reihenfolge:
a) Festlegung der erforderlichen Arbeitsschutzmaßnahmen
b) systematische Untergliederung des Betriebs
c) Dokumentation der Beurteilung der Gefährdungen
d) Ermittlung und Beurteilung der Gefährdungen an den einzelnen Arbeitsplätzen/bei den einzelnen Tätigkeiten
e) Durchführung und Überprüfung der Wirksamkeit der festgelegten Maßnahmen
f) Festlegung der einzelnen Betrachtungsbereiche (Arbeitsplätze/Tätigkeiten)

5. Durch welche Verordnung werden EG-Richtlinien zur Arbeitssicherheit in nationales Recht umgesetzt?

6. a) Nennen Sie die Emissionen, die von einem Lkw ausgehen.
b) Erklären Sie die Immissionen, die ein Lkw verursacht.

7. Erläutern Sie die Bedeutung der CE-Kennzeichnung und des GS-Zeichens auf einem Palettenumreifungsgerät.

8. *Suchen Sie im Internet*
   a) nach empfohlenen Raumtemperaturen in Büro-, Lager- und Pauseräumen.
   b) nach den Schallpegeln verschiedener Schallquellen.
   c) Stellen Sie dabei auch fest, welche Folgen zu hohe Temperaturen und Schallpegel auf den menschlichen Organismus haben können.

9. *Welche Möglichkeiten hat der Arbeitgeber, um den Nichtraucherschutz nach § 5 ArbStättV sicherzustellen?*

10. *Welche Gefahrenbezeichnungen haben Gefahrstoffe mit den folgenden Eigenschaften?*
    a) Stoffe, die bei Kontakt mit der Haut oder Schleimhaut Entzündungen hervorrufen können
    b) Stoffe, die bereits in geringen Mengen bei Einatmen, Verschlucken oder bei Aufnahme über die Haut zum Tode führen oder dauerhafte Schäden verursachen
    c) Stoffe, die sich bei gewöhnlicher Temperatur an der Luft ohne Energiezufuhr erhitzen und schließlich entzünden können
    d) Stoffe, die meist nicht selbst brennbar sind, jedoch durch Sauerstoffabgabe den Brand brennbarer Stoffe fördern

11. *Welche Unterweisungen muss ein Mitarbeiter, der im Betrieb mit Gefahrstoffen umgeht, erhalten?*

12. *Erstellen Sie eine Betriebsanweisung gemäß Gefahrstoffverordnung für einen Gefahrstoff Ihrer Wahl. Das Sicherheitsdatenblatt dazu entnehmen Sie dem Internet.*

13. *Nennen Sie die Vorschriften für Jugendliche beim Umgang mit Gefahrstoffen.*

14. *Erklären Sie den Flammpunkt bei brennbaren Flüssigkeiten.*

15. *Eine brennbare Flüssigkeit hat einen Flammpunkt von 20° C und einen Siedepunkt von 40° C. Ermitteln Sie den erforderlichen Gefahrenhinweis.*

16. *Auszug aus der Tabelle „Rückhaltevolumina von Fass- und Gebindelagern" (VAwS)*

Volumen (gesamt)	Rückhaltevermögen
mehr als 100 m^3 bis 1 000 m^3	3 % vom Volumen (gesamt), jedoch wenigstens 10 m^3

    a) Im Lager Ihres Ausbildungsbetriebs befindet sich ein Behälter mit einem Reinigungsmittel, Wassergefährdungsklasse 2, Flammpunkt 30°, Volumen 800 m^3. Ermitteln Sie das Rückhaltevolumen der dafür erforderlichen Auffangwanne.
    b) Sie haben eine Auffangwanne mit einem Rückhaltevolumen von 18 m^3 vorrätig. Ermitteln Sie, für welches Behältervolumen diese Auffangwanne maximal geeignet ist.

17. *Für welche Lagersysteme gilt die Gütesicherung RAL-GZ 608?*

18. *Ein Regal hat eine Fachlast von 100 kg und eine Feldlast von 1 000 kg. Wie viele Fachböden können Sie in dieses Regal einbringen?*

19. *An welchen Regalen müssen an der Frontseite Schaltleisten und Lichtschranken angebracht sein?*

20. *Welche Regale und Schränke müssen an jeder Entnahmeeinrichtung mit einer Notbefehlseinrichtung ausgerüstet sein?*

21. *Ein Fachboden aus Stahl hat eine Länge von 2 Metern. Ermitteln Sie die maximale Durchbiegung des Fachbodens bei Belastung mit einer Ladeeinheit.*

22. In einem Schrankregal mit Flügeltüren mit einer Schrankbreite von 5 Metern, einer Schranktiefe von 50 cm und einer Schrankhöhe von 2,50 Metern befindet sich die oberste Ablage in einer Höhe von 2,30 Metern. Stellen Sie fest, ob die Standsicherheit des Flügeltürenschranks gewährleistet ist.

23. Welche drei Bedingungen müssen zusammentreffen, damit es zu einem Brand kommt?

24. Welche Feuerlöscher setzen Sie bei brennbaren Flüssigkeiten ein?

25. Nennen Sie
a) Verhaltensmaßnahmen, um Brände zu verhindern,
b) bauliche Vorschriften für den Brandfall,
c) organisatorische Maßnahmen für den Brandfall.

26. a) Unterscheiden Sie die Diebstahlarten nach der Vorgehensweise der Diebe.
b) Nennen Sie Personen bzw. Personengruppen, die als Diebe in Betracht kommen.
c) Zeigen Sie Folgen auf, mit denen ein Dieb rechnen muss.
d) Erläutern Sie verschiedene Sicherungsmaßnahmen, um Diebstähle im Unternehmen zu verhindern.

7 Produktivitätskennzahlen eines Lagers

Mit den Produktivitätskennzahlen wird die Produktivität der technischen Betriebseinrichtungen gemessen. Über diese Kennzahlen können Schwachstellen und ihre Ursachen erkannt und Verbesserungsmöglichkeiten überlegt werden. Besonders aussagekräftig werden die Kennzahlen, wenn man sie vergleicht

- mit den Kennzahlen anderer Lager im eigenen Unternehmen (**Lagervergleich**),
- mit den Kennzahlen der Lager in anderen Unternehmen (**Betriebsvergleich**),
- mit den Kennzahlen in den Vorjahren (**Zeitvergleich**),
- mit den geplanten Kennzahlen (**Soll-/Ist-Vergleich**).

Zu diesen Produktivitätskennzahlen gehören:

Flächennutzungsgrad

FR

Diese Kennzahl gibt die flächenmäßige Ausnutzung des Lagers für die reine Lagerung der Güter an. Sie hängt maßgeblich von der Art der gelagerten Güter ab sowie von den Flächen, die für Verkehrswege, Arbeitsräume, Sozialräume usw. im Lager benötigt werden.

Definition

$$\text{Flächennutzungsgrad in \%} = \frac{\text{belegte Lagerfläche in } m^2 \times 100}{\text{Gesamtlagerfläche in } m^2}$$

Höhennutzungsgrad

Diese Kennzahl gibt an, wie hoch die Ausnutzung der Lagerhöhe ist.

Definition

$$\text{Höhennutzungsgrad in \%} = \frac{\text{genutzte Lagerungshöhe in m} \times 100}{\text{nutzbare Lagerungshöhe in m}}$$

Raumnutzungsgrad

FR

In der Fachliteratur findet man für den Raumnutzungsgrad zwei Kennzahlen.

Kennzahl 1 definiert das Verhältnis des maximalen Rauminhalts der einzulagernden Güter zum umbauten Raum des Lagers.

Definition

$$\text{Raumnutzungsgrad in \%} = \frac{\text{maximaler Rauminhalt der einzulagernden Güter in } m^3 \times 100}{\text{umbauter Raum des Lagers in } m^3}$$

Das folgende Schaubild zeigt, dass Blocklager und Kanalregale mit Regalbediengeräten als Fördermittel den höchsten Raumnutzungsgrad aufweisen. Der Raum wird bei Blocklagern besser genutzt als bei Zeilenlagern. Die Raumausnutzung ist auch umso größer, je weniger Verkehrsfläche die Fördermittel für die Ein- und Auslagerung benötigen und je höher die Lagerung erfolgen kann.

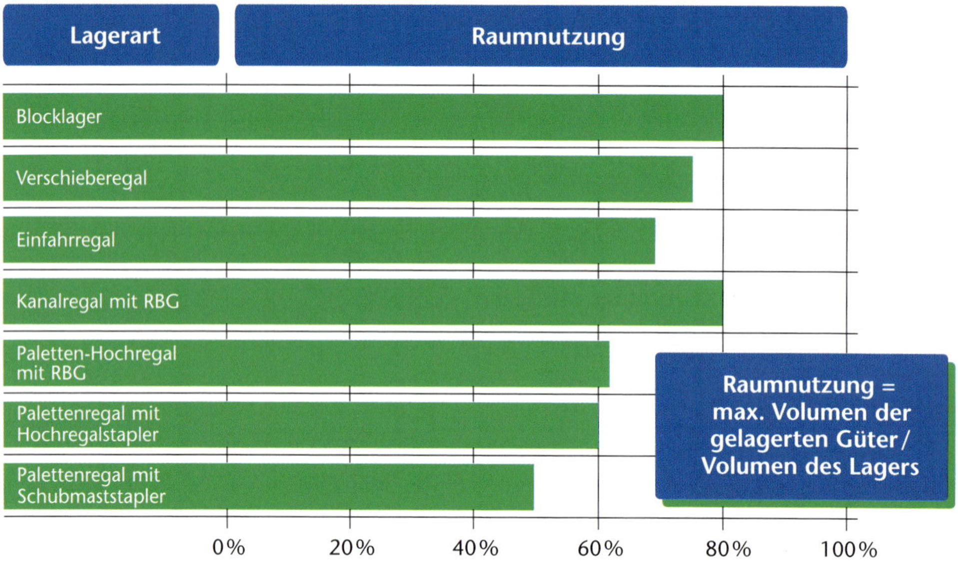

Vergleich der maximalen Raumnutzung wichtiger Lagertechniken

Kennzahl 2 drückt das Verhältnis zwischen Lagergutvolumen und Regalvolumen aus.

Definition

$$\text{Raumnutzungsgrad in \%} = \frac{\text{Lagergutvolumen in } m^3 \times 100}{\text{nutzbares Regalvolumen in } m^3}$$

Dieser Raumnutzungsgrad ist umso besser, je mehr das Regal mit Gütern befüllt wird und je besser die gelagerten Güter in das Regal passen. Durch eine Abstimmung Lagergut – Verpackungsgröße – Regalebene kann der Raumnutzungsgrad verbessert werden.

Aufgaben

1. *Ein Lager hat eine Gesamtfläche von 15 000 m². Davon entfallen 2 000 m² auf Verkehrsflächen, 4 000 m² auf Arbeitsflächen, 1 000 m² auf Sozialräume. Der Rest der Lagerfläche ist Regalfläche. Berechnen Sie den Flächennutzungsgrad dieses Lagers.*

2. *Ein Lagerraum hat die Raumhöhe von 7 Metern. Darin befinden sich Paletten in Bodenlagerung mit einer Höhe von 4,80 Metern.*
   a) Berechnen Sie den Höhennutzungsgrad.
   b) Auf wie viel Prozent steigt der Höhennutzungsgrad, wenn statt der Bodenlagerung der Paletten ein Palettenregal mit einer Höhe von 6,50 Metern angeschafft wird?

3. *Ein Regalfach ist 1,50 m breit, 0,40 m tief und 0,50 m hoch. Darin befinden sich zwei Lagerkästen mit den Maßen 0,70 m x 0,40 m x 0,40 m.*
   Ermitteln Sie den Raumnutzungsgrad pro Regalfach.

Abbildungen zu den Aufgaben 4 bis 7

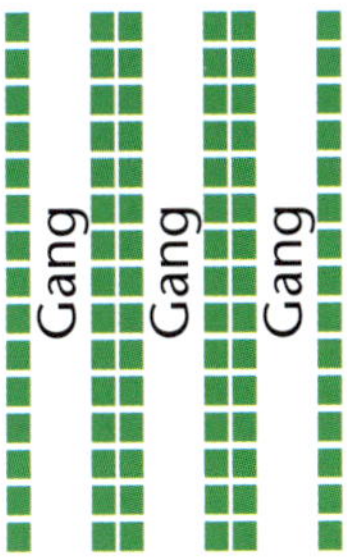

Draufsicht Reihenlagerung

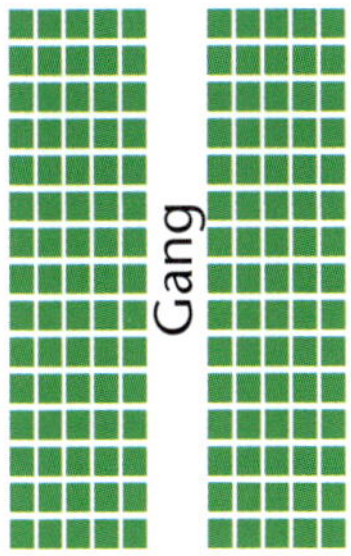

Draufsicht Blocklagerung

■ = Ladeeinheit (Palette)

4. *Ein Lagerraum ist 15 m lang, 12 m breit und 6 m hoch. Darin befinden sich Ladeeinheiten (Paletten) mit einem Maß von 1 m x 1 m x 1 m in Bodenlagerung. Die Gangbreite beträgt 2 Meter. Ermitteln Sie, wie viele Paletten gelagert werden können bei*
   a) ungestapelter Reihenlagerung,
   b) gestapelter Reihenlagerung (maximal 4 Ladeeinheiten übereinander),
   c) ungestapelter Blocklagerung,
   d) gestapelter Blocklagerung.

5. *Ermitteln Sie den Raumnutzungsgrad bei*
   a) ungestapelter Reihenlagerung,
   b) gestapelter Reihenlagerung (maximal 4 Ladeeinheiten übereinander),
   c) ungestapelter Blocklagerung,
   d) gestapelter Blocklagerung.

6. *Zu wie vielen Ladeeinheiten haben Sie direkten Zugriff, wenn die Lagerung der Paletten erfolgt in*
   a) ungestapelter Reihenlagerung,
   b) gestapelter Reihenlagerung (maximal 4 Ladeeinheiten übereinander),
   c) ungestapelter Blocklagerung,
   d) gestapelter Blocklagerung?

7. *Angenommen, die gestapelten Paletten würden nicht auf dem Boden, sondern in Regalen gelagert. Zu wie vielen Paletten hätten Sie nun direkten Zugriff*
   a) bei Reihenlagerung im Regal (z. B. Längstraversenregal),
   b) bei Blocklagerung im Regal (z. B. Einfahrregal)?

Lernfeld 3
Güter bearbeiten

1 Arbeitsmittel im Lager

Einstiegssituation

Fenno macht eine Ausbildung zur Fachkraft für Lagerlogistik in einem Großhandelsbetrieb für Werkzeuge und Zubehör. Heute ist er für die Inventur der Schraubendreher zuständig. Fenno hat sich für diese Tätigkeit mit einem Klemmbrett, einem Kugelschreiber und einem Taschenrechner ausgestattet. Sein Lagermeister schaut ihn irritiert an und sagt:

„Für die Inventur brauchst du lediglich das MDE-Gerät und sonst nichts."

„Wie?", entgegnet Fenno, „Ich dachte, dass ich das MDE-Gerät nur für die Erfassung der Wareneingänge brauche."

Handlungsaufträge

1. *Welche Arbeiten werden auf Fenno bei der Inventur zukommen?*
2. *Wofür steht die Abkürzung MDE?*
3. *Beschreiben Sie die Funktionsweise eines MDE-Gerätes. Nutzen Sie ggf. das Internet.*
4. *Welche Arbeiten können mithilfe eines MDE-Gerätes in einem Betrieb erledigt werden?*
5. *Welche Vorteile bietet der Einsatz eines MDE-Gerätes?*

Zur schnelleren, leichteren, saubereren, fehlerfreieren und gesünderen Arbeit im Lager werden neben den Fördermitteln noch weitere Arbeitsmittel eingesetzt. Diese Arbeitsmittel können manuell bedient werden, sie können aber auch halbautomatisch oder automatisch arbeiten. Zu den wichtigsten Arbeitsmitteln im Lager zählen:

- **Werkzeuge** wie Hammer, Zangen, Schraubendreher, Sägen, Scheren. Sie kommen z. B. beim Öffnen wie beim Zusammenbauen oder beim Verschließen einer Holzkiste zum Einsatz.
- **Arbeitsmittel** für das **Verpacken** finden Sie ausführlich dargestellt im Lernfeld 6 „Güter verpacken". Dazu zählen Heißsiegel- und Schweißzangen, Klebestreifengeber, Folienabroll-, Schrumpf-, Klammer-, Heft-, Umreifungsgeräte, Folienstretchanlagen und Stretchautomaten.

- **Wiegeeinrichtungen.** Zu den **stationären** Wiegeeinrichtungen zählen ortsfeste Waagen, zu denen die Güter für den Wiegevorgang gebracht werden. Dazu gehören
  - Standwaagen,
  - Plattformwaagen,
  - Tischwaagen,
  - Kranwaagen.

Kranwaage

  Mobile Wiegeeinrichtungen sind in Fördermittel wie Gabelstapler oder Hubwagen fest eingebaut oder werden an ihnen bei Bedarf angebracht. Damit kann das Transportieren, Heben und Wiegen in einem Arbeitsgang erfolgen. Dazu zählen
  - Hubtischwaagen,
  - Gabelhubwaagen,
  - Palettenwaagen,
  - Gabelwaagen.

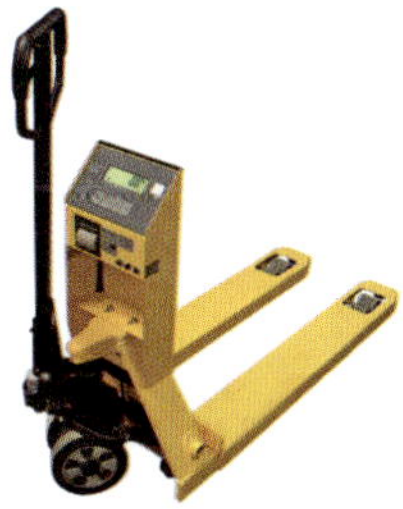

Gabelwaage

- **Zählwaagen/Referenzwaagen** führen Wiege- und Zählvorgänge in einem Arbeitsgang aus. So kann das Abpacken der Schrauben aus der Eingangssituation wesentlich erleichtert werden.

  Je nach Waagenart führen sie Zählungen vom Milligramm- bis zum Tonnenbereich aus. Sie werden z. B. im Wareneingang, im Verpackungsbereich, aber auch bei der Inventur eingesetzt. Zum Abfüllen von Verkaufsverpackungen müssen Zählwaagen **geeicht** sein. Grundfunktionsweise:
  - Bestimmte Menge, z. B. 10 Stück, auf die Waage legen.
  - Der Waage eingeben, wie viel Stück aufgelegt sind. Die Waage berechnet daraus das Gewicht pro Stück.
  - Auf die Waage eine unbestimmte Stückzahl legen. Die Waage zeigt darauf Gesamtgewicht, Stückgewicht und Stückzahl an.

  Zählwaagen arbeiten in der Regel digital. Sie können in automatisierte Arbeitsprozesse und die EDV integriert werden.

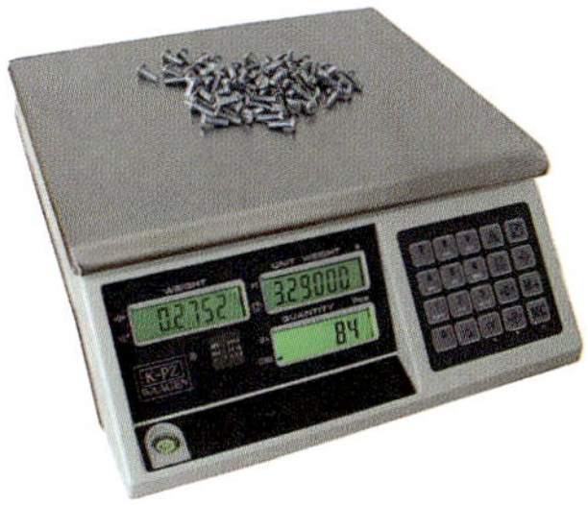

Zählwaage

- **Zähleinrichtungen.** Neben der Zählwaage sind reine Zähleinrichtungen gebräuchlich:
  - Handstückzähler, z. B. für Zählvorgänge bei der Inventur
  - elektronische Stückzählautomaten für das Zählen großer Mengen wie Schrauben, Muttern, Tabletten usw.

Handstückzähler

- **Messeinrichtungen.** Dazu zählen:
  - herkömmliche Zollstöcke, Maßbänder, Lineale
  - digitale Bandmaße mit Speicherfunktionen
  - Ultraschall-/Laserentfernungsmesser. Sie bestimmen die Entfernung zum Objekt durch das Messen der Zeit, die ein Schall/Strahl zum Objekt und zurück benötigt. Sie eignen sich für Längen-, Flächen- und Volumenberechnungen. Mehrfachmessungen mit addierten Anzeigen sind möglich. Die Anzeige der Messwerte erfolgt digital.

Ultraschall-entfernungsmesser

- **Abfüllstationen** mit Auffangwannen erlauben das maßgenaue Abfüllen auch aggressiver, leicht brennbarer und wassergefährdender Stoffe. Durch Gabeltaschen am Boden ist ein leichter und sicherer Transport der Auffangwannen mit Gabelstapler oder Hubwagen möglich.

Abfüllstation

- **Barcodedrucker/Etikettiergeräte** erstellen die Etiketten für Barcodes und normal lesbare Aufschriften auf Packmittel, Transportmittel usw.

Etikettendrucker/Barcodedrucker

- **Etikettenspender** ermöglichen das schnelle Bekleben von Packmitteln usw. mit Selbstklebeetiketten, die vorher vom Barcodedrucker auf eine Rolle Endlospapier gedruckt worden sind.
- **Barcodescanner** und **Barcodelesestifte** mit optischer Abtastung sind kabelgebundene oder kabellose Lesegeräte für barcodierte Datenträger wie Etiketten usw. Sie können für die Erfassung des Wareneingangs (siehe Lernfeld 1), für die Durchführung der Inventur, für die Bestellermittlung sowie für das Kommissionieren (siehe Lernfeld 5) und die Buchung des Warenausganges eingesetzt werden.

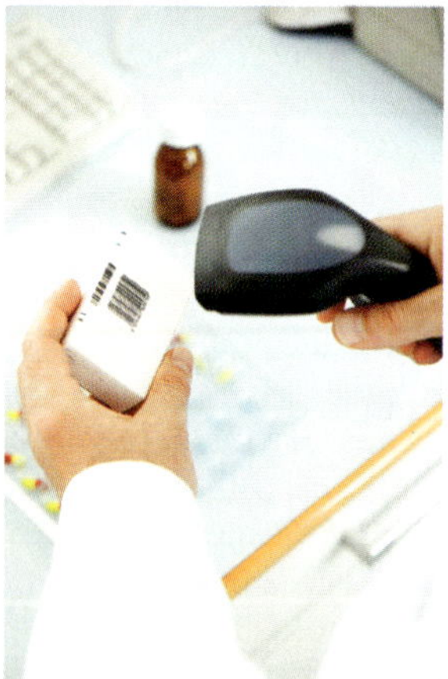

Barcodescanner

Barcodelesestift

- **RFID-Lese- und Schreibgeräte** lesen und beschriften auf Waren, Packmitteln oder Transportmitteln angebrachte Transponder, ohne dass ein direkter Kontakt zum Transponder vorhanden sein muss, wie es bei Barcode und Barcodescanner erforderlich ist.

RFID-Lese-/Schreibgerät

- Mobile **Handheld-Computer** sind auch als Barcodescanner, RFID-Lese- und Schreibgerät, zur Bilderfassung einsetzbar und enthalten auch Sprachfunktionen. Sie ermöglichen auch einen Anschluss an externe Peripheriegeräte wie Drucker und Wiegeanlagen.

  Immer häufiger eingesetzt werden diese Computer als **Staplerterminal**; sie können aber auch auf Hubwagen, Kommissionierfahrzeugen und Kranen angebracht werden. Das Display der Staplerterminals eignet sich als Touchscreen, sodass Maus und Tastatur eingespart werden können.

  Beide arbeiten drahtlos per Funk (= Wireless Local Area Network) und übermitteln die in der Lagerlogistik anfallenden Daten in Echtzeit (online) an die jeweilige Stelle, z.B. Bestandsmeldung an den Einkauf. Die Funkreichweite erstreckt sich meist auf das Betriebsgelände bzw. den Lagerbereich.

  Bei diesen Industriecomputern wird besonderer Wert gelegt auf
  - hohe Robustheit (unempfindlich bei Staub, Schlag, Vibration, Kälte, Nässe),
  - hohe Sicherheit (nicht entflammbar in gefährlicher Umgebung),
  - ergonomische Gestaltung (leicht, gut greifbar, mit Handschuhen bedienbar, auch bei Sonnenlicht gut lesbar).

  Ergonomie = Erforschung der Leistungsmöglichkeiten und optimalen Arbeitsbedingungen des Menschen

Handheld-Computer

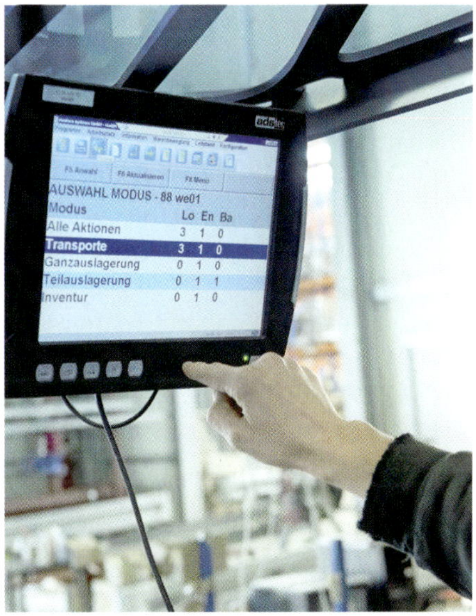

Staplerterminal

- **Palettenauszugsvorrichtungen** erlauben ein müheloses Herausziehen von Einzelpaletten aus einem stationären Regal in den Bediengang. Damit ist ein rückenschonendes zugriffsfreundliches Kommissionieren von drei Seiten möglich.
- **Palettensammler** ermöglichen das schnelle und einfache Sammeln und Bereitstellen von Leerpaletten.
- Mit einem **Palettenkipper/kippbaren Hubtisch** können Paletten und Gitterboxen stehend oder sitzend be- und entladen werden. Da ein mühevolles Bücken entfällt, ist ein rückenschonendes Arbeiten möglich.
- **Reinigungsgeräte** dienen der Sauberkeit im Lager. Dazu zählen Besen und Schaufel wie auch motorbetriebene Kehr- und Saugmaschinen.

2 Güterpflege

Einstiegssituation

Sie sind im Lager eines Lebensmittelgroßhändlers beschäftigt und haben den Auftrag, im Bereich Frischdienst eine qualitative Kontrolle der Bestände durchzuführen. Dabei finden Sie im Regal für Milchprodukte mehrere Joghurtbecher, deren Mindesthaltbarkeitsdatum gestern abgelaufen ist.

Handlungsaufträge

1. *Was unternehmen Sie?*
2. *Beschreiben Sie weitere Mängel, die Sie bei einem solchen Kontrollgang entdecken können.*
3. *Nennen Sie die möglichen Folgen, die eintreten können, wenn im Unternehmen auf solche Kontrollen verzichtet wird.*

2.1 Qualitative Schäden bei der Lagerung

Unsachgemäße Lagerung oder auch schädigende Einflüsse und Gefahren während der Lagerung können die **Qualität** der Güter vermindern oder auch völlig zunichtemachen. Deshalb sind nicht nur bei der Warenannahme, sondern auch während der Warenlagerung **Qualitätskontrollen** erforderlich.

Außerdem schreibt die EU-Verordnung 178/2002 zum Zweck der Lebensmittelsicherheit die Rückverfolgbarkeit von Produkten in allen Produktionsstufen vor. Dazu gehört auch die Qualitätssicherung beim Lagern und Befördern.

Um die Qualität der Güter während ihrer Lagerung erhalten zu können, ist es notwendig, die Eigenschaften der Güter und die **Pflegevorschriften**, aber auch die Gefahrenquellen und ihre Folgen zu kennen.

Gefahrenquellen	Folgeschäden
Druck, Stoß, Erschütterungen	Bruch und Sprünge bei Glas und Keramik, Kratzer an Möbeln, Druckstellen an Obst, Verformungen an Verpackungen usw.
Hitze	Schmelzen von Fetten, Verderben von Frischprodukten, Verdampfen von Flüssigkeiten, Entmischen von Cremes, Auswölben von Konserven usw.
Kälte	Verderben von Obst und Gemüse, Zerplatzen von Getränkeflaschen usw.
Feuchtigkeit	Aufquellen von Holz, Aufweichen von Kartonagen, Verschimmeln von Lebensmitteln, Rosten von Metallen, Verklumpen bei Mehl, Zucker, Salz
Trockenheit	Geschmacksverlust bei Käse, Verdunsten von Flüssigkeiten, Qualitätsverlust bei Obst und Gemüse
Lichteinwirkung	Ausbleichen von Textilien, Vergilben von Papier, Vitaminverlust bei Lebensmitteln, Wirkstoffzerstörung bei kosmetischen Erzeugnissen
Staub	Verschmutzen der Güter, Verlust der Funktionsfähigkeit von technischen Produkten
Lebewesen	Anfressen von Lebensmitteln, Verschmutzen der Güter, Beschädigen der Verpackung

2.2 Pflegemaßnahmen

Zu den Pflegemaßnahmen gehören:

- **Überwachung des Mindesthaltbarkeitsdatums und des Verbrauchsdatums.** Lebensmittel mit dem Hinweis „Zu verbrauchen bis ..." dürfen nach Ablauf des **Verbrauchsdatums** nicht mehr verkauft oder sollten spätestens bis zum angegebenen Datum verbraucht werden.

  Das **Mindesthaltbarkeitsdatum** ist dagegen kein Verbrauchsdatum, nach dem das Produkt als verdorben anzusehen ist. Es läuft ab diesem Datum lediglich die Gewähr des Herstellers für spezifische Eigenschaften wie Vitamin- und Mineraliengehalte, Geruch, Geschmack, Aussehen, Konsistenz, Nähr- und Gebrauchswerte ab. Aus Qualitätsgründen sollten deshalb diese Produkte nicht mehr in den normalen Verkauf gelangen. Vielfach werden die Produkte bereits bei Erreichen der Kundenrestlaufzeit aussortiert.

  Beispiel
  Ein Lebensmittelmarkt legt für Butter eine Kundenrestlaufzeit von zwei Tagen fest. Ist das Mindesthaltbarkeitsdatum auf der Packung der 20. Mai, so wird die Butter bereits am 18. Mai aussortiert und einer Tafel (Hilfsorganisation für Bedürftige) zur Weiterleitung an Bedürftige übergeben.

- **Einhaltung der Lagertemperatur.** Neben der Stichprobenkontrolle bei der Warenanlieferung, ob die Packstücke die entsprechende **Kühltemperatur** aufweisen (Temperaturmessung zwischen zwei Kartons), sind bei der Lagerung mindestens zweimal am Tag im Mindestabstand von sechs Stunden die Mindesttemperaturen zu messen. Dabei gilt:

  Definition

  Grenztemperatur in Kühlräumen, Kühlregalen, Kühltruhen maximal + 7 °C
  Grenztemperatur in Tiefkühlräumen, -truhen minus 18 °C oder tiefer

  Die Messungen sind mit Unterschrift zu protokollieren. Liegen **Temperaturüberschreitungen** vor, ist die Ware **auszusortieren** und zu **entsorgen**. Das Gleiche gilt, wenn Qualitätsabweichungen (Luftzieher, Bruch, Schimmel, Bombage, Farbfehler) sichtbar sind oder kühl zu lagernde Ware anfriert. Vielfach erfolgt die Temperaturmessung und -kontrolle auf dem Transport und bei der Lagerung mit RFID-Transpondern.

- **Lagerfeuchte.** Je nach Produkt darf der Feuchtigkeitsgehalt der Luft nicht zu hoch, aber auch nicht zu niedrig sein, um Schäden zu vermeiden. Messbar ist die Luftfeuchtigkeit mit einem Hygrometer.

- **Lagerhelligkeit.** Während manche Produkte vor Lichteinstrahlung zu schützen sind, benötigen andere Güter für den Erhalt ihrer Qualität das Licht. Beispiele: Filme, Stoffe, Papierblumen, Pflanzen.

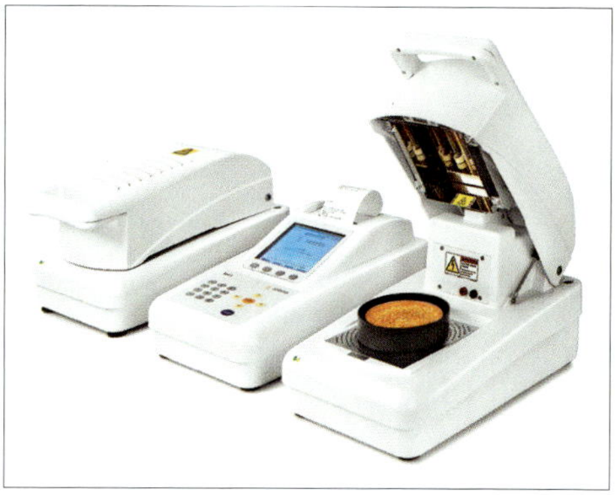

Geräte zur Materialfeuchtebestimmung in der Nahrungsmittel-, Chemie-, Pharmaindustrie

- **Lagerbelüftung.** Bestimmte Produkte, wie z. B. Getreide, sind bei maximal 20 °C trocken und luftig zu lagern. Die Körner müssen atmen können, d. h., es muss ein **Sauerstoffaustausch** möglich sein. Geeignet sind dafür Silos mit Körner-Feuchtemesser und Belüftungsanlagen. In kleinen Mengen eignen sich besonders luftdurchlässige Leinen- oder Jutesäcke.
- **Lagerweise.** Während ein Großteil der Güter stehend zu lagern ist, erkennbar an den Pfeilen auf der Verpackung, ist z. B. bei Wein die liegende Lagerung zu empfehlen. Auch ein Drehen der Flaschen, z. B. bei Champagner, gehört zur Veredelung des Produkts.

Kernwissen

1. Arbeitsmittel **erleichtern** und **beschleunigen** die Arbeit im Lager.
2. Arbeitsmittel werden in allen Bereichen im Lager eingesetzt.
3. Zu den Arbeitsmitteln zählen **Werkzeuge**, **Geräte**, **Maschinen** und **Anlagen**.
4. Arbeitsmittel können manuell bedient werden, aber auch automatisch arbeiten.
5. Zu den **Gefahrenquellen** im Lager gehören **mechanische** und **klimatische Beanspruchungen**.
6. Zur **Warenpflege** zählt die Kontrolle von Haltbarkeit, Lagertemperatur, Luftfeuchtigkeit, Belüftung, Lichtverhältnissen und Lagerweise.

Aufgaben

1. *Ordnen Sie zu. Welche Arbeitsmittel*
   a) werden in der Güterannahme und Lagerung eingesetzt,
   b) werden in der Kommissionierung und Verpackung eingesetzt,
   c) unterstützen die Beförderung der Güter,
   d) dienen dem Informationsfluss im Lager?
2. *Beschreiben Sie neben den genannten Arbeitsmitteln weitere Arbeitsmittel, die in Ihrem Ausbildungsbetrieb zum Einsatz kommen.*
3. *Vergleichen Sie im Internet Angebote für die verschiedenen Arbeitsmittel.*
4. *Nennen Sie Güter, die bei der Lagerung vor Hitze, Kälte, Nässe, Trockenheit, Licht, Druck geschützt werden müssen.*
5. *Beschreiben Sie Maßnahmen der Qualitätskontrolle und der Güterpflege in Ihrem Ausbildungsbetrieb.*
6. *Erklären Sie den Unterschied zwischen Mindesthaltbarkeitsdatum und Verbrauchsdatum.*
7. *Suchen Sie im Internet nach Informationen über die Lagerung und Pflege von Kaffee, Tee, Holz, Leder. Wählen Sie weitere Güter aus, die für Sie hinsichtlich Lagerung und Pflege von Interesse sind.*

3 Abfälle entsorgen

Einstiegssituation

Noch nicht spruchreif: die Wertstofftonne

Die Wertstofftonne durchläuft noch eine Testphase. Manche Städte und Gemeinden probieren sie bereits aus. Wann sie deutschlandweit eingeführt wird, ist derzeit unklar. Doch eins steht fest: sie wird die gelbe Tonne irgendwann ablösen. In ihr können Sie Verpackungen, Plastikspielzeug und altes Kochgeschirr entsorgen. Kostbare Metalle und Kunststoffe landen somit nicht in der Restmülltonne, sondern können recycelt werden.

Einer Studie des Umweltbundesamts zufolge können mithilfe der Wertstofftonne 7 kg wertvoller Stoffe mehr pro Einwohner und Jahr verwertet werden. Nur Elektro- und Elektronikaltgeräte – also Handys, Toaster oder Mixer – gehören nicht in die Wertstofftonne.

Quelle: Umweltbundesamt, Dessau-Roßlau: Noch nicht spruchreif: die Wertstofftonne, Presseinformation 2011.

Handlungsaufträge

1. *Stellen Sie fest, ob in Ihrem Wohnort die Wertstofftonne bereits eingeführt ist.*
2. *Nennen Sie Möglichkeiten, wie Sie bisher Verpackungen, Plastikspielzeug, altes Kochgeschirr, aber auch Elektro- und Elektronikgeräte entsorgen.*
3. *Stellen Sie fest, welche Abfälle in die gelbe Tonne gehören.*
4. *Welche Nachteile entstehen, wenn diese Gegenstände in der Restmülltonne landen?*

3.1 Gesetze und Verordnungen zum Abfallrecht

Wichtigstes Gesetz im deutschen Abfallrecht ist das **Gesetz zur Förderung der Kreislaufwirtschaft und Sicherung der umweltverträglichen Beseitigung von Abfällen** (kurz: **Kreislaufwirtschafts- und Abfallgesetz).**

Mit der Umsetzung der **EU-Abfallrahmenrichtlinie** in diesem Gesetz ist folgende Stufenfolge vorgeschrieben:

Stufen	Beispiele
Stufe 1: Abfallvermeidung	Pfandflaschen, Mehrwegpackmittel
Stufe 2: Verwertung der Abfälle zur Wiederverwendung	Senfglas wird Trinkglas, Einkaufstüte wird Müllbeutel
Stufe 3: Stoffliche Verwertung der Abfälle	Recycling, z. B. Altglas zu Flaschen, Altöl zu Motorenöl, Altpapier zu Kartonagen
Stufe 4: Energetische Verwertung der Abfälle	Müllverbrennung zur Strom- und Wärmegewinnung
Stufe 5: Abfallbeseitigung nicht verwertbarer Abfälle	Bei einer Inertstoffdeponie können größere Mengen unbelasteter mineralischer Abfälle wie Ziegel, Beton, Fliesen, Keramik, Glasbausteine oder Bodenaushub angeliefert werden.

Weitere Rechtsvorschriften sind im privaten Bereich wie auch bei betrieblichen Tätigkeiten von Bedeutung. Dazu zählen u. a.:

- die Verpackungsverordnung (Näheres dazu im Lernfeld 6 „Güter verpacken")
- die Gewerbeabfallverordnung
- das Batteriegesetz
- das Elektro- und Elektronikgerätegesetz
- die Altölverordnung
- die Abfallnachweisverordnung

3.2 Abfallarten und ihre Verwertung

Abfall

Der Gesetzgeber versteht unter Abfall bewegliche Güter, deren sich der Besitzer entledigt, entledigen will oder muss.

Abfälle lassen sich z. B. unterscheiden in

- Abfälle, die in privaten Haushalten anfallen (private Siedlungsabfälle),
- gewerbliche und industrielle Abfälle (gewerbliche Siedlungsabfälle),
- Bau- und Abbruchabfälle.

Sammeln und Trennen von Abfällen

Soweit sich in privaten Haushalten Abfälle nicht vermeiden lassen und nicht wiederverwendbar sind, gilt:

Sammeln → Trennen → Der Wiederverwertung zuführen

Die Zuführung zur Verwertung kann erfolgen:

- durch das Holsystem. Die Haushalte entsorgen die Abfälle getrennt in Tonnen. Diese holen Entsorgungsunternehmen ab. Beispiele:

gelbe Tonne für Kunststoff, Metall, Verbundverpackung	blaue bzw. grüne Tonne für Papier, Pappe, Kartonagen	braune Tonne für Bioabfälle aus Haus und Garten	graue bzw. schwarze Tonne für Restmüll

- durch das Bringsystem. Die Haushalte bringen die getrennten Abfälle zu den Wertstoffhöfen der Gemeinde, Stadt usw.

  Beispiel
  Container für Altglas, Sperrmüll

Laut **Gewerbeabfallverordnung** sind auch Unternehmen verpflichtet, Abfälle wie Glas, Metalle, Kunststoffe, Papier/Pappe/Kartonagen, Bioabfälle usw. in eigenen Behältern zu sammeln und der Entsorgung zuzuführen. Damit soll eine schadlose, hochwertige stoffliche und energetische Verwertung der Abfälle garantiert werden.

Stoffliche Verwertung (Recycling = Wiederverwertung von Abfällen)

Die Abfallwirtschaft hat sich in den letzten Jahren von der ehemals reinen Abfallbeseitigung (Müllkippen) zur Kreislaufwirtschaft (Ressourcenschonung durch Recycling) entwickelt (Ressource = Rohstoffquelle). Hierfür ist mit der **Entsorgungslogistik** ein eigener bedeutender Industriezweig entstanden.

Ressourcenschonung bedeutet, dass die zur Herstellung von Produkten notwendigen Rohstoffe (z. B. Erdöl, Metalle, Energie) so weit wie möglich aus dem Recycling kommen. Damit sollen weniger primäre Rohstoffe (z. B. Holz, Öl, Mineralien) verbraucht werden.

Ziel ist, bis 2020
- 65 % aller Siedlungsabfälle und
- 80 % aller Bau- und Abbruchabfälle zu recyceln und stofflich zu verwerten.

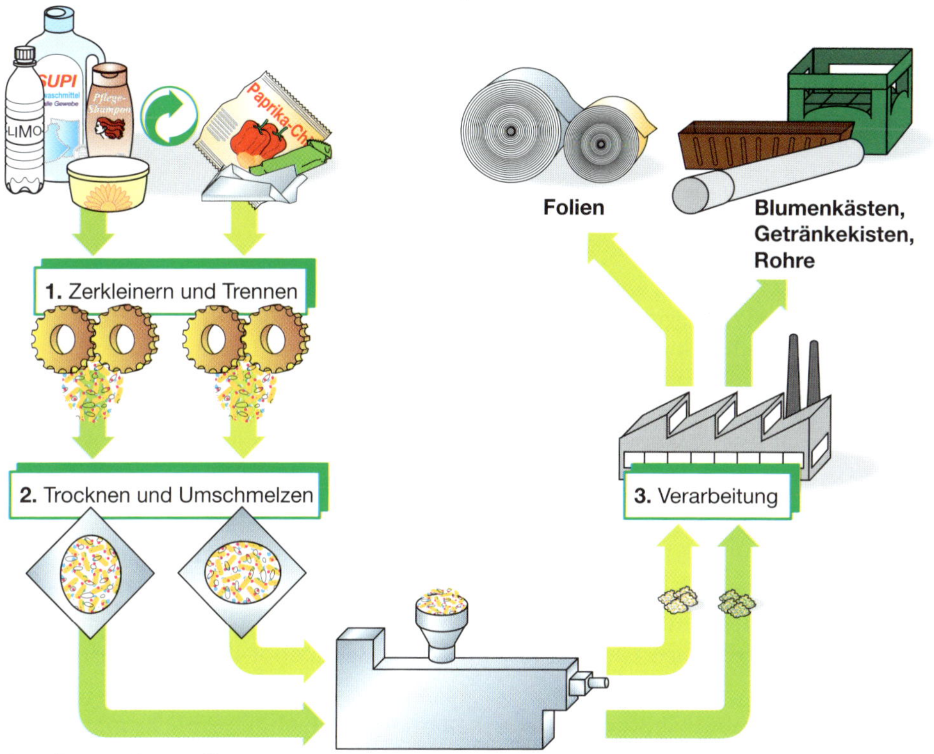

Recycling von Kunststoffen

Energetische Verwertung

Bei der **energetischen Verwertung** von Abfällen in **Müllverbrennungsanlagen** wird Strom und Heizwärme gewonnen. Die entstehende Schlacke ist nach ihrer Aufbereitung als Straßenbaumaterial verwendbar. Nicht verwertbare Schlacke wird auf Deponien beseitigt.

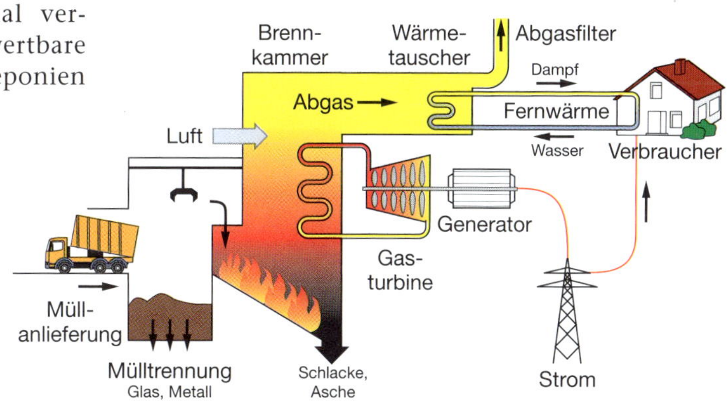

Prinzipieller Aufbau einer Müllverbrennungsanlage

Deponierung

Deponien dienen der Entsorgung von Abfällen, die weder vermieden noch verwertet werden. Nach der **Deponieverordnung** dürfen nur **vorbehandelte Abfälle** deponiert werden. Dazu zählen u. a.:

- Schlacken aus Müllverbrennungsanlagen
- Restmengen aus der biologischen Müllverbrennung, z. B. Abfälle aus Biogasanlagen
- Restmengen aus mechanisch-biologischen und chemisch-physikalischen Behandlungen von Abfällen

Durch die Vorbehandlung sollen die Abfallmengen verringert, reaktionsträge (inert) und schadstoffarm werden.

3.3 Besondere Abfallvorschriften

Batterien

Ziel des neuen Batteriegesetzes ist es zu verhindern, dass nicht wiederaufladbare und wiederaufladbare Batterien in den normalen Abfall gelangen. Dadurch soll erreicht werden, dass

- umweltschädliche Stoffe in den Batterien nicht die Umwelt belasten,
- wertvolle Rohstoffe, die sich in den Batterien befinden, in die Wiederverwertung gelangen.

Dazu sind im **Batteriegesetz** u. a. folgende Regelungen getroffen:

- Der Einsatz von Cadmium und Quecksilber bei der Batterieherstellung ist einzuschränken.
- Die Hersteller müssen die Verbraucher informieren, dass die Entsorgung von Batterien im Hausmüll verboten ist. Dies erfolgt durch das **Symbol der durchgestrichenen Mülltonne** auf der Batterie.
- Die Hersteller sind verpflichtet, leere Batterien unentgeltlich zurückzunehmen und sich an einem Rücknahmesystem für Altbatterien zu beteiligen.
- Der Einzelhandel ist verpflichtet, die leeren Batterien wieder zurückzunehmen.
- Verbraucher können die leeren Batterien auch bei eingerichteten Sammelstellen zurückgeben.
- Pkw- und Lkw-Batterien unterliegen einem Pfandsystem.

Durch diese Rücknahmesysteme soll bis 2016 eine **Sammelquote von 45 %** erreicht werden.

Elektro- und Elektronikaltgeräte

Das **Elektro- und Elektronikaltgerätegesetz** regelt die Entsorgung von Elektro- und Elektronikaltgeräten, die sehr häufig gefährliche Stoffe wie FCKW, Cadmium, Blei oder Flammschutzmittel enthalten. Dazu sind von den Kommunen **Sammelstellen** oder **Holsysteme** einzurichten, bei denen der Bürger seine Geräte unentgeltlich abgeben oder abholen lassen kann. Zukünftig soll der Handel beim Neukauf von Elektrogeräten die alten Geräte zurücknehmen. Die Hersteller sind verpflichtet, die Geräte anzunehmen und der Entsorgung zuzuführen. Dadurch können/kann

- wertvolle Materialien wieder dem Wertstoffkreislauf zugeführt,
- ganze Bauteile wieder verwendet,
- die Schadstoffbelastung der Umwelt minimiert werden.

Durch das **Symbol der durchgestrichenen Mülltonne** auf dem Gerät wird der Bürger darauf hingewiesen, diese Geräte nicht über den Restmüll zu entsorgen.

Altöl

Bereits ein Liter Altöl reicht aus, um eine Million Liter Trinkwasser ungenießbar zu machen. Daher ist es absolut zu vermeiden, dass Altöle in Boden, Gewässer, Grundwasser gelangen.

Die **Altölverordnung** enthält deshalb strenge Vorgaben, um dies zu verhindern. Dazu zählen:

- Motorenöl in Dosen und Kanistern muss die Aufschrift tragen „Dieses Öl gehört nach dem Gebrauch in eine Altölannahmestelle".
- Einzelhändler, Tankstellen, die Motoren-/Getriebeöl verkaufen, sind verpflichtet, dieselbe Menge Altöl zurückzunehmen bzw. den Kunden schriftlich auf die nächstgelegene Rücknahmestelle für Altöl hinzuweisen. Die Rücknahmekosten sind im Kaufpreis enthalten.
- Altöle dürfen weder mit anderen Abfällen noch mit Altölen unterschiedlicher Sammelkategorie vermischt werden.
- Die Regelungen gelten auch für Ölfilter und die beim Ölwechsel anfallenden ölhaltigen Abfälle, z. B. Putzlappen.

Die Verwertung von Altöl liegt in Deutschland bei nahezu 100 %:

- Stoffliche Verwertung: Vorwiegend Motoren-, Getriebe- und Hydrauliköle werden zu einem Basisöl aufbereitet, um daraus wieder Schmierstoffe und Schmierfette herzustellen (2008: 76 %).
- Energetische Verwertung: Altöl mit Zusatz- und Schadstoffen wird in zugelassenen Feuerungsanlagen zur Strom- und Wärmegewinnung verbrannt (2008: 24 %).
- Nur ein geringer Anteil gelangt als Sondermüll auf Sonderdeponien.

Gefährliche Abfälle

Giftige, explosive, brennbare, ätzende, umweltschädliche, radioaktive Abfälle, aber auch Krankenhausabfälle gehören zu den gefährlichen Abfällen (Sondermüll, Giftmüll, Sonderabfall). Sie gefährden Mensch und Umwelt und sind im Einzelnen im Kreislaufwirtschafts- und Abfallgesetz als **besonders überwachungsbedürftige Abfälle** aufgeführt.

Sie werden in **Sondermüllverbrennungsanlagen** energetisch verwertet oder in **Sondermülldeponien** endgelagert. Unter Strafe verboten ist das Vermischen gefährlicher Abfälle mit normalen Abfällen oder angeblichen Handelswaren und ihr Export, z. B. in Entwicklungsländer.

Sondermüll fällt nur zu einem kleinen Teil in privaten Haushalten an. Die Entsorgung erfolgt in entsprechenden **Sammelstellen**, die z. B. von den Kommunen eingerichtet werden.

Für Unternehmen, bei denen Sondermüll anfällt, gilt die **Abfallnachweisverordnung**. Darin ist u. a. geregelt, dass

- die Entsorgung gefährlicher Abfälle über ein **elektronisches Abfallnachweisverfahren** zu erfolgen hat,
- Erzeuger, Vertreiber und Besitzer gefährlicher Abfälle einen oder mehrere **Betriebsbeauftragte für Abfälle** (Abfallbeauftragte) bestellen müssen, die z. B. die Einhaltung der gesetzlichen Vorschriften überwachen.

Kernwissen

- Nach dem Kreislaufwirtschafts- und Abfallgesetz gilt die Stufenfolge:
  - Vermeiden
  - Wiederverwenden
  - Stofflich verwerten
  - Energetisch verwerten
  - Beseitigen
- Durch Recycling sollen weniger primäre Rohstoffe verbraucht werden. Man spricht auch von Ressourcenschonung.
- Bis 2020 sollen 65 % aller privaten und gewerblichen Siedlungsabfälle stofflich verwertet werden.
- Besondere Abfallvorschriften gelten für Batterien, Elektro- und Elektronikaltgeräte sowie für Altöl.
- Das Symbol der durchgestrichenen Mülltonne soll heißen: Nicht in den Restmüll!
- Altöl wird stofflich und energetisch verwertet.
- Auf Deponien dürfen nur vorbehandelte Abfälle entsorgt werden.
- Unternehmen, bei denen gefährliche Abfälle anfallen, müssen ein Abfallnachweisverfahren durchführen und einen Abfallbeauftragten bestellen.

Aufgaben

1. *Bilden Sie Arbeitsgruppen und zählen Sie Abfälle auf, die*
   a) in privaten Haushalten,
   b) in Ihrem Ausbildungsunternehmen
   anfallen. Legen Sie dazu den gesetzlichen Abfallbegriff zugrunde.
2. *Stellen Sie fest, welche Stoffe aus Frage 1 als*
   a) Restmüll,
   b) Wertstoffe,
   c) Sondermüll gelten.
3. *Vergleichen Sie, wie in Ihrer Gemeinde/Stadt die Entsorgung von privaten und gewerblichen Abfällen organisiert ist.*
4. *Welche gemeinsamen Ziele haben Batterie, Elektro- und Elektronikaltgerätegesetz im Sinne des Kreislaufwirtschafts- und Abfallgesetzes?*
5. *Ordnen Sie die folgenden Abfälle dem Restmüll, den Wertstoffen oder dem Sondermüll zu:*
   - *Allzweckreiniger*
   - *Batterien*
   - *Disketten*
   - *Energiesparlampen*
   - *Fensterglas*
   - *Fernsehgerät*
   - *Filzstift*
   - *Frostschutzmittel*
   - *Grillanzünder*
   - *Porzellan*

4 Inventur

BWP

Einstiegssituation

Dursan, Hanna, Kevin und Frank lernen alle Fachkraft für Lagerlogistik. Heute haben sie Berufsschule. Sie sitzen in der Pausenhalle und unterhalten sich.

Hanna: *„Morgen bin ich wieder für die Inventur der Warengruppe I zuständig."*

Dursan: *„Morgen Inventur? Wir haben doch erst August. Wieso führt ihr denn jetzt schon eine Inventur durch?"*

Hanna: *„Also wir führen das ganze Jahr über Inventuren zu verschiedenen Warengruppen durch."*

Dursan: *„In meinem Ausbildungsbetrieb findet die Inventur immer erst zum Ende des Jahres statt. Dann darf keiner Urlaub nehmen und das Geschäft wird sogar geschlossen."*

Kevin: *„Mein Ausbilder hat mir gesagt, dass wir die Inventur bei bestimmten Gütern am 2. Oktober durchführen werden und bei anderen Gütern erst Ende Januar. Warum weiß ich allerdings auch nicht."*

Frank: *„Bei uns führen wir die Inventur mithilfe von mathematischen Verfahren durch."*

Handlungsaufträge

1. *Was versteht man unter einer Inventur?*
2. *Welche unterschiedlichen Inventurverfahren gibt es?*
3. *Welche Inventurverfahren werden in den jeweiligen Ausbildungsbetrieben von Dursan, Hanna, Kevin und Frank durchgeführt?*

4.1 Qualitative und quantitative Kontrollen

Zur Bearbeitung der Güter gehört neben der Qualitätskontrolle auch die mengenmäßige bzw. quantitative Kontrolle.

Kontrolle der Güter
- **auf Qualität = Güte und Beschaffenheit**
- **auf Quantität = Menge**

Solche **Kontrollen** können **laufend** (je nach Güterart), **regelmäßig** (wöchentlich, monatlich), bei Ein- und Auslagerungen, aber auch **unverhofft** durch die Lager- und Geschäftsleitung erfolgen. Qualitätsmäßig minderwertige Güter werden ausgesondert, für Prüfzwecke verwendet, eventuell auch mit Preisnachlässen verkauft, unbrauchbare Güter verschrottet oder entsorgt.

Mengenmäßige Kontrollen erfolgen durch den **Soll-Ist-Vergleich**. Der tatsächliche Ist-Bestand wird mit dem Soll-Bestand der Lagerbuchführung verglichen. **Ursachen** für **Fehlmengen** können sein:

- Ein- und Ausgänge ohne gleichzeitige Eintragung in die Lagerfachkarte bzw. Verbuchung über EDV
- falsche Eintragungen in die Lagerfachkarte bzw. Verbuchung über EDV
- Einlagerungen in falsche Lagerplätze
- Diebstahl
- Schwund und Gewichtsverlust während der Lagerung (Flüssigkeiten)

Die Zahl der Kontrollen bleibt dem Betrieb überlassen. Laut Gesetz (§ 240 Handelsgesetzbuch) ist der Kaufmann zu einer **jährlichen Inventur** verpflichtet.

4.2 Begriffserklärung

Bei der **Inventur** wird der tatsächliche Bestand des Vermögens und der Schulden zu einem bestimmten Zeitpunkt mengen- und wertmäßig erfasst. Dies geschieht meist am Ende des Geschäftsjahres und erfolgt durch Zählen, Messen oder Wiegen (**körperliche Bestandsaufnahme**). Forderungen, Verbindlichkeiten, Bankguthaben werden **buchmäßig** erfasst.

In der Praxis kommen folgende Formen vor:

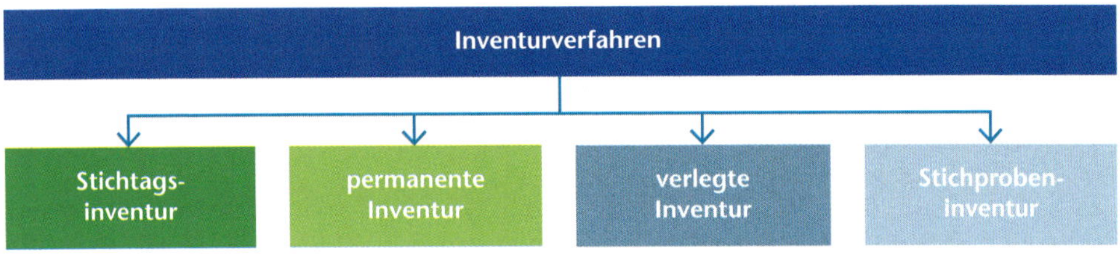

Die **Inventuraufnahme** findet immer häufiger mit elektronischen Hilfsmitteln wie **Barcode-Scanner** und **RFID-Technik** statt. Besonders die an den Waren angebrachten RFID-Chips erlauben die Identifikation und Lokalisierung über ein elektromagnetisches Feld und erleichtern die sonst arbeitsaufwendige Inventuraufnahme.

Die Inventur ist die Voraussetzung zur Erstellung eines **Inventars** (Bestandsverzeichnis) und der **Bilanz**.

BWP Das **Inventar** ist das ausführliche Verzeichnis des Vermögens und der Schulden nach Art, Menge und Wert. Die Differenz zwischen Vermögen und Schulden ergibt das Eigenkapital.

Die **Bilanz** ist eine kontenmäßige Gegenüberstellung der Vermögenswerte (Aktiva) sowie des Fremd- und Eigenkapitals (Passiva) und baut auf den Ergebnissen des Inventars auf.

4.3 Stichtagsinventur

Bei der **Stichtagsinventur** wird der Bestand am Geschäftsjahresschluss (= Bilanzstichtag) **körperlich** ermittelt. In den meisten Betrieben ist dies der 31. Dezember. Diese Inventur erfordert eine Menge Arbeit, weswegen auch viele Betriebe an diesem Tag schließen.

Ablauf der Inventur

Die Inventur läuft dabei nach einem genau **festgelegten Plan** ab:
- Bestimmung des Zähl- und Stichtags, soweit beide nicht übereinstimmen
- Verteilung der Inventurarbeiten auf die Angestellten
- Übergabe von Handzetteln mit den Arbeitsanweisungen
- mengenmäßige Aufnahme der Warenbestände durch Zählen, Messen, Wiegen, Schätzen/elektronische Bestandsaufnahme mit Barcodescanner/RFID-Lesegerät
- Erfassung dieser Bestände auf Inventurzetteln mit den Unterschriften der Aufnahmeperson und des Aufnahmeleiters
- Stichprobenkontrollen durch den Prüfer mit Unterschrift

- Erfassung der zwischen Zähl- und Stichtag verkauften Waren in Abschreiblisten, Eintragung der Bestände in Inventurbögen
- Bewertung der Waren zu den **Anschaffungs-** bzw. **Herstellungskosten**, bei beschädigten, unmodernen Waren zum niedrigeren Teilwert

Wertsteigerungen dürfen nicht berücksichtigt werden, es gilt stets das **Niederstwertprinzip**.

Zeitnahe Inventur

Erfolgt die Bestandsaufnahme innerhalb von 10 Tagen vor oder nach dem Stichtag, liegt eine **zeitnahe** Inventur vor. In diesem Fall sind Bestandsänderungen zwischen Aufnahme und Bilanzstichtag fortzuschreiben bzw. zurückzurechnen.

4.4 Permanente Inventur

Permanent = dauernd, ständig, ununterbrochen. Bei der permanenten Inventur wird die körperliche Bestandsaufnahme so auf das Geschäftsjahr verteilt, dass jeder Artikel auf jeden Fall ein Mal aufgenommen wird. Die **Zugänge** und **Abgänge** der einzelnen Vermögensgegenstände müssen dann aber nach Art, Menge und Wert bis zum Bilanzstichtag **fortgeschrieben** werden.

Das für den Bilanzstichtag zu erstellende **Inventar** wird somit durch die Bestandsfortschreibung der Lagerbuchhaltung, die meist über EDV erfolgt, ermittelt. Man spricht dann auch von einer buchmäßigen Inventur.

Permanente Inventur

KA			BT			Ausst. Kostst.			Permanente Inventur			
1			2			3			4			
1	2	3	4	5	6	26	27	28	29	30	31	32
5	2	0	1	7	5	9	9	0	5	0	0	0

Position	Sachnummer										Benennung	Lager-Kostst.			Inventurbestand										Karteibestand
	5										6	7			8										10
	37	38	39	40	41	42	43	44	45	46		56	57	58	59	60	61	62	63	64	65	66	67	68	
1	6	7	5	0	0	2	3	1	0	1	Ring	9	8	4		1	3	6	5	0	0	0	0	0	120.000
2	4	5	1	6	1	4	9	1	1	2	Flansch								7	5	0	0	0	0	740
3	4	5	3	7	0	4	9	1	0	1	Papiereinsatz								6	2	0	0	0	0	620
4	5	3	9	3	2	4	2	2	8	3	Versandschachtel								8	3	7	0	0	0	840
5																									
6																									
7																									
8																									
9																									
10																									
11																									
12																									
13																									

Datum: 25. Juli.. Zeichen: Ma

Laufweg: Aussteller – AM / AT / VM3 – 0V1 – LJ

VD 30043 Ø979

Inventurbestand = Ist-Bestand, gezählter Bestand
Karteibestand = Soll-Bestand lt. Kartei, EDV usw.

Voraussetzungen

Zur Durchführung der permanenten Inventur müssen folgende Voraussetzungen erfüllt sein:

- Für alle Zu- und Abgänge müssen nachprüfbare Belege vorliegen.
- **Mindestens einmal im Jahr** ist durch eine körperliche Inventur der **Ist-Bestand** zu **ermitteln** und mit dem Soll-Bestand der Lagerfachkarte/Lagerdatei zu vergleichen. Der Soll-Bestand ist bei Abweichung zu berichtigen.
- Das **Datum** der körperlichen Inventur ist in der jeweiligen Lagerfachkarte/Lagerdatei zu **vermerken**.
- Die **Inventurunterlagen** sind 10 Jahre aufzubewahren.

Vorteile

Sind diese Voraussetzungen erfüllt, kann der am Bilanzstichtag vorliegende buchmäßige Bestand (Soll-Bestand) als tatsächlicher Bestand (Ist-Bestand) angesetzt werden.

Die permanente Inventur hat somit folgende **Vorteile**:

- Die Inventurarbeiten sind zeitlich frei wählbar.
- Der Betrieb muss am Zähltag nicht geschlossen werden.
- Der Bestand kann jederzeit aus der Lagerdatei entnommen werden.
- Die Inventur kann dann durchgeführt werden, wenn der Bestand am niedrigsten ist und weniger Arbeit macht.
- Bei festgestellten fehlerhaften Buchungen oder Entnahmen kann unverzüglich eine Bestandsaufnahme und Korrektur veranlasst werden.

4.5 Verlegte Inventur

Ist eine Stichtagsinventur wegen umfangreicher Bestände und eine permanente Inventur aufgrund fehlender Bestandsfortschreibung nicht möglich, erlaubt das Handelsgesetzbuch eine **verlegte Inventur**.

Bei der verlegten Inventur erfolgt die Bestandsaufnahme an einem festgelegten Tag **innerhalb der letzten drei Monate vor dem Bilanzstichtag** oder **innerhalb der ersten zwei Monate nach dem Bilanzstichtag**.

Aufgrund des an diesem Tag nach Art, Menge und Wert ermittelten Bestandes wird das Inventar erstellt. Die zwischen dem Inventartag und Bilanzstichtag erfolgten Zu- und Ausgänge werden auf den Bilanzstichtag **fortgeschrieben** oder **zurückgerechnet**.

Beispiel
für eine Wertfortschreibung

	wertmäßiger Bestand am Zähltag 1. Oktober	*150 000,00 €*
+	*Wert der Zugänge vom 1. Oktober bis 31. Dezember*	*12 000,00 €*
–	*Wert der Abgänge vom 1. Oktober bis 31. Dezember*	*17 000,00 €*
=	*wertmäßiger Bestand am Bilanzstichtag 31. Dezember*	*145 000,00 €*

Beispiel
für eine Wertrückrechnung

	wertmäßiger Bestand am Zähltag 28. Februar	*240 000,00 €*
–	*Wert der Zugänge 31. Dezember bis 28. Februar*	*20 000,00 €*
+	*Wert der Abgänge 31. Dezember bis 28. Februar*	*25 000,00 €*
=	*wertmäßiger Bestand am Bilanzstichtag 31. Dezember*	*245 000,00 €*

4.6 Stichprobeninventur

Wachsende Lagergrößen, Hochregallager und eine Zunahme der Artikelvielfalt erschweren den Unternehmen, die Inventur zeitlich einzuhalten. Der Gesetzgeber erlaubt deshalb über § 241 HGB, dass „der Bestand der Vermögensgegenstände nach Art, Menge und Wert auch mithilfe anerkannter mathematisch-statistischer Methoden aufgrund von **Stichproben** ermittelt werden" kann. Das Verfahren muss den **Grundsätzen der ordnungsgemäßen Buchführung** entsprechen und die erzielten Inventurergebnisse müssen den gleichen Aussagewert wie eine körperliche Bestandsaufnahme erreichen.

Voraussetzungen

Voraussetzungen für den Einsatz der Stichprobeninventur sind:

- ein möglichst großes Lager mit mindestens 2 000 Artikelarten
- ein EDV-Lagerbuchführungssystem, das genau Auskunft gibt über Bestände, Zu- und Abgänge
- 5 % der gelagerten Teile sollen mindestens 40 % des Lagerwerts ausmachen

Inventiert man nun diese 5 % der gelagerten Teile, so hat man wertmäßig bereits einen Großteil des Lagerbestandes aufgenommen. Neben diesem kleinen Prozentsatz an wertvollen Gütern werden wichtige Positionen, z. B. diebstahlgefährdete, leicht verderbliche Teile, wie bisher voll erfasst. Aus dem verbleibenden Restbestand von etwa 90 bis 95 % des Lagerumfangs entnimmt man danach eine Stichprobe nach dem **Zufallsprinzip**.

Einsatz

Gerade in Großunternehmen wird diese Inventurart immer stärker eingesetzt. Sie führt zu hohen **Einsparungen** an Zeit und Personal, ohne dass der Aussagewert der Inventur beeinträchtigt wird.

Kernwissen

1. Das Einlagerungsprinzip „First in – First out" bedeutet, dass zuerst hereingenommene Ware auch zuerst wieder herausgenommen wird, also alte Ware nach vorne und neue Ware nach hinten gelagert wird.
2. Während der Lagerung muss die Ware auf **Menge** und **Qualität** kontrolliert werden.
3. Der Gesetzgeber schreibt eine **jährliche Bestandsaufnahme** vor – **Inventur**.
4. Man unterscheidet **vier Inventurarten**:
   - **Stichtagsinventur.** Der Warenbestand wird am Geschäftsjahresschluss durch Zählen, Messen und/oder Wiegen ermittelt.
   - **Permanente Inventur.** Die Inventurarbeiten können über das ganze Jahr verteilt werden, wenn sichergestellt ist, dass eine exakte Bestandsfortschreibung erfolgt und jeder Artikel mindestens einmal im Jahr aufgenommen wird.

- **Verlegte Inventur.** Die körperliche Bestandsaufnahme kann bis drei Monate vor oder bis zwei Monate nach Geschäftsjahresabschluss erfolgen.
- **Stichprobeninventur.** Der Bestand der Vermögensgegenstände wird mithilfe anerkannter mathematisch-statistischer Methoden aufgrund von Stichproben ermittelt.

5. Der Geschäftsjahresabschluss ist meist der 31. Dezember eines Jahres und ist auch Bilanzstichtag.

Aufgaben

1. *Beschreiben Sie, wie und wann in Ihrem Ausbildungsbetrieb der Soll-Ist-Vergleich vorgenommen wird. Warum ist er notwendig?*
2. *Erklären Sie den Unterschied zwischen Inventur und Inventar.*
3. *Unterscheiden Sie die Begriffe*
   a) Stichtagsinventur,
   b) permanente Inventur,
   c) verlegte Inventur,
   d) Stichprobeninventur.
4. *Schlagen Sie Ihrem Chef die Einführung der permanenten Inventur vor. Begründen Sie Ihren Vorschlag.*
5. *Ermitteln Sie die Werte für den Bilanzstichtag 31. Dezember.*

a) Wert am Zähltag 15. Oktober	*7800,00 €*
Zugänge 15. Oktober bis 31. Dezember	*2700,00 €*
Entnahmen 15. Oktober bis 31. Dezember	*1900,00 €*
Wert am 31. Dezember	*? €*
b) Wert am Zähltag 31. Januar	*6300,00 €*
Zugänge 31. Dezember bis 31. Januar	*700,00 €*
Entnahmen 31. Dezember bis 31. Januar	*1000,00 €*
Wert am 31. Dezember	*? €*

6. *Erläutern Sie den Ablauf der Inventur in Ihrem Unternehmen.*
7. *a) Stellen Sie anhand des Inventurbelegs auf Seite 155 fest, welche Inventurdifferenzen bei der permanenten Inventur am 25. Juli vorlagen.*
   b) Überlegen Sie, welche Ursachen diese Differenzen haben können.
8. *Stellen Sie bei den folgenden Fällen fest, um wie viel Stück der Buchbestand vom tatsächlichen Bestand abweicht:*
   a) Diebstahl von 30 Stück
   b) Einlagerung von 400 Stück versehentlich doppelt verbucht
   c) Einlagerung von 500 Stück versehentlich nicht verbucht
   d) Einlagerung von 200 Stück versehentlich mit 20 Stück verbucht
   e) Einlagerung von 600 Stück versehentlich mit 6000 Stück verbucht
   f) Einlagerung von 400 Stück versehentlich als Auslagerung verbucht
   g) Auslagerung von 700 Stück versehentlich doppelt verbucht
   h) Auslagerung von 300 Stück versehentlich nicht verbucht
   i) Auslagerung von 650 Stück versehentlich mit 65 Stück verbucht
   j) Auslagerung von 250 Stück versehentlich mit 2500 Stück verbucht
   k) Auslagerung von 700 Stück versehentlich als Einlagerung verbucht

5 Wirtschaftlichkeit im Lager

Einstiegssituation

Herr Schmitz, der Lagerleiter, zeigt dem Auszubildenden Stefan die Lagerstatistik für das Teil Nr. PY-3574. „Eine solche Entwicklung wünsche ich mir für alle Teile in unserem Lager", meint Herr Schmitz stolz. „Wozu macht man denn solche Statistiken?", will Stefan wissen.

	2010	2011	2012	2013	2014
Duchschnittlicher Lagerbestand	540	580	510	490	430
Umschlagshäufigkeit	12	10	15	18	22

Handlungsaufträge

1. *Nennen Sie Gründe, warum in den Unternehmen diese Zahlen ermittelt werden.*
2. *Erklären Sie die Entwicklung dieser Zahlen.*
3. *Suchen Sie nach Gründen für diese Entwicklung.*
4. *Beurteilen Sie die Folgen dieser Entwicklung auf die Wirtschaftlichkeit im Lager.*
5. *Ermitteln Sie den Wareneinsatz/Materialverbrauch für das Teil PY-3574 von 2010 bis 2014.*

5.1 Lagerkosten

BWP FR WSP

Im Lager wirtschaftlich arbeiten heißt, die benötigten Güter mit möglichst geringen Kosten für das Material, die Arbeitskraft und Betriebsmittel bereitzustellen.

Jede Lagerhaltung verursacht Kosten. Diese **Lagerkosten** sind zu unterteilen nach:

- **Personalkosten**
  - **Löhne und Gehälter** für das Lagerpersonal
  - Sozialleistungen für das Lagerpersonal (Sozialversicherung, Weihnachtsgeld, Urlaubsgeld, Essenszuschuss, Lohnfortzahlung bei Krankheit)
- **Kosten für die Lagerräume**
  - Abschreibungen für den Wertverlust der Lagereinrichtung
  - Miete, Leasing
  - Verzinsung des investierten Kapitals
  - Instandhaltungskosten
  - Heizung, Licht, Wasser
  - Reinigung
  - Versicherungsprämien (Brandversicherung)
- **Kosten für die gelagerte Ware/Risikokosten**
  - Verzinsung des in den Lagerbeständen investierten Kapitals (totes, gebundenes Kapital)
  - Verderb, Veralten, Schwund
  - Ausschuss infolge unsachgemäßer Behandlung (Bruch, Beschädigung, Diebstahl)
  - Versicherungsprämien (Brand-, Diebstahlversicherung)

- **Kosten für die eingesetzten Fördermittel und sonstigen Hilfsmittel**
  - Abschreibungen für den Wertverlust der Fördermittel
  - Wartungskosten
  - Reparaturkosten
  - Betriebskosten (Strom, Öl)
  - Versicherungsprämien
- **Material- und Lagerverwaltungskosten**
  - Verpackungsmaterial
  - Büromaterial für die Lagerverwaltung (Schreibmaterial, Karteien, Belege)
  - Computersysteme zur Lagerverwaltung

Ein zu **großer Lagerbestand** führt also zu unnötigen Lager- und Zinskosten und damit zu totem (gebundenem) Kapital. Auch das Lagerrisiko steigt bei hohen Beständen, Ware veraltet, verdirbt, schwindet.

Bei zu **kleinem Lagerbestand** sind Maschinen und Arbeitskräfte oft nicht ausgelastet. Störungen in der Produktion oder Kundenverluste können eintreten. Rascher, teurer Einkauf wird notwendig. Mengenrabatte können nicht ausgenutzt werden. Dies führt zu **Fehlmengenkosten**.

Kosten für die Lagerräume und die eingesetzten Fördermittel sind überwiegend **fixe Kosten**, d.h., sie bleiben auch bei wechselndem Lagerbestand konstant (z.B. die Lagermiete und der Lohn für die Lagerarbeiter).

Die Kosten für die gelagerte Ware sind dagegen **variable Kosten**, da sie sich mit dem jeweiligen Lagerbestand ändern.

5.2 Lagerkennziffern

FR BWP

Lagerkennziffern schaffen die Voraussetzung für eine kostengünstige Lagerhaltung. Solche Kennziffern können für den gesamten Warenbestand, für einzelne Warengruppen oder für jede einzelne Ware aufgestellt werden.

5.2.1 Bestandsarten

Der **Mindestbestand** (eiserner Bestand) ist der Lagerbestand, der nur in Notfällen unterschritten werden darf.

Er hilft, die Lieferbereitschaft und Produktionsfähigkeit zu sichern bei verspäteter Lieferung, bei einem unvorhergesehenen Mehrverbrauch oder wenn die vorhandenen oder gelieferten Güter aus Qualitätsgründen nicht mehr verwendet werden können.

Ist der **Meldebestand** (Bestellbestand) erreicht, muss nachbestellt werden. Er hängt ab vom Tagesverbrauch und der Lieferzeit.

Zur Sicherheit wird der Mindestbestand, z.B. in Höhe des dreifachen Tagesverbrauchs, in die Berechnung des Meldebestandes einbezogen.

Formel zur Berechnung des Meldebestandes:

$$\text{Meldebestand} = (\text{Tagesverbrauch} \cdot \text{Lieferzeit}) + \text{Mindestbestand}$$

Der **Höchstbestand** gibt an, welche Materialmenge maximal auf Lager sein darf, um unnötige Lagerkosten zu vermeiden. Meist wird er beim Eintreffen einer neuen Lieferung erreicht.

Der **Inventurbestand** ist der durch eine Inventur ermittelte Bestand.

Der **Buchbestand** (Soll-Bestand) kann infolge von Diebstahl, Schwund, Verderb, Erfassungs-, Einlagerungs- oder Kommissionierfehlern vom **tatsächlichen Bestand** (Ist-Bestand) abweichen.

Definition

*Der **verfügbare Bestand** wird wie folgt ermittelt:*

tatsächlicher Lagerbestand
+ disponierter Bestand (offene Bestellungen)
– Reservierungen für Kunden- und Fertigungsaufträge
– Rückstände (gegenüber Kunden und Fertigung)

*= **verfügbarer Bestand***

Definition

*Der **durchschnittliche Lagerbestand** drückt aus, wie hoch der durchschnittliche Bestand während **eines Jahres** war. Die Praxis kennt verschiedene Berechnungsmethoden.*

bei Jahresinventur:

$$\textbf{Ø Lagerbestand} = \frac{\text{(Anfangsbestand (1. Januar) + Endbestand (31. Dezember))}}{2}$$

bei Vierteljahresinventur:

$$\textbf{Ø Lagerbestand} = \frac{\text{(Anfangsbestand (1. Januar) + 4 Quartalsendbestände)}}{5}$$

Die Quartale (Vierteljahre) enden am 31. März, 30. Juni, 30. September und 31. Dezember.

bei Monatsinventur:

$$\textbf{Ø Lagerbestand} = \frac{\text{(Anfangsbestand (1. Januar) + 12 Monatsendbestände)}}{13}$$

Je mehr Bestände einbezogen werden, desto genauer wird die Berechnung. Da in der Regel keine vierteljährlichen bzw. monatlichen Inventuren erfolgen, legt man die jeweiligen Buchbestände zugrunde.

Der **optimale Lagerbestand** ist die Menge, bei der die Summe aus Bestandskosten und Fehlmengenkosten am geringsten ist.

Bei gleichbleibendem Güterfluss kann der optimale Lagerbestand auch aus der optimalen Bestellmenge plus Mindestbestand ermittelt werden (siehe dazu auch Lernfeld 11 „Güter beschaffen").

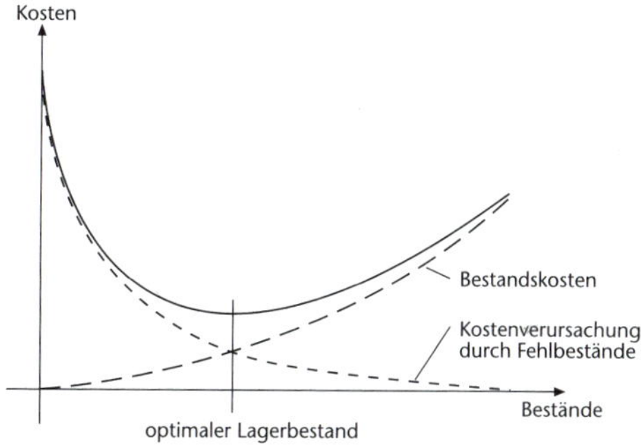

Zielkonflikt der Lagerhaltung

5.2.2 Lagerumschlag (Umschlagshäufigkeit, Umschlagsgeschwindigkeit)

Unter **Absatz** versteht man die **Menge** der während eines bestimmten Zeitabschnitts (z. B. Jahr) verkauften Produkte.

Unter **Umsatz** versteht man den **Wert** der verkauften Produkte in Euro, berechnet zum **Verkaufspreis**.

Unter **Wareneinsatz** versteht man den **Wert** der verkauften oder verbrauchten Produkte, berechnet zum **Einstands-** bzw. **Bezugspreis**. Er wird wie folgt ermittelt:

Definition

Listeneinkaufspreis
– Liefererrabatt

Zieleinkaufspreis
– Liefererskonto

Bareinkaufspreis
+ Bezugskosten

= Bezugs- oder Einstandspreis

Der Wareneinsatz kann auf zwei Arten berechnet werden:

- Mithilfe von **Materialentnahmescheinen** wird der gesamte Verbrauch während eines Jahres ermittelt.
- Wenn keine Materialentnahmescheine verwendet werden, führt man eine **Bestandsrechnung** durch.

Beispiel

Anfangsbestand am 1. Januar	*27 000,00 €*
+ Zugänge vom 1. Januar bis 31. Dezember	*390 000,00 €*
	417 000,00 €
– Endbestand am 31. Dezember laut Inventur	*31 000,00 €*
= Verbrauch bzw. Wareneinsatz vom 01.01.–31.12.	*386 000,00 €*

Der **Lagerumschlag** (Umschlagshäufigkeit, Umschlagsgeschwindigkeit) drückt nun aus, wie oft der durchschnittliche Lagerbestand verbraucht bzw. verkauft wurde.

Definition

$$\textit{Lagerumschlag} = \frac{\text{Wareneinsatz (Verbrauch)}}{\text{durchschnittlicher Lagerbestand}}$$

Beispiel

Wareneinsatz	*600 000,00 €*
durchschnittlicher Lagerbestand	*150 000,00 €*

$$\textit{Lagerumschlag} = \frac{600\,000}{150\,000} = 4$$

Das heißt, der durchschnittliche Lagerbestand wurde im Jahr viermal verbraucht bzw. verkauft.

Schnellläufer = Waren mit hoher Umschlagshäufigkeit
Langsamdreher = Waren mit geringer Umschlagshäufigkeit

Eine **Erhöhung** des **Lagerumschlags** bringt wichtige **Vorteile**:
- Verringerung des Kapitalbedarfs
- Einsparung von Zinsen
- Senkung der Lagerkosten
- Verminderung des Lagerrisikos

Eine **Erhöhung** des **Lagerumschlags** kann **erreicht** werden
- über einen **vermehrten Wareneinsatz** durch
  - Sonderverkäufe,
  - verstärkte Werbung, und
- über einen **geringeren durchschnittlichen Lagerbestand** durch
  - häufigere und kleinere Bestellungen,
  - Kauf auf Abruf (Kauf sofort, Lieferung, wenn nötig),
  - Erstellen von Beschaffungsplänen,
  - Feststellen von Höchstbeständen,
  - häufige Bestandskontrollen (permanente Inventur),
  - Just-in-time-Prinzip,
  - Herausnahme schlecht verkäuflicher Ware aus dem Sortiment.

5.2.3 Durchschnittliche Lagerdauer

Die **durchschnittliche Lagerdauer** gibt an, wie lange eine Ware im Durchschnitt gelagert wird. Sie ist die Zeitspanne zwischen Lagereingang und Lagerausgang der Ware und wird über den Lagerumschlag ermittelt.

Je größer der Lagerumschlag einer Ware, desto geringer ist ihre durchschnittliche Lagerdauer.

$$\textbf{durchschnittliche Lagerdauer} = \frac{360}{\text{Lagerumschlag}}$$

Beispiel

Lagerumschlag = 6

Ø Lagerdauer $= \frac{360}{6} =$ *60 Tage, d.h., diese Ware liegt im Durchschnitt 60 Tage auf Lager.*

Durch Vergleich der Kennzahlen mit früheren Jahren oder anderen Betrieben können wichtige Erkenntnisse über die Wirtschaftlichkeit des Betriebs gewonnen werden.

5.2.4 Lagerzinsen

Mithilfe der Zinsrechnung kann ermittelt werden, wie hoch die Zinsen für das in den Lagerbeständen investierte Kapital sind.

Beispiel

Ø Lagerbestand	*250 000,00 €*	*(Kapital)*
Ø Lagerdauer	*60 Tage*	*(Zeit)*
banküblicher Zinssatz	*9 %*	*(Zinssatz)*

$$\textbf{Lagerzinsen} = \frac{\text{Ø Lagerbestand} \cdot \text{Ø Lagerdauer} \cdot \text{Zinssatz}}{100 \times 360}$$

Lösung $\frac{250\,000 \cdot 60 \cdot 9}{100 \cdot 360} = 3\,750{,}00\ €$

Der angenommene Lagerbestand verursacht dem Betrieb also 3 750,00 € Lagerzinsen im Jahr, die bei der Kalkulation der Lagerkosten berücksichtigt werden.

Die Ermittlung der Lagerzinsen ist auch über den **Lagerzinssatz** möglich.

$$\textbf{Lagerzinssatz in \%} = \frac{\text{bankküblicher Zinssatz} \cdot \text{durchschnittliche Lagerdauer}}{360}$$

$$\textbf{Lagerzinsen} = \frac{\text{durchschnittlicher Lagerbestand} \cdot \text{Lagerzinssatz}}{100}$$

5.2.5 Lagerreichweite

Die Lagerreichweite drückt aus, wie viel Tage der Lagerbestand ausreicht, um die Fertigung aufrechtzuerhalten.

$$\textbf{Lagerreichweite in Tagen} = \frac{(\text{Lagerbestand} + \text{offene Bestellungen})}{\text{Verbrauch pro Tag}}$$

Beispiel
Lagerbestand 500 Stück, erwarteter Zugang aus laufender Bestellung 1 000 Stück, Verbrauch pro Tag 150 Stück

$$\textbf{Lagerreichweite} = \frac{(500 + 1\,000)}{150} = 10 \text{ Tage}$$

Ist keine Bestellung erfolgt, reicht der Lagerbestand noch 3 1/3 Tage.

Kernwissen

- Die Lagerkosten teilen sich folgendermaßen auf:

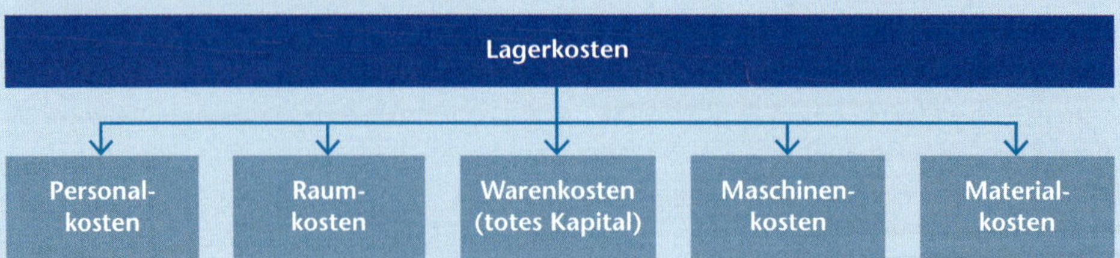

- Zu große und zu kleine Lagerbestände verursachen unnötige Kosten.
- Die größte **Wirtschaftlichkeit** ist beim **optimalen Lagerbestand** erreicht.

- Lagerkennziffern dienen einer wirtschaftlichen Lagerhaltung. Die wichtigsten sind:

$$\text{Ø Lagerbestand} = \frac{\text{(Anfangsbestand + 12 Monatsendbestände)}}{13}$$

$$\text{Umschlagshäufigkeit} = \frac{\text{Wareneinsatz}}{\text{Ø Lagerbestand}}$$

$$\text{Ø Lagerdauer} = \frac{360}{\text{Lagerumschlag}}$$

- Je höher die Umschlagshäufigkeit, desto geringer die Lagerdauer.
- Eine hohe Umschlagshäufigkeit führt zu einer Verringerung der Lager- und Zinskosten sowie des Kapitalbedarfs und erhöht die Wirtschaftlichkeit.
- **Kennziffern** ermöglichen **Vergleiche** mit **anderen Betrieben** sowie **früheren Geschäftsjahren** und sind **Voraussetzung** für eine **wirtschaftliche Lagerhaltung**.

Aufgaben

1. *Erstellen Sie eine Tabelle über die Lagerkosten und zeigen Sie Möglichkeiten auf, wie diese gesenkt werden können.*
2. *Stellen Sie fest, welche Lagerkosten bei einem großen Lagerbestand steigen.*
3. *Erklären Sie die Begriffe „totes" bzw. „gebundenes" Kapital.*
4. *Unterscheiden Sie die Begriffe „Absatz", „Umsatz", „Wareneinsatz".*
5. *In welchen Preisen werden die Lagerkennziffern ermittelt?*
6. *Auf welche zwei Arten können Sie den Verbrauch bzw. den Wareneinsatz ermitteln?*
7. *Berechnen Sie den durchschnittlichen Lagerbestand aus folgenden Beständen.*

a)	*Anfangsbestand*	*43 000,00 €*
	Endbestand	*55 000,00 €*
b)	*Anfangsbestand*	*10 400,00 €*
	12 Monatsendbestände	*91 000,00 €*

8. *Ermitteln Sie den Wareneinsatz.*

Anfangsbestand (1. Januar)	*6 900,00 €*
Zugänge (1. Januar bis 31. Dezember)	*132 600,00 €*
Endbestand (31. Dezember)	*8 200,00 €*

9. *Ermitteln Sie die Umschlagshäufigkeit und die durchschnittliche Lagerdauer.*

Ø Lagerbestand	*180 000,00 €*
Wareneinsatz	*1 350 000,00 €*

10. *Wie viel Lagerzinsen verursacht ein durchschnittlicher Lagerbestand von 270 000,00 €, der durchschnittlich 45 Tage auf Lager liegt, wenn ein Zinssatz von 8 % angenommen wird?*
11. *Ermitteln Sie Ø Lagerbestand, Lagerumschlag, Ø Lagerdauer und Lagerzinsen.*
    AB lt. Inventur 35 000,00 €
    EB lt. Inventur 45 000,00 €
    Materialverbrauch lt. Materialentnahmescheine 720 000,00 €
    Bankzinssatz = 10 %

12. *Durch welche Maßnahmen kann die durchschnittliche Lagerdauer einer Ware verkürzt werden?*

13. *Erläutern Sie die Wirkung der jeweiligen betrieblichen Maßnahme auf die Umschlagshäufigkeit:*
    a) häufigere, aber kleinere Bestellungen
    b) Kauf auf Abruf
    c) Sonderverkäufe
    d) Einstellung der Werbung
    e) Großbestellung zur Ausnutzung von Rabatt

14. *Wie viel Euro beträgt der Wareneinsatz, wenn der durchschnittliche Lagerbestand von 60 000,00 € im Jahr zwölfmal umgeschlagen wird?*

15. *Welchem Lagerumschlag entspricht eine durchschnittliche Lagerdauer von 45 Tagen?*

16. *Welchen durchschnittlichen Lagerbestand hat ein Unternehmen, wenn es bei einer durchschnittlichen Lagerdauer von 40 Tagen und einem Zinssatz von 10 % mit 15 000,00 € Lagerzinsen kalkuliert?*

17.

tatsächlicher Lagerbestand	*4 000 Stück*
offene Bestellungen	*2 000 Stück*
Reservierungen für Kunden	*600 Stück*
Reservierungen für die Fertigung	*1 200 Stück*
Rückstände gegenüber Kunden	*700 Stück*

Ermitteln Sie den verfügbaren Bestand.

18. *Erklären Sie den Begriff „Lagerreichweite".*

19.

Lagerbestand	*500 Stück*
offene Bestellungen	*2 500 Stück*
Verbrauch pro Tag	*200 Stück*

Ermitteln Sie die Lagerreichweite in Tagen.

Lernfeld 4
Güter im Betrieb transportieren

1 Förderhilfsmittel und Fördermittel

Einstiegssituation

Herr Hiller, Leiter der Ausbildung bei einem Landmaschinenhersteller, zeigt den neuen Auszubildenden eine Luftansicht des Ersatzteil-Verteilzentrums. „Darin werden 75 000 verschiedene Güterarten gelagert. Die Gütervielfalt reicht vom Dichtungsring bis zu 9 Meter breiten, tonnenschweren Walzen", erklärt Herr Hiller. „Und wie kommen die Teile von der Anlieferung in das Paletten-Hochregallager?", möchte die Auszubildende Sabine wissen.

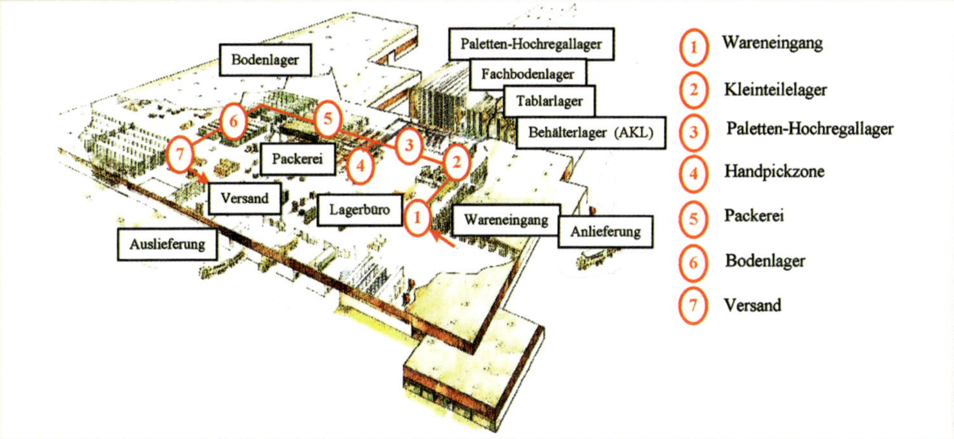

Handlungsaufträge

1. *Schlagen Sie verschiedene Fördermittel vor, mit denen diese Güter im Lager befördert werden können.*
2. *Nennen Sie Förderhilfsmittel, die den Transport dieser Güter beschleunigen und erleichtern.*

1.1 Innerbetrieblicher Materialfluss

1.1.1 Materialflussarten

Der **außerbetriebliche Materialfluss** findet zwischen Lieferanten und Unternehmen sowie zwischen Unternehmen und Kunden statt. Er wird über Straße, Schiene, Wasser, Luft und Rohrleitungen abgewickelt und im Lernfeld 9 „Güter versenden" näher beschrieben.

Der **innerbetriebliche Materialfluss** dient der Beförderung von Gütern innerhalb des Betriebes.

Dies kann sein:

- zwischen den einzelnen betrieblichen Bereichen, z. B. vom Lager in die Produktion
- innerhalb eines Bereichs, z. B. im Lager vom Regal zur Verpackung
- von Arbeitsplatz zu Arbeitsplatz, z. B. Verschweißen – Etikettieren
- an einem Arbeitsplatz, z. B. Einlegen eines Gutes in ein Packmittel oder in eine Maschine

Materialflüsse können erfolgen:

- als **Holsystem** (Pull-Prinzip, to pull = ziehen), d. h., das Material wird abgeholt,
- als **Bringsystem** (Push-Prinzip, to push = schieben), d. h., das Material wird geliefert.

1.1.2 Gestaltung des Materialflusses

Die Gestaltung des innerbetrieblichen Materialflusses hängt ab

- von den zu befördernden Gütern (Fördergut),
- vom Förderweg,
- von der Förderzeit,
- von den Förderkosten.

Wie oft und wie viel Material bewegt wird, kann durch Untersuchungen festgestellt und in einer Materialfluss-Matrix und einem Materialfluss-Diagramm dargestellt werden.

Von \ Nach	Rohstofflager	Fertigung	Montage	Fertigwarenlager	Abfälle, Verschnitt	Versand	Schrott	Summe
Wareneingang	100							100
Rohstofflager		72	20	10				102
Fertigung			52	16	8			76
Montage		4		65	3			72
Fertigwarenlager						91		91
Abfälle, Verschnitt	2						9	11
Summe	102	76	72	91	11	91	9	452

Beispiel einer Materialfluss-Matrix

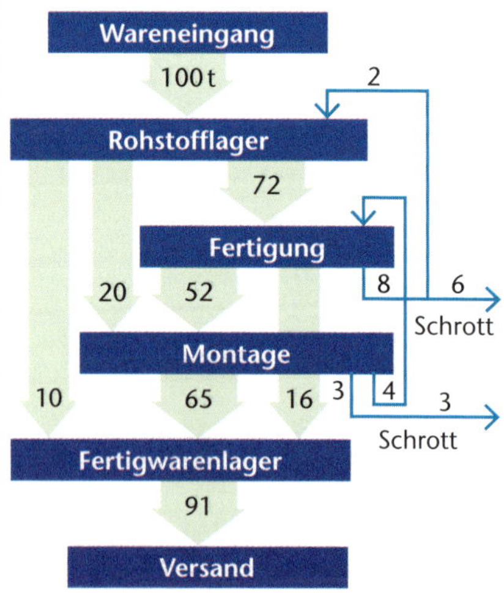

Beispiel für eine grafische Darstellung der Materialflüsse

Um den Materialfluss zu verbessern, ist folgende Vorgehensweise empfehlenswert:

- Aufnahme des Ist-Zustands, d. h.:
  - Erfassung des derzeitigen Materialflusses nach Beförderungsmengen, Beförderungshäufigkeit
  - Darstellung des Materialflusses in Ablaufdiagrammen
- Analyse des Ist-Zustandes zur Feststellung von Schwachstellen
- Suche nach Verbesserungen und Entwurf eines Soll-Vorschlags
- Umsetzen des Soll-Vorschlags in die Praxis
- Prüfung, ob der Soll-Vorschlag die gewünschten Verbesserungen gebracht hat

1.1.3 Ziele des Materialflusses

Die Ziele eines optimalen Materialflusses sind:

- Verkürzung der Durchlaufzeit, d. h.:
  - schneller Transport
  - keine Liegezeiten für die Güter
  - keine Wartezeiten für die Fördermittel
  - optimale Verbindung zwischen Materialfluss und Informationsfluss
- Verminderung des Ausschusses
  - keine Beschädigung und Verlust der Güter auf dem Transport
- Verbesserung der Arbeitsbedingungen
  - leichte Bedienbarkeit der Fördermittel
  - unfallsichere Arbeitsbedingungen
  - geringe körperliche Belastung der Arbeitskräfte
- Einsparung der Kosten
  - geringe Anschaffungs- und Wartungskosten
  - bessere Ausnutzung der Räume
  - flexible Nutzung der Fördermittel
- Vermeidung von Energieverschwendung und Umweltbelastung
  - keine unnötigen Leerfahrten
  - Einsatz energiesparender und umweltschonender Fördermittel

1.1.4 Materialfluss und Informationsfluss

Laut Duden sind Informationen Auskünfte, Nachrichten. Sie stellen für den Mitarbeiter zweckgebundenes Wissen dar. Informationen sind Voraussetzung für ein sinnvolles Arbeiten.

Da Informationen von Mitarbeiter zu Mitarbeiter, von Unternehmen zu Unternehmen weitergegeben werden, spricht man von einem Informationsfluss.

Zu einem Materialfluss gehört deshalb stets ein Informationsfluss; ohne Informationsfluss ist ein reibungsloser Materialfluss nicht möglich.

Die Informationen können mündlich, schriftlich oder auf einem elektronischen Weg weitergegeben werden. Sie können dem Materialfluss vorausgehen, ihn begleiten, ihm nachfolgen oder entgegenlaufen.

Materialfluss			
Vorausgehender Informationsfluss	**Begleitender Informationsfluss**	**Nachfolgender Informationsfluss**	**Entgegenlaufender Informationsfluss**
Beispiele:	**Beispiele:**	**Beispiele:**	**Beispiele:**
▪ Produktion fordert telefonisch Teile im Lager an. ▪ Einkauf bestellt Ware im Internet. ▪ Staplerfahrer erhält über Terminal am Stapler einen Einlagerungsauftrag.	▪ Barcode auf der Verpackung ▪ RFID-Code auf der Palette ▪ Warenbegleitschein beim Lkw-Fahrer, Staplerfahrer	▪ Lieferer sendet Rechnung an den Kunden. ▪ Kommissionierer verbucht Warenentnahme auf Lagerfachkarte bzw. im Warenwirtschaftssystem.	▪ Kunde reklamiert per E-Mail eine mangelhafte Lieferung. ▪ Kunde fragt per Internet den Verbleib einer Sendung auf dem Transportweg ab.

Die **Informationslogistik** hat die Aufgabe, den Informationsfluss zu optimieren. Rechnerunterstützte Informationssysteme gewährleisten den Datenaustausch

- innerbetrieblich zwischen Einkauf, Lager, Produktion, Versand, z. B. für Produktidentifikation, Lagerortbestimmung,
- außerbetrieblich zwischen Kunden, Lieferanten, Spediteuren, Frachtführern, z. B. für Lieferterminierung, Sendungsverfolgung.

1.2 Förderhilfsmittel

Unter Förderhilfsmitteln werden alle Packmittel verstanden, die das Fördergut schützen, es lade-, transportier- und lagerfähig machen. Hierzu zählen insbesondere:

Arten

Paletten
Einwegpaletten
Mehrwegpaletten
Gitterboxpaletten
Sonderpaletten

formstabile Behälter
Lagerkästen
Boxen
Tablare
Fässer
Kanister

forminstabile Packmittel
Netze
Säcke
Beutel

Erst durch eine optimale Abstimmung zwischen Fördermittel und Förderhilfsmittel ist ein reibungsloser Materialfluss möglich:

Anforderungen an Förderhilfsmittel:

- Schutz der Güter vor Beschädigung, Herausfallen, Verschmutzung, Nässe usw.
- hohes Ladevolumen und geringes Leervolumen, z. B. durch Zusammenlegbarkeit
- leichtes Handling beim Aufstellen, Zusammenlegen, Befüllen, Heben, Tragen usw.
- ergonomische Grifftechnik
- für manuelle und automatische Transporte einsetzbar
- Verwendung als Informationsträger mit Beschriftung, Barcodierung oder RFID-Transpondern

- passgenaue Abstimmung auf das Fördermittel, z. B. Förderband, Gabelhubwagen, Regalbediengerät, Hängebahnen, Krane
- geräuschdämpfend auf Stetigförderern
- hohe Tragfähigkeit und Stapelbarkeit
- modulare Einsetzbarkeit, z. B. durch Behältereinsätze in verschiedenen Größen, steckbare Facheinteilungen, Trennwände
- unempfindlich gegen Öl, Säuren und Laugen
- als Gefahrgutbehälter geeignet
- leichte Reinigung
- lange Haltbarkeit
- mehrfache Verwendbarkeit
- einfache Reparatur- und Recyclingfähigkeit
- auch für den externen Materialfluss mit Lieferanten und Kunden einsetzbar

Tipp

Nähere Erklärungen zu den Förderhilfsmitteln finden Sie im Lernfeld 6 „Güter verpacken".

1.3 Fördermittel

Unter Fördermitteln versteht man alle Transportmittel für den innerbetrieblichen Materialfluss. Fördermittel können nach verschiedenen Kriterien eingeteilt werden:

- nach der **Häufigkeit der Beförderung**:
  - Stetigförderer, z. B. Rollenbahn
  - Unstetigförderer, z. B. Gabelstapler
- nach der **Flurbindung**:
  - flurfreie Fördermittel, z. B. Krane, Hängebahnen
  - flurgebundene Fördermittel, z. B. Gabelhubwagen
- nach der **Beweglichkeit**:
  - Fördermittel mit flächigem Materialfluss, z. B. Krane, Gabelstapler
  - Fördermittel mit linienförmigen Materialfluss, z. B. Rollenbahn

- nach dem **Antrieb**:
  - manuell betriebene Fördermittel, z. B. Stechkarre, Handwagen
  - maschinell betriebene Fördermittel, z. B. Gabelstapler
- nach dem **Automatisierungsgrad**:
  - bedienergesteuerte Fördermittel, z. B. Gabelhubwagen
  - computergesteuerte Fördermittel, z. B. automatisches Regalbediengerät, fahrerloses Transportsystem

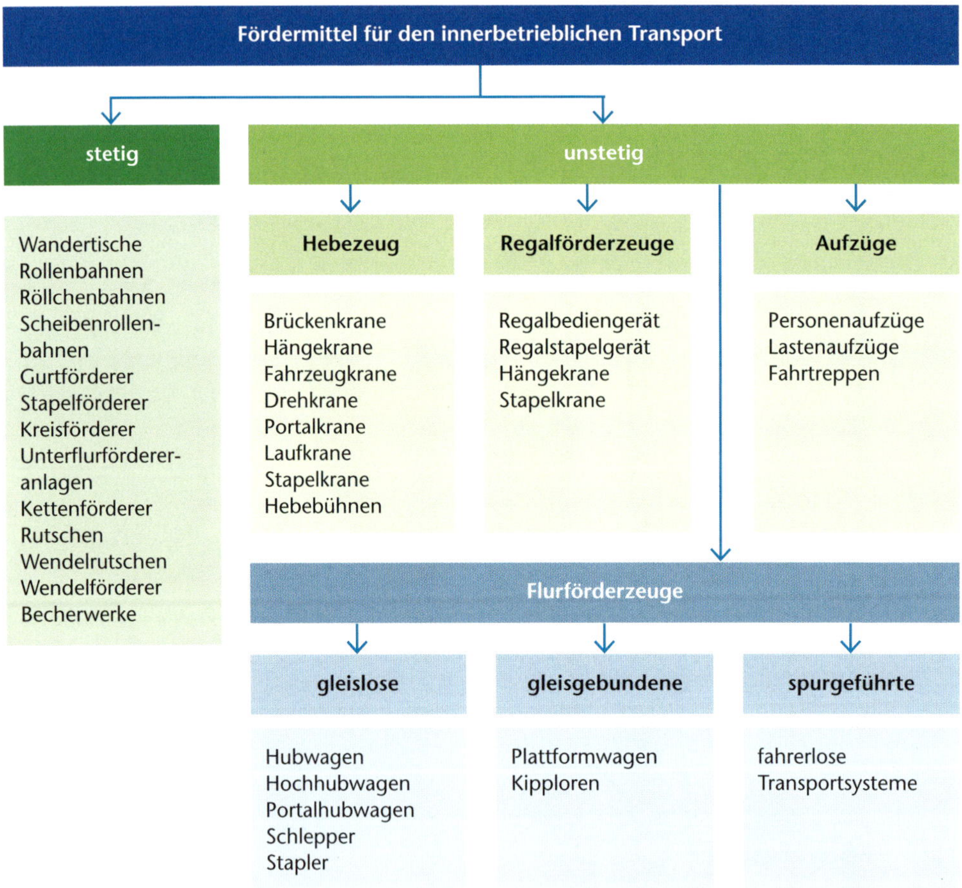

1.3.1 Stetigförderer

Stetigförderer haben einen linienförmigen, **gleichbleibenden** Förderweg, auf dem die Güter **ständig** oder **taktweise** transportiert werden. Das Fördergut wird manuell oder automatisch auf den sich bewegenden Stetigförderer gelegt bzw. von diesem entnommen.

Stetigförderer sind vorteilhaft, wenn **große Stückzahlen** zu befördern sind (Massenfertigung in Industriebetrieben, Paketverteilung in Versandhäusern und bei der Post).

Vorteile:
- dauernde Beförderungsbereitschaft
- niedriger Personalbedarf
- hohe Automation
- keine Leerfahrten
- relativ niedrige Betriebskosten

Nachteile:
- hohe Investitionskosten bei Automatisierung
- ortsgebunden
- wenig flexibel
- erst bei großer Auslastung wirtschaftlich
- nur für bestimmtes Fördergut geeignet
- Stillstand des Materialflusses bei Ausfall

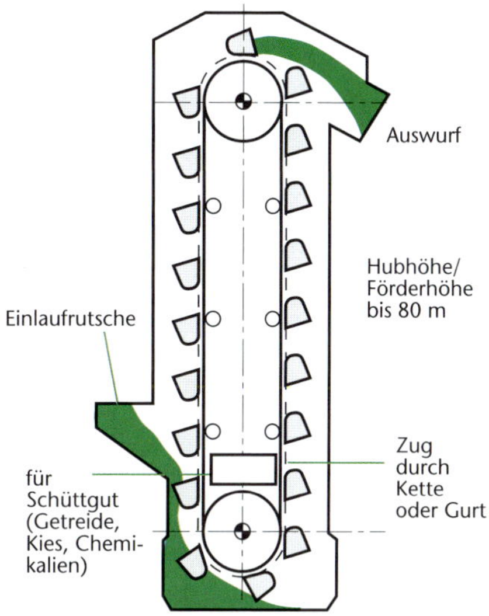

Becherwerk: Stetigförderer für Schüttgut

1.3.1.1 Flurfreie Stetigförderer

Flurfreie Stetigförderer befördern die Güter an einer von der Decke abgehängten Schiene. Dazu sind eine **tragfähige Decke** und **Sicherheitsgitter** zum Schutz vor herabfallenden Gütern erforderlich. Durch Nutzung des Deckenraums ist die Bodenfläche als Arbeits- und Lagerfläche verwendbar. Auch ist eine Anpassung an die räumlichen Verhältnisse leichter möglich als bei flurgebundenen Stetigförderern.

Zu den flurfreien Stetigförderern zählen Kreiskettenförderer, Power-and-Free-Förderer und Elektrohängebahnen.

Kreiskettenförderer

Bei Kreiskettenförderern zieht die Kette mit gleichbleibender Geschwindigkeit die in einer Schiene geführten **Laufwagen** mit dem Fördergut. Weichen, Staumöglichkeiten und Verzweigungen sind dabei nicht möglich.

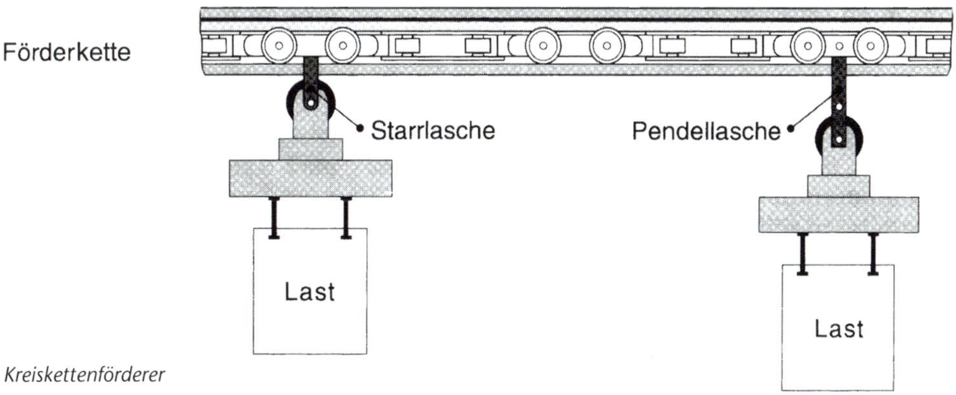

Kreiskettenförderer

Power-and-Free-Förderer

Dieses System besteht aus zwei übereinander angeordneten Schienen. In der oberen Schiene läuft die Power-Kette und zieht die in der unteren Schiene laufenden **Free-Wagen**, an denen die Last mit den Gütern hängt. Durch die spezielle **Mitnehmertechnik** bietet dieses System wesentliche Vorteile gegenüber den Kreiskettenförderern:

- Anhalten und Aufstauen möglich
- Verzweigungen und Zusammenführungen möglich
- Überwindung von Steigungen und Gefälle bis 85° möglich
- vertikale Beförderung durch Hub- und Senkstationen möglich

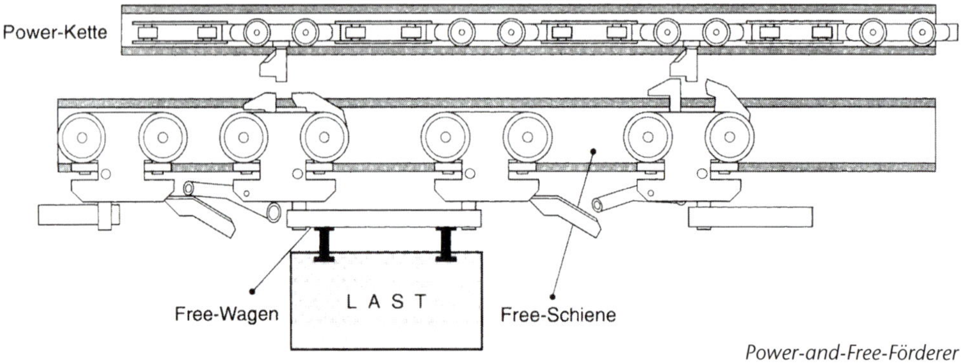

Power-and-Free-Förderer

Elektrohängebahnen

Ein Elektrohängebahnsystem besteht aus einem Schienensystem, auf dem **einzeln angetriebene Fahrzeuge** fahren, an denen unten die Last mit den Gütern hängt. Jedes Fahrzeug wird durch einen Elektromotor über ein Reibrad angetrieben. In den Schienen befinden sich Schleifleitungen, die die Fahrzeuge mit Strom und Steuerinformationen versorgen. Gegenüber den Power-and-Free-Förderer bieten Elektrohängebahnen weitere Vorteile:

- Durch den Einzelantrieb sind unterschiedliche Geschwindigkeiten der einzelnen Fahrzeuge möglich.
- Fahrweg und Fahrtziel sind für jedes Fahrzeug einzeln programmierbar.
- Durch Wegfall der Ketten ist ein geräuscharmer Betrieb und ein Einsatz in Zonen mit Explosionsschutz möglich.

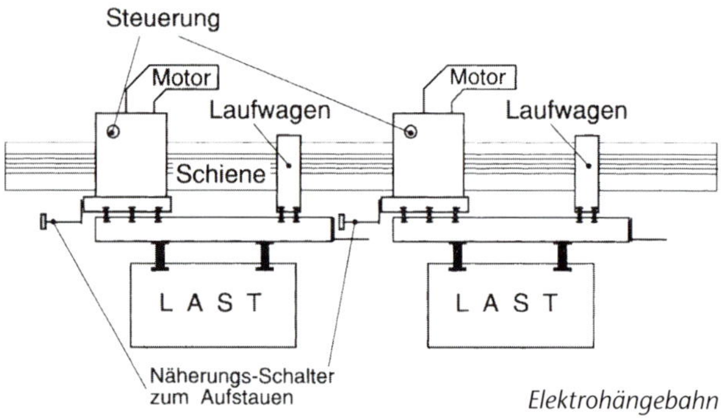

Elektrohängebahn

Nachteilig bei Elektrohängebahnen sind die höheren Anschaffungskosten gegenüber den anderen flurfreien Stetigförderern.

1.3.1.2 Flurgebundene Stetigförderer

Auch flurgebundene Stetigförderer haben eine feste, linienförmige Förderstrecke und sind nicht so flexibel wie Fördermittel mit Flächenbedienung. Die Förderstrecke dieser Stetigförderer befindet sich entweder **im Boden**, z. B. bei den Unterflurschleppkettenförderern, oder aufgeständert **über dem Boden** bei Rollenbahnen, Gurtförderern oder Kettenförderern.

Unterflurschleppkettenförderer

Unterflurschleppkettenförderer bestehen aus einer im Boden eingelassenen **Schleppkette**, die als Zugmittel dient. In diese Schleppkette werden Wagen, z. B. Gabelhubwagen mit den zu befördernden Gütern, eingeklinkt.

Vorteile	Nachteile
▪ einfache, robuste Konstruktion auch zur Beförderung schwerer Teile ▪ relativ niedrige Investitionskosten ▪ Aufstauen, Verzweigen und Zusammenführen möglich	▪ hoher Platzbedarf am Boden für die Transportstrecken ▪ Gesamtsystem muss auch bei nur einem Transport bewegt werden ▪ Linienführung muss einen Rundlauf ergeben ▪ Verschmutzung des Kettenkanals ▪ Behinderungen und Stolpergefahr durch Bodenschlitze

Rollenbahnen

Eine Rollenbahn besteht aus einer Folge von **Rollen** oder **Walzen**, auf denen das Fördergut liegt. Beim Drehen der Rollen oder Walzen wird das Fördergut transportiert. Die Drehung kann entstehen

- durch Schwerkraft des Fördergutes bei einer leicht schiefen Ebene,
- durch maschinelle Antriebssysteme wie angetriebene Gurte, Riemen, Ketten oder Direktantrieb der Rollen mit Motor.

Flexible Rollenbahn zum Be- und Entladen von Lkw

Durch die Antriebssysteme kann die Fördergeschwindigkeit reguliert und der Staudruck durch Auskuppeln verhindert werden. Kombinationen mit **Hubtischen**, **Drehtischen** und **Verschiebewagen** erlauben auch **kurvige** und **vertikale Förderstrecken**.

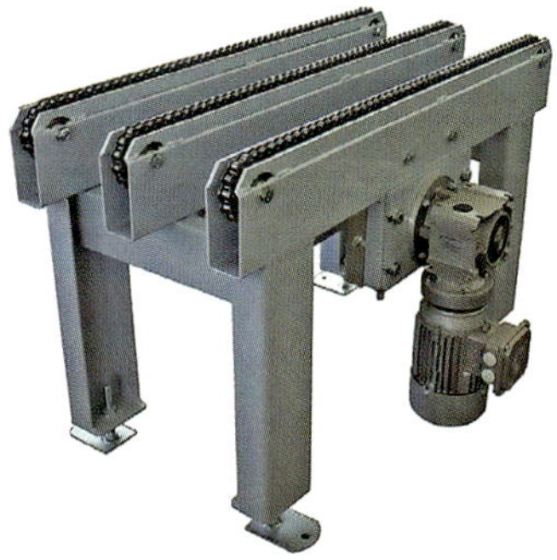

Kettenförderer

- **Kettenförderer.** Bei Kettenförderern besteht die Förderstrecke aus zwei angetriebenen Ketten, auf die die Fördergüter, z. B. Paletten, aufgesetzt werden. Die Kette ist damit Trag- und Fördermittel zugleich.
- **Gurtförderer.** Auch bei Gurtförderern ist der Gurt gleichzeitig Trag- und Transportmittel, d. h., das Fördergut wird auf den Gurt aufgesetzt, der motorbetrieben bewegt wird. Als Gurte werden meist mit Gummi beschichtete Textilbänder eingesetzt. Durch die breite Auflagefläche können unterschiedlichste Güter befördert werden. Beispiel: Gepäckstücke auf Flughäfen, Sand und Steine in einem Kieswerk.

1.3.2 Unstetigförderer

Unstetige Fördermittel werden nur bei Bedarf eingesetzt. Sie sind nicht ortsgebunden und können deshalb im Rahmen ihres Wirkungskreises sehr flexibel verwendet werden.

Fördermittel	
Stetigförderer	**Unstetigförderer**
feste Beförderungsstrecke	**flexible Beförderungsstrecke**
ständige bzw. taktweise Beförderung der Güter	unregelmäßige Beförderung der Güter

1.3.2.1 Hebezeuge

Hebezeuge gehören zu den unstetigen Fördermitteln. Die Beförderung der Güter erfolgt also nicht ständig. Dazu zählen:

Aufzüge und Hebebühnen

Hebezeuge können ortsfest und fahrbar sein. Zu den **ortsfesten** Hebezeugen zählen **Aufzüge** und bestimmte **Hebebühnen**. Sie werden in mehrgeschossigen Gebäuden eingesetzt und dienen der Beförderung von Personen und Gütern in **vertikaler Richtung**. Aufzüge für die Güterbeförderung sollten dabei so ausgelegt sein, dass sie auch große Lasten, z. B. einen beladenen Gabelstapler, befördern können.

Krane

Krane gehören zu den **fahrbaren** Hebezeugen. Sie arbeiten **flurfrei**, d. h., sie sind nicht an Bodenwege (Flure) gebunden und können je nach Reichweite des Kranhakens die gesamte Höhe und Fläche eines Raums bedienen. Krane haben somit einen **dreidimensionalen Arbeitsbereich**.

Für das automatische Ein- und Auslagern tonnenschwerer Stahl-Coils werden Zweiträgerlaufkrane eingesetzt

Zu den am häufigsten eingesetzten Kranen in der Logistik gehören:

- Brückenkrane
- Hängekrane
- Drehkrane
- Stapelkrane
- Portalkrane
- Laufkrane

Krane eignen sich besonders zur Beförderung schwerer, sperriger Güter und werden vielfältig eingesetzt. Beispiele: Autokrane, Baukrane, Schiffskrane.

Krane bestehen aus

- dem Krangerüst,
- dem Tragmittel, z. B. Laufkatze; sie ist mit dem Kran verbunden und dient zur Aufnahme der Anschlagmittel, der Lastaufnahmemittel oder der Last selbst,
- dem Anschlagmittel, z. B. Ketten, Seile, Hebebänder, Rundschlingen, Schlaufenbänder,
- dem Lastaufnahmemittel, z. B. Lasthaken, Ladegabeln, Klemmen, Magnete, Vakuumheber, Traversen, Greifer,
- der Last, also dem Fördergut.

Vakuumheber mit Saugtechnik

1.3.2.2 Flurförderzeuge

Flurförderzeuge befördern bei Bedarf die Güter auf dem Hallenboden. Sie können **manuell** oder **maschinell** betrieben werden. Für die Beförderung sind entsprechend breite Transportwege Voraussetzung. Besonders **gleislose** Flurförderzeuge ermöglichen ein Höchstmaß an **Flexibilität**. Wegen ihrer vielfältigen Einsatzmöglichkeiten sind Gabelstapler die am häufigsten eingesetzten Flurförderzeuge.

Gabelstapler

Stapler sind Fahrzeuge, die zum Lagern und Stapeln von Gütern, aber auch zu deren Transport geeignet sind. Die Last wird mit Gabeln oder anderen Anbaugeräten aufgenommen. Die Gabeln können über das **Hubgerüst** hydraulisch gehoben und gesenkt wie auch nach vorne oder hinten geneigt werden. Die Neigbarkeit erleichtert das Aufnehmen und Absetzen der Last und verhindert ein Abrutschen beim Bremsen, bei Steigungen und Gefälle.

Elektro-Deichselstapler mit Fahrerstandplattform, radunterstützt

Elektro-Deichsel-Gabelhubwagen

Dieselstapler, freitragend

Stapler werden vorwiegend im Palettenverkehr eingesetzt. Für die verschiedenartigen Lagersysteme wurden die unterschiedlichsten Staplerarten und Zusatzeinrichtungen entwickelt.

Unterscheidung der Stapler

- **nach der Transportart:** Horizontal-, Vertikaltransport

  Fallen nur Transporte in der Ebene an, reicht ein Hubwagen, sind Hubvorgänge in den Regalen erforderlich, benötigt man einen Stapler.

- **nach der Antriebsart:** Benzin-, Diesel-, Gas-, Elektrostapler

  Bei der Wahl der **Antriebsart** sind Anschaffungskosten, Einsatzort, Umweltschutz, Verbrauch und Verschleiß zu berücksichtigen. Antriebe mit **Brennstoffzellen** sind auch bei Gabelstaplern bereits in der Entwicklung. Hier wird der für die Brennstoffzellen benötigte Strom aus Wasserstoff als primärer Treibstoff und Sauerstoff erzeugt. Als Abfallprodukt entsteht Wasser.

- **nach der Radzahl:** dreirädrig, vierrädrig

  Dreirädrige Stapler sind wendiger in den Regalgängen, vierrädrige Stapler erlauben dafür eine höhere Fahrgeschwindigkeit, sie sind geeigneter bei Steigungen und bei schlechter Bodenbeschaffenheit.

- **nach der Unterfahrbarkeit:** radunterstützt, freitragend, Schubmaststapler

  Freitragende Stapler können an jede Rampe und jeden Lkw heranfahren. Sie haben jedoch ein hohes Eigengewicht, da sie das Gewicht vor den Rädern durch **Kontergewichte** ausgleichen müssen (Prinzip der Wippe). Freitragende Stapler benötigen eine große Gangbreite und stellen hohe Anforderungen an die Deckentragfähigkeit und Bodenbelastbarkeit.

  Radunterstützte Stapler transportieren ihre Lasten innerhalb der Radbasis, sodass Kontergewichte entfallen und die Stapler deshalb leichter und kostengünstiger sind. Allerdings können nur Lasten aufgenommen werden, die mit den Radarmen unterfahrbar sind.

  Schubmaststapler sind freitragend und radunterstützt zugleich. Zur Lastaufnahme wird der Mast vorgeschoben, sodass die Gabel frei vor dem Fahrzeug liegt und sich bis auf den Boden absenken lässt. Der Transport der Last erfolgt jedoch bei zurückgezogenem Mast innerhalb der Radarme.

- **nach der Bedienerposition:** Deichselführung, Steh-/Sitzstapler

  Fahrgeschwindigkeit, Länge der Transportwege, Fahrerausbildung, Häufigkeit des Auf- und Absteigens und Unfallgefahr sind Merkmale bei der Entscheidung, welche Bedienerposition der Stapler haben soll.

  Deichselgeführte Flurförderzeuge, wie z. B. der Niederhubwagen, werden vom Bediener mittels Deichsel gelenkt, bedient und – soweit kein batteriebetriebener Antrieb vorhanden ist – auch gezogen. Sie werden sowohl im **Mitgänger**- als auch im **Mitfahrerbetrieb** in Steh- oder Sitzposition eingesetzt. Die meisten Stapler sind mit einem Fahrersitz ausgestattet, da der Staplerfahrer den überwiegenden Teil seiner Arbeitzeit auf dem Stapler verbringt.

- **nach der Sitzposition:** Front-, Seit-/Quersitz

  Bei **Frontsitzstaplern** ist bei Rückwärtsfahrten eine anstrengende 180°-Drehung erforderlich, bei **Seitsitzstaplern** bei jeder Fahrweise eine 90°-Drehung.

- **nach dem Bedienungsstand:** mit hebbarem oder ohne hebbaren Bedienungsstand

  Stapler mit **hebbarem Bedienungsstand** sind vorwiegend im Kommissionierbereich sinnvoll, wenn der Kommissionierer die Teile in höheren Regalebenen greifen möchte.

- **nach der Hubhöhe:** Einfach-, Zweifach-, Dreifach-, Vierfachmast

  Einfachhubgerüste bestehen aus einem nichtteleskopierenden Mast. Zwei- und **Mehrfachhubgerüste** haben einen festen Außenmast und einen oder mehrere bewegliche Innenmasten, in denen der Gabelträger geführt wird. Solche **Teleskophubgerüste** ermöglichen bei relativ niedriger Bauweise große Hubhöhen.

- **nach der Bereifung:** Luft-, Superelastik-, Vollgummi-, Kunststoffreifen
  Stapler mit **Luftreifen** zeichnen sich durch gute Federungseigenschaften und hohe Beweglichkeit aus. Nachteilig ist jedoch die geringe Traglast gegenüber Staplern mit Vollgummireifen. Auch ist der Reifendruck regelmäßig zu kontrollieren.
  - **Vollgummibereifte** Stapler sind sehr pannensicher und eignen sich für besonders schwere Lasten auch bei rauen Umweltbedingungen. Allerdings lassen sie nur geringe Geschwindigkeiten zu.
  - **Superelastikreifen** sind pannensicher, wartungsfrei, stoß- und schwingungsdämpfend mit hoher Belastbarkeit und langer Lebensdauer.
  - **Kunststoffreifen** bestehen aus hartem Kunststoff und sind meist durch einen eingearbeiteten Stahlring oder einen Stahldrahtkern verstärkt.
- **nach Sicherheitsgesichtspunkten:**

  In Räumen mit **explosionsfähiger Atmosphäre** durch brennbare Gase, Dämpfe, Nebel oder Stäube sind **ex-geschützte Stapler** vorgeschrieben. Damit ein Stapler funkensicher ausgestattet ist, müssen Motoren, Bremsen, Anlasser, Kabel, Schalter, Anzeigen druckfest verkapselt sein. Um **Funkenschlag** bei den Gabelzinken zu vermeiden, sind sie mit Messing zu beschichten oder aus Edelstahl zu fertigen. In Räumen mit explosionsfähiger Atmosphäre ist dieses Zeichen anzubringen.

Warnung vor explosionsfähiger Atmosphäre

Gabelstapler als Datenträger

Die **RFID-Technologie** wird in Zukunft auch bei Staplern und anderen Flurförderzeugen vermehrt eingesetzt werden und **Materialfluss** und **Informationsfluss** stärker miteinander verbinden.

So können mit **RFID-Lesegeräten** an Staplern **Transponder** am Fördergut, an Lagerplätzen oder entlang der Fahrstrecke gelesen werden. Die RFID-Technologie kann somit helfen

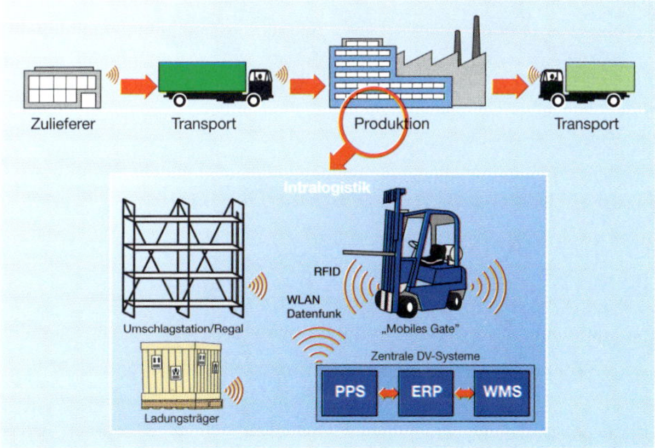

Gabelstaplereinsatz mit RFID
(PPS = Produktplanungs- und Steuerungssystem
ERP = Enterprise Resource Planning = Einplanung der Kunden und Lieferanten in die Geschäftsprozesse, z. B. Bestellungen aufgeben, Lieferungen terminieren
WMS = Warehouse Management System = Lagerverwaltungssystem)

- Paletten am Wareneingang automatisch zu erfassen (Transponder am Transportgut),
- Paletten den Lagerplätzen automatisch zuzuordnen (Transponder am Transportgut und am Lagerplatz),
- die Staplergeschwindigkeit an Gefahrenpunkten und bei der Beförderung von Gefahrgut zu vermindern (Transponder am Gefahrgut bzw. an den Gefahrenstellen),
- Einbahnstraßen und Verbotszonen für Stapler zu überwachen (Transponder an der Einfahrt zur Verbotszone),
- Staplertouren durch Auswertung der zurückgelegten Fahrstrecken zu optimieren (Transponder in regelmäßigen Abständen im Hallenboden).

Anbaugeräte für Stapler

Anbaugeräte sind Vorrichtungen, die an den Staplern angebracht werden. Sie erweitern den **Einsatzbereich** des Staplers, erleichtern das Be- und Entladen bestimmter Güter und dienen auch als Schutzvorrichtung. Dazu zählen u. a.:

- Tragdorn zum Transport von Rohren, Coils und Teppichrollen
- Kranarm zum Transport von Langgut
- Schüttgutschaufel für den Transport von Schüttgütern
- Klammergabel zum Umklammern von Behältern
- Drehgerät zum Drehen von Lasten um 180° bzw. 360°
- Lasthalter zur Stabilisierung der zu transportierenden Güter

Trag-/Teppichdorn

Lasthalter

Tragkraft und Lastschwerpunkt-Diagramm

Auf dem Fabrikschild eines jeden Staplers ist die **höchstzulässige Tragkraft** anzugeben, die auf keinen Fall überschritten werden darf.

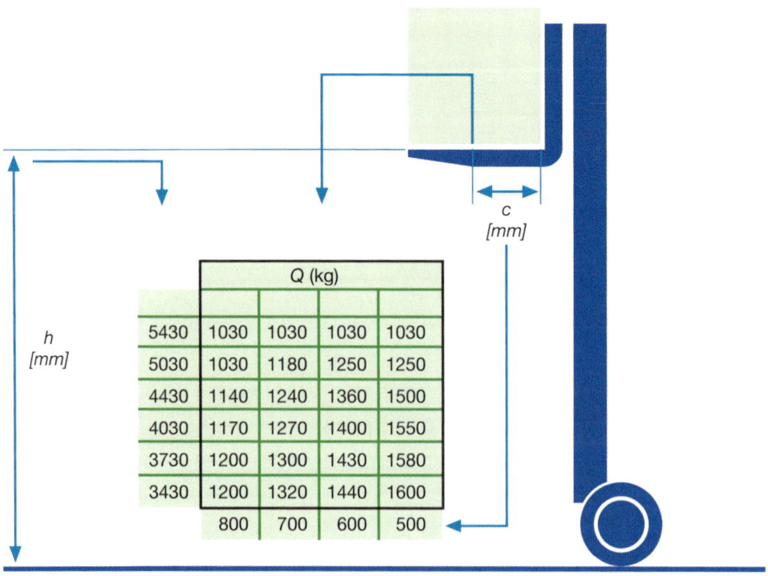

	Q (kg)			
5430	1030	1030	1030	1030
5030	1030	1180	1250	1250
4430	1140	1240	1360	1500
4030	1170	1270	1400	1550
3730	1200	1300	1430	1580
3430	1200	1320	1440	1600
	800	700	600	500

Außerdem ist auf jedem Stapler das dazugehörige **Lastschwerpunkt-Diagramm** zu finden. Dieses Diagramm zeigt, welches **Gewicht Q** in kg mit einem Stapler in Abhängigkeit vom **Lastschwerpunktabstand c** in mm und der **Hubhöhe h** in mm transportiert und gehoben werden darf.

Der **Lastschwerpunktabstand** ist der horizontale Abstand vom Gabelrücken des Staplers bis zum Lastschwerpunkt.

Der **Lastschwerpunkt** wird bestimmt durch die Form und die Homogenität der Last, d. h., eine Palette mit einheitlicher Ladung wird ihren Schwerpunkt in der Mitte der Palette haben.

Beispiele

Eine Kiste ist 1,20 m lang, 1,20 m breit und 1 400 kg schwer und mit gleichen Teilen beladen. Ihr Lastschwerpunkt liegt somit in der Mitte bei 0,60 m = 600 mm. Beim abgebildeten Lastschwerpunkt-Diagramm darf die Last 4 030 mm = 4,03 m gehoben werden.
Läge der Lastschwerpunkt der Kiste jedoch bei 500 mm, darf die Kiste 4 430 mm = 4,43 m gehoben werden. Hinweis: Ist die Gewichtsangabe nicht direkt ablesbar, gilt sicherheitshalber die nächsthöhere Gewichtsangabe.

Werden die angegebenen Lasten überschritten, besteht die Gefahr, dass der Stapler nach vorne kippt.

Gabelhubwagen

sind Fahrzeuge mit eigenem Fahr- und Hubantrieb. Im Gegensatz zu den Staplern wird die Hubeinrichtung **nur so weit** vom Boden angehoben, wie es für die Transportfahrt notwendig ist.

Gabelhochhubwagen

sind radunterstützte Gabelstapler, die die Last horizontal und vertikal transportieren. Durch die Radunterstützung benötigen sie **kein Gegengewicht**, sodass sie im Vergleich zu freitragenden Staplern mit einem geringen Eigengewicht auskommen.

Allerdings ist eine Stapelarbeit, z. B. an Rampen oder bei Paletten mit Bodenbrettern, durch die fehlende Unterfahrbarkeit eingeschränkt.

Schlepper

dienen als **Zugfahrzeuge** für einen oder mehrere Anhänger bis über 30 Tonnen Anhängelast. Besonders auf langen Fahrwegen im innerbetrieblichen Einsatz bilden sie die kostengünstigste Lösung.

Wagen

sind mit eigenem Fahrantrieb ausgestattet und besitzen einen **Fahrerplatz** und eine **Ladefläche**, die per Hand, Gabelstapler oder Kran beladen werden kann. Fahrzeuge mit Gehlenkung (= Deichsel), bei denen der Bediener neben oder vor dem Wagen geht, sind am preiswertesten. Bei der Standlenkung steht der Fahrer am Fahrerplatz.

Durch den geringen vorderen Überbau erhöht sich die Wendigkeit des Wagens. Für Langstreckentransporte empfiehlt sich ein Sitzplatz für den Fahrer.

Elektro-Deichselschlepper zum Mitfahren. Zugfähigkeit: 3 000 kg

1.3.2.3 Fahrerlose Transportsysteme

Fahrerlose Transportsysteme bestehen aus

- der Förderstrecke, die zur Steuerung des Fahrzeugs dient, und
- dem Fahrzeug selbst.

Im Fahrzeug selbst befinden sich

- der Antrieb, meist ein Elektromotor,
- die Energieversorgung, meist eine aufladbare Batterie (Akku), die durch Batterietausch oder durch Nachladen im Fahrzeug, z. B. während der Nacht, funktionsfähig bleibt,
- die Lenkung, d. h. die Steuerung der Fahrzeuge entsprechend der Förderstrecke.

Steuerungsarten

Die Steuerung von **fahrerlosen Transportsystemen (FTS)** kann erfolgen:

- induktiv
- mit Lasernavigation
- mit Magnetnavigation
- mit optischer Navigation
- mit RFID-Technologie
- mit Funknavigation

Induktiv gesteuerte Fahrzeuge (Teletraks) werden durch die im Boden verlegten Induktionsschleifen zum jeweiligen Empfangsort geleitet. Impulse aus einem unsichtbaren **Leitdraht**, dessen Verlauf am Boden farbig markiert ist, steuern das Fahrzeug und seine Last.

Bei der **leitdrahtlosen Lasernavigation** wird ein digitales Layout erstellt, in dem die Fahrwege festgelegt und programmiert werden. Die **Positionsbestimmung** der Fahrzeuge erfolgt mittels **Reflektoren**, die an den Fahrwegen in einer bestimmten Höhe (z. B. 2,30 m) angebracht sind. Diese Reflektoren werden von den Lasern an den Fahrzeugen kontinuierlich abgetastet, wodurch die Position und die vorprogrammierte Fahrstrecke abgefragt werden.

Bei der **leitdrahtlosen Magnetnavigation** sind kleine Magnete oder Transponder im Boden installiert. Der Fahrkurs ist programmiert. Fahrkursänderungen sind durch Programmänderungen oder durch Setzen zusätzlicher Magnete möglich.

Bei der **optischen Spurführung** wird ein auf dem Boden aufgeklebtes Leitband von einem optischen Sensor im Fahrzeug erkannt. Die Installation des Fahrkurses kann einfach und kostengünstig ohne Verletzung des Bodens erfolgen. Das System eignet sich besonders bei häufigen Fahrkursänderungen.

Bei der Funknavigation sind die Fahrzeuge mit GPS (Global Positioning System) ausgestattet.

Fahrzeugarten

Als Fahrzeuge werden hauptsächlich **Schleppfahrzeuge**, die einen oder mehrere Wagen ziehen, oder Fahrzeuge mit eigener Tragfähigkeit, z. B. **Gabelhubwagen** oder **Plattformwagen**, eingesetzt.

Fahrerloser Plattformwagen

Fahrerloser Gabelstapler

Sicherheit

Um Zusammenstöße mit den Fahrzeugen zu vermeiden, werden folgende Sicherungen eingesetzt:

- Sicherheitsbügel, Sicherheitsleisten am Fahrzeug
- in das Fahrzeug integrierte Lichtschranken, Infrarot-Scanner, Ultraschallsysteme, Laserabtaster
- Not-Aus-Schalter
- akustische und optische Signale wie Hupe, Musik, Warnleuchten
- Aktionssignale beim Abbiegen und Bremsen

Vorteile

Fahrerlose Transportsysteme sind die **flexibelsten automatischen Transportsysteme**, die personalintensive Staplerfahrten einsparen. Die Streckenführung ist leicht veränderbar, Verzweigungen und Zusammenführungen sind jederzeit möglich, Übergabepunkte können bei Bedarf eingebaut werden. Sie eignen sich besonders für Fördergut in genormten Förderhilfsmitteln wie Paletten, Behältern oder Boxen.

Voraussetzung ist eine ebene, saubere Streckenführung und eine exakte Positionierung der Fahrzeuge.

Nachteile

Nachteile sind die begrenzte Ladekapazität der Batterien und die relativ hohen Investitions- und Wartungskosten. Diese sind abhängig
- von der Intelligenz der Fahrzeuge,
- von der Tragfähigkeit der Fahrzeuge,
- von der Fördergeschwindigkeit der Fahrzeuge,
- von der Zahl der eingebauten Zusatzfunktionen.

1.3.2.4 Manuelle Hebe- und Transportmittel

Auch in der heutigen Zeit der Automatisierung werden manuelle Hebe- und Transportmittel eingesetzt, bei denen **Menschenkraft** notwendig ist. Vielfach ist der flexible Transport auf kurzen Strecken mit diesen Hilfsmitteln eine kostengünstige Lösung.

Hilfsmittel zum sicheren Heben und Tragen		Transportmittel
für leichte Lasten	für schwere Lasten	
Handmagnete für metallische Güter	Knippstangen zum Anheben schwerer Lasten nach dem Hebelprinzip	Etagenwagen, Palettenwagen, Tischwagen, Klappwagen
Saugtragegriffe für Lasten mit glatter Oberfläche	Rohrschlüssel zum Rollen von Rohren	Sackkarren, Schubkarren
Tragklauen und -klemmen für Platten, Bleche usw.	Kanteisen zum Wenden von Profilstäben	Rollwagen, Viereckroller
Tragegurte für Kisten, Schränke	Rollen, Wälzwagen zum Bewegen schwerer Lasten auf kurzen Strecken	Handgabelhubwagen, Hubtischwagen

Manuelle Hebe- und Transportmittel

Paletten-Transportwagen

Handmagnet

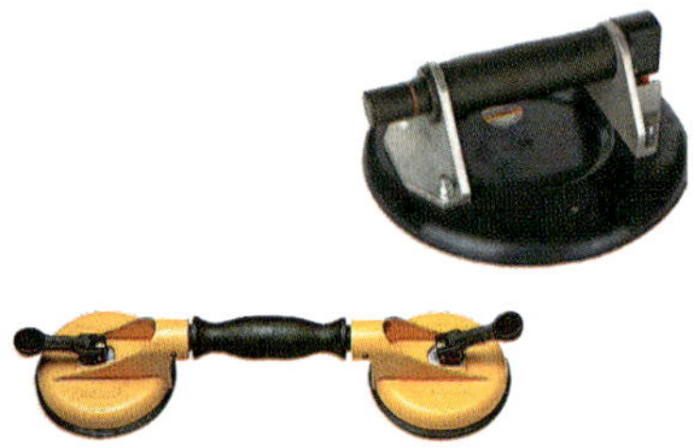

Saugtragegriff

Tragklaue

Knippstange

Etagenwagen

Viereckroller

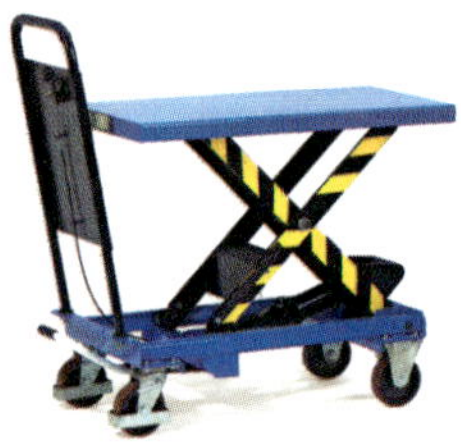

Hubtischwagen

Rollwagen

Treppensackkarre für Stahlflaschen

Sackkarre

Handgabelhubwagen mit Waage

1.3.2.5 Regalbediengeräte

Regalbediengeräte dienen der rationellen Ein- und Auslagerung der Güter in den Regalen.

Regalabhängige Regalbediengeräte fahren schienengeführt in Längsrichtung durch den Regalgang und sind nicht frei verfahrbar. Dies bedeutet, dass für jeden Regalgang ein **eigenes Fahrzeug** erforderlich ist. Dadurch kann aber auch die Umschlagsleistung für die Ein- und Auslagerungen entsprechend gesteigert werden.

Regalunabhängige Regalbediengeräte können über Weichen oder mithilfe von Umsetzwagen zwischen den einzelnen Regalen verfahren werden und **mehrere Regalgänge** bedienen. Dies spart Investitionskosten, verringert aber die Umschlagsleistung.

Konstruktion. Regalbediengeräte gibt es mit einem oder zwei Masten. Zweimastregalbediengeräte sind stabiler, benötigen aber mehr Platz im Regalgang. Regalbediengeräte mit einer zusätzlichen Deckenschiene erlauben den **schwankfreien** Einsatz in Hochregallagern bis über 40 Metern.

Regalbediengeräte schieben die Lagerhilfsmittel (Paletten, Behälter, Boxen, Tablare) mit einer **Teleskopgabel** seitlich in die Regalfächer. Damit entfällt ein Drehen des Regalbediengeräts, wie es beim Ein- und Auslagern mit dem normalen Frontstapler notwendig ist. Gangbreiten von circa 1,50 Meter sind hierzu ausreichend.

Bedienung. Regalbediengeräte werden in den meisten Fällen vollautomatisch bewegt. Fährt zur Ein- und Auslagerung eine Person mit, ist ein Hubkorb am Regalbediengerät erforderlich.

Energierückspeisung. Frei werdende Bremsenergie bei Abwährtsfahrten wird nicht in Wärme umgewandelt, sondern in das Versorgungsnetz zurückgespeist.

Umschlagsleistung. Die Umschlagsleistung drückt die Zahl der Ein- und Auslagerungen in einem bestimmten Zeitabschnitt aus. Sie ist abhängig

(Hinweis: Abbildungen zu Regalbediengeräten finden Sie auf den Seiten 82 und 83.)

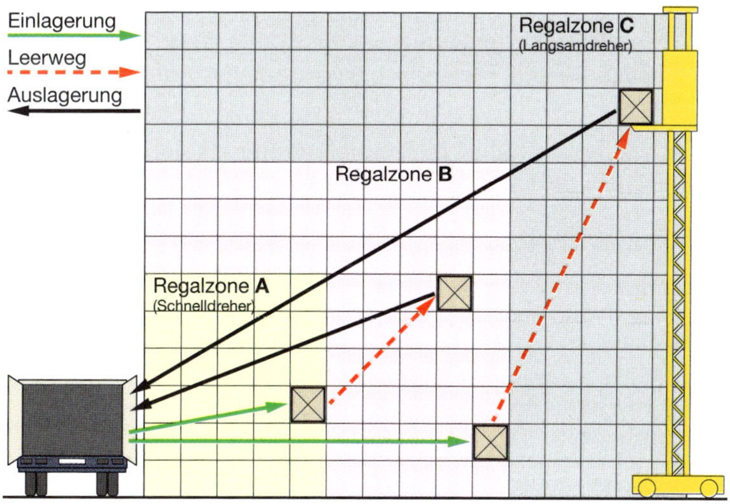

Steigerung der Umschlagsleistung durch Regalzonen (A, B und C), durch Doppelspiele und durch Wegoptimierung

- von der **Spielzeit**. Bei einem **Einzelspiel** wird pro Fahrt nur eine Ein- oder Auslagerung durchgeführt. Dadurch entstehen viele Leerfahrten. Beim **Doppelspiel** erfolgt bei der Hinfahrt eine Einlagerung und auf der Rückfahrt eine Auslagerung. Dies verkürzt die Leerfahrten, besonders, wenn die beiden Lagerorte nahe zusammenliegen. EDV-gesteuerte Anlagen bestimmen die Lagerorte und minimieren somit die Leerfahrten.
- von der **Bauweise**. Leichte Regalbediengeräte aus Aluminium mit Boden- und Deckenführung und Diagonalfahrstrecken erlauben besonders schnelle Beförderungen.
- vom **Einlagerungsort**. Schnelldreher, also umschlagsstarke Güter (A-Güter), werden am Regaleingang, umschlagsschwache Güter (C-Güter) am Regalende gelagert.
- von der **Positionierungsmöglichkeit** der Gabel. Bei manueller Bedienung, besonders, wenn sich die Person am Boden befindet, ist eine Einlagerung in großen Höhen oft ein Geduldsspiel, und es besteht die Gefahr, dass Förderhilfsmittel und Fördergut dabei beschädigt werden. Bei automatischer Regalbedienung erfolgt die Positionierung der Gabel vor dem Regalfach über **RFID**, **Lichtschranken** oder über ein **Wegmesssystem**, das die Koordinaten der Fächer kennt.

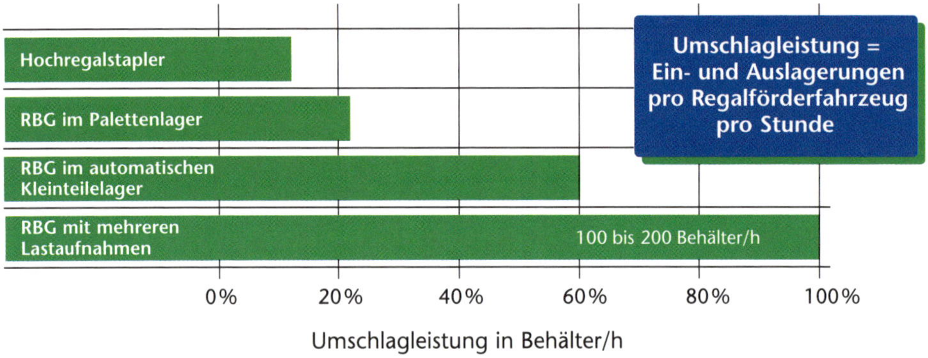

Umschlagsleistungen von Regalbediengeräten im Vergleich (Durchschnittswerte)

- von der Zahl der **Lastaufnahmemöglichkeiten** am Regalbediengerät. Befinden sich mehrere Lastaufnahmemittel am Regalbediengerät, kann gleichzeitig in übereinanderliegenden Regalfächern ein- oder ausgelagert werden. Eine EDV-Steuerung ist dazu Voraussetzung.
- von der **Störanfälligkeit**. Um im Störungsfall den Zugriff auf die Güter zu sichern, werden gleiche Güter in unterschiedlichen Regalgassen eingelagert.

Alternativen zu Regalbediengeräten

Schubmaststapler und **Hochregalstapler.** Beide Stapler dienen zur Ein- und Auslagerung der Güter. Sie werden in den Regalgängen eingesetzt und weniger zum Transport der Güter auf längeren Fahrstrecken. Gegenüber den Regalbediengeräten brauchen sie zum **Schwenken** des Fördergutes eine größere Gangbreite, die aber durch seitenverschiebbare Gabeln vermindert werden kann.

Beide Stapler werden manuell bedient. Die Bedienperson sitzt entweder auf dem Fahrersitz und hebt die Gabel in die gewünschte Höhe (**man-down**) oder sie befindet sich im Fahrerstand am Hubmast und fährt zur Ein- oder Auslagerung in die entsprechende Höhe zum Regalfach (**man-up**).

Schubmaststapler

Halbautomatischer Kommissionierstapler. Bei diesem mit RFID-Lagernavigation ausgerüsteten Stapler steuert der Fahrer den Stapler nur noch in den vom System vorgegebenen Regalgang. Das Lagerverwaltungssystem sendet der Steuerung des Staplers daraufhin die nächste Pickposition, die mittels Diagonalfahrt mit optimaler Geschwindigkeit angefahren wird.

Kernwissen

1.
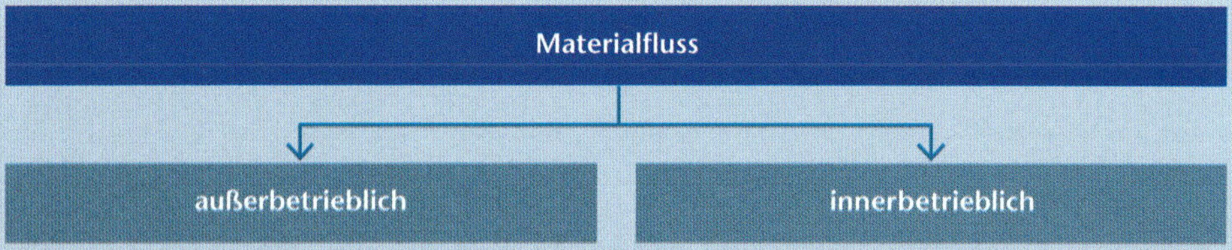

2.
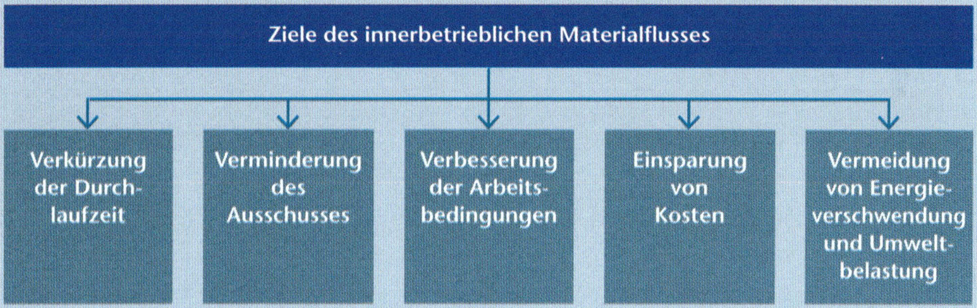

3. Förderhilfsmittel sind Packmittel, die das Fördergut schützen und es lade-, transport- und lagerfähig machen.

4.
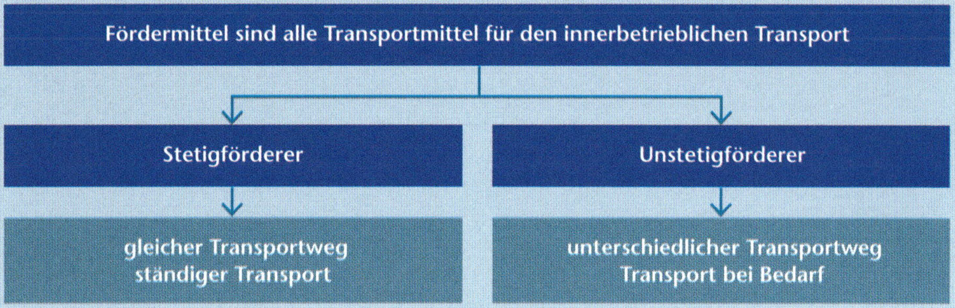

5. **Stetigförderer**
   - **flurfrei**
     - Beförderung an der Decke
     - z. B. Kreiskettenförderer
Power-and-Free-Förderer
Elektrohängebahn
   - **flurgebunden**
     - Beförderung am Boden
     - z. B. Kettenförderer, Gurtförderer, Rollenbahn

6. **Unstetigförderer**
   - **Hebezeuge**
     - vertikaler Transport
     - Aufzüge, Hebebühnen, Krane
   - **Flurförderzeuge**
     - bodengebunden, nicht auf Schienen fahrend
     - Stapler, Hubwagen, Schlepper, Wagen, manuell bedienbare Transporthelfer, z. B. Sackkarre

7. **fahrerlose Transportsysteme**
   - induktiv gesteuert
   - Lasernavigation
   - magnetische Navigation
   - optische Navigation
   - RFID

8. **Regalbediengeräte**
   - regalabhängig
   - regalunabhängig

Aufgaben

Bearbeiten Sie das Lernfeld „Güter im Betrieb transportieren", indem Sie das folgende Silbenrätsel lösen. Die schattierten Kästchen ergeben von oben nach unten gelesen ein Ziel, das beim Transport von Gütern angestrebt werden soll (Umlaute sind ein Buchstabe).

1. *Flurfreier Stetigförderer auf einer Schiene mit motorbetriebenen Fahrzeugen, an denen die Lastträger befestigt sind*
2. *Anbaugerät für Gabelstapler zum Transport von Papierrollen*
3. *Manueller Transporthelfer*
4. *Oberbegriff für alle Packmittel, die das Fördergut auf dem innerbetrieblichen Transport schützen*
5. *Fördermittel mit gleichbleibendem Förderweg*
6. *Steuerungsart mittels Reflektoren bei fahrerlosen Transportsystemen*
7. *Flurfördermittel für den Palettentransport ohne Hubeinrichtung zur Einlagerung in die unteren Regalfächer*
8. *Stetigförderer für die Schüttgutbeförderung in senkrechter Richtung*
9. *Im Boden verlegte Leitdrähte, die den Weg für fahrerlose Transportfahrzeuge bestimmen*
10. *Flurgebundener Stetigförderer für die Beförderung der Güter auf Rollen oder Walzen*
11. *Manuell bedientes Fördermittel, das zur Ein- und Auslagerung von Gütern auch in oberen Regalebenen eingesetzt wird*
12. *Begriff für die Steuerungstechnik, die bei Ein- und Auslagerungen mit Regalbediengeräten Leerfahrten vermindert*
13. *Am häufigsten eingesetztes motorbetriebenes Flurförderzeug*
14. *Oberbegriff für alle innerbetrieblichen Transportmittel*
15. *Oberbegriff für die Beförderung von Gütern inner- und außerhalb des Unternehmens – steht dem Informationsfluss gegenüber*
16. *Unstetige Fördermittel, die die Güter flurfrei und flächendeckend transportieren*
17. *Automatisches Fördermittel, das zur Ein- und Auslagerung von Gütern auch in Hochregalen eingesetzt wird*

Silben:
al – bahn – bahn – be – be – bel – bel – cher – de – der – der – dien – dop – duk – e – fen – fluss – för – för – för – ga – ga – ga – gal – ge – ge – gen – hän – hilfs – hub – in – kar – klam – krä – la – lek – len – len – ler – ler – ma – mast – mer – mit – mit – na – ne – on – ons – pel – rät – re – re – rer – ri – rol – rol – sack – schlei – schub – ser – spiel – stap – stap – ste – te – tel – tel – ti – ti – tig – tro – vi – wa – werk

1
2
3
4
5
6
7
8
9
10
11
12
13
14
15
16
17

2 Gefahren beim Transport

Einstiegssituation

Zu Beginn Ihrer Ausbildung stellt Ihr Ausbilder Ihnen und den anderen neuen Auszubildenden den Sicherheitsbeauftragten im Lager, Herrn Weber, vor. Herr Weber hat die Aufgabe, die neuen Auszubildenden über die Unfall- und Gesundheitsgefahren am Arbeitsplatz zu informieren.

Zum Einstieg präsentiert er das abgebildete Diagramm. „Was sagen Sie dazu?“, fragt er in die Runde.

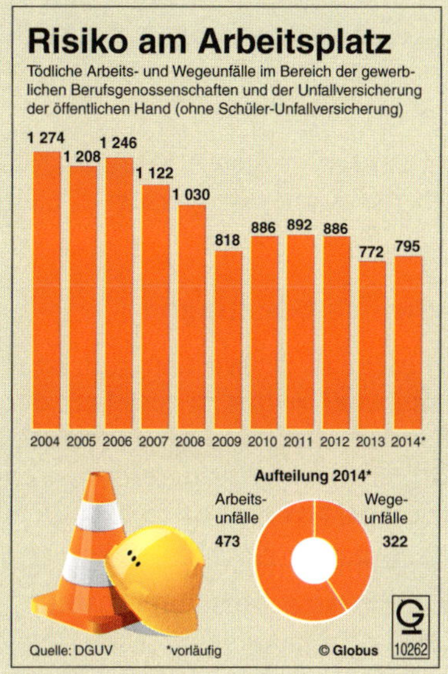

Handlungsaufträge

1. *Welche Grundaussage können Sie zu diesem Diagramm machen?*
2. *Zeigen Sie Gründe für diese Entwicklung auf.*
3. *Stellen Sie fest, welche Aufgaben die Berufsgenossenschaften haben.*

2.1 Organisation des Arbeitsschutzes

2.1.1 Innerbetriebliche Organisation des Arbeitsschutzes

Arbeitgeber

Der Arbeitgeber ist für die Durchführung des Arbeitsschutzes zuständig. Er ist **gesetzlich verpflichtet**, Arbeitsstätten, Werkzeuge, Geräte, Maschinen, technische Anlagen und Fahrzeuge so einzurichten und zu unterhalten sowie den Umgang mit gefährlichen Stoffen so zu regeln, dass die Arbeitnehmer gegen Gefahren für Leben und Gesundheit geschützt sind. Dafür muss er die mit der Arbeit verbundenen **Gefährdungen ermitteln** und **beurteilen**.

Außerdem muss er die für seinen Betrieb geltenden **Arbeitsschutz-** und **Unfallverhütungsvorschriften** an geeigneten Stellen im Betrieb **auslegen**. Den mit der Durchführung des Arbeits- und Unfallschutzes betrauten Personen sind diese Vorschriften auszuhändigen.

Er hat den Arbeitnehmer vor Beginn der Beschäftigung über die Unfall- und Gesundheitsgefahren an seinem Arbeitsplatz zu **belehren**. Diese Unterrichtung ist einmal jährlich zu wiederholen.

Arbeitnehmer

Die Arbeitnehmer haben alle der Arbeitssicherheit dienenden Maßnahmen zu unterstützen und die Arbeitsschutz- und Unfallverhütungsvorschriften einzuhalten. Dazu zählt insbesondere das **Tragen** von **Schutzkleidung**. Bei Nichteinhaltung kann ihnen im Falle einer Arbeitsunfähigkeit die Lohnfortzahlung entzogen werden.

Stellt ein Arbeitnehmer fest, dass eine Einrichtung sicherheitstechnisch nicht einwandfrei ist, hat er diesen **Mangel** unverzüglich zu **beseitigen**. Gehört dies nicht zu seiner Arbeitsaufgabe oder verfügt er nicht über die erforderliche Sachkunde, hat er den Mangel umgehend zu **melden**.

Sicherheitsbeauftragter

Bei mehr als 20 Beschäftigten ist nach Sozialgesetzbuch VII vom Arbeitgeber ein **Sicherheitsbeauftragter** zu bestellen, der den Unternehmer bei der Erfüllung des Unfallschutzes unterstützt. Sind die Beschäftigten einer höheren Unfallgefahr (z. B. Lagern von gefährlichen Gütern) ausgesetzt, so empfiehlt sich die Bestellung des Sicherheitsbeauftragten schon bei weniger als 20 Mitarbeitern.

Der Sicherheitsbeauftragte ist ein auf Abteilungsebene beauftragter Mitarbeiter mit **sicherheitstechnischer Ausbildung**. Als Praktiker im Betrieb kennt er die speziellen Arbeitsschutzprobleme seines Bereichs. Er überzeugt sich laufend, dass die Schutzvorrichtungen vorhanden sind und von den Arbeitskollegen benutzt werden. Mindestens einmal im Monat setzt er sich mit dem Unternehmer zum **Erfahrungsaustausch** zusammen.

Der Sicherheitsbeauftragte ist beratend tätig und soll auf die Unfall- und Gesundheitsgefahren aufmerksam machen. Er hat dabei aber keine Weisungsbefugnis und kann deshalb auch nicht in haftbare Verantwortung genommen werden.

Für die Teilnahme an **Schulungen** ist er freizustellen.

Werden mehr als drei Sicherheitsbeauftragte bestellt, bilden sie einen **Sicherheitsausschuss**.

WSP Betriebsrat

Nach §89 des Betriebsverfassungsgesetzes hat der Betriebsrat im Rahmen des Arbeits- und Unfallschutzes

- ein **Informationsrecht.** Der Arbeitgeber muss den Betriebsrat unverzüglich über Anordnungen des Gewerbeaufsichtsamtes informieren. Auch muss der Betriebsrat von betrieblichen Unfällen in Kenntnis gesetzt werden.
- ein **Überwachungsrecht.** Er überwacht, dass die zugunsten der Arbeitnehmer erlassenen Gesetze und Verordnungen eingehalten und durchgeführt werden.
- ein **Gestaltungsrecht.** Der Betriebsrat ist zu beteiligen an der Planung und Gestaltung von Bauten, technischen Anlagen, Arbeitsverfahren und Arbeitsplätzen.
- ein **Mitbestimmungsrecht.** Sollen im Betrieb Arbeitsschutzmaßnahmen zur Verhütung von Arbeitsunfällen und Berufskrankheiten erfolgen, darf der Betriebsrat mitbestimmen (§87 Abs. 1 Nr. 7 BetrVerfG).
- ein **Unterstützungsrecht.** Der Betriebsrat hat das Recht, sich von Arbeitssicherheitskräften und Betriebsärzten beraten zu lassen. Er darf sich auch bei Betriebsbesichtigungen und Unfalluntersuchungen durch zuständige Stellen (Gewerbeaufsichtsamt, Berufsgenossenschaft) beteiligen.

Gleichermaßen hat er aber auch die Pflicht, bei der Bekämpfung der Unfall- und Gesundheitsgefahren die **zuständigen Stellen** zu beraten und ihnen Auskünfte zu erteilen sowie sich für Arbeitsschutz und Unfallverhütung einzusetzen.

Betriebsärzte und Fachkräfte für Arbeitssicherheit

Das **Gesetz über Betriebsärzte, Sicherheitsingenieure und andere Fachkräfte für Arbeitssicherheit („Arbeitssicherheitsgesetz“)** sieht zur arbeitsmedizinischen und sicherheitstechnischen Betreuung den Einsatz von **Betriebsärzten** und **Sicherheitsfachkräften** in **allen** Betrieben vor.

Die zuständigen **Berufsgenossenschaften** regeln in den Unfallverhütungsvorschriften, wie die Betreuung aussehen soll.

Mögliche Betreuungsformen	
bei zehn und weniger Arbeitnehmern	**bei mehr als zehn Arbeitnehmern**
Branchenbetreuung oder Regelbetreuung wählbar	Regelbetreuung vorgeschrieben
Branchenbetreuung: Der Unternehmer kann von der Bestellung von Sicherheitsfachkräften und Betriebsärzten absehen, wenn er selbst alle notwendigen Informationen zur Sicherheit und zum Gesundheitsschutz in seinem Betrieb erwirbt und mit diesem Grundwissen alle Arbeitsschutzprobleme selbst erkennen, bewerten und angehen kann. Nur im Bedarfsfall soll er auf einen fremden Berater zurückgreifen, z. B. bei der Einführung neuer Arbeitsverfahren mit hohem Gefährdungspotenzial. Das Grundwissen kann sich der Unternehmer aneignen, indem er an branchenspezifischen Qualifikationsmaßnahmen der Berufsgenossenschaften teilnimmt.	**Regelbetreuung:** *1. Möglichkeit* Der Unternehmer bestellt einen Mitarbeiter zur Sicherheitsfachkraft, der für diese Tätigkeit qualifiziert ist, bzw. das Unternehmen hat einen eigenen Betriebsarzt. *2. Möglichkeit* Der Unternehmer beauftragt einen externen sicherheitstechnischen bzw. arbeitsmedizinischen Dienstleister mit der Betreuung des Betriebs. Die Regelbetreuung ist die bisher schon geltende Betreuungsform.

Betriebsärzte und **Sicherheitsfachkräfte** haben die Aufgabe, den **Arbeitgeber** beim Arbeitsschutz und bei der Unfallverhütung in allen Fragen des Gesundheitsschutzes, der Arbeitssicherheit und der menschengerechten Gestaltung der Arbeit zu **unterstützen**. Dazu zählen die folgenden Aufgaben:

- die Arbeitgeber und die sonst für den Arbeitsschutz verantwortlichen Personen zu beraten
- die Erste Hilfe im Betrieb zu organisieren
- die Ursachen für Gesundheitsschäden und Unfälle festzustellen
- die Arbeitsstätten in regelmäßigen Abständen zu begehen, festgestellte Mängel zu melden und Maßnahmen zur Beseitigung vorzuschlagen
- die Arbeitnehmer über die Unfall- und Gesundheitsgefahren zu belehren

Betriebsärzte haben außerdem die Arbeitnehmer zu untersuchen, arbeitsmedizinisch zu beurteilen und zu beraten sowie die Untersuchungsergebnisse zu erfassen und auszuwerten. Zu den Aufgaben der **Sicherheitsfachkräfte** gehört zusätzlich die Überprüfung der Betriebsanlagen und technischen Arbeitsmittel, insbesondere vor der Inbetriebnahme.

Arbeitsschutzausschuss

Die verschiedenen Stellen der innerbetrieblichen Arbeitsschutzorganisation sind im **Arbeitsschutzausschuss** zusammengefasst. Er hat die Aufgabe, Anliegen des Arbeitsschutzes zu beraten, und tritt mindestens vierteljährlich zusammen.

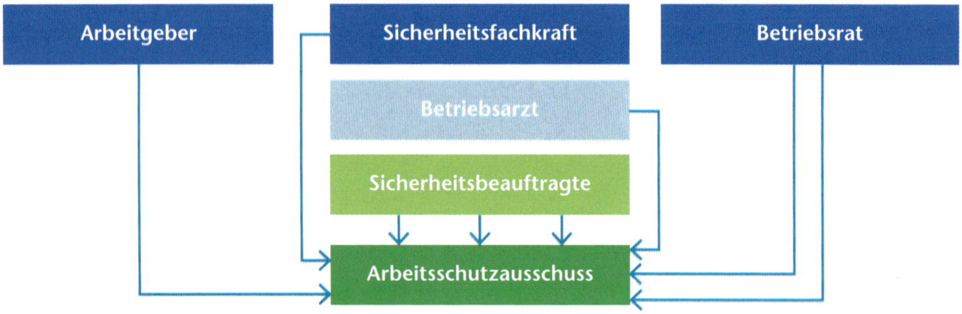

Innerbetriebliche Organisation des Arbeitsschutzes

2.1.2 Überbetriebliche Organisation des Arbeitsschutzes

Träger

Zur überbetrieblichen Arbeitsschutzorganisation gehören
- die **zuständigen Stellen** nach dem Arbeitsschutzgesetz (z. B. Amt für Arbeitsschutz, Gewerbeaufsichtsamt),
- WSP die technischen Aufsichtsdienste der **Unfallversicherungsträger** (gewerbliche und landwirtschaftliche **Berufsgenossenschaften**).

Befugnisse

Nach dem neuen Arbeitsschutzgesetz sind die **zuständigen Stellen** u. a. **befugt**,
- von Arbeitgebern Auskünfte und die Überlassung von Unterlagen zu verlangen,
- zu den Betriebs- und Arbeitszeiten die Geschäfts- und Betriebsräume zu betreten und zu besichtigen,
- Betriebsanlagen, Arbeitsmittel und persönliche Schutzausrüstungen zu prüfen,
- Arbeitsverfahren und Arbeitsabläufe zu untersuchen,
- Messungen vorzunehmen,
- Anordnungen zu treffen, auch gegenüber Beschäftigten und bei Gefahr in Verzug auch ohne angemessene Frist,
- vom Arbeitgeber Unterstützung bei der Wahrnehmung ihrer Befugnisse zu verlangen (z. B. Begleitung bei Betriebsbegehungen).

Die zuständigen Stellen haben bei der Überwachung eng mit den Berufsgenossenschaften **zusammenzuwirken** und den Erfahrungsaustausch zu fördern.

Werden Vorschriften nicht eingehalten, erstellen die Aufsichtsdienste Niederschriften (Revisionsschreiben) und drängen auf Einhaltung der Vorschriften. In schweren Fällen können Maschinen und Anlagen von den Aufsichtspersonen **stillgelegt** werden.

Unfallanzeige

Den Berufsgenossenschaften und zuständigen Stellen ist innerhalb von **drei Tagen** ein Arbeitsunfall vom Arbeitgeber **anzuzeigen**, wenn eine versicherte Person durch einen

Unfall so verletzt wird, dass sie mehr als drei Tage völlig oder teilweise arbeitsunfähig ist. **Tödliche** Unfälle und Unfälle, bei denen mehr als fünf Personen verletzt wurden, sind der Berufsgenossenschaft außerdem **unverzüglich** (z. B. telefonisch) mitzuteilen.

Diese Frist beginnt, wenn der Unternehmer vom Unfall Kenntnis genommen hat und nicht schon zum Unfallzeitpunkt. Falls im Unternehmen vorhanden, müssen der Betriebsrat und die Fachkraft für Arbeitssicherheit bzw. der Sicherheitsbeauftragte die Unfallanzeige unterschreiben, um zu dokumentieren, dass sie über den Unfall Bescheid wissen.

2.2 Vorschriften zum Arbeitsschutz beim Transport

Transport heißt Bewegung von Gütern mit Fördermitteln mit oder ohne Personen. Die häufigste Unfallursache im Lager sind Transportunfälle. Es ist wie im Straßenverkehr: Ein stehendes Auto ist seltener in einen Unfall verwickelt als ein fahrendes. Aus diesem Grund haben die **Berufsgenossenschaften** als **Träger** der **Unfallversicherungen** verschiedene **Unfallverhütungsvorschriften**, Regeln und Merkblätter zum Umgang mit verschiedenen Fördermitteln erlassen.

2.2.1 Unfallverhütungsvorschriften für den Transport

Unfallverhütungsvorschriften haben den Charakter einer Satzung und gelten für die Mitglieder, d. h. die **Unternehmer**, sowie für die Versicherten, also die Arbeitnehmer der jeweiligen Berufsgenossenschaft sowie für Mitarbeiter von Fremdfirmen, die bei Mitgliedsunternehmen tätig sind. Sie werden in Abstimmung mit dem **Arbeitsschutzgesetz** und anderen Gesetzen und Verordnungen erstellt.

Für den Transport von Gütern im Lager sind verschiedene **Vorschriften** bedeutsam. Die wichtigsten sind:

- DGUV Vorschrift 1 (früher BGV A1): Sie enthält allgemeine Vorschriften. Dazu zählt insbesondere die Unterweisung der Versicherten.

DGUV Vorschrift 1 (§ 4)

Unterweisung der Versicherten

(1) Der Unternehmer hat die Versicherten über Sicherheit und Gesundheitsschutz bei der Arbeit, insbesondere über die mit ihrer Arbeit verbundenen Gefährdungen und die Maßnahmen zu ihrer Verhütung, entsprechend § 12 Absatz 1 Arbeitsschutzgesetz sowie bei einer Arbeitnehmerüberlassung entsprechend § 12 Absatz 2 Arbeitsschutzgesetz zu unterweisen; die Unterweisung muss erforderlichenfalls wiederholt werden, mindestens aber einmal jährlich erfolgen; sie muss dokumentiert werden.

(2) Der Unternehmer hat den Versicherten die für ihren Arbeitsbereich oder für ihre Tätigkeit relevanten Inhalte der geltenden Unfallverhütungsvorschriften und Regeln der Unfallversicherungsträger sowie des einschlägigen staatlichen Vorschriften- und Regelwerks in verständlicher Weise zu vermitteln.

(3) Der Unternehmer nach § 136 Absatz 3 Nummer 3 Alternative 2 Sozialgesetzbuch Siebtes Buch (SGB VII) hat den Schulhoheitsträger hinsichtlich Unterweisungen für Versicherte nach § 2 Absatz 1 Nummer 8 Buchstabe b SGB VII zu unterstützen.

- DGUV Vorschrift 68 (früher BGV D27): Sie enthält die Unfallverhütungsvorschriften für Flurförderzeuge.
- DGUV Information 208-004 (früher BGI 545): Sie enthält die Regeln für die Nutzung von Gabelstaplern.
- DGUV Vorschrift 52 (früher BGV D6): Sie enthält die Unfallverhütungsvorschriften für Krane.

2.2.2 Gesundheitsschutz beim Heben und Tragen

2.2.2.1 Grundregeln

Damit beim Heben und Tragen die **Belastung** von Wirbelsäule und Bandscheiben gering gehalten wird, sollten folgende Grundregeln beachtet werden:

1. Fassen und Heben der Last
   - mit geradem Rücken,
   - mit möglichst steil aufgerichtetem Oberkörper,
   - mit gebeugten Knien,
   - möglichst nah am Körper.
2. Die Last niemals ruckartig anheben, sondern den Körper gleichmäßig und langsam aufrichten.
3. Beim Heben ein Verdrehen der Wirbelsäule vermeiden, indem man zuerst die Last hebt und erst dann den ganzen Körper durch Schritte in die Bewegungsrichtung dreht. Beim Senken der Last ist umgekehrt zu verfahren.
4. Die Last möglichst körpernah tragen, den Rücken dabei gerade halten.
5. Beim Tragen stets die Sicht freihalten.
6. Die Last mit gebeugten Knien und geradem Rücken absetzen.
7. Vorhandene Transporthilfen benutzen.
8. Wenn zwei Personen eine Last tragen, die Last auf beide gleichmäßig verteilen. Die hintere Person gibt dabei das Kommando.

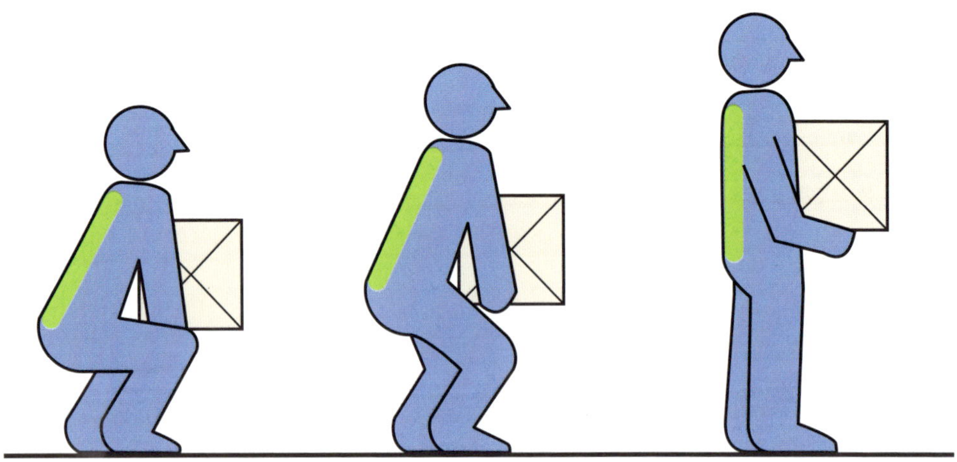

Richtiges Heben und Tragen

2.2.2.2 Zumutbare Lasten

Nach Empfehlung des Bundesministeriums für Arbeit und Sozialordnung sind folgende Gewichte in Abhängigkeit von Geschlecht, Alter und Häufigkeit des Hebens und Tragens zumutbar. Sind solche Lasten **häufig** zu heben und zu tragen, empfiehlt sich die Anschaffung und der Einsatz von Sackkarren, Handkranen, Rollenbahnen usw.

Zumutbare Last in kg – Häufigkeit des Hebens und Tragens				
	gelegentlich		häufiger	
Lebensalter	Frauen	Männer	Frauen	Männer
15 bis 18 Jahre	15	35	10	20
19 bis 45 Jahre	15	55	10	30
älter als 45 Jahre	15	45	10	25

„gelegentlich" bedeutet: Heben und Tragen der Last höchstens einmal pro Stunde bei einem Transportweg bis längstens 4 Schritte

„häufiger" bedeutet: Heben und Tragen der Last wenigstens zweimal pro Stunde bei einem Transportweg von 5 und mehr Schritten

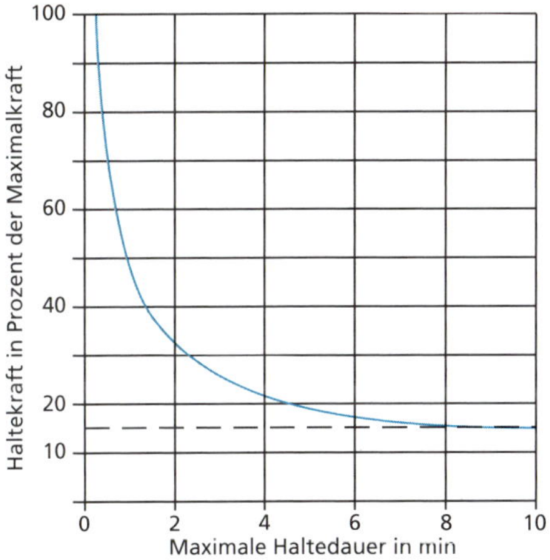

Maximale Haltedauer bei statischer Muskelkraft in Abhängigkeit von der relativen Haltekraft

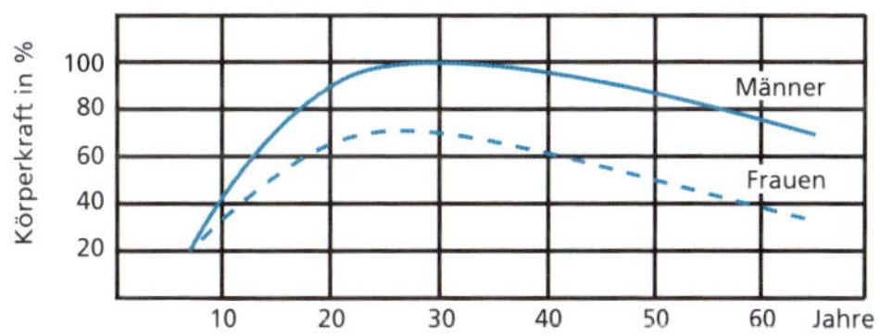

Einfluss von Lebensalter und Geschlecht auf die Körperkraft

Werdende Mütter dürfen nach dem Mutterschutzgesetz nicht mit Arbeiten beschäftigt werden, bei denen sie regelmäßig mehr als 5 kg bzw. gelegentlich mehr als 10 kg ohne mechanische Hilfsmittel tragen müssen.

2.2.3 Unfallverhütung beim Einsatz von Flurförderzeugen

2.2.3.1 Unfallursachen

Jährlich ereignen sich in der gewerblichen Wirtschaft rund 15 000 meldepflichtige Unfälle mit Gabelstaplern, davon enden etwa 20 Unfälle **tödlich**. Untersuchungen der

Bundesanstalt für Arbeitsschutz und Arbeitsmedizin ergaben folgende Ergebnisse bei tödlichen Unfällen mit dem Gabelstapler, wobei sich grundsätzlich drei Unfalltypen unterscheiden lassen:

Unfalltyp	Unfallvorkommen in %
Fahren/Bedienen des Gabelstaplers	38,3 %
Mithelfen beim Transport mittels Gabelstapler	38,3 %
Unbeteiligte, die beim Transport mittels Gabelstapler tödlich verletzt wurden	23,4 %

Fahrfehler dominieren beim Fahren des Gabelstaplers:

Unfallhergang	Unfallvorkommen in %
Fahren ohne Last	41,5 %
Fahren mit Last	24,4 %
Anheben, Senken, Aufnehmen der Last	12,2 %
Aufenthalt des Fahrers vor oder hinter dem Stapler	21,9 %

Dabei passieren 25 % aller tödlichen Unfälle beim Rückwärtsfahren, bei 30 % lag keine Fahrerausbildung vor und bei 17 % wurde der Gabelstapler ohne Auftrag gefahren.

Beim Unfallvorgang ergeben sich folgende Häufigkeiten:

Unfallvorgang	Unfallvorkommen in %
Umkippen des Staplers	48,8 %
Vom Stapler eingequetscht werden	24,4 %
Absturz des Staplers	17,0 %
Von herunterfallender Last getroffen	9,8 %

2.2.3.2 Arbeitssichernde Maßnahmen beim Umgang mit Flurförderzeugen

Die **Sicherheit** beim Umgang mit Flurförderzeugen hängt ab
- vom Zustand des Flurförderzeugs,
- vom Verhalten des Fahrzeugführers.

Anforderungen an Flurförderzeuge als Mitgänger-, Fahrerstand- und Fahrersitzgeräte:
- Fahr- und Feststellbremsen
- Sicherungsmöglichkeit gegen unbefugtes Benutzen (nicht austauschbarer Schlüssel)
- Beleuchtung
- Hupe
- ausreichende Sicht auf die Fahrbahn, die Last und das Lastaufnahmemittel (Gabeln)
- Mitfahrgelegenheit nur, wenn der Fahrende durch den Fahrzeugraum ausreichend geschützt ist. Dazu gehören auch Fahrerschutzdach und Lastschutzgitter.

Ergonomische Funktionsbelegung

Prüfungen:

- mindestens einmal jährlich durch einen Sachkundigen
- Sicht- und Funktionsprüfung stets vor Arbeitsbeginn

Voraussetzungen für die Benutzung des Gabelstaplers:

- Mindestalter 18 Jahre
- körperliche und geistige Eignung
- theoretische und praktische Ausbildung sowie Prüfung zum Erwerb des Staplerscheins
- betriebliche Unterweisung und Beauftragung durch den Arbeitgeber

① Fahren Richtung Last
② Fahren Richtung Antrieb
③ Heben (Gabel)
④ Senken (Gabel)
⑤ Mastvorschub
⑥ Mastrückschub
⑦ Vorneigen (Mast)
⑧ Rückneigen (Mast)
⑨ Seitenschub links
⑩ Seitenschub rechts
⑪ Hupe

Verhalten bei der Benutzung:

- maximal zulässige Tragkraft beachten
- Lasten so aufnehmen, dass sie nicht verrutschen können
- so beladen, dass ausreichende Sicht gewährleistet ist, bei hohen Lasten evtl. rückwärts fahren
- bei fehlender Sicht einen Einweiser heranziehen
- nur die vorgesehenen Fahrwege benutzen
- das Mitfahren nicht zugelassener Personen verbieten, wenn der Stapler nicht für mitfahrende Personen ausgerüstet ist, z. B. mit Sitz und Haltevorrichtung
- verhindern, dass sich jemand unter den beladenen Gabeln aufhält, wenn sie mehr als 1,50 Meter angehoben sind
- Gabeln während der Fahrt in niedrige Stellung bringen, Gabeln nur zum Auf- und Absetzen hochstellen
- bei Gefälle und Steigungen die Gabeln mit der Last stets bergseitig bewegen
- bei Benutzung öffentlicher Straßen die Straßenverkehrsordnung beachten (Beispiel: Der Staplerfahrer muss im Besitz eines gültigen Führerscheins für Pkw sein.)
- Lasten nur an den vorgesehenen Flächen abstellen, Verkehrs- und Fluchtwege freihalten, herabgefallene Teile sofort wegräumen
- Güter so einlagern, dass sie nicht in die Geh- und Fahrwege hineinragen
- bei Reinigungs- und Instandsetzungsarbeiten die Geräte abschalten und vor unbefugter Benutzung sichern

Firma: Arbeitsplatz: Tätigkeit:	**Betriebsanweisung Flurförderzeugen mit Fahrersitz oder Fahrerstand**	Datum: Unterschrift

1. Anwendungsbereich

Diese Betriebsanweisung gilt für den Betrieb und Verkehr mit Flurförderzeugen mit Fahrersitz oder Fahrerstand auf dem gesamten Betriebsgelände durch die beauftragten Staplerfahrer.

2. Gefahren für Mensch und Umwelt

- Verletzung von Personen, Beschädigung von Gegenständen/Einrichtungen
- Schwere Quetschungen durch umkippende Flurförderzeuge
- Prellungen und Brüche durch Herabfallen von Lasten
- Quetschgefahr zwischen Flurförderzeug und festen Teilen der Umgebung
- Verätzungen durch Batteriesäure bei beschädigten Batterien oder beim Nachfüllen von destilliertem Wasser (siehe spezielle Betriebsanweisung)
- Vergiftungsgefahr durch hohe Abgaskonzentration in Räumen bei Antrieb durch Verbrennungsmotor

3. Schutzmaßnahmen und Verhaltensregeln

Täglich vor Arbeitsbeginn:
- Kontrolle des Flurförderzeugs auf erkennbare Sicherheitsmängel an Bremsen, Lenkung, Hydraulik, Rollen oder Bereifung

Beim Betrieb:
- Benutzung nur durch beauftragte Personen (Mindestalter 18 Jahre, Jugendliche über 16 Jahre nur unter Aufsicht)
- Vorhandenes Fahrerrückhaltesystem benutzen
- Fahrzeug nur vom Fahrersitz/-stand aus in Bewegung zu setzen
- Sicherheitsschuhe tragen
- Jede Mitnahme und das Auf- und Abwärtsbefördern von Personen ist verboten
- Nur für Flurförderzeuge freigegebene Verkehrswege benutzen
- Nicht mit hochgehobener Last fahren
- Lasten so laden, dass sie nicht herabfallen oder sich verschieben können
- Nur bei ausreichender Sicht und mit angepasster Geschwindigkeit fahren
- Nicht unter Alkohol, Drogen und Medikamenteneinfluss fahren (Restalkohol)
- Ladebleche nur dann befahren, wenn diese ausreichende Tragfähigkeit haben, sicher aufliegen und gegen Verschieben gesichert sind.
- Lkw, Sattelauflieger u. a. vor dem Befahren gegen Wegrollen sichern (Unterlegkeile)
- Anbaugeräte (z. B. Montagekorb) dürfen nur von hierin unterwiesenen Personen benutzt werden (siehe besondere Betriebsanweisung)

Beim Verlassen des Flurförderzeugs:
- Gegen unbefugte Benutzung sichern (z. B. durch Schlüssel abziehen)
- Nicht auf Fluchtwegen, vor Notausgängen oder in Verkehrswegen abstellen

4. Verhalten bei Störungen **Notruf:**

- Flurförderzeug bei sicherheitsrelevanten Störungen nicht weiter benutzen
- Gegen weitere Benutzung sichern
- Vorgesetzten informieren

5. Erste Hilfe **Notruf:**

- Ruhe bewahren
- Ersthelfer heranziehen
- Unfall melden

6. Instandhaltung, Entsorgung

- Instandhaltung nur durch hiermit beauftragte Personen

Quelle: Berufsgenossenschaft Handel und Warenlogistik (Hrsg.): Betriebsanweisung für Flurförderzeuge mit Fahrersitz oder Fahrerstand, Zugriff am 19.09.2015 unter: https://www.bghw.de/arbeitsschuetzer/regelwerk-und-praeventionsmedien-der-bghw/praeventionsmedien-der-bghw/betriebsanweisungen/maschinen-und-geraete/flurfoerderzeuge/gabelstapler/betriebsanweisung-flurfoerderzeuge (Dieses Muster muss an die betrieblichen Gegebenheiten angepasst werden.)

2.2.4 Unfallverhütung beim Einsatz von Kranen

Abstürzende Lasten gefährden Personen, Güter, Fördermittel und sonstige Einrichtungen. Zu den **gefährdeten Personen** zählen der Kranführer, die Anschläger sowie alle Personen, die sich im Bereich des Transportwegs aufhalten. Dies erfordert die Einhaltung verschiedener Verhaltensregeln.

- **Erlaubnis.** Zum selbstständigen Führen und Instandhalten von Kranen dürfen vom Arbeitgeber nur fachkundige Personen beauftragt werden.
- **Teamarbeit**. Bedient ein Kranführer den Kran von einem Führerhaus aus, dann übernehmen ein oder mehrere Anschläger das Anschlagen der Last, z. B. am Kranhaken. Ohne Einverständnis des Anschlägers darf der Kranführer den Kran nicht bewegen. Die Kommunikation zwischen beiden erfolgt über Funkkontakt oder Handzeichen, die die Anweisungen des Anschlägers eindeutig symbolisieren.
- **Sicherheitseinrichtungen.** Krane benötigen Sicherheitseinrichtungen. Dazu zählen Not-Endeinrichtungen, die Auf- und Abwärts- sowie Fahrbewegungen begrenzen, sowie Lastmomentbegrenzer, die ein Überschreiten des zulässigen Lastmoments verhindern.
- **Prüfungen vor Arbeitsbeginn.** Der Kranführer hat vor Arbeitsbeginn die Bremsen, die Kranschalter und Sicherheitseinrichtungen zu überprüfen, Schäden festzustellen und zu melden.
- **Europäische Normen**. Ketten für Krane müssen der Europäischen Norm für Ketten DIN EN 818 entsprechen.
- **Prüfung der Lastaufnahmeeinrichtungen.** Vor der ersten Inbetriebnahme sowie in regelmäßigen Abständen von längstens einem Jahr müssen die Lastaufnahmeeinrichtungen durch einen Sachkundigen geprüft werden.
- **Ablegereife.** Drahtseile dürfen bei Feststellung von äußeren Fehlern, Abnutzung und Verformungen nicht mehr verwendet werden. Beispiele:

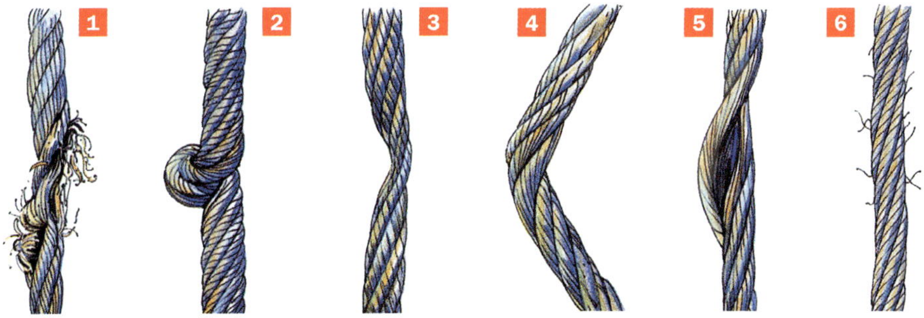

Vermindern die Tragfähigkeit erheblich: 1 Litzenbrüche, 2 Klanken, 3 Quetschungen, 4 Knicke, 5 Aufdoldungen, 6 Drahtbrüche

- **Kennzeichnung.** Bei Lastaufnahmemitteln und Tragemitteln muss die Traglast deutlich erkennbar und dauerhaft angebracht sein.
- **Neigungswinkel** β**.** Die Tragfähigkeit von Anschlagmitteln wie Stahlseilen, Ketten und Bändern hängt davon ab, welchen Neigungswinkel β die von der Last oder vom Lastaufnahmemittel nach oben zum Tragemittel führenden Stränge mit der Senkrechten bilden. Der Neigungswinkel β darf 60° nicht überschreiten. Dies entspricht einem Spreizwinkel von maximal 120°.

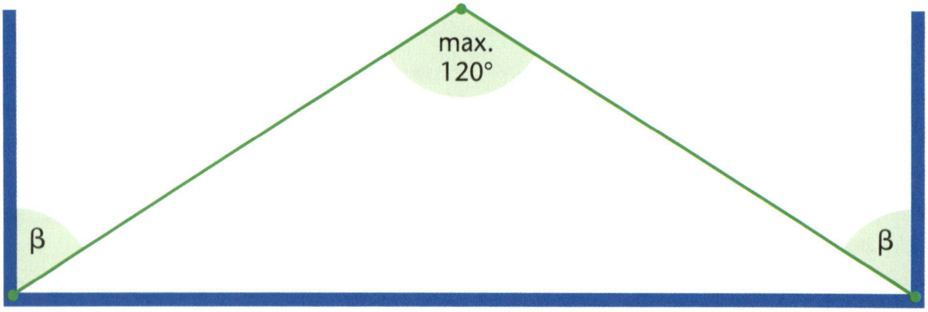

Definition

Je größer der Neigungswinkel β, desto geringer ist die Tragfähigkeit der Anschlagsmittel. Oder: Die Tragfähigkeit nimmt mit zunehmendem Neigungswinkel β ab.

- **Tragfähigkeitstabelle.** Kranführer und Anschläger können aus den Tragfähigkeitstabellen, die von den Herstellern der Anschlagmittel zur Verfügung gestellt werden, die richtige **Ketten-Nenndicke** in mm (Kettenstärke) in Abhängigkeit von der Last, dem Neigungswinkel und der Zahl der Kettenstränge herauslesen.

	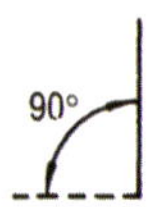			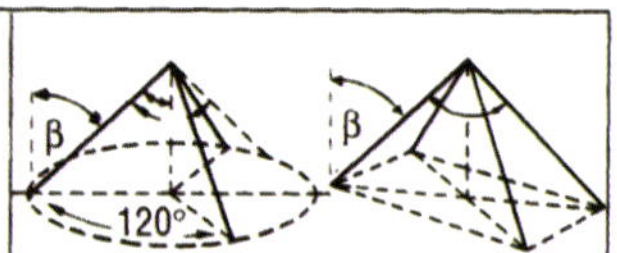	
	1-strang	2-strang		3- und 4-strang	
Neigungswinkel β	0	0-45°	45-60°	0-45°	45-60°
Belastungsfaktor symmetrisch	1	1,4	1	2,1	1,5
Ketten-Nenndicke mm 6	1 000	1 400	1 000	2 100	1 500
7	1 500	2 100	1 500	3 150	2 250
8	2 000	2 800	2 000	4 250	3 000
10	3 200	4 500	3 200	6 700	4 750
13	5 000	7 100	5 000	10 000	7 500
16	8 000	11 200	8 000	17 000	11 800
18	10 000	14 000	10 000	21 200	15 000
19	11 200	16 000	11200	23 600	17 000
20	12 500	18 000	12 500	26 500	18 000
Belastungsfaktor unsymmetrisch	1	1	1	1,5	1

Tragfähigkeitstabelle in kg

Beispiele

- *Gewicht der Last 6000 kg, Neigungswinkel 30°, Zahl der Kettenstränge 2; Lösung: Die Ketten-Nenndicke muss 13 mm betragen, da eine Kette mit 10 mm Nenndicke nur 4500 kg tragen darf.*
- *Gewicht der Last 2500 kg, Neigungswinkel 60°, Zahl der Kettenstränge 4. Lösung: Die Ketten-Nenndicke muss 8 mm betragen, da eine Kette mit 7 mm Nenndicke nur 2250 kg tragen darf.*

- **Traversen.** Ist ein Neigungswinkel β unter 60° nicht möglich, so ist durch Einsatz einer Traverse eine Beförderung mit dem Kran möglich.

Beispiel Stahldrahtseile

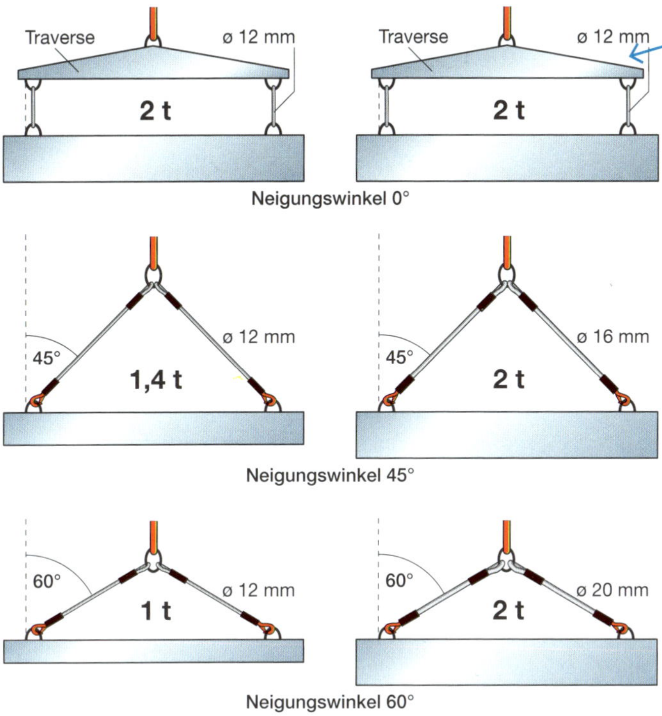

Links:
Bei **gleichem Seildurchmesser** verringert sich bei zunehmendem Neigungswinkel die Belastbarkeit.

Rechts:
Bei **gleicher Belastung** und **zunehmendem Neigungswinkel** müssen **stärkere Anschlagmittel** verwendet werden.

- **Anschlagpunkte.** Für einsträngige Anschlagmittel muss der Anschlagpunkt senkrecht über dem Lastschwerpunkt liegen. Für zweisträngige Anschlagmittel müssen die Anschlagpunkte beiderseits und oberhalb des Lastschwerpunktes liegen. Bei drei- und viersträngigen Anschlagmitteln müssen die Anschlagpunkte gleichmäßig in einer Ebene um den Lastschwerpunkt verteilt sein und sollten über dem Lastschwerpunkt liegen.

Kernwissen

1. Innerbetrieblich sind für den Arbeitsschutz **Arbeitgeber**, **Sicherheitsbeauftragte**, **Fachkräfte für Arbeitssicherheit** und **Betriebsärzte** verantwortlich. Der **Betriebsrat** hat u. a. ein Informations-, Gestaltungs- und Mitbestimmungsrecht. Sie sind im Arbeitsschutzausschuss organisiert.
2. Die **Arbeitnehmer** haben alle dem Arbeitsschutz dienenden Maßnahmen zu unterstützen.
3. Zu den überbetrieblichen Arbeitsschutzorganisationen gehören die **zuständigen Stellen** und die **Berufsgenossenschaften** als Träger der Unfallversicherung.
4. Bei mehr als drei Tagen **Arbeitsunfähigkeit** durch einen Arbeitsunfall ist dies der **zuständigen Stelle** und der zuständigen Berufsgenossenschaft zu melden.
5. Die Vorschriften zum Arbeitsschutz beim Transport sind u. a. in verschiedenen **Unfallverhütungsvorschriften** der **Berufsgenossenschaften** geregelt.
6. Beim **Handtransport** sollten aus arbeitsmedizinischer Sicht die Grundregeln für das Heben und Tragen sowie die Lastgrenzen für bestimmte Personengruppen beachtet werden.

7. **Voraussetzungen** für das **Fahren** mit dem **Gabelstapler** sind ein Mindestalter von 18 Jahren, die geistige und körperliche Eignung, der Staplerschein und der Fahrauftrag durch den Arbeitgeber.
8. Die **Sicherheit** beim Umgang mit einem Flurförderzeug hängt ab vom Zustand des Flurförderungszeugs und vom Verhalten des Fahrzeugführers.
9. Für **unfallsicheres Kranen** ist eine gute Teamarbeit zwischen Kranführer und Anschläger erforderlich.
10. Je größer der **Neigungswinkel** β, desto geringer ist die Tragfähigkeit des Anschlagmittels.

Aufgaben

1. *Erstellen Sie ein Diagramm zur Organisation des Arbeitsschutzes im Betrieb.*
2. *Beschreiben Sie die Stellung und die Aufgaben des Sicherheitsbeauftragten im Unternehmen.*
3. *Situation:*
   Sie sind Mitarbeiter der Kranbau AG, 94315 Straubing, Ittlinger Str. 15 und als Sicherheitsbeauftragter u. a. mit der Bearbeitung von Unfällen in Ihrem Betrieb beschäftigt.

   Heute um 10:30 Uhr erhalten Sie die Mitteilung, dass der Mitarbeiter Peter Müller um 07:15 Uhr auf dem Weg zu den Umkleideräumen im Treppenhaus Halle 4, Aufgang 2, stolperte, stürzte und mit dem rechten Handgelenk gegen das Geländer schlug. Dabei zog er sich laut Diagnose des behandelnden Arztes Dr. Weidinger im Krankenhaus Straubing einen Kammbeinriss am rechten Unterarm zu. Der Verletzte wurde im Krankenhaus ambulant behandelt, kann aber seine Arbeit nicht wieder aufnehmen und ist für 10 Tage krankgeschrieben.
   Für die Erstellung der Unfallanzeige entnehmen Sie der Personalakte des Mitarbeiters folgende Daten:

   Stammnummer 35768, geboren am 25.03.1970 in Bogen, wohnhaft in 94365 Parkstetten, Dorfstr. 5, verheiratet, 1 Kind mit 4 Jahren, Gefahrenklasse 17, fest angestellt seit Oktober 1997 im Lager als Kommissionierer, Kostenstelle 4407, krankenversichert bei der Allgemeinen Ortskrankenkasse in Straubing.

   Als sonstige Angaben stehen Ihnen zur Verfügung:
   Tägliche Arbeitszeit bei der Kranbau AG: 07:00–15:30 Uhr, Anschrift der Berufsgenossenschaft: Süddeutsche Metall-Berufsgenossenschaft, Postfach 380220, 80615 München, Mitgliedsnummer der Kranbau AG bei der Süddeutschen Metall-Berufsgenossenschaft: 35/0234/803, Betriebsnummer der Kranbau AG beim Arbeitsamt in Straubing: 82409431.

   Aufgabe:
   Erstellen Sie die Unfallanzeige an die Süddeutsche Metall-Berufsgenossenschaft aufgrund der vorgegebenen Daten.
4. *Besorgen Sie sich ein circa 10 kg schweres Packstück und üben Sie das Heben und Tragen dieses Packstücks nach der Anleitung auf Seite 196.*

5. *Ermitteln Sie anhand der auf Seite 197 abgebildeten Tabelle die empfohlenen Grenzen:*
   a) Ab welchem Gewicht sollten keine Lasten mehr gehoben und getragen werden?
   b) Auf welche Personengruppe sollte das Heben und Tragen eines Packstückes mit 50 kg beschränkt sein?
   c) Welche Personengruppen sollten Packstücke über 15 kg gar nicht heben und tragen?

6. *Nennen Sie die Voraussetzungen, die zum Führen eines Gabelstaplers erfüllt sein müssen.*

7. *Auch wenn Sie selbst nicht den Gabelstapler fahren, sind Sie doch verschiedenen Gefahren ausgesetzt, wenn in Ihrem Ausbildungsbetrieb Gabelstapler im Einsatz sind. Beschreiben Sie fünf Gefahren.*

8. *Ein 1 Meter hoher Behälter mit den Grundmaßen 1,40 × 1,40 Meter und mittigem Schwerpunkt sowie einem Gewicht von 1 800 kg soll mit einem Gabelstapler befördert werden, für den das Lastschwerpunktdiagramm in Kapitel 1.3.2.2 gilt. Entscheiden und begründen Sie, ob ein Transport möglich ist.*

9. *Als Anschläger haben Sie die Aufgabe, aus der in Kapitel 2.2.4 abgebildeten Tragfähigkeitstabelle die Ketten mit der richtigen Nenndicke in mm für folgende Krantransporte herauszusuchen:*
   Transport a) Gewicht der Last 8 000 kg, Neigungswinkel 90°, Zahl der Kettenstränge 1
   Transport b) Gewicht der Last 4 000 kg, Neigungswinkel unter 45°, Zahl der Kettenstränge 2
   Transport c) Gewicht der Last 6 000 kg, Neigungswinkel über 45°, Zahl der Kettenstränge 3

10. *a) Drucken Sie sich aus dem Internet die berufsgenossenschaftliche Vorschrift DGUV Vorschrift 1 aus.*
    b) Erstellen Sie eine Tabelle mit folgendem Aufbau:

Paragrafen	Im Unternehmen erfüllt	Im Unternehmen eher nicht erfüllt
§ 2 Grundpflichten		
§ 3 Beurteilung der Arbeitsbedingungen		
§ 4 Unterweisung der Versicherten		
usw.		

    c) Übernehmen Sie in Spalte 1 die Paragrafen und ihre Inhalte.
    d) Führen Sie in Spalte 2 Beispiele dafür auf, wie in Ihrem Unternehmen die Vorschriften erfüllt sind.
    e) Nennen Sie in Spalte 3 Beispiele, wie in Ihrem Unternehmen die Vorschriften eher nicht erfüllt sind, und zeigen Sie Möglichkeiten auf, was noch getan werden könnte.

Lernfeld 5
Güter kommissionieren

1 Systematik der Kommissionierung

Einstiegssituation

Samstagmorgen: Nach einem ausgedehnten Frühstück überlegen Sie, was Sie für das Wochenende einkaufen müssen. Am Ende liegt ein langer Einkaufszettel mit über zehn Positionen vor Ihnen.

Im Supermarkt angekommen, beginnt Ihr Einkauf für das Wochenende. Nach Zahlung an der Kasse kehren Sie freudig oder auch erschöpft nach Hause zurück. Jetzt kann das Wochenende beginnen.

Handlungsaufträge

1. *Beschreiben Sie im Einzelnen alle Tätigkeiten, die Sie vom Eintritt in den Supermarkt bis zu dessen Verlassen ausführen.*
2. *Vergleichen Sie diese Tätigkeiten mit Ihrer beruflichen Tätigkeit, wenn Sie einen Kundenauftrag zusammenstellen.*
3. *Welche Möglichkeiten haben Sie, die Zeit des Einkaufs zu verkürzen?*

1.1 Gründe für Güterausgänge

Güterausgänge aus dem Lager können verschiedene Gründe haben:

- Materialbereitstellung für die Fertigung bzw. Werkstatt
- Umlagerungen in ein anderes Lager
- Materialbereitstellung für Prüf- und Wartungszwecke
- Lieferung an den Kunden
- Auffüllung des Verkaufslagers
- Ausschuss alter oder verdorbener Teile
- Rücklieferungen an den Lieferanten

In allen Fällen hat das Lager die angeforderten Gütermengen bereitzustellen. Lieferzeit und Lieferbereitschaft hängen weitgehend davon ab, wie schnell die Güter im Lager verfügbar sind.

1.2 Grundlagen der Kommissionierung

Nach VDI 3590 wird Kommissionieren wie folgt definiert: „Kommissionieren ist das Zusammenstellen von bestimmten Teilmengen (Artikel) aus einer bereitgestellten Gesamtmenge (Sortiment) aufgrund von Bedarfsinformationen (Auftrag). Dabei findet eine Umformung eines lagerspezifischen in einen verbrauchsspezifischen Zustand statt."

Einfach gesagt:

Definition

Kommissionieren ist das Zusammentragen verschiedener Artikel nach einem vorgegebenen Auftrag.

Dabei kann es sich um einen Kundenauftrag, aber auch um einen Produktionsauftrag handeln.

Ein Auftrag wird im lagertechnischen Sinn als **Kommission** bezeichnet.

Unter dem **Kommissionierer**, **Greifer** oder **Picker** ist der Mitarbeiter zu verstehen, der den Auftrag zusammenstellt (to pick = greifen).

Jede Kommissionierung setzt sich nach VDI 3590 aus einem Informationsfluss, einem Materialfluss sowie der Organisation zusammen.

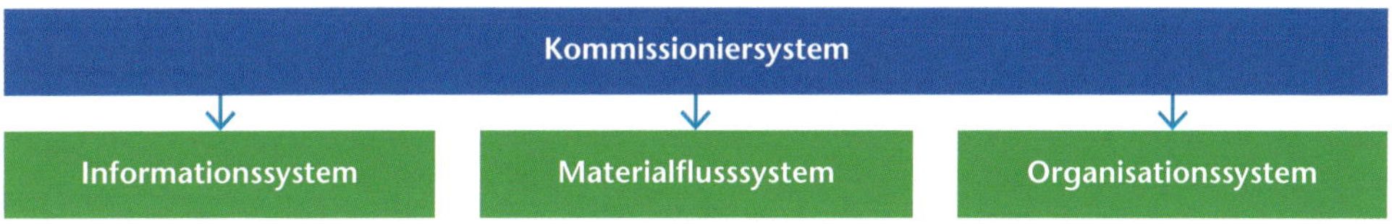

1.2.1 Informationssystem

Im Rahmen des Informationsflusses bei der Kommissionierung sind folgende **Fragen** zu beantworten:

- Wie wird der Kundenauftrag erfasst?
- Wie werden die Kundenaufträge in Kommissionieraufträge aufbereitet?
- Wie werden die Kommissionieraufträge an die Kommissionierer weitergegeben?
- Wie werden die Entnahmen durch den Kommissionierer quittiert?
- Wie werden die Entnahmen verbucht?

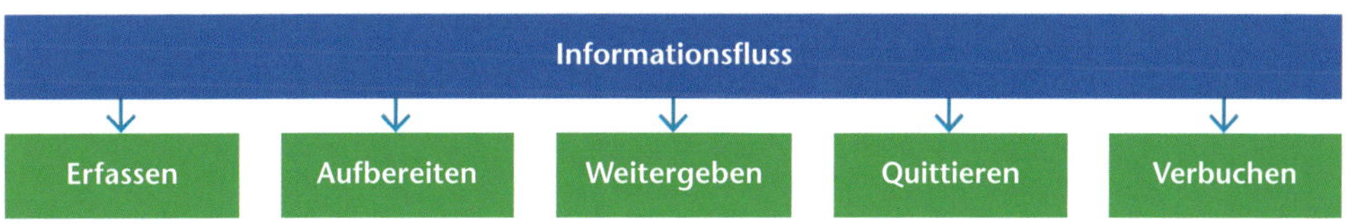

1.2.1.1 Erfassen des Kundenauftrags

Die Bestellungen der Kunden können schriftlich, telefonisch, per Fax, E-Mail oder Internet erfolgen. Jede Bestellung sollte über die Kommissionierung zu einer Lieferung an den Kunden führen. Sie entsprechen also den Kundenaufträgen. Dazu sind die Daten der Bestellungen mithilfe eines Lagerverwaltungsprogramms oder eines Warenwirtschaftssystems zu erfassen, um festzustellen, ob **Lieferfähigkeit** besteht.

1.2.1.2 Aufbereiten des Kundenauftrags zu einem Kommissionierauftrag

Die Kundenaufträge werden in Kommissionieraufträge umgewandelt.

Kundenaufträge = Bestellungen → **Kommissionieraufträge = Picklisten, Greiferkontrolllisten**

Zusätzlich zu den Bestelldaten enthalten diese noch Informationen für den Kommissionierer zur Erleichterung des Kommissioniervorgangs wie Lagerort der Güter, Verpackungsart, Gefahrenhinweise.

Die Aufbereitung kann im **Batch-Modus (= Stapelverarbeitung)** oder im **Real-Time-Modus (= Echtzeitverarbeitung)** erfolgen. Bei batchweiser Aufbereitung werden die Bestelldaten eines ganzen Tages gesammelt und dann stapelweise, also auf einmal, aufbereitet. Im Real-Time-Betrieb werden die Kundenaufträge sofort nach Auftragseingang aufbereitet.

Bei der Aufbereitung über das EDV-System können die **Kommissionieraufträge geordnet** werden
- nach Auftragsarten, z. B. Normalauftrag, Eilauftrag,
- nach Versandarten, z. B. Luftfracht, Bahnfracht,
- nach Auftragspositionen zur Verkürzung der Wegezeiten,
- nach Güterarten, z. B. Kommissionierung schwerer Güter zuerst, damit sie unten zu liegen kommen,
- nach dem Fifo-Prinzip, d. h., die Position eines Gutes mit dem frühesten Einlagerungsdatum wird kommissioniert.

GREIFERKONTROLLLISTE **B_DATUM: 2. Juni ..** B_ZEIT : 09:00
NACHDRUCK SEITE : 0002
VON : 0002

BEREITS.NR : 342135 AUFTRAG/BELEG: 981471485 LAGERORT: 02
AA: 01 UB: 0 VT: 320 FG: 2W V5 09 C HAUPTZONE: 90

KNA/KST : 02814 KNE: 02814
EMPFÄNGER : DEUTSCHLAND
RÖSCH + MAURER GMBH BAD WINDSHEIM
BURGERBERNHEIMER STR. 2 D 91438

ARBEITSGRUPPE : 02 VOLUMEN : 0,0 PACKZONE : 13
FÖRDERMITTEL : 01 GEWICHT : 4,3 BEREITSTELLER : ____________

VERPACKUNGSANWEISUNG : DSB

MARKIERUNG:

ANLIEFG. KUNDE: 08.06...

POS	RW	UZ	REGAL	TEILENUMMER	UC	BT	MENGE	GFG	GEWICHT	VN	PMNR	FEHLTEIL
0002		01	310200	81 22 9 400 243	004	0	4	F	1,23	02	0901	______
0003		02	080602	51 91 1 052 177	004	0	1	F	0,43	01	0901	______
0004		02	110201	83 12 9 407 907	004	0	6	F	2,21	02	0901	______
0005		02	120901	51 91 1 052 178	004	0	1	F	0,43	01	0901	______

DSB = Drehstapelbehälter GFG = Gefahrgut F = Feuergefährlich

Kommissionierbeleg: Greiferkontrollliste

1.2.1.3 Weitergeben des Kommissionierauftrags an den Kommissionierer

Die Weitergabe des Kommissionierauftrags an den Kommissionierer kann beleghaft (= schriftlich) oder beleglos erfolgen.

- **Beleghafte Kommissionierung**

  Die beleghafte Kommissionierung erfolgt im **Offline-Verfahren**. Hier erhält der Kommissionierer den Lieferschein, die Rechnung oder eine Pickliste/Greiferkontrollliste zur Ausführung des Kommissionierauftrags. Vielfach wird für jede Kommissionierposition häufig ein eigenes Klebeetikett mit Barcode ausgedruckt, das der Kommissionierer auf das kommissionierte Gut klebt. Somit sind Fehler vermeidbar, da bei ordnungsgemäßer Kommissionierung die Zahl der Klebeetiketten mit der Zahl der Positionen übereinstimmen muss. Problematisch wird es jedoch bei falscher Zuordnung des Etiketts.

  Beleghafte Kommissionieraufträge erfordern einen hohen Leseaufwand und führen häufig zu Lesefehlern.

- **Beleglose Kommissionierung**

  Zur beleglosen Kommissionierung zählen:
  - Kommissionierung mit mobilen Datenterminals
  - Pick by Barcode/Pick by Scan
  - Pick by RFID
  - Pick by Light
  - Pick by Voice
  - Pick by Vision

  Der Datenaustausch beim **beleglosen Kommissionieren** zwischen dem Lagerverwaltungsrechner und dem Kommissionierer kann erfolgen
  - per **Funk** im **Onlineverfahren** = Übertragung und Verarbeitung der Daten in Echtzeit

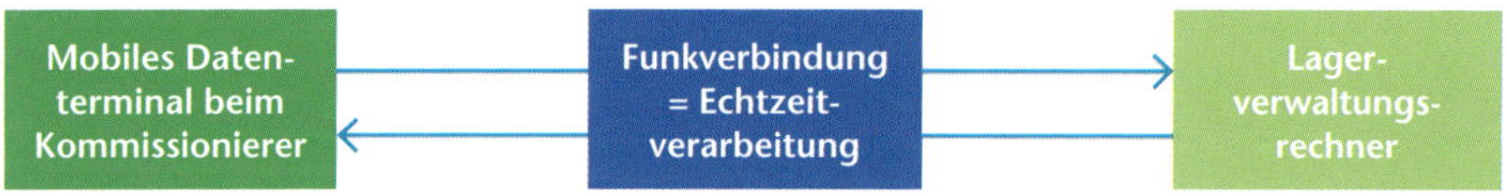

  - über einen PC mit Lade- und Übertragungsstation im **Offline-Verfahren** = Übertragung der Daten im „Stapel“

  Vorteile des beleglosen Kommissionierens:
  - hohe Kommissionierleistung
  - geringe Fehlerquote
  - kurze Einarbeitungszeit
  - automatische Kontrolle
  - Datenverarbeitung meist in Echtzeit

  Nachteile des beleglosen Kommissionierens:
  - hohe Investitionskosten für Hardware, Software, Arbeitsmittel
  - hoher organisatorischer Aufwand
  - Arbeitsstillstand bei Ausfall der EDV

  Eine Beschreibung der beleglosen Kommissionierung finden Sie in Kapitel 1.4.

1.2.1.4 Quittieren der Warenentnahme

Durch das Quittieren bestätigt der Kommissionierer nach der Entnahme, dass er die einzelne Position oder den gesamten Kommissionierauftrag abgearbeitet hat. Die Quittierung kann erfolgen

- beim beleghaften Kommissionieren durch Abhaken oder Streichen der Position auf dem Kommissionierbeleg,
- beim beleglosen Kommissionieren durch Scannen der entnommenen Position, durch Drücken einer Taste oder durch Spracheingabe an das EDV-System.

1.2.1.5 Verbuchen der Warenentnahme

Beim **beleglosen** Kommissionieren erfolgt die Verbuchung der Warenentnahme automatisch über das Lagerverwaltungsprogramm, d. h. online im Moment der Quittierung.

Beim **beleghaften** Kommissionieren kann die Verbuchung erfolgen

- durch Eintrag der Warenentnahme in die Lagerfachkarte,
- durch manuelle Eingabe der Warenentnahme in das Lagerverwaltungsprogramm.

Im Zuge der Verbuchung ist es bei geringen Beständen sinnvoll, den Ist-Bestand mit dem Soll-Bestand abzugleichen. Somit ist eine **Bestandsaufnahme** im Sinne der permanenten Inventur für diese Ware möglich.

1.2.2 Materialflusssystem

Im Rahmen des Materialflusses bei der Kommissionierung sind folgende **Fragen** zu beantworten:

- Wie wird die Ware bereitgestellt?
- Wie bewegt sich der Kommissionierer zur Ware?
- Wie wird die Ware entnommen?
- Wie wird die Ware abgegeben/weitergegeben?
- Wie wird die Ware kontrolliert?

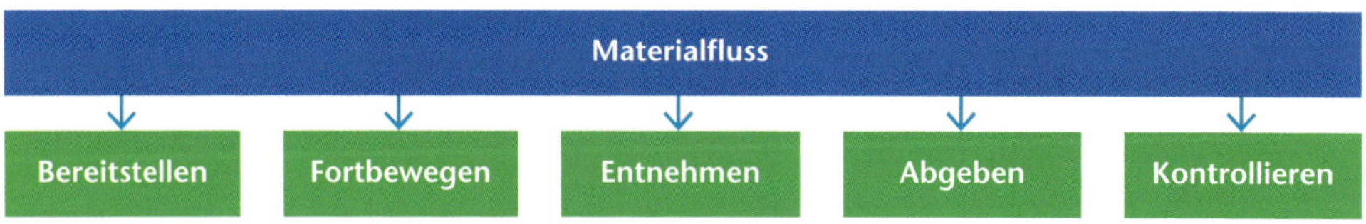

1.2.2.1 Bereitstellen der Ware für den Kommissionierer

Die Bereitstellung der Ware kann **statisch** oder **dynamisch** erfolgen.

Mann zur Ware = statische Bereitstellung

Die Artikel lagern hier in einem Kommissionierlager. Der Kommissionierer geht oder fährt zu den Lagerplätzen der Artikel und entnimmt die jeweilige Artikelmenge. Vielfach werden die Artikel erst von einem Reservelager in ein Kommissionierlager gebracht, bevor die Kommissionierung beginnt.

Liegt eine **feste** Lagerordnung vor, kennt der Kommissionierer den Lagerort des Artikels. Bei **freier** Lagerordnung muss auf dem Kommissionierauftrag auch der Lagerort des Artikels angegeben sein.

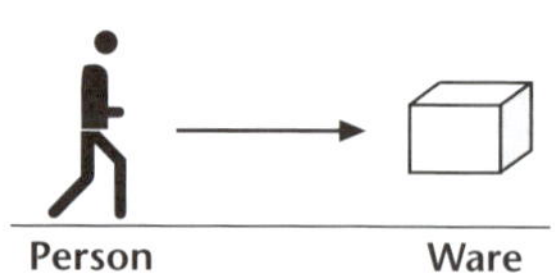

Mann zur Ware = statische Bereitstellung

Bei dieser statischen Bereitstellung fallen folgende **Tätigkeiten** an:

- Übernahme des Kommissionierauftrags
- Klärung des Lagerorts des Artikels
- Fahrt oder Gang zu diesem Lagerort
- Kontrolle, ob das richtige Lagerfach vorliegt
- Entnahme des angegebenen Artikels

Die statische Bereitstellung ist u. a. **vorteilhaft**,

- wenn der Investitionsaufwand gering bleiben soll,
- wenn die Entnahmezeit am Regalfach nur gering ist,
- wenn die Abwicklung von Eilaufträgen erforderlich ist.

Die **Nachteile** liegen

- in den langen Wegezeiten für den Lagerrundgang,
- in der höheren körperlichen Belastung,
- in der geringeren Arbeitsproduktivität.

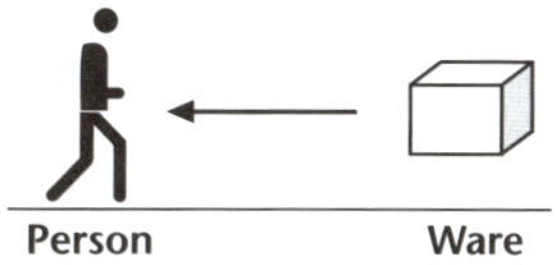

Ware zum Mann = dynamische Bereitstellung

Ware zum Mann = dynamische Bereitstellung

Hier wird der zu greifende Artikel in einer Palette oder einem Behälter mithilfe eines Regalförderzeugs bzw. Regalbediengeräts aus dem meist computergesteuerten Lager zum Kommissionierer gebracht. Dieser entnimmt die angeforderte Teilemenge. Anschließend erfolgt der Rücktransport der angebrochenen Lagereinheit im selben Förderhilfsmittel in das Lager.

Vorteile der dynamischen Bereitstellung:

- hohe Kommissionierleistung wegen der fast ganz entfallenden Wegzeiten, da der Kommissionierer bei seiner Tätigkeit seinen Arbeitsplatz nicht verlässt
- geringere körperliche Belastung
- Einsatz von automatischen Entnahmehilfsmitteln (z. B. Regalförderzeug) möglich
- optimale Gestaltung der Entnahmeplätze möglich
- leichter Abtransport leerer Ladehilfsmittel

Nachteile der dynamischen Bereitstellung:

- hohe Investitionskosten für Fördermittel und Steuerungsanlagen
- Abstimmung von Fördertechnik mit Ware bzw. Verpackung
- wenig flexibel gegenüber stark schwankenden Anforderungen
- Stillstand bei Maschinenausfall

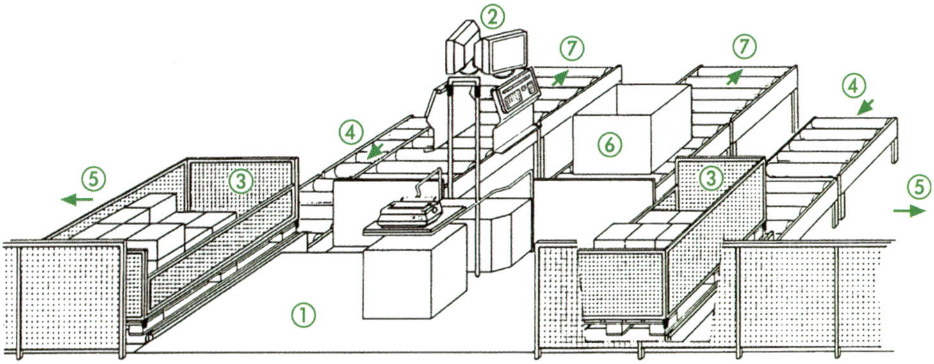

Kombinierter Kommissionier- und Packarbeitsplatz für das übergeordnete Ablaufprinzip Ware-zum-Mann. ① Arbeitsbühne, ② EDV-Terminal, ③ Kommissionierbereitstellung, ④ Zuförderung Kommissionierware, ⑤ Abförderung Kommissionierware, ⑥ Versandkarton, ⑦ Abförderung zum Versand.

Kommissioniersystem Ware-zum-Mann

Die Regalarten eignen sich unterschiedlich für die Bereitstellung.

Regalarten für

Mann-zur-Ware-Systeme	Ware-zum-Mann-Systeme
Lager mit Fachbodenregalen	Hochregallager mit automatischen Regalförderzeugen (RFZ)
Blocklager	Umlaufregalanlagen mit automatischen Ein- und Auslagervorrichtungen
Durchlaufregale ohne Transporthilfsmittel sowie mit manuell bedienten RFZ oder Kommissionierstaplern	Durchlaufregallager mit automatischen RFZ
Hochregallager mit manuell bedienten RFZ oder Kommissionierstaplern	Turmregale
Lager mit Verschieberegalen	automatische Behälterlager (AKS)

1.2.2.2 Fortbewegen des Kommissionierers zum Lagerort

Eindimensionale Fortbewegung. Hier bleibt der Kommissionierbereich des Kommissionierers auf einen Regalgang beschränkt.

Zweidimensionale Fortbewegung liegt vor, wenn der Arbeitsbereich des Kommissionierers mehrere Regalgänge umfasst. Häufig spricht man dabei auch von eindimensionaler Kommissionierung mit Gangwechsel.

Die Kommissionierung erfolgt in beiden Fällen aber nur bis in **Griffhöhe**. Als Fördermittel sind Hubwagen, aber auch Transporthelfer wie Handwagen oder Sackkarre zu nennen.

Vorteile:
- geringer Investitionsaufwand
- flexible Anpassung an schwankende Auftragslage

Nachteile:
- schlechte Volumenausnutzung bei meist fester Lagerordnung
- hoher Flächen- und Raumbedarf, da nur bis zu bestimmten Höhen gegriffen werden kann
- meist lange Wege zu den Kommissionierplätzen
- Ermüdung durch Laufen, Bücken, Strecken

Dreidimensionale Fortbewegung. Hier befindet sich der Kommissionierer auf einem gleichzeitig fahr- und hubfähigen Fördermittel, mit dem er sich horizontal und vertikal bewegen kann. Der höheren Kommissionierleistung und besseren Raumausnutzung stehen höhere Investitionskosten gegenüber.

1.2.2.3 Entnehmen der Ware

Unter Entnahme ist das **Greifen** der Güter aus dem Regalfach zur Erfüllung des Kommissionierauftrags zu verstehen. Häufig wird auch von Vereinzelung gesprochen, d. h. die Abtrennung der zu kommissionierenden Menge von der vorhandenen Bereitstellungsmenge.

Die Entnahme kann manuell, mechanisch oder automatisch erfolgen. Sie richtet sich nach der Art der Güter und nach der Art der Lagerung.

- **Manuelle Entnahme.** Sie ist möglich, wenn sich die Güter im Sicht- und Greifbereich des Menschen befinden und von Gewicht, Volumen, Beschaffenheit per Hand entnommen werden können. Die manuelle Entnahme ist typisch in **Fachbodenregalen**. Dem geringen Investitionsaufwand stehen hohe Personalkosten und eine gewisse Unfallgefahr (z. B. Einsatz von Leitern usw.) gegenüber.
- **Mechanische Entnahme.** Sie ist notwendig, wenn sich der Sicht- und Greifbereich, aber auch die Güterart nicht zur manuellen Entnahme eignen. Beispiel: Lagerung von Gütern auf Paletten in **Hochregallagern** → die Entnahme ganzer Paletten erfolgt durch einen Gabelstapler oder ein Regalbediengerät. Den geringen Personalkosten und der großen Raumausnutzung stehen ein hoher Investitionsaufwand und die Notwendigkeit der Verwendung genormter Ladehilfsmittel gegenüber.
- **Automatische Entnahme.** Sie kommt vor beim Einsatz von Kommissionierautomaten und Kommissionierrobotern. Kommissionierautomaten und -roboter erzielen eine **hohe Kommissionierleistung.** Auch die Fehlerrate bei der Entnahme der Waren durch Automaten und Roboter ist sehr gering. Allerdings ist mit sehr hohen Investitionskosten zu rechnen. Außerdem sind sie wegen der Greifschwierigkeit nur bei einheitlicher Verpackungsart und -größe der Artikel einsetzbar.

Kommissionierroboter

Kommissionierroboter erhalten die Auftragsdaten wie Auftragsnummer, Koordinaten des Lagerorts, Stückzahl und Gewicht der Güter automatisch vom Lagerrechner. Sie sind in der Lage, das Regalfach anzufahren und das Gut mithilfe eines aus **Saugnäpfen** bestehenden Greifsystems aus dem Regalfach zu entnehmen und in einen mitgeführten Behälter zu legen. Der Greifer selbst ist mit einem Bildverarbeitungssystem ausgestattet, das die Lageerkennung der Güter übernimmt. Die richtige Entnahmemenge wird über das Gewicht ermittelt.

Kommissionierautomaten

Bei Kommissionierautomaten befinden sich die Güter in Schächten, die links und rechts von einem Förderband angebracht sind. Jedes Gut hat dabei einen eigenen **Schacht**. Für die Ausführung eines Kommissionierauftrags läuft ein Behälter, der bereits am Systemeingang über einen Strichcode dem Auftrag zugeordnet ist, über das Förderband. Im richtigen Moment öffnet der Schacht und das zu kommissionierende Gut gelangt über einen Auswerfer in den Behälter.

Schacht-Kommissionierautomat

Kommissionierroboter für Einzelentnahme von der Palette

1.2.2.4 Abgeben der Ware

Nach der Entnahme der Güter ist zu entscheiden, in welcher Form die Güter an die nächste Stelle (Verpackung, Versand, Fertigung) weitergegeben werden sollen.

- **Zentrale Abgabe.** Bei dieser Abgabeform werden die Güter vom Kommissionierer in einen oder mehrere mitgeführte Kommissionierbehälter abgelegt und nach Erledigung des Auftrags von ihm selbst in einem Sammelbehälter einer Auftragssammelstelle zur Verpackung übergeben. Das Entnahmevolumen ist durch die mitgeführten Kommissionierbehälter begrenzt.
- **Dezentrale Abgabe.** Die Güter werden hier direkt oder nach Abschluss der Entnahme vom Kommissionierer auf ein Förderband gelegt, das die Güter zur Sammelstelle transportiert (Pick to Belt). Das Entnahmevolumen ist zwar nicht durch die Größe der Kommissionierbehälter begrenzt, doch können nur Waren mit bestimmten Abmessungen befördert werden.
- **Pick-Pack-Verfahren.** Bei diesem Verfahren erfolgt die Kommissionierung und die Verpackung in einem Arbeitsgang. Das entnommene Gut wird vom Kommissionierer unmittelbar nach der Entnahme noch am Regal in ein versandfertiges Packmittel gelegt, das anschließend nur noch verschlossen werden muss. Eine Abgabe an eine Verpackungsstelle entfällt.

  Dieses Verfahren ist dann **vorteilhaft**, wenn
  - die Produkte bereits kundengerecht vorverpackt oder komplettiert eingelagert wurden,
  - keine aufwendigen Spezialverpackungen notwendig sind,
  - die Auswahl des richtigen Packmittels hinsichtlich Größe und Stabilität bereits vor der Kommissionierung getroffen werden kann.

1.2.2.5 Kontrollieren der Ware

Kommissionierfehler kosten Zeit und Geld und verärgern den Kunden. Deshalb sind Kontrollen erforderlich. Dafür ist eine Planung der Kontrolle erforderlich.

Zeitpunkt der Kontrolle	▪ sofort bei Entnahme ▪ vor dem Verpacken
Kontrollperson	▪ Kontrolle durch Kommissionierer selbst ▪ eigene Kontrollperson
Umfang der Kontrolle	▪ Komplettkontrolle (100%-Kontrolle) ▪ Stichprobenkontrolle
Kontrollart: manuell	▪ Entnahmen zählen, messen, wiegen und mit den vorliegenden Picklisten/Lieferscheinen vergleichen ▪ entnommene Waren auf Mängel (Bruch, Schmutz, Rost usw.) prüfen
Kontrollart: automatisch	▪ Strichcode der entnommenen Ware mittels **Scanner** überprüfen ▪ **RFID-Transponder** auf Verpackung einlesen ▪ das vom Lagerverwaltungssystem errechnete Gewicht für die Kommission mit dem auf der Waage ermittelten Gewicht vergleichen **(Gewichtskontrolle)** ▪ mit einer Kamera die kommissionierte Ware aufnehmen und mit dem Bild der Ware im Lagerverwaltungsrechner vergleichen **(optische Kontrolle)**

1.2.3 Organisationssystem

Nach der VDI-Richtlinie 3590 teilt sich das Organisationssystem der Kommissionierung in drei Bereiche.

Teilbereiche	befassen sich mit der Frage	Abhängigkeiten
Betriebsorganisation	In welcher zeitlichen Reihenfolge werden die Kundenaufträge in das Kommissioniersystem eingesteuert?	Dies hängt ab: ▪ von den Auftragsgrößen und Auftragsmengen ▪ von den Terminvorgaben, z. B. Eilaufträge ▪ von der Versandart ▪ von der Bedeutung des Kunden
Aufbauorganisation	In welche Kommissionierzonen wird das Lager aufgeteilt?	Dies hängt ab: ▪ vom Gewicht und Volumen des Gutes ▪ von der Umschlagsmenge und Umschlagshäufigkeit ▪ von den besonderen Bedingungen bei Gefahrgut, Kühlgut usw.
Ablauforganisation	Mit welcher Kommissioniermethode werden die Aufträge ausgeführt?	Dies hängt davon ab, ▪ ob ein Auftrag eine oder mehrere Kommissionierzonen durchläuft, ▪ ob ein Auftrag von einer oder mehreren Personen kommissioniert werden soll, ▪ ob Einzelaufträge zusammen kommissioniert werden sollen.

Im Rahmen der Aufbauorganisation stellt sich auch die Frage, ob Vorratslager und Kommissionierlager getrennt sein oder sich in einer Lagerzone/einem Regal befinden sollen. Man spricht dann von **integrierter Kommissionierung**.

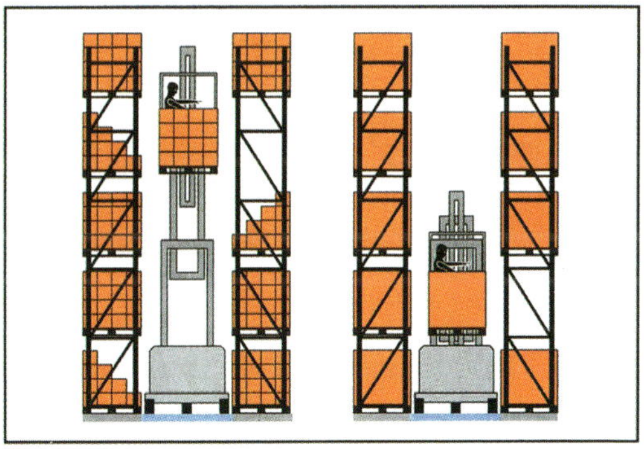

Paletten-Hochregal, Beschickung und Kommissionierung erfolgt mit personengeführten Regalbediengeräten oder Kommissionierstaplern in allen Ebenen

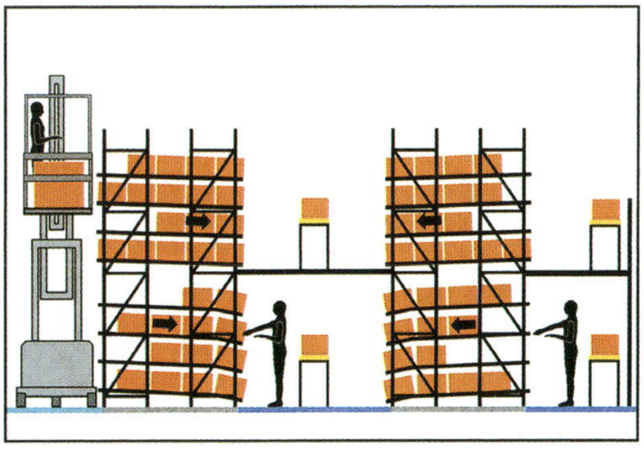

Mehrgeschossiges Durchlaufregal; links Beschickung mit Kommissionierstapler, rechts manuell über Förderband; in der Mitte Abtransport der kommissionierten Güter über ein zentrales Förderband; damit entstehen getrennte, behinderungsfreie Arbeitsgänge für Beschicker und Kommissionierer.

1.3 Kommissioniermethoden

Kundenaufträge bestehen meist aus mehreren Positionen. In der Praxis wird eine Vielzahl von Kommissioniermethoden eingesetzt, um diese **Kundenaufträge reibungslos** und **fehlerfrei abzuarbeiten**. Nachfolgend sind drei grundlegende Methoden mit ihren Varianten dargestellt. Sie unterscheiden sich in ihren Informations- und Materialflüssen sowie in ihrer Ablauforganisation:

- auftragsorientierte, serielle Kommissionierung
- auftragsorientierte, parallele Kommissionierung
- serienorientierte, parallele Kommissionierung

1.3.1 Auftragsorientierte, serielle Kommissionierung

Bei der auftragsorientierten, seriellen Kommissionierung werden die einzelnen Aufträge in den verschiedenen Lagerzonen nacheinander bearbeitet. Dabei sind folgende Abläufe möglich:

- **ohne Übergabestelle.** Kommissionierer A führt den gesamten Auftrag **allein** aus und durchläuft alle Lagerzonen, bis er alle Artikel entnommen hat. Anschließend wickelt er den nächsten Auftrag ab. Weitere Kommissionierer gehen in gleicher Weise vor.

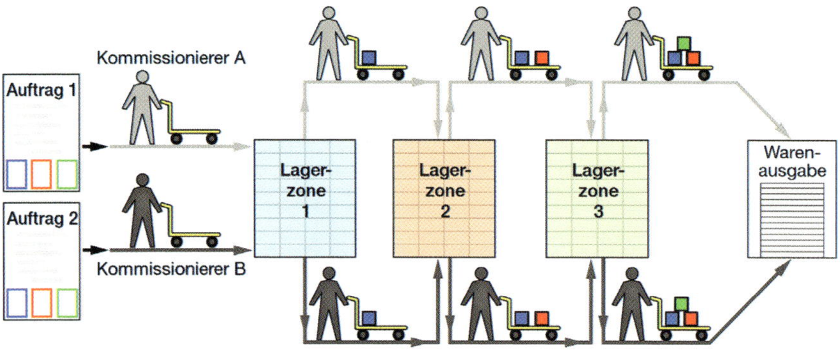

Auftragsorientierte, serielle Kommissionierung

- **mit Übergabestellen.** Kommissionierer A entnimmt für den Auftrag die Artikel aus Lagerzone 1 und **übergibt** Auftrag und entnommene Artikel an Kommissionierer B. Dieser entnimmt nun die entsprechenden Artikel aus Lagerzone 2 und übergibt an Kommissionierer C usw.

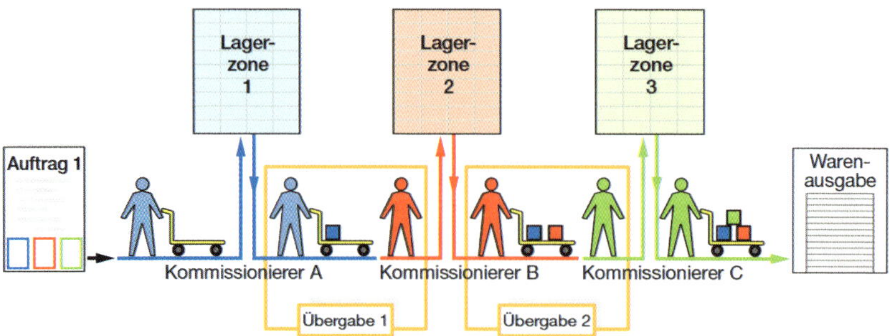

Auftragsorientierte, serielle Kommissionierung mit Übergabestellen

Vorteile der auftragsorientierten, seriellen Kommissioniermethode:

- häufig praktizierte Methode, da leichte Einarbeitung
- einfache Festlegung der Verantwortlichkeiten
- wenig organisatorische Vorbereitung

Nachteile:

- relativ lange Auftragsdurchlaufzeiten
- sehr lange Kommissionierwege
- Problem der Übergabe an den nächsten Kommissionierer, da die Kommissionierer in ihrer Lagerzone meist unterschiedliche Greifzeiten haben

1.3.2 Auftragsorientierte, parallele Kommissionierung

Bei dieser Kommissioniermethode wird ein Kundenauftrag in **Teilaufträge** getrennt. Die Teilaufträge sind nach den Lagerzonen aufgeteilt. Die Kommissionierung kann nun in den einzelnen Lagerzonen gleichzeitig (= parallel) erfolgen. Nach der erfolgten Kommissionierung in den einzelnen Lagerzonen werden die Teilaufträge zu einem kompletten Auftrag zusammengeführt.

Vorteil:

- schnellere Auftragsdurchlaufzeit als bei auftragsorientierter, serieller Kommissionierung

Nachteile:

- aufwendige Organisation der Auftragsteilung, die ohne EDV nahezu unmöglich ist
- aufwendige Auftragszusammenführung
- ungleichmäßige Auslastung der einzelnen Kommissionierbereiche

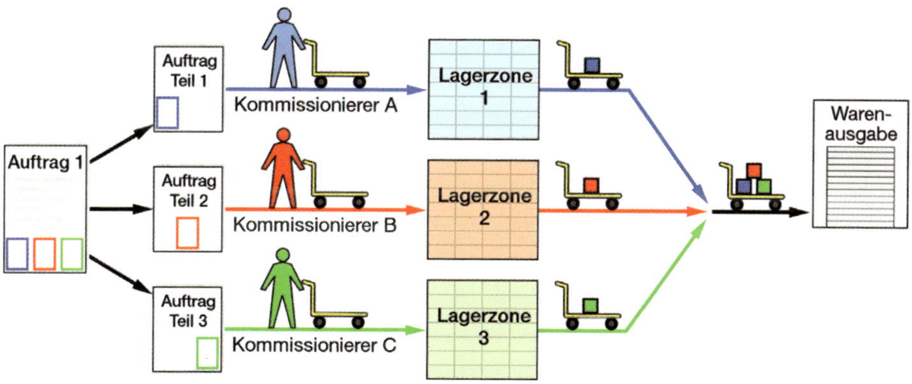

Auftragsorientierte, parallele Kommissionierung

1.3.3 Serienorientierte, parallele Kommissionierung

Bei dieser Kommissioniermethode werden die eingegangenen Aufträge gesammelt und zu einer Serie zusammengefasst. Dabei können pro Tag eine, zwei, drei oder mehr Serien gebildet werden.

Innerhalb jeder Serie werden die einzelnen Auftragspositionen für die einzelnen Lagerzonen aufgeteilt. Somit kann ein bestimmter Artikel, der in mehreren Aufträgen enthalten ist, für diese Aufträge auf einmal als **Sammelentnahme** entnommen werden (1. Kommissionierstufe).

Nach der Entnahme der Artikel aus den einzelnen Lagerzonen werden die entnommenen Artikel wieder auf die einzelnen Aufträge aufgeteilt (2. Kommissionierstufe).

Es gilt also: serienweise entnehmen – auftragsweise zusammenführen.

Vorteil:
- Der einzelne Lagerplatz muss nur einmal pro Serie und nicht pro Kundenauftrag angefahren werden (Wegminimierung).

Nachteile:
- relativ lange Auftrags-Durchlaufzeiten
- aufwendige Vorbereitung (EDV-Einsatz unumgänglich)
- Arbeitsaufwand für die 2. Kommissionierstufe

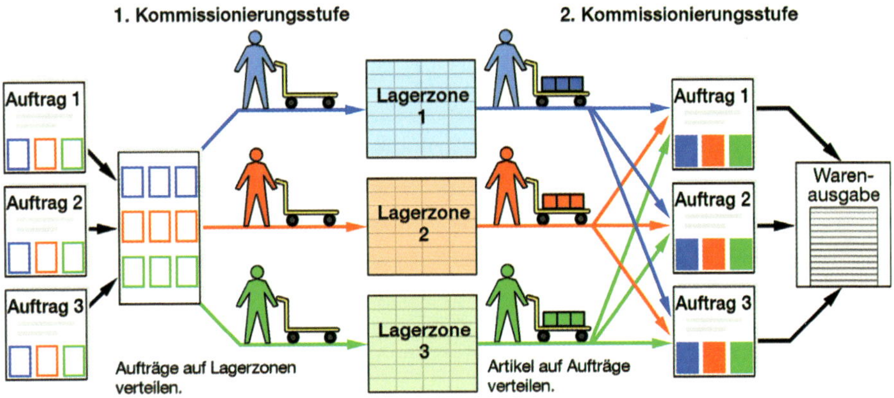

Serienorientierte, parallele Kommissionierung

1.4 Wegstrategien beim Kommissionieren

- **Multi-Order-Picking.** Bearbeitet der Kommissionierer bei einem Rundgang gleich mehrere – meist kleine – Aufträge, so spricht man von Multi-Order-Picking. Dabei führt er meist für jeden Auftrag einen eigenen Behälter mit.
- **Rundgangs- oder Schleifenstrategie.** Duchläuft oder durchfährt der Kommissionierer für den Auftrag alle Regalgänge von Anfang bis zum Ende, so spricht man von Rundgangs- oder Schleifenstrategie.
- **Stichgangsstrategie.** Durch die Stichgangsstrategie können die Kommissionierwege verkürzt werden. In diesem Fall werden Artikel mit hoher Gängigkeit (A-Güter, Bestseller, Schnelldreher) stets **nahe** des Versandplatzes gelagert, damit der Kommissionierer nicht immer die ganzen Regalgänge schleifenförmig durchlaufen muss. Je seltener der Artikel umgeschlagen wird, desto weiter hinten befindet sich sein Standort im Regal (B-Güter, C-Güter).

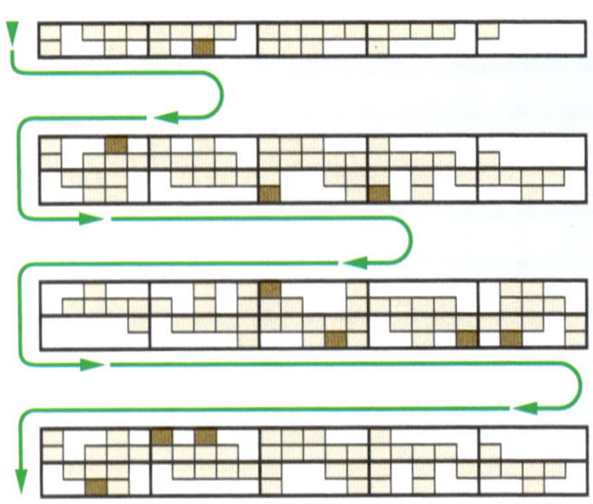

Stichgangsstrategie

1.5 Beleglose Kommissionierung

Die beleglose Kommissionierung hilft, die Papierflut einzudämmen und Lesefehler zu vermeiden. Die Möglichkeiten der beleglosen Kommissionierung sind vielfältig. Sie setzen einen hohen Investitions- und Organisationsaufwand voraus und sollten auf die jeweilige betriebliche Situation abgestimmt sein.

- **Kommissionierung mit mobilen Kleinterminals**

  Die Kleinterminals sind z. B. am Gabelstapler angebracht. Über das Display erhält der Fahrer den Auftrag mit den Kommissionierdaten. Er fährt nun zum Entnahmeplatz, entnimmt die angezeigten Güter und bestätigt per Tastatur die Entnahme. Der Lagerverwaltungsrechner meldet ihm nun die nächsten zu entnehmenden Güter, bis der Auftrag abgeschlossen ist.

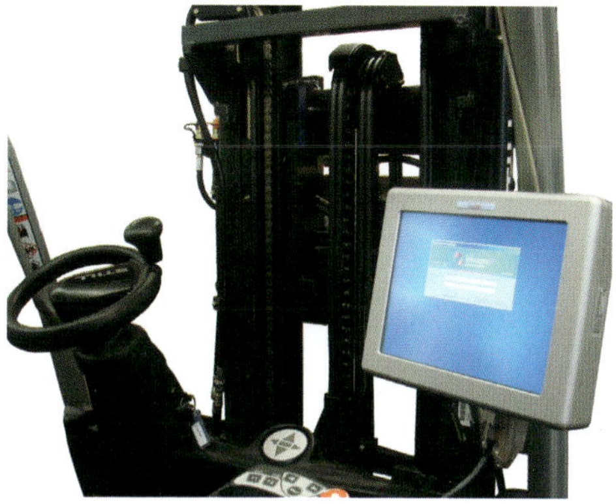

Stapler-Terminal

- **Pick by Barcode/Pick by Scan**

  Voraussetzungen:
  - Auf allen Artikeln ist der Barcode vorhanden.
  - Das Kleinterminal ist mit dem Lagerverwaltungsrechner online verbunden bzw. der Kommissionierer lädt die Auftragsdaten über PC auf das Kleinterminal.

  Ruft der Kommissionierer einen Auftrag ab, werden ihm die Kommissionierdaten wie Stellplatz, Artikel, Stückzahl auf dem Display angezeigt.

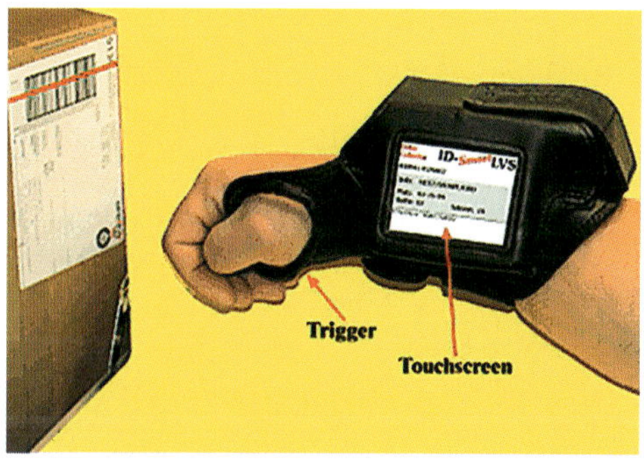

Armscanner, Trigger = Kameraauslöser, Touchscreen = Berührungsbildschirm

  Zunächst scannt er den Kommissionierbehälter bzw. Ladungsträger ein und verbindet („verheiratet") ihn dadurch mit dem Kommissionierauftrag. Anschließend scannt er die Barcodes der entnommenen Artikel ein. Dabei stellt das System fest, ob die Barcodes auf Artikel und Kommissionierauftrag identisch sind. Somit sind Fehlentnahmen nahezu ausgeschlossen.

  Probleme bereiten Artikel mit verschmutzten oder beschädigten Barcodes.

- **Pick by RFID**

  In zahlreichen Unternehmen wird nicht mehr mit dem Barcode, sondern mithilfe der RFID-Technik (Radio Frequency Identification) beleglos kommissioniert. Die Abläufe der Verfahren Pick by RFID und Pick by Barcode gleichen sich.

Anstelle des Barcodes befindet sich auf der Verpackung ein **Transponder** (Tag) als Informationsträger, bestehend aus einem Datenspeicher und einer Antenne zur Datenübermittlung. Diese Transponder können von RFID-Geräten gelesen und bei wiederbeschreibbaren Transpondern auch beschrieben werden.

RFID-Handlesegerät

Mobile Datenerfassungsgeräte (MDE) mit RFID-Technik enthalten oft auch ein **Spracheingabemodul**. Sie können am Transportfahrzeug, aber auch am Handgelenk, befestigt bzw. als **Datenhandschuh** getragen werden. Häufig führt der Kommissionierer zur akustischen Entgegennahme des Auftrags ein **Headset** bei sich.

Vorteile von RFID gegenüber Barcode:
- höhere Speicherkapazität
- beschreibbar
- weniger fehleranfällig
- Datenübermittlung ohne direkten Sichtkontakt möglich

Nachteile von RFID gegenüber Barcode:
- höhere Investitions- und Materialkosten
- RFID-Technik nur einsetzbar, wenn alle Beteiligten mit RFID ausgestattet sind
- schwierige Anwendung bei metallischen Produkten wie Getränkedosen usw.

- **Pick by Light**

Die **optische** Kommissionierung per Lichtsignal wird vorwiegend für die Entnahme von umschlagsstarken **Kleinteilen** eingesetzt. An jedem Lagerfach befindet sich eine **Signallampe** mit einem Ziffern- und alphanumerischen Display sowie Tasten zur Eingabe, Korrektur und Quittierung.

Papierlose Kommissionierung (Display und Quittierung an jedem Fach): „Pick by Light"

Ablauf :
- Für den Kommissionierer stehen Transportbehälter für bestimmte Aufträge bereit.
- Vor dem Regalbereich leuchtet digital die Nummer des Behälters auf, der als Nächstes kommissioniert werden soll.
- Der Kommissionierer übernimmt den Transportbehälter. An den jeweiligen Regalfächern, aus denen er Artikel entnehmen soll, leuchten Lampen auf. Auftragsnummer und Stückzahl werden digital angezeigt.

- Der Kommissionierer entnimmt die Artikel. Durch Drücken der Taste bestätigt er dem System die Entnahme. Das System verbucht die Bestandsveränderung.
- Durch eine automatische Wiegeeinrichtung oder Entnahmeüberwachung kann die richtige Entnahmezahl überprüft werden.
- Ist die Auftragsposition erledigt, erscheint die nächste Anzeige an einem anderen Regalfach.
- Sind alle Positionen des Auftrags kommissioniert, bestätigt das System die ordnungsgemäße Erledigung des Auftrags.

Moderne Anlagen erlauben auch gleichzeitige Entnahmen für mehrere Aufträge. Man spricht dann von **Pick to Bucket** (bucket = Eimer, Kübel, Behälter).

- **Pick by Voice**

Anstelle schriftlich oder über ein Terminal erhält der Kommissionierer den Entnahmeauftrag **akustisch** über ein **Headset** (Kopfhörer mit Mikrofon). Die im System vorhandene Software übersetzt die Daten in Sprache.

Der Mitarbeiter quittiert die Entnahmen per Spracheingabe über das Mikrofon. Die Software wandelt die Sprache des Mitarbeiters wieder in Daten um, die vom Lagerverwaltungssystem direkt verarbeitet werden.

Vorteile von Pick by Voice:

- Das Hantieren mit Listen und Scannern entfällt.
- Beide Hände sind für die Arbeit frei.
- Nach kurzem Training erkennt das System Sprache, Akzent, Dialekt des Mitarbeiters.

Sprachgesteuerte Kommissionierung: „Pick by Voice"

- **Pick by Vision**

Bei dieser sich noch in der Entwicklung befindenden Kommissionierart trägt der Kommissionierer eine **Datenbrille**, die ihm alle Informationen zur Ausführung eines Auftrags liefert (Lagerplatz, Artikel, Entnahmemenge). Diese Brille führt ihn auch **visuell** zum Lagerplatz und zeigt ihm das Regalfach.

Durch diese Datenbrille soll die reale Wahrnehmung erweitert werden, um somit auch den Kommissioniervorgang zu optimieren.

Datenbrille bei „Pick by Vision"

Herkömmliche Tätigkeiten, wie z. B. das Quittieren der Entnahmen, erfolgen wie üblich mit Scanner, Armtastatur, Spracheingabe.

Es bleibt abzuwarten, ob Pick by Vision in der Praxis Einzug findet.

Die Zukunft hat begonnen.

Beispiel für einen beleglosen Kommissionierprozess über ein Turmregal

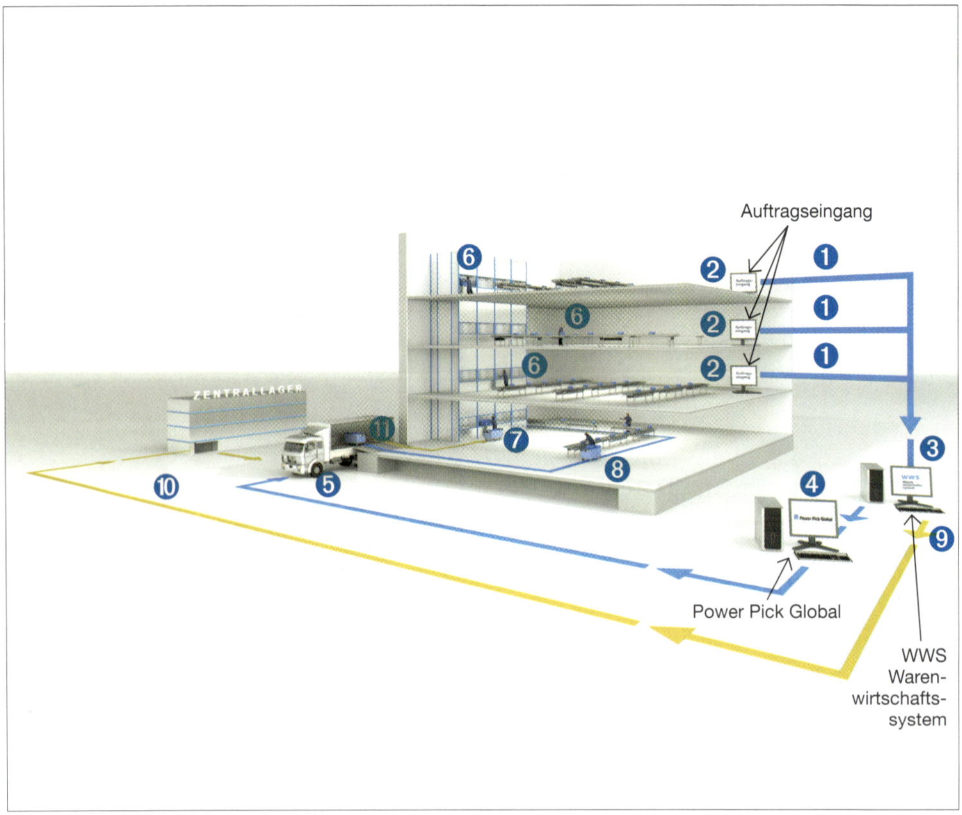

Quelle: Kardex Deutschland GmbH

Kommissionierprozess

1 Eingang Kundenbestellung

2 Auftragsbearbeitung im WaWi (Warenwirtschaftssystem)

3 Das WaWi überprüft sofort die Verfügbarkeit der Ware im PPG System

4 Das Power Pick Global System meldet die Verfügbarkeit und veranlasst die Auslagerung an das Kardex Lagershuttle (Turmregal)

5 Das Tablar mit der angeforderten Ware(n) wird auf dem gewünschten Stockwerk bereitgestellt

6 Der Mitarbeiter entnimmt die Ware(n) aus der Bedienöffnung des Turmregals

7 Die Entnahme wird per Barcodescan bestätigt

8 Die Ware wird anschließend sofort zum Versand transportiert (manuell oder per Fördersystem)

Lagerauffüllprozess

9 Ist ein vordefinierter Meldebestand erreicht, erfolgt die Information „Meldebestand erreicht" an das WaWi

10 Die Bestellung an das Zentrallager wird über das WaWi ausgelöst

11 Vom Wareneingang erfolgt der Transport und die Einlagerung in das Kardex Lagershuttle zur Erreichung des maximalen Bestands

Kernwissen

1. Unter **Kommissionieren** versteht man das Zusammenstellen eines Auftrags.
2. Zu jeder **Kommissionierung** gehören ein Informationsfluss, ein Materialfluss und eine entsprechende Organisation.
3. Zum **Informationsfluss** gehören:

Erfassen der Daten des Kundenauftrags
↓
Aufbereiten dieser Daten zu einem Kommissionierauftrag
↓
Weitergeben der Daten an den Kommissionierer für die Ausführung des Auftrags
↓
Quittieren der Daten nach erfolgreicher Kommissionierung durch den Kommissionierer
↓
Verbuchen der Warenentnahme

4. Zum **Materialfluss** gehören:

Bereitstellung der Güter zur Entnahme
↓
Fortbewegung des Kommissionierers zur Entnahmestelle
↓
Entnahme der Güter
↓
Abgabe der Güter zur Weiterbearbeitung
↓
Kontrollieren der Güter

5. **Statische Bereitstellung** bedeutet „Mann (geht) zur Ware".
Dynamische Bereitstellung bedeutet „Ware (kommt) zum Mann".

6. Die Kombination der vier Grundfunktionen beim Materialfluss ergibt 16 verschiedene Kommissioniersysteme.

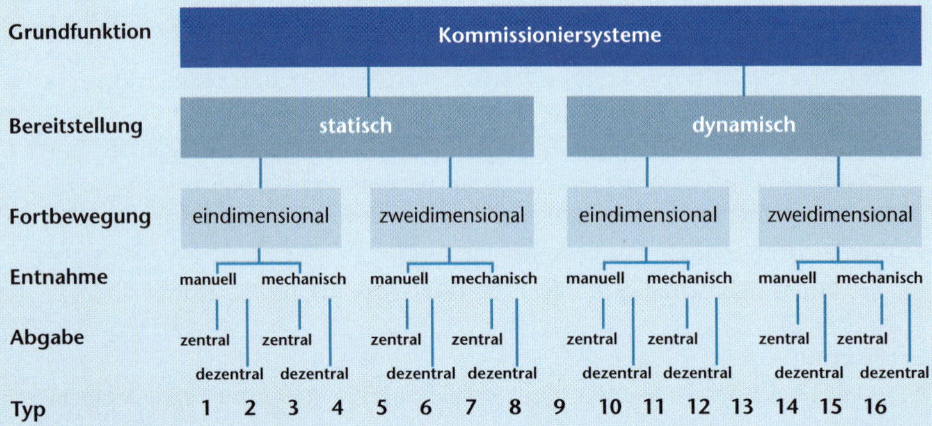

7. **Organisatorisch** ist zu entscheiden,
   - ob die Güter in einer oder mehreren Lagerzonen bereitgestellt werden,
   - ob die Aufträge seriell, d. h. nacheinander, oder parallel, d. h. nebeneinander, kommissioniert werden,
   - ob die Güter für einen oder mehrere Aufträge gleichzeitig entnommen werden,
   - ob die entnommenen Mengen artikel- oder auftragsweise weitergegeben werden.
8. Bei der **auftragsorientierten, seriellen Kommissionierung** führt ein Kommissionierer einen Auftrag allein aus.
9. Bei der **auftragsorientierten, parallelen Kommissionierung** teilen sich mehrere Kommissionierer einen Auftrag.
10. Bei der **serienorientierten, parallelen Kommissionierung** entnehmen mehrere Kommissionierer die Güter für mehrere Aufträge auf einmal.
11. Bei der **beleglosen Kommissionierung** erhält der Kommissionierer die Informationen zum Auftrag nicht schriftlich, sondern **optisch** über mobile Datenterminals oder **akustisch** über Headset. Am häufigsten eingesetzt werden Pick by Scan, Pick by Light, Pick by Voice, Pick by RFID.

Aufgaben

1. *Welche Informationen können Sie der abgebildeten Greiferkontrollliste in Kapitel 1.2.1 entnehmen?*
2. *Erläutern Sie, wie bei den beleglosen Kommissionierungen die Informationen an den Kommissionierer weitergegeben werden.*
3. *Am Ende des Kommissioniervorgangs muss der Kommissionierer die Entnahme quittieren. Welche Möglichkeiten kennen Sie dafür?*
4. *Ein Kommissionierer fährt mit einem Handwagen durch die Regalgassen, entnimmt die Güter entsprechend der Ansagen über Headset bis in Greifhöhe, legt sie in die mitgeführte Versandschachtel und bringt sie anschließend in die Versandabteilung. Erklären Sie, welche Art der Bereitstellung, Fortbewegung, Entnahme und Abgabe vorliegt.*

5. Führen Sie Regalarten auf, die
a) bei der statischen Bereitstellung,
b) bei der dynamischen Bereitstellung eingesetzt werden.

6. Beschreiben Sie die auftragsorientierte, serielle Kommissionierung mit Übergabestellen.

7. Erklären Sie, warum die Kommissionierung nach der Stichgangsstrategie Wegezeiten einspart.

8. Bei welcher Kommissioniermethode wird ein Kundenauftrag zuerst in Teilaufträge zerlegt, von mehreren Kommissionierern gleichzeitig ausgeführt und nach der Entnahme wieder zum Gesamtauftrag zusammengeführt?

9. Bei welcher Kommissioniermethode gilt
a) geringer organisatorischer Aufwand – lange Wege?
b) hoher organisatorischer Aufwand – kurze Wege?

10. Bestimmen Sie das Kommissioniersystem in Ihrem Ausbildungsunternehmen nach der Abbildung in Punkt 6 der Zusammenfassung.

11. a) Angenommen, Sie gehen mit ihrem Bruder/ihrer Schwester einkaufen und haben zwei Einkaufszettel, Ihren eigenen und den Ihrer Oma, für die Sie auch einkaufen sollen. Wie müssten Sie vorgehen, wenn Sie die beiden Einkaufszettel serienorientiert, parallel abarbeiteten?
b) Beurteilen Sie, ob diese Kommissioniermethode sinnvoll ist, und schlagen Sie eine bessere Methode vor.

12. Stellen Sie fest, welche Tätigkeiten zum Informationsfluss und welche zum Materialfluss gehören.
a) Aufträge nach Regalgasse sortieren
b) mit Stapler zum Stellplatz fahren
c) Palette aus Regal entnehmen
d) Entnahme der Palette auf der Pickliste abhaken
e) Palette in die Versandzone fahren
f) Begleitpapiere ausfüllen und beilegen

Kommissionierungsarbeiten im Lager

2 Kommissionierzeiten und -leistung

Einstiegssituation

Christine, Auszubildende als Fachkraft für Lagerlogistik in einem Feinkostgeschäft, erhält den Auftrag, einen Geschenkkorb mit Getränken für einen Kunden zusammenzustellen. Im Getränkelager wählt Christine die passenden Flaschen aus.

Handlungsaufträge

1. *Beschreiben Sie alle Tätigkeiten, die die Kommissioniererin vor der abgebildeten Tätigkeit und nach der abgebildeten Tätigkeit im Rahmen des Kommissioniervorgangs auszuführen hat.*
2. *Erklären Sie, warum bei dieser Art der Kommissionierung die Kommissionierleistung nicht sehr hoch ist.*
3. *Schlagen Sie Regale und Fördermittel vor, bei deren Einsatz die Kommissionierleistung gesteigert werden kann, und begründen Sie Ihre Vorschläge.*
4. *Beurteilen Sie den Einsatz von Leitern hinsichtlich der Ergonomie und der Arbeitssicherheit.*

2.1 Kommissionierzeiten

Um einen Kundenauftrag oder eine Materiallieferung an die Fertigung schnell ausführen zu können, ist es erforderlich, auch die Kommissionierzeit möglichst gering zu halten. Die Kommissionierzeit wird ermittelt aus:

Kommissionierzeit = Basiszeit + Wegzeit + Greifzeit + Totzeit + Verteilzeit

Basiszeit

Die **Basiszeit** beinhaltet die Zeit für die **organisatorischen Tätigkeiten vor** bzw. **nach** der **Kommission**:

- Kommissionierbelege aufnehmen, lesen und ordnen
- Hilfsmittel wie Paletten, Kommissionierwagen, Kleinbehälter suchen und bereitstellen
- Kommissionierfahrzeug übernehmen
- Paletten codieren und etikettieren
- Abhol- und Versandtermine mit Kunden, Fertigung abstimmen
- Behälter an die Auftragssammelstelle oder eine Förderanlage übergeben

Die hohe Basiszeit ist meist auf zwei **Ursachen** zurückzuführen:

- unvollständige, schlecht lesbare, ungeordnete Kommissionierbelege
- schlecht organisierte Bereitstellung der Kommissionierhilfsmittel (Suchen, Instandsetzen usw. erforderlich)

Die Basiszeit wird für einen Auftrag ermittelt. Sie lässt sich durch belegloses Kommissionieren verringern.

Wegzeit

Die **Wegzeit** ist die Zeit für die **Bewältigung des Weges zwischen zwei Entnahmen**. Sie wird meist pro Position erfasst. In den meisten Fällen enthält die Wegzeit den größten Anteil an der gesamten Kommissionierzeit. Bei „Ware zum Mann" entfällt die Wegzeit.

Die Wegzeit kann **vermindert** werden durch

- die Vermeidung von Fehlwegen. Dies kann durch ausgebildete Kommissionierer, wegeoptimierte Picklisten oder eine computergesteuerte Kommissionierung erreicht werden.
- die Verwendung von Durchlaufregalen und somit die Erhöhung der „Artikelkonzentration". (Grund: Wird die „Stirnfläche" pro Artikel im Regal verringert, vermindert sich die Entfernung zwischen zwei Artikeln.)

Beispiel
für die Verkürzung der Wegzeit:

Die Lagerkapazität der abgebildeten Fachbodenregale beträgt 216 Lagereinheiten für 36 Artikel. Ein Fachbodenregal kann sechs verschiedene Artikel aufnehmen. Pro Artikel sind sechs Lagereinheiten vorgesehen. Beim Fachbodenregal können nur sechs Artikel im direkten Zugriff erreicht werden. Bei allen anderen Fachbodenregalen fällt Wegzeit an. Beim Durchlaufregal sind alle 36 Artikel im direkten Zugriff zu erreichen. Wegzeit fällt nicht mehr an.

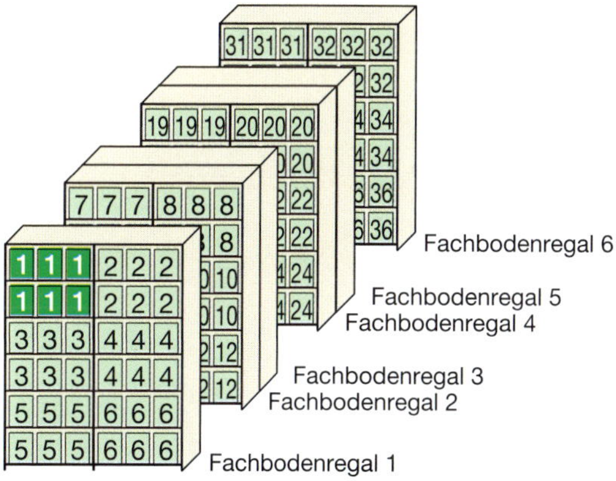

Fachbodenregal
36 Artikel verteilen sich auf 6 Fachbodenregale. Dies führt zu einer Erhöhung der Wegzeit, um die einzelnen Fachbodenregale zu erreichen.

Durchlaufregal
36 Artikel sind in direktem Zugriff ohne weiteren Weg und weitere Wegzeit zu erreichen.

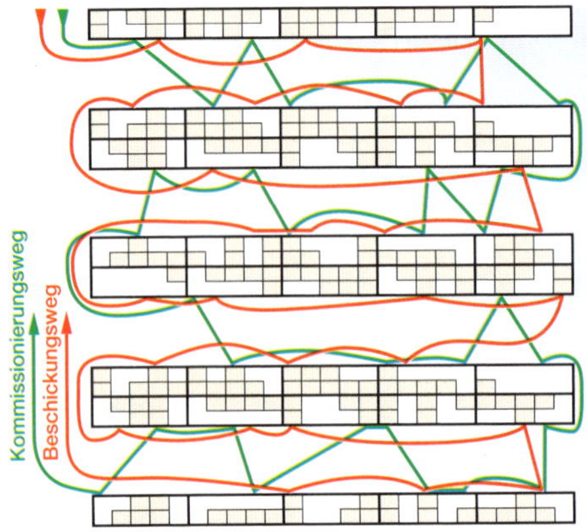

Fachbodenregal

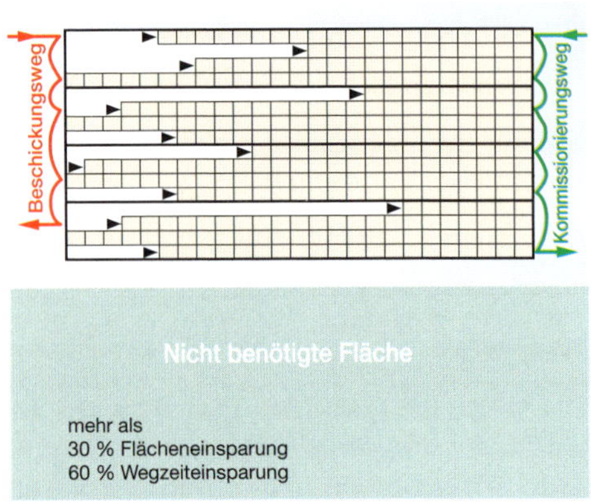

Durchlaufregal

Beschickungsweg = der Weg, der zur Wareneinlagerung erforderlich ist
Kommissionierweg = der Weg, der zur Warenauslagerung erforderlich ist

Kommissionierstapler, frei verfahrbar, bedient mehrere Regalgänge, außerhalb des Regals als Stapler einsetzbar

- die Lagerung der am häufigsten verlangten Artikel (A-Güter, Bestseller) am Regalanfang und der Anwendung der Stichgangsstrategie,
- die Zusammenfassung mehrerer Teilaufträge für einen Kommissionierrundgang,
- den Einsatz von Kommissionierfahrzeugen. Die höhere Geschwindigkeit der Fahrzeuge gegenüber dem zu Fuß gehenden Menschen wirkt sich aber erst bei langen Wegen zwischen den einzelnen Entnahmen aus.

Greifzeit

Die Greifzeit (Entnahmezeit, Pickzeit) enthält folgende **Tätigkeiten**:

- Artikel aus dem Regal nehmen, d.h. Hinlangen, Greifen, Herausnehmen
- Artikel in den Behälter oder auf das Förderband legen

Die Greifzeit **hängt ab**:

- von der Greifhöhe
- von der Greiftiefe
- von Gewicht, Volumen und Empfindlichkeit der entnommenen Artikel
- von der Art der Abgabe (Behälter, Förderband)
- von der Geschicklichkeit des Kommissionierers

Die Greifzeit kann gekürzt werden
- durch belegloses Kommissionieren, besonders bei Pick by Voice, bei dem beide Hände frei sind,
- durch Lagern von Schnelldrehern in Greifhöhe und
- durch greiffreundliche Regalfronten.

Totzeit

Die Totzeit, auch „Nebenzeit" genannt, **umfasst folgende Tätigkeiten**:
- Lagerplatz des Artikels suchen
- Anbruch bilden
- kontrollieren, zählen, etikettieren, quittieren, vergleichen
- Beschriftungen vornehmen (z. B. Eintragung in Lagerfachkarte)

Die Totzeit kann ebenfalls durch belegloses Kommissionieren verkürzt werden, aber auch durch:
- gute Regalbeschriftungen für schnelles Finden
- automatische Zählvorgänge, z. B. mit einer Zählwaage
- Verzicht auf die Abgabe von Anbrüchen, sondern nur Abgabe vorverpackter Mengen
- Vorverpackung in unterschiedlichen Mengeneinheiten (1, 5, 10, 50, 100 Stück)

Verteilzeit

Die Verteilzeit erfasst die Zeiten, in denen nicht produktiv gearbeitet wird. Dazu **zählen**:
- persönliche Verteilzeiten, z. B. zur Toilette gehen, Nase putzen, Scheinarbeiten ausführen
- sachliche Verteilzeiten, z. B. Pause wegen Mangel an Arbeit, Warten auf das Transportmittel oder auf eine Information

Die Verteilzeit kann **verkürzt** werden
- durch eine bessere Arbeitsplatzplanung,
- durch flexible Arbeitszeiten (Gleitzeit, Arbeitszeitkonten),
- durch Motivation der Mitarbeiter,
- durch ein gutes Betriebsklima,
- durch Einführung eines Prämienlohnsystems, das quantitative und qualitative Gesichtspunkte berücksichtigt
  (**quantitativ:** Zeit pro Auftragseinheit)
  (**qualitativ**: Fehlerquote pro Auftrag).

Besonders wichtig ist aber dabei, dass der Mitarbeiter motiviert ist, die Verteilzeiten zu verkürzen.

2.2 Kennzahlen zur Ermittlung der Kommissionierleistung

Unter der **Kommissionierleistung** ist die Zahl der Positionen zu verstehen, die pro Mitarbeiter und Stunde kommissioniert werden kann. Die Kommissionierleistung drückt die **Produktivität** des Lagers aus.

$$\text{Kommissionierleistung} = \frac{3\,600 \text{ Sekunden}}{\text{Kommissionierzeit in Sekunden je Position}}$$

Beispiel

In einem Fachbodenregal benötigt ein Kommissionierer pro entnommener Position im Durchschnitt 30 Sekunden. Wie hoch ist die Kommissionierleistung pro Stunde?

Lösung: Kommissionierleistung pro Stunde:
3 600 : 30 = 120 Positionen

Die Kommissionierleistung hängt von verschiedenen **Faktoren** ab:

- vom Kommissioniersystem. Es wird durch die gewählte Regalart bestimmt.

Beispiele

Fachbodenregal	Umlaufregal als Karussellregal	Kommissionierroboter
▪ Bereitstellung: Mann zur Ware ▪ Fortbewegung: eindimensional ▪ Entnahme: manuell Abgabe: dezentral	▪ Bereitstellung: Ware zum Mann ▪ Fortbewegung: eindimensional ▪ Entnahme: manuell Abgabe: zentral	▪ Bereitstellung: Ware zum Mann ▪ Fortbewegung: zweidimensional ▪ Entnahme: mechanisch Abgabe: zentral

- von der Kommissioniermethode. Sie bestimmt über ein- oder mehrzonige Bereitstellung, seriellen oder parallelen Auftragsdurchlauf, einstufige oder mehrstufige Kommissionierung, artikelweise oder auftragsweise Weitergabe.
- von den eingesetzten Fördermitteln. Dabei **unterscheidet** man Fördermittel
  - für horizontales, vertikales und diagonales Kommissionieren,
  - mit oder ohne Mitfahrgelegenheit,
  - mit oder ohne hebbaren Bedienungsstand,
  - mit oder ohne Zwangsführung,
  - manuell oder automatisch zu lenken.

In der Praxis finden sich die unterschiedlichsten **Varianten**. Sie hängen ab:

- von der Güterart (Gewicht, Volumen usw.),
- vom Sortimentsumfang,
- vom Auftragsumfang,
- von der Zahl der Positionen pro Auftrag,
- von der Art der Bereitstellung der Informationen für den Kommissionierer (beleghaft, beleglos).

Leistungsvergleich verschiedener Regalarten:

Die Kombinationsmöglichkeiten der verschiedenen Kommissioniertechniken sind so vielfältig, dass allgemeingültige Aussagen zur Kommissionierleistung nur schwer möglich sind.

Neuere Untersuchungen ergaben folgende Durchschnittswerte für Kommissionierleistungen (Positionen pro Mitarbeiter und Stunde):

Fachbodenregal, eindimensional	35 bis 80 Positionen
Fachbodenregal, zweidimensional	40 bis 80 Positionen
Palettenregal, eindimensional	30 bis 50 Positionen
Palettenregal, zweidimensional	40 bis 90 Positionen
Durchlaufregal	150 bis 250 Positionen
Durchlaufregal, in Verbindung mit „papierlosem Kommissioniersystem"	350 bis 450 Positionen
automatisches Behälterlager	40 bis 250 Positionen
Umlaufregal	100 bis 150 Positionen
Roboter	100 bis 350 Positionen
Schachtautomaten	5000 bis 10000 Positionen

2.3 Beurteilung der Kommissionierleistung

Die Kommissionierleistung kann mithilfe weiterer Kennzahlen beurteilt werden. Dabei bekommt die einzelne Kennzahl aber erst eine Aussagekraft, wenn ein **Zeitvergleich** (Kennzahl Vorjahr zu diesem Jahr) oder **Betriebsvergleich** (Kennzahl Lager 1 gegenüber Lager 2) vorgenommen wird.

$$\text{Kommissionierkosten je Position} = \frac{\text{Betriebskosten je Stunde}}{\text{Kommissionierleistung je Stunde}}$$

Beispiel

Betriebskosten pro Stunde: 96,00 €, Kommissionierleistung pro Stunde: 120 Positionen

Lösung: Kommissionierkosten pro Position: 96 : 120 = 0,80 € pro Position

$$\text{Kommissionierkosten je Auftrag} = \frac{\text{Kommissionierkosten gesamt}}{\text{Anzahl der Kommissionieraufträge}}$$

Beispiel

Kommissionierkosten gesamt 60000,00 €, Anzahl der Kommissionieraufträge 1600

Lösung: Kommissionierkosten je Auftrag: 60000 : 1600 = 37,50 €

$$\text{Durchschnittliche Anzahl der Kommissionierpositionen je Auftrag} = \frac{\text{Gesamtzahl der Kommissionierpositionen}}{\text{Anzahl der Aufträge}}$$

Beispiel

Gesamtzahl der Kommissionierpositionen: 6650, Anzahl der Aufträge: 950

Lösung: Duchschnittliche Anzahl der Kommissionierpositionen je Auftrag: 6650 : 950 = 7

Kernwissen

1. Die **Kommissionierzeit** setzt sich zusammen aus **Basiszeit, Wegzeit, Greifzeit, Totzeit** und **Verteilzeit.**
2. **Durchlaufregale** bringen bis **60 % Wegzeiteinsparungen** und bis zu **30 % Raumeinsparungen** gegenüber den Fachbodenregalen.
3. Die **Kommissionierleistung** hängt ab
   - vom Kommissioniersystem,
   - von der Kommissioniermethode,
   - von den eingesetzten Fördermitteln,
   - von der Güterart,
   - vom Sortimentsumfang,
   - vom Auftragsumfang,
   - von der Zahl der Positionen pro Auftrag,
   - von der Art der Bereitstellung der Informationen,
   - von der Motivation des Kommissionierers.
4. Die **Kommissionierleistung** der Regalsysteme **steigt** mit zunehmender **Automatisierung.**
5. Durch die **Ermittlung von Kennzahlen** kann die **Kommissionierleistung beurteilt** werden. Die Aussagekraft dieser Kennzahlen steigt im Zeitvergleich oder Betriebsvergleich.

Aufgaben

1. *Bestimmen Sie, um welche Kommissionierzeit es sich im jeweiligen Fall handelt.*
   a) Zeit für das Aufnehmen und Ordnen der Kommissionierbelege
   b) Zeit für den Gang von einem zum anderen Lagerfach
   c) Zeit für den Gang zur Toilette
   d) Zeit für das Entnehmen des Artikels aus dem Regal
   e) Zeit für Beschriftungen, Vergleiche und Suchvorgänge
2. *Ein Unternehmen möchte im nächsten Jahr die Fehlerquote bei der Kommissionierung halbieren. Welche personellen und organisatorischen Maßnahmen schlagen Sie vor?*
3. *Was drückt die Kommissionierleistung aus und wovon hängt sie ab?*
4. *Ein Unternehmen möchte auf die beleglose Kommissionierung umstellen. Erläutern Sie, welche Zeiten bei den einzelnen beleglosen Kommissionierungen verkürzt werden können. Begründen Sie Ihre Aussage.*
5. *Nennen Sie Regalarten, die für die dynamische Bereitstellung geeignet sind.*

FR

6. Situation 1:
Zur Kosteneinsparung sollen in Ihrem Ausbildungsunternehmen die einzelnen Kommissionierzeiten erfasst werden. Für einen Kommissionierauftrag, bestehend aus 20 Positionen, liegen folgende Einzelzeiten vor:
- *Basiszeit: 5 Minuten*
- *durchschnittliche Wegzeit pro Position: 1,5 Minuten*
- *durchschnittliche Greifzeit pro Position: 30 Sekunden*
- *durchschnittliche Totzeit pro Position: 1 Minute*
- *persönliche Verteilzeit: 6 Minuten*

a) Ermitteln Sie die Kommissionierzeit für diesen Auftrag.

Situation 2:
Ihr Vorgesetzter möchte, dass durch geeignete Maßnahmen
- *sich die Basiszeit um 20 % verringert,*
- *sich die Wegezeit auf eine Minute pro Position verkürzt,*
- *die Totzeit pro Position nur noch 0,75 Minuten beträgt,*
- *die persönliche Verteilzeit auf fünf Minuten reduziert wird.*

b) Nennen Sie Maßnahmen, die zu ergreifen sind, um die geplante Kommissionierzeit zu erreichen.
c) Ermitteln Sie die Kommissionierzeit, die sich bei Erreichen dieser Ziele für denselben Auftrag ergibt.
d) Ermitteln Sie die ersparte Kommissionierzeit in Prozent.

7. Mit Leitern sicher arbeiten. Auch der Umgang mit Leitern will gelernt sein. Ordnen Sie die nachfolgenden 14 Gefahrenhinweise den abgebildeten Symbolen zu.

1

2

3

4
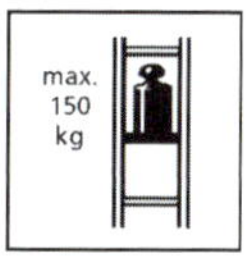

5

6
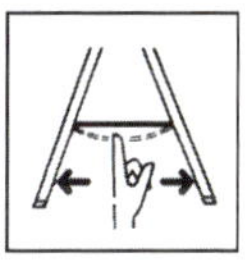
7

8

9

10

11
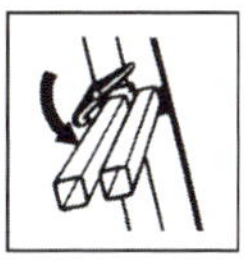
12

13

14

a) Auf gewachsenem Boden sind Erdspitzen zu verwenden.
b) Bei mehrteiligen Leitern müssen die Einrastvorrichtungen vorhanden sein und verwendet werden.
c) Anlegeleitern nicht an unsicheren Punkten wie Stangen oder Glasscheiben anlehnen.
d) Bei beidseitig begehbaren Leitern darf die oberste Stufe/Sprosse nicht bestiegen werden.
e) Bei Arbeiten auf der Leiter nicht seitlich hinauslehnen.
f) Leitern nur auf rutschsicheren Böden aufstellen.
g) Bei Stehleitern sind die Spreizvorrichtungen stets gespannt zu halten.
h) Maximale Belastung von 150 kg je besteigbarem Leiterschenkel beachten.
i) Leitern nach der „Ellenbogenprobe“ im richtigen Winkel anlehnen.
j) Warnung vor Berührung mit elektrischen Freileitungen.

k) *Von Stehleitern aus nicht auf Bühnen oder andere höhergelegene Plätze übersteigen.*
l) *Bei Mehrzweckleitern ist die fünftoberste die letzte zulässige Standsprosse. Bei Anlegeleitern ist es die viertoberste Sprosse.*
m) *Anlegeleitern müssen mindestens einen Meter höher sein als das zu besteigende Objekt.*
n) *Keine schadhaften Leitern und Tritte benutzen.*

8. a) *Die Kommissionierzeit beträgt bei einem Durchlaufregal pro Position 20 Sekunden. Ermitteln Sie die Kommissionierleistung pro Stunde.*
b) *Die Kommissionierkosten in einer Rechnungsperiode betragen 120 000,00 €. In dieser Zeit wurden 4 000 Kommissionieraufträge abgearbeitet. Ermitteln Sie die durchschnittlichen Kosten pro Auftrag.*
c) *Die Betriebskosten pro Stunde betragen 65,00 €. In einer Stunde können 260 Positionen gegriffen werden. Ermitteln Sie die Kommissionierkosten je Position.*
d) *In einer Rechnungsperiode wurden 45 000 Positionen für 6 000 Kundenaufträge kommissioniert. Ermitteln Sie die Zahl der Positionen, welche die Kundenaufträge im Durchschnitt hatten.*

Die Kommissionierungszeit setzt sich aus verschiedenen Faktoren zusammen

3 Kommissionierfehler

Einstiegssituation

Auf dem Kommissionierauftrag des neu eingestellten Auszubildenden Max Mustermann steht u. a. „40 × Schwammtücher Spongy Special 18 × 19,4 cm" kommissionieren. Max Mustermann nimmt viermal die rechts abgebildete Verpackungseinheit. Im Kopf hat Max schnell gerechnet: 4 × 10 Schwammtücher = 40 Schwammtücher. „Das kann ja nur richtig sein", denkt Max.

Handlungsaufträge

1. *Erklären Sie, warum die Rechnung des Auszubildenden zwar rechnerisch richtig ist, es aber dennoch zu einem erheblichen Mengenfehler bei der Kommissionierung der Schwammtücher gekommen ist.*
2. *Erarbeiten Sie Verbesserungsvorschläge zur Vermeidung dieses Kommissionierfehlers und beschreiben Sie mögliche Folgen des fehlerhaften Kommissionierens.*

3.1 Häufige Kommissionierfehler

Aufgrund immer kürzerer Lieferzeiten (z. B. durch Bestellungen im Internet), aber auch aufgrund einer zunehmenden Variantenvielfalt von Bauteilen sind die Leistungsanforderungen an Kommissionierer erheblich gestiegen. Richtiges Kommissionieren stellt einen Wettbewerbsvorteil dar. Ausgebildete Fachkräfte für Lagerlogistik sind u. a. für ein möglichst fehlerfreies Kommissionieren verantwortlich. Die Mitarbeiter müssen wissen, welche Kommissionierfehler häufig gemacht werden und welche Ursachen und Folgen diese Kommissionierfehler haben. Folgende Fehler werden beim Kommissionieren häufig gemacht:

- Ein Kommissionierauftrag wird doppelt oder gar nicht ausgeführt.
- Es wird zu viel oder zu wenig kommissioniert.
- Ein falscher Artikel wird kommissioniert.
- Die Verpackungseinheit wird falsch ausgewählt.
- Die kommissionierte Ware wird nicht korrekt zugeordnet.
- Kleine oder ähnlich aussehende Artikel werden verwechselt, weil sie im Regal dicht beieinander liegen.
- Die hohe Frequenz der Kommissionierung kleiner oder ähnlicher Artikel führt zu Greiffehlern.

3.2 Ursachen für Kommissionierfehler

Die Ursachen für Kommissionierfehler lassen sich in **persönliche** und **organisatorische** Ursachen unterteilen.

Persönliche Gründe für Kommissionierfehler

- mangelnde Motivation der Mitarbeiter
- mangelnde Konzentration der Mitarbeiter
- mangelndes Verantwortungsgefühl der Mitarbeiter
- Arbeitsunzufriedenheit
- persönliche Probleme
- unzureichende Identifikation mit dem Betrieb
- mangelnde Seh- und Hörfähigkeit des Kommissionierers

Organisatorische Gründe für Kommissionierfehler

- unzureichende Lagerübersicht
- fehlende oder schlechte Beschriftung der Lagerplätze oder -orte
- schlecht lesbare oder unverständliche Kommissionieraufträge
- Ausfall der Kommissioniertechnik
- mangelnde Ausleuchtung des Lagerbereiches

3.3 Folgen von Kommissionierfehlern

Die **wirtschaftlichen Folgen** von Kommissionierfehlern sind teilweise erheblich. Falsch kommissionierte Ware **verärgert** nicht nur den Kunden, sondern **verursacht erhebliche Kosten** durch Rücksendungen (Retouren) und erforderliche Neusendungen. Eine Verwechslung verärgert meist zwei Kunden. Das Firmenimage leidet, die Kunden bestellen evtl. woanders. Es kann auch zu einem **Produktionsausfall** in der zu beliefernden Firma kommen.

3.4 Vermeidung von Kommissionierfehlern

Die größte Fehlerquote besteht grundsätzlich dort, wo „Mensch-zur-Ware-Lösungen" zum Kommissionieren gewählt werden, wie z. B. beim Kommissionieren mit Picklisten. Die kleinsten Fehlerraten entstehen, wenn dem Kommissionierer alle für die Auftragsabwicklung relevanten Daten technisch angezeigt werden, wie z. B. beim Pick-by-light-System in Verbindung mit Mengenanzeigen.

Folgende Maßnahmen helfen, Kommissionierfehler zu verringern:
- Kontrollen des Arbeitsablaufs, z. B. Vier-Augen-Kontrolle, Gewichtskontrolle
- belegloses Kommissionieren, z. B. Pick-by-Barcode oder Pick-by-Scan
- Prämien für fehlerfreies und zügiges Kommissionieren
- Verantwortung durch Einlegen eines Namenszettels stärken

Auch eine intensive Mitarbeiterschulung hilft, Kommissionierfehler zu verringern. Diese könnte nachfolgende Aspekte beinhalten:

- Klarheit über die Verpackungseinheiten schaffen
- den Mitarbeiter warenkundig machen
- die Lagerorganisation erklären

Formel zur Berechnung der Fehlerquote in %:

$$\text{Fehlerquote in \%} = \frac{\text{Kommissionierfehler} \cdot 100}{\text{Anzahl der Kommissionierungen insgesamt}}$$

Beispiel

Kommissionierfehler: 69, Anzahl der Kommissionierungen insgesamt 2 300
Lösung: Fehlerquote in % = 69 · 100 : 2 300 = 3 %

Kernwissen

1. Die wirtschaftlichen Folgen von Kommissionierfehlern sind erheblich.
2. Kommissionierfehler stellen einen Wettbewerbsnachteil dar.
3. Häufige Kommissionierfehler erklären können (siehe Kapitel 3.1)
4. Ursachen für Kommissionierfehler beschreiben können (siehe Kapitel 3.2)
5. Folgen von Kommissionierfehler erläutern können (siehe Kapitel 3.3)
6. Maßnahmen zur Vermeidung von Kommissionierfehlern beschreiben können (siehe Kapitel 3.4)

Aufgaben

1. ***Beschreiben Sie, welche betrieblichen Maßnahmen ein fehlerfreies und schnelles Kommissionieren in Ihrem Ausbildungsbetrieb ermöglichen.***
2. ***Erklären Sie, warum Unsicherheiten über Verpackungseinheiten (VE) zu Kommissionierfehlern führen können.***
3. ***Beschreiben Sie zwei Schulungsmaßnahmen zur Vermeidung von Kommissionierfehlern.***
4. ***Bei 8 000 Kommissioniervorgängen wurden 200 Kommissionierfehler festgestellt. Ermitteln Sie die Fehlerquote in %.***

5. a) Berechnen Sie in nachfolgender Tabelle die Werte für folgende Zellen:
- *B6*
- *C6*
- *D6*
- *B11*
- *C11*
- *D11*

b) Berechnen Sie den Anstieg der Kommissionierfehler von 2015 auf 2016 in %.

	A	B	C	D
1		**Anzahl der Picks**	**Anzahl der Kommissionier-fehler**	**%-Anteil der Kommissionier-fehler**
2	1. Quartal 2015	2895	16	
3	2. Quartal 2015	1190	6	
4	3. Quartal 2015	1155	5	
5	4. Quartal 2015	4482	22	
6	**Gesamt 2015**			
7	1.Quartal 2016	2794	33	
8	2.Quartal 2016	1117	14	
9	3.Quartal 2016	1106	14	
10	4.Quartal 2016	4456	34	
11	**Gesamt 2016**			

Lernfeld 6
Güter verpacken

1 Allgemeines über Verpackungen

Einstiegssituation

*Sowohl Privatpersonen als auch Betriebe haben jeden Tag mit **Verpackungen** zu tun.*

In den Betrieben ist dies vor allem bei der
- *Warenannahme und Lagerung sowie beim*
- *Verkauf, Versand und Transport*

der Fall.

Bei den Privatpersonen hat die Verpackung vor allem beim
- *Einkauf und Konsum eine große Bedeutung.*

Ohne eine geeignete Verpackung wäre heute ein rationeller Transport sowie Einkauf und Verkauf kaum mehr möglich bzw. wesentlich teurer und umständlicher. Die Verpackung spielt daher eine wichtige Rolle in unserer Wirtschaft.

Handlungsaufträge

1. *Diskutieren Sie, welche Folgen es hätte, wenn die Verpackungen in der gegenwärtigen Vielfalt nicht zur Verfügung stünden?*
2. *Entwickeln Sie mit der Mindmapping-Methode verschiedene Aufgaben/Funktionen, die eine geeignete Verpackung erfüllen kann.*
3. *Skizzieren Sie Symbole oder nennen Sie Aufdrucke, die Ihnen von Verpackungen in Ihrem Betrieb oder als Privatperson bereits bekannt sind.*

1.1 Fachbegriffe im Verpackungsbereich

Wer beruflich mit Verpackungen zu tun hat, sollte die wichtigsten Fachbegriffe aus dem Verpackungsbereich nach DIN 55405 und der Verpackungsverordnung kennen.

Begriffe	Definition	Beispiele
Packgut	Ware, die verpackt werden soll bzw. verpackt ist	Maschine, Flüssigkeit, Computer, Ersatzteile, Nahrungsmittel
Packstoff	Material, aus dem Packmittel bzw. Packhilfsmittel hergestellt werden	Holz, Kunststoff, Karton, Pappe, Metall, Glas
Packmittel	Gegenstand, der das Packgut aufnimmt, damit es lager-/transport-/verkaufsfähig wird. Es ist Hauptbestandteil der Verpackung.	Tüte, Schachtel, Tube, Becher, Flasche, Kiste, Palette, Box, Container
Packhilfsmittel	Materialien, die das Packmittel ergänzen. Ein Packhilfsmittel ist Nebenbestandteil der Verpackung.	Klebeband, Folie, Schaumstoff, Trockenmittel, Etiketten, Luftpolster, Umreifungsband, Verpackungschips
Verpackung	Packmittel + Packhilfsmittel	Schachtel mit Luftpolsterkissen
Packung	Packgut + Verpackung	Packung Zigaretten, Plastikbox mit 20 Schrauben, Tüte Zucker
Packstück	Packung, die für den Transport geeignet ist	Schachtel mit Ersatzteilen, Palette mit mehreren Schachteln
Verkaufsverpackung (Primärverpackung)	Verpackung, mit der die Ware verkauft wird; sie begleitet die Ware bis zum Endverbraucher (dient der Hygiene, der Haltbarkeit, dem rationellen Verkaufsvorgang usw.).	Flasche, Becher, Dose, Folie, Tüte, Blister, Eimer, Schachtel, Tube
Umverpackung (Sekundärverpackung)	Zusätzliche Verpackung zur Verkaufsverpackung; sie umfasst meistens mehrere Verkaufsverpackungen.	Schachtel mit 10 Tuben Zahncreme, Folie mit 20 Packungen Papiertaschentücher, Getränkekasten mit 20 Flaschen Bier
Transportverpackung, Versandverpackung	Verpackung, die primär dem Transport dient	Flachpalette, Container, Gitterbox, Kiste
Einwegverpackung	Verpackung, die nur zum einmaligen Gebrauch dient	Einwegflasche (Wein), einfache Holzkiste, Dose, Tüte, Becher, Schachtel, Einwegpalette, Verschlag aus Holz
Mehrwegverpackung (Umlaufpackmittel, Leihverpackung)	Verpackung, die mehrfach verwendet und deshalb im Allgemeinen zurückgegeben bzw. getauscht wird	Mehrwegflasche, Pfandflasche, Getränkekiste, Europalette, Container, Kunststoffbox
Verbundpackmittel	Packmittel, die aus mehreren Packstoffen bestehen, die nicht von Hand getrennt werden können	Packmittel aus verklebten oder verschweißten Materialien (z. B. Tetrapak)
Kartonagen	Packmittel aus Karton oder Pappe	Schachtel

Fachbegriffe aus dem Verpackungsbereich in englischer Sprache:

Englisch	Deutsch
packaging, packing	Verpackung, Packmaterial
pack, package	Packung, Paket, Schachtel
to pack	verpacken
pallet	Palette
box	Schachtel, Kiste, Behälter

1.2 Bedeutung der Verpackung

Im Gegensatz zu heute standen früher nur wenige Verpackungen zur Verfügung. In erster Linie waren dies Körbe, Säcke, Fässer, Ballen (aus Stoff) und Flaschen.

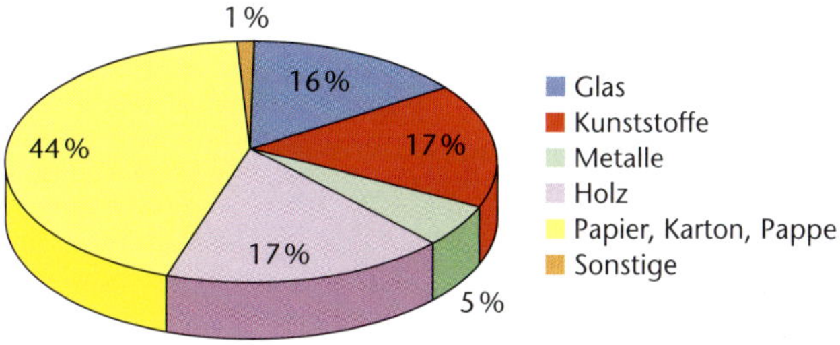

Die mengenmäßige Verteilung des verbrauchten Verpackungsmaterials in Deutschland im Jahr 2012 (Prozentsätze gerundet)[1]

Rund 90 % aller Güter werden heute verpackt. In der Bundesrepublik Deutschland werden ca. 16,5 Millionen Tonnen Verpackungsmaterial (Glas, Weißblech, Aluminium, Kunststoff, Papier, Karton, Pappe, Holz, Textil, Keramik usw.) verbraucht. Dies ergibt einen Anteil von ca. 200 kg je Einwohner pro Jahr.

Angesichts dieser Menge stellt sich die Frage, ob ein derart großer Verpackungsaufwand notwendig ist. Wie bei vielen anderen Fragen muss man auch hier zur Beurteilung die Vor- und Nachteile abwägen.

Nachteile der Verpackung	Vorteile der Verpackung
▪ Verteuerung der Ware durch die Verpackungskosten ▪ Verbrauch wertvoller und teurer Rohstoffe (z. B. Rohöl, Aluminium) ▪ Animation zum ungeplanten Kauf infolge raffinierter Aufmachung oder Vortäuschung größerer Füllmengen („Mogelpackungen“) ▪ Belastung der Umwelt und Verschmutzung der Landschaft bei nicht sachgemäßer Entsorgung der leeren Verpackung ▪ Entsorgungskosten für den Verpackungsabfall	▪ Verhinderung des Verderbs bzw. der Qualitätsverschlechterung durch eine geeignete Verpackung ▪ Rationalisierung bei der Lagerung, Verladung/Entladung und dem Transport von Gütern ▪ Schutz der Ware (vor Schmutz, Feuchtigkeit, Beschädigung usw.) ▪ Verpackung enthält Informationen über Inhalt, Preis, Gefahren usw. ▪ Schaffung von Arbeitsplätzen in der Verpackungsindustrie

[1] *Zahlen gemäß Bundesministerium für Umwelt, Naturschutz, Bau und Reaktorsicherheit (BMUB), Berlin: Verpackungen gesamt. Verbrauch, Verwertung, Quoten 1991 bis 2012 (in Kilotonnen) in der Bundesrepublik Deutschland, Zugriff am 22.09.2015 unter: www.bmub.bund.de/fileadmin/Daten_BMU/Bilder_Infografiken/verpackungen_gesamt_bf.pdf*

1.3 Funktionen (Aufgaben) der Verpackung

Eine gute und geeignete Verpackung kann verschiedene Funktionen bzw. Aufgaben erfüllen.

Funktionen der Verpackung

- Schutzfunktion
- Lagerfunktion
- Transportfunktion
- Verkaufsfunktion
- Informationsfunktion

1.3.1 Schutzfunktion

Eine geeignete und gute Verpackung bietet Schutz vor verschiedenen Gefahren.

Gut verpackt – gut geschützt

Geschützt werden	Gefahren
Packgut	▪ Witterung (Feuchtigkeit/Nässe, Kälte, Wärme/Hitze) ▪ mechanische Beanspruchungen (Druck, Stoß, Fall usw.) ▪ Verunreinigung, Schmutz, Rost ▪ Verlust, Diebstahl ▪ Ungeziefer, Schädlinge
Menschen	▪ Verletzungen (z. B. durch scharfe Kanten) ▪ Vergiftungen (z. B. durch entweichende Giftstoffe) ▪ Schutz ist besonders wichtig beim Transport von Gefahrgut
Transportmittel	▪ Beschädigungen (z. B. bei Lkw, Stapler) ▪ Verschmutzungen (z. B. durch auslaufende Flüssigkeiten)
andere Packungen	▪ Beschädigungen (z. B. wenn gestapeltes Gut auf einer Palette auseinanderfällt und dabei andere Paletten beschädigt) ▪ Verschmutzungen
Umwelt	▪ entweichende giftige Gase oder Strahlen ▪ auslaufende Flüssigkeiten ▪ Schutz ist besonders wichtig beim Transport von Gefahrgut

1.3.2 Lagerfunktion

Die meisten Güter werden vom Zeitpunkt der Herstellung bis zum Zeitpunkt des Verbrauchs mehrmals gelagert. Was kann die Verpackung zur besseren Lagerung beitragen?

- **Rationalisierung des Ein- und Auslagerungsprozesses**
  - schnelleres Ein- und Auslagern durch den Einsatz automatischer Förderzeuge mit genormten Packmitteln (z. B. Gitterbox, Kunststoffbox)
  - Lagerung im Hochregallager ist ohne den Einsatz genormter Packmittel nicht möglich
- **optimale Ausnutzung des Lagerraums**
  - Stapelung mehrerer Packstücke übereinander mit und ohne Regale (z. B. mit Gitterboxen)
  - Lagerung von Packstücken im Blocklager (gestapelte Lagerung nebeneinander ohne Regale)
- **rationelles Arbeiten im Lager**
  - Einsatz geeigneter Packmittel ermöglicht schnelleres Einlagern und Kommissionieren (z. B. durch vorverpackte Ware)
- **längere Lagerdauer**
  - geeignete Verpackung ermöglicht eine längere Lagerung der Ware

Geeignete Packmittel rationalisieren den Lagerprozess.

1.3.3 Transportfunktion

Eine geeignete Verpackung kann sowohl die Be- und Entladung von Fahrzeugen als auch den Transport von Gütern rationalisieren.

Be- und Entladung

- Packmittel beschleunigen und erleichtern den Be- und Entladevorgang.

  Beispiel
  Lkws, Container, Waggons usw. lassen sich unter Verwendung von Flachpaletten und Gitterboxen mit Stapler, Hubwagen usw. wesentlich schneller und leichter be- und entladen.

Transportvolumen

- Durch genormte und abgestimmte Packmittel wird der Raum in den Transportmitteln optimal genutzt.

  Beispiel
  Viele Lkws sind in der Breite genau auf Europaletten abgestimmt; dadurch kann die ***Ladefläche*** *optimal genutzt werden.*

Kostenersparnis

- weniger Personalbedarf/-kosten bei der Be- und Entladung
- schnellere Be- und Entladung ermöglicht mehr Fahrten
- weniger Platzbedarf auf den Transportmitteln bzw. mehr Ladung auf gleicher Fläche

Lkw-Maße und Palettenmaße sind hier aufeinander abgestimmt.

1.3.4 Verkaufsfunktion

Der Verpackung kommt in der heutigen Zeit im Rahmen des Absatzes eine besondere Aufgabe zu.

- **Verpackung als Werbeträger**
  Bereits an der Verpackung kann der Käufer das Produkt erkennen, sei es am Namen, am Logo, an der Farbe oder an der Form der Verpackung. Ziel ist es, den Verkauf zu

fördern, zum Kauf anzuregen, um dadurch den Absatz zu steigern, neue Kunden zu gewinnen und den Marktanteil zu erhöhen. Die Produktverpackung vermittelt häufig den ersten und kaufentscheidenden Eindruck.

- **Verpackung als Hilfsmittel zur Rationalisierung des Verkaufsvorgangs**
  Das Selbstbedienungssystem konnte erst durch die modernen Verpackungsmethoden seinen Aufschwung erzielen. So entfällt das Wiegen und Abfüllen durch entsprechende Verpackungen. Die Verpackung ermöglicht damit die „Selbstverkäuflichkeit" von Waren.
- **Verpackung als Zusatznutzen**
  Häufig bringt die Verpackung einen zusätzlichen Nutzen, der zur gekauften Ware selbst keinen Bezug hat (z. B. Senfglas als Trinkglas).

An der Verpackung erkennt der Kunde auch das Produkt.

1.3.5 Informationsfunktion

Im Informationszeitalter hat auch die Verpackung einen hohen Stellenwert. Dies kann auf vielfältige Art erfolgen:

- Verpackung enthält aufgedruckte **Informationen über das Produkt**:
  Preis, Inhalt, Größe, Haltbarkeit, Menge, Verwendung, Gewicht usw.
- Verpackung ist Träger von **verschlüsselten Daten**:
  - Der aufgedruckte Code auf der Verpackung vieler Güter ermöglicht das schnelle Einlesen an Scanner-Kassen (z. B. bei Lebensmitteln).
  - Durch Scannen spezieller Codes auf der Verpackung kann vom Mitarbeiter automatisch der Lagerplatz beim Einlagern ermittelt werden.
- Verpackung ist Träger von **Hinweisen und Warnungen**:
  Durch aufgedruckte Symbole (z. B. für Gefahrgut oder für den vorsichtigen Umgang mit dem Packstück) erkennt der Betroffene sofort, wie das Packstück zu transportieren bzw. worauf zu achten ist.

Code auf der Verpackung

Hinweiszeichen für die Handhabung eines Packstücks

1.4 Beanspruchungen der Verpackung

Die Ware hat vom Hersteller bis zum Empfänger einen langen Weg zurückzulegen, auf dem sie vielen Gefahren bzw. Beanspruchungen ausgesetzt ist.

Beanspruchungen der Verpackung

- Beanspruchung durch Kräfte
- Beanspruchung durch Klima
- Beanspruchung durch Lebewesen
- Beanspruchung durch Diebstahlgefahr

1.4.1 Beanspruchung durch Kräfte

Manchmal wirken bestimmte Kräfte auf das Packgut ein und führen dadurch zu Beschädigungen. Man spricht hier auch von mechanischen Beanspruchungen (Mechanik ist die Lehre von den Kräften).

Kräfte

- Fall
- Schub
- Stoß
- Druck
- Erschütterung

Beanspruchung durch den Fall

Häufigste Ursache dafür, dass ein Packstück zu Boden fällt, ist im Allgemeinen das ungeschickte oder unvorsichtige Arbeiten beim Be- und Entladen, beim Ein- und Auslagern, beim Kommissionieren usw.

Möglichkeiten zur **Vorbeugung**:

- stabiles Packmittel wählen (z. B. Metallbehälter, Holzkiste, Schachtel aus stabiler Wellpappe, Gitterbox)
- angemessenes Packhilfsmittel verwenden (z. B. Luftpolster, Stretchfolie, Verpackungschips, Schaumstoff)
- gestapelte Einzelstücke auf einer Flachpalette mit Folie umwickeln (stretchen oder schrumpfen) oder mit einem Kunststoff- bzw. Stahlband umreifen
- Verbundstapelung (versetzte Stapelung)

Die Stretchfolie verhindert das Herabfallen von einzelnen Packungen.

Beanspruchung durch den Schub

Vorwiegend während des Transportes der Ware kann in nahezu allen Transportmitteln diese Gefahr eintreten.

Die **Gründe** für die Schubwirkung können sein:

- schnelles Anfahren oder starkes Bremsen
- schnelles Durchfahren einer Kurve (Fliehkraft)
- starke Steigungen oder Gefälle

Der Schub kann beim Packstück bewirken, dass es verrutscht, umkippt, die Verpackung durchstößt und somit Schäden an der Ware selbst oder an anderen Packmitteln verursacht.

Möglichkeiten zur Vorbeugung:

- Ladungssicherung (siehe Lernfeld „Güter verladen“)
- mit Staukissen/Luftkissen die Zwischenräume in Lkw, Containern usw. ausfüllen

Querstangen im Lkw fangen Schubkräfte ab.

Große Luftkissen/Staukissen wirken dem Schub entgegen.

Beanspruchung durch den Stoß

Durch unvorsichtiges Hantieren mit Staplern, Hubwagen, Kränen usw. passiert es immer wieder, dass Packstücke angefahren, umgestoßen oder herabgeworfen werden.

Die Folgen können vielfältig sein:

- Bruch der Ware
- Verkratzen der Ware
- Auslaufen von Flüssigkeit
- Beschädigung der Verpackung

Möglichkeiten zur Vorbeugung:

- vorsichtiger Umgang mit Fahrzeugen (vor allem Stapler und Hubwagen)
- Anbringen von Stoß- und/oder Kippindikatoren

Um feststellen zu können, ob empfindliches Packgut gestoßen oder gekippt wurde, können an der Verpackung Kipp- und/oder Stoßindikatoren angebracht werden, die anzeigen, ob das Packstück übermäßig gestoßen bzw. gekippt wurde (Erläuterungen hierzu siehe Abschnitt „Packhilfsmittel“).

Packstück mit Kippindikator (Vorderseite)

Beanspruchung durch Druck

Besonders beim Stapeln der Packstücke übereinander und beim Kranen der Packstücke wird vor allem an den Druckstellen eine große Belastung ausgeübt, die auch zu einer Beschädigung der verpackten Ware führen kann. Die Ware kann gequetscht bzw. gestaucht werden oder auch zerbrechen.

Möglichkeiten zur Vorbeugung:

- stabile Packmittel verwenden (z. B. Gitterbox)
- geeignete Packhilfsmittel einsetzen
- Kranhaken und Stapler nur an den gekennzeichneten Stellen ansetzen
- schwere Ware unten lagern
- Anbringen von Vorsichtsmarkierungen (z. B. „Nicht stapeln“)

So darf eine Packung nicht ankommen.

Eine Gitterbox schützt die Ware besonders gut vor Druck.

Beanspruchungen durch Erschütterung

Durch schlechte Straßen oder Turbulenzen bei Luft- und Seefracht können Rüttelbewegungen oder Schwingungen auftreten, die auch auf die geladene Ware einwirken.

Möglichkeiten zur Vorbeugung:

- feste Verankerung des Packstücks durch Festzurren, Angurten usw. (siehe dazu auch Lernfeld „Güter verladen“ bzw. „Ladungssicherung“)

- stoßsicheres Einpacken der Ware und Auffüllen der Leerräume mit geeigneten Materialien
- Befestigung von luftgefederten Dämpfungselementen an den Füßen der Packmittel

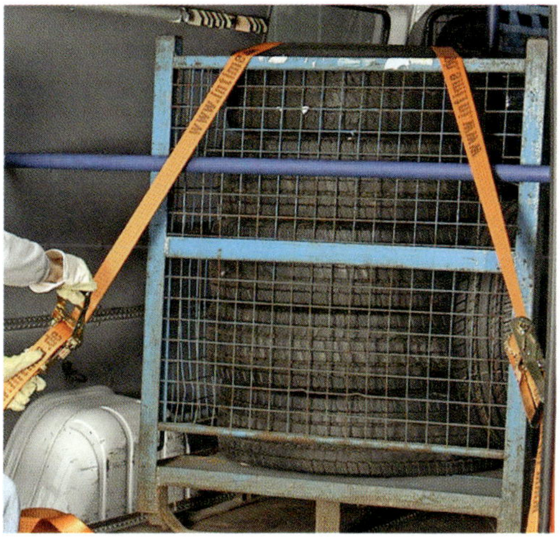

Festgezurrte Ladung kann nicht verrutschen.

Verpackung mit Dämpfungselementen

1.4.2 Klimatische Beanspruchung

Die klimatischen Beanspruchungen hängen im Wesentlichen von den metereologischen Bedingungen ab, denen die Ware auf ihrem Weg vom Hersteller zum Kunden ausgesetzt ist. Dabei spielen der Transportweg, die Transportart und die zeitliche Dauer des Transports eine große Rolle.

Man muss hier drei Aspekte berücksichtigen:

- **geografisch**
  Der weltweite Warenhandel (Globalisierung) verlangt für die unterschiedlichen geografischen Empfangsländer auch unterschiedliche Packmittel. Die verschiedenen Klimabedingungen (gemäßigtes, subtropisches, tropisches, arktisches Klima, See-, Landklima) bestimmen die entsprechende Verpackung.
- **witterungsmäßig**
  Auch die verschiedenen Witterungseinflüsse, wie Hitze, Kälte, Schnee, Regen oder Feuchtigkeit, verlangen entsprechende Packmittel, um das Transportgut vor Schäden zu schützen.
- **Kondenswasser (auch „Schwitzwasser“ genannt)**
  Dies tritt dann auf, wenn sich in der Verpackung Feuchtigkeit befindet und die Außentemperatur kühler ist als im Inneren des Packstücks. Das ist wie bei einem Fenster, das beschlägt.

Möglichkeiten zur Vorbeugung:

- nur Packmittel verwenden, die auch den klimatischen Anforderungen entsprechen (z. B. isolierte oder gekühlte Container)
- luftdurchlässige Verpackung verwenden, um den Luftaustausch zu ermöglichen (z. B. Wellpappe, Holz)

- geeignete Packhilfsmittel (z. B. Ölpapier, VCI-Mittel) verwenden, damit Feuchtigkeit nicht zu Schäden am Packgut führt
- Trockenmittel in das Packmittel legen (Trockenmittel saugen die Feuchtigkeit auf). Nähere Ausführungen zu Trockenmitteln erfolgen im Kapitel „Packhilfsmittel".

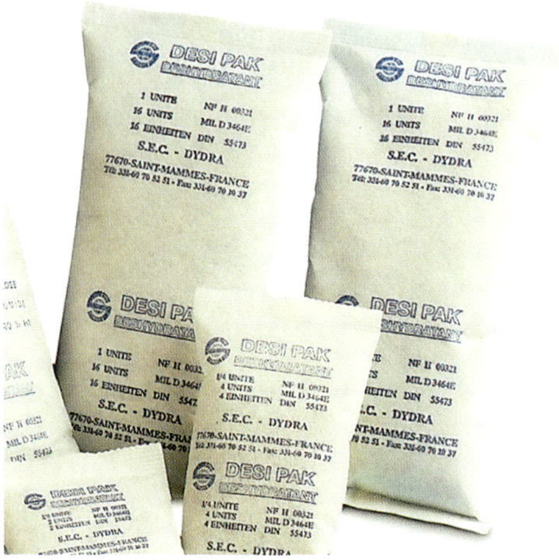

Trockenmittel in Beuteln

1.4.3 Beanspruchung durch Lebewesen

Viele Waren und Verpackungen sind während der Lagerung, des Umschlags und auch auf dem Transport bestimmten Tieren (Schädlingen) ausgesetzt. Mäuse, Ratten, Insekten und Schimmelpilze gefährden Packgut und Packmittel. Hierdurch kann die Ware vernichtet oder in ihrem Wert gemindert werden.

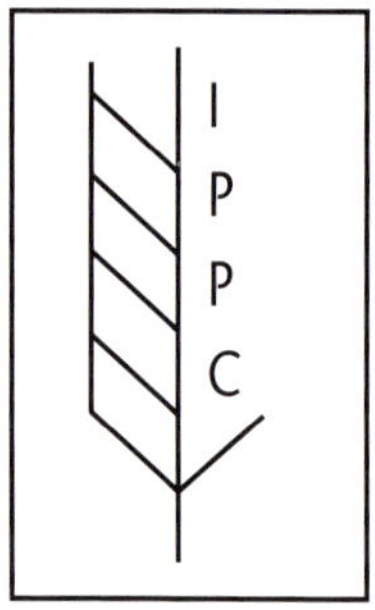

Außerdem müssen bei der Wahl des Packmittels die Vorschriften des jeweiligen Empfängerlandes beachtet werden. So verbieten mehrere Länder die Einfuhr von Gütern in Packmitteln aus unbehandeltem Naturholz, um die Gefahr der Einschleppung von Holzschädlingen zu vermeiden. Die Kennzeichnung für schädlingsfreies Naturholz erfolgt mit dem IPPC-Symbol. Nähere Informationen dazu im Kapitel 2.2.9 Holzpackmittel für den Export.

1.4.4 Beanspruchung durch Diebstahlgefahr

Keine Ware ist davor sicher, im Lager oder auf dem Transport gestohlen zu werden. Dabei kann das gesamte Packstück oder nur ein Teil des Inhaltes eines Packstücks entwendet werden.

Möglichkeiten zur Vorbeugung:

- sichere Verpackung, bei der ein unbefugtes Öffnen sofort erkennbar ist, verwenden
- neutrale, unauffällige Verpackung verwenden, um keine Anreize zu schaffen
- einzelne kleine Packstücke zu größeren Verpackungseinheiten zusammenfassen
- Packstücke umreifen (z. B. mit Stahlband)
- palettierte Ware mit undurchsichtiger Folie umwickeln
- Sicherheits-Siegelband zum Verschließen verwenden ggf. mit Umreifungssiegel (siehe auch Kapitel 3.2.3 Schutzmittel gegen Diebstahl)

1.5 Symbole und Texte auf Verpackungen

Durch eine richtige und vollständige Markierung von Packstücken können falsche Handhabung, Unfälle, Falschauslieferung usw. vermieden werden.

Weicht die Markierung von den Versandpapieren ab, kann es z.B. zu Beanstandungen bei Zollbehörden kommen. Falsche oder nicht ausreichende Handhabungsmarkierungen können dazu führen, dass die Haftung für einen verursachten Schaden ausgeschlossen werden kann.

1.5.1 Bestandteile einer vollständigen Markierung

DIN 55402 Teil 2 beschreibt, wie eine ordnungsgemäße Markierung zu erfolgen hat. Sie besteht aus folgenden Teilen:

Leitmarke	enthält u.a.: ▪ Bestimmungsort/Bestimmungshafen ▪ laufende Packstücknummer (Kolli-Nr.) ▪ Gesamtstückzahl der zur Sendung gehörenden Packstücke
Informationsmarkierung	enthält: ▪ Ursprungsland ▪ Gewicht des Packstücks ▪ Maße des Packstücks (in cm)
Handhabungsmarkierung	siehe Kapitel 1.5.3 dieses Lernfelds (Symbole, Bildzeichen)

Leitmarke und Informationsmarkierung werden in der DIN zusammen als „Beschriftung“ bezeichnet.

1.5.2 Handhabungsanweisungen in Textform

Sie informieren den Transporteur und Empfänger über den Umgang mit dem Packstück, gelten aber nicht für Gefahrgut. Beim Export ist es notwendig und sinnvoll, den Text auch in der Sprache des Empfängerlandes anzugeben.

Die folgende Tabelle zeigt eine Zusammenstellung von wichtigen Handhabungsanweisungen in Deutsch und Englisch.

Deutsch	Englisch
aufrecht transportieren (nicht umlegen, nicht stürzen)	keep upright, this side up
Bruttogewicht	gross weight
feuergefährlich, leicht entzündlich	inflammable
Flüssigkeit	liquid
Gift	poison
hier anheben	lift here

Deutsch	Englisch
hier anschlagen	sling here
hier öffnen	open here
kühl aufbewahren	keep cool
Nettogewicht	net weight
nicht mit Haken anheben	do not use hooks
nicht stapeln	do not stack
nicht werfen	do not throw
oben	top, this side up
trocken aufbewahren	keep dry
unten	bottom
vor Hitze schützen	keep cool
vor Nässe schützen	keep dry
Vorsicht	handle with care
zerbrechlich	fragile

1.5.3 Symbole auf Verpackungen

Die grafischen Symbole für die Handhabung und Lagerung von Packstücken sind (im Gegensatz zu früher) nur noch in der internationalen Norm DIN EN ISO 780 festgelegt (EN = Europäische Norm; ISO = Internationale Standardisierungs-Organisation).

Durch ihre Selbsterklärung tragen sie dazu bei, dass sie überall auf der Erde verstanden werden und die Packstücke dadurch möglichst unversehrt den Empfänger erreichen.

Im Gegensatz zu früher sind die Symbole ohne Umrandung anzubringen. Die Markierung muss grundsätzlich in schwarzer Farbe erfolgen, dauerhaft sein und kann mit Aufkleber (Etikett), Stempel oder Aufdruck angebracht werden.

Bildzeichen	Bezeichnung (in Klammern: Englisch)	Erklärung, Hinweise
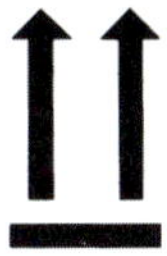	oben (this side up) aufrecht transportieren (keep upright)	Das Packstück ist so zu transportieren und zu lagern, dass die Pfeile stets nach oben zeigen (nicht erlaubt: umlegen, starkes Kippen).
	zerbrechliches Packgut (fragile; handle with care)	Der Inhalt ist zerbrechlich (fragil). Das Packstück muss mit Vorsicht behandelt werden (kein Druck, kein Fall usw.).
	vor Nässe schützen (keep dry)	Das Packstück muss vor Nässe (Regen, Schnee) sowie hoher Luftfeuchtigkeit geschützt werden. Im Freien ist das Packstück abzudecken.
	vor Hitze bzw. Sonnenlicht schützen (keep away from heat)	Das Packstück ist vor Wärme (auch vor Wärmequellen wie Heizung) zu schützen; ggf. muss es kühl gelagert bzw. transportiert werden.
	vor radioaktiven Strahlen schützen (protect from radioactive sources)	Der Inhalt des Packstücks ist vor radioaktiver Strahlung zu schützen.
	hier anschlagen (sling here)	Die Anschlagmittel (z. B. Klammern, Haken) zum Heben des Packstücks müssen/dürfen hier angesetzt werden. Es besteht hier keine Gefahr einer Beschädigung.
	Gabelstapler hier nicht ansetzen (do not use fork lift truck here)	Dieses Symbol ist nur an den Seiten des Packstücks anzubringen, an denen es **nicht** mit dem Gabelstapler bzw. Hubwagen angehoben werden darf. Fehlt das Zeichen, darf es an dieser Seite mit dem Stapler/Hubwagen transportiert werden.
	Schwerpunkt (centre of gravitiy)	Dieses Zeichen gibt den Schwerpunkt des Packstücks an. Das Zeichen ist eigentlich nur notwendig, wenn der Schwerpunkt nicht in der Mitte liegt.
	keine Haken verwenden (use no hooks)	Um eine punktförmige Belastung am Packstück zu vermeiden, dürfen zum Heben keine Haken verwendet werden.

Bildzeichen	Bezeichnung (in Klammern: Englisch)	Erklärung, Hinweise
	Stechkarre hier nicht ansetzen (no hand truck here)	An dieser Stelle dürfen Stechkarren **nicht** zum Heben des Packstücks angesetzt werden. Fehlt das Zeichen, kann an dieser Stelle bzw. Seite des Packstücks angesetzt werden.
	zulässige Stapellast; Begrenzung der Stapellast (stacking limitation)	Die Angabe eines maximalen Gewichts zeigt an, dass das Packstück bis zu diesem angegebenen Gewicht (in kg) belastbar ist.
	nicht stapeln (do not stack)	Auf dieses Packstück darf kein weiteres Packstück gestapelt werden, es darf also keine Belastung auf das Packstück ausgeübt werden.
	Stapelbegrenzung (stacking limitation)	Zeigt die maximale Anzahl gleicher Packstücke an, die auf das unterste Packstück gestapelt werden dürfen. Das unterste Packstück ist nicht in „n" enthalten.
	klammern in Pfeilrichtung (clamp here)	Das Packstück darf an diesen Stellen geklammert werden (Klammern zum Heben des Packstücks können angesetzt werden).
	keine Klammern in Pfeilrichtung ansetzen (don't clamp here)	An dieser Stelle dürfen keine Klammern zum Heben des Packstücks angesetzt werden.
	zulässiger Temperaturbereich (temperature limitations)	zeigt den Temperaturbereich in °C (von – bis) an, in dem das Packstück aufbewahrt werden muss
	nicht rollen (do not roll)	Das Packstück darf nicht gerollt werden.

Neben den Symbolen für die **Kennzeichnung von Packstücken** (siehe oben) gibt es noch sehr viele Symbole, die auf allen möglichen Gegenständen angebracht werden können (z. B. auf Maschinen, Geräten, Transporteinrichtungen, Aufzügen usw.). Für diese Symbole gibt es die Norm ISO 7000 (grafische Symbole auf Gegenständen/Einrichtungen).

Kernwissen

Wichtige Fachbegriffe:	▪ Packgut ▪ Packstoff ▪ Packmittel ▪ Packhilfsmittel ▪ Packung/Packstück ▪ Einwegverpackung ▪ Mehrwegverpackung ▪ Verkaufsverpackung ▪ Transportverpackung ▪ Umverpackung
Bedeutung der Verpackung:	▪ Vorteile der Verpackung – Schutz der Ware – Rationalisierung der Lagerung und des Transports ▪ Nachteile der Verpackung – Preis erhöht sich durch Verpackungskosten – Entsorgungskosten für gebrauchte Verpackungen
Funktionen der Verpackung:	▪ Schutzfunktion ▪ Lagerfunktion ▪ Transportfunktion ▪ Verkaufsfunktion ▪ Informationsfunktion
Beanspruchungen der Verpackung:	▪ Kräfte (mechanische Beanspruchung) ▪ Klima ▪ Lebewesen ▪ Diebstahlgefahr
Markierungen auf der Verpackung:	▪ Text (Handhabungsanweisungen) ▪ Symbole (genormte Bildzeichen)

Aufgaben

1. *Erklären Sie den Unterschied zwischen einem Packmittel und einem Packhilfsmittel.*
2. *Nennen Sie Packmittel, die sowohl als Einweg- als auch als Mehrwegverpackung dienen.*
3. *Geben Sie je zwei Beispiele an für*
   a) Transportverpackung,
   b) Verkaufsverpackung.
4. *Aus der Verwendung von Verpackungen ergeben sich Vor- und Nachteile.*
   Nennen Sie je einen Vorteil und einen Nachteil
   a) für den Endverbraucher,
   b) für den Hersteller/Betrieb.
5. *Welche* ***Funktion der Verpackung*** *wird jeweils durch folgende Umschreibung angesprochen?*
   a) Es werden genormte Packmittel verwendet, um Platz zu sparen.
   b) Die Verpackung enthält Hinweise zur Verwendung des verpackten Produkts.
   c) Im Supermarkt befindet sich nur abgepackte Ware.
   d) Durch eine geeignete Verpackung wird verhindert, dass Menschen verletzt oder die Ware beschädigt wird.
   e) In einen großen Lkw passt eine genau berechnete Anzahl von Paletten.

6. *Welcher **Beanspruchung/Gefahr** wird ein Packstück ausgesetzt bei folgenden Vorfällen:*
   a) Ein beladener Lkw muss plötzlich scharf bremsen.
   b) Ein Packstück wird in ein subtropisches Land versandt.
   c) Ein Staplerfahrer lagert vier beladene Flachpaletten übereinander.
   d) Ein beladener Lkw fährt längere Zeit über schlechte Straßen.

7. *Nennen Sie Maßnahmen, wie in Ihrem Betrieb durch entsprechende Verpackung*
   a) die Gefahr der Beschädigung der Ware durch Druck vermieden wird,
   b) die Gefahr des Diebstahls vermindert wird.

8. *Auf einem importierten Packstück befinden sich Hinweise in englischer Sprache. Welche Bedeutung haben diese Wörter?*
   a) fragile
   b) net weight
   c) lift here
   d) top
   e) keep upright
   f) open here

9. *Was bedeuten die folgenden Symbole auf Verpackungen?*
   a) 

   b) 
   c) 
   d) 

10. *Welches Symbol/Bildzeichen ist jeweils auf der Verpackung anzubringen, wenn der folgende Sachverhalt angezeigt werden soll? Zeichnen Sie das jeweilige Symbol.*
    a) Das Packstück enthält leicht zerbrechliche Ware.
    b) Auf dieses Packstück darf kein weiteres Packstück gestapelt werden.
    c) Staplerklammern (zum Anheben) dürfen nur hier angesetzt werden.

2 Packmittel

Einstiegssituation

Täglich wird in den Betrieben eine große Zahl von Gütern verpackt. Die Verpackung muss aber nicht nur die Ware schützen, sie soll auch die Verladung bzw. Entladung sowie den Transport erleichtern und beschleunigen. Dazu stehen eine Vielzahl verschiedenster Packmittel zur Verfügung, die jeder Beschäftigte im Lager bzw. Versand kennen sollte, um kostengünstig und rationell lagern und befördern zu können. Aber welches nimmt man?

Handlungsaufträge

1. *Erstellen Sie eine Auflistung von Packmitteln, die in Ihrem Betrieb verwendet werden bzw. bei erhaltenen Lieferungen anfallen.*
2. *In jedem Betrieb gibt es Einweg- und Mehrweg-Packmittel.*
   Nennen Sie jeweils zwei geeignete Beispiele dazu.
3. *Häufig verwendete Packmittel bei Betrieben sind Paletten und Kunststoffboxen.*
   *a) Überlegen Sie, **welche Vorteile** diese Packmittel bieten und **welche verschiedenen Arten** in der Praxis zum Einsatz kommen.*
   b) Informieren Sie sich im Internet über diese beiden Packmittel.

Definition

*Ein **Packmittel** ist ein Gegenstand,*

- *der die Ware zum Verpacken aufnimmt und schützt,*
- *der den Transport und die Lagerung der Ware verbessert.*
- *Das Packmittel ist Hauptbestandteil der Verpackung.*

2.1 Übersicht über die Packmittel

Zur besseren Überschaubarkeit der zahlreichen Packmittel kann man die Packmittel nach verschiedenen Kriterien unterteilen.

2.1.1 Grundsätzliche Arten von Packmitteln

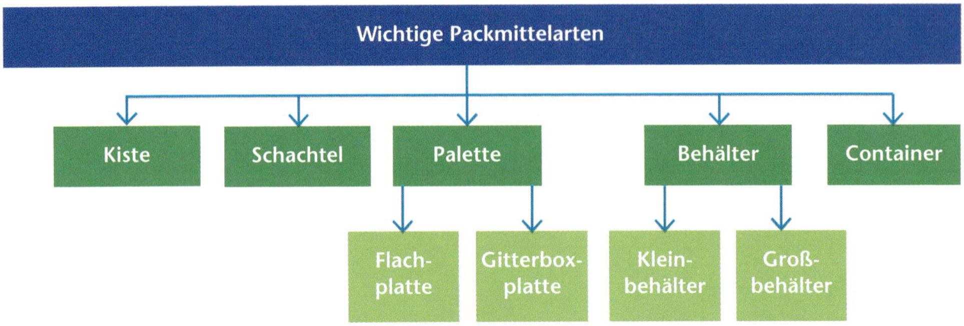

2.1.2 Packmittel nach Art des verwendeten Materials (Packstoff)

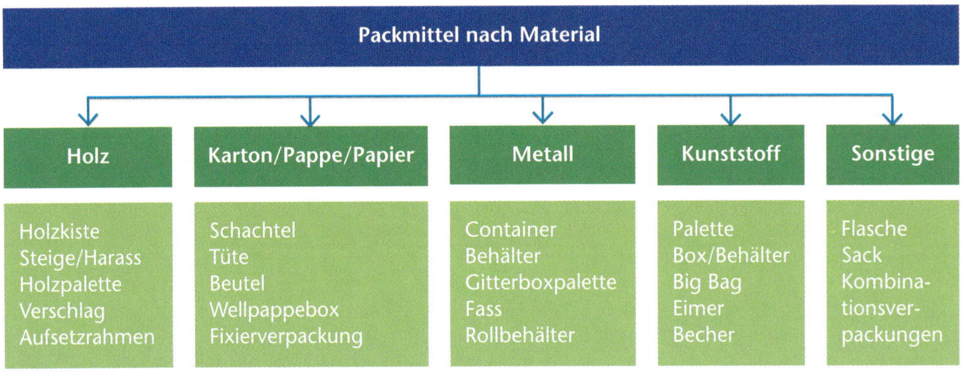

2.1.3 Packmittel nach Bauweise

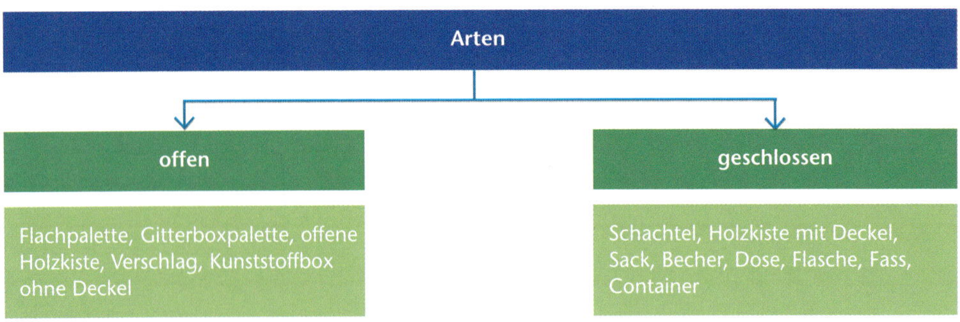

2.1.4 Packmittel nach Häufigkeit der Verwendung

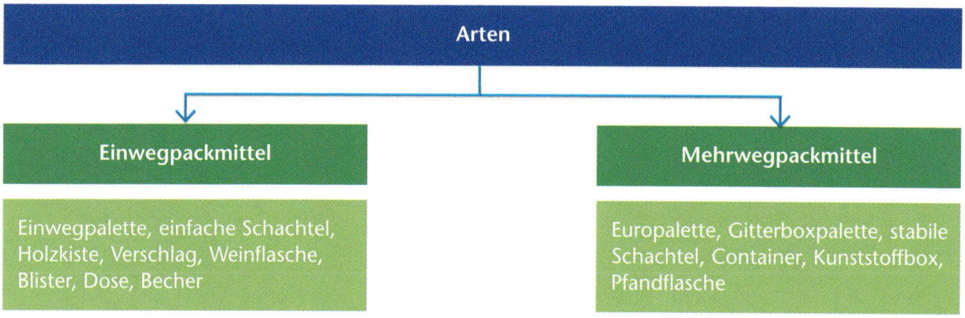

2.2 Packmittel aus Holz

Vorteile der Holzpackmittel

- Die Herstellung erfolgt aus einem nachwachsenden Rohstoff und ist damit sehr umweltfreundlich.
- Holz muss in Deutschland nicht importiert werden.
- Holzpackmittel können nach dem Gebrauch leicht und umweltfreundlich entsorgt werden.
- Holzpackmittel sind sehr stabil.

Holzarten

- Vollholz (Massiv-, Naturholz)
  Packmittel aus diesem Holz dürfen in einige Länder (z. B. Australien, Brasilien, die USA, Kanada, Indien) nur eingeführt werden, wenn das Holz ohne Rinde ist und gegen Holzschädlinge behandelt wurde.
- Sperrholz und Pressholz
  Diese Holzarten werden aus Holzabfall hergestellt (verleimt).
  Vorteil: Sie dürfen unbehandelt in jedes Land eingeführt werden.

2.2.1 Holzkiste (allgemein)

Holzkisten zeichnen sich besonders durch ihre Stabilität und ihre hohe Schutzfunktion aus. Ein weiterer Vorteil besteht darin, dass sie für jedes Packgut (auch für sehr schweres) individuell angefertigt werden können. Insbesondere beim Versand von Maschinen, schweren Teilen sowie bei empfindlichem Packgut kommen Kisten aus Holz heute noch häufig zum Einsatz.

Holzkisten gibt es geschlossen oder offen sowie fest zusammengebaut oder zusammenlegbar.

2.2.2 Geschlossene, fest zusammengebaute Holzkisten

Diese Kisten schützen die verpackte Ware besonders gut, und zwar von allen Seiten. Zum leichteren Transport werden sie entweder auf eine Palette gestellt oder mit Kufen unter der Bodenplatte versehen. Im Allgemeinen handelt es sich dabei um Einwegpackmittel.

Grundbauformen[1]

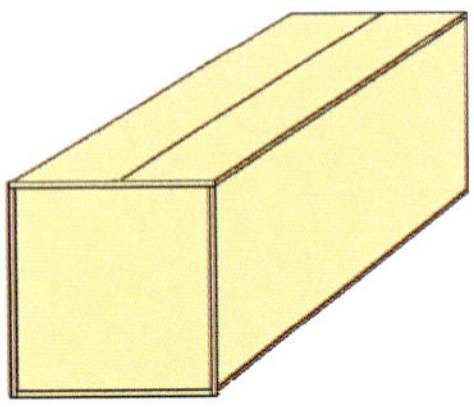 A1-Kiste ohne Leisten	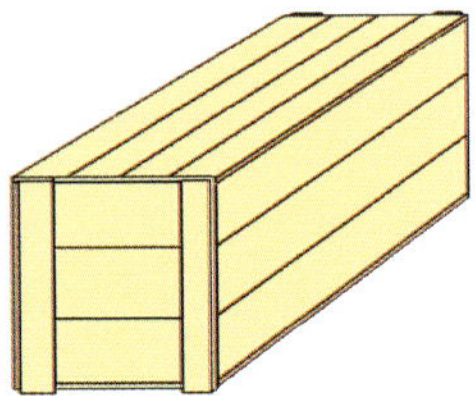 A2-Kiste mit Kopfleisten	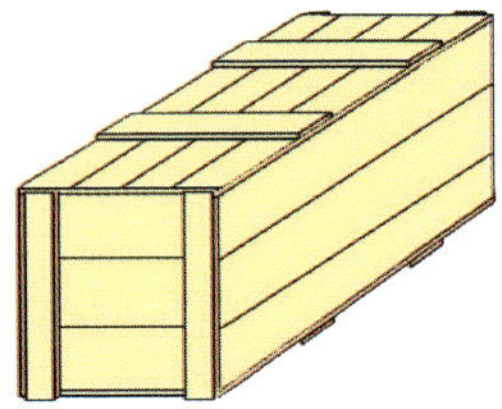 A3-Kiste mit Kopf-, Boden- und Deckelleisten
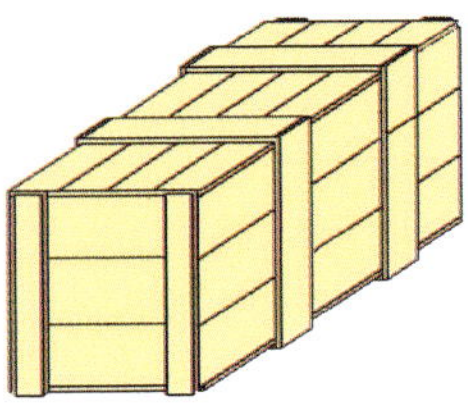 A4-Kiste mit Kopf- und Ringleiste	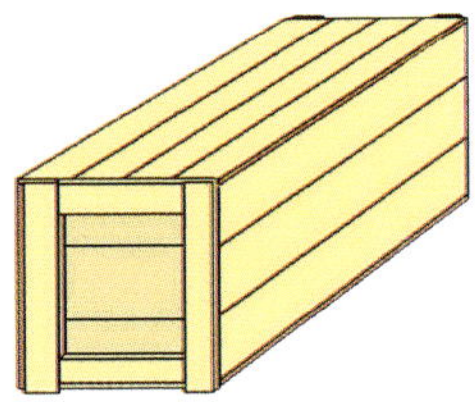 A5-Kiste mit Kopfkranzleisten	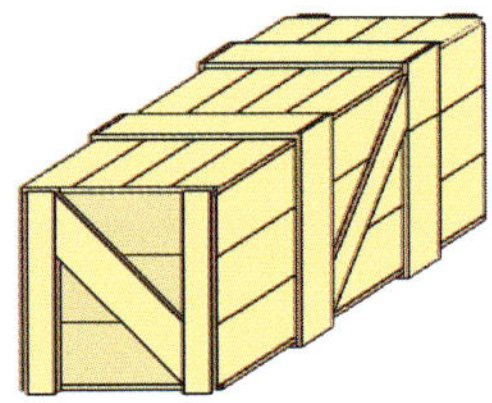 A6-Kiste mit Diagonal-, Kopf- und Ringleisten

2.2.3 Offene Holzkisten

Diese Packmittel aus Holz werden als Steige oder Harass (deutsch: Lattenkiste) bezeichnet und dienen in erster Linie dem Transport von Obst und Gemüse. Sie sind für dieses Packgut besonders geeignet, weil sie sowohl eine gute Belüftung der frischen Ware als auch eine gute Einsichtnahme in den Zustand der enthaltenen Ware ermöglichen.

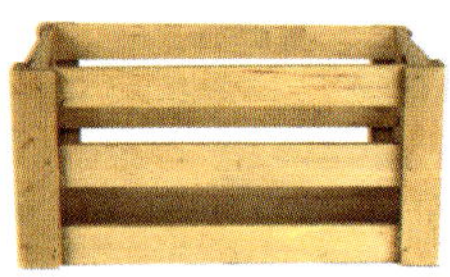

2.2.4 Zusammenlegbare Holzkisten

Hier handelt es sich um stabile Kisten aus Holzplatten mit Winkelprofilen und Scharnieren, die schnell zusammengelegt und aufgebaut werden können. Aufgrund ihrer Konstruktion mit Kufen unter der Bodenplatte oder auf Paletten können sie auch unterfahren und gestapelt werden. Im zusammengelegten Zustand sind sie sehr platzsparend.

---

[1] *Verpackungsrichtlinien des Bundesverbandes Holzpackmittel, Paletten, Exportverpackung (HPE), Bonn*

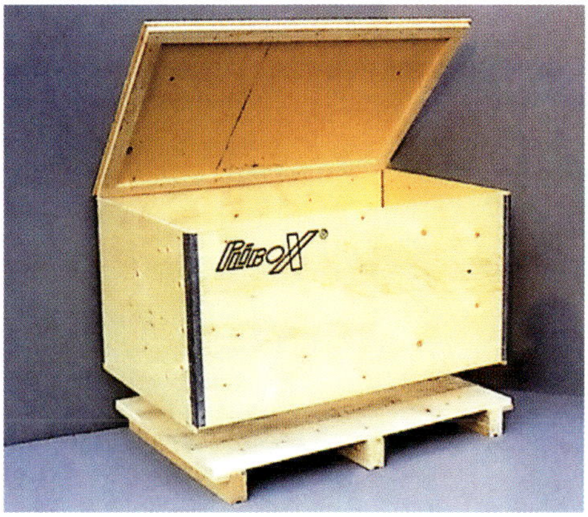

Aufgebaute Holzkiste

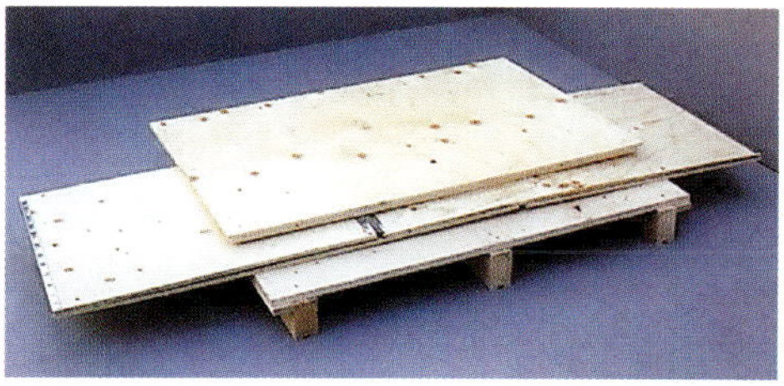
Zusammengelegte Holzkiste

2.2.5 Zusammenlegbare Holzaufsetzrahmen

Zusammen mit Flachpaletten bilden die rechteckigen Rahmen aus Holzplatten, die auf die Palette aufgesetzt werden, ein vielseitiges Verpackungssystem. Man kann hier Kisten in unterschiedlicher Höhe sowie mit oder ohne Deckel erhalten. Außerdem sind die Aufsetzrahmen nicht nur stabil, sondern auch zusammenlegbar und damit sehr platzsparend sowie in der Höhe variabel (je nachdem, wie viele Rahmen man aufeinandersetzt).

Palette mit Aufsetzrahmen und Deckel

2.2.6 Verschlag

Verschläge sind meist offene Rahmenkonstruktionen aus Holzbrettern oder -latten. Sie bieten weniger Schutz als Kisten, sind dafür aber billiger und leichter. Im Allgemeinen werden sie als Einwegverpackung benutzt. Verwendung finden Verschläge beim Transport und Lagern von Glas-, Wand- und Steinplatten, größeren Maschinen und Maschinenteilen, Brennholz usw.

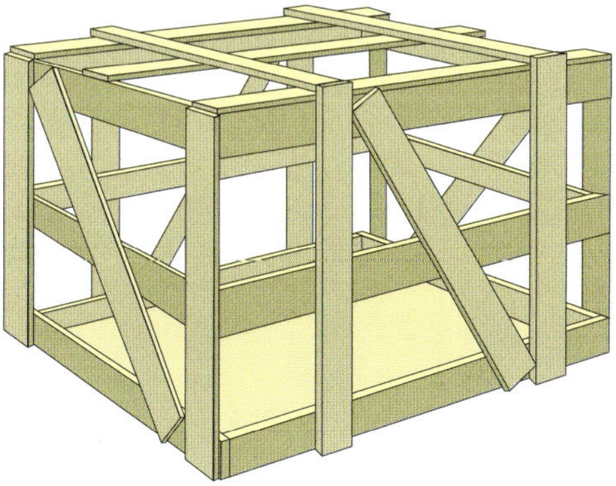
Verschlag aus Holz

2.2.7 Kantholzkonstruktion

Dieses Packmittel wird individuell für jedes Packgut aus Kanthölzern (Holzbalken) angefertigt. Die Rahmenkonstruktion umgibt das Packgut im Allgemeinen nur teilweise und dient primär zum Transport von schweren Gegenständen (z. B. Lkw-Achsen, Maschinen, schwere Blechrollen). Meistens handelt es sich um Einwegpackmittel, die auch unterfahrbar sind.

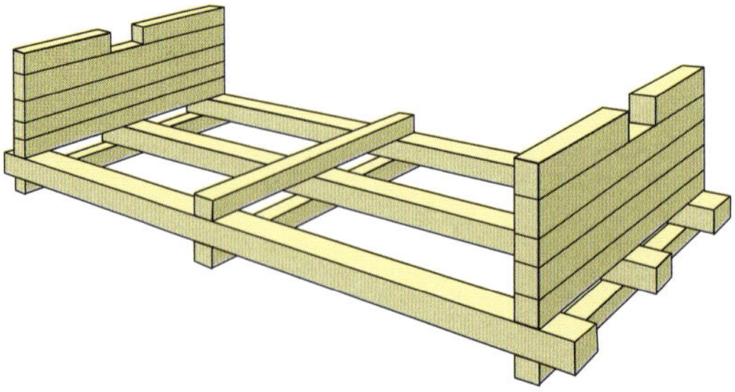

2.2.8 Holzpalette

Die Holzpalette wird zusammen mit den anderen Palettenarten im Kapitel 2.5 „Paletten“ ausführlich behandelt.

2.2.9 Holzpackmittel für den Export

Zum Schutz vor der Einschleppung von Holzschädlingen (z. B. Borkenkäfer) wurden international gültige Vorschriften erlassen, die auch die Packmittel und Packhilfsmittel aus **Naturholz** betreffen. (Packhilfsmittel aus Naturholz sind z. B. Holzkeile zur Ladungssicherung.) Beim Transport innerhalb der EU gelten diese Vorschriften nicht, weil die EU als einheitlicher Wirtschaftsraum (wie Inland) gilt.

Zum Transport in Länder außerhalb der EU dürfen Packmittel und Packhilfsmittel aus Naturholz nur verwendet werden, wenn das Holz

- **vollständig entrindet** ist und
- **gegen Schädlinge behandelt** wurde, d. h. Erhitzen auf 56 °C oder Begasung des Holzes (um Schädlinge abzutöten).

Behandeltes Holz ist mit der IPPC[1]-Kennzeichnung so zu versehen, dass die Kennzeichnung

- nicht entfernt werden kann (also z. B. durch Einbrennen in das Holz) und
- jederzeit gut sichtbar ist (z. B. an Vorder- und Rückseite des Packmittels).

IPPC-Kennzeichnung des behandelten Holzes (Beispiel):

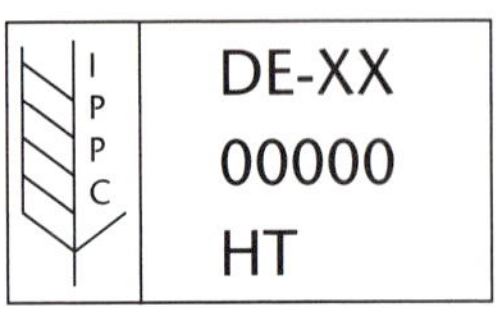

Die verschlüsselten Informationen (rechts) können auch ein- oder zweizeilig dargestellt werden.

1 *IPPC = International Plant Protection Convention (Internationale Organisation zum Schutz von Pflanzen = Unterorganisation der Vereinten Nationen/UN)*

Erklärung:

- IPPC symbolisierte Getreide-Ähre = Marke/Logo des IPPC
- DE Buchstabenkombination für das Land (hier: DE für Deutschland)
- XX Buchstabenkombination für die zuständige Behörde (in Deutschland die Pflanzenschutzdienste der Bundesländer)
- 00000 Registriernummer des Betriebs, der das Holz behandelt hat
- HT/MB Behandlungsmethode
  HT = Heat Treatment = Hitzebehandlung
  MB = Methylbromid = Begasung (MB ist jedoch in der EU nicht mehr erlaubt)

Hinweis: Die Abkürzung DB für debarked (= entrindet) ist nicht mehr notwendig, weil die Entrindung generell vorgeschrieben ist.

2.3 Packmittel aus Karton/Pappe/Papier

Der Güterversand und die Lagerung sind heute ohne die rationellen Packmittel aus Karton bzw. Pappe und Papier nicht mehr vorstellbar. Von der früheren, einfachen Schachtel ohne jeglichen Aufdruck haben sich die Packmittel aus Karton, Papier und Pappe bis heute zu einem universellen Packmittel entwickelt, das für fast jedes Packgut eine Lösung bietet und auch noch eine hohe Werbewirksamkeit ermöglicht.

2.3.1 Abgrenzung der Begriffe

- **Schachtel**
  Packmittel, das vorwiegend aus Karton bzw. Pappe (gelegentlich auch aus Kunststoff) hergestellt wird. Es ist falsch, eine Schachtel als Karton zu bezeichnen, auch wenn dies umgangssprachlich und in der Verpackungspraxis oft der Fall ist.
- **Karton**
  Packstoff, dessen Dicke zwischen der von Papier und der von Pappe liegt; das Gewicht liegt zwischen 150 g/m² und ca. 600 g/m².
  Nach DIN 55405 ist ein Karton kein Packmittel.
  Anwendungsbeispiele:
  - Trennblätter (Register in einem Ordner)
  - Zwischenlagen beim Stapeln auf einer Palette
  - Material zur Herstellung kleiner Schachteln
- **Pappe**
  Pappe ist der Oberbegriff für Vollpappe und Wellpappe.
- **Vollpappe**
  Dies ist eine massive Pappe (ohne Hohlräume) mit einem Gewicht von mehr als 600 g/m² (also ein dicker Karton).
  Anwendungsbeispiele:
  - Deckel eines Ordners
  - Kantenschutzleisten (siehe Packhilfsmittel)

- **Wellpappe**
  Im Gegensatz zu Karton und Vollpappe besteht Wellpappe aus (einer oder mehreren Lagen) **gewelltem Papier**, das auf Papier aufgeklebt wird und dadurch Hohlräume enthält.

2.3.2 Wellpappe

Die Wellpappe stellt heute den überwiegenden Anteil von ca. 65 % an der Transportverpackung; die Produktion beträgt ca. 7,5 Mrd. m² pro Jahr.

Durch die Wellenform des Papiers wird eine **hohe Steifigkeit** bei gleichzeitig **stoßdämpfender Wirkung** erzielt und somit ein stabiler und trotzdem leichter Packstoff ermöglicht. Mögliche Zusatzeigenschaften von Wellpappe (durch Beschichtung): wasser-, fett- und ölabweisend, schwer entflammbar usw.

Arten:

- einseitig oder mehrseitig beklebte Wellpappe
- einwellige (eine Lage) oder mehrwellige (mehrere Lagen) Wellpappe
- Rollenwellpappe

Die folgende Abbildung zeigt einseitige, einwellige, zweiwellige und dreiwellige Wellpappe.

Einwellige Wellpappe (einseitig beklebt)

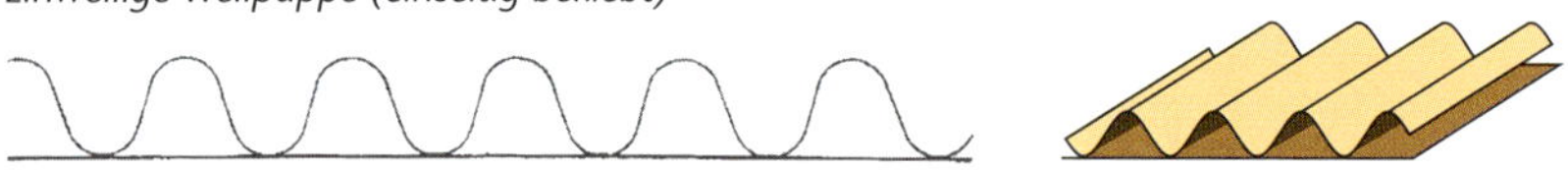

Einwellige Wellpappe (zweiseitig beklebt)

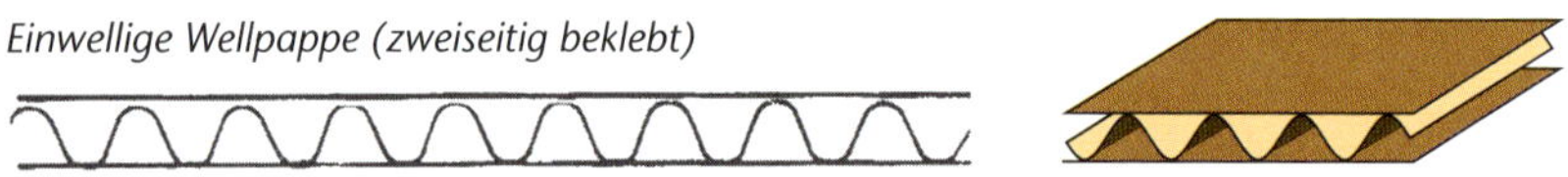

Zweiwellige Wellpappe

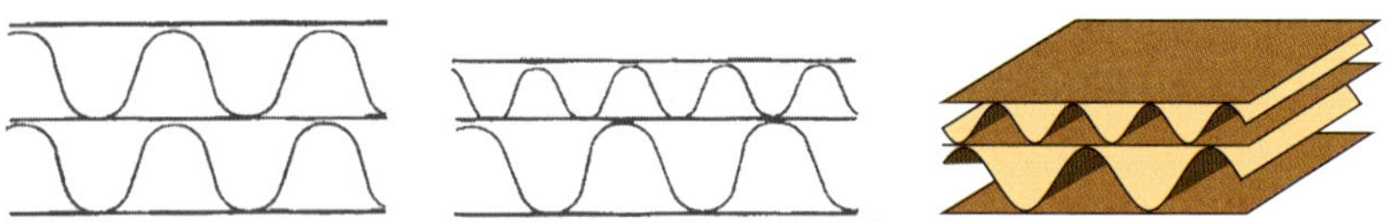

Dreiwellige Wellpappe

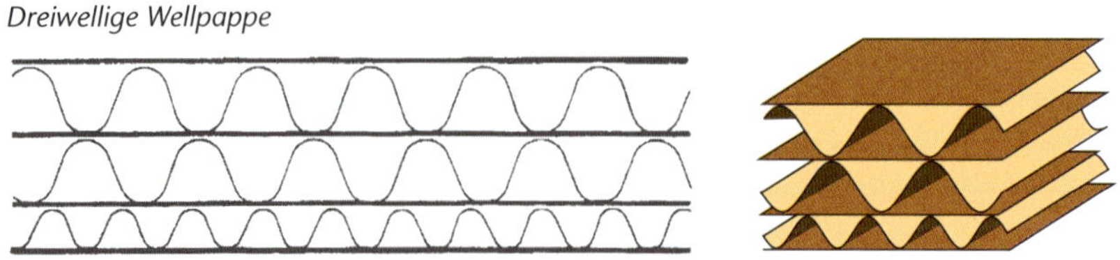

Besondere Wellpappe: **Rollenwellpappe**
Hier handelt es sich um einwellige Wellpappe, die von einer Rolle in beliebiger Länge abgeschnitten wird; man verwendet sie im Allgemeinen als Packhilfsmittel.

Rollenwellpappe

Abrollständer für Wellpappe mit Schneidevorrichtung

2.3.3 Schachtel

Eine Schachtel (manchmal auch „Box“ genannt) besteht im Allgemeinen aus Wellpappe, gelegentlich auch aus Karton oder Kunststoff. Sie ist das häufigste Packmittel in der Praxis. Die Betriebe erhalten die (neuen) Schachteln flach zusammengelegt, um Platz zu sparen. Durch das Aufrichten (manuell oder automatisch mit Maschinen) wird aus Wellpappe-Teilen schnell ein leichtes, aber trotzdem stabiles Behältnis. Es ist fachbegrifflich falsch, eine Schachtel als Karton zu bezeichnen (Karton ist nämlich das Material, aus dem eine Schachtel hergestellt wird).

Schachteln gibt es nicht nur in vielen Größen, sondern auch in verschiedenen Arten. Die europaweit in Verbänden zusammengeschlossenen Hersteller von Karton- und Pappeprodukten (FEFCO und ESBO) haben einen Code (Norm) ausgearbeitet, in dem u. a. auch die grundlegenden Arten von Schachteln festgelegt wurden.

Darin enthalten sind über 100 verschiedene Schachtel-Arten, aufgeteilt in sechs Gruppen.

Die wichtigsten Schachtel-Typen zeigt die folgende Übersicht:

Gruppe/Typ	Bezeichnung	Darstellung
02	Faltschachteln	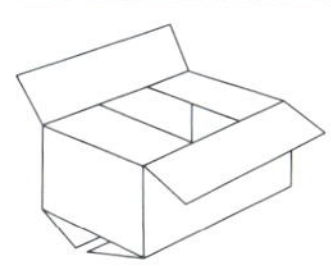
03	Deckelschachteln (Stülpschachteln)	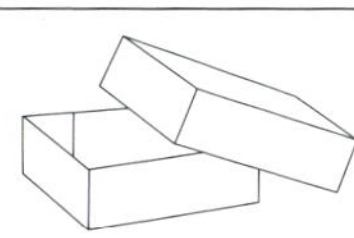
05	Schiebeschachteln	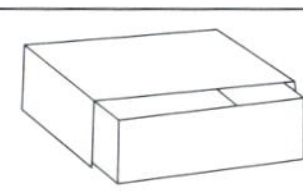

2.3.4 Unterfahrbare Wellpappe-Boxen

Dabei handelt es sich um große Behälter aus stabiler Wellpappe bis zu 1 m^3 Volumen, die entweder auf einer Palette befestigt werden oder mit eigenen „Füßen" (Kufen) ausgestattet sind. Dadurch können sie mit Stapler, Hubwagen usw. unterfahren, transportiert und gestapelt werden.

Es gibt Wellpappe-Boxen

- mit Befestigung auf einer Palette,
- mit Kufen aus Wellpappe,
- mit einer Klappe in der Vorderwand zur leichteren Beladung und Entnahme,
- mit variabler Höhe (durch Verschieben eines hohen Deckels).

Wellpappe-Boxen auf Palette oder Kufen

2.3.5 Fixierverpackung

Dabei handelt es sich im Allgemeinen um eine Schachtel, die im Inneren eine zusätzliche Ausstattung zum Befestigen (Fixieren) des Packguts hat. Dadurch ist kein zusätzliches Packhilfsmittel zum Schutz vor Stoß oder Verrutschen notwendig und das Verpacken wird auch beschleunigt (Anwendungsbeispiele: Handys, Fotoapparate, Bücher, Messgeräte usw.).

Innenausstattungsmöglichkeiten:

- dehnbare Folie auf einer Innenseite, die das eingelegte Packgut sicher festhält
- sehr elastischer Noppenschaum, der sich dem Packgut anpasst und es fest umschließt

Fixierverpackung mit Folie innen

Fixierverpackung mit Noppenschaum

2.3.6 Display-Verpackung

Eine Display-Verpackung (display = vorzeigen, ausstellen) ist eine Verpackung, die der Verkaufsförderung dient. Sie wird vor allem im Verkaufsraum des Einzelhandels eingesetzt zur Präsentation der Ware und zur Kaufanregung (Spontankauf).

Displays bestehen meist aus Karton oder Pappe und sind im Allgemeinen halboffen. Dadurch ist es dem Kunden möglich, die Ware gut zu sehen und leicht aus dem Display zu entnehmen.

Leere Display-Verpackung

Display-Verpackung mit Inhalt

2.3.7 Tüte, Beutel, Sack

Tüten können sowohl aus Papier als auch aus Kunststoff (Plastiktüte) bestehen. Meistens handelt es sich um Verkaufsverpackungen, die als Einwegverpackungen verwendet werden.

Ein **Beutel** ist im Allgemeinen größer und stabiler als eine Tüte. Neben Papier können Beutel auch aus Leder, Textilien oder Kunststoffgewebe bestehen.

Säcke können aus Papier (dickes Packpapier), Jute oder einem flexiblen Kunststoffgewebe hergestellt sein. Sie dienen häufig zur Aufnahme von Schüttgut (z. B. Sand, Holzpellets, Kaffee, Kartoffeln, Zement).

2.3.8 Vorteile der Packmittel aus Karton/Pappe/Papier

- **Anlieferung** und **Lagerung** der Packmittel erfolgt **flach** in zusammengelegtem Zustand und spart daher Transport- und Lagerkosten.
- Packmittel können sehr gut bedruckt werden und dienen daher auch der **Werbung** und dem **Verkauf** sowie der **Information** über das Produkt.
- Packmittel aus Karton/Pappe/Papier haben ein **geringes Verpackungsgewicht (Tara)**, weil der Packstoff wesentlich leichter ist als Holz oder Metall.
- sehr umweltfreundlich in der Herstellung und Entsorgung
- relativ preisgünstig
- als Einwegverpackung (verlorene Verpackung) gut geeignet für den Export (Luft- und Seefracht)

2.4 Packmittel aus Metall oder Kunststoff

Hier sollen primär Kleinbehälter, Boxen und Kisten aus Metall oder Kunststoff dargestellt werden. Großbehälter (z. B. Container) und Paletten aus Kunststoff bzw. Metall werden in einem eigenen Kapitel behandelt.

Die meisten Behälter können offen oder auch mit Deckel ausgestattet sein. Im Allgemeinen handelt es sich bei allen genannten Packmitteln um Mehrwegverpackungen und alle werden in vielfältigen Maßen angeboten.

2.4.1 Stapelbare Behälter (Stapelboxen)

Diese stabilen Behälter sind so konstruiert, dass sie (leer oder gefüllt) übereinandergestapelt werden können.

Nachteil: Geleerte Behälter brauchen genau so viel Raum wie gefüllte Behälter.

Kleinladungsträger und ESD-Behälter stellen Sonderformen der Stapelboxen dar.

stapelbarer Behälter

2.4.1.1 Kleinladungsträger (KLT)

Diese standardisierten Behälter dienen dem Transport und der Lagerung von Kleinteilen. Sie werden vor allem in der Automobilindustrie bzw. bei den Zulieferern eingesetzt, um die logistische Kette zu optimieren. Sie können auch gut für den automatisierten innerbetrieblichen Transport eingesetzt werden. Als Mehrwegbehälter sind sie auch oft in Poolsystemen integriert und können so zwischen mehreren Unternehmen getauscht werden. Meistens können bei Kleinladungsträgern außen auch Informationskarten oder Codes angebracht werden.

Beispiel für einen KLT

KLT in der Autoindustrie

2.4.1.2 ESD-Behälter

ESD ist die Abkürzung für „electrostatic discharge" = elektrostatische Entladung.

Elektronische Bauteile können bereits durch kleinste elektronische Entladungen zerstört werden, auch wenn der Mensch diese Entladung nicht spürt. Die stärkste und bekannteste Entladung ist übrigens der Blitz.

Ursache für die Entladung ist eine vorherige Aufladung, wie sie oft im Alltag vorkommt (z. B. beim Gehen über einen Teppichboden). Bei der Entladung entsteht ein kurzer, aber hoher elektrischer Impuls (Schlag), der elektronische Bauteile beschädigen kann.

Um dies zu verhindern, müssen Verpackungen für elektronische Bauteile aus einem elektrisch leitfähigen Material bestehen, das die elektrischen Ströme ableitet, sodass der kurze Stromstoß nicht auf die elektronischen Bauteile einwirken kann.

Neben ESD-Behältern gibt es auch Füllstoffe, die den Schutz vor ESD bieten. Schutz vor ESD können auch Kunststoffpaletten oder Verpackungen aus Pappe bieten, wenn sie entsprechend ausgestattet sind.

ESD-Box mit Hinweiszeichen

Hinweiszeichen: ESD-gefährdete Bauteile

Hinweiszeichen: ESD-Schutzverpackung

2.4.2 Eurobehälter, Euroboxen

Diese stapelbaren Behälter aus Kunststoff sind in ihren Maßen auf die Euroflachpaletten abgestimmt. So passen auf die Europalette (Maße: 120 cm x 80 cm) genau acht Behälter mit den Maßen 40 x 30 cm oder vier Behälter mit den Maßen 60 x 40 cm usw. Zusätzlich können die verschiedenen Größen der Behälter aufeinander abgestimmt sein, sodass z. B. zwei kleine Behälter exakt auf den nächstgrößeren Behälter passen oder ein größerer Behälter passt genau auf zwei kleinere Behälter. Man nennt dies „modular" (Einzelteile sind aufeinander abgestimmt).

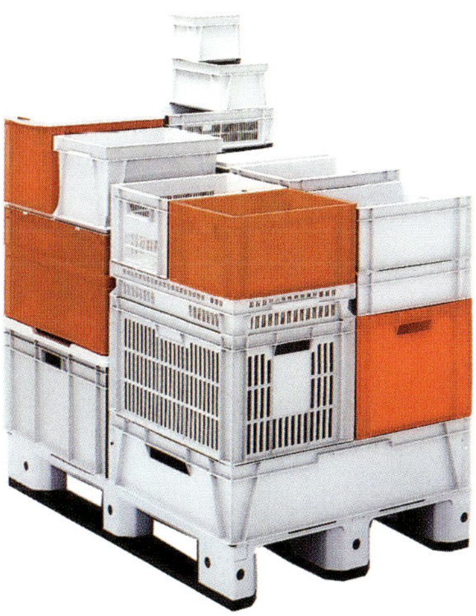

Eurobehälter mit modularen Maßen

Eurobehälter auf einer Kunststoffpalette

2.4.3 Falt- und klappbare Behälter

Diese Behälter aus Kunststoff haben gemeinsam, dass sie geleert und zusammengelegt ca. 70–80 % Raum einsparen und damit erheblich zur Reduzierung der Kosten des Rücktransports beitragen.

Faltsystem

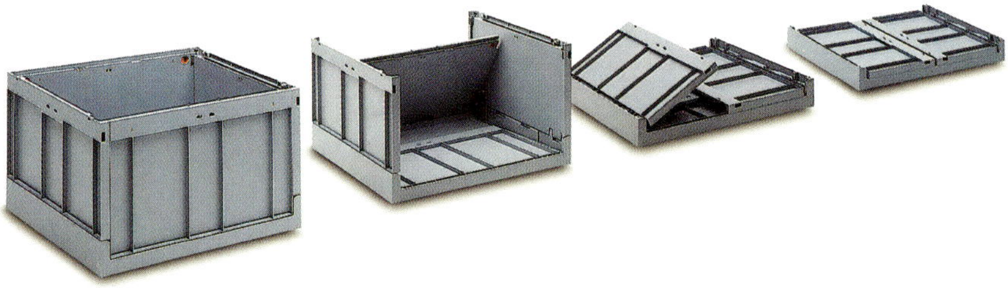

Klappsystem

2.4.4 Nestbare (schachtelbare) Behälter

Durch die Form des Packmittels ist es möglich, die leeren Behälter ineinanderzustellen (zu einer kleineren Einheit, einem „Nest"). Ähnlich den klapp- und faltbaren Behältern steht auch hier die Raumeinsparung bei den leeren Packmitteln im Vordergrund.

2.4.4.1 Drehstapelbehälter (DSB)

Diese stabilen Kunststoffbehälter können (gefüllt oder auch leer) gestapelt werden. Dreht man die Behälter (nach der Leerung) um 180 Grad, kann man sie ineinanderstellen. Dies wird ermöglicht durch eine entsprechende Konstruktion an den Behältern. Die Raumeinsparung beträgt zwischen 50–80 %.

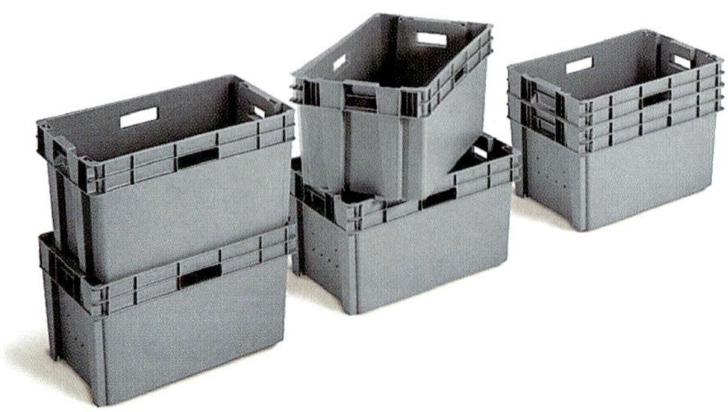

links: DSB gestapelt, Mitte: Drehung, rechts: DSB ineinandergestellt

2.4.4.2 Konische Behälter[1]

Die Behälter sind oben breiter/länger und werden nach unten schmäler/kürzer. So können die leeren Behälter ineinandergestellt werden (ohne vorherige Drehung wie beim Drehstapelbehälter). Allerdings ist beim Stapeln der (gefüllten) Behälter ein Deckel notwendig.

Konischer Behälter ohne Deckel

Konischer Behälter mit Deckel

2.4.5 Collico

Darunter versteht man im Allgemeinen einen zusammenlegbaren Behälter aus Aluminium, der u.a. von der Fa. Collico GmbH gemietet werden kann. Neben diesem Alu-Behälter, den es schon seit 1947 gibt, bietet die Fa. Collico noch weitere Transportbehälter (auch aus Kunststoff und Pappe) an. Den „Klassiker“ Collico (der Begriff kommt von colligere = sammeln/zusammenlegen) gibt es in Größen bis zu 1 200 x 1 000 x 1 200 mm.

Die **Vorteile** des Collico:

- Volumenreduzierung (ca. 75 %) im zusammengelegten Zustand (spart Lager- und Transportkosten)
- hohe Stabilität und damit hohe Schutzfunktion
- durch Miete entfallen Investitionskosten
- bei manchen Typen ist auch der Transport von Gefahrgut möglich
- sehr umweltfreundlich (versehen mit dem Umweltsiegel „Blauer Engel“)

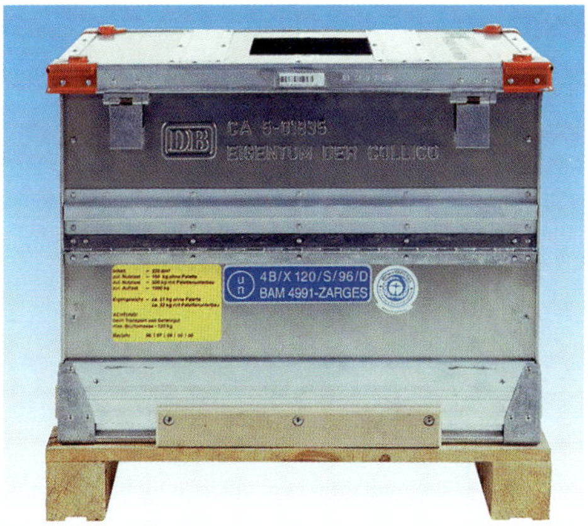

Versandfertiger Collico auf Palette

Collico zusammengelegt

[1] *konisch = oben breiter/länger, unten schmaler/kürzer*

2.4.6 Blister- und Skinverpackung

Blisterverpackung

Beim Blister handelt es sich um eine formstabile Sichtverpackung aus Kunststoff (Blister = Blase). Die steife Kunststoff-Folie hat eine ähnliche Form wie die Ware selbst, umschließt sie aber nicht eng anliegend. Anwendung finden Blisterverpackungen u. a. bei Batterien, Zahnbürsten, Schrauben und sehr häufig bei Tabletten (Durchdrückpackung).

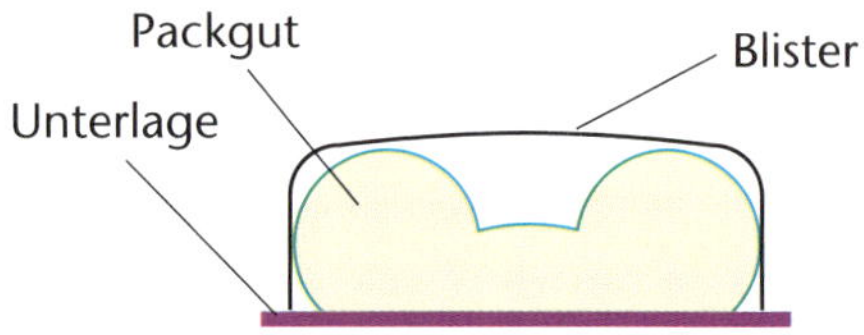

Darstellung der Blisterverpackung

Skinverpackung

Die Skinverpackung (Skin = Haut) ist ähnlich wie die Blisterverpackung, jedoch umhüllt hier die Folie das Packgut hauteng. Dadurch wird das Packgut auf der Unterlage zusätzlich auch noch befestigt und kann nicht verrutschen. Eine Vakuumverpackung ist zugleich eine Skinverpackung.

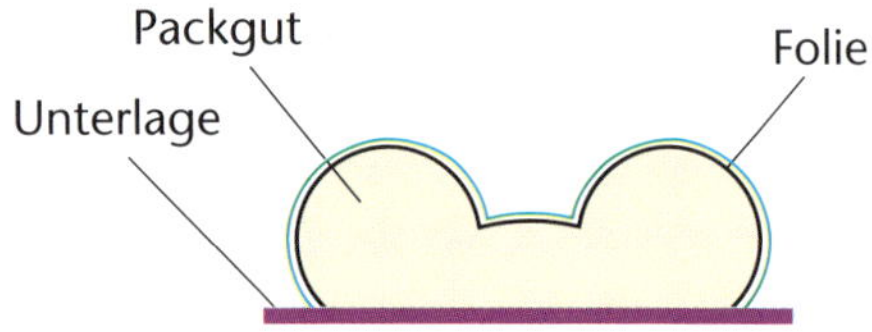

Darstellung der Skinverpackung

2.4.7 Big Bag (Containersack)

Dieses flexible Großpackmittel besteht aus strapazierfähigem Kunststoffgewebe, das nach der Entleerung flach zusammengelegt werden kann und nur ein sehr geringes Verpackungsgewicht aufweist. Der Big Bag dient zum Transport und zur Lagerung sowohl von Schüttgut (wie Getreide, Mehl, Holzpellets, Sand) als auch für grobes und schweres Material (z. B. Pflastersteine). Mithilfe der Schlaufen am oberen Ende kann das Packmittel mit Stapler und Kran transportiert werden. Die Traglast beträgt bis zu mehreren Tonnen.

2.4.8 Rollbehälter/Rollboxen

Rollbehälter sind vor allem in Handelsunternehmen im Einsatz. Sie werden für unterschiedliche Anforderungen gefertigt: zerlegbar, verschließbar, faltbar, stapelbar oder als Isolierbehälter und sind für eine Nutzlast bis 500 kg geeignet. Je nach Einsatzzweck können die Seitenwände mit einer Gitterauskleidung oder mit Flacheisenstreben versehen werden.

Rollbehälter

2.4.9 Intermediate Bulk Container (IBC)

Dabei handelt es sich um mittelgroße (englisch: intermediate) Behälter mit einem Fassungsvermögen von maximal 3 m³ (= 3000 Liter). Nach DIN 55405 werden sie auch als **Großpackmittel** bezeichnet. Sie werden für den Transport bzw. die Lagerung von Flüssigkeiten, Schüttgut (z. B. Getreide) oder festen Gegenständen verwendet. IBCs gibt es aus Metall, Kunststoff, Pappe oder Holz. Sie können mit Staplern und Hubwagen transportiert werden. Flexible Behälter werden auch als **Big Bag** bezeichnet (siehe Kapitel 2.4.7 in diesem Lernfeld).

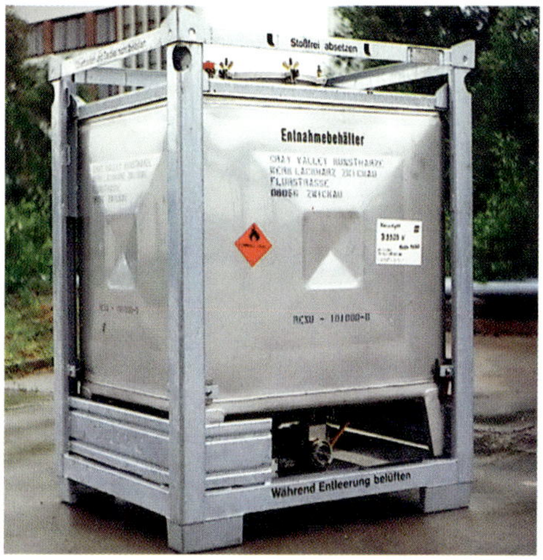

2.4.10 Tray (Tablar, Schale)

Darunter versteht man Plattformen aus Wellpappe oder Kunststoff mit hochgezogenem, niedrigen Rand (Behälter ohne Seitenwände). Darin lassen sich insbesondere Getränke oder verpackte Lebensmittel gut zusammenfassen. Die gefüllten Trays können auf einer Palette übereinandergestapelt und damit sowohl versandt als auch zum Verkauf angeboten werden. Trays werden beim Verkauf an Endkunden als Umverpackungen eingesetzt, d. h., sie fassen mehrere Verkaufsverpackungen zusammen.

Verschiedene Trays

2.4.11 Vorteile der Packmittel aus Kunststoff/Metall

- sehr stabile Packmittel
- lange Haltbarkeit/Nutzungsdauer
- leicht zu reinigen und damit auch für hygienische Anforderungen gut geeignet

2.5 Paletten

2.5.1 Allgemeines

Unter einer Palette versteht man eine **Ladeplatte (Plattform) mit oder ohne Aufbau**, in die bzw. auf die man Ware (verpackt oder unverpackt) verladen und stapeln kann. Paletten haben Füße oder Kufen und können deshalb mit Gabelstapler und Hubwagen unterfahren, angehoben, transportiert und gestapelt werden.

Arten von Paletten:

Kriterium	Paletten
Material	Holz-, Metall-, Alu-, Kunststoff-, Wellpappen-Paletten
Unterfahrbarkeit	Zweiweg-, Vierweg-Paletten
Aufbau	Flach-, Gitterbox-, Rungen-, Vollwand-Paletten, Palettenboxen
Normung	Europalette, ungenormte Paletten
Verwendungshäufigkeit	Einweg-, Mehrweg-Paletten, Pool-Paletten
Größe	Europalette, Firmen-, Groß-, Industrie-, Container-Paletten

Die Berufsgenossenschaft schreibt vor, dass schadhafte Paletten zu reparieren sind oder nicht mehr verwendet werden dürfen.

2.5.2 Flachpalette

Flachpaletten sind flache Ladeplatten **ohne Aufbau**, nur mit Füßen oder Kufen zum Unterfahren. Aus wirtschaftlichen Gründen (sehr preisgünstig) dominiert die Holzpalette.

Kunststoff-, Metall- und Alupaletten sind zwar teurer als Holzpaletten, haben aber den Vorteil, dass sie sehr langlebig und reinigungsfreundlich sind.

Naturholzpalette

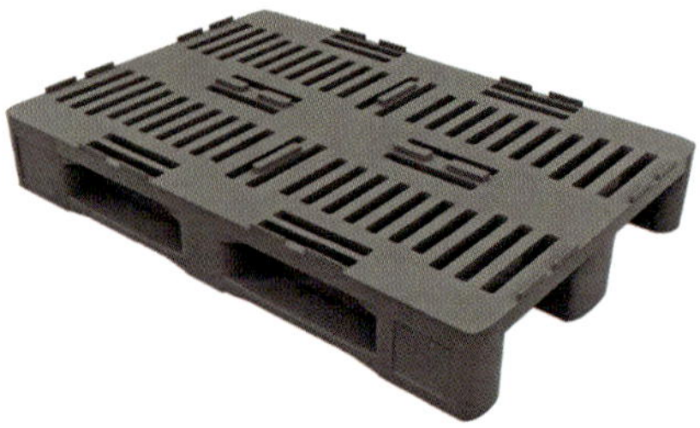

Kunststoffpalette

Inka-Paletten (Pressholzpaletten):

Sie werden aus Restholz gepresst (verleimt), haben eine geschlossene Oberfläche und sind (in leerem Zustand) ineinander stapelbar und damit platzsparend.

Inka-Paletten sind frei von Holzschädlingen und eignen sich deshalb besonders gut als Einwegpaletten für den Export.

Die Bezeichnung „Inka“ ist abgeleitet vom Herstellernamen „INselKAmmer“.

Inka-Paletten

Kunststoffpaletten:
Im Gegensatz zu Holzpaletten sind diese Paletten besonders leicht zu reinigen und auch farbig möglich. Sie werden vor allem im Lebensmittel- und Hygienebereich eingesetzt.

Kunststoffpaletten sind auch besonders gut geeignet für die neue RFID-Technologie. Hier wird der Transponder (Chip und Antenne) in einem Fuß der Palette integriert. Damit kann der Transportweg der Palette jederzeit verfolgt werden (weitere Informationen dazu siehe Lernfeld 9 „Güter versenden“).

Palette mit Transponder im Fuß.
(Mit freundlicher Genehmigung der Craemer GmbH, Herzebrock-Clarholz)

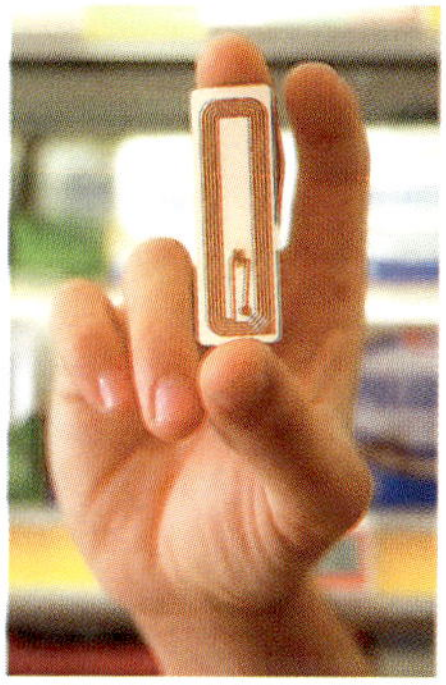

Transponder

Pool-System:
Der Palettentausch bzw. die Rücknahme der Paletten wird durch eine Organisation oder ein Unternehmen (z. B. EPAL, Chep) ermöglicht.

Vorteile:

- Paletten sind in der Größe einheitlich.
- Paletten haben eine garantierte Qualität.
- Bei Paletten ist ein Tausch (voll gegen leer) bzw. eine Rückgabe möglich, wodurch geringere Kosten entstehen.

Palettenumladestation/-gerät:
Wenn in Betrieben die Anlieferung der Ware auf anderen Palettengrößen erfolgt als die Lagerung bzw. der Versand, muss das Packgut umgeladen werden.

Beispiel
Anlieferung in Palettengröße 120 × 80 cm (Europalette)
Versand in Palettengröße 80 × 60 cm (Halbpalette)

Bei Großbetrieben (z. B. Zentrallager von Discountern) erledigen diese Arbeit vollautomatische Umladestationen.

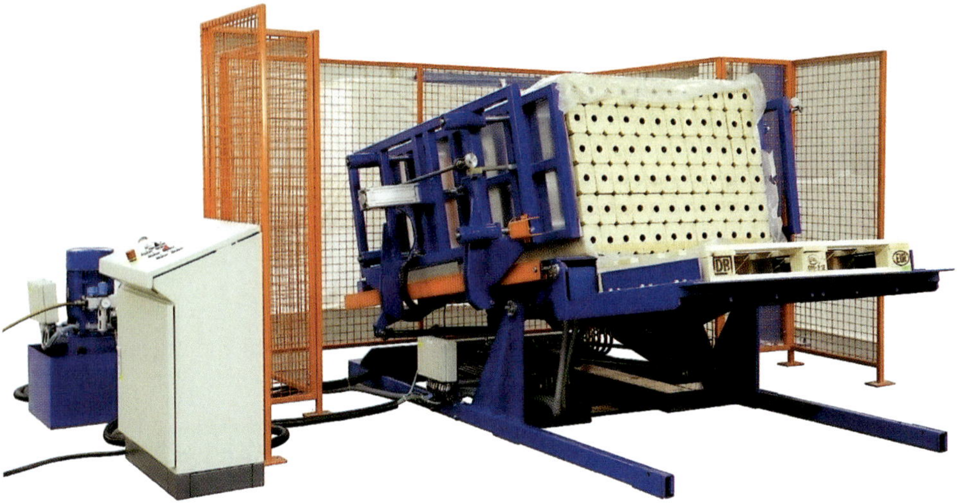

Vollautomatische Palettenumladestation

Hinsichtlich der **Unterfahrbarkeit** unterscheidet man Zweiweg- und Vierwegpaletten.

- Zweiwegpaletten: können nur an der Längsseite von vorne und hinten unterfahren werden.
- Vierwegpaletten: können von allen vier Seiten unterfahren werden.

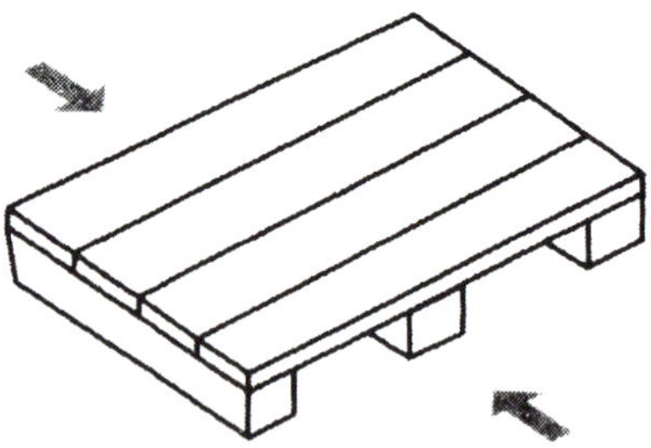

Zweiwegpalette

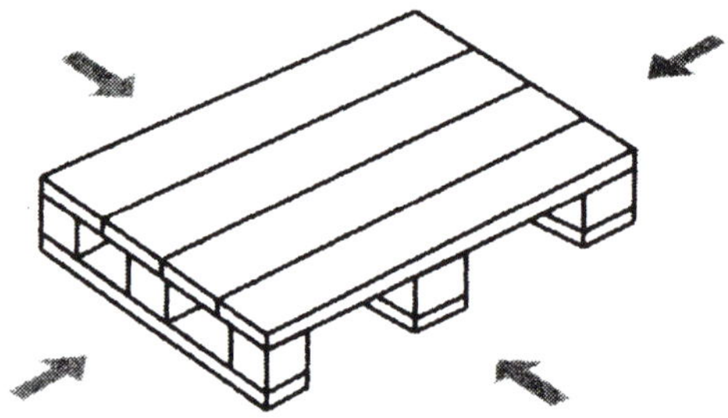

Vierwegpalette

Stapelarten auf der Flachpalette:

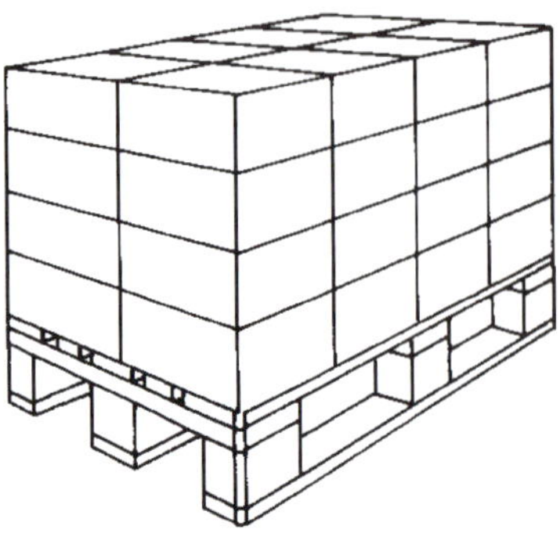

Lineare Stapelung

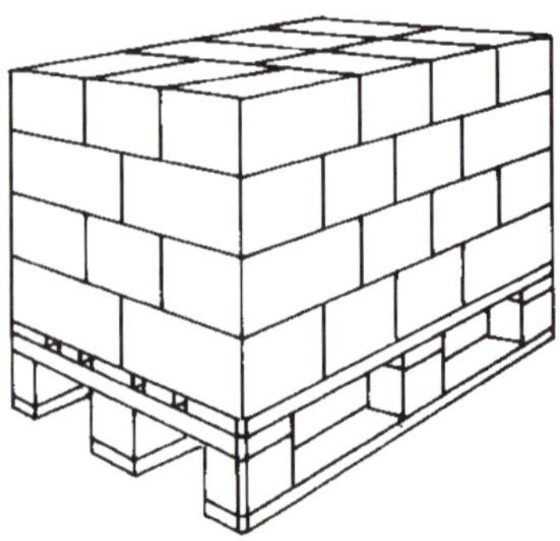

Verbundstapelung

Stapelart	Erklärung
lineare Stapelung	Packstücke werden geradlinig (linear) übereinander gestapelt. Vorteil: schnelles, einfaches Stapeln
Verbundstapelung	Packstücke werden versetzt übereinander gestapelt (wie eine Mauer oder Lego-Steine). Vorteil: besserer Halt der Packstücke auf der Palette

Damit die auf den Flachpaletten gestapelte Ware gefahrlos gelagert und transportiert werden kann, gibt es verschiedene **Möglichkeiten zur Sicherung des Packguts:**

- Verbundstapelung (siehe oben)
- Verwendung von Zwischenlagen (z. B. aus Karton oder rutschhemmenden Papier)
- Umhüllung mit Stretch- oder Schrumpffolie
- Umreifung mit Kunststoff- oder Stahlband
- „Verkleben" der Packstücke (mit einem leicht lösbaren Haftmittel)
- Verwendung eines Dehnbands

Zwischenlagen aus Karton

Umwickeln einer beladenen Palette mit Stretchfolie

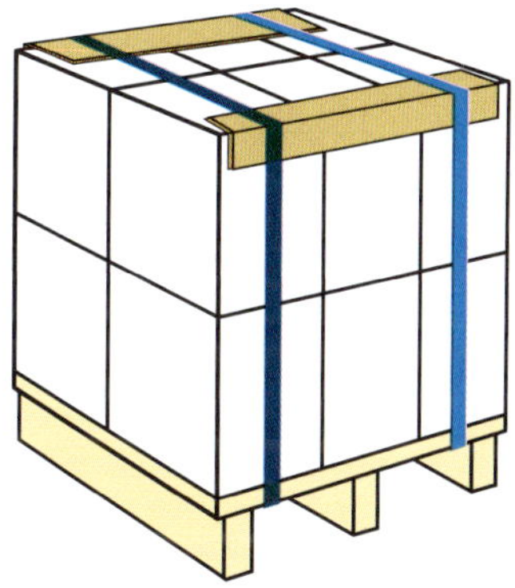

Palettensicherung mit Umreifungsbändern einschließlich Kantenschutzleisten

Europalette

In der Praxis versteht man darunter meist eine Flachpalette. Daneben gibt es auch noch die Eurogitterboxpalette (Gitterbox).

Ab 1961 wurde unter der Organisation mehrerer europäischer Eisenbahnunternehmen eine genormte und wieder verwendbare Flachpalette aus Holz für den europäischen Markt eingeführt. In der Norm sind bestimmte Maße und Mindestanforderungen für die Palette festgelegt. Gleichzeitig gründete man einen offenen Palettenpool, der heute von EPAL organisiert und güteüberwacht wird (EPAL = European Pallet Association = Europäischer Paletten-Verband). Innerhalb dieses Pools können die Paletten getauscht werden, d. h., man gibt dem Lieferer für eine beladene Europalette eine leere Europalette im Tausch, um Kosten für den Rücktransport zu sparen. Daher auch die Bezeichnungen **Poolpalette** oder **Tauschpalette**.

Euroflachpaletten sind
- aus Naturholz (Klötze/Füße sind allerdings meist aus Pressholz),
- Vierwegpaletten (von allen vier Seiten unterfahrbar),
- Mehrwegpaletten (oft wiederverwendbar),
- ohne Aufbau (flach).

Die EPAL-Europalette ist die unabhängig geprüfte Standardpalette mit den Maßen 800 x 1200 mm (80 x 120 cm). Darüber hinaus gibt es die EPAL 2-Palette mit den Maßen 1200 x 1000 mm, die EPAL 3-Palette, 1000 x 1200 mm, sowie die EPAL-Halbpalette im Format 800 x 600 mm. Wenn man in der Praxis von Europaletten spricht, wird im Allgemeinen die marktbeherrschende Palettengröße 120 x 80 cm gemeint. Im Folgenden werden deshalb die genormten Gewichte und Maße dieser Palette dargestellt:

FR

Gewichte der Euroflachpalette:

Eigengewicht (Tara):	ca. 20–25 kg (je nach Feuchtigkeit des Holzes)
Tragfähigkeit (Beladungsgewicht):	max. 1 500 kg, wenn die Last gleichmäßig auf der Palette verteilt ist
Auflast:	Im Stapel kann die unterste Palette mit einem zusätzlichen Gewicht von max. 4 000 kg belastet werden.

Maße der Euroflachpalette:

Länge:	1 200 mm	(120 cm)
Breite:	800 mm	(80 cm)
Höhe:	144 mm	(14,4 cm)

Euroflachpalette (120 x 80 cm) mit Kennzeichnung:

Die Kennzeichnung hat an beiden Längsseiten (also hinten und vorne) zu erfolgen.

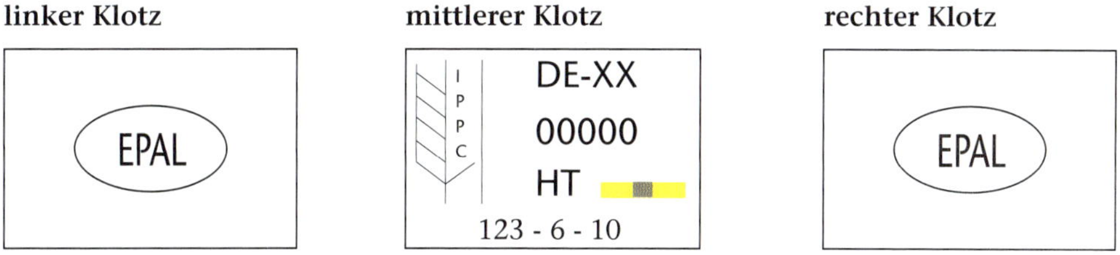

EPAL = Markenzeichen der **E**uropean **Pal**let Association (Europäischer Palettenverband)

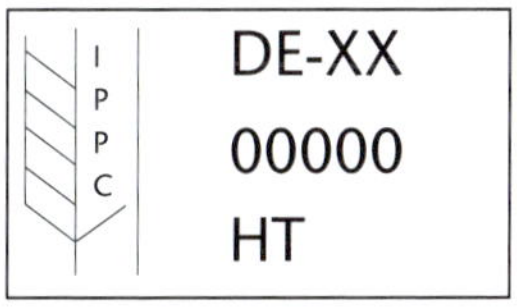

IPPC-Logo mit verschlüsselten Angaben zur Behandlung des Holzes gegen Schädlinge (siehe auch Lernfeld 6, Kapitel 2.2.9)

Güteprüfklammer: Sie gewährleistet, dass die Palette in einem lizenzierten und güteüberwachten Betrieb hergestellt wurde.

123 = Herstellungsbetrieb in verschlüsselter Form (dreistellig)
6 = Herstellungsjahr mit letzter Ziffer (hier: 2016[2])
10 = Herstellungsmonat (hier: Oktober)

EPAL-Paletten tragen seit 2013 das Kennzeichen EPAL am linken und rechten Klotz/Fuß.

Hinweis: Europaletten gibt es nicht nur von EPAL (Europäischer Palettenverband).

In Konkurrenz zu EPAL werden seit 2014 Europaletten von UIC auf den Markt gebracht. UIC ist der ursprüngliche Rechteinhaber für Europaletten (Gründer der Paletten-Organisation). Die französische Abkürzung UIC steht für „Verband der europäischen Eisenbahnunternehmen". Die UIC-Palette ist mit der EPAL-Palette tauschbar.

Kennzeichnung der UIC-Paletten: linker Klotz: U I C, rechter Klotz: EUR

Daneben gibt es auch noch Europaletten der Marke WORLD. Das umrandete Kennzeichen (WORLD) befindet sich am linken und rechten Klotz/Fuß der Palette. Bei der WORLD-Palette handelt es sich um die Europalette eines deutschen Herstellers (Eigenmarke). Sie ist nicht tauschbar mit EPAL-Paletten.

2.5.3 Gitterboxpalette (Gitterbox)

Im Gegensatz zur Flachpalette besteht eine Gitterbox stets aus Metall (Bodenplatte ist jedoch aus Holz) und hat einen Aufbau mit vier Wänden aus Baustahlgitter. Während drei Wände fest angeordnet sind, besitzt die Vorderwand Klappen, die zum leichteren Be- und Entladen geöffnet werden können. Als Sonderformen gibt es halbhohe und zusammenlegbare Gitterboxpaletten.

FR

Gitterboxpaletten können wie Flachpaletten unterfahren und gestapelt werden. Der besondere Vorteil der Gitterboxpaletten liegt in ihrer Schutzfunktion. Durch den Aufbau aus stabilem Gitter wird die Ware besser geschützt vor Beschädigungen und vor dem Herunterfallen.

Außerdem ist das Sichern der gestapelten Ware (z. B. durch Umreifen) nicht mehr notwendig.

[2] *Frühere Jahre mit der Endziffer 6 (z. B. 2006) scheiden wegen der relativ kurzen Lebensdauer der Paletten von nur wenigen Jahren im Allgemeinen aus.*

FR

Eurogitterboxpalette

Ähnlich wie bei Flachpaletten gibt es auch genormte Eurogitterboxpaletten, die im Rahmen des Palettenpools getauscht werden können.

Die **Aufschriftentafel** an der **linken unteren Vorderseite** enthält folgende Angaben:

Innenmaße:	120 x 80 x 80 cm (L x B x H)
Außenmaße:	124 x 83,5 x 97 cm (L x B x H)
Eigengewicht:	ca. 70 kg
Tragfähigkeit:	max. 1 500 kg
Volumen:	ca. 0,75 m³

Auflast: max. 6000 kg (d.h. auf die unterste Gitterbox können noch max. 6 000 kg gestapelt werden)

(EPAL) = Zeichen der europäischen/internationalen Palettenorganisation

Y und eine achtstellige Zahl (= Nummer der Palette).
Hinter der Palettennummer befindet sich ein rundes, fälschungssicheres Prüfsiegel.

Angaben zu Eigengewicht, Tragfähigkeit, Auflast, Laderaum bzw. Volumen.

Hersteller mit Namen, Ort und Nummer des Herstellers

Die Anschriftentafel rechts oben wird bei jedem Versand/Transport (vom Absender) mit den entsprechenden Informationen versehen (z. B. Empfänger, Ware, Menge bzw. Lieferschein).

Eurogitterboxpalette

Aufschriftentafel der Eurogitterbox

Zum 01.08.2013 traten in der **Aufschriftentafel** der Eurogitterbox folgende Änderungen ein:

- Wegfall des EUR-Zeichens mit Umrandung
- Wegfall des Zeichens der Eisenbahngesellschaft (z. B. DB).

Vorteile von Europaletten:

- hohe Stabilität und garantierte Belastbarkeit
- Tauschbarkeit (beladene gegen leere Paletten)
- Maße sind abgestimmt auf die Breite von Lkws (2 quer oder 3 längs)
- Maße sind allen Betrieben und Mitarbeitern im Lager bekannt
- sehr häufige Wiederverwendbarkeit (lange Nutzungsdauer)

2.5.4 Sonstige Paletten mit Aufbauten

Rungenpalette

Sie besteht aus einer unterfahrbaren Plattform aus Holz oder Metall, die mit Rungen versehen ist. Dies sind feste oder abnehmbare Stützen, die an den vier Ecken der Palette angebracht sind. Damit lassen sich auch lange Teile mit Stapler usw. transportieren, stapeln und lagern.

Rungenpalette

Vollwandpalette

Bei dieser Palette sind die Seitenwände (aus stabilem Stahlblech) geschlossen, nach oben ist die Palette offen und je nach Ausführung auch stapelbar.

Vollwandpaletten zum Transport von Bauschutt oder Metallschrott (z. B. Stanzabfälle)

Palettenbox

Eine Palettenbox ist eine unterfahrbare, große und sehr stabile Kunststoffbox. Weitere Bezeichnungen: Big Box, Großladungsträger, Großpackmittel. Wegen ihrer hohen Stabilität sind Palettenboxen auch für schwere Güter sowie mit Deckel und Abflusshahn auch für Flüssigkeiten geeignet.

Anwendungsbeispiele:

- Sammelbehälter bei Obst- und Weinernte
- Transport zur Weiterverarbeitung von Lebensmitteln (z. B. Fleisch, Fisch)

Beispiel für Palettenbox (mit Deckel):

Boxpaletten

In der DIN EN 13626 werden Vollwandpaletten und Palettenboxen als „Boxpaletten" bezeichnet.

2.5.5 Allgemeine Vorteile der Palette

- Zusammenfassung kleiner Güter (Einzelstücke) zu einer größeren Einheit
- schnellere Verladung, Entladung, Einlagerung und Auslagerung von Gütern
- Verminderung von Lager- und Transportkosten durch Stapelung
- geringere Transportschäden durch Gitterboxpaletten
- bessere Übersicht im Lager
- Schonung der Umwelt durch Mehrwegpaletten
- Bestellung ist nach Paletten-Einheiten möglich

2.6 Frachtcontainer

Container gehören heute zu den wichtigsten Transport- und Packmitteln. Sie ermöglichen einen rationellen Transport und schützen die umschlossene Ware in vielfältiger Weise.

Im Folgenden werden nur Container behandelt, die so konstruiert sind, dass sie sowohl mit dem Lkw als auch mit Eisenbahnwagen und Schiffen transportiert werden können.

Außerdem gibt es neben vielen Sonderanfertigungen noch spezielle Container für den Transport mit Flugzeugen sowie Container, die nur mit Lkws befördert werden können (Schrott-Container, Bauschutt-Container, Wertstoff-Container usw.).

Hinweis: Die Geschichte des Containers ist gut dargestellt im Film „Die Container-Story". Nähere Informationen dazu finden sich im Internet unter www.containerstory.com.

2.6.1 Containermaß

Die Größe von Containern wird üblicherweise in nichtdezimalen Maßen angegeben, weil Container ihren Ursprung in den USA haben (1956 erster Container). Dort gelten andere Maße.

Maßeinheiten:
1' = 1 Fuß = 30,48 cm
1" = 1 Zoll (englisch: inch) = 2,54 cm

FR

2.6.2 Seecontainer, ISO-Container

Für diesen Container gibt es in der Praxis mehrere Bezeichnungen:

Seecontainer: *Wird als solcher bezeichnet, weil er überwiegend im Überseeverkehr eingesetzt wird.*

ISO-Container: *Maße und Anforderungen sind von der Internationalen Standardisierungs-Organisation (ISO) festgelegt.*

Diese Container erfüllen international festgelegte Maße sowie Mindestanforderungen und werden hauptsächlich im internationalen Schifftransport eingesetzt. Die häufigsten Größen (gemeint ist jeweils die Außenlänge) sind die **20'- und 40'-Container**. Der 45'-Container wurde (in Europa) erst in den letzten Jahren eingeführt.

Die Breite (außen) ist im Allgemeinen bei allen Containern gleich, nämlich 8'. In der Höhe gibt es verschiedene Größen, nämlich 8,5' und 9,5'. Container mit einer Höhe von 9,5' (= 9'6") werden als High Cube bzw. HC (= hoher Raum) bezeichnet. Die Breite der Türöffnung beträgt mindestens 2,286 m.

Die Maße der wichtigsten Seecontainer (nach DIN ISO 668):

Größe = Länge	Außenmaße			Innenmaße (Mindestmaße)		
	Länge	Breite	Höhe (8,5')	Länge	Breite	Höhe (8,5')
40 Fuß	12,19 m	2,44 m	2,59 m	12,00 m	2,33 m	2,35 m
20 Fuß	6,06 m*	2,44 m	2,59 m	5,87 m	2,33 m	2,35 m

FR

* Die Differenz bei der halben Länge des 20'-Containers (im Vergleich zum 40'-Container) beruht darauf, dass das Ausgangsmaß für alle Container der 40'-Container ist und für die Teilung (z. B. in zwei 20'-Container) bzw. für den notwendigen Zwischenraum stets 3" = 76 mm abgezogen werden.

Also: 40' = 12 192 mm
– 3" = 76 mm
12 116 mm : 2
= 6 058 mm = 6,06 m Länge für 20'-Container

Seecontainer

Die Maße der Seecontainer sind nicht auf die Maße der Europaletten abgestimmt (wegen der amerikanischen, nichtdezimalen Maße). Daneben gibt es aber auch Paletten (Containerpaletten), die auf die Maße der Seecontainer abgestimmt sind und dadurch eine optimale Beladung des Containers ermöglichen.

Beispielmaße für Containerpaletten aus Pressholz:
114 × 114 cm
114 × 76 cm

Beschriftung eines Seecontainers

Zur Identifizierung und zur Be- bzw. Verladung müssen die Container (gemäß DIN EN ISO 6346) auf der Stirnseite folgende Informationen aufweisen:

- verschlüsselte Angabe des Eigentümers
- Containernummer (Registriernummer)
- Größe und Bauart (verschlüsselt)
- Gewichte
- Volumen

Die Bezeichnung der Gewichte und des Volumens erfolgt (international) in englischer Sprache.

Gewichte: Sie werden in kg und lbs angegeben;
lbs = pounds, 1 lb (libra) ≈ 453 Gramm.

Volumen: Es wird in Kubikmetern (CU.M) und Kubik-Feet (CU.FT) angegeben.

© by Rainbow Containers GmbH, Apensen/Hamburg: Beschriftung auf der Stirnseite eines Seecontainers

Beispiel

Gewichts- und Volumenangaben auf einem Seecontainer (Reihenfolge ist zu beachten):

MAX.GR, MAX.GROSS	*34 000 kg* *74 960 lb*	⟶ *maximales Bruttogewicht*
TARE	*4 080 kg* *8 990 lb*	⟶ *Tara, Eigengewicht, Leergewicht*
NET, PAYLOAD[1]	*29 200 kg* *64 380 lb*	⟶ *Nettogewicht, Zuladung, Nutzlast*
CU.CAP[1]	*67,9 CU.M.* *2 398 CU.FT*	⟶ *Volumen, Raumkapazität*

Bei Containern, die höher als 8,5' sind, muss ein gelber Hinweis (Achtung/Caution) auf die größere Höhe erfolgen, damit der Lkw-Fahrer bei Brückenunterführungen oder Toreinfahrten die erhöhte Gefahr berücksichtigt.

[1] *Diese Angaben sind in der Norm nicht zwingend vorgeschrieben, aber in der Praxis üblich.*

2.6.3 Binnencontainer (Palettenbreiter Container)

Weil der Container in den USA entwickelt wurde und es dort keine Europaletten gab, sondern andere Palettenmaße (z. B. 48 x 40 Zoll/inch), war der internationale Seecontainer nicht auf das Europalettenmaß abgestimmt. Vor allem in der Breite (innen 2,33 m) reicht es nicht für eine günstige und raumsparende Verladung von Paletten mit den Maßen 120 x 80 cm.

Seecontainer mit Europaletten beladen

Deshalb hat man für innereuropäische Transporte mit Bahn, Lkw und Binnenschiff einen Container geschaffen, der innen mit 2,44 m breit genug ist für zwei Europaletten der Länge nach oder drei Europaletten der Breite nach. Dieser Container wurde von der Bahn als „Binnencontainer“ bezeichnet, die Spediteure und Reedereien bezeichnen ihn als „palettenbreiten Container“ (pallet-wide Container). Im Aussehen und in der Länge bzw. Höhe entspricht dieser Container weitgehend dem Seecontainer. Der Binnencontainer ist in der DIN 15190 geregelt.

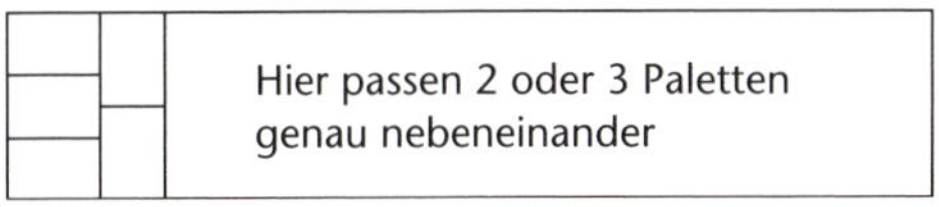

Palettenbreiter Container mit Europaletten beladen

Der Binnencontainer/palettenbreite Container steht beim Transport mit dem Lkw in starker Konkurrenz zum Wechselaufbau bzw. Sattelauflieger (siehe unten). Er hat deshalb keinen großen Marktanteil.

Wechselaufbau
(andere Bezeichnungen: Wechselbehälter, -container, -brücke, -koffer)

Beim Wechselaufbau handelt es sich (wie beim Container) um einen austauschbaren Ladungsträger.

Unterschiede zum eigentlichen Container:

- Der Wechselaufbau hat vier einklappbare Stützen/Füße zum Absetzen auf dem Boden und zum Unterfahren mit dem Lkw.
- Er benötigt (im Gegensatz zum Container) keinen Kran zum Verladen auf den Lkw.
- Wechselaufbauten gibt es auch mit geschlossener Plane (statt mit Stahlblechwänden), sie sind immer europalettenbreit.
- Wechselaufbauten können im Allgemeinen nicht gestapelt werden und sind nicht für den Transport mit Seeschiffen bzw. Containerschiffen geeignet.

Wechselaufbau aus Stahlblech, der gerade unterfahren wird

Hinweis: Wechselaufbauten sind nicht zu verwechseln mit einem Sattelauflieger. Ein Sattelauflieger hat am hinteren Ende eigene Achsen mit Rädern und wird an eine Zugmaschine angekoppelt und nicht darauf verladen, sondern nur gezogen. Zum Abstellen verfügt der Sattelauflieger vorne über zwei einklappbare Stützen/Füße.

2.6.4 Containerarten nach Bauweise

Je nach Verwendungszweck bzw. Packgut stehen verschiedene Container zur Verfügung. Die wichtigsten Containerarten bzw. Containertypen sind im Folgenden aufgelistet:

Bezeichnung	Beschreibung	Abbildung
Standard-Container (Boxcontainer, Stückgutcontainer, Allzweckcontainer)	▪ geschlossener Container aus Stahl(blech) mit mindestens einer Doppeltüre ▪ Packgut: nur trockenes Stückgut (z. B. Maschinen, Computer, Textilien) ▪ Ausstattung: keine Belüftung, Isolierung usw.	
Hardtop-Container	▪ wie Standardcontainer, jedoch mit einem abnehmbaren Stahldach ▪ dadurch ist auch eine Verladung von oben mit Kran möglich (z. B. für schwere Maschinen)	
Opentop-Container	▪ wie Hardtop-Container, jedoch mit abnehmbarer Plane (statt Stahldach)	
Flat-Container (Flatrack-Container)	▪ Container ohne Dach und ohne Seitenwände an der Längsseite ▪ eignet sich auch für Verladung von der Seite sowie für überbreites und überhohes Packgut	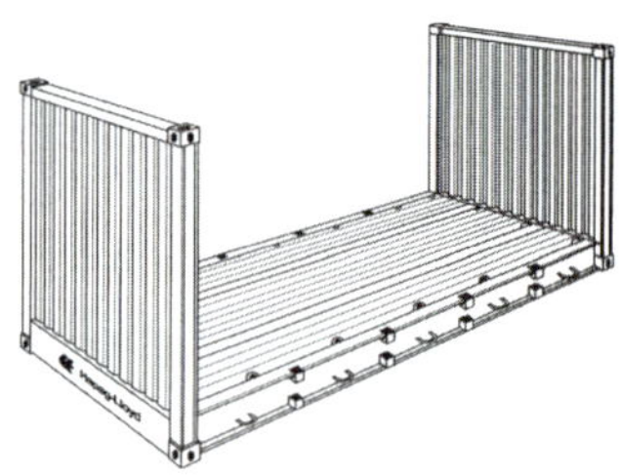

Bezeichnung	Beschreibung	Abbildung
Tank-Container	▪ Container mit eingebautem Tank für Flüssigkeiten und Gase	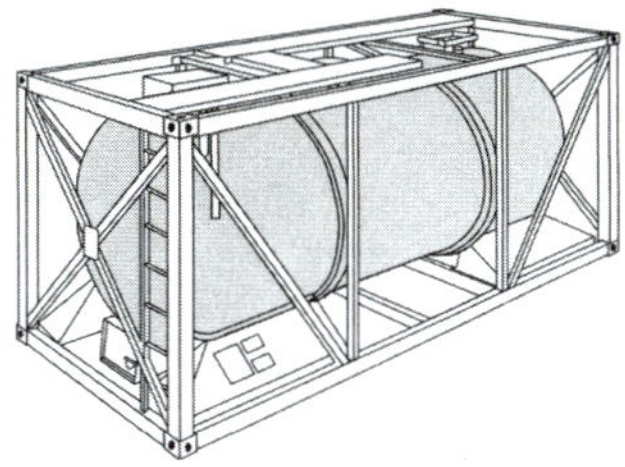
Bulk-Container (Schüttgutcontainer)	▪ geschlossener Container mit Füllöffnungen (im Dach) für rieselfähiges Schüttgut (z. B. Getreide, Düngemittel)	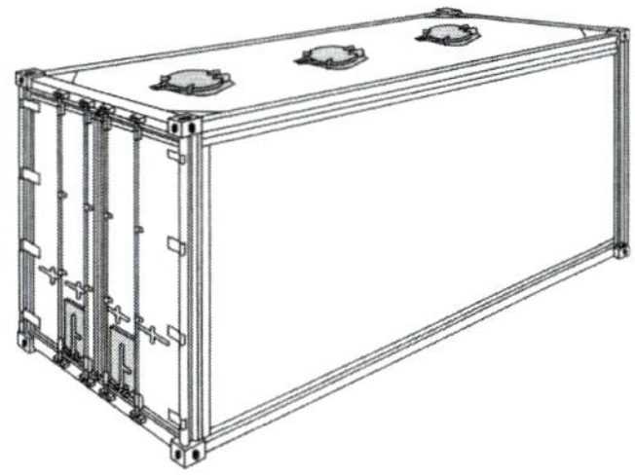
Ventilierter Container	▪ Standard-Container mit Belüftungseinrichtung	
Isolierter Container	▪ Standard-Container mit einer Innenisolierung (zum Schutz vor Kälte bzw. Hitze)	
Kühlcontainer (Reefer-Container)	▪ Standard-Container mit Kühleinrichtung (Klimaanlage)	

Kernwissen

1.

Packmittel lassen sich unterteilen nach

- **Bauweise des Packmittels** → offene Packmittel, geschlossene Packmittel
- **verwendetem Material** → Holz, Karton/Pappe, Glas, Metall, Kunststoff, Textilien
- **Häufigkeit der Verwendung** → Einwegpackmittel, Mehrwegpackmittel

2. Holzpackmittel gibt es u. a. als
   - geschlossene und offene Kisten,
   - zusammenlegbare Kisten,
   - Holz-Aufsetzrahmen,
   - Verschlag und Kantholzkonstruktion.

3. **Packstoffe** aus dem Grundstoff Papier:

Karton	Vollpappe	Wellpappe
relativ dünn und flexibel, dicker als Papier	dicker, schwerer und stabiler als Karton, ohne Hohlräume	gewelltes Papier in einer Lage oder mehreren Lagen

4. **Packmittel aus Kunststoff oder Metall** (Boxen, Behälter, Kisten) können
   - gestapelt werden (Stapelboxen),
   - auf Europaletten abgestimmt sein (Euro-Boxen),
   - falt- und klappbar sein,
   - nestbar sein (ineinanderstellen).

5. **Paletten** kann man unterscheiden nach:
   a) **Aufbau:**
   - Flachpalette (ohne Aufbau)
   - Gitterbox-, Rungen-, Vollwandpalette

   b) **Verwendung:**
   - Einwegpalette
   - Mehrwegpalette (Europalette)

   c) **Abmessung:**
   - Europalette (genormt)
   - Firmen-, Industriepaletten (nicht genormt)

   d) **Unterfahrbarkeit:**
   - Vierwegpaletten (von vier Seiten unterfahrbar)
   - Zweiwegpaletten (nur von Längsseiten unterfahrbar)

6. **Europaletten** haben folgende Maße (L x B x H):

Flachpalette	Gitterboxpalette
1 200 x 800 x 144 mm	innen: 1 200 x 800 x 800 mm außen: 1 240 x 835 x 970 mm

7. **Container** gibt es u. a.
   a) nach **Länge**: vor allem als 20'- und 40'-Container (1' = 1 Fuß = 30,48 cm)

   b) nach **Transporteinsatz**:
   - Seecontainer/ISO-Container
   - Binnencontainer

   c) nach **Bauweise**:
   - Standard-Container (geschlossen für Stückgut)
   - Hardtop- und Opentop-Container (Dach zu öffnen)
   - Tank-Container (für Flüssigkeiten)
   - Bulk-Container (für Schüttgut)

Aufgaben

1. *Nennen Sie jeweils ein Beispiel für*
   a) Packmittel aus Kunststoff,
   b) Packmittel aus Holz,
   c) Packmittel aus Wellpappe,
   d) Mehrwegpackmittel,
   e) genormte Packmittel.

2. *Welche Vorteile haben Packmittel aus Holz?*

3. *Nennen Sie Packmittel, die nach der Leerung nur noch einen relativ geringen Platz benötigen.*

4. *Welcher Unterschied besteht zwischen*
   a) Schachtel und Karton,
   b) Karton und Vollpappe,
   c) Vollpappe und Wellpappe?

5. *Welche Vorteile als Packmittel hat*
   a) eine Schachtel?
   b) ein Collico?

6. *Nennen Sie Beispiele für Güter, die man mit unterfahrbaren Wellpappe-Boxen gut transportieren kann.*

7. *Wie bezeichnet man eine Palette, die man von allen Seiten mit einem Stapler unterfahren kann, und welchen Vorteil hat dies?*

8. *Wodurch kann ein Stapel von gefüllten Schachteln auf einer Flachpalette gesichert werden?*

9. *Welche Normmaße haben Euroflachpaletten und welche Vorteile hat dies?*

10. *Wie viele Schachteln in der Größe 40 x 20 x 10 cm können in einer Lage auf eine Euroflachpalette gelegt werden? Zeichnen Sie dazu jeweils eine Skizze.*

11. *Welche Kennzeichnungen weisen Euroflachpaletten an den Klötzen auf?*

12. *Welche Vor- und Nachteile hat eine Gitterboxpalette gegenüber einer Flachpalette?*

13. *Für welche Güter (Beispiele) eignet sich eine*
    a) Rungenpalette?
    b) Palettenbox?

14. *Sie sollen folgende Packgüter zum Versand vorbereiten. Welches* ***Packmittel*** *empfehlen Sie jeweils?*
    a) einen Scheinwerfer (Ersatzteil für Auto), Gewicht 2 kg
    b) 20 Säcke Rasendünger zu je 20 kg von Hamburg nach München mit Lkw
    c) ein Lkw-Getriebe, 2 m lang, Gewicht 150 kg, von Nürnberg nach Frankfurt/M.
    d) 120 St. Ölfilter, jeweils in einer Schachtel (15 x 10 x 10 cm) verpackt, von Köln nach Leipzig

15. *In einem Industriebetrieb sollen beladene Flachpaletten (Containerpaletten) in einen 20'-Seecontainer (gestapelt) verladen werden.*
    Maße der Paletten: L = 1 200 mm, B = 1 000 mm, H (Palette + Ladung) = 0,95 m
    Berechnen Sie die ***maximale Anzahl*** *der Paletten und erstellen Sie dazu eine Skizze.*

16. *Welchen Containertyp empfehlen Sie für die Verladung von*
    a) Flachpaletten mit gestapelten Schachteln (Computer)?
    b) losem Getreide?
    c) sehr schweren Maschinen (Kranverladung)?

17. *Auf einer Euroflachpalette sollen acht gleich große Kunststoffboxen vollflächig in einer Ebene verladen werden. Es stehen folgende Boxen zur Auswahl (jeweils L x B):*
    60 x 40 cm, 40 x 30 cm, 40 x 20 cm.
    Welche Box wählen Sie dafür aus?

18. *Wodurch sind Drehstapelbehälter gekennzeichnet?*

19. *Wofür (für welche Güter) eignet sich ein Big Bag besonders?*

3 Packhilfsmittel

Einstiegssituation

Das Packgut (Gläser) ist vorhanden, ebenso das Packmittel (Schachtel). Allerdings kann der Versand noch nicht erfolgen!

Dazu sind innen und außen noch mehrere Hilfsmittel notwendig. Überlegen Sie, was das in diesem speziellen Fall sowie allgemein für Hilfsmittel sein könnten.

Handlungsaufträge

1. *Welche Packhilfsmittel sind geeignet, um folgende Waren beim Transport gut zu schützen?*
   a) empfindliche Messgeräte
   b) Bücher
2. *Wie kann eine Schachtel (40 x 30 x 30 cm) sinnvoll verschlossen werden, damit der Inhalt beim Transport nicht herausfallen kann?*
3. *Wie kann ein Packmittel außen gekennzeichnet werden, damit man erkennen kann, dass zerbrechliche Ware befördert wird?*

3.1 Allgemeines und Übersicht

Packhilfsmittel können verschiedene Aufgaben erfüllen:

- Sie ergänzen das Packmittel (Packmittel + Packhilfsmittel = Verpackung).
- Sie schützen und sichern das Packgut.
- Sie verschließen das Packmittel.
- Sie füllen das Packmittel aus.
- Sie geben Informationen zum Packstück.

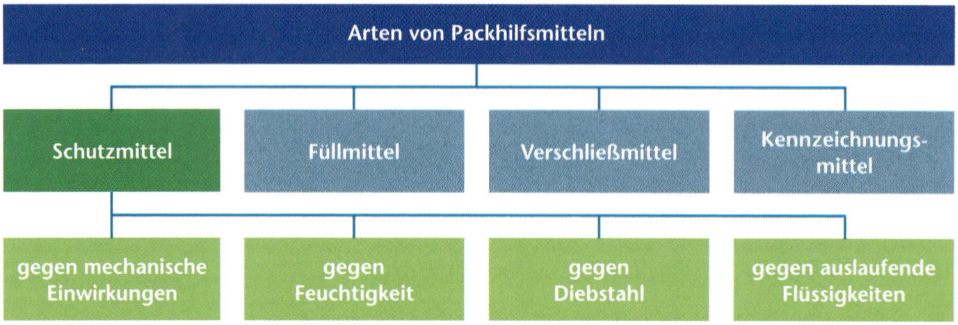

3.2 Schutzmittel und Füllmittel

Schutzmittel gegen mechanische Einwirkungen füllen meistens auch den Leerraum im Packmittel aus. Sie sind also gleichzeitig auch Füllmittel. Daher werden Schutz- und Füllmittel hier gemeinsam behandelt.

3.2.1 Schutzmittel gegen mechanische Einwirkungen

Mechanische Einwirkungen können sein: Druck, Stoß, Fall, Verrutschen usw.
Folgen sind beispielsweise: Bruch, Kratzer und Beulen.
Übersicht zu den Schutzmitteln:

Material	Beispiele
Papier/Pappe	Seidenpapier, Packpapier, Rollenwellpappe, Papierpolster, Formteile aus Wellpappe, Kanten- und Eckenschutz, Stegeinsätze, Zwischenlagen
Kunststoff	Luftpolsterkissen, Luftpolsterfolie, Schaumstofffolie, Noppenschaum, Airbag, Schaumpolster, Verpackungschips, Stretch- und Schrumpffolie, Formteile, Kantenschutz, Stegeinsätze
Holz	Holzwolle
Biomasse	Verpackungschips

Papier und Rollenwellpappe

- Das weiche Seidenpapier wird für besonders empfindliche Ware verwendet.
- Packpapier (dickeres Papier) ist fester und dient zum Einpacken spitzer/scharfkantiger bzw. unempfindlicher Gegenstände.
- Rollenwellpappe (einwellig) ist nicht nur preisgünstig, sondern fängt durch ihre wellenförmige Konstruktion Stöße und Druck gut ab.

Packgut in Seidenpapier

Packgut in Rollenwellpappe

Packpapier

Holzwolle und Papierwolle

Beide sind preisgünstige Abfallprodukte, haben hohe Dämpfungseigenschaften und nehmen die Luftfeuchtigkeit auf. Papierwolle kann verhältnismäßig günstig aus dem Reißwolf entnommen werden.

Holzwolle

Papierpolster und Luftpolsterkissen

Diese Schutzmittel empfehlen sich für größere Füllräume. Sie können auch selbst maschinell hergestellt werden, sind sehr leicht, preisgünstig und wiederverwendbar. Luftpolsterkissen haben außerdem den Vorteil, dass sie völlig staubfrei und damit auch für elektronisches Packgut gut geeignet sind.

Papierpolster

Luftpolsterkissen

Luftpolsterfolie und Schaumstofffolie

Packgut in Luftpolsterfolie

Beide schützen empfindliche Oberflächen und Ware vor Beschädigung, sind sehr leicht und elastisch.

- Luftpolsterfolie:
  Auf einer Folie befinden sich eingeschweißte Luftblasen, die sehr stoßdämpfend wirken.
- Schaumstofffolie (auch Schaumfolie genannt):
  Die Folie hat keine Luftblasen, sondern besteht aus einem weichen, hochelastischen Schaumstoff (Vlies).

Noppenschaum

Empfindliches Packgut in Noppenschaum

Noppenschaum ist ein besonders weiches und elastisches Packhilfsmittel, das sehr große Noppen aus Schaumstoff hat.

Verpackungschips

- Sie füllen den Raum sehr flexibel aus, wirken stoßdämpfend und können wiederverwendet werden.
- Statt Styropor bzw. Kunststoff wird – aus ökologischen Gründen – auch Biomasse (z. B. Maisstärke) für dieses Packhilfsmittel verwendet.

Verpackungschips

Kantenschutz

Bei der Umreifung können an den Kanten mancher Packmittel (insbesondere bei Schachteln) Beschädigungen auftreten, wenn die Kanten nicht vor dem Druck geschützt werden. Ein Schutz ist möglich durch

- Kantenschutzleisten/-streifen, im Allgemeinen aus Vollpappe oder Kunststoff,
- Kantenschutzecken (aus Kunststoff).

Kantenschutzstreifen (Kantenschutzwinkel)

Kantenschutzecken

Dehnband

Dabei handelt es sich um ein sehr dehnbares Kunststoffband mit großer Spannkraft. Es wird um die Packstücke auf einer Palette gespannt und schützt damit vor dem Verrutschen und Auseinanderfallen der palettierten Ware. Dehnbänder können mehrmals verwendet und mit Stretchfolien entsorgt werden.

Sicherung von Fässern mit einem Dehnband

Spenderbox zur Entnahme von Dehnbändern (sanstrap®)

Formteile

- Sie werden speziell für ein bestimmtes Packgut hergestellt (geformt) und schützen daher sehr gut.
- Verwendungsbeispiele: Verpackung für Monitor, Computer, Drucker usw.
- Materialien: Styropor, Schaumstoff, Wellpappe

Formteile aus Wellpappe

Stegeinsätze (Gefache, Gittereinsätze)

- Sie teilen mithilfe von Längs- und Querstegen den Raum in einem Packmittel auf.
- Dadurch können kleine Packgüter im Packmittel nicht verrutschen oder umfallen.
- Anwendungsbeispiele: Flaschen, Becher, Dosen

Stegeinsätze

Airbag (Luftsack, Staupolster)

- Diese großen, stabilen Luftkissen aus Kunststoff kommen in die Leerräume zwischen Paletten, Kisten usw. auf Lkws oder in Containern.
- Nach dem Aufblasen mit Luftdruck federn sie den Druck bzw. Schub sehr gut ab und tragen zur Ladungssicherung bei. Beispiel: siehe Abbildung Lernfeld 6, Kapitel 1.4.1, Beanspruchung durch den Schub.

Schaumpolster, Verpackungsschaum

- Ein Beutel mit flüssigem Schaumstoff wird in eine passende Schachtel/Box gelegt.
- Durch Aktivierung einer chemischen Reaktion dehnt sich der flüssige Schaumstoff im verschlossenen Beutel langsam aus.
- Während des Schäumens wird das Packgut auf den Beutel mit dem Schaum gelegt, sodass der Schaum das Packgut umschließt.
- Das sehr stoßdämpfende Schaumpolster ist vor allem für empfindliches Packgut (z. B. Scheinwerfer) geeignet.

Schaumpolster mit Unter- und Oberpolster

Zwischenlagen

Beim Stapeln auf Flachpaletten oder in Gitterboxen ist es manchmal notwendig, Zwischenlagen zu verwenden. Diese können aus Karton, Wellpappe oder Kunststoff sein und wirken rutschhemmend bzw. verbindend (Abb. siehe Kapitel 2.5.2).

Stapelschutz

Damit auf beladene Flachpaletten keine weiteren Paletten gestapelt werden und dadurch Druck auf das empfindliche Packgut ausgeübt wird, kann man auf der Oberseite der Palette ein „Hütchen" bzw. ein Dreieck aus Karton oder Kunststoff befestigen. Dieser selbstklebende Stapelschutz kann zusätzlich noch durch Schlitze mit den Umreifungsbändern verbunden werden. Damit soll eine nicht zu übersehende Warnung vor dem Stapeln von Paletten erreicht werden. Im Gegensatz zu Aufklebern (Symbol „Nicht stapeln") ist dieser Stapelschutz von allen vier Seiten gut zu sehen.

Palette mit zwei Stapelschutz-Hütchen

Stapelschutz-Hütchen aus Karton

Füllmittel

Füllmittel sollen nur den Leerraum im Packmittel ausfüllen. Gleichzeitig schützen sie aber im Allgemeinen auch vor mechanischen Beanspruchungen. Deshalb sind Füllmittel weitgehend identisch mit den Schutzmitteln gegen mechanische Beanspruchungen. Ausnahme: Kantenschutzmittel sind nur Schutzmittel, aber keine Füllmittel.

3.2.2 Schutzmittel gegen Feuchtigkeit

Ölpapier

Empfindliche Metallteile (z. B. Kugellager, Messinstrumente, blanke Stahlwellen) können zum Schutz vor Rost mit Ölpapier umwickelt werden. Dabei handelt es sich um ein beschichtetes Spezialpapier, das feuchtigkeits- und wasserabweisend ist.

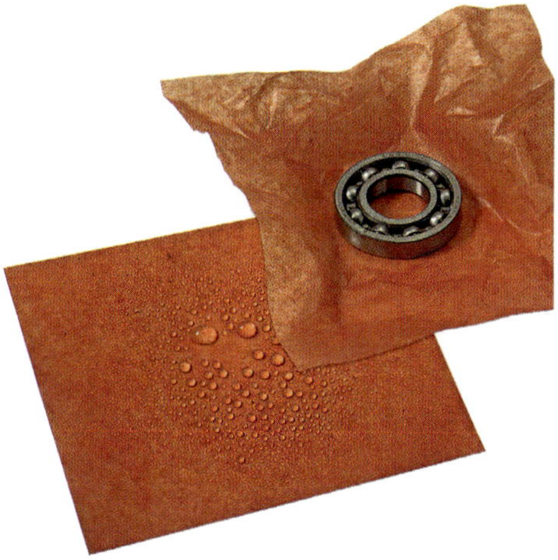

Ölpapier

Folien

Packgut, das sich auf einer Flachpalette befindet, kann mit Folie umgeben und so vor Feuchtigkeit und Regen weitgehend geschützt werden. Außerdem besteht auch ein Schutz vor Verschmutzung und Auseinanderfallen des Stapels. Dazu gibt es zwei Möglichkeiten:

- **Stretchfolie**
  Hier wird das Packstück mit einer dünnen und sehr dehnbaren Folie manuell oder maschinell umwickelt. Die Folie legt sich dabei automatisch sehr eng an das Packstück an.
- **Schrumpffolie**
  Hier wird eine Folien-Haube über das Packstück gestülpt und die Folie dann durch Wärmeeinwirkung (manuell oder maschinell) geschrumpft, d. h. zusammengezogen. Schrumpffolie ist dicker als Stretchfolie und damit stabiler, aber auch teurer.

Stretchen mit der Maschine

Manuelles Stretchen

Packgut in Schrumpffolie

Trockenmittel

Darunter versteht man Mittel, die Feuchtigkeit aus der Luft aufnehmen können und somit das Packgut während Transport und Lagerung vor Korrosion (Rost), Schimmelbildung usw. schützen. Trockenmittel gibt es in verschiedenen Ausführungen. Die beiden häufigsten sind:

- **Trockenmittelstab**:
  Der längliche Kunststoffbehälter wird im Container eingesetzt (an den Seitenwänden befestigt). Mithilfe von Calciumchlorid wird der Luft die Feuchtigkeit entzogen und im Stab als (nicht entweichendes) Wasser gesammelt.
- **Trockenmittelbeutel:**
  Das Trockenmittel (z. B. Kieselgel, Aktivton) befindet sich in luftdurchlässigen Beuteln, die in die Verpackung gelegt werden. Zur Wirksamkeit ist es notwendig, dass das Packgut und die Trockenmittelbeutel mit einer wasserdampfdichten Sperrschichtfolie eng umschlossen sind.

Trockenmittelbeutel

Trockenmittelstab

VCI-Mittel

(VCI = Volatile Corrosion Inhibitor = flüchtiger Rost-Hemmer)

Das VCI-Trägermaterial (Folie, Papier, Schaumstoff, Beutel usw.) enthält einen Wirkstoff, der in kleinen Mengen als Gas an die Umgebung abgegeben wird. Im geschlossenen Packmittel legt sich das Gas an der Oberfläche des rostempfindlichen Packguts (z. B. Eisen, Kupfer, Messing) an und bildet eine unsichtbare Schutzschicht vor Rost. Nach dem Auspacken verflüchtigt sich das ungiftige Gas relativ schnell.

Vorteile:
Das Gas schützt auch an schwer zugänglichen Stellen vor Rost und erspart das Einkonservieren sowie das Entkonservieren (Metallteil ist sofort verwendbar).

Metallteil in einem VCI-Beutel

VCI-Symbol

3.2.3 Schutzmittel gegen Diebstahl

Diese Schutzmittel dienen im Allgemeinen gleichzeitig als Verschließmittel und werden dort (Kapitel 3.3) behandelt. Außerdem können als Schutzmittel dienen:

Plombe

Ein so gesichertes Packmittel (z. B. Kiste, Container) kann nur geöffnet werden, wenn die Plombe entfernt wird.

Folien

Das Stretchen oder Schrumpfen (siehe Kapitel 3.2.2) kann dazu beitragen, dass kleinere Packstücke nicht so leicht entwendet werden; insbesondere dann, wenn die Folie undurchsichtig ist und so keinen Blick auf „interessante“ Ware ermöglicht.

Sicherheitsband (Siegelband)

Für hochwertiges Packgut (z. B. Schmuck, Handys, wichtige Dokumente) empfiehlt es sich, das Packmittel mit einem fälschungssicheren und fortlaufend nummerierten Sicherheitsklebeband zu verschließen. Wird das Packmittel geöffnet und damit das Band entfernt, bleibt der Aufdruck „geöffnet“ bzw. „opened“ immer sichtbar auf dem Packstück.

Sicherheitsband

Packstücke mit Sicherheitsband

Umreifungssiegel

Hiermit lassen sich umreifte Packstücke sehr gut vor einem unbefugten Öffnen schützen. Ein Metallkreuz mit Plombe sowie fortlaufender Nummer versiegelt die Umreifungsbänder.

3.2.4 Schutzmittel gegen auslaufende Flüssigkeiten

Zum Aufsaugen von Flüssigkeiten, speziell von flüssigen Gefahrstoffen (z. B. Säuren, Verdünner, Farben) eignet sich das mineralische Naturprodukt VERMICULITE. Es ist leicht, meistens kornförmig und nimmt auslaufende Flüssigkeiten bis zum 5-Fachen des Eigengewichts auf. Gleichzeitig dient es auch als Polster zum Schutz vor Bruch.

3.3 Verschließmittel

Die meisten Packmittel müssen noch verschlossen werden, damit die Ware sicher transportiert oder gelagert werden kann. Dazu gibt es eine Reihe verschiedenster Hilfsmittel.

Klammern (Heftklammern)

Mit Metallklammern können Schachteln und Holzkisten schnell und fest verschlossen werden. Dazu gibt es manuelle Geräte (Heftzange, Hefthammer, umgangssprachlich auch Tacker genannt) und automatische Maschinen.

Handhefter zum Verschließen

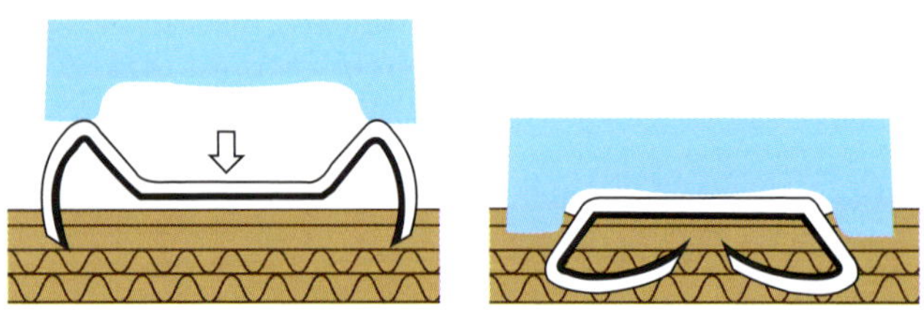

Heftklammern zum Verschließen

Klebeband/Packband

Für leichtere Packmittel, vor allem aus Wellpappe, bietet sich das Klebeband zum Verschließen an.

Mit praktischen Handabrollern lässt sich der Vorgang beschleunigen. Außerdem kann das Klebeband mit einem werbewirksamen Aufdruck versehen werden.

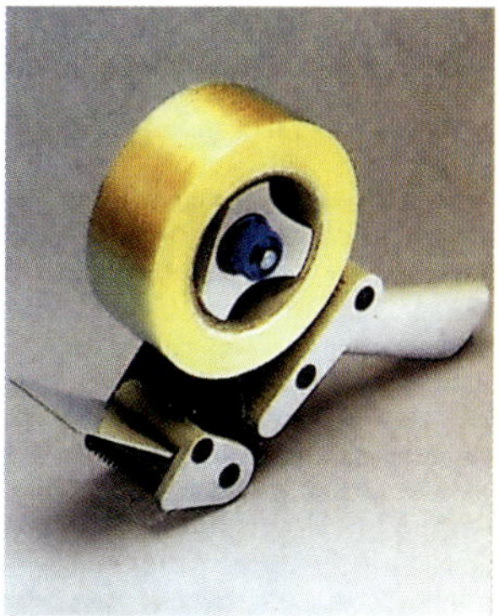

Klebeband-Handabroller

Folien

Durch Stretchen und Schrumpfen von Folien (siehe Kapitel 3.2.2) kann ein Packstück zusammengehalten bzw. verschlossen werden, sodass es als kompakte Transport- und Lagereinheit dient.

Umreifungsband

Durch das Umreifen wird ein Packstück fest umschlossen. Dadurch werden die Einzelteile des Packstücks zusammengehalten bzw. das ungewollte Öffnen erschwert. Beim Umreifen gibt es verschiedene Möglichkeiten:

Manuelle Umreifung mit Kunststoffband

- Kunststoffband und Textilband: für leichtere bis mittelschwere Packstücke
- Stahlband: für schwere Packstücke (z. B. Betonsteine auf einer Flachpalette)
- manuell: Umreifungsband wird mit der Hand gespannt und verschlossen
- maschinell: Umreifung erfolgt mit einer voll- oder halbautomatischen Maschine

3.4 Kennzeichnungsmittel

Kennzeichnungsmittel dienen primär der Informationsfunktion der Verpackung. Mit ihnen sollen dem Empfänger der Ware sowie denjenigen, die mit der Verladung/Entladung und mit dem Transport beauftragt sind, die notwendigen Informationen gegeben werden.

3.4.1 Etiketten

Etiketten werden im Allgemeinen auf das Packmittel oder auf das Packgut geklebt und können verschiedenste Informationen tragen. Sie sollen Transporteure und Empfänger auf Besonderheiten des Packguts bzw. des Packmittels oder des Transports hinweisen.

Beispiele

3.4.2 Transportindikatoren

Indikatoren (= Anzeiger, Erkennungsmittel) werden am Packmittel oder am Packgut angebracht und sollen dem Empfänger anzeigen, wenn das Packstück nicht ordnungsgemäß transportiert wurde. Durch Nummerierung und Vermerk der Nummer auf dem Lieferschein können sie nicht ausgetauscht oder manipuliert werden. Indikatoren gibt es für verschiedene Zwecke:

Kippindikator

Ein Kippindikator zeigt an, wenn ein Packstück während des Transports oder bei der Lagerung unzulässig stark gekippt und dadurch eventuell ein Schaden an der Ware verursacht wurde. Falls das Packstück gekippt wurde, ändert sich die Farbe im gekennzeichneten Punkt (wird rot) des Indikators.

Zusätzlich kann auch noch ein Warnetikett zum Kippindikator angebracht werden, das darauf hinweist, dass das Packstück aufrecht zu transportieren ist und das Hinweise zum Kippindikator gibt.

Kippindikator ungekippt und gekippt

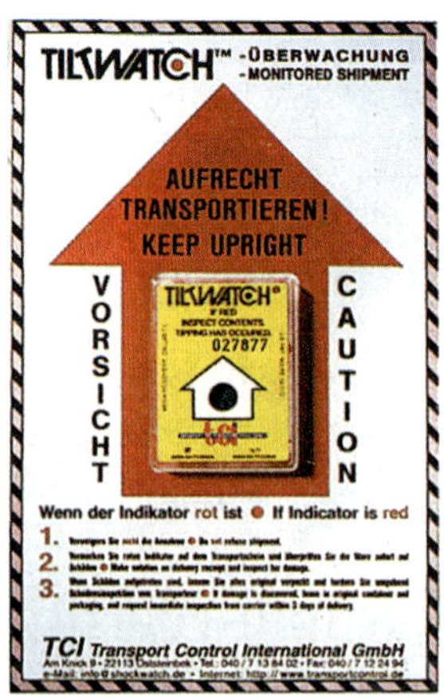

Kippindikator mit Warnetikett

Stoßindikator (Schockindikator)

Hier wird angezeigt, wenn das empfindliche Packgut zu stark gestoßen, erschüttert, beschleunigt oder fallen gelassen wurde. War die Beanspruchung zu stark, färbt sich der Indikator (je nach Empfindlichkeitsstufe des Indikators) entsprechend (z.B. rot oder grün oder blau).

Indikator nach zu starkem Stoß (in der Mitte rot)

Indikator vor dem Aufkleben (in der Mitte weiß)

Feuchtigkeitsindikator

Dieser Indikator zeigt an, welche Feuchtigkeit in einer Verpackung besteht bzw. wenn eine bestimmte Feuchtigkeit überschritten wurde. Dies kann beispielsweise durch saugfähiges Spezialpapier, das seine Farbe je nach Feuchte ändert, geschehen oder durch kleine Messgeräte in der Verpackung.

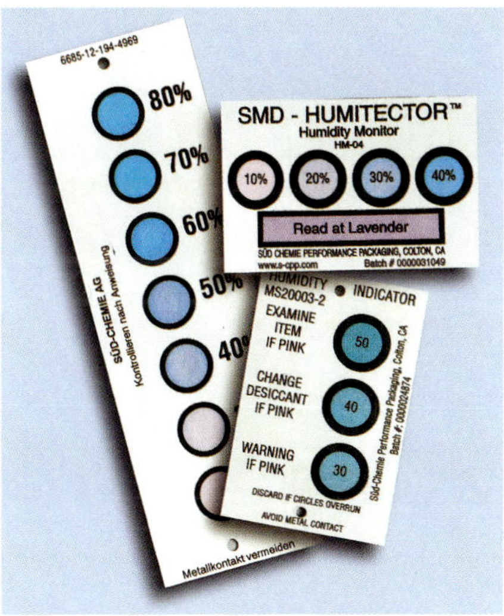

Indikatoren zum Ablesen des Feuchtigkeitsgehalts

Temperatur-, Frostindikator

Dieser Indikator zeigt an, ob in einem Packstück bestimmte Temperaturen über- oder unterschritten wurden. Dadurch wird auch die Überprüfung zur Einhaltung der sog. Kühlkette ermöglicht.

3.4.3 Begleitpapiertaschen

Sie werden außen am Packstück angeklebt und nehmen wichtige Dokumente wie Lieferschein, Rechnung, Garantieurkunde, Zollpapiere usw. auf. Durch einen entsprechenden Klebeverschluss können diese Dokumente nicht herausfallen und der Empfänger sieht diese Dokumente sofort bei der Annahme. Werden die Dokumente nämlich in das Packstück gelegt, besteht die Möglichkeit, dass sie beim Auspacken bzw. mit dem Packhilfsmittel verloren gehen.

Beispiele

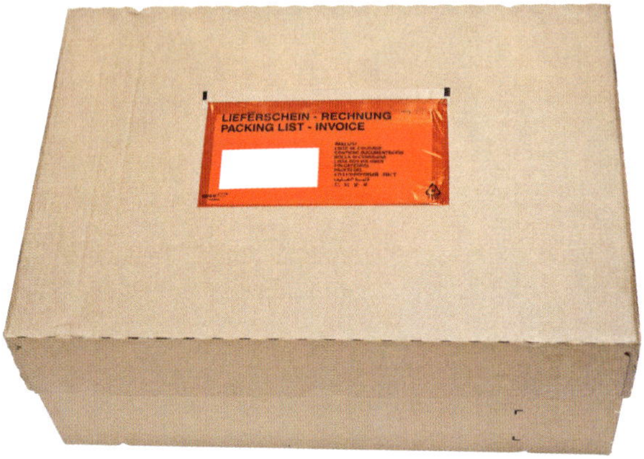

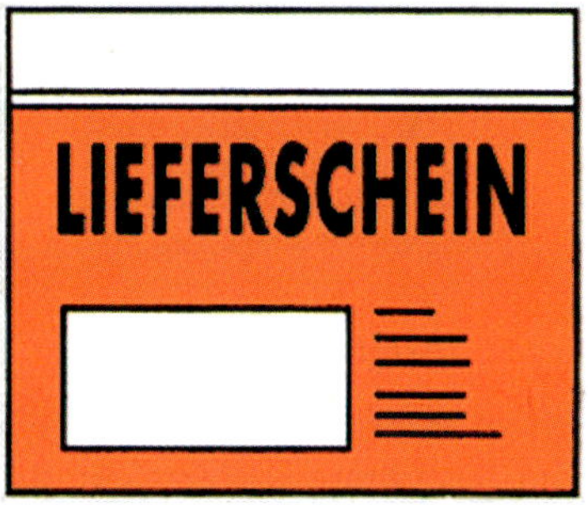

Kernwissen

1. Bei Packhilfsmitteln unterscheidet man verschiedene Arten:

Art des Packhilfsmittels	Beispiele für Packhilfsmittel
Schutzmittel und Füllmittel	Papier, Wellpappe, Folien, Trockenmittel, Holzwolle, Formteile, Stegeinsätze, Luftpolster, Kantenschutz
Verschließmittel	Schnur, Klebeband, Umreifungsband, Folien
Kennzeichnungsmittel	Etiketten, Indikatoren, Begleitpapiertaschen

2. Packhilfsmittel können **Schutz** vor verschiedenen Gefahren bieten:

Gefahr	Schutzmittel
Stoß/Druck/Fall usw.	Papier, Wellpappe, Luftpolster, Kantenschutz
Feuchtigkeit	Trockenmittel, Ölpapier, Folie, VCI-Mittel
Diebstahl, unerlaubtes Öffnen	Sicherheitsband, schrumpfen, stretchen
auslaufende Flüssigkeiten	Aufsaugmittel

3. Zum **Verschließen** von Packstücken können verwendet werden:
- Klebeband und Klammern
- Umreifungsband
- Folie zum Stretchen und Schrumpfen

4. Auf den Packstücken können/müssen verschiedene Informationen angebracht werden:
- Etiketten (z. B. Warnhinweise)
- Indikatoren (Kippen, Stoßen, Feuchtigkeit, Temperatur)
- Begleitpapiertaschen für wichtige Informationen (z. B. für Rechnung)

Aufgaben

1. *Wie können Sie empfindliche Güter **schützen** vor*
   a) Druck bzw. Stoß,
   b) Feuchtigkeit,
   c) Diebstahl bzw. unerlaubtem Öffnen,
   d) gefährlichem Kippen?

2. *Nennen Sie jeweils ein Packhilfsmittel (Schutzmittel) mit folgenden Eigenschaften:*
   a) besonders leicht (im Gewicht)
   b) besonders sauber
   c) besonders umweltfreundlich (in Beschaffung und Entsorgung)
   d) besonders stoßdämpfend

3. *Stretchen und Schrumpfen sind ähnliche Vorgänge.*
   a) Was haben sie gemeinsam?
   b) Wodurch unterscheiden sie sich bei der Folie und beim Vorgang?

4. *Die unten genannten Packmittel sollen **verschlossen** werden.*
   Was empfehlen Sie jeweils unter Berücksichtigung der Schutzfunktion und der Wirtschaftlichkeit?
   a) 1 Schachtel mit 10 Büchern, Gewicht 5 kg, Maß der Schachtel: 30 x 30 x 20 cm
   b) Holzkiste mit Ersatzteil aus Gusseisen, Gewicht 35 kg, Maße 80 x 60 x 50 cm
   c) Flachpalette mit 120 Schachteln, Schachtelmaße 20 x 20 x 15 cm

5. *Wie kennzeichnen Sie folgende Packstücke bzw. was tun Sie, wenn*
   a) der Inhalt aus Glas besteht,
   b) das Packstück nicht gekippt werden darf,
   c) die Rechnung mitgesandt, aber nicht in das Packstück gelegt werden soll?

6. *Was machen Sie mit Packhilfsmitteln nach dem Auspacken*
   a) in Ihrem Ausbildungsbetrieb,
   b) privat?

4 Verpackungen für gefährliche Güter/Stoffe

Einstiegssituation

Ein Mitarbeiter in der Warenannahme hat ein Paket angenommen mit dem nebenstehenden Symbol. Nachdenklich und interessiert möchte er sich über dieses (für ihn) unbekannte Symbol informieren. Welche Auskunft können Sie ihm geben?

Handlungsaufträge

1. a) Erstellen Sie eine Auflistung über Risiken, die von gefährlichen Gütern ausgehen können.
b) Nennen Sie Beispiele für Güter/Stoffe, von denen Gefahren ausgehen können.

2. Berichten Sie über Vorfälle/Erfahrungen, die Sie in Ihrem Ausbildungsbetrieb bereits mit gefährlichen Stoffen gemacht haben.

4.1 Gefahrgut und Gefahrstoff

Bei beiden Begriffen handelt es sich um Materialien, von denen Gefahren ausgehen können für die öffentliche Sicherheit, für das Leben oder die Gesundheit von Menschen sowie für Tiere, Sachen und Umwelt.

Unterscheidung:

	Erklärung	Rechtliche Grundlage
Gefahrstoff	wenn gefährliche Stoffe verpackt, abgefüllt, gelagert, innerbetrieblich transportiert werden	▪ Gefahrstoffverordnung (Verordnung zum Schutz vor Gefahrstoffen) ▪ Chemikaliengesetz
Gefahrgut	wenn gefährliche Stoffe auf der Straße oder mit Eisenbahn, Schiff oder Flugzeug transportiert werden	▪ Gefahrgutbeförderungsgesetz (Gesetz über die Beförderung gefährlicher Güter) sowie ▪ zahlreiche Verordnungen

Der Transport und die Verladung von Gefahrgut wird im Lernfeld 8 (Güter verladen) ausführlich behandelt.

In mehreren Gesetzen, Verordnungen und Richtlinien ist festgelegt, dass gefährliche Stoffe mit der entsprechenden Sorgfalt verpackt werden müssen und zu kennzeichnen sind.

4.2 Einteilung und Kennzeichnung der Gefahrgüter

4.2.1 Klassifizierung

Gefahrgüter werden nach nationalen und internationalen Vorschriften in 9 Klassen (teilweise mit Unterklassen) eingeteilt. Die Klasse ist dem jeweiligen Sicherheitsdatenblatt des Gefahrguts (wird vom Hersteller des Gefahrguts zur Verfügung gestellt) und mithilfe der UN-Nummer zu entnehmen.

Einteilung der Gefahrgutklassen:

Klasse	Beschreibung/Bezeichnung	Beispiele
1 (1.1–1.6)	Explosive Stoffe und Gegenstände mit Explosivstoff	Feuerwerkskörper, Granaten, Sprengstoff, Munition
2 (2.1–2.3)	Gase	Wasserstoff, Stickstoff, Haarspray, Kohlensäure, Propangas (auch zum Grillen)
3	Entzündbare flüssige Stoffe	Benzin, Alkohol, Schädlingsbekämpfungsmittel, Farben
4 (4.1–4.3)	Entzündbare Stoffe	Kohle, Phosphor, Natrium, Schwefel, Zündhölzer
5 (5.1–5.2)	Entzündend wirkende Stoffe und organische Peroxide	Natriumnitrat, Härter für Lacke, bestimmte Düngemittel
6 (6.1–6.2)	Giftige Stoffe und ansteckungsgefährdende Stoffe	Arsen, Cyanid, Rattengift, klinischer Abfall
7	Radioaktive Stoffe	Uran, Kobalt, Strontium
8	Ätzende Stoffe	Schwefelsäure (Batteriesäure), Quecksilber, Laugen
9	Verschiedene gefährliche Stoffe und Gegenstände	Asbest, Lithiumbatterien

4.2.2 Kennzeichnung der Gefahrgutverpackungen

Jedes Packstück mit gefährlichem Inhalt ist zu kennzeichnen (bezetteln) mit **UN-Nummer(n)** und **Gefahrzettel(n)**. Bei Packstücken, die aufrecht transportiert werden müssen, sind zusätzlich Aufrichtungspfeile (↑↑) anzubringen.

UN-Nummer (Stoff-Nummer)

UN = United Nations = Vereinte Nationen
Nummer = vierstellige Zahl (ohne Umrandung, auch nicht mit Raute)

Beispiel *UN 1202 (Diesel oder Heizöl), UN 1306 (Holzschutzmittel)*
Hinweis: Vor der Zahl muss stets UN stehen!

Die UN-Nummer wird von den Vereinten Nationen für einzelne Gefahrgüter oder Gruppen von Gefahrgütern vergeben und ist deutlich sichtbar sowie witterungsbeständig anzubringen. Anhand dieser Nummer können die Güter genau identifiziert und klassifiziert werden, insbesondere durch Rettungskräfte. Bei mehreren gefährlichen Inhalten sind sämtliche UN-Nummern anzugeben. Diese UN-Nummer ist außerdem auf dem Transportmittel (z. B. Lkw) anzubringen (siehe LF 8, Güter verladen).

Gefahrzettel (Label)

Neben der UN-Nummer ist auf jedem Packstück ein bestimmter Gefahrzettel anzubringen. Hinweis: Nicht zu verwechseln mit der Gefahrentafel, die am Lkw angebracht wird und orangefarben ist. Gefahrzettel sind auf der Spitze stehende Quadrate, die ein Gefahrensymbol (Piktogramm) sowie die Gefahrgutklasse enthalten. Für Packstücke ist die Größe 10 x 10 cm vorgeschrieben (bei Tanks und Container bis zu 30 x 30 cm).

Die folgende Übersicht zeigt die Symbole auf den Gefahrzetteln für die 9 Gefahrgutklassen. Hinweis: Bei Gefahrzetteln mit einem roten oder grünen oder blauen Grund darf das Symbol zusätzlich auch in weiß angegeben werden.

Gefahr der Klasse 1
Explosive Stoffe und Gegenstände mit Explosivstoff

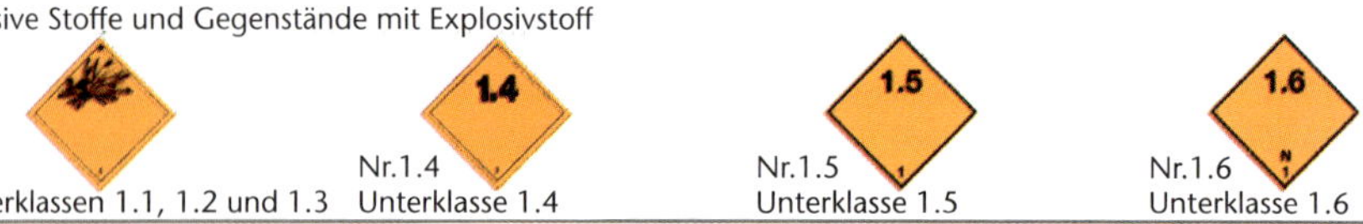

Nr.1 Unterklassen 1.1, 1.2 und 1.3 — Nr.1.4 Unterklasse 1.4 — Nr.1.5 Unterklasse 1.5 — Nr.1.6 Unterklasse 1.6

Gefahr der Klasse 2
Gase

Nr.2.1 Entzündbare Gase — Nr.2.2 Nicht entzündbare, nicht giftige Gase — Nr.2.3 Giftige Gase

Gefahr der Klasse 3
Entzündbare Flüssigkeiten

Nr.3

Gefahr der Klasse 4.1 — Gefahr der Klasse 4.2 — Gefahr der Klasse 4.3

Nr.4.1 Entzündbare feste Stoffe, selbstzersetzliche Stoffe und desensibilisierte explosive Stoffe

Nr.4.2 Selbstentzündliche Stoffe

Nr.4.3 Stoffe, die bei Berührung mit Wasser entzündbare Gase entwickeln

Gefahr der Klasse 5.1
Entzündend (oxidierend) wirkende Stoffe

Gefahr der Klasse 5.2
Organische Peroxide

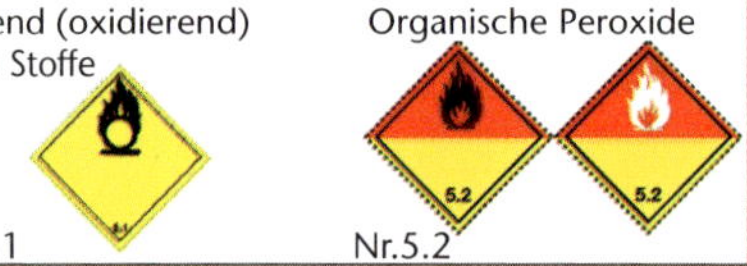

Nr.5.1 — Nr.5.2

Gefahr der Klasse 6.1
Giftige Stoffe

Gefahr der Klasse 6.2
Ansteckungsgefährliche Stoffe

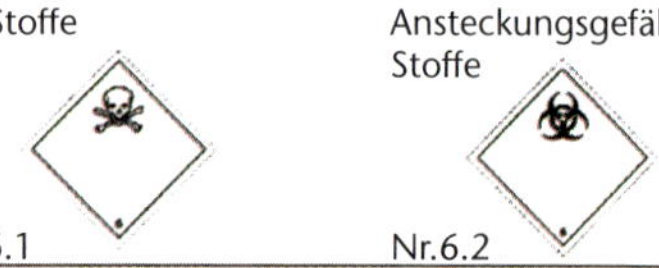

Nr.6.1 — Nr.6.2

Gefahr der Klasse 7
Radioaktive Stoffe

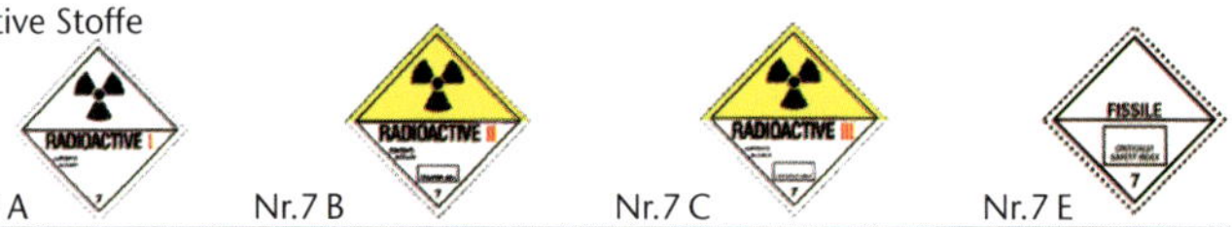

Nr.7 A — Nr.7 B — Nr.7 C — Nr.7 E

Gefahr der Klasse 8
Ätzende Stoffe

Nr.8

Gefahr der Klasse 9
Verschiedene gefährliche Stoffe und Gegenstände

Nr.9

Bei manchen Gefahren ist neben dem Gefahrzettel (Symbol) für die Gefahrgutklasse auch noch folgender Gefahrzettel anzubringen:

Umweltgefährdender Stoff (z. B. bei Diesel)

Erwärmter Stoff (z. B. beim Transport von flüssigem Bitumen, Aluminium usw.)
Es besteht die Gefahr von Verbrennungen durch heißes Material.

4.3 Packmittel für Gefahrgut

Die verwendete Verpackung muss den gefährlichen Stoff auch auf dem Transport schützen. Deshalb wird bei der Wahl der Packmittel auf die Bestimmungen für Gefahrgut abgestellt.

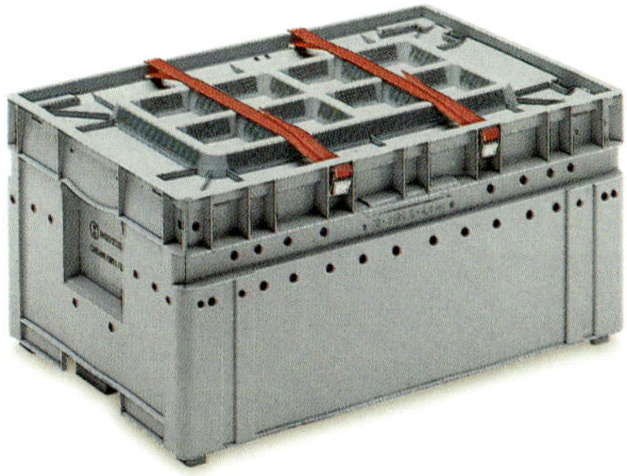

Gefahrgutbehälter aus Kunststoff

Weitere Packmittel für Gefahrgut

4.3.1 Verpackungsgruppen (VG)

Die Einteilung in Gefahrgutklassen enthält noch keine Aussage über die Gefährlichkeit des jeweiligen Stoffs. Die Verpackung eines Gefahrguts muss aber der Gefährlichkeit angemessen sein. Aus dem Sicherheitsdatenblatt (des Herstellers) lässt sich die notwendige Verpackungsgruppe (I oder II oder III) ersehen. Die notwendige Verpackung kann aber auch mit der vierstelligen UN-Nummer des Gefahrguts ermittelt werden.

Die gefährlichen Güter sind aufgrund ihrer Gefährlichkeit in drei Gruppen unterteilt und können danach für Verpackungszwecke drei Verpackungsgruppen zugeordnet werden.

Verpackungsgruppe (VG)	Beschreibung
I	sicherste Verpackung, höchste Anforderungen
II	Verpackung mit mittleren Anforderungen
III	Verpackung, die den geringsten Anforderungen entspricht

Mit der festgestellten Verpackungsgruppe kann dann das notwendige Packmittel (X oder Y oder Z) ermittelt werden. X/Y/Z sind international festgelegte Standards für Packmittel. Der entsprechende Buchstabe ist auf der Verpackung im Rahmen des UN-Codes (siehe unten) anzugeben.

Zusammenhang zwischen Gefährlichkeit des Gefahrstoffs, der Verpackung und der Kennzeichnung:

Gefährlichkeit des Gefahrstoffs	**Verpackungsgruppe** (Anforderung an die Verpackung)	**Kennzeichnung** auf der Verpackung	Zu verwendende Verpackung
hohe Gefährlichkeit	**I**	**X**	nur X
mittlere Gefährlichkeit	**II** (oder auch I)	**Y**	Y oder X
geringe Gefährlichkeit	**III** (oder auch I oder II)	**Z**	Z oder Y oder X

4.3.2 Zulassung von Packmitteln (nach UN-Code)

Die Hersteller von Packmitteln für die Aufnahme von Gefahrgütern sind verpflichtet, die Packmittel prüfen zu lassen und nach UN-Code (UN = United Nations) zu kennzeichnen. Dadurch kann man auf der Verpackung auch die Zulassung des Packmittels erkennen.

Beispiel für UN-Code (bei Packmitteln für feste Stoffe)

(un) 4 G / Z 20 / S / 16 / D / BAM 123 / AB

Erklärung:

(un)	*UN = Vereinte Nationen*
4 G	*Code für Packmittelart* *hier: 4 G = Schachtel aus Pappe (siehe auch Kapitel 4.3.3)*
Z	*Buchstabe der Verpackungsgruppe* *hier: Z = Packmittel für weniger gefährliche Stoffe (siehe auch Kapitel 4.3.1)*
20	*zulässige Bruttohöchstmasse in kg*[1]
S	*Stoffart*[1] *z. B. S = solid = fester Stoff*
16	*Jahr der Herstellung des Packmittels (hier: 2016)*
D	*Kennzeichen des Landes, in dem das Packmittel zugelassen wurde* *(hier: Deutschland)*
BAM 123	*Zulassungsstelle und Zulassungsnummer* *(BAM – Bundesanstalt für Materialforschung = Zulassungsstelle in Deutschland)*
AB	*Hersteller des Packmittels (Kurzzeichen)*

4.3.3 Packmittelarten für Gefahrgüter

Packmittel müssen nicht nur zugelassen sein (aufgrund ihrer Bauweise/Konstruktion), sie müssen auch gekennzeichnet bzw. codiert werden hinsichtlich ihrer Art. Dabei unterscheidet man drei Kriterien (Verpackungsart, Werkstoff, Verpackungstyp). Die Codierung erfolgt in dieser Reihenfolge der Kriterien.

[1] *Bei Packmitteln für flüssige Stoffe stehen hier andere Werte (nämlich spezifisches Gewicht und Prüfdruck).*

Übersicht über die Packmittelbezeichnungen bei Gefahrgut (Auszug):

Verpackungsart	Werkstoff	Verpackungstyp
1 Fass	A Stahl	1 nicht abnehmbarer Deckel
2 Holzfass	B Aluminium	2 abnehmbarer Deckel
3 Kanister	C Naturholz	
4 Kiste, Schachtel	D Sperrholz	
5 Sack	G Pappe	
6 Kombinationsverpackung	H Kunststoff	
13 Großpackmittel (IBC) flexibel	L Textilgewebe	
50 starre Großverpackung	M Papier (mehrlagig)	
usw.	N Metall (außer Stahl und Alu)	
	P Glas, Porzellan, Steinzeug usw.	

Beispiel

3 A 1 *= Kanister aus Stahl mit nicht abnehmbarem Deckel*
4 G = Schachtel/Kiste aus Pappe

Abschließende Darstellung einer Gefahrgutkennzeichnung:

Beispiel

Fester Gefahrstoff (Schwefel) in einer Schachtel aus Pappe
Hinweis: Die Aufrichtungspfeile (aufrecht transportieren) sind nur bei Flüssigkeiten notwendig.

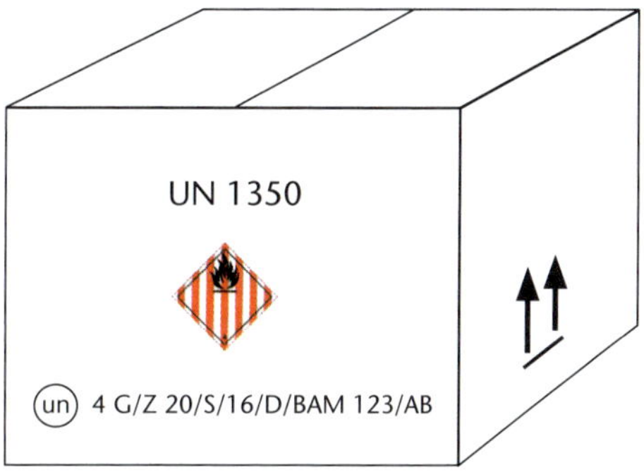

4.4 Pflichten beim Verpacken und Kennzeichnen von Gefahrgütern

Für die ordnungsgemäße Verpackung und Kennzeichnung von gefährlichen Gütern (auf dem Packstück) ist der Verpacker verantwortlich.

Gefahrgut darf nur verpacken, wer ausreichende Kenntnisse auf diesem Gebiet hat und vorher entsprechend geschult wurde.

Pflichten beim Verpacken

- Auswahl des geeigneten und zugelassenen Packmittels
- Prüfung der Bauartzulassung auf dem Packmittel (UN-Zulassungsnummer)
- Prüfen des Packmittels auf einwandfreie Beschaffenheit (keine Risse, keine Korrosion, dichter Verschluss usw.)
- Verwendung geeigneter Packhilfsmittel (siehe Lernfeld 6, Kapitel 3, Packhilfsmittel)
- Füllgrad bei Flüssigkeiten beachten
- Packstück gut verschließen

Pflichten beim Kennzeichnen

- Kennzeichnung des Inhalts nach Gefahrgutverordnung (auf der Transportverpackung)
- Gefahrzettel an übersichtlicher Stelle der Versandverpackung anbringen (Symbol für Gefahrgutklasse)
- Angabe der 4-stelligen UN-Nummer für den Inhalt
- Standrichtungspfeile (aufrecht transportieren) bei Flüssigkeiten anbringen

Kernwissen

1. In Gesetzen und Verordnungen ist festgelegt, dass Stoffe und Güter, von denen Gefahren ausgehen, gut zu verpacken und entsprechend zu kennzeichnen sind.
2. Gefährliche Güter werden in 9 Klassen (1–9) eingeteilt, teilweise auch noch in Unterklassen unterteilt.
3. Für jede Klasse bzw. Unterklasse von gefährlichen Gütern gibt es ein eigenes Kennzeichen (mit einem aussagekräftigen Symbol und in unterschiedlichen Farben), sodass durch das Anbringen dieses Kennzeichens jeder Sachkundige über die verbundene Gefahr informiert wird.
4. Gefährliche Güter brauchen auch entsprechend sichere Packmittel. Diese Packmittel müssen für Güter mit hoher oder mittlerer oder geringer Gefährlichkeit geeignet sein und werden gekennzeichnet mit X oder Y oder Z.
5. Packmittel für gefährliche Güter müssen zugelassen sein. Das ist an einer langen Kombination von Ziffern und Buchstaben auf der Verpackung zu erkennen (UN-Code). Vorangestellt sind die Buchstaben „un“.
6. Auf der Versandverpackung ist außerdem eine 4-stellige Nummer (UN-Nummer), die das Gefahrgut erkennen lässt, anzubringen.

Aufgaben

1. *Stellen Sie fest, welcher Gefahrgutklasse folgende Stoffe zugeordnet sind:*
   a) Asbest *d) Benzin*
   b) Haarspray *e) Feuerwerkskörper*
   c) Quecksilber *f) Schwefel*

2. *Kennzeichnen Sie das Aussehen folgender Gefahrzettel:*
   a) Klasse 1: *Grundfarbe:*
   b) Klasse 5.1: *Grundfarbe:*
   c) Klasse 6.1: *Symbol:*
   d) Klasse 2.1: *Symbol:*

3. *Ein sehr gefährlicher Stoff soll verpackt werden.*
   a) Welcher Verpackungsgruppe muss das Packmittel angehören?
   b) Welches Kennzeichen (Buchstabe) muss die Verpackung tragen?

4. *Ein Packmittel hat folgende Kennzeichnung (UN-Code):*
   (un) 1H2 / Y 30 / S / 16 / D / BAM 476 / Zerges
   Welche Bedeutung haben folgende Ziffern bzw. Buchstaben?
   a) Y *b) 16* *c) 1H2* *d) S* *e) Zerges*

5 Tätigkeiten beim Verpacken

Einstiegssituation

Ein Logistikbetrieb hat bisher alle Verpackungsaufträge manuell durchgeführt, und zwar ausschließlich in verschieden großen Schachteln.
Um den steigenden Aufträgen gerecht werden zu können und die Mitarbeiter körperlich zu entlasten, werden Überlegungen angestellt, die Verpackungsvorgänge zu rationalisieren und teilweise maschinell durchzuführen.

Handlungsaufträge

1. *Erstellen Sie eine Liste mit Geräten und technischen Hilfsmitteln, die in einem gut ausgestatteten Verpackungsraum erforderlich sind, um den Verpackungsvorgang rationell und sorgfältig ausführen zu können.*
2. *Nennen Sie (in zeitlich richtiger Reihenfolge) die verschiedenen Schritte beim Verpacken von zerbrechlichen Teilen, die in eine Schachtel verpackt werden sollen.*

5.1 Grundprinzip des Verpackungsvorgangs

Im Prinzip läuft jeder Verpackungsvorgang nach dem gleichen Schema ab:

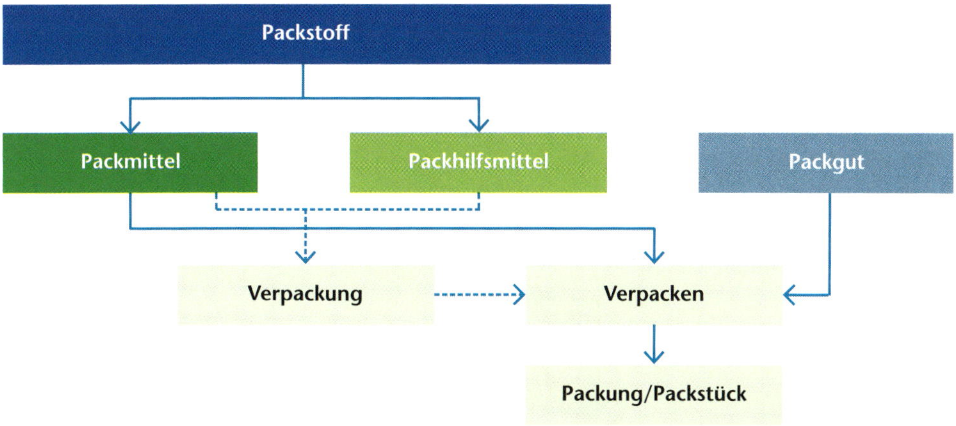

5.2 Technische Hilfsmittel

5.2.1 Packtisch

Ein Packtisch ist ein Arbeitstisch zum manuellen Verpacken. Er soll sowohl ergonomische Anforderungen bei stehender oder sitzender Tätigkeit erfüllen als auch möglichst rationelles Verpacken ermöglichen. Je nach Größe und Ausstattung können bei Packtischen verschiedene Einrichtungen integriert sein:

- Magazin für Packmittel (z. B. zusammengelegte Schachteln)
- Magazin für Packhilfsmittel (z. B. Wellpapperolle, Klebeband)
- kleine Geräte (z. B. Abroller, Schere)
- Schneidevorrichtungen usw.

Umfangreicher Packtisch mit vielen nützlichen Einrichtungen (mit freundlicher Genehmigung der Hüdig + Rocholz GmbH & Co. KG)

5.2.2 Geräte

Zum rationellen Verpacken werden neben einem Packtisch auch noch zahlreiche kleinere Geräte benötigt, um alle Arbeiten schnell und sicher durchführen zu können.

Nützliche Geräte beim Verpacken:

- Waage (zur Feststellung des Gewichts)
- Zählwaage (Mithilfe des Einzelgewichts lässt sich damit die Gesamtmenge feststellen.)
- Handabroller für Klebebänder
- Etikettenspender
- Papierabroller (Wellpappe, Packpapier)
- Schrumpfpistole (erzeugt Hitze zum Schrumpfen der Folie)
- Umreifungsgerät (zum Spannen, Verschließen, Abschneiden)
- Klammergerät/Hefter (mit Heftklammern) zum Verschließen von Schachteln und Holzkisten
- Schere, Messer
- Folienwickelgerät (zum manuellen Stretchen)

Beispiele für hilfreiche Geräte:

Zählwaage

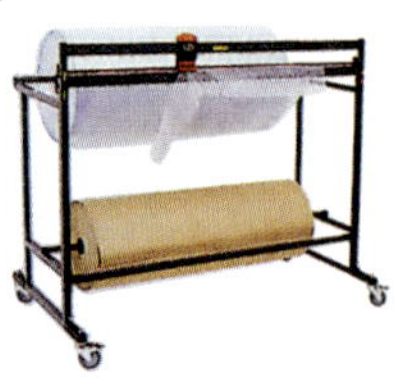

Abrollständer mit Schneidevorrichtung

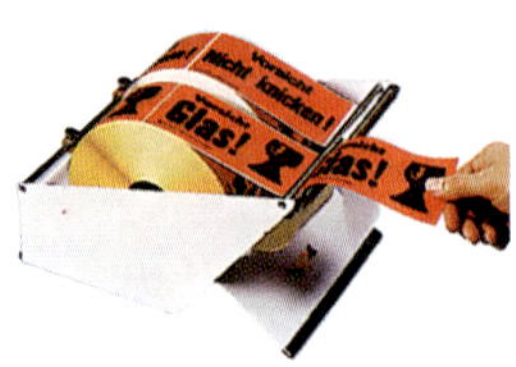

Etikettenspender

Schrumpfpistole

Manuelles Umreifungsgerät

Handabroller für Klebeband

5.2.3 Maschinen

Neben den verschiedenen Geräten können bei entsprechend großem Verpackungsbedarf auch Maschinen zum Verpacken eingesetzt werden.

Verpackungsmaschinen, -anlagen

Um den industriellen Verpackungsvorgang zu rationalisieren, können auch vollautomatische Verpackungsmaschinen eingesetzt werden, die alle Vorgänge von der Zuführung des Packguts, der Packmittel und der Packhilfsmittel bis hin zum Verschließen selbsttätig ausführen.

Ablauf eines Verpackungsvorgangs mit einer Verpackungsmaschine:

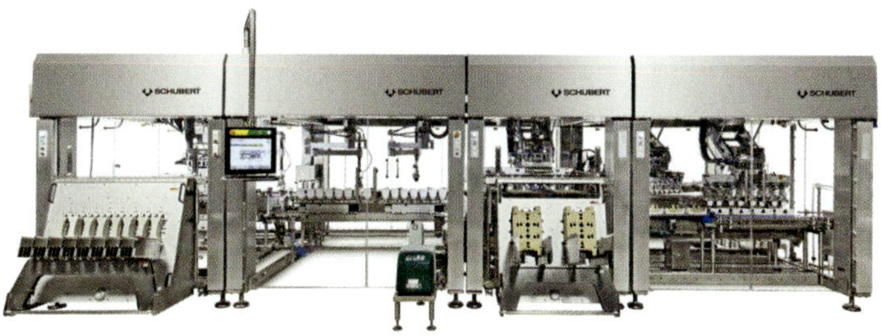

Vollautomatische Verpackungsmaschine für Wasserfilter (Aufrichten der Schachteln, Einlegen der Filter und Beipackzettel, Verschließen der Schachteln)

Abfüllmaschinen, -anlagen

Sie dienen in erster Linie zum Verpacken (Abfüllen) von Flüssigkeiten.

Stretchwickelmaschinen

Sie wickeln selbsttätig eine dehnbare Folie um das Packgut.

Folienschrumpfanlage

Mit dieser Einrichtung wird die Schrumpffolie über das Packstück gestülpt und dann mithilfe von erwärmter Luft so stark geschrumpft, dass sich die Folie eng an das Packgut anlegt und sowohl schützt als auch fest zusammenhält.

Umreifungsmaschinen

Sie verschließen eine Packung mit Stahl- oder Kunststoffband.

Schachtelverschließmaschinen

Damit können Schachteln in unterschiedlicher Größe verschlossen werden.

Automatische Umreifungsmaschine

Automatische 3M Matic™ Kartonverschließmaschine für Schachteln unterschiedlicher Größe

5.3 Tätigkeiten beim Verpacken

5.3.1 Ablauf

Der Verpackungsvorgang kann sich (je nach Art, Größe und Beschaffenheit des Packguts) sehr umfangreich gestalten. Der Ablauf kann in folgenden Schritten dargestellt werden:

- Entgegennahme des Verpackungsauftrags
- Zusammenstellen des Packguts (Kommissionierung)
- Ermittlung des Nettogewichts der Ware
- Information über den Empfänger und über Versandvorschriften beschaffen
- Auswahl des geeigneten bzw. vorgeschriebenen Packmittels sowie der notwendigen Packhilfsmittel unter Berücksichtigung des Volumens, des Gewichts und der Beschaffenheit des Packguts
- Verpacken des Packguts unter Berücksichtigung der notwendigen Schutzmaßnahmen
- Ausfüllen des Packmittels mit Füllmitteln und Schutzmitteln
- Sichern der Ladung (bei großen Gütern)
- Verschließen des Packmittels
- Prüfen der Ordnungsmäßigkeit der äußeren Verpackung bzw. der Umverpackung
- Anbringen von Etiketten, Adressen, Gefahrzetteln, Begleitpapiertasche usw.
- Feststellen des Bruttogewichts
- Bereitstellung zum Abtransport

FR 5.3.2 Sperrgut und Schwergut

Sperrgut

Sperrige Güter sind Güter,

- die entweder relativ lang/breit/hoch sind (z. B. Baustahl, Langgut wie Eisenrohre und Holzbalken) oder
- die in keine gewöhnlichen Packmittel passen (z. B. Fahrräder, Karosserieteile, Badewannen).

Schwergut

Hierunter versteht man Güter, deren Gewicht den üblichen Rahmen überschreitet (z. B. Motoren, Coils = Rollen mit Stahlblech, Maschinen, Pressen).

Sowohl Sperrgut als auch Schwergut bedarf einer individuellen Verpackung, die ganz speziell auf die Größe, das Gewicht und die Beschaffenheit des Packguts zugeschnitten ist (z. B. Kantholzkonstruktion).

Kernwissen

1. Ein Packtisch ist ein Arbeitstisch, der zum manuellen Verpacken dient. Er kann sowohl Packmittel als auch Packhilfsmittel und auch kleinere Geräte umfassen.
2. Kleine, aber wichtige Hilfsmittel des Verpackers sind:
   - Abroller
   - Waage
   - Umreifungsgerät
   - Hefter, Schere, Messer usw.
3. In Großbetrieben werden beim Verpacken auch Maschinen eingesetzt. Dabei handelt es sich um:
   - Verpackungsmaschinen, -anlagen
   - Abfüllmaschinen
   - Stretchwickelmaschinen
   - Folienschrumpfanlagen
4. Der Ablauf eines Verpackungsvorgangs umfasst (je nach Art des Packguts und Packmittels) vielfältige Schritte.
   Er beginnt mit der Entgegennahme des Verpackungsauftrags und endet mit der Bereitstellung zum Versand.
5. Der Verpackungsvorgang:
   Packmittel + Packhilfsmittel = Verpackung + Packgut = Packung/Packstück

Aufgaben

1. *Ergänzen Sie die Lücken in der folgenden Beschreibung des Verpackungsvorgangs:*
   Packmittel + ____________________ = Verpackung + ____________________ = Packung
2. *Erstellen Sie eine Liste mit*
   a) 5 Geräten bzw. Maschinen, die in Ihrem Ausbildungsbetrieb beim Verpacken zur Verfügung stehen,
   b) 3 Einrichtungsgegenständen, die bei der Ausstattung eines Packtisches sinnvoll sind.
3. *In einem Betrieb sollen drei bereits vorverpackte Luftfilter (je 20 x 10 x 8 cm) verpackt werden.*
   Nennen Sie fünf wesentliche Schritte bei diesem Verpackungsvorgang in richtiger Reihenfolge.

6 Vermeidung und Entsorgung von Verpackungen

Einstiegssituation

Wohin mit der Verpackung?

Das hat sich so manche Privatperson oder auch mancher Mitarbeiter in der Warenannahme sicher schon öfter gedacht, wenn die erhaltene Ware ausgepackt ist und man nun vor gebrauchten Packmitteln und Packhilfsmitteln steht.

Außerdem stellt sich eine weitere Frage: Muss so viel Verpackung sein?

Handlungsaufträge

1. *Informieren Sie sich in Ihrem Ausbildungsbetrieb darüber, was dort mit erhaltenen (gebrauchten) Verpackungen geschieht.*
2. *Überlegen Sie mögliche Auswirkungen, die der hohe Verbrauch von Verpackungsmaterial in Industrieländern hat. Diskutieren Sie die verschiedenen Aspekte in der Klasse.*
3. *Welche Funktion hat der „Grüne Punkt"? Informieren Sie sich ggf. im Internet darüber.*

6.1 Rechtliche Grundlagen

In Deutschland gibt es vor allem zwei rechtliche Bestimmungen, in denen die Vermeidung, Verwertung und Beseitigung von gebrauchten Verpackungen bzw. Verpackungsabfällen geregelt ist. Dies sind:

Kreislaufwirtschaftsgesetz	Verpackungsverordnung
Gesetz zur Förderung der Kreislaufwirtschaft und Sicherung der umweltverträglichen Beseitigung von Abfällen, kurz KrWG	Verordnung über die Vermeidung und Verwertung von Verpackungsabfällen, kurz VerpackV

6.2 Kreislaufwirtschaftsgesetz (KrWG)

Kreislaufwirtschaft:

Güter/Stoffe, die nicht mehr benötigt werden, sollen wieder zurückgeführt werden in die Produktion.

Kreislauf:

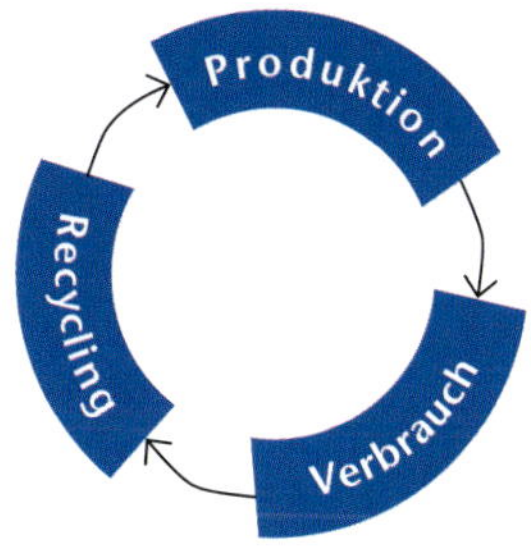

6.2.1 Zielsetzungen des Gesetzes

Der Zweck des KrWG ist die

- Förderung der Kreislaufwirtschaft
- Schonung der natürlichen Ressourcen (Rohstoffe, Quellen)
- Schutz des Menschen und der Umwelt vor Verpackungsabfällen.

6.2.2 Rangfolge bei der Abfallbewirtschaftung nach Kreislaufwirtschaftsgesetz

Das aktualisierte KrWG legt folgende Abfallhierarchie (Rangfolge) fest:

1. **Vermeidung** – Es soll vermieden werden, dass Abfall (Verpackungsabfall) überhaupt entsteht.
2. **Wiederverwendung** – Gebrauchte Gegenstände (z. B. Packmittel) sollen nochmals/oftmals verwendet werden.
3. **Recycling** – Gewinnung von Rohstoffen aus Abfall = stoffliche Verwertung (z. B. Recycling von Papier und Pappe).
4. **Sonstige Verwertung** – Energiegewinnung aus Abfall = energetische Verwertung (z. B. Verbrennung von Verpackungsabfall, um Wärme oder Strom zu gewinnen).
5. **Beseitigung** – Bei Abfällen, die nicht vermieden werden können und bei denen Recycling oder Verwertung nicht möglich ist, erfolgt eine Beseitigung (z. B. auf Deponien).

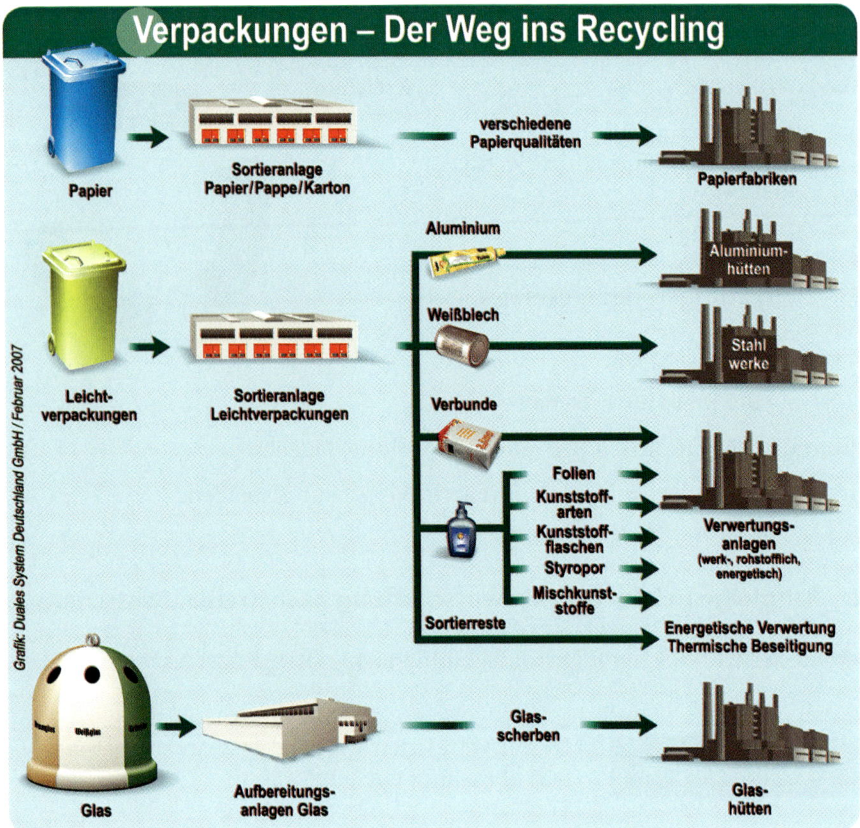

6.3 Verpackungsverordnung (VerpackV)

6.3.1 Zielsetzungen

In § 1 der Verordnung sind folgende **abfallwirtschaftliche Ziele** verankert:

- Die Auswirkungen von Abfällen aus Verpackungen auf die Umwelt sind zu vermeiden oder zu verringern.
- Die Vermeidung von Verpackungsabfällen hat Vorrang vor der Wiederverwendung von Verpackungen sowie der Verwertung und Beseitigung von Verpackungsabfällen.

6.3.2 Verpackungsbegriffe der VerpackV

Verkaufsverpackungen

Das sind Verpackungen, mit denen die Waren verkauft werden und die beim Endverbraucher (nach dem Auspacken) anfallen. Sie dienen der Hygiene, der Haltbarkeit und dem Schutz der Ware.

Beispiele
Joghurtbecher, Getränkeflasche, Tüte für Süßigkeiten

Umverpackungen

Das sind Verpackungen, die als **zusätzliche** Verpackung zur Verkaufsverpackung verwendet werden und mehrere Verkaufsverpackungen zusammenfassen.

Beispiele
Schachtel mit 10 Joghurtbechern;
Getränkekasten mit 20 Flaschen

Transportverpackungen

Das sind Verpackungen, die den Transport von Waren erleichtern, die Waren auf dem Transport vor Schäden schützen oder die aus Gründen der Sicherheit des Transportes verwendet werden.

Beispiel
Gitterboxpalette mit 20 Schachteln

Mehrwegverpackungen

Verpackungen, die nach dem Gebrauch mehrfach zum gleichen Zweck wiederverwendet werden.

Beispiele
Pfandflaschen, Europaletten, Kunststoffboxen

6.3.3 Rücknahmepflichten

Rücknahmepflicht für Transportverpackungen

Hersteller und Vertreiber (z. B. Handel einschließlich Versandhandel) sind verpflichtet, Transportverpackungen zurückzunehmen. Die zurückgenommenen Verpackungen sind erneut zu verwenden (Mehrwegverpackungen) oder stofflich zu verwerten bzw. bei Verpackungen aus nachwachsenden Rohstoffen (z. B. Holz) auch energetisch zu verwerten.

Rücknahmepflicht für Umverpackungen

Vertreiber (vor allem der Einzelhandel) sind verpflichtet,

- Umverpackungen bei der Abgabe an Endverbraucher zu entfernen oder dem Endverbraucher Gelegenheit zum Entfernen und zur kostenlosen Rückgabe zu geben,
- im Verkaufsraum oder auf dem Gelände geeignete Sammelgefäße für die Umverpackung bereitzustellen und eine Trennung einzelner Wertstoffgruppen sicherzustellen.

Rücknahmepflicht für Verkaufsverpackungen

Die **Rücknahme- und Verwertungspflichten** entfallen für Verpackungen, für die der Handel oder die Hersteller sich an einem System beteiligen, das flächendeckend eine Entsorgung der gebrauchten Verkaufsverpackungen gewährleistet (siehe Kapitel 6.4.1 Erfassungssysteme für Verkaufsverpackungen).

Hersteller und Vertreiber (z. B. Einzelhandel) sind grundsätzlich verpflichtet,

- sich an einem oder mehreren Sammelsystemen zu beteiligen,
- damit die flächendeckende Rückgabe von Verkaufsverpackungen der privaten Endverbraucher gesichert ist. Für nicht-private Endverbraucher gilt eine andere Rücknahmepflicht.

6.4 Entsorgung von Verpackungen

Die Verpackungsverordnung verpflichtet die Erstinverkehrbringer (von Verkaufsverpackungen), für eine Rückgabemöglichkeit bzw. Erfassung der gebrauchten Verkaufsverpackungen zu sorgen (siehe Kapitel 6.4.1 Erfassungssysteme).

6.4.1 Erfassungssysteme für Verkaufsverpackungen

Die Erfassungssysteme werden als **duale Systeme** bezeichnet, weil sie das zweite System (duo = zwei) neben der staatlichen Abfallentsorgung (der sogenannten „Müllabfuhr“) bilden. Es wurde ab 1991 ausschließlich für gebrauchte Verkaufsverpackungen eingerichtet.

Damit wurden Hersteller und Vertreiber von der Rücknahme- und Verwertungspflicht befreit. Außerdem wurde eine flächendeckende Entsorgung/Erfassung ermöglicht, die für private Endverbraucher kostenfrei ist.

Arbeitsweise Duales System Deutschland GmbH

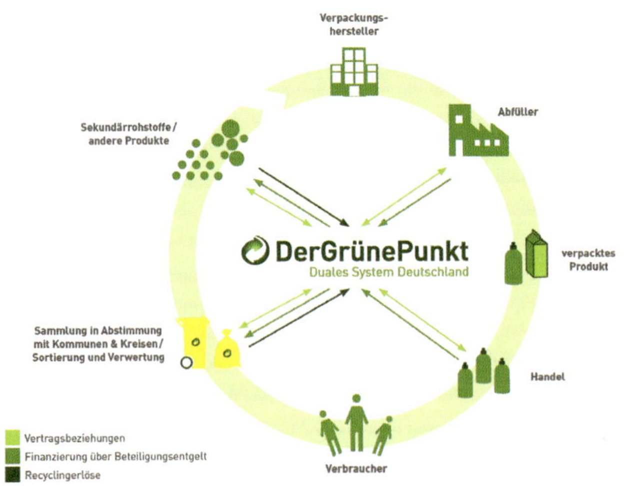

Quelle: Duales System Deutschland GmbH, Stand: Mai 2009

Das weltweit erste Unternehmen im dualen Erfassungssystem und heutiger Marktführer in Deutschland ist die Firma „Der Grüne Punkt – Duales System Deutschland GmbH", auch kurz DSD. Als Markenzeichen dient der „Grüne Punkt" (siehe Kapitel 6.4.2).

Daneben gibt es noch weitere Unternehmen, die im dualen System Verpackungsabfälle sammeln und verwerten (z. B. Interseroh GmbH und Landbell AG).

Hersteller bzw. Handel **müssen** ihre Verkaufsverpackungen bei den dualen Entsorgungsunternehmen anmelden (lizenzieren), wofür sie Gebühren zahlen müssen. Mit diesen Einnahmen finanzieren die dualen Systeme die Erfassung und Sortierung des Verpackungsabfalls. Allerdings gilt das nur für Verkaufsverpackungen, die bei Endverbrauchern anfallen.

Für die Erfassung der Abfälle gibt es zwei Möglichkeiten:

- **Holsystem:** Die Verpackungsabfälle werden im „Gelben Sack" (auch Wertstoffsack genannt) oder der „Gelben Tonne" bei den Haushalten abgeholt.
- **Bringsystem:** Die Verpackungsabfälle werden von den Verbrauchern selbst zu Wertstoffhöfen bzw. Wertstoffcontainern gebracht.

6.4.2 Kennzeichnungen für die Entsorgung

Grüner Punkt

Seit 2009 ist die Kennzeichnung von Verkaufsverpackungen mit dem Symbol „Grüner Punkt" bzw. den Marken anderer Entsorgungsunternehmen nicht mehr notwendig, um die gebrauchten Verpackungen kostenlos entsorgen zu können. Das Anbringen der Markenzeichen ist aber weiterhin möglich. Vor allem der „Grüne Punkt" wird sicher auch zukünftig noch auf vielen Verkaufsverpackungen angebracht, weil er den Verbrauchern signalisiert, dass der Hersteller seine Verpflichtungen aus der Verpackungsverordnung erfüllt. Nähere Informationen finden sich im Internet unter: www.gruener-punkt.de.

RESY-Symbol

Das RESY-Symbol dient primär dem Ziel der Vermeidung und Verminderung von Verpackungsabfall.

Allerdings wird dieses Zeichen nur vergeben für

- **Transport- und Umverpackungen**, die aus
- **Papier oder Karton oder Pappe** hergestellt wurden.

Verpackungen, die dieses Zeichen tragen, können bei den vorgegebenen Entsorgungsunternehmen angeliefert werden. Sie werden anschließend dem Recycling zugeführt.

Die Abkürzung RESY ist abgeleitet von **Re**cycling-**Sy**stem.

Weitere Zeichen, die auf Verpackungen angebracht sein können und der Entsorgung bzw. Ökologie dienen:

Dies ist das internationale Symbol für Materialien, die dem Recycling zugeführt werden können. Es soll die Verbraucher dazu auffordern, gebrauchte Verpackungen der Wiederverwertung zuzuführen.

Dieses Zeichen ist das sogenannte **Mehrwegsymbol**. Es kennzeichnet eigentlich wieder befüllbare Getränkeverpackungen (Mehrwegflaschen) mit Pfand. Gelegentlich wird es auch für das Mehrwegsystem allgemein verwendet.

Diese Zeichen entstammen dem sogenannten Recycling-Code aus der Verpackungsverordnung. Sie dienen der Kennzeichnung von Materialien zur Rückführung in den Kreislauf. Die linke Abbildung (02 PE-HD) kennzeichnet Material bei Plastikflaschen, die rechte Abbildung (20 PAP) Wellpappe.

Kernwissen

1. Die beiden wichtigsten Bestimmungen zum Verpackungsproblem sind:
   - Kreislaufwirtschaftsgesetz
     (Schonung der Ressourcen, umweltverträgliche Beseitigung von Verpackungen usw.)
   - Verpackungsverordnung
     (Vermeidung, Verwertung und Beseitigung von Verpackungsabfällen usw.)
2. Prioritäten des Kreislaufwirtschaftsgesetzes:
   1. **Vermeidung** von Verpackungsabfällen
   2. **Wiederverwendung** von gebrauchten Verpackungen
   3. **Recycling** (stoffliche Verwertung)
   4. **Sonstige Verwertung** (energetische Verwertung)
   5. **Beseitigung**
3. Die Verpackungsverordnung unterscheidet verschiedene Begriffe:
   - Verkaufsverpackungen
   - Umverpackungen
   - Transportverpackungen
   - Mehrweg- und Einwegverpackungen
4. Nach der Verpackungsverordnung müssen Hersteller bzw. Vertreiber ihre Verkaufsverpackungen bei einem Entsorgungsbetrieb anmelden und dafür Gebühren bezahlen.

5. Duales System
Dabei handelt es sich um ein selbstständiges System, das die Erfassung, Sortierung und Verwertung gebrauchter Verpackungen übernimmt.
Man unterscheidet zwischen Bring- und Holsystem bei der Erfassung der Verpackungsabfälle.

6. Grüner Punkt
Das Zeichen „Grüner Punkt" ist auf Verkaufsverpackungen nicht mehr notwendig, um die Verpackung kostenlos entsorgen zu können.

Aufgaben

1. *Welche Zielsetzungen verfolgt das Kreislaufwirtschaftsgesetz?*
   Nennen Sie zwei wesentliche Ziele.

2. *Ergänzen Sie die Lücke in der Kreislaufwirtschaft.*
   Produktion → Verbrauch → ______________________ → Produktion

3. *Die Prioritäten (Rangfolge) bei der Behandlung des Verpackungsabfalls sind gesetzlich festgelegt.*
   Ergänzen Sie bitte die Lücken.
   Vermeidung ______________ Recycling ______________ Beseitigung.

4. *Nennen Sie die zwei Möglichkeiten, wie Abfälle (nach dem KrWG) verwertet werden können.*

5. *Nennen Sie je ein Beispiel aus Ihrem Ausbildungsbetrieb oder aus dem Privatbereich zu folgenden Verpackungsbegriffen (der VerpackV):*
   a) Mehrwegverpackung
   b) Transportverpackung
   c) Umverpackung
   d) Verkaufsverpackung

6. *Entsorgung von Verpackungen*
   a) Welche Bedeutung hat der „Grüne Punkt" auf Verkaufsverpackungen?
   b) Wie ist die Entsorgung von Verkaufsverpackungen in der Verpackungsverordnung geregelt?

7. *Erklären Sie, warum das Duale System Deutschland als* ***dual*** *bezeichnet wird, und erläutern Sie, wer die Kosten dieser Entsorgung trägt.*

8. *Welche zwei Systeme der Erfassung von Verpackungsabfällen (mit kurzer Erklärung) gibt es beim Dualen System?*

7 Kosten der Verpackung

Einstiegssituation

Wer soll das bezahlen?

Ein Kunde beschwert sich darüber, dass auf der Rechnung Verpackungskosten berechnet wurden. Weil darüber beim Kauf nichts vereinbart wurde, war er der Meinung, dass diese Kosten schon im Verkaufspreis enthalten seien. Außerdem ist er der Meinung, dass diese Kosten für den Betrieb ohnehin unbedeutend und daher leicht von diesem zu tragen seien. Wie ist die Rechtslage? Welche Bedeutung haben die Verpackungskosten in einem Betrieb wirklich?

Handlungsaufträge

1. *Ist es rechtlich möglich, alle Verpackungskosten dem Käufer der Ware zu berechnen?*
2. *Überlegen Sie, welche einzelnen Kosten im Zusammenhang mit dem Verpacken in einem Betrieb anfallen können.*

7.1 Gesetzliche und vertragliche Regelungen

Werden keine vertraglichen Vereinbarungen beim Kauf getroffen, gilt das, was im Gesetz steht. Was aber steht im Gesetz?

7.1.1 Gesetzliche Regelung der Verpackungskosten

Zwar enthalten weder BGB noch HGB ausdrückliche Aussagen zu den Kosten der Verpackung, aber nach §448 BGB trägt der Verkäufer die Kosten für die Übergabe der Sache, der Käufer die Kosten der Abnahme und Versendung. Daraus ergibt sich:

Der **Verkäufer** trägt

- die Kosten für das Abpacken bzw. Abfüllen der Ware (einschließlich Wiegen usw.),
- die Kosten für die Verkaufsverpackung (= Verpackung, welche die Ware direkt umschließt und mit der die Ware verkauft wird),
- die Kosten für die Umverpackung (= Verpackung, die mehrere Verkaufsverpackungen zusammenfasst).

Der **Käufer** trägt

- die Kosten für die Versandverpackung (also für Paletten, Kisten, Container usw.).

Nach § 380 HGB bezieht sich der Preis (sofern keine anderen vertraglichen Regelungen getroffen wurden) nur auf das Nettogewicht der Ware. Das Verpackungsgewicht (Tara) darf also (nach HGB) bei der Berechnung des Kaufpreises nicht berücksichtigt werden.

7.1.2 Vertragliche Regelungen über Verpackungskosten

In einem Kaufvertrag können auch vom Gesetz abweichende Regelungen vereinbart werden. Beispiele für mögliche vertragliche Regelungen:

- **Verpackung leihweise**
  Die Verpackung wird zunächst berechnet, muss aber zurückgegeben werden, um die Leihgebühr (Pfand) gutgeschrieben oder zurückerstattet zu bekommen (z. B. Pfandflaschen, Firmenpaletten).
- **Preis einschließlich Verpackung**
  Im Preis sind die Verpackungskosten bereits enthalten, d. h., der Verkäufer trägt die gesamten Kosten der Verpackung, auch der Versandverpackung. Der Kaufpreis wird vom Nettogewicht berechnet.
- **Preis ausschließlich Verpackung**
  Im Preis sind die Verpackungskosten noch nicht enthalten, d. h., der Käufer hat die Kosten der (Versand-)Verpackung zu tragen. Der Kaufpreis wird vom Nettogewicht berechnet.
- **brutto für netto (bfn; b/n)**
  Im Preis sind die Verpackungskosten bereits enthalten. Der Kaufpreis wird aber vom **Bruttogewicht** berechnet. Damit bezahlt der Käufer für die Verpackung je kg den gleichen Preis wie für die Ware.

Beispielrechnung für die vertraglichen Regelungen:

Angaben: Preis der Ware: 5,00 € je kg Nettogewicht (ohne Mwst.)
Nettogewicht der Ware: 200 kg
Gewicht der Verpackung (Tara): 10 kg
Kosten der Versandverpackung: 20,00 € (ohne Mwst.)

Welchen Gesamtpreis (ohne Mwst.) hat der **Käufer** zu zahlen bei der Vereinbarung:

Preis einschl. Verpackung:		Ware (5,00 € × 200 kg)	1 000,00 €
	+	Verpackungskosten	0,00 €
		Gesamtpreis	**1 000,00 €**
Preis ausschl. Verpackung:		Ware (5,00 € × 200 kg)	1 000,00 €
	+	Verpackungskosten	20,00 €
		Gesamtpreis	**1 020,00 €**
Brutto für netto:		Ware (5,00 € × 210 kg)	**1 050,00 €**

FR

7.2 Verpackungskosten

In einem Betrieb können im Zusammenhang mit dem Verpacken vielfältige Kosten anfallen.

7.2.1 Kostenarten

Die Verpackungskosten lassen sich in drei Gruppen einteilen:

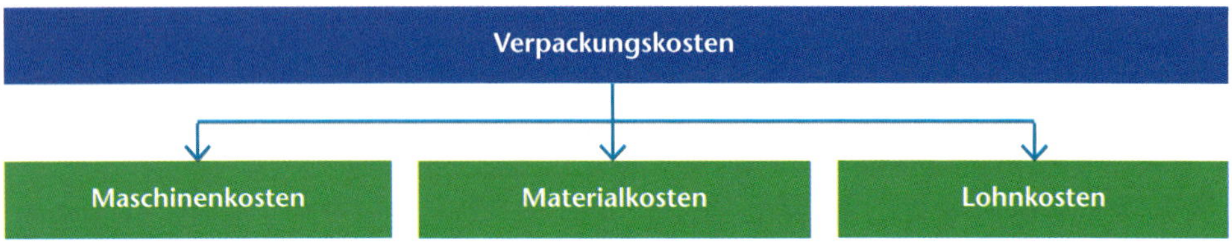

BWP

Maschinenkosten

- Abnutzung (Abschreibung) der Verpackungsmaschinen und -geräte
- Reparatur- und Wartungskosten für Verpackungsmaschinen und -geräte
- Raumkosten für Verpackungsmaschinen
- Energiekosten für Verpackungsmaschinen (vor allem Stromkosten)

BWP

Materialkosten

- Anschaffungskosten für Packmittel
- Anschaffungskosten für Packhilfsmittel
- Raumkosten (z. B. Lagerraum für Packmittel und Packhilfsmittel)
- Entsorgungskosten für Packmittel und Packhilfsmittel

Lohnkosten

- Löhne für die Arbeitskräfte in der Verpackung
- Lohnkosten für die Entsorgung von Packmitteln und Packhilfsmitteln

7.2.2 Relative Höhe der Verpackungskosten

Die Höhe der Verpackungskosten hängt sowohl vom Packgut selbst ab (Größe, Empfindlichkeit usw.) als auch von den Aufgaben der Verpackung (Schutz, Information usw.).

So rechnet man bei Gütern des Massenbedarfs (mit geringer Empfindlichkeit) mit einem Anteil für die Verpackung von ca. 2 % am Gesamtwert des Produkts, bei Luxusgütern (z. B. kosmetische Produkte) dagegen mit einem Anteil bis zu 50 %. Bei Lebensmitteln wird mit 5–10 % gerechnet.

Den Kosten für die Verpackung stehen allerdings auch beachtliche Einsparungen durch die Verpackung gegenüber, vor allem:

- erhebliche Rationalisierung des Transport-, Lagerungs- und Verkaufsvorgangs
- Verminderung von Beschädigungen und Wertminderungen des Packguts
- höhere Umsätze durch ansprechende, werbewirksame Verpackung
- längere Haltbarkeit bzw. Lagerdauer durch geeignete Verpackung

Kernwissen

1. Nach dem Gesetz gilt folgende Verteilung der Verpackungskosten:

Verkäufer	**Käufer**
▪ Kosten für das Verpacken	▪ Kosten für die Versandverpackung
▪ Kosten für die Verkaufsverpackung	
▪ Kosten für die Umverpackung	

2. Vertraglich können vom Gesetz abweichende Regelungen über die Kosten der Verpackung getroffen werden (z. B. brutto für netto, Verpackung leihweise, Preis einschließlich Verpackung, Preis ausschließlich Verpackung).
3. Verpackungskosten fallen an für:
   a) Verpackungsmaschinen (Abschreibungen, Reparatur, Energie)
   b) Verpackungsmaterial (Packmittel, Packhilfsmittel)
   c) Löhne beim Verpacken (Arbeitszeit für das Verpacken, Entsorgung von Verpackungen usw.)
4. Verpackungen verteuern zwar die Ware in unterschiedlicher Höhe, aber sie führen auch zu Einsparungen, insbesondere durch die Rationalisierung des Transports, der Lagerung und des Verkaufs sowie durch Verminderung von Beschädigungen.

Aufgaben

1. *Wer hat nach dem Gesetz folgende Kostenbeispiele zu tragen?*
   a) Paletten für den Transport der Ware zum Kunden
   b) Kosten für die Blisterverpackung, in der sich die Ware befindet
   c) Schachteln, in denen jeweils mehrere Verkaufseinheiten zusammengefasst sind

2. *Berechnen Sie den Kaufpreis (ohne Mwst.)* ***für den Käufer*** *bei folgenden vertraglichen Vereinbarungen:*

Kosten:	*Preis der Ware:*	*6,50 € je kg Nettogewicht (ohne Mwst.)*
	Gewicht der Ware (netto):	*125 kg*
	Tara:	*5 kg*
	Kosten der (Versand-)Verpackung:	*12,00 € (ohne Mwst.)*

   Vertragliche Vereinbarungen:
   a) brutto für netto
   b) Preis einschließlich Verpackung
   c) Preis ausschließlich Verpackung

3. *Nennen Sie jeweils zwei Kostenbeispiele im Verpackungswesen, die folgenden Arten von Verpackungskosten zugeordnet werden können:*
   a) Materialkosten
   b) Maschinenkosten

4. *Welche Einsparungen erbringen Verpackungen? Nennen Sie zwei mögliche Einsparungen.*

Lernfeld 7
Touren planen

1 Unternehmen als nationale und internationale Handelspartner

Einstiegssituation

Das Statistische Bundesamt ermittelte für die einzelnen Jahre folgende Werte:

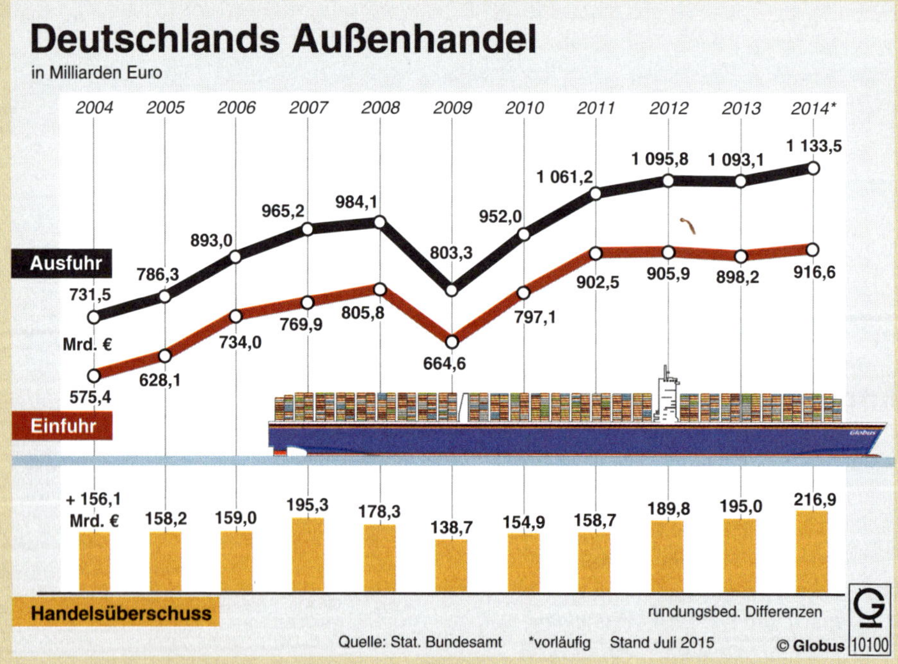

Handlungsaufträge

1. *Weshalb betreiben Unternehmen in der Bundesrepublik Außenhandel?*
2. *Finden Sie Länder, mit denen die Bundesrepublik in Handelsbeziehungen steht.*

Die Bundesrepublik Deutschland ist aufgrund ihrer geografischen Verhältnisse, der meist fehlenden Rohstoffe, der klimatischen Bedingungen wegen usw. häufig nicht in der Lage, viele Güter selbst zu produzieren.

Zitrusfrüchte müssen z. B. zu einem großen Teil importiert werden, um den Bedarf in der Bundesrepublik zu decken; Erdöl wird eingeführt, um die Haushalte mit Energie zu versorgen und den Industriebetrieben den benötigten Rohstoff in ausreichendem Maße zur Verfügung zu stellen.

Andererseits stellen deutsche Unternehmen qualitativ hochwertige Güter (z. B. Kraftfahrzeuge, optische Geräte, Maschinen unterschiedlicher Art) her, die in andere Länder exportiert werden können und dort die Nachfrage decken.

Auch innerhalb der Bundesrepublik bestehen vielfältige Beziehungen zwischen den Unternehmen:

Das Stahlwerk im Ruhrgebiet gewinnt aus zugekauftem Eisenerz (z. B. aus Schweden) mit einheimischer Kohle (z. B. aus dem Saarland) Stahl für die Automobilproduktion in Süddeutschland oder die Herstellung von Schiffen an der Nord- oder Ostseeküste.

Ein Werk für Natursteine wird nur dort seinen Betrieb errichten, wo dieser spezielle Stein gefördert werden kann.

Für den Vertrieb sind beispielsweise auch Verkehrswege innerhalb Deutschlands und der Europäischen Union zu erkunden. Darüber hinaus dürfen weltweite Handelspartner nicht außer Acht gelassen werden.

Wer z. B. „Italienischen Carrara-Marmor" sein Eigen nennen möchte, hat den Anspruch auf Lieferung dieser Art von Marmor. Der deutsche Importeur sollte dafür sorgen, dass der Empfänger (z. B. in den USA) den gewünschten Artikel auch erhält.

Die internationale Arbeitsteilung und der weltweite Handel mit Gütern und Dienstleistungen machen es notwendig, dass im Rahmen der **Globalisierung** der Wirtschaft auch die Mitarbeiter im Lagerbereich eines Unternehmens Kenntnisse besitzen z. B. über WSP

- die Planung von Transporten,
- die Durchführung von Transporten und
- rechtliche Bestimmungen, die dabei zu beachten sind.

Kernwissen

- Deutschland ist ein rohstoffarmes Land.
- Deutschland ist daher auf den Import aus anderen Ländern angewiesen.
- Deutschland ist damit aber auch gezwungen, Güter und Dienstleistungen zu exportieren.
- Deutsche Unternehmen müssen deshalb weltweite Transporte planen und durchführen.
- Die Mitarbeiter, die im Logistikbereich beschäftigt sind, müssen in der Lage sein, die Güter den Vorschriften entsprechend zu versenden.

Aufgaben

1. *Erstellen Sie eine Mindmap zum Thema „Globalisierung der Wirtschaft".*
2. *Welche Auswirkungen hat die Globalisierung auf die Beteiligten in einer Volkswirtschaft? Nennen Sie je vier Vor- und Nachteile.*
3. *Erläutern Sie in wenigen Worten die Aussagen des Schaubildes aus der Einstiegssituation.*

2 Geografisches Grundwissen

Einstiegssituation

Weinsheim, Navigationsgerät zeigt falschen Weg – Schwerer Verkehrsunfall beim Wendemanöver

Am Mittwoch, dem 9. Februar, gegen 19 Uhr, befuhr ein 45-jähriger Fahrer mit einem Sattelzug die B 410 aus Richtung A 60 kommend und beabsichtigte, über den Zubringer B 51/Brühlborn in Fahrtrichtung Köln weiterzufahren. Da er die Abbiegespur nach rechts durch eine Fehlleitung seines „Navigationsgeräts" verpasst hatte, fuhr er zunächst geradeaus weiter bis zur Ortslage Brühlborn, wo er rückwärts fuhr, um in einem Wirtschaftsweg zu wenden. Als der Sattelauflieger bei der Dunkelheit nahezu quer auf der Fahrbahn stand und diese vollkommen blockierte, kam es zur Kollision mit einem aus Richtung Gerolstein entgegenkommenden VW Passat.

Handlungsaufträge

1. *Wo liegen die Orte Trier, Wittlich, Weinsheim, Brühlborn und Köln?*
2. *Wie sind Sie zu den Antworten zu Handlungsauftrag 1 gelangt?*

2.1 Die Erde

Die Erde ist fast kugelförmig, nur am Nord- und Südpol ist sie leicht abgeflacht. Sie dreht sich an jedem Tag einmal in West-Ost-Richtung um die eigene Achse, wobei die Erdachse um etwa 23,5 Grad gegenüber der Umlaufbahn um die Sonne geneigt ist.

In etwas mehr als 365 Tagen umrundet sie auf einer ellipsenförmigen Bahn einmal die Sonne. Dieses „etwas mehr" macht es notwendig, alle vier Jahre im sogenannten **Schaltjahr** einen „Schalttag", den 29. Februar, in den Kalender einzufügen.

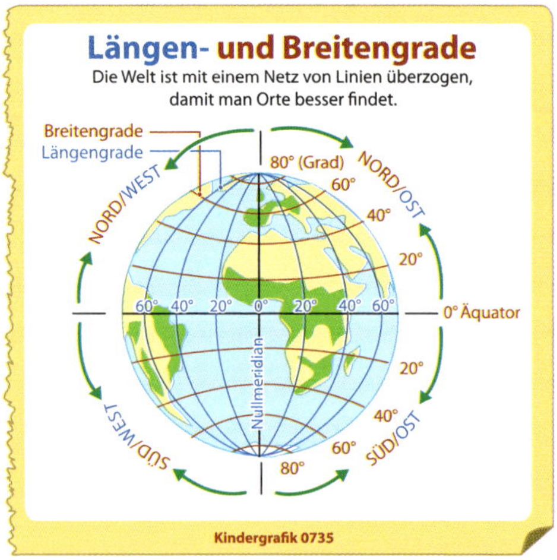

Zum Zwecke der Positions- und Zeitbestimmung werden schon seit Jahrhunderten Koordinatensysteme verwendet. Die Erdoberfläche wurde mit einem – gedachten – **Gradnetz** (bestehend aus Längen- und Breitenkreisen) überzogen, mit dessen Hilfe z. B. die Navigation auf See oder auch die Routenplanung per **GPS** (Global Positioning System) funktionieren.

Längenkreise (Meridiane)

Im Jahre 1883 wurde in Rom festgelegt, dass der **Nullmeridian** durch die Sternwarte im englischen Greenwich bei London gehen soll. Begründet wurde dies u. a. damit, dass dann die Datumsgrenze durch den Pazifik verlaufen würde, ein fast unbewohntes Gebiet also.

Die Längenkreise verlaufen von Pol zu Pol. Die 180 nach Westen verlaufenden werden westliche Längen (abgekürzt w. L.), die 180 nach Osten verlaufenden werden östliche Längen (abgekürzt ö. L.) genannt. Der 180. Längenkreis westlicher Länge und der 180. Längenkreis östlicher Länge fallen im Pazifik zusammen.

Breitenkreise

Sie verlaufen parallel zum **Äquator** nach Norden und Süden in gleichen Abständen (etwa 111 Kilometer) und werden ausgehend vom Äquator (0 Grad) jeweils bis 90 gezählt. Die vom Äquator aus gesehen zum Nordpol hin verlaufenden Breitenkreise werden nördliche Breiten (abgekürzt n. Br.), die zum Südpol hin verlaufenden Breitenkreise werden südliche Breiten (abgekürzt s. Br.) genannt.

Zur genaueren Positionsbestimmung werden die Längen- und Breitenkreise (Längenbzw. Breitengrade) in **Winkelminuten** und **Winkelsekunden** unterteilt, wobei gilt:

FR

Definition

1 Grad entspricht 60 Winkelminuten entspricht 3 600 Winkelsekunden.
Geschrieben: 1° entspricht 60' entspricht 3 600".

Beispiel
So liegt das Berliner Reichstagsgebäude auf folgendem Punkt der Erde:
52° 31' 7.146" N, 13° 22' 29.689" O (oder auch E für East).
In dezimaler Schreibweise, die häufig für GPS-Systeme benötigt wird, lautet die Angabe:
52.51865 N, 13.37491 O (E).

Tipp

Im Fachrechnen erfahren Sie mehr über die Umrechnung nicht-dezimaler Einheiten in dezimale Einheiten.

2.2 Die Zeitzonen

Die Erde dreht sich pro Tag einmal um die eigene Achse, oder anders ausgedrückt: Eine vollständige Drehung um 360° erfolgt in 24 Stunden.

Daraus ergibt sich aber, dass alle 15 Grad Länge sich die Uhrzeit um eine Stunde verändert (360° : 24 Stunden). Jedes veränderte Grad Länge würde deshalb eine Veränderung der Uhrzeit um 4 Minuten bedeuten (60 Minuten : 15°).

Die Ausdehnung Deutschlands in West-Ost-Richtung erstreckt sich von gerundet 6° O bis 15° O, also 9 Längengrade. An der östlichen Grenze bei 15° O ist es somit immer 36 Minuten später als an der westlichen Grenze bei 6° O (9 x 4 Minuten). Würde in der Praxis mit diesen **Ortszeiten** verfahren, wäre ein nationales sowie internationales Chaos vorprogrammiert.

Seit 1925 gilt die mittlere Zeit von Greenwich **GMT** (Greenwich Mean Time) auf dem Nullmeridian als Weltzeit. Sie wird heute als **UTC** (Universal Time Coordinated) bezeichnet. Die Erde wird dabei in 24 grundsätzliche Zeitzonen unterteilt; die Längenkreise 0, 15, 30, 45 usw. bis 180 liegen in der Mitte der Zeitzonen.

Um in manchen Ländern unterschiedliche Zeitzonen zu vermeiden, wurden deren Grenzen nicht exakt an den Längengraden ausgerichtet.

In Europa gelten drei Zeitzonen:

- Westeuropäische Zeit (WEZ), die der UTC entspricht
- Mitteleuropäische Zeit (MEZ)
- Osteuropäische Zeit (OEZ)

Wenn es in Mitteleuropa 12:00 Uhr (MEZ) ist, ist es in ...

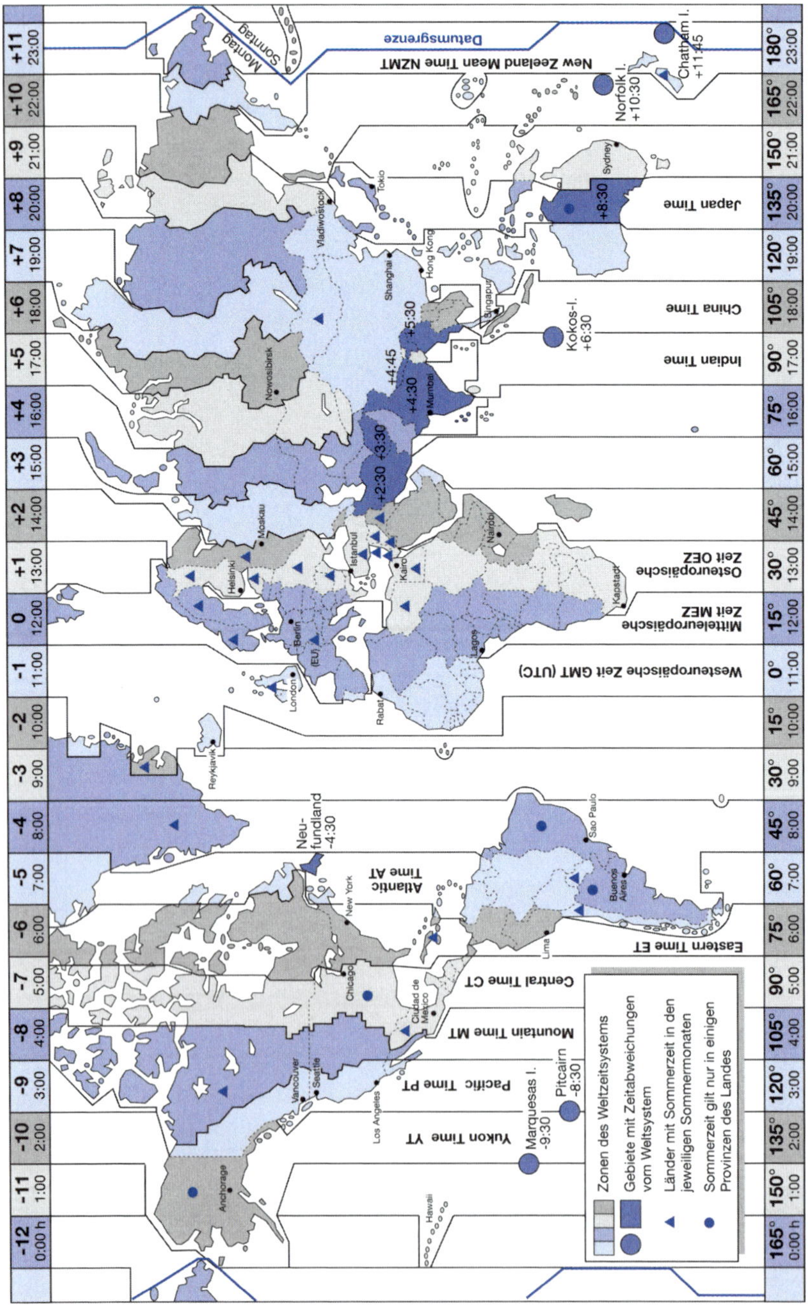

Tipp

Unter www.zeitzonen.de erhalten Sie vielerlei nützliche Informationen, die die Zeitzonen betreffen. Auch Amüsantes zum Thema finden Sie im Netz.

2.3 Die Datumsgrenze

180° ö. L. und 180° w. L. liegen im Pazifischen Ozean auf einer Linie: Hier verläuft in etwa auch die **Datumsgrenze**. Um in einzelnen Ländern der Erde nicht ein unterschiedliches Datum zu haben, verläuft die Datumsgrenze nicht genau entlang des 180. Längengrades.

Die Datumsgrenze ist eine gedachte Linie auf der Erde. Überschreitet man sie von West nach Ost, ist das Datum um einen Tag zurückzustellen. Man „gewinnt" also einen Tag. Überschreitet man hingegen die Datumsgrenze von Ost nach West, ist das Datum einen Tag nach vorne zu stellen. Man „verliert" dabei einen Tag.

Von Bedeutung ist diese Tatsache z. B. bei der Planung von Konferenzen, bei Transporten per Luftfracht über die Datumsgrenze hinweg oder aber auch bei der persönlichen Urlaubsplanung.

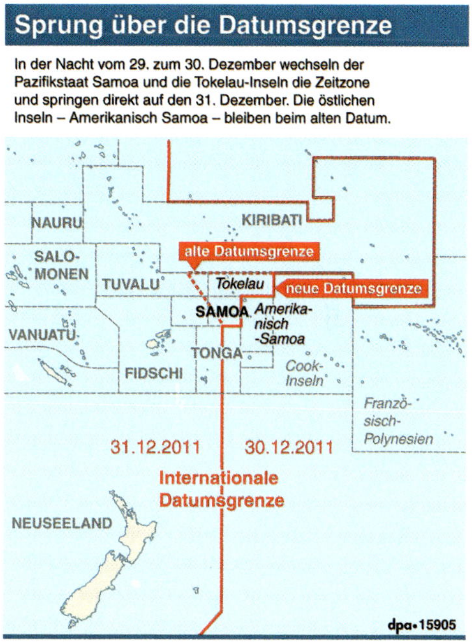

Tipp

Ein kleiner Merkspruch:
Von Ost nach West halt das Datum fest; von West nach Ost lass das Datum los.

2.4 Kartenmaterial

Die wirklichkeitsgetreue Abbildung der Erde auf Karten ist ein notwendiges Hilfsmittel, z. B. für die Planung und Durchführung von Land-, See- und Luftverkehr.

Je nach Zweck lassen sich Karten unterscheiden in:

- **Topografische Karten** (Landkarten): Sie stellen die Geländeform, Gewässer, Straßen, Bahnlinien, Orte usw. dar.
- **Thematische Karten** (angewandte Karten): Sie befassen sich mit einem bestimmten Thema, wie z. B. Straßenkarten, Karten zu den Binnenwasserstraßen, Karten über die Bevölkerungsdichte, Bodenkarten.

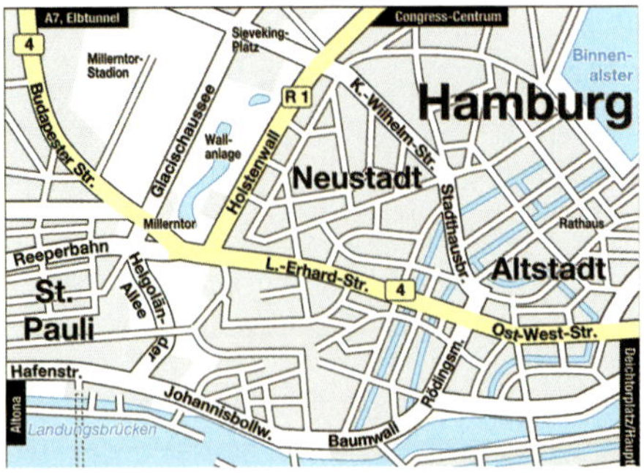

Thematische Karte

Topografische Karte

Allen Karten gemeinsam ist, dass der obere Rand immer nach Norden zeigt und ein **Maßstab** angegeben ist, der das Verhältnis von Karte zu Wirklichkeit darstellt.

Definition

*Ein Maßstab von **1 : 25 000**, wie er häufig in Wanderkarten zu finden ist, bedeutet:*
1 cm auf der Karte entspricht 25 000 cm (oder 250 m) in der Wirklichkeit.

Meist ergänzt eine **Legende** die Karte. Ihr können nähere Informationen entnommen werden, was die Kartendarstellung anbelangt, z. B. wie Autobahnen, Bundes- oder Kreisstraßen dargestellt werden, welche Symbole wofür verwendet werden, welche Bedeutung bestimmte Farben haben.

Durch den zunehmenden Einsatz von Navigationssystemen in Fahrzeugen hat die Bedeutung **digitaler Karten** in den vergangenen Jahren stark zugenommen. Die bisher gedruckten Karten werden auf elektronischen Datenträgern gespeichert und z. B. für die Tourenplanung verwendet. Mithilfe von mindestens drei Satelliten sind durch das GPS Positionsbestimmungen bis auf etwa 10 Meter Genauigkeit möglich.

Tipp

Unter www.kowoma.de erhalten Sie viele Informationen rund um GPS.

2.5 Europa

Europa als Kontinent erstreckt sich auf etwa 10,5 Millionen Quadratkilometern von der Küste des Atlantischen Ozeans im Westen bis zum Uralgebirge und dem Fluss Ural im Osten (9° 29' w. L. bis 60° ö. L.), in Nord-Süd-Richtung vom Nordkinn bis zum Mittelmeer (71° 8' n. Br. bis 35° 58' n. Br.). Der Kontinent erstreckt sich also über die vier Zeitzonen UTC bis UTC + 3.

In Europa leben etwa 735 Millionen Menschen, was eine Besiedelung von durchschnittlich 65 Bewohnern je km² bedeutet. Insgesamt liegen 44 Staaten mit ihrem Staatsgebiet oder zumindest Teilen davon auf europäischem Boden. Einige Regionen kämpfen noch um ihre Unabhängigkeit von einem bereits bestehenden Staat.

Wirtschaftliches Kernstück des Kontinents ist die **EU** (Europäische Union). Zusammen mit der Europäischen Freihandelszone **EFTA** (European Free Trade Association) bildet sie mit Ausnahme der Schweiz den **EWR** (Europäischer Wirtschaftsraum).

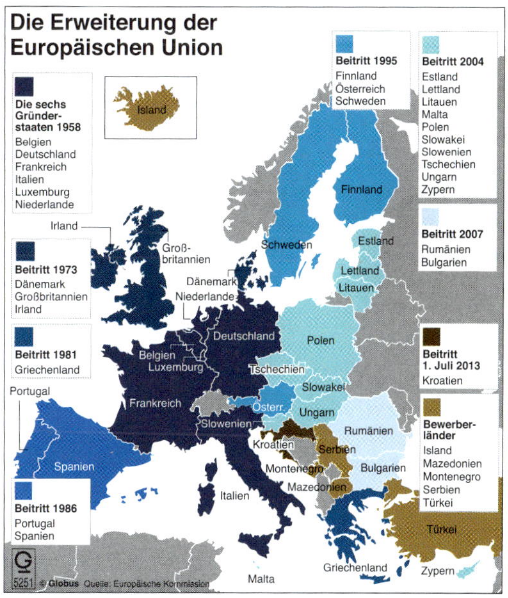

WSP

2.6 Deutschland

Deutschland liegt zentral in Europa zwischen 47° n. Br. und 55° n. Br. bzw. 6° ö. L. und 15° ö. L. Rund 82 Millionen Einwohner leben auf 357 000 Quadratkilometern Fläche, was einer Bevölkerungsdichte von 260 Einwohnern je km² entspricht.

Deutschland ist in 16 Bundesländer gegliedert, die Hauptstadt ist Berlin mit etwa 3,5 Millionen Einwohnern. Die gültige Zeitzone ist UTC + 1.

Aufgrund ihrer zentralen Lage in Europa kommt der Bundesrepublik Deutschland eine große Bedeutung als Transitland zu.

Kernwissen

- Alle vier Jahre, nämlich in denen, die sich ganzzahlig durch 4 teilen lassen, wird ein Schalttag eingefügt.
- Zur Positionsbestimmung ist die Erde in Längen- und Breitenkreise eingeteilt.
- Weltweit gibt es 24 grundlegende Zeitzonen.
- Bei internationalem Versand ist unter Umständen die Datumsgrenze von Bedeutung.
- Gedruckte Karten weisen einen Maßstab auf, mit dessen Hilfe man Entfernungen ermitteln kann.
- Deutschland hat eine große Bedeutung als Transitland in Europa.

Aufgaben

1. *Bestimmen Sie jeweils mindestens drei Gebiete oder Staaten, die in der Nähe von 150° w. L. bzw. 150° ö. L. liegen oder von diesem Längenkreis geschnitten werden.*

2. *Bestimmen Sie die Koordinaten des Sitzes Ihres Ausbildungsbetriebs, Ihres Wohnorts oder der nächstgelegenen größeren Stadt. Hilfreich kann die Adresse www.do-geodaten.nrw.de sein.*

3. *Wie spät (früh) ist es an folgenden Orten, wenn es in München 10:00 Uhr MEZ ist? Geben Sie zu jeder Stadt auch den entsprechenden Staat an.*
   a) Anchorage c) Lima e) Nairobi g) Shanghai i) Sydney
   b) Vancouver d) Rabat f) Mumbai h) Wladiwostock

4. *Wann kommt ein Frachtflugzeug, das in Leipzig startet, in folgenden Orten an?*

Startzeit	Zielort	Flugzeit
13:00	Sydney	22 Stunden
23:00	New York	9 Stunden
17:00	Kapstadt	11 Stunden

5. *Wann landet ein Frachtflugzeug in Hamburg, wenn es zu den angegebenen Zeiten von den verschiedenen Flughäfen startet?*

Startzeit	Startort	Flugzeit
07:00	Tokio	12 Stunden
06:00	Auckland	25 Stunden
14:00	Moskau	4 Stunden

3 Bedeutende Wirtschaftszentren in Deutschland, in Europa und in der Welt

Einstiegssituation

Wirtschaftszentren, d. h. Orte oder auch Gebiete, die einen besonders hohen Beitrag zur Erzielung des Volkseinkommens leisten, sind häufig dadurch gekennzeichnet, dass

- *viele Erwerbstätige*
- *in einer Branche*
- *an einem Ort oder in einer Region*
- *mit den gleichen Arbeitsaufgaben betraut werden*
- *und die notwendige Infrastruktur (z. B. Anbindung an Verkehrsträger und Verkehrswege, Schulen, Kindergärten, Ärzte, Krankenhäuser, Freizeiteinrichtungen usw.) in ausreichendem Maße zur Verfügung steht.*

Handlungsaufträge

1. *Überlegen Sie, welche Wirtschaftszentren Sie weltweit kennen.*
2. *Finden Sie Informationen zu diesen Wirtschaftszentren bezüglich der oben genannten Merkmale und erstellen Sie daraus eine Tabelle.*

Tipp

Das Internet ist eine nahezu unerschöpfliche Informationsquelle. Fremdsprachige Seiten sollten für Sie kein Hindernis darstellen.

3.1 Bedeutende Wirtschaftszentren in Deutschland

Die Lage Deutschlands im Zentrum der Europäischen Union mit über 850 km Nord-Süd-Ausdehnung (gemessen von Sylt bis Oberstdorf) und mehr als 600 km West-Ost-Ausdehnung (gemessen von Aachen bis Görlitz) führt dazu, dass der Bundesrepublik eine herausragende Rolle in Bezug auf **Verbindungen** zu den anderen europäischen Wirtschaftszentren zukommt.

Das Ballungsgebiet Berlin

Nach der Wiedervereinigung hat die Bundeshauptstadt eine überragende Bedeutung im Verkehrswesen erreicht und sorgt damit dafür, dass der internationale Gütertransport reibungslos bewältigt wird.

Durch Berlin führen **zwei große europäische Achsen** des **Straßenverkehrs**: Zum einen die Strecke von Stockholm-Prag-Wien-Budapest in Nord-Süd-Richtung, zum anderen in West-Ost-Richtung die Strecke Paris-Warschau-Moskau.

Als zentraler **Eisenbahnknotenpunkt** finden sich in Berlin selbstverständlich spezielle Güterbahnhöfe (z. B. für den Containerumschlag), mit denen viele internationale Linien bedient werden können.

Auch im **Binnenschiffsverkehr** ist **Berlin** ein wichtiger **Verkehrsknotenpunkt**. Havel und Spree bilden wichtige Zubringer zu den Kanälen, die die Verbindung zu Elbe und Oder und damit den Seehäfen herstellen.

Zwei Flughäfen im Ballungsgebiet stehen für die Beförderung per Flugzeug zur Verfügung: **Berlin-Schönefeld, Berlin-Tegel**. Es ist geplant, Schönefeld als „Berlin Brandenburg International" in Zukunft eine zentrale Bedeutung zukommen zu lassen.

Der Großraum Hamburg

Hamburg ist eines der wichtigsten **Dienstleistungs- und Verwaltungszentren** Deutschlands.

Nach wie vor aber ist auch der **Hafen** mit seinen speziellen Arbeitsplätzen ein bedeutender Wirtschaftszweig: Nicht nur Dienstleistungen rund um den Seetransport werden geboten; in Industriebetrieben, die Produkte zur Versorgung der Seeschifffahrt herstellen (z. B. Maschinen, Aluminium, Chemieprodukte), sind mehr Mitarbeiter beschäftigt als mit der eigentlichen Hafenarbeit.

Hamburg stellt für den Straßen- und Schienenverkehr den wichtigsten Knotenpunkt im Norden dar, was sich auch darin zeigt, dass sich dieser Knoten häufig zu einer „Engstelle" entwickelt.

Für Transporte per Flugzeug steht der Flughafen Fuhlsbüttel zur Verfügung, auf dem sich auch die **Lufthansa-Werft** befindet.

Der Raum Bremen

Ähnlich wie in Hamburg spielen die **Bremischen Häfen** eine sehr große Rolle sowohl im Binnenschifffahrts- als auch im Seeschifffahrtsverkehr. Zumeist beschränken sich die Aufgaben auf den Dienstleistungsbereich, wie z. B. den Handel mit importierten Gütern.

Leistungsfähige Eisenbahn- und Straßenverbindungen sind ebenso vorhanden wie die Möglichkeit zum Versand von Waren per Luftfracht.

Das Ruhrgebiet

Die bekannteste **Region der Schwerindustrie (Kohle, Eisen, Stahl)** in Deutschland umfasst elf Großstädte und zeichnet sich durch seine sehr gute Verkehrsanbindung an Autobahnen, Schienennetz und vor allem Binnenwasserstraßen aus.

Über den **Rheinhafen „Duisburg-Ruhrort"**, einem der größten in Europa, ist das Ruhrgebiet mit der internationalen Binnenschifffahrt und damit auch der Seeschifffahrt verbunden. Viele Kanäle erhöhen die Leistungsfähigkeit.

Kleinere und größere Flughäfen ergänzen die sehr gute Verkehrsinfrastruktur, was den Wandel dieser Region hin auch zum Dienstleistungsanbieter erleichtert.

Die Rheinschiene

An das Ruhrgebiet anschließend hat sich in südlicher Richtung ein Wirtschaftsraum entwickelt, der sich durch einen hohen Anteil von **Dienstleistungsunternehmen** auszeichnet. Hochmoderne Industriebetriebe siedelten sich hier ebenfalls an.

Entlang des **Rheins** als bedeutendem **Schifffahrtsweg** (mit Binnenhäfen) finden sich Autobahnen und Schienennetze, die den Umschlag von Gütern ermöglichen. In Köln werden etwa 250 Güterzüge pro Tag abgefertigt, was einem Umschlag von ca. 350 000 t pro Jahr entspricht.

Für **Luftfracht** stehen die **Flughäfen Düsseldorf** und **Köln/Bonn** zur Verfügung.

Der Wirtschaftsraum Rhein-Main

In **Frankfurt/M.**, der Metropole dieses Wirtschaftsraums, finden sich viele **Hauptsitze** von **Banken, Handels- und Industriebetrieben**. In den Verwaltungen finden ca. 40 % der Beschäftigten im Bundesland Hessen ihren Arbeitgeber.

Der **Rhein-Main-Flughafen (FRAPORT)** ist der größte Arbeitgeber und sowohl nach Passagierzahlen als auch nach Frachtaufkommen bislang der bedeutendste Flughafen in Deutschland.

Die zentrale Lage in Europa, die sehr guten Verkehrsanbindungen über Straße und Schiene, kurze Verbindungswege zu den Binnenhäfen an Rhein und Main und der Flughafen machen diese Region auch zu einem Zentrum der Wirtschaft und des Verkehrs in Deutschland.

Das Rhein-Neckar-Dreieck

Die Städte **Ludwigshafen**, **Heidelberg** und **Mannheim** grenzen regional ein Gebiet ab, in dem das **Speditions- und Transportgewerbe** eine überragende Rolle einnimmt. Es stellt das bedeutendste Güterumschlag- und Logistikzentrum im süddeutschen Raum dar.

Rhein, Neckar und Main als Wasserstraßen, Anschluss an Autobahnen in Nord-Süd- bzw. West-Ost-Richtung, gute Anbindung an das Schienennetz zum Transport mit der Eisenbahn sind die Vorteile dieser Region.

Das Saargebiet

Es stellt einen weiteren Standort der deutschen Schwergüterindustrie dar.

Aufgrund seiner westlichen Randlage fallen dem Saargebiet viele Aufgaben im **Transitverkehr** (dem „Durchleiten“ von Ex- und Importen) zu. Dabei bildet der Saarkanal neben den Eisenbahnverbindungen den wichtigsten Verkehrsweg.

Die Straßenanbindung ist geprägt durch die West-Ost-Achse A6 von Paris über Saarbrücken nach Ludwigshafen/Mannheim.

Gebiet „Mittlerer Neckar“

Hauptsächlich wegen der Herstellung hochwertiger Produkte (z. B. Kfz, Maschinen, Elektroartikel) ist dieser Raum sehr stark auf den Export angewiesen.

Dementsprechend sind sowohl Schienen- als auch Straßennetz gut ausgebaut. Wegen der hohen Bevölkerungszahl und der landschaftlichen Gegebenheiten (Hügellandschaft) kommt es aber immer wieder zu Verkehrsbehinderungen, vor allem im Bereich um Stuttgart.

Der Neckar kann als Binnenwasserstraße den Verkehr auf Schiene und Straße entlasten.

Nürnberg-Fürth-Erlangen

Als **zweitwichtigstes Zentrum in Bayern** nimmt diese Region, vor allem in Bezug auf die **osteuropäischen Staaten**, eine herausragende Stellung ein.

Durch seine zentrale Lage im deutschen Autobahnnetz werden Güter, die sich nicht für den Eisenbahntransport eignen oder nicht über den Main-Donau-Kanal verschifft werden können, häufig den Weg nach Nürnberg nehmen und erst dort in die verschiedenen Richtungen verteilt werden.

München und Umland

Dieses Gebiet stellt die Drehscheibe zu den südlichen Nachbarländern (z. B. Österreich, Italien) dar.

Gute Straßenanbindungen, ein leistungsfähiger Rangier- und Umschlagbahnhof und der Flughafen „Franz-Josef-Strauß“ als Umschlagplatz auch für Frachtgüter stellen sicher, dass die Millionenstadt in Zukunft weiter für Industrie- und Dienstleistungsbetriebe als Standort infrage kommt.

Als Nachteil in Bezug auf die Problematik „Umweltschutz“ muss die fehlende Anbindung an Binnenwasserstraßen gewertet werden. Die Isar, die durch München fließt und in die Donau mündet, ist auf der ganzen Länge nicht schiffbar.

Das Gebiet Braunschweig/Hannover/Wolfsburg

In einer überwiegend ländlichen Umgebung stellt Hannover als Hauptstadt des Landes Niedersachsen das Verwaltungs- und Messezentrum im Norden Deutschlands dar.

Wolfsburg als Hauptsitz eines Automobilherstellers ist an den Mittellandkanal angebunden, was die wirtschaftliche Lieferung von Rohstoffen, Ersatzteilen usw. über Binnenschiffe begünstigt.

Sowohl Autobahnen als auch der Schienenverkehr bedienen dieses Gebiet in ausreichendem Maße. Flughäfen, z. B. Hannover-Langenhagen, stehen für Luftfracht zur Verfügung.

Das Sächsische Industrierevier

Verkehrsverbindungen von und nach Chemnitz, Zwickau und Dresden mittels Schienenverkehr und Straßen bestehen; deren Belastung jedoch ist sehr hoch.

Die Bedienung über Wasserstraßen aus dem Süden, dem Westen und dem Norden Deutschlands sowie aus den östlichen Nachbarstaaten kann wegen der meist geringen Wassertiefe der Elbe nur sehr selten erfolgen.

Halle und Leipzig

Beide Städte zusammen bilden einen der größten Eisenbahnknotenpunkte Europas und haben Anschluss an internationale Autobahnen.

Ein Anschluss an Binnenwasserstraßen ist nur bedingt bis Halle gegeben.

Der Verkehrsflughafen Leipzig/Halle wurde zum DHL-Luftkreuz ausgebaut und stellt damit einen wichtigen Luftfrachtknoten in Deutschland dar.

3.2 Wirtschaft in Europa (Auswahl)

Großbritannien

Rund um die Hauptstadt London (als wichtigstem **Dienstleistungszentrum** der Insel) waren schon länger Betriebe für Eisen- und Stahlerzeugung ansässig.

Die Lage an der Themse ermöglicht der Schwerindustrie, die Rohstoffe, die meist mit Schiffen geliefert werden, weiterzuverarbeiten.

Das Gebiet um Manchester in Mittelengland ist geprägt durch den Abbau natürlicher Rohstoffe, wie z. B. Steinkohle, Erze und deren Verarbeitung. Mithilfe der geförderten Eisenerze entstand hier ein Zentrum der englischen Maschinenbauindustrie.

Frankreich

Im Norden und Osten entlang der Landesgrenzen – durch die natürlichen Vorkommen begünstigt – steht die Schwerindustrie im Vordergrund.

Der Osten Frankreichs zeichnet sich aufgrund seiner geografischen Lage meist dadurch aus, dass er **Naturprodukte** liefert, die in anderen Ländern nicht in dieser Qualität zu erhalten sind (z. B. Leder, Wolle, Wein, Käse).

Im Süden und Westen mit den Küsten zum Atlantischen Ozean und zum Mittelmeer finden sich bedeutende Hafenanlagen, über die z. B. Erdöl an Raffinerien in ganz Kontinentaleuropa verteilt wird.

Iberische Halbinsel

Spanien, Portugal, Andorra und das zu England gehörige Gibraltar sind landwirtschaftlich geprägt. Eine wichtige Rolle für die Wirtschaft spielt der **Tourismus**, vor allem an den Küsten.

Bedeutende Hafenanlagen finden sich entlang der gesamten Küstenlinie. Über den Atlantik und das Mittelmeer werden Häfen in der ganzen Welt bedient. Gleichzeitig entstanden an vielen Orten Zentren für Erdölverarbeitung und die Herstellung von Kunststoffen und chemischen Produkten.

Italien

Die **Apenninenhalbinsel** zeichnet sich durch eine Zweiteilung aus: Im **nördlichen Teil** des Landes sind die bedeutendsten **landwirtschaftlichen Anbauflächen** und **größten Industriegebiete** zu finden, im **mittleren** und **südlichen Teil** prägt die **Landwirtschaft** das Bild im Landesinneren.

Die über 7 000 km lange Küste bildet die Grundlage für die überragende Rolle Italiens im **petrochemischen Frachtverkehr**. Sowohl an der West- als auch an der Ostküste finden sich bedeutende Ölhäfen, die über **Rohrleitungen (Pipelines)** Raffinerien auch in den Nachbarländern versorgen.

Griechenland, Türkei

Beide Länder werden durch Tourismus an den Küsten und auf den Inseln geprägt.

Eisenerzvorkommen ließen am **Ägäischen Meer** Zentren der Schwerindustrie (vor allem Maschinen- und Schiffsbau, Stahlveredelung) entstehen.

Weite Teile der Länder (meist im Landesinneren) werden landwirtschaftlich genutzt.

Der Balkan

Vor allem im Bereich der Großstädte sind Industriezentren zu finden, die meist im Metallbereich, aber auch in der Erdöl verarbeitenden Industrie tätig sind.

Tourismus und Landwirtschaft stellen weitere wichtige Einnahmequellen für die einzelnen Staaten dar.

Polen, Tschechische und Slowakische Republik

Kohlebergbau bzw. Schwerindustrie kennzeichnen die Wirtschaft dieser Länder.

Landwirtschaft im weiteren Sinne (Ackerbau, Viehzucht, Forstwirtschaft) stellt einen weiteren Schwerpunkt dieser Länder dar.

Der Zugang zur Ostsee bietet für Polen die Möglichkeiten, einerseits über Schifffahrtswege versorgt zu werden, andererseits eigene Produkte vertreiben zu können: Schiffswerften in Danzig und Stettin stellen qualitativ hochwertige Produkte her.

Dänemark, Schweden, Norwegen, Finnland

Die nordeuropäischen Länder sind an der Westküste geprägt durch Erdöl- und Erdgasgewinnung. Fischfang und dessen Verarbeitung stellen einen weiteren bedeutenden Wirtschaftszweig dar.

Klimatisch bedingt finden sich in den nordischen Ländern im Zentrum ausgedehnte Wälder. Holzbe- und -verarbeitung beschäftigen einen Großteil der Bevölkerung mit Papier- und Möbelherstellung.

Belgien und die Niederlande

Vorzügliche Hafenanlagen in den Küstenorten zeichnen diese beiden Staaten aus und machen sie somit zu gefragten Transitländern. Gute Verkehrsverbindungen über Straße und Bahn stellen den Anschluss an die Wirtschaftszentren in Europa sicher.

Rotterdam, Antwerpen, Ostende und Gent stehen als Handels- und Personenhäfen mit an der Weltspitze.

Landwirtschaft in Form von Blumenzucht und Gemüseanbau machen die Niederlande bekannt in aller Welt.

3.3 Wirtschaftszentren weltweit (Auswahl)

Asien

Weite Teile dieses Kontinents sind immer noch (vor allem im Landesinneren) landwirtschaftlich ausgerichtet.

An den Küsten entwickelten sich große Dienstleistungszentren, wie z. B. Shanghai, Tokio, Kalkutta oder Hongkong, die meist in Verbindung mit Hafenanlagen entstanden.
In Russland und anderen Nachfolgestaaten der ehemaligen Sowjetunion steht nach wie vor der Bergbau mit den nahezu unerschöpflichen Naturvorkommen im Mittelpunkt der Industrie.

Bedeutend für die Weltwirtschaft sind vor allem die Ölvorkommen in Saudi-Arabien, dem Iran und Irak und anderen Ländern.

Amerikanischer Kontinent

Rohstoffvorkommen verschiedenster Art quer über den Kontinent verteilt ließen auch in entlegenen Gebieten Industriereviere entstehen. An den Küsten finden sich häufig petrochemische Unternehmen und Betriebe, die in der Schwermetallindustrie tätig sind.

Landwirtschaft und Tourismus an den Küsten bzw. im Hinterland stellen weitere bedeutende Einnahmequellen der Staaten dar.

Australien und Neuseeland

Sowohl im Osten als auch im Westen sind beide Inseln vor allem durch Schafhaltung und den damit zusammenhängenden Betrieben geprägt.

Im Landesinneren sind wertvolle Bodenschätze (u. a. Kupfer, Gold, Diamanten) das Ziel vor allem kleinerer Unternehmer.

Afrika

Der nördliche und auch südliche Teil des Kontinents sind mit Bodenschätzen unterschiedlicher Art reich bestückt.

Mittelafrika mit der Sahara kann als Wüstengelände nur als Tourismusgebiet zum Einkommen der betroffenen Staaten beitragen.

Kernwissen

Kennzeichen von Wirtschaftszentren:
- hohe Bevölkerungsdichte
- meist geringe Arbeitslosenquote
- häufig Konzentration auf einen Industriezweig oder eine Branche
- natürliche Ressourcen vorhanden (z. B. Bodenschätze)
- gute Verkehrsanbindung
- oft höheres Lohnniveau
- ausgeprägte Infrastruktur vorhanden

Aufgaben

1. ***Finden Sie weitere Kennzeichen für Wirtschaftszentren.***

2. ***Führen Sie eine Umfrage in der Klasse durch mit dem Thema: „In welchem Land habe ich zuletzt Urlaub gemacht?"***
Bilden Sie anschließend verschiedene Gruppen mit den Personen, die die gleiche Antwort gaben.
Erarbeiten Sie in diesen Gruppen Informationen zu folgenden Themenbereichen:
   - ***bedeutende Wirtschaftszentren***
   - ***Rohstoffvorkommen***
   - ***Industriezweige bzw. Branchen***
   - ***allgemeine Informationen über das Land***

Tipp

Landkarten, Atlanten, Lexika, Reiseführer und das Internet sind hilfreiche Informationsquellen.

3. ***Stellen Sie mithilfe der EDV Ihre Ergebnisse übersichtlich dar und präsentieren Sie diese.***

4 Verkehrswege innerhalb der Wirtschaftszentren

Einstiegssituation

Die ImpEx GmbH & Co KG, ein Unternehmen für Speditionsdienstleistungen mit Sitz in Nürnberg, erhält von einem Kunden den Auftrag, Maschinenteile aus Piräus (Griechenland) nach Liverpool (Großbritannien) zu transportieren.

Dort sollen Ersatzteile für Flaschen-Abfüllanlagen übernommen und nach Caracas (Venezuela) geliefert werden.

Handlungsaufträge

1. *Erklären Sie, wie Sie die Maschinenteile nach Liverpool transportieren lassen.*
2. *Erläutern Sie, wie die Ersatzteile nach Südamerika gelangen.*

4.1 Verkehrswege innerhalb Europas

Europa ist mit einem dichten Straßen- und Eisenbahnnetz ausgestattet, das sowohl in Nord-Süd-Richtung als auch in West-Ost-Richtung fast flächendeckend alle Länder bedienen kann.

Die wichtigsten Wirtschaftszentren sind in relativ kurzer Zeit erreichbar.

Über Straßen- und Schienennetze werden deshalb etwa 70 % der Gütertransporte abgewickelt.

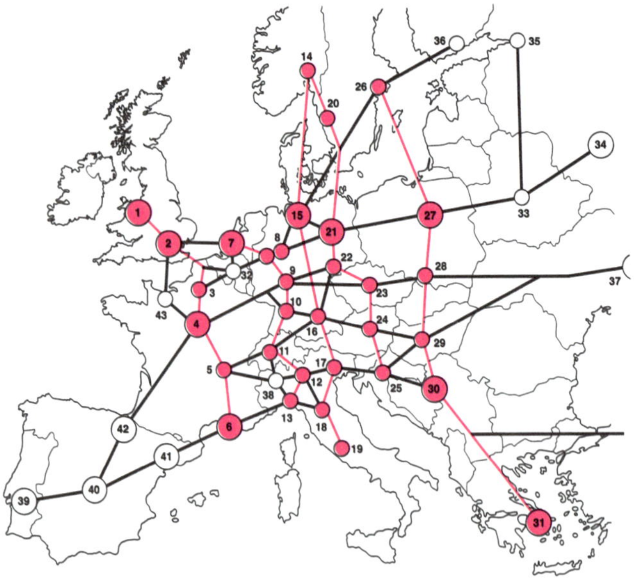

1 Liverpool-Manchester
2 Großraum London
3 Lille/Nordfrankreich
4 Großraum Paris
5 Großraum Lyon
6 Hafenkomplex Marseille
7 ARA-Häfen/Randstad/Holland
8 Rheinschiene/Ruhrgebiet
9 Rhein-Main-Raum
10 Rhein-Neckar-Raum
11 Basel/Nordschweiz
12 Mailand
13 Seehäfen Genua/Savona
14 Oslo/Moss/Larvik
15 Hamburg/Unterelbe
16 Großraum München
17 Verona/Venedig
18 Bologna/Modena
19 Großraum Rom
20 Göteborg
21 Großraum Berlin
22 Dresden-Zwickau

Europäische Nord-Süd-Verkehrsachsen, Wirtschafts- und Verkehrszentren

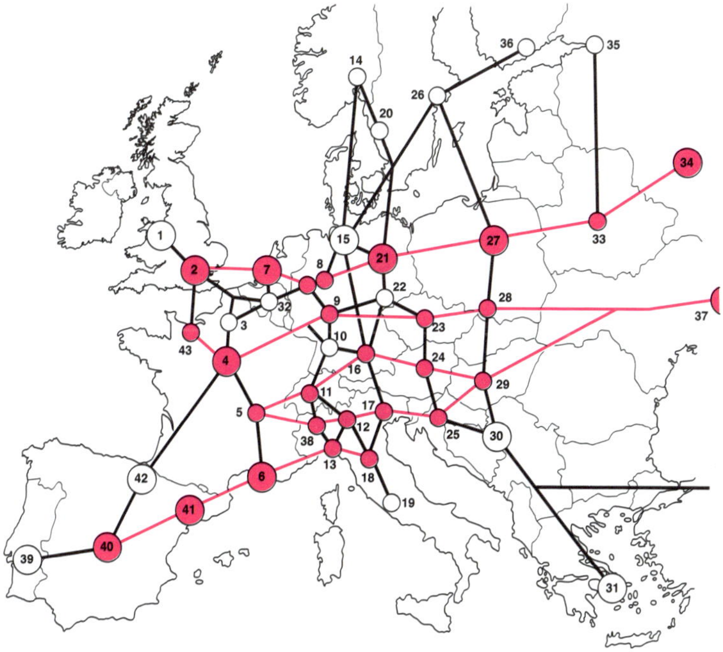

23 Großraum Prag
24 Wien-Linz
25 Laibach/Zagreb
26 Großraum Stockholm
27 Warschau/Lodz
28 Kattowitz/Krakau
29 Großraum Budapest
30 Belgrad/Novi Sad
31 Athen/Piräus
32 Brüssel/Borinage
33 Minsk
34 Großraum Moskau
35 St. Petersburg
36 Helsinki
37 Donezbecken
38 Turin
39 Lissabon
40 Großraum Madrid
41 Barcelona
42 Bilbao/San Sebastian
43 Le Havre/Rouen

Europäische West-Ost-Verkehrsachsen, Wirtschafts- und Verkehrszentren

Geografisch bedingt können Güter innerhalb Europas nur mit Einschränkungen mit Schiffen auf Binnenwasserstraßen transportiert werden.

In Mittel- und Westeuropa sind die Wasserstraßen so weit ausgebaut, dass kaum Hindernisse für den Transport bestehen. Belgien, die Niederlande, Frankreich, Deutschland, die Tschechische Republik und die Schweiz sind miteinander verbunden.

In Südosteuropa stellt die Donau den wichtigsten Binnenwasserweg dar:
In Deutschland entsprungen durchfließt die Donau Österreich, die Slowakische Republik und Ungarn. Im weiteren Verlauf bildet sie den Grenzfluss zwischen Kroatien und Serbien, Rumänien und Serbien, Bulgarien und Rumänien, der Ukraine und Moldawien. Der Zugang zum Schwarzen Meer an der Mündung begünstigt die Verbindung zum osteuropäischen Raum.

Der Osten Europas ist vor allem durch die Nord-Süd-Ausrichtung der großen Flüsse (z. B. Oder, Wolga, Lena) geprägt. West-Ost-Verbindungen sind meist nur über Kanäle möglich. Dennoch werden auf dem Wasserweg fast die gleichen Mengen an Produkten transportiert wie mit der Bahn; die Wasserwege stellen nach wie vor bedeutende Verkehrslinien dar.

Sowohl in Südwesteuropa als auch in Nordeuropa haben die Binnenwasserstraßen nur untergeordnete Bedeutung. Straßentransport ist die nahezu einzige Möglichkeit, Produkte zu den Wirtschaftszentren zu befördern.

4.2 Verkehrswege außerhalb Europas (Auswahl)

Globalisierung der Wirtschaft und internationale Arbeitsteilung erfordern, dass die Staaten sich auch dem internationalen Wettbewerb stellen und ihre Produkte weltweit anbieten.

Die Erzeugnisse müssen dann aber auch weltweit an die Empfänger geliefert werden können.

Dazu stehen den Unternehmen mit Sitz auf dem europäischen Kontinent für Übersee-Transporte nur zwei Verkehrswege zur Verfügung: **See- bzw. Luftfracht**.

Innerhalb der Empfängerländer in Asien, Amerika, Afrika und Ozeanien können regelmäßig wieder Straßen- und Bahnverbindungen genutzt werden und auch Schifffahrtsverkehr ist meist wieder möglich.

Die Entwicklung der Verkehrsinfrastruktur ist aber von Land zu Land unterschiedlich. Während in vielen Staaten leistungsfähige und vielseitige Angebote bestehen, herrschen in manchen Ländern Zustände, die einen Transport dorthin zu einem Abenteuer werden lassen können.

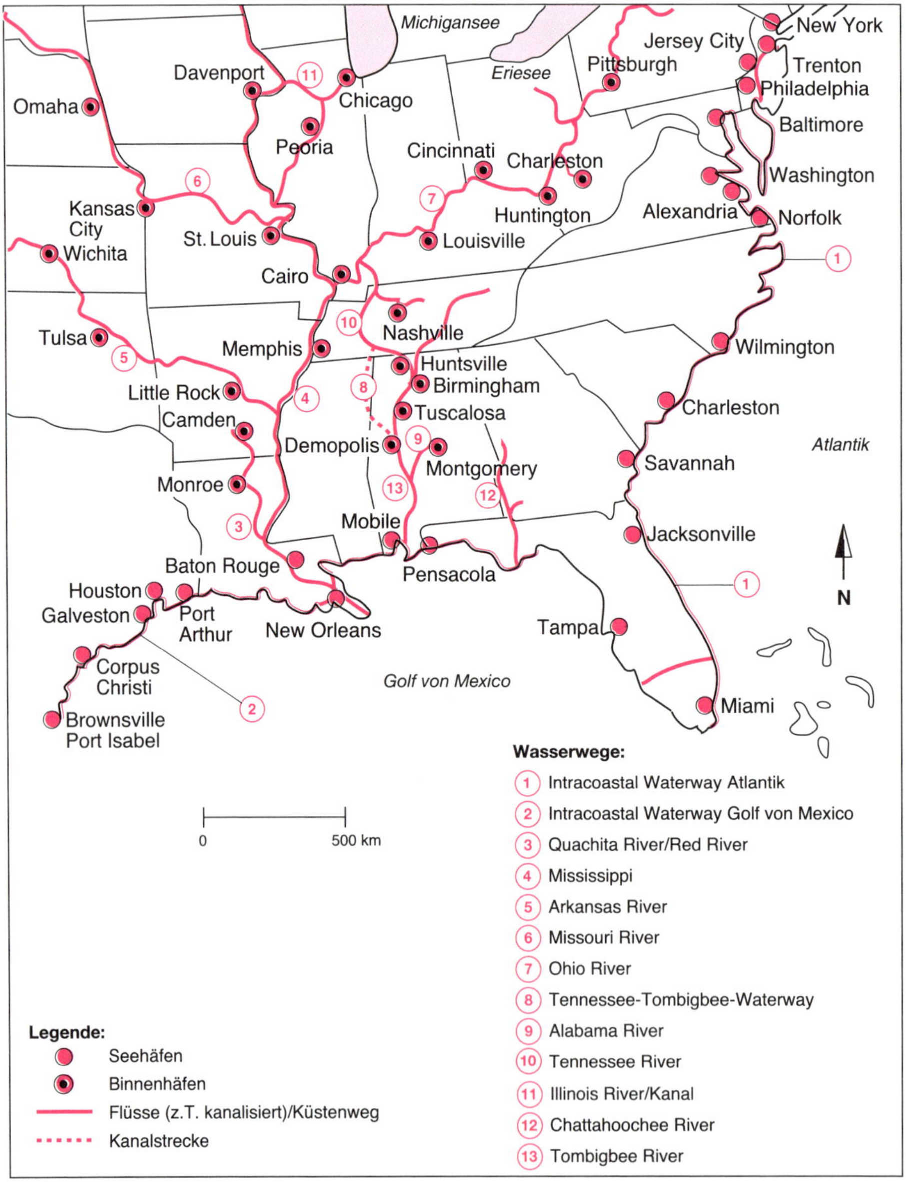

Hauptwasserwege in den Vereinigten Staaten

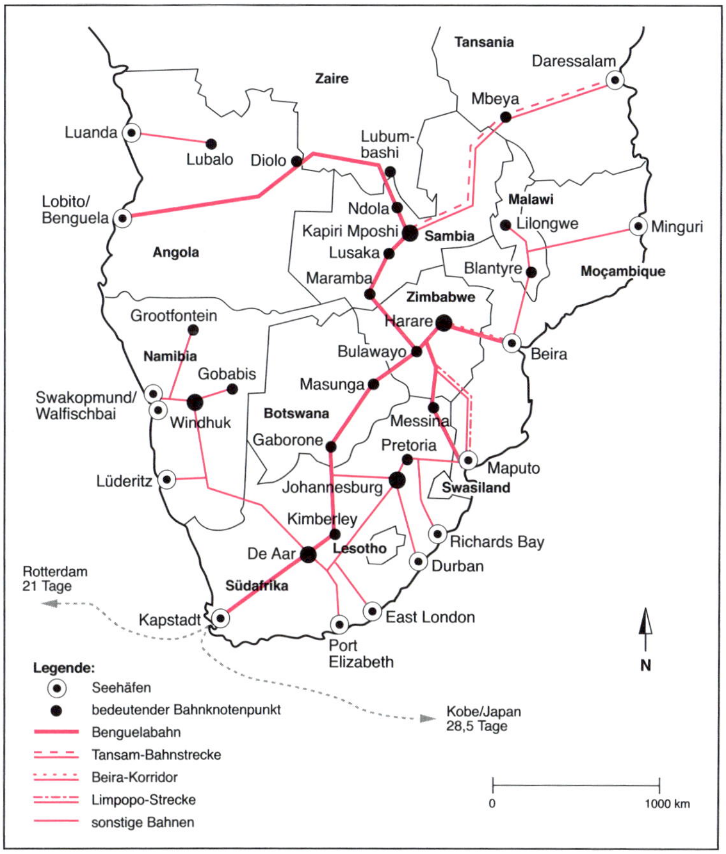

Bedeutende Eisenbahnlinien in Süd-Afrika

Kernwissen

Die Gestaltung der Verkehrsinfrastruktur in den Ländern hängt u. a. davon ab,
- wie die Wirtschaft des Landes entwickelt ist,
- welche natürlich gegebenen Verkehrswege genutzt werden können,
- wie man künstliche Verkehrswege gestalten kann und errichten will,
- welche finanziellen Mittel bereitgestellt werden können,
- wie natürlicher Grund und Boden bearbeitet werden darf.

Aufgaben

1. *Erläutern Sie die Aussagen zur Gestaltung der Verkehrsinfrastruktur in eigenen Worten.*
2. *Erstellen Sie fünf Fragen oder Aufgaben für ein Kreuzworträtsel zum Thema „Verkehrswege inner- und außerhalb Europas" und zeichnen Sie dieses Kreuzworträtsel mit einem Ihnen zur Verfügung stehenden EDV-Programm.*
3. *Sie planen, nach Abschluss der Ausbildung einmal ein eigenes Unternehmen zu gründen, das Importe und Exporte und auch Transporte weltweit durchführen soll.*
   Erklären Sie fünf Gesichtspunkte, über die Sie vor der Gründung des Unternehmens im Zusammenhang mit der „Globalisierung der Wirtschaft" nachdenken sollten.

5 Kriterien für die Wahl der Verkehrsmittel

Einstiegssituation

Bei der ImpEx geht folgendes Fax ein:

Müller OHG
17489 Greifswald

Fax

An:	ImpEx GmbH & Co KG, Herrn Kaiser	**Von:**	Frau Sandra Meier
Fax:	0273 4746911	**Seiten:**	1
Telefon:		**Datum:**	
Betreff:	Verspätete Lieferung	**CC:**	

[X] Dringend ☐ Zur Erledigung ☐ Zur Stellungnahme ☐ Zur Kenntnis ☐ Mit Dank zurück

Sehr geehrter Herr Kaiser,

Ihre Lieferung über 4 Paletten Feuerwerksartikel (Gefahrstoffklasse II) hatten wir bereits gestern erwartet. Telefonisch hatte ich dies bereits bei Ihrer Versandabteilung beanstandet.

Da die Lieferung dieser Produkte auch heute nicht bis zum Ende unserer Annahmezeiten erfolgte, fordere ich Sie auf, die Artikel bis spätestens morgen, 13:30 Uhr, bei uns bereitzustellen.

Handlungsaufträge

1. *Erklären Sie, welche Kriterien für die Auswahl der Verkehrsmittel in diesem Fall von Bedeutung sind.*
2. *Finden Sie weitere Kriterien für andere Güter, die zu transportieren sind.*

Art des Transportguts

Abhängig von der **Masse**, dem **Volumen**, dem **Versandgewicht**, der **Sperrigkeit** und auch der **Gefährlichkeit** der zu versendenden Güter eignen sich bestimmte **Verkehrsmittel**.

Gefahrgüter dürfen nur unter bestimmten Voraussetzungen und mit Einschränkungen transportiert werden. Gefahrgutverordnungen (z. B. für Straße, Eisenbahn, Binnenschifffahrt, Luftverkehr) regeln, welche Produkte als **Gefahrgut** behandelt werden müssen und welche Besonderheiten dabei zu beachten sind, z. B. in Bezug auf:

- Verpackung
- Kennzeichnung
- Angaben in den Transportpapieren
- Verladevorschriften
- Maßnahmen bei Unfällen

Tipp

Auf verschiedenen Seiten im Internet können Sie die entsprechenden Gefahrgutverordnungen nachlesen.

Schnelligkeit des Transports

Lkw, Bahn und Luftverkehr bieten in aller Regel die schnellsten Verbindungen zwischen Absender und Empfänger, wobei der Luftverkehr je nach Art der Produkte bei größeren Entfernungen das geeignetere Verkehrsmittel sein kann.

Bei nicht eilbedürftigen und schweren Gütern (Massengütern) bieten sich auch Verbindungen über Binnenwasserstraßen bzw. den Seeverkehr an.

Sicherheit des Transports

Die Zuverlässigkeit, dass das Gut unbeschädigt und pünktlich am Bestimmungsort eintrifft, stellt ein weiteres Kriterium für die Auswahl des Verkehrsmittels dar:

Erschütterungen beim Lkw-Transport, Verspätungen bei Bahntransporten, Hoch- oder auch Niedrigwasser im Binnenschiffsverkehr, Staus auf den Straßen stellen Gefahren dar, die für die Auswahl der Verkehrsmittel von entscheidender Bedeutung sein können.

Auch dürfen mögliche Zeitverschiebungen zwischen Kontinenten (aber auch innerhalb von Kontinenten) nicht außer Acht gelassen werden.

Kosten des Transports

Entscheidend für die Wahl des Verkehrsmittels sind letztlich die Kosten, die durch den Versand entstehen.

KEP-Dienste, DHL, Bahn, die Binnenschifffahrt bzw. die Seeschifffahrt und auch der Luftverkehr bieten häufig Festtarife an.

Diese können sich teilweise beträchtlich ermäßigen, wenn der Versender z. B. regelmäßig eine bestimmte Menge von Aufträgen erteilt, bestimmte Gewichte oder Ausmaße je Packstück nicht überschritten werden oder bestimmte Strecken regelmäßig bedient werden sollen.

Kosten der Transportverpackung

Während z. B. beim Transport der Produkte per Bahn, Lkw oder Binnenschiff meist nur geringe Anforderungen an die Verpackung gestellt werden (Collico, Kiste, usw.), sind für den Luftfrachtverkehr teilweise Spezialbehälter vorgeschrieben, die die Kosten beträchtlich erhöhen können.

Belastung der Umwelt

Die Verkehrsmittel belasten die Umwelt in unterschiedlichem Maße.

Energieverbrauch und Schadstoffemissionen der Güterverkehrsträger im Vergleich

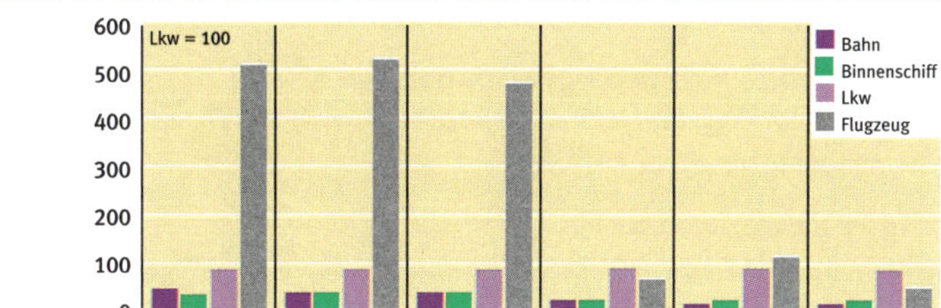

	Primärenergie kJ/tkm	CO_2 g/tkm	CH_4 g/tkm	VOC g/tkm	NO_x g/tkm	CO g/tkm
Bahn	23	20	20	7	6	2
Binnenschiff	20	20	20	9	14	7
Lkw	100	100	100	100	100	100
Flugzeug	547	560	500	73	147	58

kJ = Kilojoule
CH_4 = Kohlenwasserstoff
CO_2 = Kohlendioxid
VOC = flüchtige organische Stoffe (volatile organic chemicals)
NO_x = Stickoxide
CO = Kohlenmonoxid

Umweltbelastung durch die Verkehrsmittel

Der Verbrauch von **Energie**, möglicher **Schadstoffausstoß** in Luft, Boden und Wasser, Lärm und die Zerstörung der Landschaft durch den Ausbau der Verkehrswege beeinflussen die **Wahl der Verkehrsmittel** erheblich.

Nicht nur der Kostenaspekt für den Versender spielt eine große Rolle; mehr und mehr Empfänger erwarten von ihren Lieferanten ein umweltbewussteres Verhalten, das nicht allein durch staatliche Vorschriften erreicht werden kann.

Viele Lieferanten stellen sich deshalb einem sogenannten **„Auditierungsverfahren"**, das u. a. auch die **Umweltverträglichkeit** der Leistungen des Unternehmens bescheinigt.

Die **Vermeidung von Leerfahrten**, eine verbesserte technische Ausstattung vor allem von Lkw und die zunehmende Verlagerung der Transporte auf die Schiene bzw. Wasserstraßen stellen die ökologischen (die Umwelt betreffenden) Ziele für die Zukunft dar.

Kernwissen

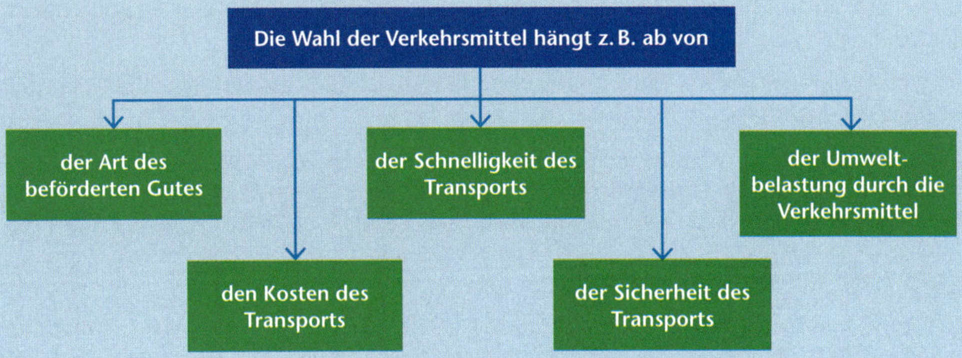

Aufgaben

1. ***Erstellen Sie eine Tabelle, in der Sie fünf verschiedene Transportgüter den unterschiedlichen Verkehrsmitteln zuordnen (mit Begründung).***

2. ***Im Januar sollen 200 t Maschinenteile über die Elbe von Dresden nach Hamburg geliefert werden. Was sollten Sie als Mitarbeiter in dieser Situation bedenken?***

3. ***Wertvolle Güter unterliegen oftmals Beförderungsbeschränkungen.***
   Suchen Sie Möglichkeiten, Diamanten, Bargeld, Wertpapiere, exotische Tiere usw. innerhalb Deutschlands sicher transportieren zu können.

4. ***Nehmen Sie kurz Stellung zu dieser Aussage:***
   „Für mich als Unternehmer ist es völlig ohne Bedeutung, wie die Rohstoffe zu meinem Unternehmen gelangen. Es ist für mich nur wichtig, dass sie rechtzeitig hier sind."

6 Tourenplanung

Einstiegssituation

Die ImpEx GmbH & Co. KG in Nürnberg hat von verschiedenen Kunden Aufträge zur Bereitstellung von Gütern erhalten. Der Abteilung Versand liegt zum heutigen Tag folgender Auszug aus der Kommissionierungsdatei vor:

Auftrag-Nr.	Empfänger	Lieferdatum	Lieferung	Tour (EU)	Tour extern
05/0302/22	Hans Graf OHG, 27389 Fintel	morgen	10 PC aus Lagerbestand	×	
07/22/289	Miller Inc., 237 Cars Drive, Chicago, USA	in drei Tagen	Ersatzteile für Papierautomat		×
05/0342/11	Klaus Dausch e. K., 37085 Göttingen	morgen	Maschinenteile aus Lager	×	
08/0923/111	Schlank e. K., 01157 Dresden	morgen	200 Ballen Stoffhandtücher	×	
37/124/45	Klaus Hahn, 30559 Hannover	übermorgen	5 Europaletten Kopierpapier	×	
23/106/335	Siebers GmbH, 38229 Salzgitter	schnellstmöglich	10 Paletten Papierhandtücher	×	
37/000/254	Elliot Co., 17 Rooseveltdrive, Baltimore, USA	nach Verfügbarkeit	7 Europaletten Handtuchhalter zu je 40 Stück		×

Handlungsaufträge

1. *Worauf achten Sie zuerst, wenn Sie diesen Auszug aus der Datei lesen?*
2. *Wie befördern Sie die bestellten Güter zum jeweiligen Bestimmungsort?*
3. *Welche Verkehrsmittel verwenden Sie? Begründen Sie Ihre Entscheidung.*

Als Tourenplanung wird allgemein die Festlegung der Anfahrtsreihenfolge der Abladestellen (also der Empfänger) und damit zwingend die „logische“ Beladung, z. B. eines Lkw, bezeichnet. Dabei unterscheidet man:

- **Feste Touren** mit vorgegebenen Fahrtstrecken, Lieferterminen, Empfängern usw.
- **Touren nach Bedarf**, bei denen z. B. Sonderbestellungen, erstmalige Bestellungen neuer Kunden oder auch Lieferungen in bisher nicht bediente Gebiete berücksichtigt werden müssen.

Ziel einer Tourenplanung ist es, die Kosten der Gesamtfahrstrecke und damit die Kosten für die Mitarbeiter (Fahrer) und Fahrzeuge des Unternehmens zu optimieren, d. h. möglichst zu senken.

Selbstverständlich können verschiedene Verkehrsträger beim Versand von Gütern kombiniert werden. Zu beachten sind dabei aber auch unterschiedliche Einlieferungszeiten (z. B. bei DHL), die Bereitstellungszeiten (z. B. bei ABX) oder mögliche witterungsbedingte Probleme (z. B. beim Versand über Binnenschiffe).

6.1 Notwendigkeit einer Tourenplanung

Verschiedene Gründe machen es notwendig, dass das Unternehmen sich Gedanken über die Art des Versandes von Gütern macht.

Standzeiten des eigenen Fuhrparks

Jeder Unternehmer möchte seine eigenen Kosten möglichst gering halten. Die Lkw, die auf dem Gelände des Unternehmens stehen und nicht fahren, verursachen Kosten für die Bereitstellung der Fahrzeuge.

Der Mitarbeiter, der das Fahrzeug zu diesem Zeitpunkt nicht bedienen kann oder darf (z. B. wegen Vorschriften zur Einhaltung der Ruhepausen), erhält meist dennoch seine Vergütung.

Öffnungszeiten des Kunden zur Annahme der Lieferung

Viele Kunden legen bestimmte „Fenster" für die Annahme von Lieferungen fest (z. B. von 07:30–11:00 Uhr und von 13:30–15:00 Uhr).

Außerhalb dieser Zeiten werden Sendungen meist nur angenommen, wenn der Lkw z. B. wegen Schneeverwehungen auf der Autobahn keine Möglichkeit hatte, die Ware rechtzeitig (in dem Zeitfenster) zu liefern („höhere Gewalt"). Standzeiten des Lkw beim Kunden (weil er z. B. zwei Stunden früher dort ankam und ausladen wollte, aber nicht durfte oder konnte) werden i. d. R. nicht berücksichtigt.

Einsatzplanung der Fahrzeuge

Die Güter, die transportiert werden sollen, erfordern häufig Spezialfahrzeuge (z. B. für Kühlgut, Gas, Schwertransporte), die zur Verfügung stehen müssen.

Fahrzeuge in der notwendigen Größe und geeignet zum Transport der Güter müssen in genügender Anzahl zum richtigen Zeitpunkt am Abfahrtsort bereitstehen, um den Empfänger zum gewünschten Zeitpunkt bedienen zu können.

> ***Tipp***
>
> *Den Kunden auch nur ein Mal nicht bedienen zu können, bedeutet oft einen dauerhaften Verlust des Kunden als Geschäftspartner.*

Einsatzzeiten der Fahrzeugführer

Nach gesetzlichen Vorschriften (u. a. Straßenverkehrsordnung) gelten für die Lenker von Lkw vorgeschriebene Ruhezeiten, in denen das Fahrzeug von diesen nicht bewegt werden darf.

Der Planung der Einsatzzeiten kommt eine besondere Bedeutung zu, weil eine Überschreitung der Fahrzeit und die Nichteinhaltung von Ruhepausen nicht nur als Ordnungswidrigkeiten (mit Bußgeld zu begleichen) betrachtet werden.

In vielen Fällen stellen die Übertretungen der Gesetze vielmehr auch Straftatbestände dar, die mit Entzug der Fahrerlaubnis enden können. Auch die Verhängung von Freiheitsstrafen ist möglich.

Zusammenverladeverbote und Gefahrgüter

Viele Güter dürfen nach gesetzlichen Vorschriften nicht zusammen mit anderen Gütern verpackt, verladen oder auch versendet werden. Darüber hinaus sind Vorschriften über den Versand von Gefahrgütern zu beachten.

6.2 Manuelle Tourenplanung

Für kleinere bis mittelgroße Industrie- oder Handwerksbetriebe und Dienstleistungsunternehmen kann eine manuelle Tourenplanung ausreichend sein.

Das bedeutet, dass ein **Disponent** (lateinisch: Verteiler) verantwortlich festlegt, wann und in welcher Reihenfolge die einzelnen Empfänger mit der Lieferung bedient werden.

Straßenkarten, Flugpläne, Schifffahrtspläne und auch Routenplaner aus dem Internet liefern mit Entfernungs- und Zeitangaben für verschiedene Strecken, Haltestellen, gesetzlich vorgeschriebenen Pausen, Umwegen usw. sehr verlässliche Ergebnisse für das entsprechende Beförderungsmittel (z. B. Lkw).

Für den kombinierten Versand über verschiedene Verkehrsträger bildet die manuelle Tourenplanung oft die einzige Möglichkeit, dem Empfänger die Ware rechtzeitig bereitzustellen.

Zwar bieten nahezu alle Unternehmen für die einzelnen Verkehrswege (Straße, Schiene, Wasserstraßen, Luftverkehr) komplette Lösungen an; für die Kombination der Beförderungsmittel aber fehlen häufig noch übergreifende Lösungen.

Der Disponent eines kleineren Industriebetriebs muss deshalb z. B. für einen Luftversand die Abflugzeit und die Fahrzeit zum Flughafen wissen, um die Abfahrtszeit im eigenen Unternehmen bestimmen zu können.

Natürlich kann man die Tourenplanung über verschiedene Verkehrsträger auch spezialisierten Unternehmen übertragen (z. B. DHL). Diese Unternehmen lassen sich diese Dienstleistung aber selbstverständlich bezahlen.

Tipp

Im Internet finden Sie viele Routenplaner, die Sie sowohl für Ihren Aufgabenbereich im Unternehmen als auch für Privatreisen auf der Straße nutzen können.

Einige wesentliche Informationen über die deutschen Autobahnen sollten Ihnen bekannt sein:

- Einstellige Nummern bilden das sogenannte Autobahngrundnetz.
- Zweistellige Nummern bezeichnen Autobahnen des Durchgangs- und Verbindungsverkehrs.
- Dreistellige Nummern weisen auf Autobahnen mit regionaler Bedeutung hin.
- Eine gerade erste Ziffer der Autobahn-Nummer bedeutet einen Verlauf in West-Ost-Richtung, eine ungerade erste Ziffer einen Verlauf in Nord-Süd-Richtung.

6.3 Tourenplanung und Tourenabwicklung per EDV

Für Unternehmen, die häufig wechselnde Kunden bedienen müssen und die viele verschiedene Empfänger beliefern (wie z. B. Speditionen), kann sich auch der Einsatz der computerunterstützten Planung lohnen, wenn der Versand über firmeneigene Lkw erfolgen soll.

Verschiedene Unternehmen bieten komplette „Logistik-Lösungen“ an, die vom Einkauf/der Abholung bei Lieferanten oder Herstellern bis zur Anlieferung beim Kunden alle Arbeitsvorgänge erledigen und damit die Arbeit des Disponenten im eigenen Unternehmen sehr vereinfachen können.

Tipp

Im Internet finden Sie viele Anbieter für eine solche Software. Ein Begriff für mögliche Suchergebnisse könnte z. B. „Logistik“ sein.

Beispiel

Unter www.fastleansmart.com finden Sie die Beschreibungen des Logistiksystems FLS Cargo. Dazu ein Auszug:

Transport und Logistik

Damit die richtigen Transportgüter zum richtigen Zeitpunkt den richtigen Ort erreichen, müssen zahlreiche unterschiedliche Faktoren berücksichtigt, aktuell ausgewertet und optimal aufeinander abgestimmt werden – von Tourenoptimierung und Fahrzeugeinsatzplanung über Frachtkonditionen und Mautkosten bis zur anschließenden Abrechnung und Auswertung.

Schnelle und kostenoptimale Tourenplanung in der Logistik

Egal ob Sammel- oder Einzeltouren, Komplett- oder Teilladungen – unter exakter Angabe von Entfernungen und Fahrzeiten berechnet FLS CARGO die schnellsten und auf Wunsch auch kostenoptimalen Touren. Darüber hinaus ermittelt FLS CARGO das günstigste eigene Fahrzeug oder den günstigsten Transportunternehmer schnell und zuverlässig. Dabei werden sämtliche relevanten Variablen berücksichtigt, wie z. B. Zeitfenster, Kapazität oder feststehende Termine für die tägliche Auslieferung.

Zentrale Verwaltung des Fuhrparks

Darüber hinaus können Sie Ihren gesamten Fuhrpark zentral und übersichtlich verwalten, auch individuelle Konditionen automatisch abrechnen und selbst internationale Mautkosten detailliert kalkulieren. Da sämtliche Daten dynamisch online zur Verfügung stehen, behalten Sie jederzeit und überall die Übersicht über alle relevanten Detailinformationen.

Die perfekte Lösung für jeden Anspruch

Unser leistungsstärkstes Produkt für Tourenplanung, Auftragsverwaltung, Frachtabrechnung und Statistik ist FLS CARGO. Wenn Sie ausschließlich eine Tourenplanung ohne Frachtberechnung benötigen, ist FLS VISITOUR das wirtschaftlichste System.

Quelle: FLS GmbH: Transport und Logistik, Zugriff am 06.07.2015 unter: www.fastleansmart.com/portfolio/branchen/transport-logistik

Alle Hersteller einer derartigen Software verfolgen die gleichen Ziele:

- Kostensenkung, d. h. kürzeste bzw. schnellste Touren
- Verringerung des Arbeitsaufwands des Disponenten
- Serviceleistungen für den Kunden (z. B. Sendungsverfolgung und Rücknahme von Leergut, Leerpaletten oder Falschlieferungen)
- Arbeitserleichterung in der Verwaltung (z. B. Erfassung von Aufträgen, Verwaltung der Lademittel, Erstellung der notwendigen Versandpapiere, Rechnungserstellung, Statistik)
- Innerbetriebliche Verarbeitung der Daten über EDV-Anbindung

Technische Voraussetzungen für die EDV-gesteuerte Tourenplanung sind u. a. die Ausstattung des Unternehmens mit der benötigten Software und der Lkw mit den notwendigen Sende- und Empfangssystemen.

Heute wird häufig das System „**GPS**" (Global Positioning System) verwendet, das mithilfe von Satelliten auf wenige Meter genau den Standort eines Fahrzeugs bestimmen kann.

Über sogenannte „**Handhelds**" können die aktuellen Daten an den Auftraggeber und das Unternehmen übertragen werden.

Kernwissen

Tourenplanung
(Festlegung der Reihenfolge, in welcher die Empfänger bedient werden)

ist z.B. abhängig von

- dem zu transportierenden Gut,
- den einzuhaltenden Lieferfristen,
- den zur Verfügung stehenden Verkehrsmitteln,
- den Verkehrswegen und
- den Kosten, die dem Versender entstehen.

Manuelle Planung	Vergleich	Planung per EDV
– zeitaufwendig – fehleranfällig bei der Planung – keine Anbindung an die EDV – Störungen müssen z. B. über Radio oder TV in Erfahrung gebracht werden		– sehr schnell – Fehler fast ausgeschlossen – Daten werden automatisch berücksichtigt – bei entsprechender Ausstattung automatische Info über Unregelmäßigkeiten

Aufgaben

1. *Finden Sie mithilfe des Internets verschiedene Anbieter für Logistik-Dienstleistungen, die den Transport mit Lkw innerhalb Deutschlands und der EU ermöglichen.*
2. *Warum werden in vielen Unternehmen in zunehmendem Maße EDV-Programme eingesetzt, um den Versand von Gütern zu steuern? Erläutern Sie zwei Aspekte.*
3. *Sie sollen per Lkw Europaletten im Gesamtgewicht von 3 t von Dresden (Postleitzahl 01139) nach Ingolstadt (Postleitzahl 85051) transportieren.*
   Die Klaus & Fischer OHG erwartet die Lieferung spätestens um 10:00 Uhr des folgenden Tages.
   a) Suchen Sie mithilfe von Straßenkarten, Atlanten usw. Routen, um diesen Auftrag zu erfüllen.
   b) Im Internet stehen viele „Routenplaner" zur Verfügung. Geben Sie die Kriterien aus der Aufgabenstellung bei verschiedenen Anbietern ein und vergleichen Sie die Ergebnisse.
   c) Welchen Weg und welche(n) Verkehrsträger empfehlen Sie (mit Begründung)?

Lernfeld 8
Güter verladen

1 Verladung von Gütern

Einstiegssituation

Nach Erkenntnissen der Ladungssicherungsexperten der Transportversicherer sind 70 % aller Ladungen bei Lkw mangelhaft oder gar nicht gesichert. Es ist anzunehmen, dass diese mangelhafte Ladungssicherung circa 25 % der Unfälle im Schwerlastverkehr verursachen. Die daraus entstehenden Ladungsschäden belaufen sich in Deutschland auf jährlich 200 bis 300 Millionen Euro.

Als Grund für die mangelhaften Ladungssicherungen werden hauptsächlich Unkenntnis über die Ladungssicherungsmaßnahmen und Leichtsinn bei der Beladung genannt.

Handlungsaufträge

1. *Beschreiben Sie den Ablauf einer Lkw-Beladung in Ihrem Ausbildungsbetrieb und erklären Sie besonders die dabei getroffenen Maßnahmen zur Ladungssicherung.*
2. *Erläutern Sie die Zusammenarbeit des Verladepersonals mit dem Fahrer des Lkw.*
3. *Überlegen Sie, welche Folgen ein Unfall wie der oben abgebildete für Mensch, Umwelt, Verlader, Fahrer, Wirtschaft und Gesellschaft haben kann.*

1.1 Verladeeinrichtungen

In der Praxis spricht man in vielfacher Weise von **Verladevorgängen** beim Versand von Gütern:

- bei der Beladung von Flach- bzw. Gitterboxpaletten mit unverpackten oder verpackten Gütern
- bei der Beladung von Containern mit Packstücken oder Paletten
- bei der Beladung von Lkw mit Packstücken oder Paletten
- bei der Beladung von Waggons mit Packstücken oder Paletten
- bei der Beladung von Lkw und Waggons mit Containern
- bei der Beladung von Schiffen und Flugzeugen mit Packstücken, Paletten und Containern

Um Verladevorgänge beim Wareneingang und Warenausgang möglichst schnell, kostensparend, unfallfrei und witterungsgeschützt abwickeln zu können, benötigt ein Unternehmen neben den Fördermitteln auch entsprechende Verladeeinrichtungen.

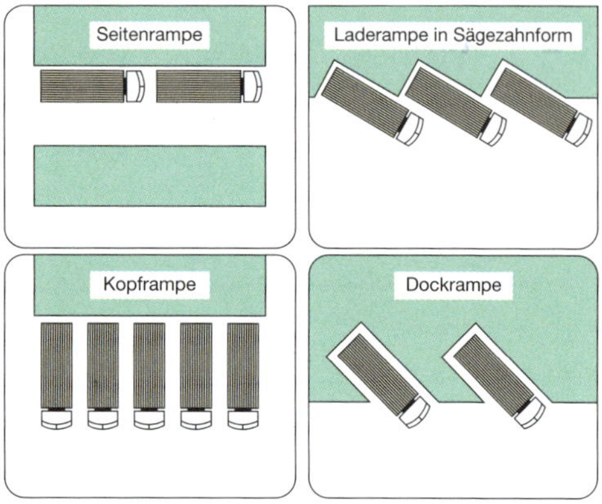

Eingesetzte Rampenformen für die Lkw-Be- und Entladung

	Statische Verladeeinrichtungen	Dynamische Verladeeinrichtungen
Kennzeichen	Sie sind Teil des Lagergebäudes bzw. ortsfest aufgestellt.	Sie sind ortsveränderlich einsetzbar.
Beispiele	▪ **Laderampen** aus Beton außerhalb oder innerhalb des Lagergebäudes, mit oder ohne Luftschleusen bzw. mit wärmedämmenden Roll- oder Falttoren ▪ **Ladestationen** mit Hydraulikplattformen, Sektionaltoren und Ladevorrichtungen ▪ **Krananlagen** zur Containerverladung	▪ **Ladebrücken** zur Überbrückung von Abständen und Höhenunterschieden zwischen Ladefahrzeugen und Laderampen ▪ **mobile Laderampen** mit kippbarer und ausziehbarer Ladeplattform ▪ **Ladeschienen** zur Auffahrt und Abfahrt auf Transportfahrzeuge ▪ **Hebebühnen** ▪ **mobile Fördersysteme** ▪ **mobile Krananlagen**

Zusammen mit den eingesetzten Fördermitteln ergeben sich Verladesysteme.

Laderampe

Ladestation mit Hydraulikplattform und Sektionaltor

1.2 Rechtliche Grundlagen zur Verladung und zur Ladungssicherung

Nach der **Straßenverkehrsordnung (§22 StVO)** ist die Ladung einschließlich Geräte zur Ladungssicherung sowie Ladeeinrichtungen so zu verstauen und zu sichern, dass sie selbst bei Vollbremsung oder bei plötzlichen Ausweichbewegungen nicht verrutschen, umfallen, hin- und herrollen, herabfallen oder vermeidbaren Lärm erzeugen kann. Diese Vorschrift richtet sich nicht nur an den Fahrer oder Halter des Fahrzeugs, sondern an jeden, der das Fahrzeug unter eigener Verantwortung belädt.

Wer nun die Verladung selbst durchzuführen hat und wer für die sichere Verladung verantwortlich ist, regelt der **§412** im **Handelsgesetzbuch**. Darin heißt es, dass der **Absender/Verlader** das Gut **beförderungssicher** zu laden, zu stauen, zu befestigen sowie zu entladen hat. Der **Frachtführer/Fahrer** hat für die **betriebssichere Verladung** zu sorgen.

Beförderungssichere Verladung

Auch nach dem Übereinkommen über den Beförderungsvertrag im internationalen Straßengüterverkehr (CMR) trifft den Frachtführer/Fahrer keine Verpflichtung zum Beladen des Fahrzeugs. Gleiches steht in §5 der Vertragsbedingungen für den Güterkraftverkehrs- und Logistikunternehmer (VBGL): „Der **Absender** hat **beförderungssicher** nach den einschlägigen Rechtsvorschriften und dem Stand der Technik zu **beladen** ..."

Dies bedeutet, dass der **Frachtführer** das Fahrzeug, den Waggon oder auch den Container – ausreichend ausgerüstet mit Ladungssicherungsmitteln – dem Absender **zur Beladung bereitstellt**. Der Absender hat das Gut beförderungssicher/transportsicher zu verpacken, zu kennzeichnen, anschließend auf das Transportmittel zu laden sowie dort zu stauen und zu befestigen. **Beförderungssicher** bedeutet dabei, dass die Verpackung, aber auch die benutzten Gurte, Bänder, Keile usw. den straßen- und verkehrsbedingten Situationen bis hin zu einer Notbremsung standhalten müssen. Andernfalls liegt ein Verschulden des Absenders vor, und er haftet für den entstandenen Schaden.

Betriebssichere Verladung

Für die **betriebssichere** (verkehrssichere) **Verladung** ist der **Frachtführer/Fahrer** verantwortlich. Dazu **zählen**:

- Einsatz eines für den Gütertransport geeigneten Fahrzeugs
- Einhaltung der vorgeschriebenen Achslasten, Gewichte und Abmessungen
- Feststellung der Lastverteilung

Der Frachtführer/Fahrer ist **vor Fahrtantritt** bei Überprüfung der Betriebssicherheit des Fahrzeugs auch verpflichtet, erkennbare Mängel an der Beförderungssicherheit festzustellen, sie dem Absender anzuzeigen, vor der Abfahrt beheben zu lassen oder den Transport abzulehnen. Selbstverständlich ist es die Pflicht des Fahrers, sein Fahrverhalten auf die Ladung abzustimmen.

Vertragliche Vereinbarungen

Vielfach ist im Frachtbrief vereinbart oder vertraglich geregelt, dass der Frachtführer/Fahrer gegen Vergütung die Beladung vornimmt. Dies kommt z.B. beim Einsatz von Spezialfahrzeugen mit Kranvorrichtung oder bei Tankfahrzeugen vor. In diesem Fall haftet der Frachtführer/Fahrer für die beförderungs- **und** betriebssichere Verladung. Umgekehrt ist hier der Verlader zur Kontrolle der Ladung verpflichtet und kann dem Fahrer Anweisungen zur richtigen Ladungssicherung erteilen.

Freiwillige Dienstleistung des Fahrers

Hilft der Frachtführer/Fahrer dem Absender freiwillig beim Verladen der Güter, dann bleibt trotzdem der **Absender** für die beförderungssichere Verladung **verantwortlich**. Gleiches gilt bei einem Schaden, den der Fahrer bei dieser **freiwilligen Mithilfe** beim Verladen verursacht. Für den Schaden haftet auch nicht der Frachtführer als Arbeitgeber des Fahrers, sondern der Absender. Gründe:

- Der Fahrer wird hier als **Erfüllungsgehilfe** des Absenders angesehen.
- Der Absender „leitet“ die Verladung, er hat somit die **„Oberaufsicht“**.

Beispiel

Der Fahrer hilft dem Absender auf dessen Bitten und lädt mit einem Gabelstapler Paletten auf den Lkw. Auf der Fahrt kippt ihm eine Palette von der Gabel. Das palettierte Gut wird beschädigt. Den entstandenen Schaden trägt nicht der Frachtführer, sondern der Absender.

Führt der Fahrer das Be- und Entladen **unaufgefordert** und ohne Wissen des Absenders durch, geht die Haftung für den Schaden in der Regel auf den Frachtführer über.

Beispiel

Das Personal des Absenders befindet sich in der Mittagspause. Dem Fahrer dauert dies zu lange. Er belädt den Lkw selbst und verursacht einen Schaden.

1.3 Physikalische Grundlagen der Ladungssicherung

Ladungssicherung erfolgt sehr häufig nach Erfahrungs- und Schätzwerten. Zeit- und Kostendruck gepaart mit der Einstellung, es werde schon nichts schiefgehen, es sei bisher auch immer gut gegangen, sind häufig die Ursachen für **Unfälle** mit Ladungs-, Sach-, Personen- und Umweltschäden. Viele dieser Unfälle könnten bei Kenntnis der physikalischen Grundlagen sowie der technischen Vorschriften und bei gewissenhafter Umsetzung dieser Kenntnisse vermieden werden.

Technische Vorschriften zur Ladungssicherung

Aus technischer Sicht gibt es zur Ladungssicherung verschiedene Vorschriften:

- DGUV Vorschrift 70 (früher BGV D29)
- VDI-Richtlinie 2700 (VDI – Verein Deutscher Ingenieure)
- DIN EN Normen, die europaweit gelten, z. B. DIN EN 12195 – 1 und 2
- CTU-Packrichtlinien für die Beladung von Containern, Wechselbehältern im kombinierten Verkehr Straße – Schiene – Binnengewässer – See (CTU – Cargo Transport Unit)

Tipp

Weitere Informationen zur Ladungssicherung erhalten Sie u. a. aus dem Fachbuch Ladungssicherung – Leitfaden für die Praxis, Verlag Günter Hendrisch, Wegberg 2014.

Auch bei einer nur kurzen Transportstrecke wird es zu Situationen kommen, die eine Ladungssicherung erfordern. So wirken auf die Ladung **Kräfte**:

- beim Anfahren und Beschleunigen
- beim Bremsen
- in Kurven
- beim Ausweichen
- bei Glatteis
- bei Aquaplaning usw.

Für die Ladungssicherung von Bedeutung sind dabei:

- die Gewichtskraft F_G
- die Massenkraft F_M
- die Fliehkraft F_Z
- die Reibungskraft F_R
- die Sicherungskraft F_S

1.3.1 Gewichtskraft F_G

Unter der Gewichtskraft F_G versteht man die Kraft, mit der eine Masse (z. B. die Ladung auf dem Lkw) senkrecht auf die Ladefläche drückt. Für den Begriff „Masse“ wird umgangsprachlich auch der Begriff „Gewicht“ verwendet. Sie berechnet sich aus der Masse in kg multipliziert mit der Erdbeschleunigung (9,81 m/s²). Die physikalische Einheit lautet N = Newton.

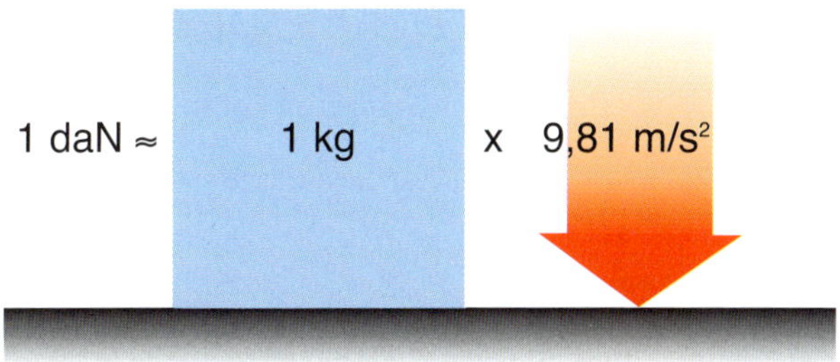

Zur Vereinfachung rechnet man bei Problemen der Ladungssicherung mit $g = 10\ m/s^2$.

Damit entspricht der Betrag (Zahlenwert) der Masse in kg (Kilogramm) dem Betrag der Gewichtskraft in daN (Deka-Newton).

Beispiel

Gewicht einer Holzkiste: $m = 2000\ kg$

Erdbeschleunigung: $g = 9{,}81\ m/s^2 \approx 10\ m/s^2$

Gewichtskraft: $F_G = m \cdot g$

$F_G = 2000\ kg \cdot 10\ m/s^2 = 20000\ N = 2000\ daN$

Lösung

*Die Holzkiste mit einer Masse von 2 000 kg drückt mit einer Gewichtskraft F_G von 20 000 Newton = **2 000 Deka-Newton** auf die Ladefläche.*

1.3.2 Massenkraft F_M

Sie wird auch **Trägheitskraft** oder **Fliehkraft** genannt. Ursache dieser Kraft ist die Trägheit, die jede Masse (Person, Gegenstand, Ladung) enthält. Diese Trägheit bewirkt, dass sich jede Masse gegen Bewegungsänderung (Beschleunigung, Verzögerung, Richtung) wehrt und ihr entgegenwirkt. Typische Beispiele dafür sind:

- Durch die **Trägheitskraft** wird beim **Anfahren** die in Ruhe befindliche Masse nach hinten gedrückt/geschoben (da sie ja in Ruhestellung bleiben möchte); dies umso stärker, je mehr beschleunigt wird. So wird ein Autofahrer bei einer Beschleunigung von 0 auf 100 km/h in 10 Sekunden mit einer Kraft von circa 30 % seines Körpergewichts in den Sitz gedrückt.

- Durch die **Trägheitskraft** wird beim **Bremsen** (= negative Bewegungsänderung) die in einer bestimmten Geschwindigkeit befindliche Masse nach vorne gedrückt/geschoben (da sie ja in der ursprünglichen Geschwindigkeit bleiben möchte); dies umso stärker, je mehr abgebremst wird.
- Die **Fliehkraft**, auch **Zentrifugalkraft** genannt, ist eine radial nach außen wirkende Trägheitskraft. So wird z.B. bei einer Linkskurve die in Geradeausbewegung befindliche Masse nach rechts außen gedrückt, da sie weiter geradeaus bleiben möchte. Die Fliehkraft F_Z ist umso größer
  - je größer die Masse der Ladung
  - je größer die Geschwindigkeit des Fahrzeugs,
  - je kleiner der Radius der Kurve ist.

  Sie wird berechnet nach der Formel:

$$F_Z = \frac{m \cdot v^2}{r}$$

Dabei gilt: m = Masse in Kilogramm, v = Geschwindigkeit in Meter pro Sekunde,
r = Radius in Meter

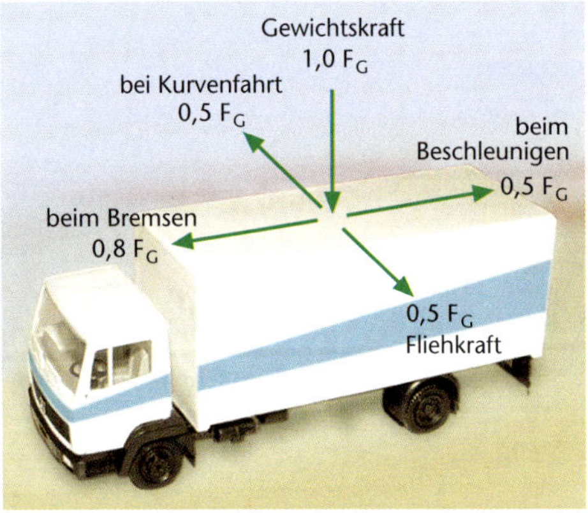

Kräfte im normalen Fahrbetrieb

Definition

Die Massenkraft F_M als Trägheitskraft wird berechnet aus der Masse multipliziert mit der Beschleunigung.

Die auftretenden Massenkräfte erfordern eine ausreichende Ladungssicherung. Zur Berechnung wird der Sicherungsfaktor f eingeführt. Im normalen Fahrbetrieb können die Massenkräfte folgende Werte annehmen:

- beim Bremsvorgang maximal 80 % der Gewichtskraft ($F_M = 0{,}8 \cdot F_G$)
- beim Anfahrvorgang und bei Kurvenfahrten mit maximal 50 % der Gewichtskraft ($F_M = 0{,}5 \cdot F_G$)

Massenkraft F_M = Sicherungsfaktor f · Gewichtskraft F_G

$$F_M = f \cdot F_G$$

f = 0,8 bei Bremsvorgängen
f = 0,5 bei Anfahrvorgängen und Kurvenfahrten

Im Schienenverkehr kann durch die dabei vorkommenden Rangierstöße die Massenkraft nach vorne und nach hinten 100 % des Ladungsgewichts ($F_M = 1{,}0 \cdot F_G$) ausmachen.

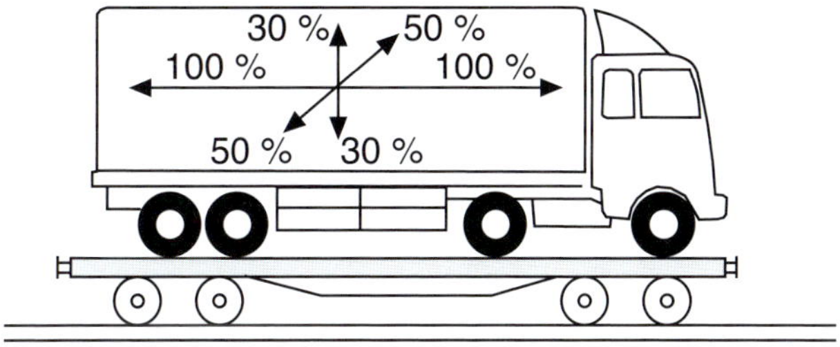

Kräfte auf die Ladung im Schienenverkehr

Um die Massenkräfte zu kompensieren, muss durch Maßnahmen der Ladungssicherung eine Gegenkraft in mindestens gleicher Höhe aufgebracht werden. Dies kann durch die Ausnutzung der Reibung zwischen Ladung und Ladefläche bzw. durch Maßnahmen zur Ladungssicherung erfolgen.

1.3.3 Reibungskraft F_R

Jeder kennt die Situation, dass man auf einer Eisfläche, einer Bananenschale oder auf Schmierseife sehr viel schneller ausrutscht als auf einem trockenen Holz- oder Steinboden.

Auf dem Eis fehlt der Halt, die Bodenhaftung oder physikalisch gesagt die Reibung zwischen der Eisfläche und dem Schuh. Je größer die sogenannte **Mikroverzahnung** zwischen Eis und Schuh (Ledersohle – Gummisohle) ist, desto größer ist der Halt, die Haftung, die Reibung, die physikalisch als Reibungskraft bezeichnet wird und die – übertragen auf den Transport einer Ladung – der Ladungsverschiebung beim Anfahren, Bremsen, in Kurven entgegenwirkt.

Vorsicht: Beim Fahren in der Kurve über ein Hindernis, z. B. Bordsteinkante, hebt die Ladung aber möglicherweise kurz ab, sodass die Wirkung der Reibungskraft zwischen Ladefläche und Ladung aufgehoben wird und ein Verschieben der Ladung erfolgen kann.

Haftreibung – Gleitreibung

Physikalisch ist zwischen der **Haftreibung** und der **Gleitreibung** zu unterscheiden. Die **Haftreibung** entspricht dabei der Kraft, die man aufwenden muss, um einen ruhenden Gegenstand in Bewegung zu bringen. Die **Gleitreibung** entspricht der Kraft, die man aufwenden muss, um einen in Bewegung befindlichen Gegenstand in seinem Gleitzustand zu halten.

Die Gleitreibung ist etwa um 20 % kleiner als die Haftreibung. Bei der Ladungssicherung wird aus Sicherungsgründen mit der kleineren Gleitreibung gerechnet.

Gleit-Reibbeiwert μ

Im Ladungsverkehr ist die Reibungskraft von der Oberfläche der Ladefläche (Holz, Metall, Kunststoff) und des Ladegutes (Holz, Metall, Kunststoff) sowie vom Ladungsgewicht (Gewichtskraft F_G) abhängig.

Wie stark die Mikroverzahnung von der Oberfläche der Ladefläche und der Oberfläche des Ladungsgutes ist, wird durch den Gleit-Reibbeiwert μ (sprich: mü) ausgedrückt.

Der Gleit-Reibbeiwert μ hängt zum einen von zusammentreffenden Materialarten ab, zum anderen aber auch davon, ob die Oberflächen trocken, nass, schmutzig oder fettig sind. Der **Richtlinie VDI 2700** ist die Tabelle für die Gleit-Reibbeiwerte entnommen.

Gleit-Reibbeiwert μ nach VDI 2700:

Materialpaarung	trocken	nass	fettig
Holz/Holz	0,20–0,50	0,20–0,25	0,05–0,15
Metall/Holz	0,20–0,50	0,20–0,25	0,02–0,10
Metall/Metall	0,10–0,25	0,10–0,20	0,01–0,10
Beton/Holz	0,30–0,60	0,30–0,50	0,10–0,20

Für die Berechnung der Reibungskraft F_R ist aus Gründen der Sicherheit im Zweifelsfall immer der jeweils **kleinste** Wert für μ anzunehmen.

Die Reibungskraft F_R ergibt sich somit aus:

$$\text{Reibungskraft } F_R = \text{Gleit-Reibbeiwert } \mu \cdot \text{Gewichtskraft } F_G$$
$$F_R = \mu \cdot F_G$$

Beispiel 1

Ladungsgewicht: *m = 4 000 kg*
Oberfläche der Ladefläche: *Holz*
Oberfläche des Ladungsgutes: *Holz*
angenommener Zustand: *nass*
anzunehmender Wert: *niedrigster Gleit-Reibbeiwert μ in dieser Situation*

Ermitteln Sie die Reibungskraft F_R in daN (Deka-Newton).

Lösung
1. Schritt: Ermittlung der Gewichtskraft F_G
F_G = 4 000 daN (Deka-Newton)

2. Schritt: Ermittlung der Reibungskraft F_R in Deka-Newton
Für Holz/Holz bei Nässe gilt nach Tabelle 0,20 bis 0,25. Anzunehmen ist der geringste Gleit-Reibbeiwert μ, also 0,20.

$F_R = \mu \cdot F_G$
$F_R = 0{,}2 \cdot 4\,000 = 800$ *daN (Deka-Newton)*

Die Reibungskraft F_R beträgt 800 daN. Dies bedeutet, dass die Gefahr des Verrutschen der Ladung durch eine Reibungskraft von 800 daN vermindert wird.

Beispiel 2

Ladungsgewicht: *m = 4 000 kg*
Oberfläche der Ladefläche: *Metall*
Oberfläche des Ladungsgutes: *Metall*
angenommener Zustand: *trocken*

Es wird zur Absicherung gegen Verrutschen zwischen Ladefläche und Ladung eine Antirutschmatte gelegt. Der Gleit-Reibbeiwert μ dieser Matten liegt bei trockener und nasser, jedoch nicht fettiger Oberfläche, bei 0,6.

Ermitteln Sie die Reibungskraft F_R in daN (Deka-Newton).

Lösung

1. Schritt: Ermittlung der Gewichtkraft F_G

F_G = 4 000 daN (Deka-Newton)

2. Schritt: Ermittlung der Reibungskraft F_R in Deka-Newton

Für Metall/Metall bei Trockenheit gilt nach Tabelle 0,10 bis 0,25, bei Verwendung einer Antirutschmatte aber der Gleit-Reibbeiwert μ von 0,6.

$F_R = \mu \cdot F_G$

$F_R = 0{,}6 \cdot 4\,000\ \text{daN} = 2400\ \text{daN}$ *(Deka-Newton)*

Die Reibungskraft F_R beträgt 2 400 daN. Dies bedeutet, dass die Gefahr des Verrutschen der Ladung durch eine Reibungskraft von 2 400 daN vermindert wird.

1.3.4 Sicherungskraft F_S

Die bisherigen Berechnungen haben gezeigt: **Je rauer die Oberflächen, desto größer ist der Gleit-Reibbeiwert μ und damit auch die Reibungskraft F_R. Dies bedeutet weiterhin: Je größer der Gleit-Reibbeiwert μ bzw. die Reibungskraft F_R, desto weniger muss die Ladung zusätzlich gegen Verrutschen gesichert sein.** Diese letzte Aussage soll an einem Beispiel erklärt werden.

Angenommen, wir haben eine Ladung mit einer Masse von m = 4000 kg, also einer Gewichtskraft F_G von 4000 daN und es kommt zu einer **Vollbremsung**. Dann wirkt – wie bereits bekannt – durch die Trägheit eine Massenkraft von 80 % des Ladungsgewichts auf die Ladung ein. Dies bedeutet, dass die Ladung mit einer Massenkraft F_M von 3 200 daN nach vorne geschoben wird. Diese Massenkraft F_M von 3 200 daN wird aber vermindert durch die Reibungskraft F_R, die das Verrutschen nach vorne zur Bordwand hin vermindert, meist aber nicht völlig verhindern kann.

Aus diesem Grund muss nun eine zusätzliche Sicherungskraft eingesetzt werden, die das Verrutschen der Ladung ausschließt. Diese Sicherungskraft wird in der Praxis durch die Ladungssicherung geschaffen.

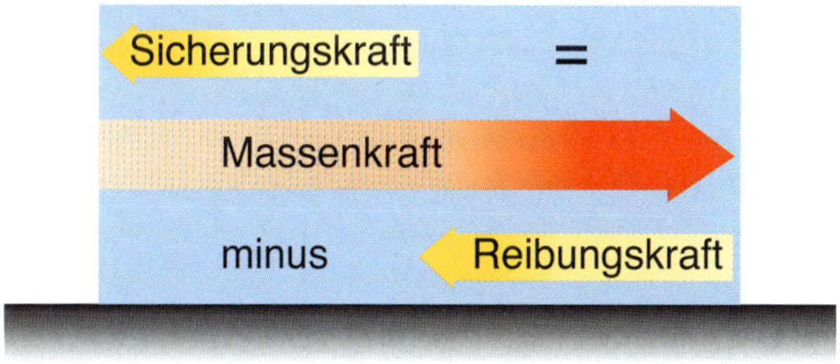

Rechnerisch ergibt sich somit folgende Formel:

$$\text{Sicherungskraft } F_S = \text{Massenkraft } F_M - \text{Reibungskraft } F_R$$
$$F_S = F_M - F_R$$

In Beispiel 1 hatten wir eine Gewichtskraft von F_G = 4000 daN. Bei einer Vollbremsung entspricht dies einer wirkenden Massenkraft F_M nach vorne von 4000 daN · 0,8 = 3200 daN. Bei einem Gleit-Reibbeiwert μ von 0,2 wird eine Reibungskraft F_R von 800 daN (20 % von der Gewichtskraft 4000 daN) ermittelt. Dies bedeutet, dass in diesem Beispiel die Ladung zusätzlich mit einer Sicherungskraft F_S von 3200 daN – 800 daN = 2400 daN gesichert werden muss.

In Beispiel 2 betrug bei gleicher Gewichtskraft durch den Einsatz von **Antirutschmatten** der Gleit-Reibbeiwert μ = 0,6. Dadurch stieg die Reibungskraft F_R auf 2400 daN. Damit muss in diesem Beispiel die Ladung zusätzlich nur noch mit einer Sicherungskraft F_S von 3200 daN – 2400 daN = 800 daN gesichert werden.

Trugschluss

Häufig besteht die Ansicht, dass **schwere Ladungen** nicht so schnell verrutschen wie leichte Ladungen und damit bei schweren Ladungen eine Ladungssicherung nicht so notwendig ist. Die bisherigen Berechnungen beweisen das Gegenteil und zeigen auch, dass die Sicherungskraft F_S mit zunehmendem Ladungsgewicht auch erhöht werden muss.

Beispiel 3

Ladung A hat ein Gewicht von 3000 kg und damit wirkt eine Gewichtskraft von 3000 daN.
Ladung B hat ein Gewicht von 300 kg und damit wirkt eine Gewichtskraft von 300 daN.
Bei einer schnellen Kurvenfahrt wirkt auf beide Ladungen eine Fliehkraft von 50 % der Gewichtskraft.
Bei beiden Ladungen gilt derselbe Gleit-Reibbeiwert μ von 0,25.

a) Wie groß ist die Massenkraft F_M (hier Fliehkraft) für Ladung A und B?

Lösung
Fliehkraft der Ladung A ergibt sich aus: $F_M = 0{,}5 \cdot 3\,000$ daN = 1 500 daN
Fliehkraft der Ladung B ergibt sich aus: $F_M = 0{,}5 \cdot 300$ daN = 150 daN

$$F_M = f \cdot F_G$$

Antwort: Auf die Ladung A wirkt eine zehnmal so hohe Fliehkraft wie auf die Ladung B. Ladung A wird sich also, wenn die wirkende Reibungskraft überwunden ist, ebenso in Bewegung setzen wie die leichtere Ladung B.

b) Wie groß ist die Reibungskraft für Ladung A und B?

Lösung
Reibungskraft der Ladung A ergibt sich aus: $F_R = 0{,}25 \cdot 3\,000$ daN = 750 daN
Reibungskraft der Ladung B ergibt sich aus: $F_R = 0{,}25 \cdot 300$ daN = 75 daN

$$F_R = \mu \cdot F_G$$

Antwort: Die schwerere Ladung A hat zwar eine zehnmal höhere Reibungskraft. Sie reicht aber nicht aus, um die Fliehkraft auszugleichen.

c) Welche Sicherungskräfte sind für Ladung A und B erforderlich?

Lösung
Sicherungskraft bei Ladung A: F_S = 1 500 daN – 750 daN = 750 daN
Sicherungskraft bei Ladung B: F_S = 150 daN – 75 daN = 75 daN

$$F_S = F_M - F_R$$

Antwort: Wegen ihres höheren Gewichts muss für die Ladung A auch eine höhere Sicherungskraft aufgewendet werden.

1.4 Arten der Ladungssicherung

Die Sicherung einer Ladung erfolgt im Normalfall in **zwei Schritten**:

Schritt 1: Die Ladeeinheit selbst muss in sich gesichert sein.

Beispiele
Verwendung von Gitterboxpaletten, Paletten mit Aufsatzrahmen, mit Stretch- oder – besser geeignet! – mit Schrumpffolie ummantelte Flachpaletten, mit Stahl- oder Kunststoffbändern umreifte Ladeeinheiten, gebündelte Rohre, umspannte Ballen usw.

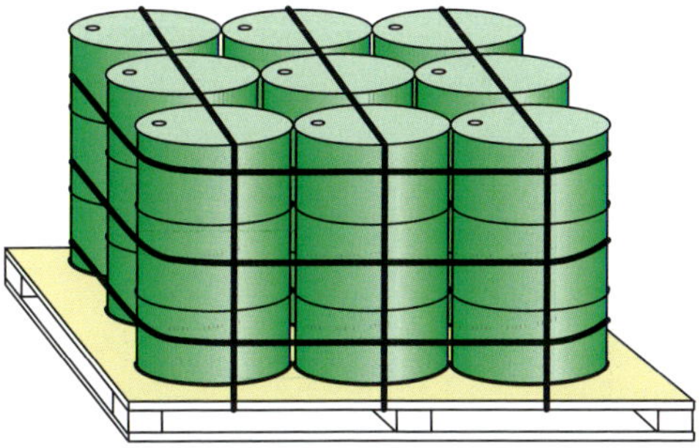

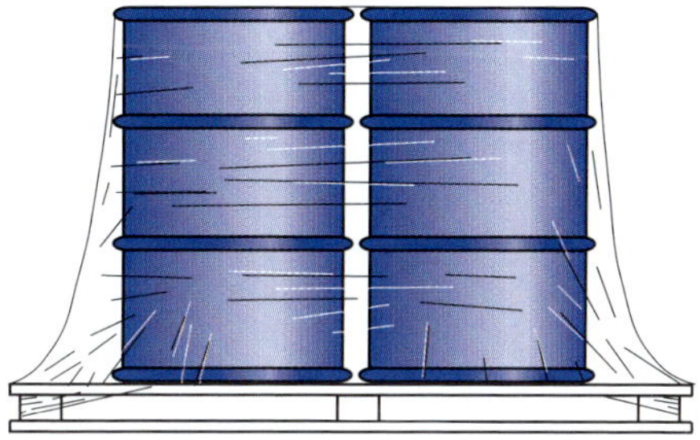

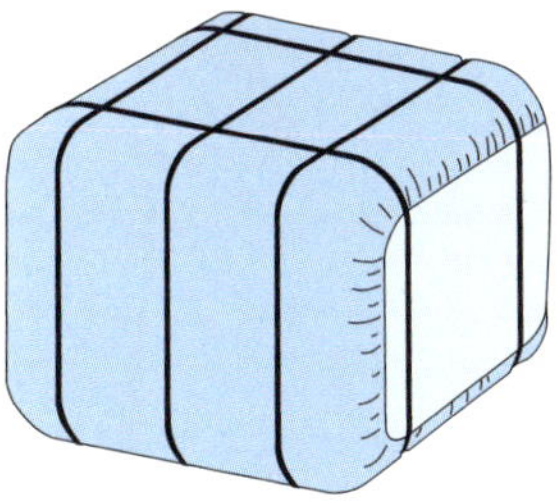

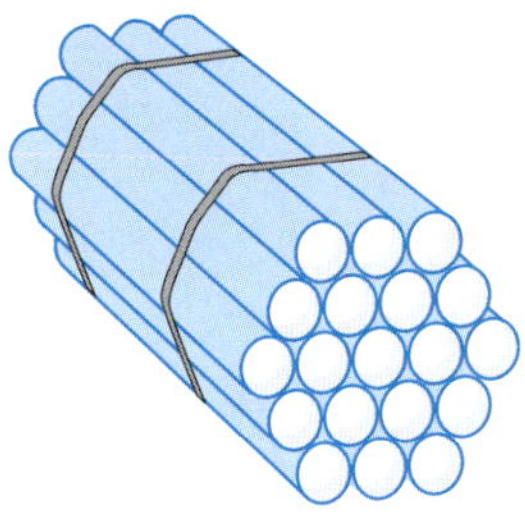

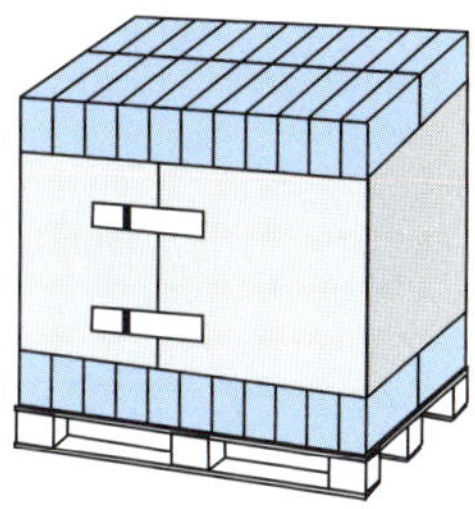

> ***Tipp***
> *Schlagen Sie dazu im Lernfeld 6 „Güter verpacken" nach.*

Schritt 2: Die Ladeeinheit auf dem Transportmittel richtig sichern.

Dabei sind drei Sicherungsarten zu **unterscheiden**:
- die kraftschlüssige Ladungssicherung
- die formschlüssige Ladungssicherung
- die kombinierte Ladungssicherung

1.4.1 Kraftschlüssige Ladungssicherung

Die kraftschlüssige Ladungssicherung erfolgt durch **Niederzurren** mithilfe von Zurrmitteln, z. B. Zurrgurten aus Chemiefaser. Dabei wird das **Zurrmittel** über das Ladungsgut geführt, an beiden Seiten der Ladung an der Ladefläche eingehängt und mit einem **Spannelement** (z. B. einer Ratsche) gespannt.

Durch das Niederzurren wird das Ladungsgut auf die Ladefläche gepresst. Dadurch wird die Mikroverzahnung zwischen Ladungsgut und Ladefläche verstärkt und damit die Reibungskraft F_R erhöht.

Definition

Beim Niederzurren werden die Zurrmittel über die Ladung geführt. Das heißt, die Zurrmittel pressen die Ladung an die Ladefläche und erhöhen damit die Reibungskraft.

Die Reibungskraft sichert somit die Ladung.

Eine Ladungssicherung durch **Niederzurren** eignet sich nur für **formstabile Ladungsgüter**. Verformbare Ladungsgüter, z. B. Säcke, können die beim Niederzurren eingesetzte Kraft (= Vorspannkraft) nicht für die erforderliche Reibungskraft weiterleiten. Auch ist es zweckmäßig, Kantengleiter zu verwenden und die Spannelemente wechselseitig anzubringen, damit diese beim Niederzurren eingebrachte Vorspannkraft auf das Ladungsgut gleichmäßig verteilt wird.

Kantengleiter
- vermeiden ein Eindrücken des Ladungsgutes,
- verhindern Reibungskräfte zwischen Ladungsgut und Gurt,
- halten den Mindestbiegeradius des Gurtes ein,
- verringern die Reißgefahr des Gurtes bei scharfkantigem Ladungsgut.

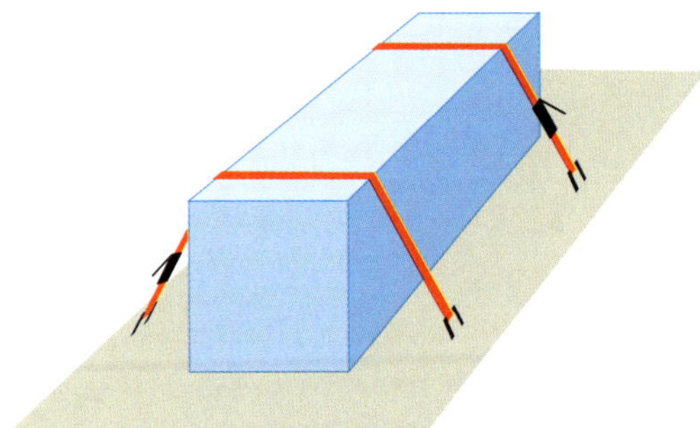

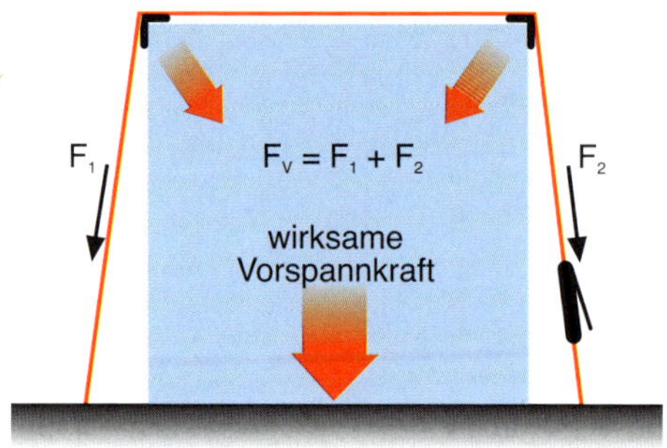

Berechnung der Vorspannkraft F_V oder S_{TF} beim Niederzurren

Unter der **Vorspannkraft** ist die Kraft zu verstehen, mit der die Ladung kraftschlüssig auf die Ladefläche gepresst wird (T = Tension = Spannung, F = Force = Kraft). Mithilfe eines Vorspannkraftmessgerätes kann die tatsächlich im Zurrmittel vorhandene Vorspannkraft gemessen werden.

Wie hoch die Gesamtvorspannkraft aller Zurrmittel zur Sicherung der gesamten Ladung sein muss, kann mit der nachfolgenden Formel berechnet werden. Dieser Formel liegt die Berechnung der Ladungssicherung nach DIN EN 12195 zugrunde. Mit dieser vereinfachten Formel kann in der täglichen Praxis gearbeitet werden.

$$F_V = \frac{f - \mu}{\mu} \cdot \frac{F_G}{1{,}5}$$

Dabei gilt
F_V = Vorspannkraft zur Sicherung der gesamten Ladung
f = Sicherungsfaktor nach vorn 0,8; nach hinten und zur Seite je 0,5
μ = Gleit-Reibbeiwert
F_G = Gewichtskraft in daN

Beispiel 1

f = 0,8 → *zur Sicherung nach vorn*
μ = 0,2 → *Holz auf Metall bei Nässe*
F_G = 2000 daN → *entspricht einem Ladungsgewicht der Ladung von 2 Tonnen*

Lösung

$$F_V = \frac{0{,}8 - 0{,}2}{0{,}2} \cdot \frac{2000}{1{,}5} = 4000 \text{ daN}$$

Antwort: Zur Sicherung sind Zurrmittel mit einer Vorspannkraft S_{TF} von mindestens 4 000 daN erforderlich. Hat nun ein Zurrmittel eine Vorspannkraft S_{TF} von 500 daN, dann muss die Ladung mit acht Zurrmitteln niedergezurrt werden, damit sie nicht nach vorne rutschen kann.

Beispiel 2

Bei der gleichen Ladung aus Beispiel 1 werden zur Reibungserhöhung Antirutschmatten mit einem Gleit-Reibbeiwert μ = 0,5 verwendet. Wie hoch muss nun die Vorspannkraft sein?

Lösung

$$F_V = \frac{0{,}8 - 0{,}5}{0{,}5} \cdot \frac{2000}{1{,}5} = 800 \text{ daN}$$

Antwort: In diesem Fall würden zur Sicherung der Ladung zwei Zurrmittel mit einer Vorspannkraft S_{TF} von je 400 daN ausreichen.

Zurrwinkel α

Wie stark die Vorspannkraft beim Niederzurren tatsächlich wirkt, hängt vom **Zurrwinkel** α ab.

Bei einem Zurrwinkel (Vertikalwinkel) α = 90° wirkt die Vorspannkraft zu 100 %. Unter einem Zurrwinkel von 83° nimmt die Vorspannkraft ab. Bei einem Zurrwinkel von 30 % wirkt die Vorspannkraft nur noch zu 50 %. Das bedeutet, dass zur Ladungssicherung mehr oder stärkere Zurrmittel eingesetzt werden müssen. Bei obigen Rechnungen wird ein Zurrwinkel von 90° angenommen.

Die Formel zur Berechnung enthält eine Sinus-Funktion. Deren Behandlung ginge aber über den Lernstoff unseres Ausbildungsberufes hinaus.

Für die Praxis bedeutet dies aber, dass der Verlader versuchen muss, einen möglichst großen Zurrwinkel zu erreichen, weil nur dann die Vorspannkräfte der Zurrmittel optimal genutzt werden können.

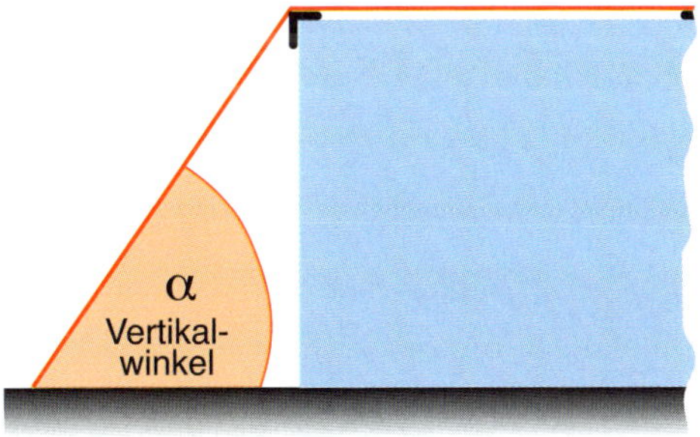

Tipp

Ermitteln Sie die Zahl der erforderlichen Zurrmittel mit der Trucker's Disc online unter www.dolezych.de.

1.4.2 Formschlüssige Ladungssicherung

Für die formschlüssige Ladungssicherung gibt es drei Möglichkeiten: Sie liegt vor,

- wenn die Ladung lückenlos verstaut wird, also direkt an der **Stirnwand**, der **Rückwand** und/oder den **Seitenwänden** anliegt.
- wenn die Ladung **direkt verzurrt** wird. Dieses Direktzurren kann als **Schrägzurren**, **Diagonalzurren** oder **Schlingenzurren** erfolgen.
- wenn die Ladung durch Keile, Festlegehölzer, Klemmbalken usw. festgesetzt wird.

Formschluss durch Klemmbalken

1.4.2.1 Lückenlose Verstauung

Voraussetzung für eine lückenlose Verstauung ist zuallererst ein **stabiler Fahrzeugaufbau**. Die Aufbaufestigkeit von Lastkraftwagen und Anhängern ist europaweit vorgeschrieben. So müssen nach DIN EN 12642 bei **Lastkraftwagen mit Kofferaufbauten**

- die Stirnwände 40 % der Nutzlast, maximal 5 000 daN (entspricht 5 Tonnen),
- die Rückwände 25 % der Nutzlast, maximal 3 100 daN,
- die Seitenwände 30 % der Nutzlast

aushalten und dürfen sich beim Verrutschen der Ladung nicht verformen. Bei verstärkten Aufbauten sind höhere Belastungswerte erlaubt. Fahrzeughersteller können sich die Aufbaufestigkeit ihrer Fahrzeuge zertifizieren lassen.

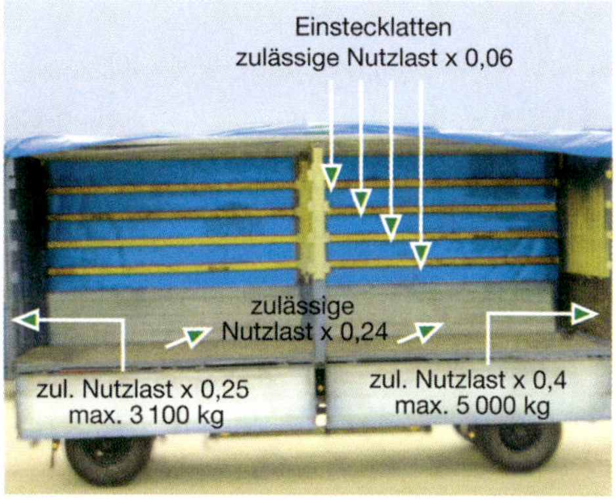

Belastbarkeit der Seitenwände eines Anhängers

Ob durch die Aufbauten die Ladungssicherung erfüllt ist, kann ebenfalls berechnet werden.

Beispiel 1

Nutzlast des Fahrzeugs:	*12 t = 12 000 kg (entspricht der Nutzlast F_{Nutz} = 12 000 daN)*
Ladungsgewicht m:	*10 t = 10 000 kg*
Materialpaarung Holz/Holz	$\mu_{Holz/Holz} = 0{,}2$

Lösung:

Gewichtskraft der Ladung:	F_G = 10 000 daN
Reibungskraft bei μ = 0,2	F_R = 2 000 daN

	Nach vorn	Nach hinten	Zur Seite
Zu sichernde Kraft F_M	8 000 daN	5 000 daN	5 000 daN
Reibungskraft F_R	–2 000 daN	–2 000 daN	–2 000 daN
Stirnwand 40 % F_{Nutz}	**–4 800 daN**		
Rückwand 25 % F_{Nutz}		**–3 000 daN**	
Seitenwand 30 % F_{Nutz}			**–3 600 daN**
Noch zu sichernde Kraft F_S	1 200 daN	0 daN	–600 daN

Ergebnis: Nach vorn ist eine zusätzliche Ladungssicherung von 1200 daN erforderlich. Zur Seite und nach hinten ist die Ladung ausreichend gesichert.

Beachte: *Übersteigt die Nutzlast des Fahrzeugs 12,5 Tonnen, so gelten die maximalen Werte für die Aufbaufestigkeit, d. h. für die Stirnwand der Wert von 5000 daN und für die Rückwand 3100 daN.*

Beispiel 2

Nutzlast des Fahrzeugs:	*20 t = 20 000 kg*
Ladungsgewicht m:	*15 t = 15 000 kg*
Materialpaarung Holz/Holz	$\mu_{Holz/Holz} = 0{,}2$

Lösung:

Gewichtskraft der Ladung:	$F_G = 15\,000$ *daN*
nach vorn zu sichernde Kraft F_M	*12 000 daN*
Reibungskraft F_R *bei* $\mu = 0{,}2$:	*–3 000 daN*
Stirnwand	***–5 000 daN***
noch zu sichernde Kraft F_S	*4 000 daN*

Ergebnis: Die Ladung muss nach vorn zusätzlich mit einer Sicherungskraft F_S *von 4000 daN gegen Verrutschen gesichert werden.*

Durch die formschlüssige Beladung ist die Ladungssicherung seitlich erfüllt. Es ist aber stets zu bedenken, dass sich durch Verschmutzung der Ladefläche oder durch Vibrationen auf der Fahrt die Reibung vermindern kann und eine zusätzliche Sicherung sinnvoll ist.

Sind Ladelücken vorhanden, sind sie mit Stausäcken, Leerpaletten usw. gegen Bewegung abzusichern. Die Möglichkeiten werden unter den Abschnitten Zurrmittel und Hilfsmittel näher erläutert.

Holzkeile und Kanthölzer

Zur formschlüssigen Ladungssicherung gehört auch der Einsatz von Holzkeilen und Kanthölzern, an die das Ladungsgut **bündig** angelegt wird und damit vor dem Verrutschen gesichert ist. Auf alle Fälle müssen diese Keile durch Nägel oder Lochschienen mit der Ladefläche fest verbunden sein.

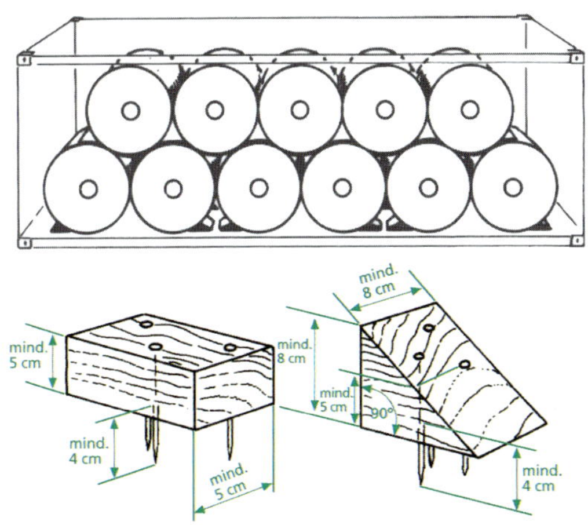

Ladungssicherung durch Keile: Keile schützen vor Rollbewegungen, Gleitschutzmatten vor seitlichen Verschiebungen der oberen Lage.

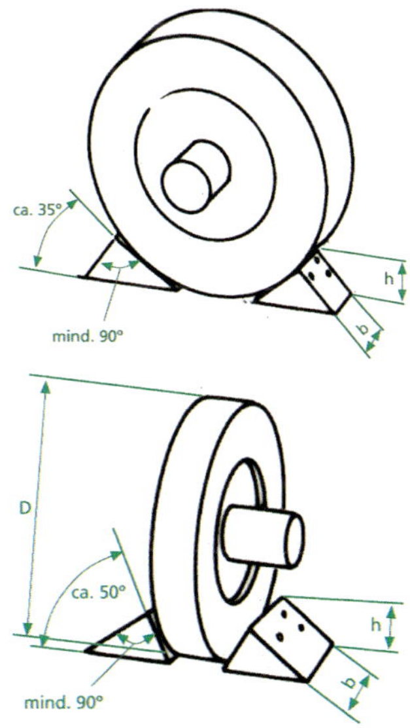

Bei Keilen hängt die **Stützfestigkeit** sehr stark von den verwendeten Nägeln ab. Damit eine Kraft von 400 daN pro Nagel wirkt, sollten

- Nägel mit mindestens 5 mm Durchmesser verwendet werden,
- die Nägel den Keil 5 cm durchdringen,
- die Nägel mindestens 4 cm in die Ladungsfläche eindringen,
- pro Keil mindestens 3 Nägel gemäß Abbildung eingeschlagen werden.

1.4.2.2 Direktzurren

Das Direktzurren gehört zur **formschlüssigen** Sicherung.

Definition

Beim Direktzurren sind die Zurrmittel direkt in der Ladung eingehangen. Das heißt, die Ladung wird durch die Zurrmittel in Position gehalten.

- Beim Direktzurren werden die Zurrmittel im geraden Zug eingesetzt und in den Zurrpunkten an der Ladung und in den Zurrpunkten auf der Ladefläche eingehängt.
- Dadurch wird beim Direktzurren die Ladung durch das Zurrmittel erst dann in seiner Position gehalten, wenn sie beim Anfahren, Bremsen oder in Kurven verrutschen will.
- Beim Direktzurren dürfen die Zurrmittel nur leicht vorgespannt werden.

Das Direktzurren ist **unbedingt** erforderlich

- bei allen Ladeeinheiten, die zu rollen beginnen können, z. B. geladene Fahrzeuge, Röhren,
- bei glatten, nassen, fetten, schmutzigen, staubigen Ladeflächen, da hier die Haftreibung gemindert ist,
- bei hohen Ladungsgütern, die durch ihren hoch liegenden Schwerpunkt leicht kippen und umfallen können.

Beim Direktzurren **unterscheidet** man zwischen

- Schrägzurren,
- Diagonalzurren,
- Schlingenzurren.

Schrägzurren

Beim Schrägzurren

- werden die Zurrmittel im rechten Winkel zur Außenkante der Ladefläche gespannt,
- sind immer acht Zurrmittel erforderlich,
- sichern immer zwei Zurrmittel auf jeder Seite das Ladungsgut.

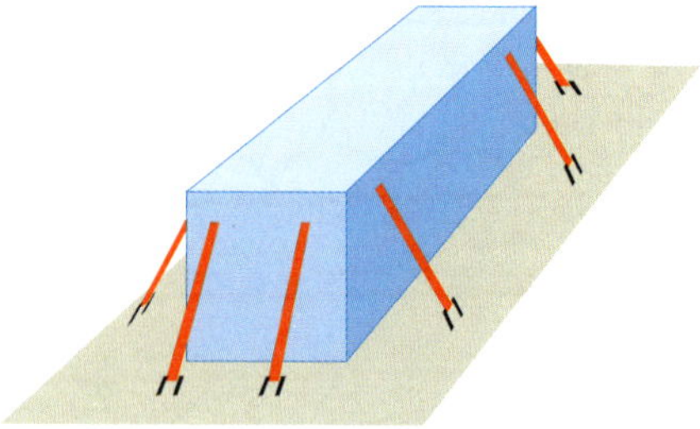

Die **Sicherungskraft** beim Schrägzurren hängt ab

- von der zulässigen **Zugkraft** (**Lashing Capacity**, LC), d. h. von der maximalen Kraft, die in ein **Zurrmittel** eingebracht werden darf,
- von der zulässigen **Zugkraft** der verwendeten **Zurrpunkte**, d. h. den Vorrichtungen am Fahrzeug oder im Container, an denen die Zurrmittel befestigt werden,
- vom **Zurrwinkel** α, in dem die Zurrmittel gespannt sind.

Diagonalzurren

Beim Diagonalzurren

- werden die Zurrmittel diagonal, also nicht im rechten Winkel zur Außenkante der Ladefläche gespannt,
- sind nur vier Zurrmittel erforderlich,
- sichert immer ein Zurrmittel jede der vier Ecken des Ladungsgutes.

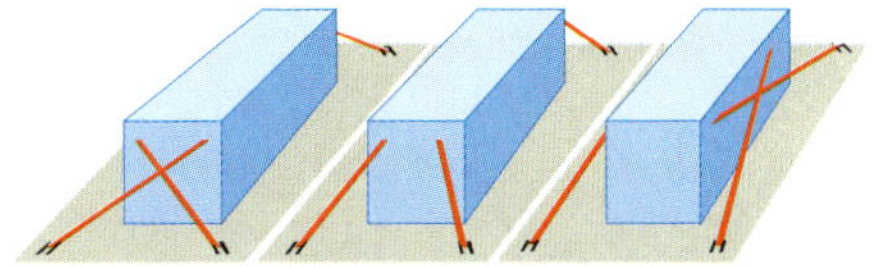

Beim Diagonalzurren hängt die Sicherungskraft ab

- von den zulässigen Zugkräften der Zurrmittel und der Zurrpunkte sowie
- von den Zurrwinkeln α und β, in dem die Zurrmittel gespannt sind.

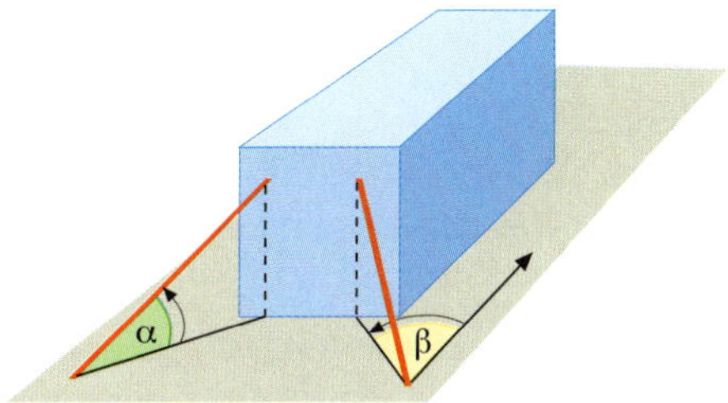

Dabei soll α zwischen 20° und 65° und β zwischen 10° und 50° liegen. Bei schlechteren Zurrwinkeln ist eine entsprechend höhere Zugkraft erforderlich.

Die Berechnung der Sicherungskraft beim Schräg- und Diagonalzurren enthält Sinus- und Cosinus-Funktionen, deren Behandlung nicht Inhalt Ihrer Berufsausbildung ist.

Schlingenzurren

Fehlen am Ladungsgut geeignete Zurrpunkte, dann ist mit einer **Kopfschlinge** ebenfalls eine Art der Direktzurrung möglich.

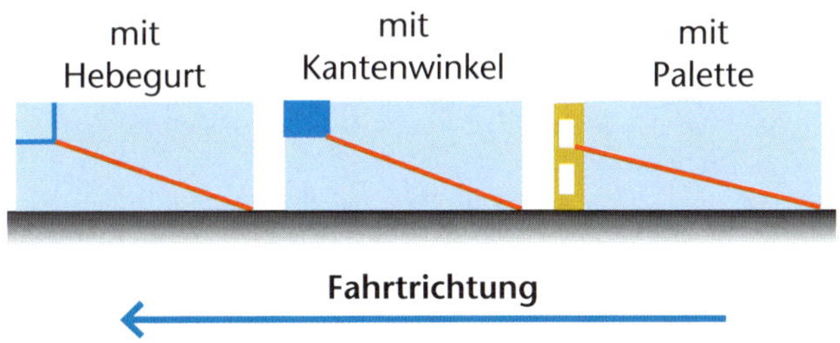

In der Abbildung dient die Kopfschlinge als Ladungssicherung in Fahrtrichtung. Die Kopfschlinge kann mit Hebegurten, Kantenwinkeln oder Paletten erfolgen. Seitliche und rückwärtige Ladungssicherungen sind bei Bedarf zusätzlich durchzuführen.

1.4.2.3 Kombinierte Ladungssicherung

In der Praxis werden je nach Ladesituation kraftschlüssige und formschlüssige Ladungssicherung **gleichzeitig** eingesetzt. Dabei kann sich der Verlader an folgende Grundregeln halten:

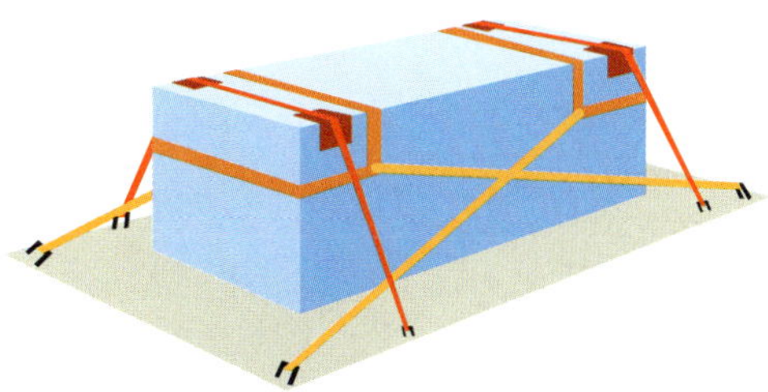

- Formschlüssiges Verladen an den Bordwänden ist besser als eine Direktverzurrung in Form von Schräg-, Diagonal- oder Schlingenzurren.

- Direktverzurrung wiederum ist dem reinen Niederzurren vorzuziehen.
- Kombinationsmöglichkeiten ergeben häufig die beste Ladungssicherung.

1.4.3 Kippgefahr

In den allermeisten Fällen schützt die Ladungssicherung vor dem Verrutschen der Ladung mit den entsprechenden Schadensfolgen. Vielfach besteht aber auch die Gefahr, dass die Ladung durch Flieh- oder Bremskräfte sowie Horizontalstöße nach vorne, zur Seite oder nach hinten umkippt. Dies ist besonders bei hohen Ladungsgütern der Fall.

Ob ein Ladungsgut **standfest** ist, hängt ab
- von der Schwerpunkthöhe H_S des Ladungsgutes; dies ist sehr häufig der Schnittpunkt der Diagonalen bei quaderförmigen oder zylinderförmigen Ladungsgütern,
- vom Abstand des Schwerpunktes von der Kippkante Bs,
- vom Sicherungsfaktor f, der nach DIN EN 12195-1
  - in Längsrichtung (nach vorn bzw. hinten) 0,8 und
  - in Querrichtuing (zur Seite) 0,5 beträgt.

Ein Sicherungsfaktor von 0,8 drückt dabei aus, dass die Ladung mit 80 % ihrer Gewichtskraft gegen Kippen gesichert werden muss.

Beispiel

Ein Ladungsgut hat eine Länge von 1,40 m, eine Breite von 1,20 m und eine Höhe von 1,80 m.

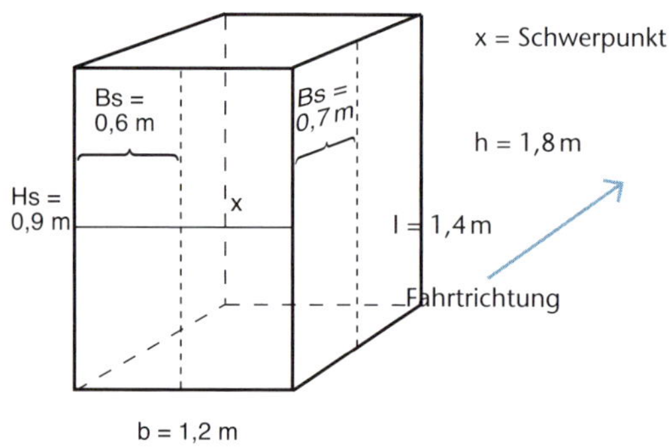

Grundsätzlich gilt: Das Ladungsgut ist standsicher, wenn $\frac{B_S}{H_S}$ *größer ist als der jeweilige Sicherungsfaktor f.*

Lösung

Kippen nach vorne:

$$\frac{B_S}{H_S} = \frac{0,7}{0,9} = 0,777 < 0,8.$$ *Nach vorne besteht Kippgefahr.*

Kippen zur Seite:

$$\frac{B_S}{H_S} = \frac{0,6}{0,9} = 0,666 > 0,5.$$ *Zur Seite besteht keine Kippgefahr.*

Kippen nach hinten:

$$\frac{B_S}{H_S} = \frac{0,7}{0,9} = 0,777 < 0,8.$$ *Nach hinten besteht Kippgefahr.*

Damit gilt, dass beim Ladungsgut eine Kippgefahr nach vorne und nach hinten besteht und eine Ladungssicherung gegen Umkippen erfolgen muss. Diese Ladungssicherung kann natürlich gleichzeitig ein Verrutschen der Ladung verhindern.

Kippgefahr durch auftretende Fliehkräfte besteht auch für das gesamte Fahrzeug, insbesondere
- *bei einseitiger Beladung,*
- *bei einseitig verschobener Ladung,*
- *bei Flüssigkeitsschwallen, besonders bei nicht ganz vollen Fässern und Behältern,*
- *bei Ladungen mit hohem Schwerpunkt, z. B. stehende Papierrollen.*

1.4.4 Richtige Lastverteilung

Zur Ladungssicherung müssen bei der Beladung von Fahrzeugen auf alle Fälle das zulässige Gesamtgewicht und die zulässigen Achslasten eingehalten werden.

Einzelladung

Zusätzlich ist auf eine richtige Lastverteilung auf den Fahrzeugen zu achten. Der **Lastverteilungsplan** weist die für das Fahrzeug zulässige Lastverteilung aus, damit die zulässigen Achslasten nicht überschritten werden und die Mindestachslast der Lenkachse (Vorderachse) nicht unterschritten wird.

A = höchstzulässige Vorderachslast
B = höchstzulässige Hinterachslast
C = Mindest-Vorderachslast

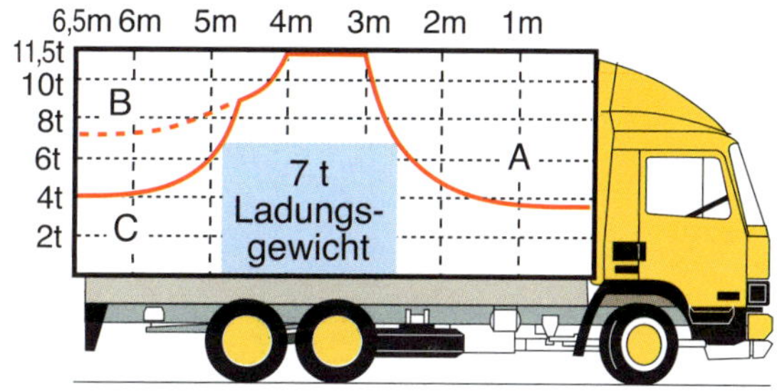

Erklärung zur Abbildung:

Transportiert man z. B. eine Ladung mit einem Ladungsgewicht von sieben Tonnen, muss ihr Schwerpunktabstand zur vorderen Ladebordwand zwischen 2,6 Metern und 4,9 Metern liegen.

Frage: Wo müsste demnach eine Ladung mit einem Ladungsgewicht von 11,5 Tonnen auf dem Lkw geladen sein?

Antwort: Sie müsste so geladen werden, dass sich der Schwerpunkt dieser Ladung auf der Ladefläche in einem Abstand zwischen 3 und 4 Metern von der vorderen Ladebordwand befindet.

Wird die Ladung zu weit nach vorne gestellt, kann das Fahrzeug leicht aus der Kurve getragen werden. Wird die Ladung zu weit nach hinten gestellt, verlieren die Vorderräder die Bodenhaftung, sodass die Lenkung versagen kann. Die Ladung ist so zu verstauen, dass der Schwerpunkt der Ladung möglichst auf der **Längsmittellinie** des Fahrzeugs liegt.

Teilladungen

Auch bei Teilladungen ist auf eine gleichmäßige Gewichtsverteilung zu achten, damit jede Achse anteilig belastet wird.

Bei Teilladungen lässt sich der **Gesamtschwerpunkt** für alle Einzelladungen nach folgender Formel ermitteln:

$$S_{gesamt} = \frac{m_1 \cdot S_1 + m_2 \cdot S_2 + m_3 \cdot S_3}{m_1 + m_2 + m_3}$$

Dabei bedeutet:

S_{gesamt}: Abstand des Gesamtschwerpunkts von der Stirnwand des Fahrzeugs
m: jeweiliges Gewicht der Einzelladungen in kg bzw. in Tonnen
S: Schwerpunktabstand des jeweiligen Ladegutes zur Stirnwand des Fahrzeugs in Metern

Beispiel

Ladung	m_1	m_2	m_3
Gewicht in Tonnen	3 t	5 t	4 t
Länge in Metern	1,8 m	1,8 m	1,8 m
Schwerpunkt in Metern	0,9 m	0,9 m	0,9 m
Abstand des Schwerpunkts von der Stirnseite des Lkw in Metern	0,9 m	2,7 m	4,5 m

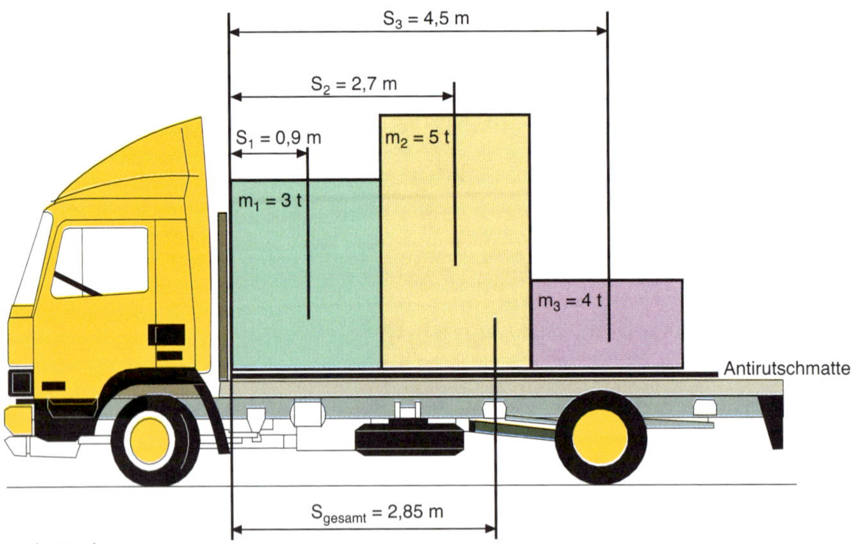

Lkw mit drei Ladungen

$$S_{Gesamt} = \frac{3t \cdot 0{,}9\,m + 5t \cdot 2{,}7\,m + 4\,t \cdot 4{,}5\,m}{3\,t + 5\,t + 4\,t}$$

$$S_{Gesamt} = \frac{34{,}2\,tm}{12\,t} = 2{,}85\,m$$

Antwort: Der Gesamtschwerpunkt der drei Ladungen liegt bei 2,85 Meter Abstand von der Stirnwand.

Nun kann mithilfe des Lastverteilungsplans für dieses Fahrzeug festgestellt werden, ob bei einem Gesamtgewicht von 12 Tonnen und diesem Schwerpunktabstand die Beladung in dieser Weise erfolgen kann.

1.5 Mittel zur Ladungssicherung

Zu den Mitteln der Ladungssicherung gehören:
- Zurrpunkte an den Fahrzeugen
- Zurrmittel
- sonstige Hilfsmittel

1.5.1 Zurrpunkte an den Fahrzeugen

Zurrmulden/Zurrpunkte. Ihre Befestigung am Rahmenprofil und Querträger garantiert eine optimale Krafteinleitung vom Zurrpunkt in das Fahrgestell.

Grundsätzlich ist vor der Beladung zu prüfen, ob das Fahrzeug für das Ladungsgut geeignet ist. Dazu zählt zum einen die **Aufbaukonstruktion** des Fahrzeugs. Sie bestimmt die Stabilität der Wände des Fahrzeugs. Zum anderen ist für die Arbeit des Verladers aber auch wichtig, ob am Fahrzeug die geeigneten **Zurrpunkte** zur Befestigung der Zurrmittel vorhanden sind.

Nach **DIN EN 12640** sind Nutzfahrzeuge zur Beförderung von Stückgut mit einem zulässigen Gesamtgewicht von mehr als 3,5 Tonnen mit Zurrpunkten auszurüsten. Die Zurrpunkte und ihre Zugkraft müssen an der Ladefläche gekennzeichnet sein.

Zurrschienen stellen **variable** Zurrpunkte dar. Bei ihnen kann der Verlader jedes Loch als Zurrpunkt verwenden.

1.5.2 Zurrmittel

Zu den Zurrmitteln gehören:
- Zurrgurte
- Zurrketten
- Zurrdrahtseile

Zurrmittel werden an den Zurrpunkten befestigt und sichern somit die Ladung.

1.5.2.1 Zurrgurte

Zurrgurte bestehen

- aus dem **Gurtband**, das meist aus Chemiefasern (Polyester) gewebt ist und als Spannmittel dient,
- aus einer **Ratsche** als Spannelement, in der die Spannkraft in das Zurrmittel eingebracht wird.

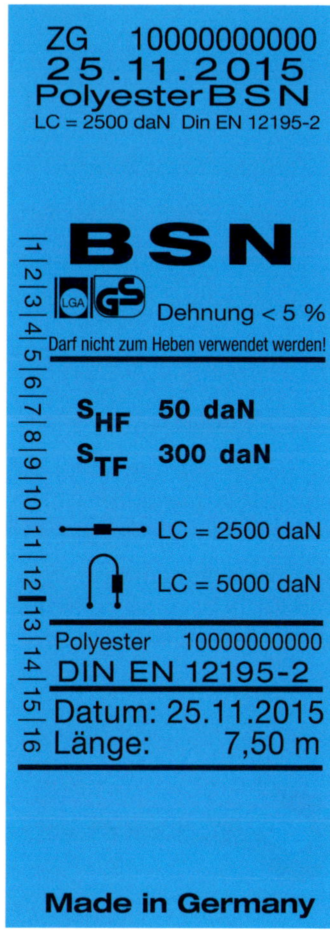

Etikett Zurrgurt

Man unterscheidet Kurzhebel-, Langhebelratschen und Zurrgurtwinden.

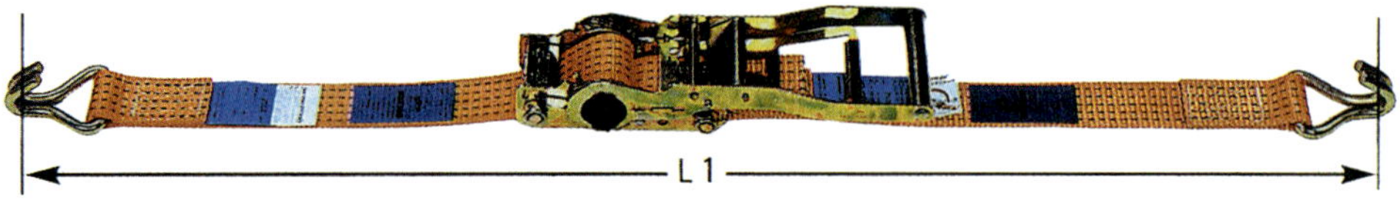

Zurrgurt mit Kurzhebelratsche

Zurrgurte müssen durch ein **Etikett** gekennzeichnet sein. Darin sind anzugeben

- die Zurrkraft – Lashing Capacity LC (to lash = festbinden), d. h. die Kraft, die im geraden Zug maximal in einen Gurt eingeleitet werden darf. Die Zugkraft des Gurtes darf nicht mit der Vorspannkraft beim Niederzurren verwechselt werden.
- die normale Handkraft – Standard Hand Force (S_{HF}), d. h. die Kraft, die zum Spannen der Ratsche aufzuwenden ist. Aus ergonomischen Gründen soll sie 50 daN nicht übersteigen.
- die normale Spannkraft S_{TF}, d. h. die Kraft, die durch die Handkraft mit der Hebelübersetzung der Ratsche erzeugt wird und somit als Vorspannkraft in den Gurt eingeleitet wird. Sie stellt also die im Gurt verbleibende Kraft dar, nachdem der Griff der Ratsche losgelassen wurde.

Beim **Einsatz** von Zurrgurten ist zu beachten:

- nur unbeschädigte Zurrgurte verwenden
- Zurrgurte nicht knoten
- Zurrgurte nicht über scharfe Kanten spannen
- Zurrgurte nicht über ihre zulässige Zugkraft belasten
- Zurrgurte nicht zum Heben von Lasten verwenden
- auf den Zurrgurten keine Lasten absetzen

1.5.2.2 Zurrketten

Zurrketten sind Ketten aus **Rundstahl**. Die Leistungsfähigkeit LC (Lashing Capacity) der Kette hängt ab von der Güteklasse des Stahls und der Ketten-Nenndicke. Sie ist auf dem Kennzeichnungsanhänger an der Kette erkennbar.

Als **Spannelemente** zur Einleitung der Zugkraft in die Kette werden Ratschenspanner und Knebelspanner verwendet. Als Verbindungselemente dienen z. B. Zurrhaken, Endglieder, Schäkel.

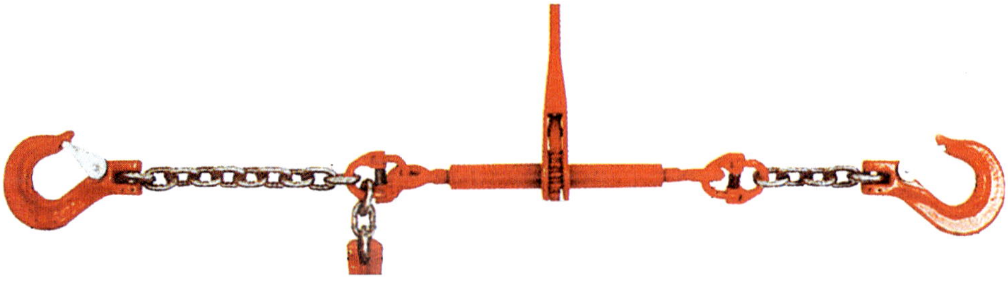

Beim **Handhaben** ist zu beachten:

- nur unbeschädigte Zurrketten verwenden
- Zurrketten nicht über den LC belasten
- Zurrketten nicht knoten
- Zurrketten nicht zum Heben von Lasten verwenden
- Zurrketten nicht über scharfe Kanten spannen

> ***Tipp***
>
> *Informieren Sie sich über die Ablegereife von Ketten im Lernfeld 4 „Güter im Betrieb transportieren".*

1.5.2.3 Zurrdrahtseile

Die Leistungsfähigkeit ergibt sich aus der Anzahl der Einzeldrähte und hängt ab vom Nenndurchmesser des Zurrdrahtseils. Als Spannelement sind Drahtseilwinden und Mehrzweckkettenzüge in Verwendung.

Die Verbindungselemente und Handhabungen sind mit denen der Zurrketten vergleichbar.

Zurrdrahtseile sind **abzulegen** bei

- Beschädigungen der Pressklemmen oder Spleiße,
- Verschleiß, Abrieb, Quetschungen, Knicken des Seils,
- Anrissen, Brüchen, Korrosion der Spann- oder Verbindungselemente.

1.5.3 Sonstige Hilfsmittel

Dazu gehören:

- im Fahrzeugaufbau fest vorhandene Einrichtungen zur Ladungssicherung wie
  - Bordwandanker
  - Einsteckrungen
  - Coilmulden
  - Ankerschienen
  - Lochschienen
  - Zahn- und Keilleisten

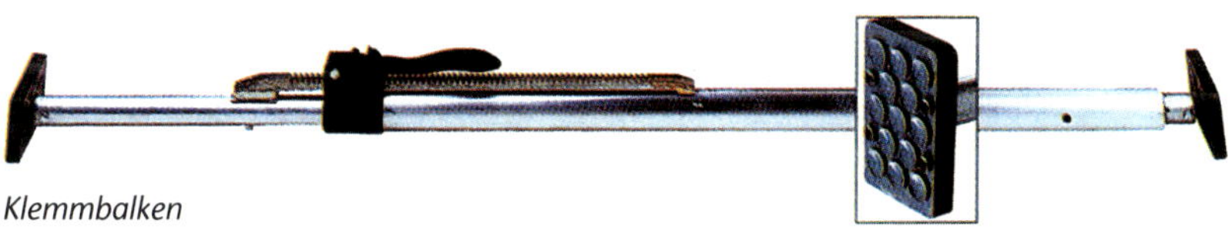

Klemmbalken

Lochschienen

Ankerschiene

- fixierende und ausfüllende Hilfsmittel zur Ladungssicherung. Sie sollen verhindern, dass die Güter sich auf der Ladefläche bewegen können. Dazu gehören:
  - Holzkonstruktionen
  - Schaumstoffpolster
  - Zwischenwände
  - Sperrstangen
  - Stausäcke
  - Holzbalken und Holzkeile
  - leere Holzpaletten
  - Klemmbalken
- Netze und Planen
- rutschhemmende Matten
- Zahnbleche, Zinkenbleche. Bei den kreissägeähnlichen Blechen ragen die Zähne oder Zinken wechselweise nach oben oder unten. Beim Absetzen einer Holzkiste auf den Holzboden eines Lastkraftwagens dringen die Zinken in das Holz ein und bilden eine formschlüssige Ladungssicherung.
- Twistlocks (to twist = verdrehen, lock = Schloss). Sie verriegeln Wechselbehälter oder ISO-Container untereinander bzw. mit dem Trägerfahrzeug.

Coilmulden

Zahn- und Keilleisten

Einsteckrungen

Holzkonstruktion

Stausäcke

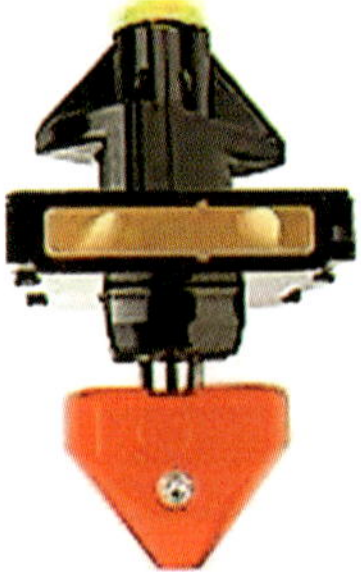

Twistlock

Netze

Rutschhemmende Materialien

1.6 Ablauf der Beladung von Verkehrsträgern

Der Ablauf der Beladung soll am Beispiel eines Containers dargestellt werden. Die meisten Tätigkeiten sind dabei auf andere Transportmittel wie Lastkraftwagen und Waggons übertragbar.

1.6.1 Erstellen eines Stauplans

Für die Erstellung eines Stauplans sprechen mehrere **Gründe**:
- Die Kapazitätsauslastung des Containers wird verbessert.
- Das Be- und Entladen wird vereinfacht und beschleunigt.
- Die Stauhilfsmittel können besser disponiert werden.

Für die **Stauplanung** sind notwendig:
- genaue Angaben über die **Maße und Gewichte** der zu verladenden **Güter** sowie deren Verpackung FR
- genaue **Innenmaße** und zulässige **Ladungsgewichte** des **Containers**

Bei der **Auswahl** des geeigneten Containers sollten beachtet werden:
- die **Belastbarkeit** des Containers. Dafür sind zu prüfen:
  - Flächenbelastung des Bodens (Befahren des Containers mit Gabelstapler, Abstellen des Packstücks im Container)
  - Belastbarkeit der Seiten-, Stirnwände und des Dachs
  - Belastbarkeit des Containers im Stapel
- die **Lastgrenzen** der Verkehrsträger im Versand- und Empfangsland
- die **Gewichtsverteilung** im Container
- die Möglichkeiten des Empfängers, um den Container zu entladen

Ein **gezeichneter Stauplan** sollte am besten maßstabsgetreu auf Millimeterpapier in der Draufsicht und Seitenansicht des Containers erfolgen. Anschließend können die Packstücke maßstabsgetreu eingezeichnet werden. Eine sehr variable Lösung ist, die Packstücke maßstabsgetreu zu zeichnen, auszuschneiden und anschließend in den Stauplan zu legen.

Wem die Zeichnung zu aufwendig ist, der kann am **Lagerboden** mit Farbe oder **Kreide** ein Rechteck in Containergröße markieren und die wirkliche Ladung darin „vorstauen".

Staupläne können aber auch mithilfe spezieller **Computerprogramme** erstellt werden. Dazu sind dem Computer die Packmittel und die Lademittel mit ihren Maßen, Gewichten und Eigenschaften einzugeben. Daraus errechnet das Programm verschiedene Beladungsvarianten.

1.6.2 Anforderungen an das Ladegut

Um ein ordnungsgemäßes Stauen und Sichern zu ermöglichen, sollte das Ladegut folgende **Anforderungen** erfüllen:

- **Modulabmessungen.** Die Maße der Verpackungen (z. B. Palette) und des Transportmittels sollten aufeinander abgestimmt sein.
- **Stapelbarkeit** durch standsichere und druckfeste Oberfläche des Ladegutes
- **Druckfestigkeit** der Seitenflächen und Kanten, z. B. für das Niederzurren
- **Standsicherheit** des Ladegutes selbst
- Niedriger mittiger **Schwerpunkt**. Sollte der Schwerpunkt verschoben sein, so ist die Schwerpunktlage auf allen vier Seiten der Ladeeinheit zu kennzeichnen.
- **Unterfahrbarkeit** durch Ladungsträger wie Paletten, um Fördermittel einsetzen zu können

1.6.3 Container-Check

Jeder Container, der im internationalen Verkehr eingesetzt wird, muss ein gültiges **Sicherheits-Zulassungsschild** nach dem internationalen Übereinkommen über sichere Container (**CSC-Plakette**) haben.

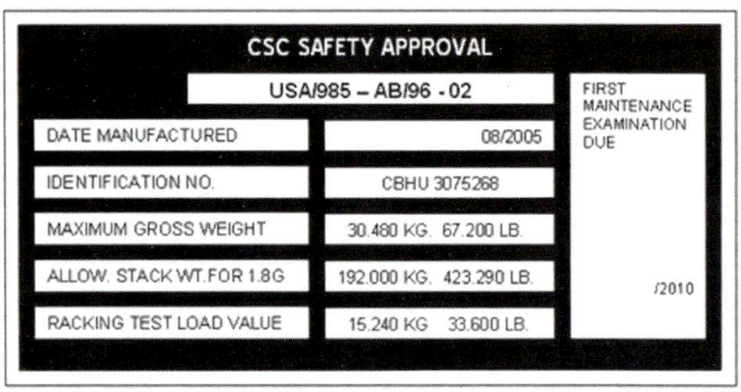

Vor dem Beladen ist es empfehlenswert, einen Check durchzuführen, um möglichen **CSC SAFETY APPROVAL** Ladungsschäden vorzubeugen:

Check außen

- keine Mängel an Trägern, Pfosten, Beschlägen, Schweißnähten
- keine Löcher und Risse in Wänden und Dach
- keine Verformungen der Wände und des Dachs
- Türen gangbar
- Verschlussvorrichtungen funktionieren
- CSC-Sicherheits-Zulassungsschild vorhanden und in einwandfreiem Zustand
- keine Aufkleber (Markierungen, Warnzeichen, Placards) von der letzten Ladung vorhanden

Check innen

- Es sind keine Verformungen im Boden, an den Innenwänden und der Decke erkennbar.
- Befestigungselemente sind vorhanden, in gutem Zustand und fest verankert.
- Container ist wasserdicht (Prüfprobe; beide Türen fest schließen und auf Lichteinfall achten).
- Container ist trocken (Schwitzwasser, Raureif).
- Container ist sauber, frei von Ladungsrückständen und geruchsneutral.
- Keine Nägel und herausstehende Gegenstände (können die Ladung beschädigen).

Prüfungen nach dem Beladen

- Container der Ladung und den Belastungen des Transports entsprechend beladen, gleichmäßige Ladung, Ladungssicherungen, keine Überladung
- Kopie der Kolli-Leistung gut sichtbar innen angebracht, z. B. für Zoll
- Türen und Dachabdeckung sorgfältig verschlossen
- Verschlüsse durch Plomben und Siegel gesichert
- alte Aufkleber entfernt
- bei Kühlcontainern: richtige Temperatur eingestellt
- bei „Open Top"-Containern: Planen richtig angebracht und Planenseile zollsicher eingezogen

1.6.4 Grundregeln beim Stauen der Ladung

Folgende Grundregeln sind beim Stauen zu beachten:

- Das Gewicht der Ladung darf die zulässige Nutzlast des Containers nicht überschreiten.
- Das Gewicht ist gleichmäßig auf die Bodenfläche zu verteilen. Die Packstücke dürfen sich dabei nicht ineinander verkeilen.
- Bei der Stauplanung ist der Platzbedarf für die Ladungssicherungsmittel einzurechnen. Auch ist zu klären, ob z. B. Holz als Packmittel bzw. Ladungssicherungsmittel in das Bestimmungsland eingeführt werden darf.
- Bei schweren Packstücken muss die Punktbelastung des Bodens durch Kanthölzer oder Ähnliches vermindert werden.
- Der Schwerpunkt des beladenen Containers muss unterhalb seiner halben Innenhöhe liegen. Außerdem muss der Schwerpunkt sich in der Mitte des Containers befinden und darf beim 20'-Container maximal 60 cm und beim 40'-Container maximal 90 cm davon abweichen. Andernfalls drohen Unfälle beim Verladen und auf dem Transport.
- schweres Gut unten – leichtes Gut oben stauen
- schwere Güter im vorderen Ladebereich verstauen, um Druckbelastungen beim Bremsen zu vermeiden
- feste Packstücke unten – weniger feste (z. B. Säcke) oben stauen
- Fässer und Trommeln nur stehend stauen
- Packstücke mit Flüssigkeiten unten – Packstücke mit festen Stoffen oben stauen
- Staub erzeugende nicht mit staubempfindlichen Gütern stauen
- geruchserzeugende nicht mit geruchsempfindlichen Gütern stauen
- Feuchtigkeit abgebende nicht mit feuchtigkeitsempfindlichen Gütern stauen

- frostempfindliche Güter nicht an den Wänden stauen
- Packstücke mit hervorstehenden Teilen, scharfen Ecken nicht mit stoßempfindlichen stauen
- Packstücke, die zuerst entladen werden müssen, als letzte stauen (Lifo-Prinzip)
- Packstücke so stauen, dass beim Öffnen des Containers nichts herausfällt und keine Personen verletzt werden können
- Transportmittel verschließen und bei Bedarf verplomben

1.6.5 Ladungssicherung beim Container

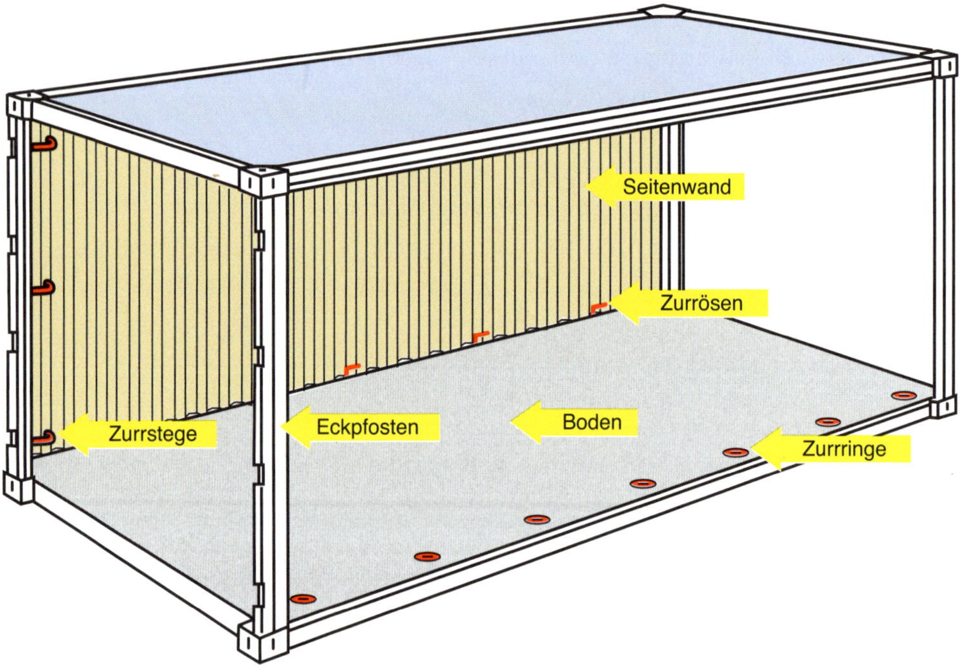

Ladungssicherungsmöglichkeiten im Container

Bauteil	Ladungssicherung
Zurrstege an Eckpfosten, Dach- und Bodenbelägen bzw. Zurrringe, Zurrösen am Boden	Belastbarkeit: 1 000 daN. Zum Befestigen von Tauwerk, Kunststoffbändern, Schnellspannern usw.
gesickte Stahl-Seitenwände	Zur Sicherung der Ladung in Längsrichtung können in die Sicken querlaufende Balken eingepasst werden.
Eckpfosten	zur Aufnahme hoher Punktbelastungen z. B. durch Stempelung
Containerboden	Sicherung durch Keile, Festlegehölzer

Für das Beladen von Containern gelten die CTU-Packrichtlinien (CTU = Cargo Transport Unit = Beförderungseinheit). Diese Richtlinien gelten für das Packen von Ladung außer

Schüttgut in oder auf Beförderungseinheiten (CTUs) bei Beförderung mit allen Verkehrsträgern zu Wasser und zu Lande. Dazu zählen u. a. Container, Wechselbehälter, Eisenbahnwaggons.

Tipp

Informieren Sie sich im Internet über die CTU-Packrichtlinien.

Zusammenfassung: Hilfsmittel zur Ladungssicherung nach den CTU-Packrichtlinien

Stauhilfsmittel / Einsatzbereich	1	2	3	4	5	6	7	8	9	10	11
Abstützen und Druck ableiten	X	X	X	X							
Ladung abschnittsweise sichern	X	X		X	X						
Leerräume ausfüllen	X	X	X				X	X			
In mehreren Ebenen beladen	X			X							
Verschiedene Ladungen trennen	X	X	X	X							
Ladung an Zurrmöglichkeit befestigen					X				X	X	
Paletten, Schlitten und Holzleisten verbinden						X					
Reibung erhöhen			X						X		X

1 = Holzbalken u. Bohlen, Kanthölzer, Stauholz, Bretter, Staugitter
2 = Leerpaletten, Luftstaupolster
3 = Leergut
4 = Zwischenböden und -wände
5 = Netze
6 = Holzverbinder
7 = Schaumstoff, Wellpappe
8 = alte Autoreifen
9 = Tauwerk
10 = Draht, Gurte, Bandeisen, Kunststoffband, Ketten, Nylonband, Schnellspanner
11 = Kunststoffmatten, Kokosmatten, Säcke, raues Papier, Antigleit-Spray, Gummimatten

Kernwissen

1. Für die **Ladungssicherung** sind der Fahrzeughalter, der Fahrer und der Absender verantwortlich.
2. **Vorschriften** zur Ladungssicherung finden sich u.a. in der Straßenverkehrsordnung, im Handelsgesetzbuch, in der UVV „Fahrzeuge“, in der VDI-Richtlinie 2700, in den CTU-Packrichtlinien, in den DIN EN Normen.
3. 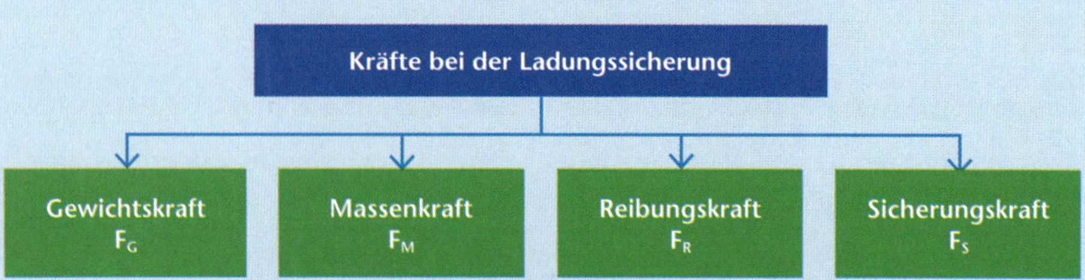

4. 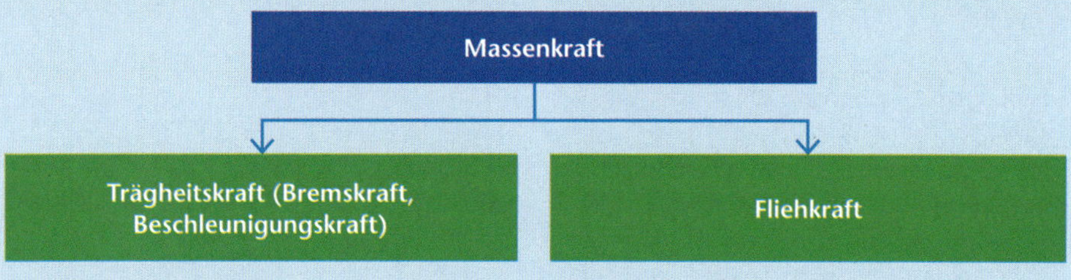

5. Je größer die **Reibungskraft F_R**, desto weniger verschiebt sich die Ladung zum Beispiel bei einer Kurvenfahrt. Antirutschmatten erhöhen die Reibungskraft.
6. Die **Sicherungskraft F_S** ist die Kraft, die die Ladung z.B. vor dem Verrutschen oder dem Umkippen sichert.
7. Die **Ladungssicherung** erfolgt in zwei **Schritten**:
   - Ladeeinheit selbst sichern
   - Ladeeinheit auf dem Transportmittel sichern
8. Als **Ladungssicherung** sind zu **unterscheiden**:
   - die kraftschlüssige Sicherung durch Niederzurren
   - die formschlüssige Sicherung durch lückenloses Stauen oder Direktzurren
   - die kombinierte Sicherung
9. **Mittel** zur **Ladungssicherung** sind:
   - Zurrpunkte an den Fahrzeugen
   - Zurrmittel wie Zurrgurte, Zurrketten, Zurrdrahtseile
   - fixierende Hilfsmittel wie Holzkonstruktionen und Zwischenwände
   - ausfüllende Hilfsmittel wie Stausäcke und Schaumstoffpolster
10. **Staupläne** können selbst gezeichnet oder per EDV erstellt werden. Auch ein „Vorstauen“ am Boden ist möglich.
11. Vor und nach dem Beladen ist eine Prüfung (**Check**) des Transportmittels sinnvoll.
12. Beim Stauen selbst sind verschiedene Grundregeln zu beachten.

Aufgaben

1. *Ein Fahrer hilft dem Versender beim Beladen des Fahrzeugs. Dabei fällt ihm ein Packstück zu Boden und der Inhalt zerbricht. Erläutern Sie die Rechtslage.*

2. *Der Versender belädt das Fahrzeug, während der Fahrer in der Werkskantine eine Tasse Kaffee trinkt. Auf dem Transport fällt in einer Kurve ein Packstück aus dem Lkw. Bei der anschließenden Unfallaufnahme stellt sich heraus, dass das Fahrzeug überladen war. Stellen Sie fest, wer für die Fehler verantwortlich ist.*

3. *Beschreiben Sie die Kräfte, die beim Anfahren, beim Bremsen und in Kurven wirken.*

4. *Das Ladungsgewicht beträgt 2800 kg. Die Oberfläche der Ladefläche und des Ladungsgutes ist Metall. Beide Oberflächen sind trocken. Es ist der niedrigste Gleit-Reibbeiwert anzunehmen.*
   a) Wie hoch ist der Gleit-Reibbeiwert μ laut Tabelle?
   b) Wie groß ist die Gewichtskraft in Newton und Deka-Newton?
   c) Wie groß ist die Reibungskraft in Deka-Newton?
   d) Um wie viel Deka-Newton hat sich die Gefahr des Verrutschens vermindert?
   e) Wie groß wäre die Reibungskraft in Deka-Newton, wenn eine Antirutschmatte mit dem Gleit-Reibbeiwert $\mu = 0{,}6$ verwendet wird?

5. *Das Ladegewicht beträgt 1,5 Tonnen. Bei einer Vollbremsung wirkt eine Massenkraft von 80 % des Ladungsgewichts. Der Gleit-Reibbeiwert μ beträgt 0,6.*
   a) Wie groß ist die Trägheitskraft in Deka-Newton, mit der das Ladungsgut nach vorne geschoben wird?
   b) Wie groß ist die Reibungskraft in Deka-Newton?
   c) Wie groß muss die Sicherungskraft F_S in Deka-Newton sein, damit das Ladungsgut nicht verrutscht?

6. *Erklären Sie die physikalische Wirkung des Niederzurrens.*

7. *Das Ladungsgewicht beträgt 2,7 Tonnen. Der Gleit-Reibbeiwert μ beträgt 0,3. Der Sicherungsfaktor f nach vorne 0,8.*
   a) Wie groß muss die Vorspannkraft F_V sein, damit die Ladung gesichert ist?
   b) Wie viel Zurrmittel mit einer Vorspannkraft S_{TF} von je 500 Deka-Newton benötigen Sie, um die Ladung zu sichern?

8. *Erläutern Sie die verschiedenen Arten der formschlüssigen Ladungssicherung.*

9. *Nutzlast eines Fahrzeugs 20 Tonnen. Tatsächliches Ladungsgewicht 12000 Kilogramm, Gleit-Reibbeiwert $\mu = 0{,}2$. Nach vorne zu sichernde Kraft 80 % des Ladungsgewichts. Es liegt eine lückenlose Verstauung vor.*
   a) Wie hoch ist die noch zu sichernde Kraft nach vorn?
   b) Wie hoch ist die noch zu sichernde Kraft nach vorn, wenn Sie das Ladungsgut auf eine Antirutschmatte mit einem Gleit-Reibbeiwert μ von 0,6 stellen?

10. *Erläutern Sie die verschiedenen Arten des Direktzurrens.*

11. *Ein Ladungsgut ist 2 Meter lang, 1,50 Meter breit und 1,80 Meter hoch. Der Sicherungsfaktor beträgt nach vorne 0,8, zur Seite 0,5 und nach hinten 0,8. Berechnen Sie, ob Kippgefahr a) nach vorne, b) zur Seite und c) nach hinten besteht.*

12. *Es gilt der Lastverteilungsplan für den Lkw in Kapitel 1.4.4. Ein Versandstück mit mittigem Schwerpunkt hat ein Gewicht von 6 Tonnen. In welchem Bereich laden Sie das Versandstück auf dem Lkw, wenn der Lastverteilungsplan eingehalten werden soll?*

13. *Ein Sattelauflieger mit dem abgebildeten Lastverteilungsplan und einer Nutzlast von 22 Tonnen soll mit drei Teilladungen beladen werden:*

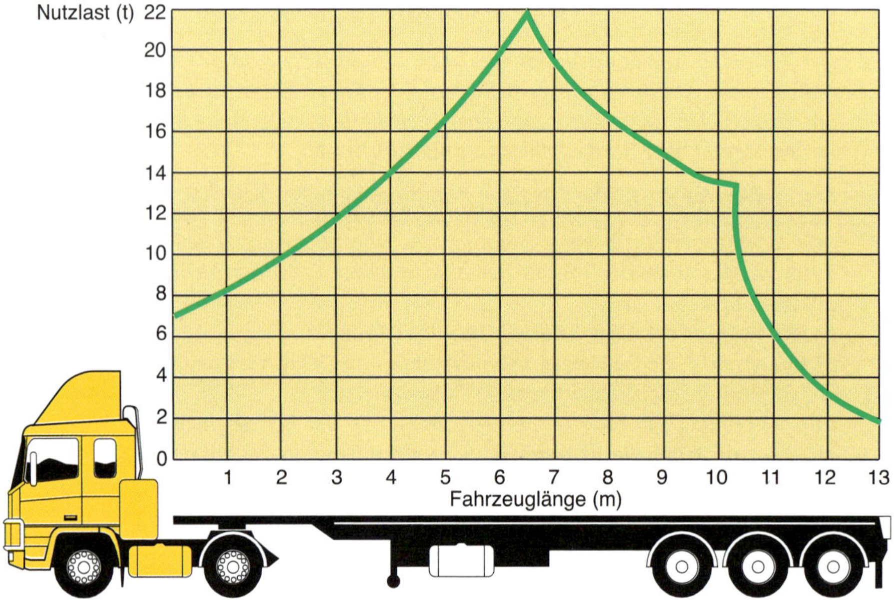

1. Teilladung mit 7 Tonnen auf 3 Lademetern, Lastschwerpunkt bei 1,5 Metern
2. Teilladung mit 10 Tonnen auf 5 Lademetern, Lastschwerpunkt bei 5,5 Metern (3 m + 2,5 m)
3. Teilladung mit 5 Tonnen auf 5 Lademetern, Lastschwerpunkt bei 10,5 Metern (3 m + 5 m + 2,5 m)

Anmerkung: Bei allen Teilladungen liegt der Lastschwerpunkt in der Mitte des Ladungsgutes.

a) Ermitteln Sie mithilfe der Formel in Kapitel 1.4.4, ob die Lastverteilung gemäß vorliegendem Lastverteilungsplan in der Fahrzeugabbildung eingehalten ist.

b) Ermitteln Sie mithilfe der Formel in Kapitel 1.4.4, ob die Lastverteilung gemäß vorliegendem Lastverteilungsplan in der Fahrzeugabbildung eingehalten ist, wenn Sie die zweite Teilladung nach hinten stellen und die dritte Teilladung in die Mitte nehmen.

14. *a) Welche Zurrmittel kennen Sie?*
b) Worauf ist beim Einsatz dieser Zurrmittel zu achten?

15. *Welche Hilfsmittel zur Ladungssicherung eignen sich,*
a) um die Ladung abschnittsweise zu sichern?
b) um Leerräume auszufüllen?
c) um verschiedene Ladungen zu trennen?
d) um Ladungen zu befestigen?
e) um die Reibung zu erhöhen?

16. *Zeichnen Sie den Grundriss eines 20'-ISO-Containers (Innenmaße: Länge 5,87 m, Breite 2,33 m, Höhe 2,35 m) im Maßstab 1:50. Zeichnen Sie außerdem die Grundrisse von circa 15 Gitterboxpaletten (Außenmaße: Länge 1,24 m, Breite 0,835 m, Höhe 0,97 m) im Maßstab 1:50, schneiden Sie diese aus und legen Sie sie in den Grundriss des Containers.*
a) Wie viele Gitterboxpaletten passen nach diesem Stauplan in eine Ebene in den Container?

b) Ermitteln Sie über das Volumen, wie viele Gitterboxpaletten rechnerisch in den Container passen, wenn die Containerhöhe voll ausgenutzt wird. FR

c) Erklären Sie die Differenz.

17. Welche Prüfungen nehmen Sie a) vor dem Beladen und b) nach dem Beladen eines Containers am Container vor?

18. Sie müssen einen Container beladen.
a) Nennen Sie fünf Grundregeln, die auf den Container bezogen sind.
b) Nennen Sie fünf Grundregeln, die die gestauten Güter betreffen.

2 Verladung von Gefahrgut

Einstiegssituation

Auszug aus einer Zeitungsmeldung:

Chemieunfall

Ätzende Dämpfe traten in der Nacht zum Freitag aus sieben umgestürzten Chemiefässern einer Lkw-Ladung aus, als der Lkw auf der A2 bei Magdeburg verunglückte. Die Behälter enthielten rund 500 Kilogramm Zinntetrachlorid und waren nach Angaben der Feuerwehr nur unzureichend auf dem Lastkraftwagen befestigt. Da auf dem Lkw jegliche Kennzeichnung fehlte, war die Gefährlichkeit der Ladung zunächst weder dem Fahrer noch der Feuerwehr und Polizei bekannt. Die Unfallstelle wurde vier Stunden abgesperrt.

Handlungsaufträge

1. *Stellen Sie über das Internet fest, um welche Art von gefährlichem Stoff es sich dabei handelte. Drucken Sie sich dazu das EU-Sicherheitsdatenblatt aus.*
2. *Nennen Sie die Gefahren, die durch diesen Unfall entstanden sind.*
3. *Beschreiben Sie die Fehler, die bei dieser Beförderung gemacht wurden.*

2.1 Gesetzliche Regelungen

2.1.1 Gesetz über die Beförderung gefährlicher Güter

Während die **Gefahrstoffverordnung** den Umgang mit den Stoffen regelt, ist die Grundlage für die Beförderung von gefährlichen Gütern im innerstaatlichen Bereich das **„Gesetz über die Beförderung gefährlicher Güter“** (GGBefG).

Danach sind **gefährliche Güter** Stoffe, von denen beim Lagern, Ein- und Auspacken, Be- und Entladen sowie der Beförderung Gefahren für Menschen, Tiere, Sachen und die Umwelt ausgehen können.

Das Gesetz gilt für die Beförderung gefährlicher Güter mit Eisenbahn-, Straßen-, Wasser- und Luftfahrzeugen. Keine Anwendung findet es auf die Beförderung innerhalb von Betrieben.

Der **Bundesminister für Verkehr** überwacht die Beförderung gefährlicher Güter. Er kann die Beförderung untersagen oder nur unter bestimmten Auflagen gestatten, wenn Fahrzeug und Ladung nicht den Vorschriften entsprechen.

Die **zuständigen Behörden** (Polizei, Bundesamt für Güterverkehr, Gewerbeaufsichtsamt) sind befugt, Geschäftsräume und Fahrzeuge zu betreten, Prüfungen und Besichtigungen durchzuführen, Unterlagen einzusehen und Proben und Muster von gefährlichen Stoffen zu verlangen. Hier schränkt der Gesetzgeber sogar das Grundgesetz auf Unverletzlichkeit der Wohnung (Art. 13 Grundgesetz) ein, um eine Gefährdung durch derartige Stoffe weitgehend auszuschließen.

2.1.2 Gefahrgutbeauftragtenverordnung (GbV)

Bestellung eines Gefahrgutbeauftragten

Unternehmen, die an der Beförderung gefährlicher Güter mit Eisenbahn-, Straßen- und Wasserfahrzeugen beteiligt sind, müssen mindestens einen Gefahrgutbeauftragten (**Sicherheitsberater** nach EU-Recht) schriftlich bestellen.

Die Tätigkeit kann vom Unternehmer selbst, einem beauftragten Mitarbeiter oder einer dem Unternehmen nicht angehörenden Person wahrgenommen werden.

Von der Pflicht, einen Gefahrgutbeauftragten zu bestellen, sind u. a. Unternehmen **befreit**,

- deren Tätigkeiten sich auf **freigestellte Beförderungen** gefährlicher Güter beziehen (Kapitel 2.2.8),
- deren Tätigkeiten sich auf Beförderungen in **begrenzten Mengen** beziehen (Kapitel 2.2.8),
- die in einem Kalenderjahr an der Beförderung von nicht mehr als **50 Tonnen netto** gefährlicher Güter beteiligt sind,
- die gefährliche Güter lediglich **empfangen**.

Aufgaben des Gefahrgutbeauftragten

Der Gefahrgutbeauftragte hat u. a.

- die Einhaltung der Gefahrgutvorschriften zu überwachen,
- auftretende Mängel, die den Transport gefährden, dem Unternehmer unverzüglich anzuzeigen,
- den Unternehmer im Zusammenhang mit der Gefahrgutbeförderung zu beraten,
- nach einem Unfall mit Gefahrgut unverzüglich einen Unfallbericht zu erstellen und dem Unternehmer vorzulegen,
- geeignete Maßnahmen einzuführen, um erneutes Auftreten von Unfällen zu verhindern,
- die Mitarbeiter zu schulen über die Gefahren beim Be- und Entladen sowie beim Befördern, über das Verhalten bei Unfällen, über die Erstellung von Unfallberichten, über die mitzuführenden Begleitpapiere und Sicherheitsausrüstungen. Über diese Schulungen hat er Aufzeichnungen zu führen.
- zu überprüfen, ob das Personal über geeignete Arbeitsanleitungen und Anweisungen für den Umgang mit Gefahrgut verfügt,
- einen Jahresbericht über die Tätigkeiten des Unternehmens in Bezug auf die Gefahrgutbeförderung zu erstellen.

Schulungen

Als Gefahrgutbeauftragter darf nur tätig werden, wer Inhaber eines gültigen Schulungsnachweises ist. Der **Schulungsnachweis** wird von der **Industrie- und Handelskammer** erteilt. Der Schulungsnachweis hat eine Geltungsdauer von **fünf** Jahren und wird um jeweils fünf Jahre verlängert, wenn der Gefahrgutbeauftragte die Prüfung nach GbV bestanden hat.

Beauftragte Personen und sonstige verantwortliche Personen

Beauftragte Personen, z. B. Verpacker oder Verlader, haben im Auftrag des Unternehmens in eigener Verantwortung die Pflichten nach den Gefahrgutvorschriften zu erfüllen.

Zu den sonstigen verantwortlichen Personen gehört z. B. der Fahrzeugführer, der bei der Beförderung gefährlicher Güter unmittelbar Aufgaben zur eigenverantwortlichen Erledigung übertragen bekommt.

Beide Personengruppen müssen Kenntnisse über die Vorschriften zur Beförderung gefährlicher Güter haben und im Besitz einer **Schulungsbescheinigung** sein. Die Schulungen dafür können vom Gefahrgutbeauftragten durchgeführt werden.

2.1.3 Verordnungen zur Gefahrgutbeförderung

Neben dem Gefahrgutgesetz regeln zahlreiche nationale und internationale Verordnungen die Gefahrgutbeförderung näher.

Beförderungsart	national	international
Straße	GGVSEB	ADR
Eisenbahn	GGVSEB	RID
Binnenschiffe	GGVSEB	ADN
Seeschiffe	GGVSee	IMDG-Code
Flugzeug	IATA-DGR sowie ICAO-TI	

Begriffserklärungen:

GGVSEB = Gefahrgutverordnung Straße/Eisenbahn/Binnenschifffahrt
GGVSee = Gefahrgutverordnung Seeschifffahrt
ADR = Europäisches Übereinkommen über die internationale Beförderung gefährlicher Güter auf Straßen
ADN = Europäisches Übereinkommen über die internationale Beförderung gefährlicher Güter auf Binnenwasserstraßen.
RID = Ordnung für die internationale Eisenbahnbeförderung gefährlicher Güter
IMDG = Internationaler Code für die Beförderung gefährlicher Güter mit Seeschiffen
IATA = Internationaler Verband der Luftfahrtgesellschaften
IATA-DGR = Vorschriften für die Beförderung gefährlicher Güter der IATA
ICAO = Internationale Zivilluftfahrtorganisation
ICAO-TI = Technische Anweisungen für die sichere Beförderung gefährlicher Güter im Luftverkehr der ICAO

Diese **Gefahrgutvorschriften** regeln im Wesentlichen,

- welche gefährlichen Güter befördert werden dürfen,
- welche gefährlichen Güter zusammen befördert werden dürfen (**Zusammenladeverbote**),
- wie gefährliche Güter verpackt und gekennzeichnet sein müssen,
- wie die Beförderungsmittel (z. B. Fahrzeuge, Tank, Container) gebaut, ausgerüstet sein müssen, wann und wie diese Beförderungsmittel zu prüfen sind, wie die Beförderungsmittel zu kennzeichnen sind,
- was bei der Be- und Entladung hinsichtlich der Verladeweise und Stauung zu beachten ist,
- was während der Beförderung zu beachten ist,
- wie das Personal, das gefährliche Güter befördert, zu schulen ist,
- welche Bußgelder bei Nichteinhaltung der Vorschriften zu zahlen sind.

2.2 Ablauf eines Gefahrguttransports

Fachkräfte für Lagerlogistik und Fachlageristen werden in der Praxis meist mit der Beladung von Lkw und Containern für den Transport auf der Straße zu tun haben. Aus diesem Grund wird in diesem Kapitel vorwiegend auf die **Vorschriften nach ADR** hingewiesen. Weitergehende Vorschriften für die Beförderung gefährlicher Güter auf der Schiene, auf Gewässern und in der Luft übersteigen den Umfang dieses Buches.

2.2.1 Feststellung des Gefahrgutes und des Verkehrsträgers

Gefährliche Güter dürfen nur versendet werden, wenn sie nach ADR zur Beförderung zugelassen und die Sicherheitsvorschriften erfüllt sind. Es ist zunächst der technische Name, die Gefahrgutklasse, Verpackungsgruppe und UN-Nummer des Gefahrgutes zu ermitteln. Dazu ist z. B. das **EU-Sicherheitsdatenblatt** heranzuziehen. Weiter ist zu prüfen, mit welchem Verkehrsträger das Gefahrgut transportiert werden darf und welche Gefahrgutvorschriften zu beachten sind.

2.2.2 Aufgaben des Verpackers

Der Verpacker hat vor Übergabe des Packstücks an die Verladung zu prüfen,

- ob die Verpackung unbeschädigt ist,
- ob die Gewichtsgrenzen eingehalten wurden,
- ob die Gefahrgüter in einem Versandstück zusammengepackt werden dürfen,
- ob die Verpackung die erforderlichen Gefahrgutkennzeichnungen enthält,
- ob die Verpackung sicher verschlossen ist.

Die Packstücke müssen dabei solche Außenmaße haben, dass ausreichend Platz zur Anbringung aller notwendigen **Markierungen** und **Gefahrzettel** vorhanden ist.

2.2.3 Erstellen der Begleitpapiere

Bei jeder Beförderung von gefährlichen Gütern sind nach ADR Begleitpapiere zu erstellen und dem Fahrer mitzugeben. Dazu zählen u. a.:

- Beförderungspapier, z. B. Frachtbrief
- Container-Packzertifikat beim Versand von Gefahrgut mit Container
- Genehmigung zur Durchführung der Beförderung
- Bescheinigung der Zulassung des Schutzbehälters, z. B. bei Tanks
- Absender und Beförderer müssen eine Kopie der Begleitpapiere mindestens drei Monate aufbewahren.

Im **Frachtbrief** sind anzugeben:

a) die UN-Nummer des gefährlichen Gutes, mit den Buchstaben UN vorangestellt
b) die offizielle Benennung des Stoffes ergänzt durch die technische Benennung
c) für Stoffe und Gegenstände der Klasse 1 der Klassifizierungscode, für Stoffe und Gegenstände der übrigen Klassen die angegebenen Nummern der Gefahrzettelmuster
d) gegebenenfalls die dem Stoff zugeordnete Verpackungsgruppe, der die Buchstaben „VG" vorangestellt werden dürfen, z. B. VG II
e) Anzahl und Beschreibung des oder der Versandstücke
f) Gesamtmenge der gefährlichen Güter mit unterschiedlichen UN-Nummern, offizieller Benennung und Verpackungsgruppe als Volumen bzw. als Brutto- oder Nettomasse

Beispiele

Gefahrgut	Angabe in
Gegenstände (aller Klassen außer Klasse 1)	Bruttomasse in kg
Gegenstände der Klasse 1	Nettomasse des explosiven Stoffes in kg
feste Stoffe aller Klassen	Nettomasse in kg
verflüssigte Gase	Nettomasse in kg
flüssige Stoffe aller Klassen und verdichtete Gase	nominaler Fassungsraum (Nenninhalt) des Gefäßes in Litern

g) Name und Anschrift des Absenders
h) Name und Anschrift des Empfängers
i) Tunnelbeschränkungscode

Folgende Reihenfolge der Buchstaben ist vorgeschrieben: a), b), c), d), k).

Beispiel
„UN 1098, Allylalkohol, 6.1 (3), VG I, (C/D)"

2.2.4 Zusammenladeverbote

Versandstücke mit unterschiedlichen Gefahrzetteln dürfen nicht zusammen in ein Fahrzeug oder einen Container verladen werden, sofern die Zusammenladung nicht gemäß nachstehender Tabelle auf der Grundlage der angebrachten Gefahrzettel zugelassen ist.

Für Sendungen, die nicht mit anderen zusammen in ein Fahrzeug oder einen Container verladen werden dürfen, müssen gesonderte Beförderungspapiere ausgestellt werden.

Alle am Gefahrguttransport beteiligten Personen, also Absender, Verlader, Beförderer und Fahrzeugführer haben das Zusammenladeverbot zu beachten.

Tabelle der Zusammenladung nach Klassen (7.5.2.1 ADR/RID)[1]

Gefahrzettel	1	1.4	1.5	1.6	2.1 2.2 2.3	3	4.1	4.1 +1	4.2	4.3	5.1	5.2	5.2 +1	6.1	6.2	7A 7B 7C	8	9
1	siehe Tabelle „Verträglichkeitsgruppen" nach Unterabschnitt 7.5.2.2 ADR/RID				■	■	■	■	■	■	d)	■	■	■	■	■	■	b)
1.4					a)	a)	a)	■	a)	a)	a)	a)	■	a)	a)	a)	a)	a) b) c)
1.5					■	■	■	■	■	■	■	■	■	■	■	■	■	b)
1.6					■	■	■	■	■	■	■	■	■	■	■	■	■	b)
2.1, 2.2, 2.3	■	a)	■	■	□	□	□	■	□	□	□	□	■	□	□	□	□	□
3	■	a)	■	■	□	□	□	■	□	□	□	□	■	□	□	□	□	□
4.1	■	a)	■	■	□	□	□	■	□	□	□	□	■	□	□	□	□	□
4.1 +1	■	■	■	■	■	■	■	□	■	■	■	■	■	■	■	■	■	■
4.2	■	a)	■	■	□	□	□	■	□	□	□	□	■	□	□	□	□	□
4.3	■	a)	■	■	□	□	□	■	□	□	□	□	■	□	□	□	□	□
5.1	d)	a)	■	■	□	□	□	■	□	□	□	□	■	□	□	□	□	□
5.2	■	a)	■	■	□	□	□	■	□	□	□	□	■	□	□	□	□	□
5.2 +1	■	■	■	■	■	■	■	■	■	■	■	■	□	■	■	■	■	■
6.1	■	a)	■	■	□	□	□	■	□	□	□	□	■	□	□	□	□	□
6.2	■	a)	■	■	□	□	□	■	□	□	□	□	■	□	□	□	□	□
7A, 7B, 7C	■	a)	■	■	□	□	□	■	□	□	□	□	■	□	□	□	□	□
8	■	a)	■	■	□	□	□	■	□	□	□	□	■	□	□	□	□	□
9	b)	a) b) c)	b)	b)	□	□	□	■	□	□	□	□	■	□	□	□	□	□

Zeichenerklärung	
□	Zusammenladung erlaubt
■	Zusammenladung nicht erlaubt
(Ziffer)	Zusammenladung nur mit Einschränkung möglich (siehe Ziffern[1])

[1] *Eine Erläuterung der Ziffern entfällt im Rahmen des Lehrbuches. Interessierte Leser mögen sich dazu unter 7.5.2.1 und 7.5.2.2 ADR/RID informieren.*
Empfehlenswert: Ridder, Klaus/Holzhäuser, Jörg: ADR 2015, ecomed SICHERHEIT 2014

2.2.5 Schriftliche Weisungen

Beim Transport gefährlicher Güter hat der **Beförderer** den Mitgliedern der Fahrzeugbesatzung **schriftliche Weisungen** in **deren Sprachen** und in **Farbe** bereitzustellen. Sie sind für unfallbedingte Notsituationen an leicht zugänglicher Stelle in der Fahrzeugkabine zu hinterlegen.

Beispiel
Besteht die Fahrzeugbesatzung aus einem polnischen Fahrer und einem tschechischen Beifahrer, müssen schriftliche Weisungen in polnischer und tschechischer Sprache mitgeführt werden.

Der Beförderer hat darauf zu achten, dass die Fahrzeugbesatzung die schriftlichen Weisungen zu lesen und in Notfällen auch anzuwenden versteht. Außerdem muss sich die Fahrzeugbesatzung selbst über die geladenen Gefahrgüter informieren und die schriftlichen Weisungen dazu einsehen.

In der vierseitigen schriftlichen Weisung sind für alle Gefahrenklassen die Maßnahmen im Falle eines Unfalls oder Notfalls aufgeführt.

Seite 1: Die Seite listet die Maßnahmen bei einem Unfall oder Notfall während der Beförderung auf, die von Mitgliedern der Fahrzeugbesatzung sicher und praktisch durchgeführt werden können. Dazu zählen auszugsweise:

- Bremssystem betätigen, Motor abstellen, evtl. Batterie abtrennen
- Zündquellen vermeiden, nicht rauchen, keine elektrische Ausrüstung einschalten
- Einsatzkräfte verständigen und über den Unfall informieren
- Warnweste anlegen und Warnzeichen aufstellen
- Beförderungspapiere bereithalten
- Nicht in ausgelaufene Stoffe treten oder berühren und das Einatmen von Dunst, Rauch, Staub und Dämpfen vermeiden; sich auf der dem Wind abgewandten Seite aufhalten
- Feuerlöscher verwenden, um kleine Brände zu löschen
- Brände in Ladeabteilen von Feuerwehrleuten bekämpfen lassen
- Bordausrüstung verwenden, um das Eintreten von Stoffen in Gewässer oder in die Kanalisation zu verhindern
- Sich aus der unmittelbaren Umgebung des Unfalls entfernen, andere Personen auffordern, sich zu entfernen, Weisungen der Rettungskräfte befolgen
- Kontaminierte Kleidung und gebrauchte kontaminierte Schutzausrüstung ausziehen und sicher entsorgen

Seiten 2 und 3: Die Seiten enthalten in tabellarischer Form Hinweise für die Mitglieder der Fahrzeugbesatzung über die Gefahreneigenschaften von gefährlichen Gütern und über die in Notfällen zu treffenden Maßnahmen.

Auszug aus „Zusätzliche Hinweise für Mitglieder der Fahrzeugbesatzung über die Gefahreneigenschaften von gefährlichen Gütern nach Klassen …“

Gefahrzettel und Großzettel (Placards)	Gefahreneigenschaften	Zusätzliche Hinweise
Explosive Stoffe und Gegenstände mit Explosivstoff  	▪ Massendetonation ▪ Splitterwirkung ▪ starker Brand/Wärmefluss ▪ Bildung von hellem Licht, Lärm oder Rauch ▪ schlagempfindlich, stoßempfindlich, wärmeempfindlich	▪ Schutz abseits von Fenstern suchen
Entzündbare Gase 	▪ Brandgefahr ▪ Explosionsgefahr ▪ kann unter Druck stehen ▪ Erstickungsgefahr ▪ kann Verbrennungen/Erfrierungen hervorrufen ▪ Umschließungen können unter Hitzeeinwirkung bersten	▪ Schutz suchen ▪ nicht in tief liegenden Bereichen aufhalten
Verschiedene gefährliche Stoffe und Gegenstände 	▪ Verbrennungsgefahr ▪ Brandgefahr ▪ Explosionsgefahr ▪ Gefahr für Gewässer und Kanalisation	

Seite 4: Die Seite listet die Ausrüstung für den persönlichen und allgemeinen Schutz bei der Durchführung von Notmaßnahmen auf.

Folgende Ausrüstung muss sich stets an Bord des Fahrzeugs befinden:
- ein Unterlegkeil je Fahrzeug
- zwei selbststehende Warnzeichen
- Augenspülflüssigkeit

und für jedes Mitglied der Fahrzeugbesatzung:
- eine Warnweste
- ein tragbares Beleuchtungsgerät
- ein Paar Schutzhandschuhe
- eine Augenschutzausrüstung (z. B. Schutzbrille)

Für bestimmte Gefahrenklassen außerdem:
- eine Notfallfluchtmaske
- eine Schaufel
- eine Kanalabdeckung
- ein Auffangbehälter aus Kunststoff

Tipp

Besorgen Sie sich die schriftlichen Weisungen nach ADR 2015 im Internet unter www.gefahrgut-logistik.com.

2.2.6 Kommunikation Absender – Fahrer

Für die ordnungsgemäße Ladungssicherung sind auch bei der Beförderung gefährlicher Güter der Absender und Verlader sowie der Halter und Fahrer des Fahrzeugs verantwortlich. Selbstverständlich gelten auch hier Vorschriften zur Ladungssicherung aus Kapitel 1.

Der Absender sollte dem Fahrzeugführer folgende **Informationen** geben:

- Hinweis auf die gefährlichen Güter mit deren Bezeichnung (Kennzeichnungsnummer, Benennung, Klasse usw.)
- Übergabe der Beförderungspapiere (Frachtbrief, Container-Packzertifikat usw.)

Zur eigenen Sicherheit ist es sinnvoll, sich vom Fahrer durch **Unterschrift** bestätigen zu lassen,

- dass er die vierseitige schriftliche Weisung in seiner Sprache an leicht zugänglicher Stelle im Führerhaus mitführt,
- dass er im Besitz einer gültigen ADR-Bescheinigung ist (sie gilt fünf Jahre und enthält den Nachweis, dass der Fahrer an einer Fahrerschulung für den Transport gefährlicher Güter teilgenommen hat) und
- dass er über eine funktionsfähige Ausrüstung gemäß schriftlicher Weisung verfügt.

2.2.7 Kennzeichnung der Fahrzeuge und Container

Für die Kennzeichnung der Beförderungseinheiten ist der Fahrer verantwortlich. Er hat das Fahrzeug oder den Container zu kennzeichnen:

- mit **Gefahrenzetteln** (Großzetteln, Placards; vgl. Seite 306), Minimum 25 cm × 25 cm. In ihrem Aussehen entsprechen sie den Gefahrenzetteln, die auch auf den Gefahrgutpackstücken vorhanden sein müssen.
- mit orangefarbenen **Warntafeln**, Minimum 40 cm × 30 cm

neutrale orangefarbene Warntafel

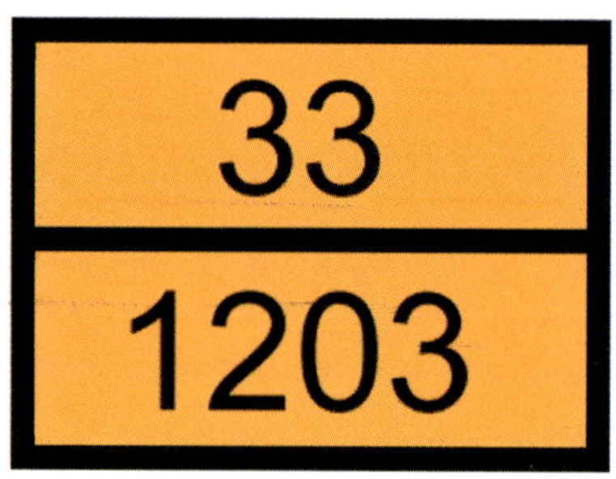

orangefarbene Warntafel mit Nummern

Bei Unfällen dient die Kennzeichnung der Polizei und Feuerwehr dazu, die Ladung als Gefahrgut zu erkennen, um die geeigneten Maßnahmen treffen zu können. Die Warntafeln müssen deshalb auch einem Brand von 15 Minuten standhalten.

Bei Tank- und Schüttguttransporten ist die orangefarbene Warntafel zusätzlich mit **Nummern** zu kennzeichnen.

Die **Nummern** auf den **Warntafeln** bedeuten:

Die **obere Nummer** dient der Kennzeichnung der Gefahr und besteht aus zwei oder drei Ziffern. Die Grundlage bilden die Ziffern 2–9. Die Hauptgefahr entspricht hierbei der Einteilung der Gefahrgüter in Klassen. Die einzelnen Ziffern weisen dabei auf folgende Gefahren hin:

2 = Entweichen von Gas durch Druck oder chemische Umsetzung

3 = Entzündbarkeit von Flüssigkeiten (Dämpfen und Gasen)

4 = Entzündbarkeit fester Stoffe

5 = oxidierende (brandfördernde) Wirkung

6 = Giftigkeit oder Ansteckungsgefahr

7 = Radioaktivität

8 = Ätzwirkung

9 = Gefahr einer spontanen heftigen Reaktion (9 als erste Zahl oder verdoppelt weist auf Klasse 9 hin)

Die 0 als zweite Ziffer weist auf eine einfache Gefahr hin. Die **Verdoppelung** einer Ziffer (z. B. 33) weist auf die Zunahme der Gefahr hin. Ein **X** vor der Nummer bedeutet, dass der Stoff nicht mit Wasser in Verbindung gebracht werden darf (wichtig bei Brandlöschung!).

Beispiele

26 = giftiges Gas
38 = entzündbarer flüssiger Stoff, ätzend
669 = sehr giftiger Stoff, der spontan zu einer heftigen Reaktion (z. B. Explosion) führen kann

X = *Berührung mit Wasser verboten*

Gefahrennummer (für entzündbaren, festen Stoff, der mit Wasser gefährlich reagiert und entzündbare Gase bildet)

Stoffnummer (für Natrium) (= UN-Nummer)

Bedeutung der Warntafel-Kennziffern

Die **untere Nummer** kennzeichnet den Stoff entsprechend einer von den Vereinten Nationen erstellten Stoffliste (**UN-Nummer**).

Tankcontainer in einem ISO-Rahmengestell zur Beförderung gefährlicher Güter, gekennzeichnet mit Gefahrzetteln (Placards) und orangefarbener Warntafel mit Kennzeichnungsnummern seitlich. Das Fahrzeug selbst führt vorne und hinten neutrale Warntafeln.

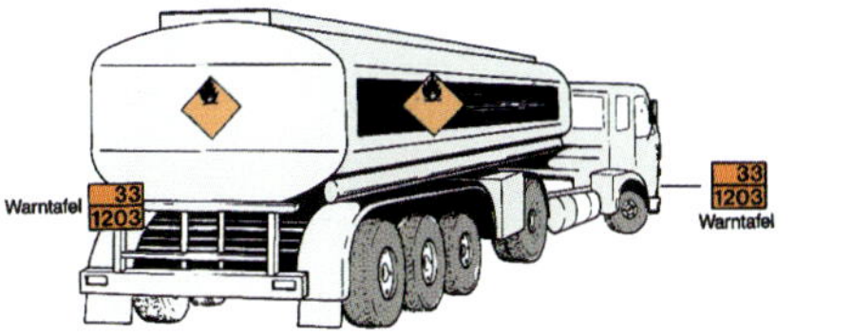

Gefahrzettel rechts und links und hinten am Tank, außerdem orangefarbene Warntafeln vorn und hinten

Kennzeichnung von Straßenfahrzeugen

2.2.8 Freistellungen

Die Vorschriften des ADR **gelten** u. a. **nicht**

- für Beförderungen gefährlicher Güter, die von Privatpersonen durchgeführt werden, sofern diese Güter einzelhandelsgerecht abgepackt sind,
- für Beförderungen, die von Unternehmen in Verbindung mit ihrer Haupttätigkeit durchgeführt werden, wie Lieferungen für Baustellen im Baugewerbe oder im Zusammenhang mit Messungen oder Reparatur- und Wartungsarbeiten,
- für Beförderungen von Fahrzeugen mit gefährlichen Gütern, die in einen Unfall verwickelt waren oder eine Panne hatten,
- für Notfallbeförderungen zur Rettung von Menschenleben oder zum Schutz der Umwelt.

Die **Befreiung** von den Vorschriften des ADR ist möglich

- bei der Beförderung als begrenzte Menge gemäß Kapitel 3.4 ADR,
- bei Freistellung je Beförderungseinheit, z. B. Lkw, nach Kapitel 1.1.3.6 ADR.

Befreiung bedeutet dabei, dass

- keine Warntafeln und Placards am Fahrzeug anzubringen sind,
- der Fahrer keine Fahrerschulung für Gefahrgut nachzuweisen hat,
- das Fahrzeug nicht für die Gefahrgutbeförderung ausgelegt sein muss,
- auf ein Beförderungspapier nach Kapitel 5.4.1 ADR verzichtet werden kann.

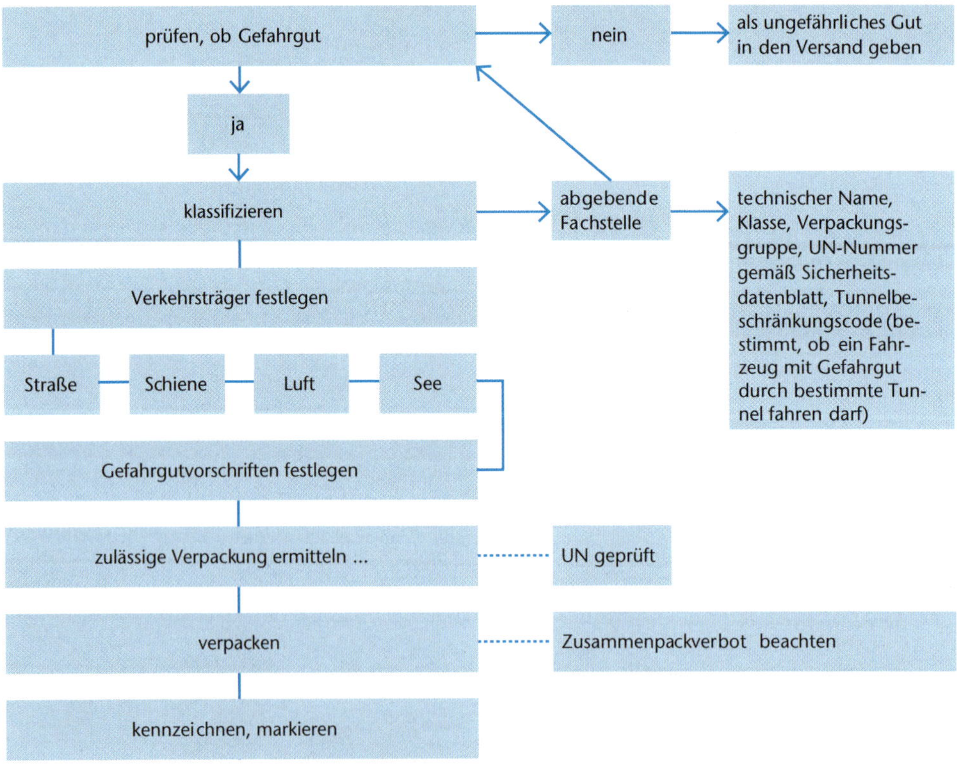

Fortsetzung des Schemas, siehe nächste Seite.

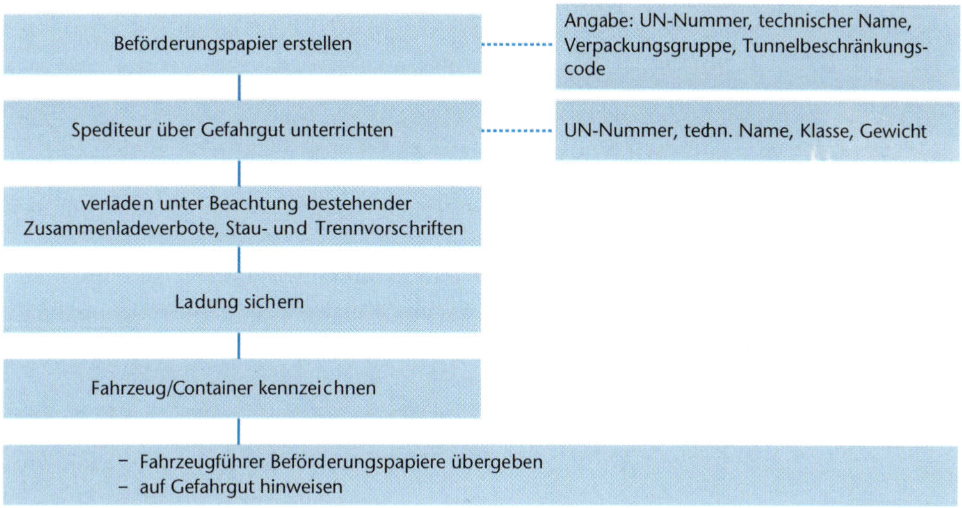

Ablauf eines Gefahrguttransports

2.2.8.1 Begrenzte Menge

Die begrenzte Menge-Regelung kann angewendet werden, wenn bei zusammengesetzten Verpackungen die **Innenverpackung** und das **Versandstück selbst** bestimmte Mengen nicht überschreiten.

Beispiel

Begrenzte Mengen nach ADR am Beispiel UN 1133, Klebstoff, Klasse 3, Verpackungsgruppe 3

Auszug Tabelle A Kapitel 3.2

UN	Benennung	Klasse	Verpackungsgruppe	Begrenzte Mengen (7a)
1133	Klebstoffe	3	I	500 ml
1133	Klebstoffe	3	II	5 Liter
1133	Klebstoffe	3	III	5 Liter

Zusammengesetzte Verpackungen		Innenverpackungen, die in Trays mit Dehn- oder Schrumpffolie enthalten sind	
Kapitel 3.2 (7a) Innenverpackung höchstzulässiger Inhalt	Kapitel 3.4 Höchstzulässige Bruttomasse in kg pro Versandstück	Kapitel 3.2 (7a) Innenverpackung höchstzulässiger Inhalt	Kapitel 3.4 Höchstzulässige Bruttomasse in kg pro Versandstück
5 Liter	30 kg	5 Liter	20 kg

Der Klebstoff, UN 1133, Klasse 3, Verpackungsgruppe 3, wird als begrenzte Menge von den Beförderungsvorschriften nach ADR ***freigestellt*** *und kann unter den vereinfachten Bedingungen*

- *kein Zusammenladeverbot*
- *kein ADR-Schein*
- *keine geprüfte Verpackung*
- *keine Schutzausrüstung*

befördert werden,

- *wenn bei zusammengesetzter Verpackung je Innenverpackung nicht mehr als 5 Liter und je Versandstück nicht mehr als 30 kg verpackt werden,*
- *wenn auf Trays mit Dehn- oder Schrumpffolie je Innenverpackung nicht mehr als 5 Liter und je Versandstück nicht mehr als 20 kg verpackt werden.*

Bei Anwendung der **begrenzten Menge-Regelung** sind folgende **Vorschriften** zu beachten:

- Das jeweilige **Gefahrgut** ist richtig zu **klassifizieren**. Der Absender hat die UN-Nummer, die offizielle Stoffbenennung, Gefahrgutklasse und Verpackungsgruppe festzustellen.
- Die Werte für die einzelnen gefährlichen Güter sind aus der Tabelle A, Kapitel 3.2, Verzeichnis für gefährliche Güter, Spalte 7 a und Kapitel 3.4 herauszulesen.
- Das **Versandstück** muss deutlich und dauerhaft mit einem **Kennzeichen** für begrenzte Menge versehen sein. Dabei gilt:

Kennzeichen (gültig für alle UN-Nummern) für begrenzte Mengen im Straßen-, Schienen-, Seeverkehr, gültig seit 01.01.2011

Kennzeichen für begrenzte Mengen im Luftverkehr, gültig seit 01.01.2011

- **Kennzeichnung der Beförderungseinheit**. Neu ist, dass nach ADR 3.4.14 eine Kennzeichnung der Beförderungseinheit, z. B. Lkw oder Container, nicht erforderlich ist, wenn die Bruttomasse der beförderten Versandstücke, die in begrenzten Mengen verpackte Gefahrgüter enthalten, **8 Tonnen je Beförderungseinheit 3** nicht überschreitet.

2.2.8.2 Freistellung je Beförderungseinheit

Wird die höchstzulässige Gesamtmenge nach nachfolgender Tabelle in einer Beförderungseinheit nicht überschritten, ist eine **Freistellung** möglich. Als Beförderungseinheit gilt eine abgeschlossene Ladefläche. Es müssen dann nur Teile des ADR beachtet werden. Als Grundregel gilt dabei: Die höchstzulässige Gesamtmenge multipliziert mit dem jeweiligen Faktor darf nicht größer sein als 1 000 (1 000er-Regel).

Auszug aus Tabelle nach Kapitel 1.1.3.6 „Freistellungen im Zusammenhang mit den Mengen in einer Beförderungseinheit" (gekürzt und vereinfacht)

Beförderungskategorie	Stoffe oder Gegenstände, Verpackungsgruppe, Klassifizierungscode, UN-Nummer	Höchstzulässige Gesamtmenge je Beförderungseinheit	Faktor
0	Klasse 1, 1.1 A Klasse 3, UN 3343 Klasse 7, UN 2912 bis 2919	0	–
1	Klasse 1, 1.1 B bis 1.1 J Klasse 4.1, UN 3221 bis 3224 Klasse 5.2, UN 3101 bis 3104	20	50
2	Klasse 1.4 B bis G und 1.6 N Klasse 5.2, UN 3105 bis 3110 Klasse 9, UN 3245	333	3

Auszug aus Tabelle nach Kapitel 1.1.3.6 „Freistellungen im Zusammenhang mit den Mengen in einer Beförderungseinheit“ (gekürzt und vereinfacht)			
Beförderungskategorie	**Stoffe oder Gegenstände, Verpackungsgruppe, Klassifizierungscode, UN-Nummer**	**Höchstzulässige Gesamtmenge je Beförderungseinheit**	**Faktor**
3	Klasse 2 Gruppen A und O Klasse 8, UN 2794, 2795, 2800, 3028 Klasse 9, UN 2990, 3072	1 000	1
4	Klasse 1, 1.4 S Klasse 4.2, UN 1361 und 1362 Klasse 9, UN 3268	unbegrenzt	0

Berechnungsbeispiele

a) *Beförderung 20 kg des Stoffes, Klasse 3, UN-Nummer 33431: keine Freistellung, da zur Beförderungkategorie 0 gehörend.*

b) *Beförderung 25 kg des Stoffes, Klasse 4.1, UN-Nummer 3221: keine Freistellung, da 25 kg · Faktor 50 = 1 250, also größer als 1 000 ist.*

c) *Beförderung 100 kg des Stoffes, Klasse 5.2, UN-Nummer 3105: Freistellung, da 100 kg · Faktor 3 = 300, also weniger als 1 000 ist. Es sind nur Teile des ADR zu beachten.*

d) *Beförderung 500 kg des Stoffes, Klasse 9, UN-Nummer 2990: Freistellung, da 500 kg · Faktor 1 = 500, also weniger als 1 000 ist. Es sind nur Teile des ADR zu beachten.*

e) *Beförderung 2,5 Tonnen des Stoffes, Klasse 4.2, UN-Nummer 1361: Freistellung, da Beförderungskategorie 4 vorliegt. Es sind nur Teile des ADR zu beachten.*

f) *Beförderung 5 kg des Stoffes, Klasse 4.1, UN-Nummer 3221 zusammen mit 400 kg des Stoffes, Klasse 9, UN-Nummer 3072: Freistellung, da 5 kg · Faktor 50 plus 400 kg · Faktor 1 zusammen nur 650 ergeben. Damit sind auch hier nur Teile des ADR zu beachten.*

Kernwissen

1. **Gesetzliche Regelungen** zur Beförderung gefährlicher Güter finden sich im „Gesetz über die Beförderung gefährlicher Güter“, in der „Gefahrgutbeauftragtenverordnung“ und in den verschiedenen „Gefahrgutverordnungen“.
2. **Verantwortliche** bei der Beförderung von Gefahrgut sind der Gefahrgutbeauftragte, die beauftragten Personen und sonstige verantwortliche Personen.
3. Die Beförderung von gefährlichen Gütern auf der Straße ist in der **GGVSEB** und im **ADR** geregelt.
4. Zu den **Begleitpapieren** bei der Beförderung gefährlicher Güter gehören u. a. der Frachtbrief, das Container-Packzertifikat und die schriftlichen Weisungen.
5. Bei der Beförderung gefährlicher Güter sind im **Begleitpapier** zusätzlich anzugeben:
   - die UN-Nummer des gefährlichen Stoffes
   - die offizielle Benennung des Stoffes
   - der Klassifizierungscode
   - die Verpackungsgruppe sowie
   - der Tunnelbeschränkungscode
6. Für verschiedene gefährliche Güter bestehen **Zusammenladeverbote**.
7. Zu den **Pflichten des Verladers** gehören

vor der Beladung	während und nach der Beladung
▪ Packstücke auf Beschädigung und Dichtheit prüfen ▪ Packstücke auf Kennzeichnung und Zulassung prüfen ▪ Fahrzeug auf Ausrüstung, Dokumente und Erlaubnis für Gefahrgut nach ADR prüfen ▪ Reinigungszustand des Fahrzeugs, Tanks, Containers prüfen ▪ Fahrzeugführer auf gefährliches Gut hinweisen	▪ Rauchverbot, Verbot von Feuer und offenem Licht während der Beladung einhalten ▪ spezielle Beladevorschriften beachten (Zusammenladeverbote, Lastverteilungsplan) ▪ Vorschriften zur Belüftung von Gasen beachten ▪ Ladungssicherung nach Straßenverkehrsordnung, VDI-Richtlinien und CTU-Packrichtlinien einhalten ▪ richtige Kennzeichnung des Fahrzeugs mit orangefarbenen Warntafeln und Gefahrenzetteln (Placards) prüfen ▪ Begleitpapiere dem Fahrzeugführer übergeben

8. **Schriftliche Weisungen** sind bei Gefahrguttransporten in den Sprachen der Fahrzeugbesatzung in der Fahrerkabine an leicht zugänglicher Stelle mitzuführen.
9. Zur **Ausrüstung der Fahrzeuge** gehören persönliche Schutzausrüstungen, Ausrüstungen für das Fahrzeug und Ausrüstungen zum Schutz der Umwelt.
10. Der Versender hat dem Fahrer die notwendigen **Informationen** über die zu befördernden gefährlichen Güter zu geben und sollte sich die Kenntnisnahme per Unterschrift bestätigen lassen.
11. Werden bei der Beförderung gefährlicher Güter bestimmte **Mengen** unterschritten, kann die Beförderung von den Gefahrgutvorschriften ganz oder teilweise freigestellt werden.

Aufgaben

1. *Beschreiben Sie, was die Gefahrstoffverordnung und die Gefahrgutverordnungen regeln.*
2. *Erläutern Sie, welche Unternehmen einen Gefahrgutbeauftragten bestellen müssen.*
3. *Bestimmen Sie, welche Beförderung durch die folgenden Gefahrgutverordnungen geregelt ist:*
   a) GGVSEB   b) ADR   c) ADN   d) RID   e) IMDG
4. *Welche Informationen können Sie den Buchstaben und Zahlen auf den orangefarbenen Warntafeln an dem Beförderungsmittel entnehmen?*
5. *Welche Prüfungen sollten Sie als Verpacker durchführen, bevor Sie ein Packstück mit gefährlichen Gütern an die Verladung weitergeben?*
6. *Zählen Sie die Angaben auf, die ein Frachtbrief für die Beförderung gefährlicher Güter zusätzlich zum normalen Frachtbrief enthalten muss.*
7. *Entscheiden Sie, welche zwei Zusammenladungen nach ADR nicht erlaubt sind.*
   a) Gefahrgut Klasse 2 mit Gefahrgut Klasse 5.1
   b) Gefahrgut Klasse 1 mit Gefahrgut Klasse 4.2
   c) Gefahrgut Klasse 3 mit Gefahrgut Klasse 6.1
   d) Gefahrgut Klasse 4.2 mit Gefahrgut Klasse 6.2
   e) Gefahrgut Klasse 6.2 mit Gefahrgut Klasse 8
   f) Gefahrgut Klasse 9 mit Gefahrgut Klasse 1

8. *a) Von wem und in welchen Sprachen sind die schriftlichen Weisungen den Fahrern bereitzustellen?*
   b) Was beinhalten die Seiten 1 bis 4 der schriftlichen Weisungen? Erstellen Sie eine Übersicht und nennen Sie je drei Beispiele.

9. *Was sollten Sie sich als Absender vom Fahrer durch Unterschrift bestätigen lassen?*

10. *Listen Sie die Ausrüstung auf, die der Fahrer zum Schutz der Umwelt bei der Beförderung gefährlicher Güter im Fahrzeug dabeihaben sollte.*

11. *Nennen Sie Fälle, bei denen die Vorschriften des ADR bei der Beförderung gefährlicher Güter nicht gelten.*

12. *Ein Unternehmen möchte an seine Kunden 500 Liter Kampferöl, UN 1130, versenden. Nach ADR Tabelle A Kapitel 3.2 Spalte 7a gilt: Innenverpackung höchstzulässiger Inhalt 5 Liter, höchstzulässige Bruttomasse je Versandstück 30 kg.*
   a) Welche Möglichkeit hat das Unternehmen, um die Sendung nicht als Gefahrgut versenden zu müssen?
   b) Warum wird der Gesetzgeber die Versendung als begrenzte Menge nicht so gefährlich einstufen, als wenn die 500 Liter Kampferöl in einem Fass als Gefahrgut befördert werden?

13. *Stellen Sie fest und begründen Sie, ob eine Freistellung nach ADR möglich ist:*
   a) Beförderung 30 kg des Stoffes, Klasse 4.1, UN-Nummer 3223
   b) Beförderung 500 kg des Stoffes, Klasse 9, UN-Nummer 3245
   c) Beförderung 10 kg des Stoffes, Klasse 7, UN-Nummer 2917
   d) Beförderung 250 kg des Stoffes, Klasse 5.2, UN-Nummer 3108 zusammen mit 250 kg des Stoffes, Klasse 8, UN-Nummer 2800

Lernfeld 9
Güter versenden

1 Der Güterverkehr in der Wirtschaft

Einstiegssituation

Robert ist Auszubildender als Fachkraft für Lagerlogistik in einer internationalen Versandhandels GmbH. Riesige Warenmengen aus den verschiedensten Ländern und Kontinenten treffen täglich ein. Häufig werden über 30 000 Warenstücke pro Doppelschicht an Kunden in Deutschland und in andere europäische Länder versandt.

Handlungsaufträge

1. *Erklären Sie, welche grundlegende Bedeutung der Güterverkehr für die Versandhandels GmbH sowie für unsere arbeitsteilige Volkswirtschaft hat.*
2. *Welche Verkehrsmittel sind für den Güterverkehr geeignet?*
3. *Welche Qualitätsanforderungen sollten bei der Auswahl eines geeigneten Verkehrsmittels berücksichtigt werden?*
4. *Welche Verkehrsmittel werden von Ihrem Ausbildungsbetrieb eingesetzt? Begründen Sie den Einsatz.*

1.1 Grundbegriffe der Verkehrswirtschaft

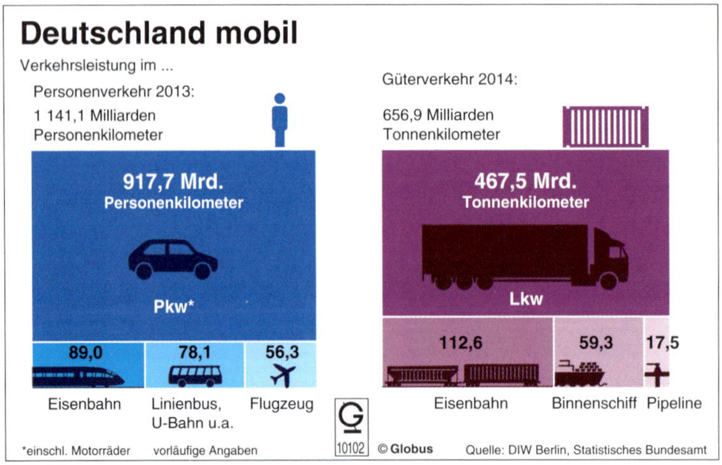

Der Verkehr hat im Rahmen der zunehmenden Globalisierung eine wachsende Bedeutung. Ungeheure Warenmengen werden tagtäglich von Land zu Land, von Kontinent zu Kontinent bewegt. Deutschland nimmt im Welthandel mit seinen Warenimporten und Warenexporten eine Spitzenstellung ein. Durch die EU-Osterweiterung und den stark zunehmenden Handel mit asiatischen Ländern wird der Logistikstandort Deutschland zu einer zentralen Logistikdrehscheibe der Ost-West-Verkehre werden. Die Logistik gehört zu den Wachstumsbranchen der deutschen Wirtschaft und ist geprägt durch:

- Wachstum des Außenhandels
- Steigerung des Güterverkehrsaufkommens
- Erhöhung des Güterumschlags in Seehäfen, Flughäfen sowie Umschlagplätzen der Lkw- und Bahnverkehre

Fachbegriffe

Wie in vielen anderen Fachbereichen verfügt auch die Verkehrswirtschaft über Fachbegriffe, die eine wichtige Grundlage zur gegenseitigen Verständigung bilden. Einige davon sollen im nachfolgenden Abschnitt geklärt werden.

Definition

*Unter **Verkehr** versteht man alle Vorgänge, die es ermöglichen, Verkehrsobjekte von einem Ort zu einem anderen Ort zu transportieren. Verkehrsobjekte sind dabei Personen, Güter, Nachrichten und Zahlungen.*

Der Verkehr ist die Voraussetzung für den Aufbau und das Funktionieren einer modernen **arbeitsteiligen Volkswirtschaft**. Erst ein funktionsfähiges, d.h. zuverlässiges und wirtschaftliches Verkehrssystem bietet die Gewähr für eine reibungslose Güterproduktion und die Verteilung der Güter an die Orte des Verbrauchs. WSP

Verkehr

Güterverkehr	Personenverkehr	Nachrichtenverkehr	Zahlungsverkehr
Eisenbahn Lastkraftwagen Binnenschiff Seeschiff Flugzeug Rohrleitung	Eisenbahn Kraftwagen Flugzeug Seeschiff Binnenschiff	Telekommunikations-dienste Internet Presse Rundfunk Fernsehen	Banken Sparkassen

Der **Güterverkehr** ist Gegenstand des vorliegenden Lernfeldes 9. Unter Güterverkehr versteht man die Beförderung eines Gutes zwischen zwei Orten sowie die Organisation und Überwachung der Transporte. Die Güterbeförderung erfolgt mit Verkehrsmitteln.

Verkehrsmittel sind bewegliche technische Einrichtungen, die der Raumüberwindung dienen, wie z.B. Lkw, Eisenbahnen, Flugzeuge, Binnenschiffe, Seeschiffe und Rohrleitungen. Die Fortbewegung der Verkehrsmittel erfolgt über **Verkehrswege.**

Verkehrswege zu Lande sind Autobahnen, Parkplätze, Straßen, Schienenwege, Bahnhöfe, Brücken, Tunnelbauten usw. Im Binnenschiffverkehr sind es Flüsse, Kanäle und Binnenhäfen, in der Seeschifffahrt die Seeschiffswege und Häfen. Im Luftverkehr sind die Verkehrswege die festgelegten und durch Radar und andere Leitverfahren überwachten Luftwege sowie die Flughäfen.

Verkehrswege in der Bundesrepublik

Verkehrsweg	Länge (Angaben in 1 000 km)
überörtliches Straßennetz	230,4
Schienennetz	37,9
Wasserstraßen	7,7

Quelle: Statistisches Bundesamt 2015

Als **Verkehrsträger** werden alle gleichartigen Betriebe bezeichnet, die sich desselben Verkehrsmittels und desselben Verkehrswegs für die Beförderungsleistung bedienen. Verkehrsträger sind der Eisenbahnverkehr, die Binnenschifffahrt, die Seeschifffahrt, der Luftverkehr und der Straßengüterverkehr.

Verkehrsaufkommen in der Bundesrepublik Deutschland: beförderte Tonnen in Millionen

Verkehrsträger	Jahr 1970	Jahr 1980	Jahr 1992	Jahr 2006	Jahr 2014
Eisenbahnverkehr	378,0	350,1	351,9	342,807	364,9
Binnenschifffahrt	240,0	241,1	229,9	243,495	228,6
Seeschifffahrt	131,9	154,3	178,1	299,215	301,0
Luftverkehr	0,3869	0,7103	1,2	3,179	4,4
Straßengüterverkehr	2136,9	2553,2	3644,1	3057,5	3499,2

Verkehrsbetriebe

WSP

Unter volkswirtschaftlichen Gesichtspunkten gehören die Verkehrsbetriebe in den **tertiären Sektor der Volkswirtschaft**, in den Bereich der Dienstleistungsbetriebe. Zum Wirtschaftszweig Güterverkehr zählen alle Betriebe, die sich direkt (unmittelbar) oder indirekt (mittelbar) mit der Ausführung von Beförderungsleistungen befassen. Um Güter entsprechend den Anforderungen in der Wirtschaft zu befördern, sind technische und kaufmännische Vorbereitung, Organisation und Abwicklung des Transports nötig. Entsprechend der Art, Menge, Größe und Beschaffenheit des Transportgutes gilt es, geeignete Verkehrsmittel auszuwählen. Im Rahmen der Transportdurchführung müssen die zu transportierenden Güter eventuell auch verpackt, gelagert oder umgeschlagen werden. Diese Aufgaben gehören zu den **indirekten Beförderungsleistungen** und werden häufig von Spediteuren übernommen. Die **direkte Beförderungsleistung** wird i. d. R. vom Frachtführer erbracht.

Die **Güterverkehrsleistungen** werden in Tonnenkilometern (tkm) angegeben und gemessen. Mit dieser Einheit erfasst man nicht nur das Gewicht des Transportgutes, sondern auch die Entfernung, über die es transportiert wurde.

Verkehrsleistung in tkm = Transportmenge in t · Transportweg in km

Die Angabe 100 Tonnenkilometer (tkm) kann so verstanden werden, dass 10 Tonnen über eine Entfernung von 10 Kilometer transportiert werden, 100 Tonnen über einen Kilometer oder eine Tonne über 100 Kilometer.

Auswahlkriterien geeigneter Verkehrsmittel

Die Wahl eines geeigneten Verkehrsmittels ist meist von der Art des Transportgutes und den Ansprüchen des Auftraggebers abhängig. Zeitliche und wirtschaftliche Forderungen sind zu berücksichtigen.

Transportkosten	Ermittlung der Fahrzeugselbstkosten für den Transport mit firmeneigenen Fahrzeugen; sie sind mit den Beförderungsentgelten verschiedener anderer Verkehrsträger zu vergleichen. Entscheidung für die kostengünstigste Variante unter Einhaltung der anderen Forderungen, z. B. Einhaltung der Transportdauer
Nebenkosten	▪ Verpackung ▪ Versicherung ▪ Warenumschlag
Haus-Haus-Verkehr	Direktverkehr ohne Umladen vom Versender zum Empfänger
Transportkapazität	▪ Transportmittel muss für Sendung geeignet sein (bestimmtes Gewicht und Volumen) ▪ Auslastung der Transportbehälter
Transportdauer	Zeit von der Übernahme des Transportgutes durch den Frachtführer bis zur Übergabe an den Empfänger; ist vor allem beim Transport von verderblichen Gütern von Bedeutung
Pünktlichkeit	▪ Einhaltung vereinbarter Zeiten ▪ Just-in-Time-Lieferung
Flexibilität	▪ Erreichen der Start- und Zielorte auch bei unvorhersehbaren Ereignissen (Stau) ▪ nachträgliche Weisungen einhalten
Sicherheit	▪ bedeutet keine Beschädigung des Transportgutes oder Verlust durch Diebstahl von der Annahme bis zur Übergabe an den Empfänger. ▪ Gefahrguttransporte stellen besondere Sicherheitsanforderungen.
Regelmäßigkeit	Transporte in regelmäßigen Zeitabständen, meist nach festen Fahrplänen
Witterungsabhängigkeit	Einfluss der Witterung (Hochwasser, Schnee, Eis, Nebel) auf Verfügbarkeit, Sicherheit und Pünktlichkeit des Verkehrsmittels
Umweltverträglichkeit	Belastung der Umwelt durch das Verkehrsmittel: Abgase, Lärm, Staub
Gesetzliche Vorschriften	▪ Gefahrgutvorschriften ▪ Fahrverbote

1.2 Arten des Versands

Güter können auf verschiedenen Wegen versendet werden. Entsprechend der Verkehrswege unterscheiden wir im vorliegenden Lernfeld die **Arten des Versands**: Versand auf der Straße, Versand auf der Schiene, Versand auf Binnengewässern, Versand auf Seegewässern und Versand in der Luft. Den Versandarten kann man die einzelnen Verkehrsträger zuordnen:

Versandarten				
Straße	Schiene	Binnengewässer	Seegewässer	Luft
Güterkraftverkehr	Eisenbahnverkehr	Binnenschifffahrt	Seeschifffahrt	Luftfracht

Die moderne Transportlogistik kann auf die aufeinander abgestimmte Nutzung verschiedener Verkehrsträger vor allem im Bereich des Außenhandels nicht verzichten. Aus Übersee stammende Güter werden beispielsweise per Binnenschiff zu einem dem Bestimmungsort nächstgelegenen Binnenhafen transportiert und von dort mit dem Lastkraftwagen zum Empfänger.

Werden innerhalb einer Transportkette verschiedene Verkehrsträger nacheinander genutzt, wird dies als **kombinierter Verkehr, multimodaler Verkehr** oder **intermodaler Verkehr** bezeichnet. Durch kombinierten Verkehr können die Vorteile der einzelnen Verkehrsträger besser genutzt werden.

1.3 Mehrwertdienstleistungen und Kontraktlogistik

Verkehrsbetriebe bieten zunehmend **Mehrwertdienstleistungen** an, was auch als **Value Added Service** bezeichnet wird. Mehrwertdienstleistungen sind Dienstleistungen, die über das eigentliche Kerngeschäft der Güterbeförderung hinausgehen und vom Kunden verlangt werden können. Mehrwertdienstleistungen werden entgeltfrei oder kostenpflichtig angeboten.

Jedes Unternehmen legt sein Angebot an Dienstleistungen und Zusatzleistungen selbst fest und kalkuliert seine Preise. Zum Value Added Service in der Transportlogistik zählen:

Tracking and Tracing	▪ Sendungsverfolgung, Kunden können den Status der Sendung im Internet verfolgen
Inkasso-Service	▪ Bezahlung der Sendung oder der Ware an den Zusteller
Verpackungsservice	▪ Setbildung, umpacken, verpacken, belabeln
Retourenlogistik	▪ Rückholung oder Austausch von Waren, Weiterleitung an einen Dritten
Sonstiger Service	▪ Montage von Möbeln oder Anschluss von Geräten ▪ Entsorgung von Altgeräten

Zunehmender Wettbewerb zwischen den Unternehmen in unserer Weltwirtschaft erfordert, dass jedes Unternehmen wirtschaftlich und effizient arbeitet. Deshalb analysieren viele Unternehmen ihre Prozesskette, strukturieren daraufhin ihre betrieblichen Abläufe um und lagern bestimmte Teilprozesse aus. Diesen Vorgang nennt man **Outsourcing.** Ein externer Logistik-Dienstleister übernimmt diese aus dem Logistikprozess des Kunden ausgelagerten Prozesse und kombiniert sie mit den geeigneten Verkehrsträgern. Dies geschieht auf der Grundlage eines langfristigen Vertrags.
Das Management und die Ausführung komplexer logistischer Prozesse eines Geschäftsprozesses für ein anderes Unternehmen durch einen Logistik-Dienstleister ist Gegenstand der **Kontraktlogistik** (Contract Logistics, contract = Vertrag). Ziel der Kontraktlogistik ist es, die Laufzeiten und die Informationsflüsse in der Logistik zu verbessern, die wirtschaftliche Effizienz der Unternehmen zu steigern und dabei gleichzeitig den Verwaltungsaufwand zu reduzieren.

Dienstleistungen der Kontraktlogistik werden für viele Bereiche der betrieblichen Prozesskette angeboten und bereits von vielen Großunternehmen weltweit genutzt, vor allem in der Automobilindustrie.

Anwendungsbereiche der Kontraktlogistik

Beschaffung	▪ Bestellmanagement: Material oder Ware muss kontinuierlich verfügbar sein. ▪ zeitoptimierte Anlieferung, geeignete Verkehrsträger nutzen ▪ Wareneingang und Kontrolle (wenn nötig Reklamationen) ▪ Vormontage oder Veredelung der Ware (z. B. Aufbügeln von Kleidung) ▪ umsortieren, umpacken, komplettieren, belabeln ▪ Einlagerung oder Verteilung an verschiedene Filialen
Lagerhaltung	▪ fachgerechte Lagerhaltung, Warenpflege ▪ Kontrolle über Artikelstammdaten (Chargeninformationen, Mindest- oder Meldebestände mithilfe des Lagerverwaltungsprogramms) ▪ Bestellungen auslösen
Absatz	▪ kommissionieren, belabeln, verpacken, Versanddokument zusammenstellen, Zollabwicklung, Rechnungslegung und Controlling ▪ Versendung mit geeigneten Verkehrsträgern und garantierten Zustellzeiten

Wertschöpfungskette

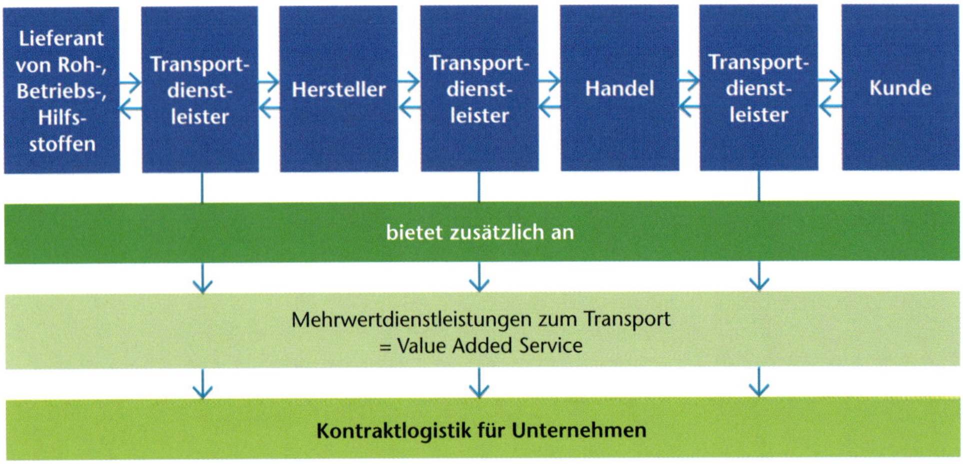

⇄ *Waren- und Informationsfluss*

Kernwissen

- Der Güterverkehr ist eine wichtige Grundlage unserer Volkswirtschaft.
- Unter Güterverkehr versteht man die Beförderung eines Gutes zwischen zwei Orten sowie die Organisation und Überwachung der Transporte.
-

Verkehrsträger	Verkehrsmittel	Verkehrswege
Güterkraftverkehr Eisenbahnverkehr Seeschifffahrt Binnenschifffahrt Luftfracht	Lkw Bahn Seeschiff Binnenschiff Flugzeug	Straßennetz Schienennetz Meere Flüsse, Kanäle Luftverkehrsstraßen

- Die Güterverkehrsleistungen werden in Tonnenkilometern (tkm) angegeben und gemessen.
- Werden innerhalb einer Transportkette verschiedene Verkehrsträger nacheinander genutzt, nennt man das kombinierten Verkehr, multimodalen Verkehr oder intermodalen Verkehr.
- Mehrwertdienstleistungen (Value Added Service) sind Dienstleistungen, die über das eigentliche Kerngeschäft der Transportdienstleistungen hinausgehen.
- Kontraktlogistik: Management und Ausführung komplexer logistischer Teile eines Geschäftsprozesses durch einen Logistik-Dienstleister auf der Basis eines langfristigen Vertrags

Aufgaben

1. *Unterscheiden Sie die einzelnen Verkehrsarten.*
2. *Was ist ein Verkehrsträger? Welche Verkehrsträger lassen sich unterscheiden?*

3. *Werten Sie die Abbildung „Deutschland mobil“ aus. Wie viel Prozent der Güterverkehrsleistungen in der Bundesrepublik Deutschland werden von Lkw, Eisenbahn, Binnenschiff und Pipeline erbracht?*
   Welches Verkehrsmittel hat den größten Anteil? Runden Sie auf eine Stelle nach dem Komma.

4. *Welches Verkehrsmittel des Güterverkehrs verfügt über das größte Verkehrsnetz?*

5. *Nach welchen Merkmalen kann man Transportleistungen beurteilen?*

6. *Was verstehen Sie unter multimodalem Verkehr?*

7. *Informieren Sie sich über Mehrwertdienstleistungen, die Ihr Ausbildungsbetrieb anbietet. Fassen Sie die Ergebnisse in der Klasse in einer Übersicht zusammen.*

8. *Überlegen Sie, welche Vorteile Mehrwertdienstleistungen mit sich bringen:*
   a) für das Transportdienstleistungsunternehmen,
   b) für Unternehmen, die diese Dienstleistungen in Anspruch nehmen.

9. *Sie sind Mitarbeiter der Versandabteilung des Stahlgroßhandels Hartmann GmbH in Duisburg. Ihr Unternehmen hat einen eigenen Gleisanschluss. Auch die Niederlassungen des Stahlgroßhandels verfügen über eigene Gleisanschlüsse. Entscheiden Sie, welches Verkehrsmittel Sie für die folgenden Transportaufträge nutzen werden.*
   Begründen Sie kurz Ihre Entscheidung.

Transportauftrag	Verkehrsmittel	Begründung
a) 42 t Stahlrohre je 12 Meter in die Niederlassung Nürnberg		
b) 5 000 t Stahlblech zur Schiffswerft in Kiel		
c) 10 Coils[1] mit einem Gewicht je 5 t zum Karosseriebau in Leipzig		
d) 5 Kisten je 35 kg mit dringend benötigten Stahlbeschlägen für Möbelhersteller in Neapel		
e) 1 20-Fuß-Container mit Profilstahl in den Baumarkt Erfurt		

[1] *Coil: dünnes, aufgewickeltes Walzblech, häufig für den Karosseriebau verwendet*

2 Rechtliche Grundlagen des Versands

Einstiegssituation

Frank ist Auszubildender der LOGO – Transport und Umzugs GmbH. Sein Freund Ralf arbeitet als Fachkraft für Lagerlogistik in der Versandabteilung eines Herstellers für Büromöbel. Als Frank seinem Freund Ralf berichtet, dass zu seinen täglichen Pflichten das Verpacken und Kennzeichnen von Hausrat und Möbelstücken zählt, wundert sich Ralf sehr darüber und erklärt ihm, dass nach dem deutschen Frachtrecht nicht der Frachtführer, sondern der Absender die Pflicht hat, das Gut zu verpacken und zu kennzeichnen.

Handlungsaufträge

1. *Vergleichen Sie die Pflichten der Frachtführer aus dem Frachtvertrag und aus dem Umzugsvertrag und stellen Sie diese in einer tabellarischen Übersicht gegenüber.*
2. *Wer ist nach dem Umzugsvertrag für das Verpacken und Kennzeichnen des Umzugsgutes verantwortlich? Wie beurteilen Sie Ralfs Behauptung? Begründen Sie Ihre Aussage.*
3. *Wie heißen die Vertragspartner beim Speditionsvertrag? Welche wesentlichen Pflichten haben sie zu erfüllen?*

Mit dem **Transportrechtsreformgesetz (TRG)** vom 1. Juli 1998 wurde das deutsche Transportrecht im 4. Buch des **Handelsgesetzbuches (HGB)** neu geregelt. Es umfasst:

Frachtgeschäft
Allgemeine Vorschriften, §§ 407–450
Beförderung von Umzugsgut, §§ 451 a–h
Multimodaler Transport, §§ 452 a–d

Speditionsgeschäft, §§ 453–466

Beim **grenzüberschreitenden Güterverkehr** gelten internationale Regelungen vor nationalem Recht. Die Bundesrepublik Deutschland hat u. a. folgende internationale Abkommen ratifiziert (anerkannt) und damit für Deutschland in Kraft gesetzt:

Internationaler Straßengüterverkehr	Internationale Eisenbahnbeförderung
CMR = Convention relative au Contrat de Transport International de Marchandises par Route = Übereinkommen über die Beförderung im internationalen Straßengüterverkehr	**CIM** = Convention Internationale concernant le Transport de Marchandises par Chemin de Fer Einheitliche Rechtsvorschriften für den Vertrag über internationale Eisenbahnbeförderung von Gütern

2.1 Frachtrecht des Handelsgesetzbuches – Frachtgeschäft

Leitbild der allumfassenden rechtlichen Regelung ist das **Frachtgeschäft**. Es gilt gleichermaßen für den Transport auf **der Straße, den Eisenbahntransport, den nationalen Luftverkehr** und den Transport mit dem **Binnenschiff.** Das Gesetz ist vor allem für gewerbliche Beförderer bestimmt. Es gilt auch für **KEP-Dienste** (Kurier-, Express- und Paketdienste). Private Transporte fallen nicht unter das HGB.

Geltungsbereich des HGB-Frachtvertrags

Der Frachtvertrag wird zwischen dem **Absender** (Auftraggeber) und dem **Frachtführer** (Auftragnehmer) geschlossen. Auftraggeber sind beispielsweise Verkäufer, die ihren Kunden Ware zusenden, oder Spediteure, die einen Beförderungsauftrag erteilen, oder der Empfänger, der einen Abholauftrag erteilt.

Frachtvertrag § 407

(1) Durch den Frachtvertrag wird der **Frachtführer** verpflichtet, das Gut zum Bestimmungsort zu befördern und dort an den Empfänger abzuliefern.
(2) Der **Absender** wird verpflichtet, die vereinbarte Fracht zu zahlen.

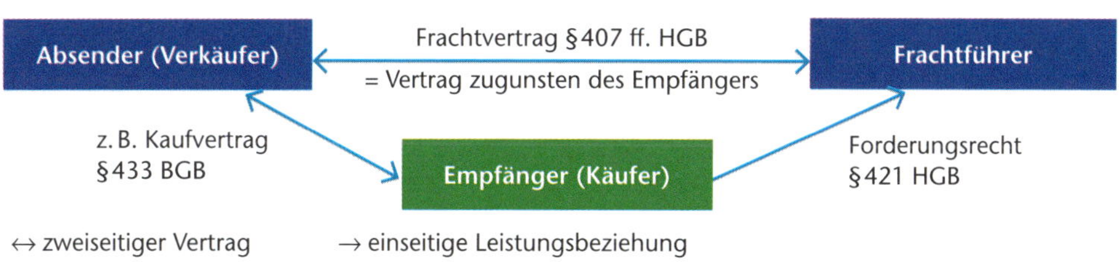

Beteiligte am Frachtgeschäft

2.1.1 Das Frachtgeschäft nach HGB im Überblick

Frachtbrief § 408

Der Frachtführer kann verlangen, dass der **Absender** einen Frachtbrief mit bestimmten Angaben ausstellt:

1. Ort und Tag der Ausstellung
2. Name und Anschrift des Absenders
3. Name und Anschrift des Frachtführers
4. Ladestelle, Tag der Übernahme des Gutes und Entladestelle
5. Name und Anschrift des Empfängers und etwaige Meldeadresse
6. Bezeichnung des Gutes und Art der Verpackung
7. Anzahl, Zeichen und Nummern der Packstücke
8. Rohgewicht der Sendung
9. die vereinbarte Fracht und die bis zur Lieferung anfallenden Kosten sowie einen Vermerk über die Frachtzahlung
10. Nachnahmebetrag
11. Weisungen für Zoll- und sonstige amtliche Behandlung des Gutes
12. Vereinbarungen über die Beförderung in offenen, nicht mit Planen abgedeckten Fahrzeugen oder auf Deck bei Binnenschiffen

Anzahl der Ausfertigungen § 408

Der Frachtbrief wird in **drei Originalausfertigungen** ausgestellt, die vom Absender unterzeichnet werden.

- Die erste Ausfertigung erhält der Absender.
- Die zweite Ausfertigung begleitet den Transport.
- Die dritte Ausfertigung behält der Frachtführer.

Im Inland ist der Frachtbrief gesetzlich nicht vorgeschrieben, im internationalen Verkehr ist er zwingend notwendig.

Beweiskraft des Frachtbriefs § 409

Der Frachtbrief beurkundet:

- Abschluss und Inhalt des Frachtvertrags
- Übernahme des Gutes durch den Frachtführer
- die Vermutung, dass das Gut und seine Verpackung in äußerlich gutem Zustand waren
- Übereinstimmung mit den Angaben der Anzahl, den Zeichen und Nummern, sowie dem Inhalt auf dem Frachtbrief

Gefährliches Gut § 410

Der **Absender** muss dem Frachtführer **vor der Verladung** rechtzeitig die Art der Gefahr und die zu ergreifenden Vorsichtsmaßnahmen mitteilen.

Verpacken, Kennzeichnen § 411

Der **Absender** muss das Gut so verpacken, dass es vor Verlust und Beschädigung während des Transports geschützt ist und auch am Fahrzeug kein Schaden entsteht. Außerdem hat der Absender das Gut durch Aufkleber oder Label zu kennzeichnen, um eine ordnungsgemäße Handhabung zu sichern.

Verladen, Entladen § 412

Das HGB legt für die Vertragspartner folgende Pflichten fest:

Absender	Frachtführer
Beförderungssichere Verladung: Der Absender hat das Gut in den Laderaum zu bringen und es so zu sichern, dass es normale Transportbelastungen (Erschütterungen, Kurvenfahrt) unbeschadet übersteht. Die konkreten Anforderungen an die Art der Verladung sind abhängig vom Transportgut und den Besonderheiten des Transports. Im Einzelnen hat der Absender hierzu die VDI-Richtlinien und DIN-Vorschriften bei der Verladung anzuwenden. **Entladepflicht:** Der Absender hat außerdem die Pflicht, das Transportgut **zu entladen** bzw., soweit er das nicht selbst vornehmen kann, für die Entladung zu sorgen, z. B. durch Vereinbarung mit dem Empfänger.	**Betriebssichere Verladung:** Der Frachtführer ist für die Betriebssicherheit und Verkehrssicherheit seines Fahrzeuges (§§ 22, 23 StVO) verantwortlich. Er hat darauf zu achten, dass durch die Art der Beladung keine Wagenüberlastung, Stabilitätsverluste oder Bremsbeeinträchtigungen eintreten.

Zum Laden und Entladen steht dem Absender eine angemessene Zeit zur Verfügung. Wartet der Frachtführer über die normale **Ladezeit** hinaus, steht ihm ein **Standgeld** zu.

Richtwerte für die Ladezeiten der einzelnen Verkehrsmittel sind:

Lkw	Zuladung 25 Tonnen	2 Stunden
Bahnwagen	Zuladung 40 Tonnen	8 Stunden
Binnenschiff	Zuladung 900 Tonnen	20 Stunden (45 Tonnen Rohgewicht pro Stunde)

Schwankungen können sich durch geringere oder größere Ladungsmengen ergeben.

Tipp

Lesen Sie in Lernfeld 8 unter dem Kapitel 1.2 „Rechtliche Grundlagen zur Verladung und Ladungssicherung" nach.

Begleitpapiere § 413

Der **Absender** hat dem Frachtführer die für Transport und Zollabwicklung nötigen Urkunden zu übergeben und dazu notwendige Auskünfte zu erteilen.

Haftung des Absenders § 414

Der **Absender** haftet für seine Pflichtverletzungen aus dem Frachtvertrag gegenüber dem Frachtführer für Schäden, die insbesondere verursacht werden durch
1. ungenügende Verpackung und Kennzeichnung,
2. falsche oder unvollständige Angaben im Frachtbrief,
3. unterlassene Mitteilungen über die Gefährlichkeit des Gutes,
4. fehlende Auskünfte und Urkunden.

Der Absender haftet:
- verschuldensunabhängig, d. h., er haftet in den o. g. Fällen auch ohne eigenes Verschulden.
- Seine Haftung ist begrenzt auf 8,33 SZR je kg Rohgewicht der Sendung.

SZR[1] = Rechnungseinheit; 1 SZR = 1,3 € (Stand: April 2015)

Nachträgliche Weisung § 418

Der **Absender** ist berechtigt, auch während des Transportvorgangs über das Gut zu verfügen.

Er kann insbesondere verlangen, dass der Frachtführer
1. das Gut nicht weiterbefördert,
2. es an einem anderen Bestimmungsort,
3. an einer anderen Ablieferungsstelle oder
4. an einen anderen Empfänger abliefert.

Zahlungspflicht des Absenders § 420

Die Zahlung der Fracht hat **Zug um Zug** gegen Ablieferung des Gutes zu erfolgen. In der Praxis wird das Entgelt häufig in Rechnung gestellt.

Rechte des Empfängers § 421

Nach Ankunft des Gutes an der Ablieferungsstelle ist der **Empfänger** berechtigt, vom Frachtführer die **Ablieferung des Gutes** zu verlangen. Ist das Transportgut beschädigt oder trifft es verspätet ein, kann der Empfänger im eigenen Namen **Schadenersatzansprüche** geltend machen.

Nachnahme § 422

Nachnahmesendungen werden unter Einzug des Nachnahmebetrags ausgeliefert. Gezahlt werden kann bar oder mit gleichwertigen Zahlungsmitteln (Electronic Cash).

Lieferfrist § 423

Der **Frachtführer** ist verpflichtet, das Gut innerhalb der vereinbarten Frist oder in einer angemessenen Frist abzuliefern.

Haftung des Frachtführers §§ 425, 430, 431, 432, 433

Der Frachtführer ist verpflichtet, das Transportgut zum Bestimmungsort zu befördern und dort an den Empfänger zu übergeben. Leider läuft der Transport nicht immer fehlerfrei ab. Es können dabei unterschiedliche Schäden verursacht werden. Der folgende Abschnitt soll verdeutlichen,

- welche Schäden beim Transport auftreten können und
- in welchem Umfang der Frachtführer für den Schaden haftet.

---

[1] *SZR bedeutet Sonderziehungsrecht des internationalen Währungsfonds, eine „Kunstwährung", die aus einem Währungskorb, bestehend aus den Währungen der führenden Handelsnationen, wie US-Dollar, Euro, Schweizer Franken, japanischer Yen und britisches Pfund, gebildet wird. Die Umrechnung eines SZR in Euro ist daher den Währungsschwankungen ausgesetzt.*

Der Frachtführer haftet laut HGB für Schäden, die entstehen

- durch Verlust oder Beschädigung des Gutes in der Zeit von der Übernahme zur Beförderung bis zur Ablieferung, d. h. für die Zeit, in der das Gut in seiner Obhut ist. In der Fachsprache wird dieses Haftungsprinzip auch **Obhuts- oder Gefährdungshaftung** genannt.
- durch Überschreitung der Lieferfrist.

Schadensarten	Beispiel	Haftungshöchstbetrag
Güterschaden: Verlust oder Beschädigung des Gutes	Beim Transport werden von einem Autotransporter 5 Gebrauchtwagen gestohlen. Dabei wird der Lkw beschädigt. Die restlichen Pkw müssen auf ein anderes Fahrzeug geladen werden.	▪ maximal 8,33 SZR pro kg Rohgewicht für den Güterschaden ▪ Wert des Gutes am Ort und zur Zeit der Übernahme ▪ Schadenfeststellungskosten (z. B. durch einen Sachverständigen) ▪ Ersatz sonstiger Kosten (Wiegegeld, Frachtkosten, Umladekosten)
Lieferfristüberschreitung	Eine Terminfracht wird verspätet angeliefert.	dreifaches Frachtentgelt
Nachnahmefehler	Der Fahrer vergisst den Nachnahmebetrag zu kassieren.	Höhe des Nachnahmebetrags
Sonstiger Vermögensschaden	Beim Absender eintreffendes Fahrzeug entspricht nicht der vertraglichen Vereinbarung (Thermozug), das vereinbarte Fahrzeug kann erst am nächsten Tag gestellt werden. Der Empfänger hat dadurch einen Tag Produktionsstillstand.	dreifacher Betrag, der bei Verlust des Gutes zu zahlen wäre (maximal 3 x 8,33 SZR pro kg Rohgewicht)
Güterfolgeschaden	Das Gut wird beim Transport beschädigt. Die defekte Maschine verursacht beim Empfänger einen Tag Produktionsstillstand. Dadurch entsteht ein Vermögensschaden.	kein Ersatz des Schadens

Haftungsausschluss § 426

Der Frachtführer ist von der Haftung **befreit**, soweit der Verlust, die Beschädigung des Gutes oder die Überschreitung der Lieferfrist auf Umständen beruht, die der Frachtführer nicht vermeiden oder deren Folgen er nicht abwenden konnte (**höhere Gewalt**).

Besondere Haftungsausschlussgründe § 427

Der **Frachtführer haftet nicht** für Schäden, die auf folgende Gefahren zurückzuführen sind:

1. Verwendung von offenen, nicht mit Planen gedeckten Fahrzeugen oder Verladung auf Deck
2. ungenügende Verpackung durch den Absender
3. Behandeln, Verladen oder Entladen des Gutes durch den Absender oder Empfänger
4. natürliche Beschaffenheit des Gutes, die besonders leicht zu Schäden führt, insbesondere durch Bruch, Rost, inneren Verderb, Austrocknen, Auslaufen oder normalen Schwund
5. ungenügende Kennzeichnung durch den Absender
6. Beförderung lebender Tiere

Haftung für andere § 428

Der Frachtführer haftet auch für seine Mitarbeiter.

Beispiel
Hilft der Fahrer nach Aufforderung beim Be- und Entladen mit und verursacht dabei einen Schaden, dann ist er Erfüllungsgehilfe des Absenders/Empfängers. Absender/Empfänger müssen sich dann den Schaden anrechnen lassen.

Wertersatz § 429

Hat der Frachtführer Schadenersatz zu leisten, so ist der **Wert am Ort und zur Zeit der Übernahme** zur Beförderung zu ersetzen.

Haftungshöchstbetrag § 431

Die Haftung des Frachtführers für Verlust oder Beschädigung ist **begrenzt auf 8,33 SZR für jedes Kilogramm des Rohgewichts** der gesamten Sendung.

Unter **Rohgewicht** versteht das Gesetz das Gewicht des Transportgutes zuzüglich seines Verpackungsgewichtes. Rohgewicht entspricht dem **Bruttogewicht.**

Die Schadenersatzleistungen des Frachtführers sind durch Haftungshöchstgrenze und Haftungsausschluss oft niedriger als der Güterwert des Transportgutes. Will der Absender im Schadensfall den kompletten Schaden ersetzt bekommen, ist dies durch eine Güterversicherung oder Gütertransportversicherung zu gewährleisten. Die Kosten für diese Versicherung trägt i. d. R. der Absender.

Die Haftung des Frachtführers **wegen Überschreitung der Lieferfrist** ist auf den **dreifachen Betrag der Fracht** begrenzt.

Wegfall der Haftungsbefreiung und Haftungsbegrenzung § 435

Haftungsbefreiung und Haftungsbegrenzung **gelten nicht**, wenn der Schaden durch **vorsätzliches** oder **leichtfertiges Handeln** des Frachtführers oder seiner Mitarbeiter verursacht worden ist.

Beispiel
Ein stark angetrunkener Lkw-Fahrer kann sich nicht auf die Haftungsausschlüsse nach § 427 HGB berufen, wenn das Transportgut schlecht verpackt war, sondern der Frachtführer haftet unbegrenzt für den vollen Schadenersatz.

Schadensanzeige § 438

Transportschäden muss der Absender oder der Empfänger innerhalb bestimmter Fristen dem Frachtführer schriftlich melden. Dabei sind folgende Fristen einzuhalten:

- **Äußerlich erkennbare Schäden** sind sofort bei der Ablieferung durch einen Vermerk auf den Beförderungspapieren zu reklamieren.
- **Verdeckte Schäden** sind innerhalb von sieben Tagen nach der Ablieferung zu reklamieren.
- **Eine Überschreitung der Lieferfrist** muss der Empfänger innerhalb von 21 Tagen nach Ablieferung reklamieren.

Verjährung § 439

Ansprüche aus einer Beförderung **verjähren nach einem Jahr**. Bei Vorsatz beträgt die Verjährungsfrist drei Jahre. Die Verjährung beginnt mit Ablauf des Tages, an dem das Gut abgeliefert wurde oder an dem das Gut hätte abgeliefert werden müssen.

Beispiel
Bei Anlieferung am 07.01.2013 beginnt die Verjährung am 08.01.2013 und endet am 07.01.2014.

Ladeschein § 444

Über die Verpflichtung zur Ablieferung des Gutes kann **von einem Frachtführer ein Ladeschein** ausgestellt werden, der die in § 408 HGB genannten Angaben enthalten soll. Der Ladeschein ist vom Frachtführer zu unterzeichnen. Er gilt als **Warenwertpapier**. Das Original erhält der Absender und sendet dieses an den Empfänger, der die Güter nur gegen Rückgabe des Originals vom Frachtführer erhält.

Der Ladeschein erbringt **Beweis**
- über den Empfang des Gutes,
- über den Inhalt des Beförderungsversprechens,
- über den Inhalt des Frachtvertrages,
- über die Art des Auslieferungsversprechens.

Ablieferung gegen Rückgabe des Ladescheins § 445

Der Frachtführer ist zu **Ablieferung des Gutes nur gegen Rückgabe des Ladescheins**, auf dem die Ablieferung bescheinigt ist, verpflichtet.

Legitimation durch Ladeschein § 446

Zum Empfang des Gutes legitimiert ist derjenige, **an den das Gut nach dem Ladeschein** abgeliefert werden soll oder auf den der Ladeschein, wenn er an Order lautet, durch Indossament übertragen ist.

Kernwissen

Pflichten aus dem Frachtvertrag	
Absender	**Frachtführer**
Frachtzahlung	fristgerechter Transport des Gutes an den Bestimmungsort sowie Ablieferungspflicht
Verpackungspflicht	Obhut über das Transportgut und die Begleitpapiere
Kennzeichnungspflicht	betriebssicheres Verladen
Informationspflicht über Gefahrgut	Weisungseinholungspflicht bei Abliefer- und Beförderungshindernissen
Beförderungssicheres Verladen	besondere vertragliche Pflichten, z. B. Einzug der Nachnahme
Ladungssicherung	Ladungssicherung
Entladepflicht	Ladeschein ausstellen und unterzeichnen (nach Vereinbarung)

Absender	Frachtführer
Begleitpapiere zur Verfügung stellen und Auskünfte für Zollabfertigung geben	Ablieferung beim Empfänger
Ausstellen eines Frachtbriefs auf Verlangen des Frachtführers	Befolgen von Weisungen

Der Frachtbrief wird in **drei Originalausfertigungen** ausgestellt:

für den Absender	Begleitpapier für den Transport	für den Frachtführer

Haftung des Frachtführers:

Schadensart	Haftungshöchstgrenze
Verlust des Gutes	▪ entstandener Güterschaden ▪ 8,33 SZR pro kg des Rohgewichts ▪ Wert des Gutes bei Übernahme
Beschädigung des Gutes	▪ entstandener Güterschaden ▪ 8,33 SZR pro kg des Rohgewichts ▪ Wert des Gutes bei Übernahme
Überschreitung der Lieferfrist	dreifaches Frachtentgelt
Nachnahmefehler	Höhe der Nachnahme
Sonstiger Vermögensschaden	dreifacher Betrag, der bei Verlust des Gutes zu zahlen wäre (maximal 3 x 8,33 SZR pro kg Rohgewicht)
Güterfolgeschaden	kein Schadenersatz

Reklamationsfristen

Art des Schadens	Zeitpunkt der Anzeige
Verlust/Beschädigung erkennbar	bei Ablieferung
Verlust/Beschädigung nicht erkennbar	bis 7 Tage nach Ablieferung
Fristüberschreitung	bis 21 Tage danach

Ansprüche aus der Beförderung verjähren nach einem Jahr.

Aufgaben

1. *Nennen Sie die Angaben, die laut Gesetz in einem Frachtbrief enthalten sein müssen.*
2. *Erläutern Sie, wer die drei Originalausfertigungen des Frachtbriefes erhält.*
3. *Erläutern Sie, welche Wirkung eine Vorbehaltseintragung auf dem Frachtbrief hat.*
4. *Geben Sie an, wer für das Verladen und Entladen des Transportmittels verantwortlich ist.*
5. *Wann kann ein Frachtführer Standgeld verlangen?*

6. ***Beim Transport von Nürnberg nach Berlin werden 10 Kisten mit Ware im Gesamtwert von 50 000,00 € gestohlen. Jede der gestohlenen Kisten wiegt 30 kg. Mit welchem Betrag haftet der Frachtführer?***
7. ***Geben Sie an, wann das Verfügungsrecht des Absenders an dem beförderten Gut erlischt.***
8. ***Listen Sie auf, welche Möglichkeiten der nachträglichen Weisungen das Gesetz zulässt.***
9. ***Wann ist der Frachtführer von der Haftung für Verlust, Beschädigung oder Lieferfristüberschreitung befreit?***
10. ***Erläutern Sie, zu welchem Zeitpunkt der Empfänger oder Absender dem Frachtführer den Verlust oder die Beschädigung des Transportgutes anzeigen muss.***
11. ***Erklären Sie die unbeschränkte Haftung des Frachtführers bei qualifiziertem Verschulden des Frachtführers.***
12. ***Erläutern Sie die Bedeutung des Ladescheins im deutschen Frachtrecht.***
13. ***Geben Sie an, wann die Ansprüche aus der Beförderung verjähren.***
14. ***Erklären Sie, wie der Frachtführer bei Überschreitung der Lieferfrist haftet.***

2.2 Beförderung von Umzugsgut – Umzugsvertrag § 451

Der Umzugsvertrag ist ein Frachtvertrag, der die Beförderung von Umzugsgut zum Gegenstand hat.

Für die Beförderung von Umzugsgut sind die Vorschriften des Frachtgeschäfts anzuwenden, soweit die folgenden Vorschriften nichts anderes bestimmen.

Pflichten des Frachtführers § 451 a

1. Ab- und Aufbauen der Möbel
2. Ver- und Entladen des Umzugsgutes
3. Verpackung und Kennzeichnung des Umzugsgutes sowie die Ausführung sonstiger auf den Umzug bezogener Leistungen

Frachtbrief. Gefährliches Gut. Begleitpapiere. Mitteilungs- und Auskunftspflicht § 451b

Der **Absender** ist **nicht verpflichtet**, einen Frachtbrief auszustellen.

Zählt zu dem Umzugsgut **gefährliches Gut**, muss der Absender die von dem Gut ausgehende Gefahr dem Frachtführer mitteilen. Der Frachtführer hat den Absender, wenn dieser ein Verbraucher ist, über dessen Informationspflicht bei Gefahrgut sowie über Zoll- und Verwaltungsvorschriften zu unterrichten.

Haftung § 451 c, e

Trifft den **Absender** ein Verschulden, z. B. fehlende Angabe von gefährlichen Gütern, haftet er dem Frachtführer für Schäden nur bis zu einem Betrag von **620,00 € je Kubikmeter** Laderaum.

Umgekehrt ist auch die Haftung des **Frachtführers** wegen Verlust und Beschädigung auf einen Betrag von **620,00 € je Kubikmeter** Laderaum begrenzt.

Besondere Haftungsausschlussgründe § 451 d

Der Frachtführer ist von der Haftung befreit, wenn der Verlust oder die Beschädigung auf folgende Gefahren zurückzuführen sind:

- Beförderung von Edelmetallen, Juwelen, Geld usw.
- ungenügende Verpackung und Kennzeichnung durch den Absender
- Behandeln, Verladen oder Entladen des Gutes durch den Absender
- Beförderung von nicht durch den Frachtführer verpacktem Gut in Behältern
- Verladen und Entladen von Gut, dessen Größe und Gewicht den Raumverhältnissen an der Lade- oder Entladestelle nicht entspricht, und wenn der Absender trotz Hinweis auf die Durchführung der Leistung besteht
- Beförderung lebender Tiere und Pflanzen
- natürliche oder mangelhafte Beschaffenheit des Gutes

Schadensanzeige § 451 f

Sichtbare Schäden sind dem Frachtführer spätestens am ersten Tag nach der Anlieferung anzuzeigen. Sind Verlust oder Beschädigungen äußerlich **nicht erkennbar**, sind sie dem Frachtführer innerhalb von 14 Tagen nach der Anlieferung anzuzeigen.

Wegfall der Haftungsbefreiung und Haftungsbegrenzung § 451 g

Ist der Absender ein Verbraucher, so hat der Frachtführer ihn vor Vertragsabschluss über die **Haftungsbestimmungen** zu unterrichten und ihn auf die Möglichkeit der Haftungserweiterung und Versicherbarkeit hinzuweisen.
Der Frachtführer hat den Absender spätestens bei Ablieferung des Umzugsgutes auf die Frist und Form der Schadensanzeige sowie die Rechtsfolgen bei Nichtbeachtung hinzuweisen.
Unterlässt dies der Frachtführer, so kann er sich weder von der Haftung befreien noch seine Haftung begrenzen.

Abweichende Vereinbarungen § 451 h

Ist der Absender ein Verbraucher, kann von den Haftungsregelungen nicht zum Nachteil des Absenders abgewichen werden, weder durch AGB noch durch Individualvereinbarungen. Bei gewerblichen Auftraggebern kann die Haftung dagegen durch AGB und Individualvereinbarungen abweichend vereinbart werden.

Kernwissen

Pflichten aus dem Umzugsvertrag

Pflichten des Frachtführers	Pflichten des Absenders als Verbraucher
fristgerechte Beförderung des Umzugsgutes zum Bestimmungsort	Zahlung der Dienstleistung
Verladen und Entladen des Umzugsgutes	Informationspflicht über Gefahrgut
Verpacken und Kennzeichnen des Umzugsgutes	Dokumentenbeschaffungspflicht (Zollpapiere)
Auf- und Abbauen der Möbel	
Unterrichtungspflicht über Zollbestimmungen	
Unterrichtungspflicht über Haftungsbestimmungen und Rügefristen	

Reklamationsfristen

Art des Schadens	Zeitpunkt der Anzeige
äußerlich erkennbare Schäden	1 Tag nach Ablieferung
äußerlich nicht erkennbare Schäden	14 Tage ab Zeitpunkt der Ablieferung
Lieferfristüberschreitung	bis 21 Tage

Haftung des Frachtführers im Umzugsrecht:
- Obhutshaftung nach § 425 ff.
- Haftungsbegrenzung 620,00 € pro Kubikmeter Laderaum

Aufgaben

1. *Nennen Sie die Pflichten des Frachtführers beim Versand von Umzugsgut.*
2. *Erklären Sie die Obhutshaftung aus dem Frachtgeschäft.*
3. *Geben Sie an, bis zu welchem Betrag der Frachtführer für Schäden beim Umzugsgut haftet.*
4. *Nennen Sie Haftungsausschlussgründe, die den Frachtführer von seiner Haftung befreien.*
5. *Erläutern Sie, unter welchen Voraussetzungen der Frachtführer keinen Anspruch auf Haftungsbefreiung und Haftungsbegrenzung hat.*

2.3 Speditionsrecht des Handelsgesetzbuches – Speditionsgeschäft

Speditionsvertrag § 453

Durch den Speditionsvertrag wird der Spediteur verpflichtet, die Versendung des Gutes zu besorgen.
Der Versender wird verpflichtet, die vereinbarte Vergütung zu zahlen.
Die Vorschriften gelten nur, wenn die Besorgung der Versendung zum Betrieb eines gewerblichen Unternehmens gehört.

Beteiligte am Speditionsgeschäft

Entgegen herrschender Meinung muss ein Spediteur nicht über Transportmittel, speziell Lkw verfügen, denn er ist kein Frachtführer. Der Spediteur hat lediglich den Transport zu organisieren. Er gilt als der Manager des Transports. Die Tätigkeitsbereiche des Spediteurs, die das Handelsgesetzbuch vorsieht, sollen im folgenden Abschnitt erklärt werden.

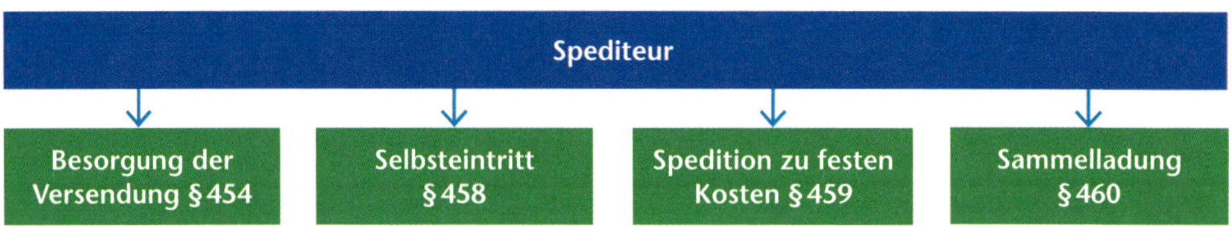

Besorgung der Versendung § 454

Durch den Speditionsvertrag wird der Spediteur verpflichtet, die Versendung eines Gutes zu besorgen. Das umfasst die gesamte Organisation der Beförderung innerhalb einer Transportkette, wobei unterschiedliche Verkehrsmittel oder Frachtführer einbezogen werden können.

Die Organisation erfolgt in drei Phasen:

1. Planung	▪ Bestimmung des Beförderungswegs und -mittels
2. Ausführung	▪ Auswahl geeigneter Frachtführer, welche die Beförderung durchführen ▪ Abschluss der erforderlichen Verträge: Frachtverträge, Lagerverträge, Speditionsverträge ▪ Erteilung von Weisungen und Informationen an die ausführenden Unternehmen
3. Überwachung	▪ Sicherung von Schadenersatzansprüchen

Selbsteintritt § 458

Der Spediteur hat bei Speditionsaufträgen auch das Recht, Güter mit eigenen Verkehrsmitteln selbst zu befördern (Selbsteintritt des Spediteurs). Macht er von dieser Befugnis

Gebrauch, so hat er hinsichtlich der Beförderung die Rechte und Pflichten eines Frachtführers und kann neben seiner Tätigkeit als Spediteur die gewöhnliche Fracht verlangen.

Spedition zu festen Kosten § 459

Soweit als Vergütung ein bestimmter Betrag vereinbart ist, der Kosten für die Beförderung einschließt, hat der Spediteur hinsichtlich der Beförderung die Rechte und Pflichten eines Frachtführers. In diesem Fall hat er Anspruch auf Ersatz seiner Aufwendungen soweit dies üblich ist.

Sammelladung § 460

Der Spediteur ist befugt, die Versendung des Gutes zusammen mit dem Gut eines anderen Versenders aufgrund eines für seine Rechnung über eine Sammelladung geschlossenen Frachtvertrages zu bewirken. Er hat dabei die Rechte und Pflichten eines Frachtführers. Er kann eine angemessene Vergütung verlangen, höchstens aber die Fracht wie bei Einzelbeförderung.

Weitere Pflichten aus dem Speditionsvertrag

Vereinbarte beförderungsbezogene Nebenpflichten des Spediteurs § 454 Abs. 2	Verpacken, Kennzeichnen des Gutes, Versicherung, Zollbehandlung
Interessenwahrungs- und Sorgfaltspflicht des Spediteurs	Der Spediteur hat bei der Erfüllung seiner Pflichten das Interesse des Versenders wahrzunehmen und dessen Weisungen zu befolgen.
Zahlungspflicht des Versenders §§ 453, 456	Die Hauptpflicht des Versenders aus dem Speditionsvertrag ist die **Zahlung der Vergütung.** Die Vergütung ist zu zahlen, wenn das Gut dem Frachtführer oder Verfrachter übergeben worden ist.
Behandlung des Gutes. Begleitpapiere. Mitteilungs- und Auskunftspflicht des Versenders § 455	(1) Der Versender ist verpflichtet, das Gut, soweit erforderlich, zu verpacken und zu kennzeichnen, Urkunden zur Verfügung zu stellen und alle Auskünfte zu erteilen, die der Spediteur zur Erfüllung seiner Pflicht braucht. Soll Gefahrgut versendet werden, so hat der Versender die Art der Gefahr und erforderliche Vorsichtsmaßnahmen schriftlich mitzuteilen. (2) Der Versender hat, auch wenn ihn kein Verschulden trifft, dem Spediteur Schäden und Aufwendungen zu ersetzen, die verursacht werden durch 1. ungenügende Verpackung oder Kennzeichnung, 2. Unterlassung der Mitteilung über die Gefährlichkeit des Gutes oder 3. Fehlen, Unvollständigkeit oder Unrichtigkeit der Urkunden oder Auskünfte, die für eine amtliche Behandlung des Gutes notwendig sind. (3) Ist der Versender ein Verbraucher, so hat er dem Spediteur Schäden und Aufwendungen nur zu ersetzen, soweit ihn ein Verschulden trifft.

Die Haftung des Spediteurs § 461

Obhutshaftung	Verschuldenshaftung
▪ Der Spediteur haftet für den Schaden, der durch Verlust oder Beschädigung des in seiner Obhut befindlichen Gutes entsteht. ▪ Haftungsausschluss und Haftungsumfang sowie Haftungsbegrenzung gelten wie im Frachtrecht.	▪ Der Spediteur haftet für Schäden, die dadurch entstehen, dass er seine Pflichten aus dem Speditionsvertrag, insbesondere seinen Besorgungsauftrag, verletzt. ▪ Von dieser Haftung ist er befreit, wenn der Schaden durch die Sorgfalt eines ordentlichen Kaufmanns nicht abgewendet werden konnte.

Hat bei der Entstehung des Schadens ein Verhalten des Versenders oder ein besonderer Mangel des Gutes mitgewirkt, so hängen die Verpflichtung zum Ersatz sowie ihr Umfang davon ab, inwieweit diese Umstände zu dem Schaden beigetragen haben.

Verjährung § 463

Ansprüche aus dem Speditionsvertrag verjähren wie Ansprüche aus einem Frachtvertrag (§ 439 HGB).

Kernwissen

1. Pflichten der Vertragspartner aus dem Speditionsvertrag:

Pflichten des Spediteurs	Pflichten des Versenders
Versendung besorgen	Vergütung zahlen
vereinbarte, beförderungsbezogene Leistungen erbringen	Behandlung des Gutes
Interessenwahrungs- und Sorgfaltspflicht	Mitteilungs- und Auskunftspflicht
	erforderliche Urkunden zur Verfügung stellen

2. Weitere Tätigkeitsbereiche des Spediteurs:

Selbsteintritt	Spedition zu festen Kosten	Sammelladung
Der Spediteur hat das Recht, den Transport selbst auszuführen als Frachtführer.	Der Spediteur bietet dem Versender einen festen Preis und garantiert ihm Transporterfolg.	Der Spediteur transportiert das Gut zusammen mit Gütern anderer Auftraggeber auf einem Frachtbrief, wobei er aufgrund des höheren Ladungsgewichtes einen günstigeren Frachtsatz erwirtschaftet.
§ 458 HGB	§ 459 HGB	§ 460 HGB

Der Spediteur hat hierbei Rechte und Pflichten eines **Frachtführers**.

3. Die Haftung des Spediteurs nach HGB:

Art der Haftung	Obhutshaftung § 461 Abs. 1 HGB	Verschuldenshaftung § 461 Abs. 2 HGB
Schadensart	Güterschaden	Güterschaden und sonstiger Schaden

Art der Haftung	Obhutshaftung § 461 Abs. 1 HGB	Verschuldenshaftung § 461 Abs. 2 HGB
Haftungs-voraussetzung	Obhut am Speditionsgut (ohne Verschulden)	schuldhafte Pflichtverletzung durch Spediteur
Rechtsfolge	Frachtführerhaftung – begrenzter Haftungshöchstbetrag; Güterschaden: 8,33 SZR/kg Rohgewicht; Überschreitung der Lieferfrist: dreifacher Betrag der Fracht	unbeschränkte Haftung; aber Haftungsausschluss bei „höherer Gewalt" (wenn der Schaden durch die Sorgfalt eines ordentlichen Kaufmanns nicht abgewendet werden konnte)

Aufgaben

1. *Erklären Sie das Zustandekommen eines Speditionsvertrages mithilfe des Schaubildes „Beteiligte am Speditionsgeschäft".*
2. *Erklären Sie die Hauptaufgabe des Spediteurs.*
3. *Welche Pflichten hat der Versender im Speditionsvertrag?*
4. *Was versteht man unter Selbsteintritt des Spediteurs?*
5. *Unter welchen Voraussetzungen hat der Spediteur die Rechte und Pflichten eines Frachtführers?*
6. *Nennen Sie die Hauptpflichten des Frachtführers und Spediteurs und unterscheiden Sie diese hinsichtlich der Gewährleistung eines Transporterfolgs.*
7. *Wann haftet der Spediteur nach den Grundsätzen der Obhutshaftung bzw. Verschuldenshaftung?*
8. *Sie sind als Fachlagerist im Umschlagslager des Transportunternehmens Eurotour in Bremen tätig.*
   Heute wird ein Lkw mit Computern für einen Elektrofachmarkt in München beladen. Der Fahrer des Staplers passt leider nicht richtig auf und fährt rückwärts in eine Palette. 10 Computer sind zerstört. Ein Computer hat einen Wert von 2 200,00 € und wiegt 3 kg.
   a) Wer muss für den entstandenen Schaden haften?
   b) Wie hoch ist der Schadenersatz?
9. *Die Spedition Transport-Fix hat sich auf Transporte innerhalb Deutschlands spezialisiert. Soeben ist ein Auftrag der Chemtec GmbH aus Greifswald eingegangen.*
   Die Chemtec GmbH, Baderstraße 12, 17489 Greifswald möchte schnellstmöglich
   - *17 Europaletten mit 9 700 kg Waschpulver in den C & C Großmarkt Charlottenburger Straße 2, 13086 Berlin und*
   - *15 Europaletten mit 8 800 kg Waschpulver in den C & C Großmarkt Bitterfelder Straße 4, 06844 Dessau transportieren lassen. Die Paletten sind nicht stapelbar.*

Die Spedition übergibt den Transportauftrag dem Fuhrunternehmen Frank Hoffmann, der regelmäßig für die Spedition fährt. Er verfügt über einen Sattelzug mit einer Ladefläche von 2,44 Meter x 13,60 Meter.

a) Überprüfen Sie, ob die komplette Sendung auf dem Sattelzug verladen werden kann. Fertigen Sie dazu eine Skizze an.

Tipp

Schlagen Sie dazu im Lehrbuch LF 9 Abschnitt 3.1.4 Fahrzeugarten nach.

b) Entscheiden Sie, ob das Fuhrunternehmen den Auftrag an einem Arbeitstag ausführen kann. Es wird eine Durchschnittsgeschwindigkeit von 80km/h angenommen. Nutzen Sie dazu den Routenplaner im Internet oder die Karte „Großkilometrierung zwischen deutschen Wirtschaftszentren" im Arbeitsheft.
Berücksichtigen Sie dabei auch die maximal zulässigen Lenkzeiten im Straßenverkehr.

Tipp

Informieren Sie sich dazu im Lehrbuch: Lernfeld 9 Kapitel 3.1.8 „Sozialvorschriften im Straßenverkehr".

3 Verkehrsträger im Güterverkehr

Einstiegssituation

Das Logistikzentrum der Supermarktkette Ökokauf in Aken an der Elbe ist für die Warenbeschaffung und Versorgung der Supermärkte im mitteldeutschen Raum zuständig. Das Logistikzentrum bezieht Waren aus vielen europäischen und asiatischen Ländern. Zukünftig wird das Unternehmen mit einer zweiten Vertriebsschiene auf den Markt treten. Die Sortimente Drogeriemarkt, Haushaltswaren, Elektrogeräte und Heimtierbedarf sollen auch über das Internet vermarktet werden.

Die Warenzustellung erfolgte bisher mit firmeneigenen Lastkraftwagen zu den Supermärkten. Aus wirtschaftlichen Gründen wird der eigene Fuhrpark aufgegeben. Mit dem Versand der Waren werden zukünftig Transportdienstleistungsunternehmen beauftragt.

Handlungsaufträge

1. *Entscheiden Sie, welche Dienstleistungsbetriebe des Güterverkehrs den Warentransport*
   a) vom Hersteller zum Logistikzentrum,
   b) vom Logistikzentrum zu den Ökokauf-Supermärkten,
   c) vom Logistikzentrum zu den Endverbrauchern übernehmen sollten. Begründen Sie jeweils Ihre Entscheidungen.
2. *Erarbeiten Sie aus dem Kapitel 3 „Verkehrsträger im Güterverkehr" eine tabellarische Übersicht über die Vor- und Nachteile der einzelnen Verkehrsträger.*
3. *Überlegen Sie, welche Vorteile die Inanspruchnahme eines Dienstleistungsbetriebs des Güterverkehrs gegenüber der firmeneigenen Zustellung für das Logistikzentrum hat.*

3.1 Güterkraftverkehr

FR

Der Güterkraftverkehr ist die geschäftsmäßige oder entgeltliche Beförderung von Gütern mit Kraftfahrzeugen, die einschließlich Hänger ein höheres zulässiges Gesamtgewicht als 3,5 Tonnen haben.

3.1.1 Das Straßenverkehrsnetz in Deutschland

Die Bundesrepublik Deutschland verfügt über ein sehr enges und modernes Straßennetz, bei dem es kaum noch Gebiete gibt, die mit dem Kraftfahrzeug nicht zu erreichen sind. Aufgrund der zentralen Lage Deutschlands in Mitteleuropa gehören die deutschen Straßen, insbesondere die Autobahnen, zu den am stärksten befahrenen Strecken Europas. Das Straßennetz besteht aus:

Bundesautobahnen	ca. 12600 km
Bundesstraßen	ca. 40400 km
Landstraßen	ca. 86600 km
Kreisstraßen	ca. 91600 km

3.1.2 Vor- und Nachteile des Güterkraftverkehrs

Der Lkw ist für Inlandstransporte das mit Abstand wichtigste Transportmittel. Rund 70 Prozent des gesamten Güterverkehrsaufkommens werden mit dem Lkw befördert. Gegenüber anderen Verkehrsträgern auf der Schiene oder auf Gewässern hat der Güterkraftverkehr Vor- und Nachteile.

Vorteile	Nachteile
Haus-Haus-Verkehr/Direktverkehr ohne Umladen erspart Verpackungs- und Transportkosten sowie Lieferzeit	eingeschränktes Transportvolumen und Transportgewicht
kürzere Lieferfristen, relativ schnelles Transportmittel	starke Abhängigkeit von Witterung, Straßenverhältnissen, Verkehrslage
engmaschiges Straßennetz: Lkw erreicht nahezu jeden Ort	Fahrverbote (sonn- und feiertags)
hohe Flexibilität hinsichtlich der Annahme-, Ablieferungs- und Transporttermin	höherer Energieaufwand hinsichtlich der Beförderungsleistung
Einsatz unterschiedlicher Fahrzeuge entsprechend der Transportgüter (Silofahrzeuge, Kühltransporter)	Umweltbelastung durch Verkehr (Lärm, Abgase), Straßenbelastung
Just-in-time-Lieferung ermöglicht reduzierte Lagerhaltung	Ausbau von Straßen und Autobahnen (Versiegelung der Landschaft, steigende öffentliche Ausgaben)
individuelle Behandlung der Ladung, Berücksichtigung individueller Kundenwünsche	Unfallgefahr

3.1.3 Lkw-Maut

Schwere Lastkraftwagen verursachen in besonderem Maße Kosten für den Bau, die Erhaltung und den Betrieb von Autobahnen. Die Belastung der Straßen durch einen schweren Lkw mit 40 Tonnen Achslast ist etwa 60000-mal größer als durch einen Pkw. Mautpflichtig sind seit dem 01.01.2005 alle in- und ausländischen Lkw ab 12 Tonnen zulässigem Gesamtgewicht auf deutschen Autobahnen und einigen (ähnlich einer Autobahn ausgebauten) Bundesstraßen. Die Mauthöhe ist im Einzelfall abhängig

- von der zurückgelegten Strecke,
- von der Zahl der Fahrzeugachsen,
- von der Schadstoffklasse des Fahrzeugs.

Die Einnahmen aus der Maut sollen ausschließlich für den Ausbau der Verkehrsinfrastruktur, überwiegend für den Ausbau von Bundesfernstraßen, genutzt werden. Außerdem soll durch die zusätzlichen Einnahmen ein Anti-Stau-Programm umgesetzt werden, das neben der Verlängerung und Verbreiterung von Autobahnen auch auf eine Verknüpfung mit anderen Verkehrsträgern setzt. Denn die Beseitigung von Engpässen im Schienen- und Wasserstraßennetz sowie eine bessere Auslastung ihrer Kapazitäten bewirken auch Entlastungen im Straßenverkehr.

3.1.4 Fahrzeugarten

Lastkraftwagen können nach zwei grundlegenden Bauformen unterschieden werden: Der **Sattelzug** besteht aus einer **Sattelzugmaschine** und einem **Sattelanhänger (Auflieger)**. Der **Lastzug**, auch Gliederzug genannt, ist eine Kombination aus **Lastkraftwagen** und **Anhänger**.

Um den unterschiedlichen Anforderungen der verschiedensten Transportgüter gerecht zu werden, haben Kraftfahrzeuge unterschiedliche **Aufbau-Arten**, wie Plattformen mit offenen oder geschlossenen Kästen, Spezialaufbauten für Wechselbrücken, Container, Kühlfahrzeuge, Tankwagen, Silofahrzeuge, Autotransporter oder Langguttransporter.

Klein-Lkw

Tankzug

Containertransport

Lkw-Thermozug

Wechselbrücken-Lkw

Autotransporter

Höchstzulässige Maße und Gewichte

Kraftwagen, die zum öffentlichen Verkehr zugelassen werden, unterliegen je nach Bauart, Abmessungen, Achslasten und Gesamtgewichten den Vorschriften der **Straßenverkehrs-Zulassungs-Ordnung (StVZO).** Die Fahrzeuge müssen so beschaffen sein, dass ihr verkehrsüblicher Betrieb niemandem schadet, niemanden gefährdet oder behindert. So sind höchstzulässige Abmessungen und Gewichte für Kraftfahrzeuge und Anhänger sowie für Fahrzeugkombinationen festgelegt. Beim Beladen von Kraftfahrzeugen ist das **zulässige Gesamtgewicht** zu beachten. Dabei besteht folgender Zusammenhang:

Eigengewicht + Zuladung = Gesamtgewicht des Fahrzeugs

Fahrzeugabmessungen

Für alle Fahrzeugarten sind Fahrzeughöhe und Fahrzeugbreite begrenzt.

Zulässige Gesamthöhe	4,00 m
Zulässige Breite	2,55 m 2,60 m bei Kühlfahrzeugen

Die Länge von **Einzelfahrzeugen** darf 12,00 m nicht überschreiten.

Einzelfahrzeug mit	Höchstzulässiges Gesamtgewicht
2 Achsen	18 Tonnen
3 Achsen	25 Tonnen
4 Achsen	32 Tonnen

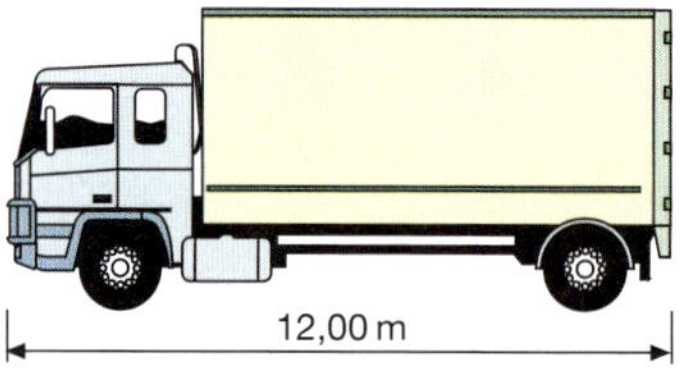

Einzelfahrzeug

Fahrzeug-Kombinationen:

Ein **Gliederzug** darf nicht länger sein als 18,75 Meter.

- Dabei darf die **Systemlänge** von 16,40 m nicht überschritten werden.

  Die Systemlänge wird von der Vorderkante bis zur Hinterkante der Ladefläche des Anhängers gemessen. Der Abstand zwischen Lkw und Anhänger wird mitgerechnet.

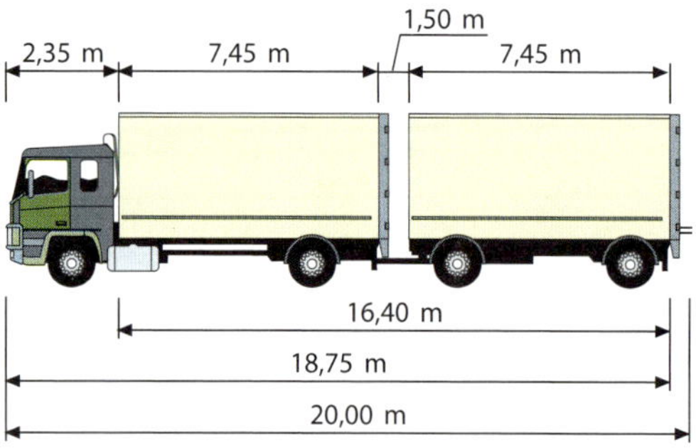

Gliederzug

- Das Fahrerhaus muss im Fernverkehr eine Länge von 2,35 m aufweisen. Aus Fahrerhauslänge und Systemlänge (16,40 m) ergibt sich die Zuglänge von 18,75 m.
- Die Gesamtlänge von **Gliederzug** und **Ladung** darf nicht länger sein als 20,00 m.

Gesamtgewicht: 40 Tonnen

Sattelkraftfahrzeuge dürfen nicht länger als 15,50 m sein.

16,50 m gilt, wenn zwei Voraussetzungen erfüllt sind:
- Abstand Sattelzapfen bis Heck darf höchstens 12,00 m betragen.

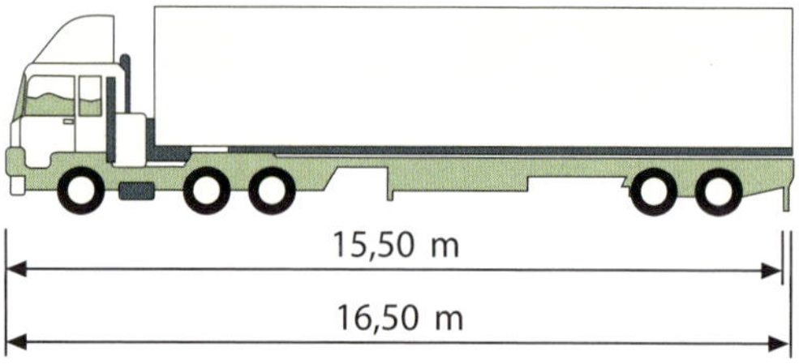

Sattelzug

- Vorderer Überhangradius darf 2,04 m nicht übersteigen.

Gesamtgewicht: 40 Tonnen

Fahrzeug-Kombinationen:

Breite	allgemein bis 2,55 m für Kühlfahrzeuge bis 2,60 m
Höhe	4,00 m
Länge	Gliederzug: bis 18,75 m bzw. 20,00 m Sattelfahrzeug: bis 15,50 m bzw. 16,50 m
Höchstzulässige Achslast	10 t; sie erhöht sich je nach Achszahl, Achsabstand, Bremsen und anderen Größen
Gesamtgewicht mit 3 Achsen mit 4 Achsen mit mehr als 4 Achsen Vor- und Nachlauf des Kombi-Verkehrs	 28 t 36 t 40 t 44 t

Ladeflächen

Der nutzbare Innenraum ergibt sich aus den Außenmaßen abzüglich der Wandstärke. Für den abgebildeten Gliederzug und Sattelzug stellt sich die nutzbare Ladefläche wie folgt dar:

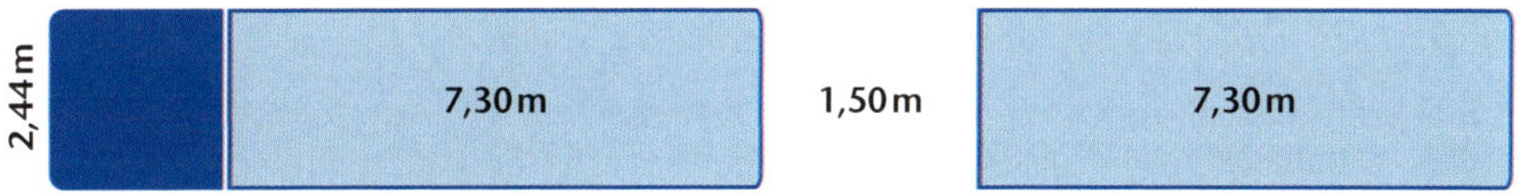

Gliederzug – lichtes Innenmaß in Meter

Kraftwagen und Anhänger können mit je 18 Europaletten in einer Ebene beladen werden. Der Gliederzug hat eine Ladefläche für 36 Europaletten.

Tipp

Informieren Sie sich in Lernfeld 6 über die Europalette.

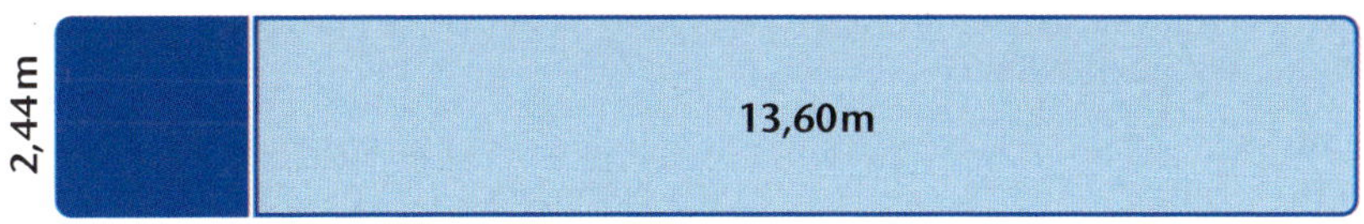

Sattelzug – lichtes Innenmaß, Maßstab 1 : 150

Der Sattelanhänger hat eine Ladefläche für 34 Europaletten in einer Ebene.

3.1.5 Inhalt des Güterkraftverkehrsgesetzes

Definition

Güterkraftverkehr ist die geschäftsmäßige und entgeltliche Beförderung von Gütern mit Kraftfahrzeugen, die einschließlich Anhänger ein höheres Gesamtgewicht als 3,5 Tonnen haben.

Der Güterkraftverkehr in Deutschland wird grundlegend durch das Güterkraftverkehrsgesetz (GÜKG) von 1998 geordnet. Dabei wurden Beschlüsse und vereinheitlichende Maßnahmen der EU berücksichtigt. Wichtige Beispiele sind dafür der Wegfall der Tarifbindung, einheitliche Bestimmungen über Höchstlänge und Gewichte der Lkw, einheitliche Berufszulassungskriterien oder einheitliche Bestimmungen über Lenk- und Ruhezeiten.

Das Güterkraftverkehrsgesetz unterscheidet zwischen **gewerblichem Güterkraftverkehr** und **Werkverkehr**.

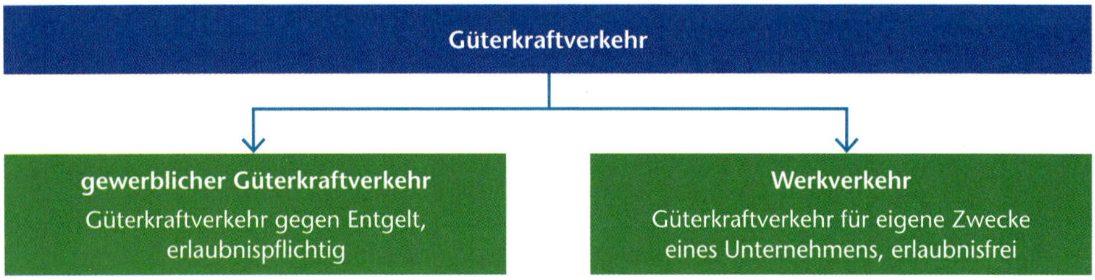

Kein Güterkraftverkehr im Sinne des Gesetzes liegt u. a. vor

- bei gelegentlicher, nicht gewerbsmäßiger Beförderung von Gütern durch Vereine für ihre Mitglieder oder für gemeinnützige Zwecke, z. B. Altkleidersammlung des Roten Kreuzes,
- bei der Beförderung von beschädigten oder reparaturbedürftigen Fahrzeugen aus Gründen der Verkehrssicherheit oder zum Zwecke der Rückführung,
- bei der Beförderung von Medikamenten, medizinischen Geräten und Ausrüstungen sowie anderen zur Hilfeleistung in dringenden Notfällen bestimmten Gütern,
- bei der Beförderung von Milch und Milcherzeugnissen zwischen landwirtschaftlichen Betrieben und Molkereien durch landwirtschaftliche Unternehmen,
- bei der in land- und forstwirtschaftlichen Betrieben üblichen Beförderung von land- und forstwirtschaftlichen Gütern,
- bei der im Rahmen der Gewerbeausübung erfolgenden Beförderung von Betriebseinrichtungen für eigene Zwecke (Bauunternehmen befördert Kran auf Lkw).

3.1.5.1 Werkverkehr

Werkverkehr ist Güterkraftverkehr für eigene Zwecke des Unternehmens, wenn folgende Voraussetzungen erfüllt sind:
- Die beförderten Güter müssen Eigentum des Unternehmens oder von ihm verkauft, gekauft, vermietet, gemietet, hergestellt oder instand gesetzt worden sein.
- Die Beförderung muss der Anlieferung zum Unternehmen, dem Versand oder dem Eigenverbrauch dienen.

- Die Kraftfahrzeuge müssen vom eigenen Personal des Unternehmens geführt werden. Im Krankheitsfall ist es gestattet, bis zu vier Wochen andere Personen einzusetzen.
- Die Beförderung darf nur eine Hilfstätigkeit im Rahmen der gesamten Tätigkeit des Unternehmens sein.

3.1.5.2 Erlaubnispflicht für den gewerblichen Güterkraftverkehr im Inland

Für den **gewerblichen Güterkraftverkehr** über 3,5 Tonnen benötigt der Unternehmer eine **Erlaubnis**.

Zuständig für die Erteilung einer **Erlaubnis** ist die Erlaubnisbehörde des Bundeslandes, in deren Zuständigkeitsbereich der Antragsteller seinen Sitz hat, z. B. in der Bezirksregierung oder im Regierungspräsidium.

Die Erlaubnis wird einem Unternehmer mit Sitz im Inland für die **Dauer von zehn Jahren** erteilt, wenn er bestimmte Zugangsvoraussetzungen erfüllt.

Voraussetzungen für die Erteilung der Erlaubnis	
Persönliche Zuverlässigkeit	Der Unternehmer muss in der Lage sein, sein Unternehmen nach den gesetzlichen Bestimmungen zu führen. Er muss nachweisen, dass er bisher nicht gegen die Rechtsvorschriften im Transportgewerbe verstoßen hat. Dazu hat er u. a. vorzulegen: ▪ polizeiliches Führungszeugnis als Nachweis, dass er nicht vorbestraft ist. ▪ Auszug aus dem Verkehrszentralregister. Es erfasst Verstöße gegen Vorschriften der Betriebs- und Verkehrssicherheit und gegen das Güterkraftverkehrsgesetz. ▪ Auszug aus dem Gewerbezentralregister. Es erfasst Vergehen gegen das Gewerberecht, z. B. Schwarzarbeit. ▪ Bescheinigung der Krankenkassen über ordnungsgemäße Abführung der Sozialabgaben.
Finanzielle Leistungsfähigkeit	Der Unternehmer muss Eigenkapital zur Finanzierung seines Fuhrparks nachweisen: ▪ 9 000,00 € für das erste Fahrzeug, ▪ 5 000,00 € für jedes weitere Fahrzeug. Der Unternehmer muss zahlungsfähig sein, d. h., er darf keine Schulden beim Finanzamt, den Sozialversicherungsträgern, der Berufsgenossenschaft und der Gemeinde haben. Als Nachweis gelten **Unbedenklichkeitsbescheinigungen** von ▪ Finanzamt, ▪ Sozialversicherungsträgern, ▪ Berufsgenossenschaft, ▪ Gemeinde.
Fachliche Eignung	Der Unternehmer muss fachlich in der Lage sein, einen Güterkraftverkehrsbetrieb zu führen. Der Nachweis kann erfolgen durch: ▪ mindestens fünfjährige leitende Tätigkeit in einem Transportunternehmen, ▪ Sachkundeprüfung bei der IHK, ▪ Berufsabschluss zum Speditionskaufmann oder Verkehrsfachwirt.

Der Unternehmer erhält **für jedes eingesetzte Fahrzeug** eine Erlaubnisausfertigung, die vom Fahrer mitgeführt werden muss. Viele Unternehmen in Deutschland nutzen allerdings auch für den Binnenverkehr die Gemeinschaftslizenz, die zum gewerblichen Güterkraftverkehr innerhalb Deutschlands und ebenfalls zum grenzüberschreitenden Güterkraftverkehr in EU-Ländern berechtigt.

3.1.5.3 Grenzüberschreitender gewerblicher Güterkraftverkehr

Für den grenzüberschreitenden Güterkraftverkehr gelten als vom Fahrer mitzuführende behördliche Genehmigungen die **Gemeinschaftslizenz** (EU-Lizenz), die **CEMT-Genehmigung** oder **bilaterale Verträge**.

Die **Gemeinschaftslizenz** berechtigt zum Gütertransport zwischen allen Mitgliedsstaaten der EU und den nicht zur EU gehörenden Staaten des Europäischen Wirtschaftsraumes, d.h. Norwegen, Island, Liechtenstein und Schweiz. Sie berechtigt auch zum **Kabotageverkehr.** Unter Kabotageverkehr versteht man die Güterbeförderung durch einen Unternehmer, der seinen Sitz nicht in dem Land hat, in dem er sein Unternehmen angemeldet hat. Befördert ein französischer Unternehmer Güter von Hannover nach Berlin, so ist das Kabotageverkehr. Die Kabotagefreiheit besteht in Deutschland seit 1998 mit Inkrafttreten des Güterkraftverkehrsgesetzes.

Zugangsvoraussetzungen für den Erhalt einer Gemeinschaftslizenz sind wie bei der Erlaubnis: persönliche Zuverlässigkeit, finanzielle Leistungsfähigkeit und fachliche Eignung. Die Gültigkeit ist zunächst auf zehn Jahre begrenzt. Danach kann die Lizenz auf Antrag verlängert werden und gilt dann unbefristet. Während des Transports muss eine beglaubigte Kopie der EU-Lizenz mitgeführt werden.

Für einige Staaten im grenzüberschreitenden Güterkraftverkehr benötigt der Fahrer eine **CEMT-Genehmigung**[1]. Mit dieser Genehmigung darf der Inhaber alle Beförderungen im gewerblichen internationalen Güterverkehr durchführen, bei denen die Be- und Entladeorte im Hoheitsgebiet der CEMT-Mitgliedsstaaten liegen. Sie berechtigt auch zum Transitverkehr, jedoch nicht zum **Kabotageverkehr**. Zu den CEMT-Mitgliedsstaaten zählen: Albanien, Armenien, Aserbaidschan, Belgien, Bosnien-Herzegowina, Bulgarien, Dänemark, Deutschland, Estland, Finnland, Frankreich, Georgien, Griechenland, Irland, Italien, Kroatien, Lettland, Liechtenstein, Litauen, Luxemburg, Malta, Mazedonien, Moldawien, Niederlande, Norwegen, Österreich, Polen, Portugal, Rumänien, Russische Förderation, Schweden, Schweiz, Slowakische Republik, Slowenien, Spanien, Tschechische Republik, Türkei, Ukraine, Ungarn, Vereinigtes Königreich, Weißrussland. Die CEMT-Genehmigung ist auf den Namen des Inhabers des Transportunternehmens ausgestellt und gilt nur **für ein Jahr** für einen beliebigen Lkw des Inhabers.

Zur Genehmigung, die **auf jeder Fahrt mitzuführen** ist, gehört ein Fahrtenberichtsheft, in dem jede Fahrt einzutragen ist.

Die Gesamtanzahl der auszugebenden CEMT-Genehmigungen ist limitiert (begrenzt).

Bilaterale (zweiseitige) Genehmigungen benötigt man zusätzlich für das Befahren von Drittstaaten. Sie werden für eine Fahrt, für mehrere Fahrten oder als Zeitgenehmigung dem Unternehmer erteilt, wenn er den Nachweis bringt, dass er im Heimatland ein Güterkraftverkehrsunternehmen betreibt. Die Genehmigungen berechtigen zum Transport zwischen den Vertragsstaaten, einschließlich verkehrsüblicher Transitverkehre durch den Vertragsstaat.
Bilaterale Genehmigungen sind ebenfalls limitiert.

---

[1] *CEMT: Konferenz der europäischen Verkehrsminister*

6. beglaubigte Abschrift

EUROPÄISCHE WIRTSCHAFTSGEMEINSCHAFT

D [(1)]

Regierungspräsidium Halle

Lizenz Nr. D/ 207/11 /LSA/H

für den grenzüberschreitenden gewerblichen Güterkraftverkehr

Diese Lizenz berechtigt [(2)]

Frank Mustermann
Fuhrbetrieb
Dorfstraße 24
06198 Gimritz

auf allen Verkehrsverbindungen für die Wegstrecken im Gebiet der Gemeinschaft zum grenzüberschreitenden gewerblichen Güterkraftverkehr im Sinne der Verordnung (EWG) Nr. 881/92 des Rates vom 26. März 1992 und der allgemeinen Bestimmungen dieser Lizenz.

Besondere Bemerkungen:

Diese Lizenz gilt vom 01.07.2013 bis zum 30.06.2023

Erteilt in Halle/Saale, am 10.06.2013 Im Auftrage

[(3)]

Die Übereinstimmung der vorstehenden und vollständigen Abschrift mit dem Original wird hiermit amtlich beglaubigt

Beglaubigt
Halle, den 10.06.2013

Verw. Angestellter

(1) Nationalitätszeichen: B (Belgien), DK (Dänemark), D (Deutschland), GR (Griechenland), E (Spanien), F (Frankreich), IRL (Irland), I (Italien), L (Luxemburg), NL (Niederlande), P (Portugal), GB (Vereinigtes Königreich)

(2) Name oder Firma und vollständige Anschrift des Transportunternehmers

(3) Unterschrift und Dienstsiegel der zuständigen Behörde oder Stelle, die die Lizenz erteilt.

3.1.6 Begleitpapiere im Güterkraftverkehr

Der Unternehmer hat dafür zu sorgen, dass während einer Beförderung im gewerblichen Güterverkehr ein **Begleitpapier** oder ein sonstiger Nachweis mitgeführt wird, in dem das **beförderte Gut, der Be- und Entladeort und der Auftraggeber** angegeben werden.

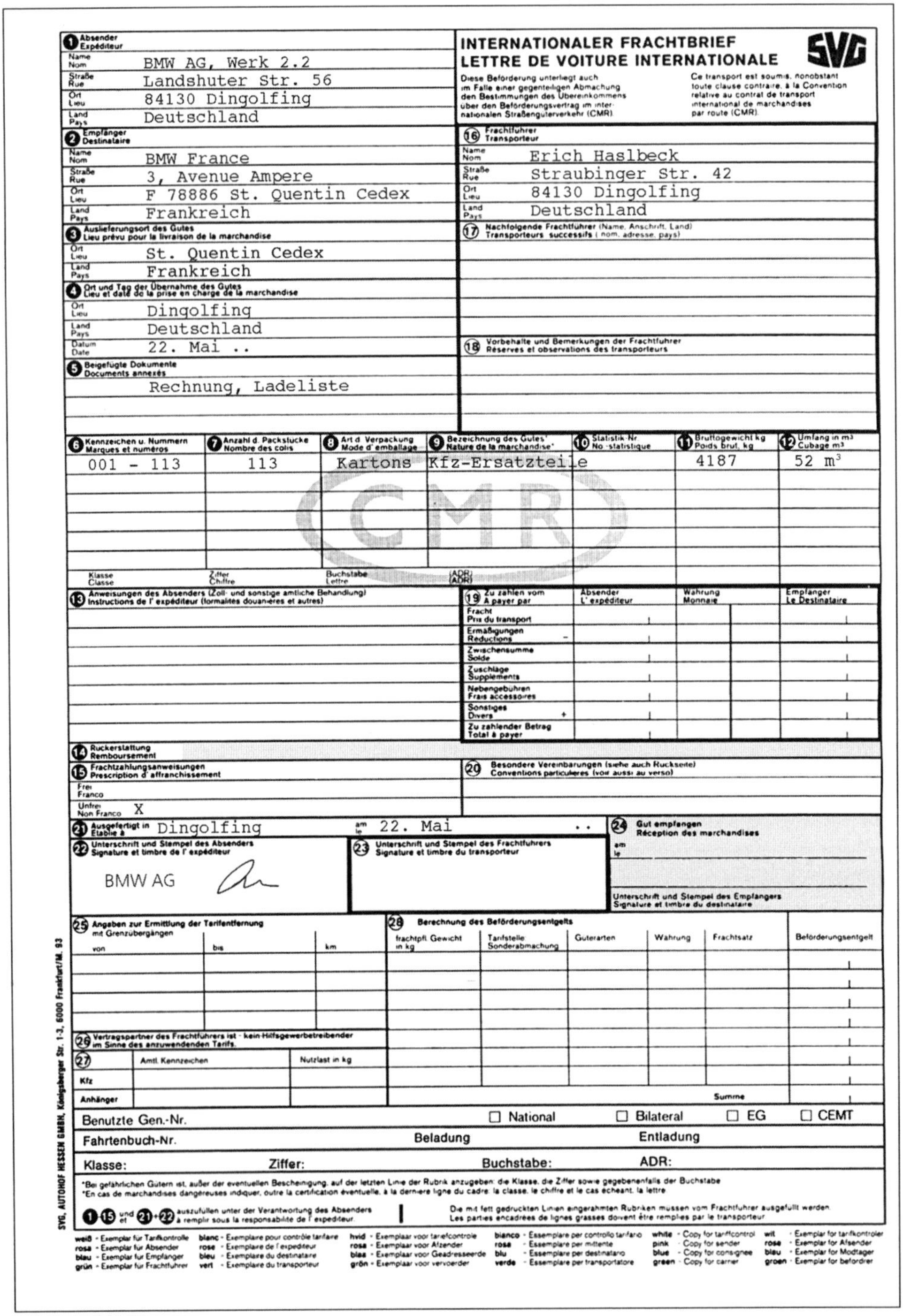

INTERNATIONALER FRACHTBRIEF
LETTRE DE VOITURE INTERNATIONALE
SVG

Diese Beförderung unterliegt auch im Falle einer gegenteiligen Abmachung den Bestimmungen des Übereinkommens über den Beförderungsvertrag im internationalen Straßengüterverkehr (CMR).
Ce transport est soumis, nonobstant toute clause contraire, à la Convention relative au contrat de transport international de marchandises par route (CMR).

1 Absender / Expéditeur
Name / Nom: BMW AG, Werk 2.2
Straße / Rue: Landshuter Str. 56
Ort / Lieu: 84130 Dingolfing
Land / Pays: Deutschland

2 Empfänger / Destinataire
Name / Nom: BMW France
Straße / Rue: 3, Avenue Ampere
Ort / Lieu: F 78886 St. Quentin Cedex
Land / Pays: Frankreich

3 Auslieferungsort des Gutes / Lieu prévu pour la livraison de la marchandise
Ort / Lieu: St. Quentin Cedex
Land / Pays: Frankreich

4 Ort und Tag der Übernahme des Gutes / Lieu et date de la prise en charge de la marchandise
Ort / Lieu: Dingolfing
Land / Pays: Deutschland
Datum / Date: 22. Mai ..

5 Beigefügte Dokumente / Documents annexés
Rechnung, Ladeliste

16 Frachtführer / Transporteur
Name / Nom: Erich Haslbeck
Straße / Rue: Straubinger Str. 42
Ort / Lieu: 84130 Dingolfing
Land / Pays: Deutschland

17 Nachfolgende Frachtführer (Name, Anschrift, Land) / Transporteurs successifs (nom, adresse, pays)

18 Vorbehalte und Bemerkungen der Frachtführer / Réserves et observations des transporteurs

6 Kennzeichen u. Nummern / Marques et numéros	7 Anzahl d. Packstücke / Nombre des colis	8 Art d. Verpackung / Mode d'emballage	9 Bezeichnung des Gutes / Nature de la marchandise	10 Statistik-Nr. / No statistique	11 Bruttogewicht kg / Poids brut, kg	12 Umfang in m³ / Cubage m³
001 – 113	113	Kartons	Kfz-Ersatzteile		4187	52 m³

Klasse / Classe — Ziffer / Chiffre — Buchstabe / Lettre — (ADR) / (ADR)

13 Anweisungen des Absenders (Zoll- und sonstige amtliche Behandlung) / Instructions de l'expéditeur (formalités douanières et autres)

19 Zu zahlen vom / A payer par	Absender / L'expéditeur	Währung / Monnaie	Empfänger / Le Destinataire
Fracht / Prix du transport			
Ermäßigungen / Réductions –			
Zwischensumme / Solde			
Zuschläge / Suppléments			
Nebengebühren / Frais accessoires			
Sonstiges / Divers +			
Zu zahlender Betrag / Total à payer			

14 Rückerstattung / Remboursement

15 Frachtzahlungsanweisungen / Prescription d'affranchissement
Frei / Franco
Unfrei / Non Franco: X

20 Besondere Vereinbarungen (siehe auch Rückseite) / Conventions particulières (voir aussi au verso)

21 Ausgefertigt in / Etablie à: Dingolfing am / le: 22. Mai ..

22 Unterschrift und Stempel des Absenders / Signature et timbre de l'expéditeur
BMW AG

23 Unterschrift und Stempel des Frachtführers / Signature et timbre du transporteur

24 Gut empfangen / Réception des marchandises
am / le
Unterschrift und Stempel des Empfängers / Signature et timbre du destinataire

25 Angaben zur Ermittlung der Tarifentfernung mit Grenzübergängen
von	bis	km

28 Berechnung des Beförderungsentgelts
frachtpfl. Gewicht in kg	Tarifstelle Sonderabmachung	Güterarten	Währung	Frachtsatz	Beförderungsentgelt
				Summe	

26 Vertragspartner des Frachtführers ist – kein Hilfsgewerbetreibender im Sinne des anzuwendenden Tarifs.

27
	Amtl. Kennzeichen	Nutzlast in kg
Kfz		
Anhänger		

Benutzte Gen.-Nr. ☐ National ☐ Bilateral ☐ EG ☐ CEMT
Fahrtenbuch-Nr. Beladung Entladung
Klasse: Ziffer: Buchstabe: ADR:

*Bei gefährlichen Gütern ist, außer der eventuellen Bescheinigung, auf der letzten Linie der Rubrik anzugeben: die Klasse, die Ziffer sowie gegebenenfalls der Buchstabe
*En cas de marchandises dangereuses indiquer, outre la certification éventuelle, à la dernière ligne du cadre: la classe, le chiffre et le cas échéant, la lettre

1–15 und/et 21+22 auszufüllen unter der Verantwortung des Absenders / à remplir sous la responsabilité de l'expéditeur
Die mit fett gedruckten Linien eingerahmten Rubriken müssen vom Frachtführer ausgefüllt werden / Les parties encadrées de lignes grasses doivent être remplies par le transporteur

SVG, AUTOHOF HESSEN GMBH, Königsberger Str. 1-3, 6000 Frankfurt/M. 93

Im grenzüberschreitenden europäischen Güterkraftverkehr ist der **CMR**[1]**-Frachtbrief** verbindlich vorgeschrieben. Er dient als Nachweis über den Abschluss und den Inhalt des Beförderungsvertrages.

[1] *CMR: Übereinkommen über den Beförderungsvertrag im internationalen Straßengüter-Verkehr*

- Der Frachtbrief wird in **drei Originalausfertigungen** ausgestellt:
  1. Ausfertigung erhält der Absender.
  2. Ausfertigung begleitet das Gut.
  3. Ausfertigung behält der Frachtführer.
- Der Frachtbrief ist vom Absender und Frachtführer zu unterzeichnen.
- Der von Frachtführer und Absender unterschriebene Frachtbrief ist Beweisurkunde für
  1. Abschluss und Inhalt des Beförderungsvertrages,
  2. Übernahme des Gutes durch den Frachtführer,
  3. Ablieferung der Sendung an den Empfänger durch seine Empfangsbestätigung.

Neben dem Frachtbrief hat der Fahrer bei gewerblichen Gütertransporten über 3,5 Tonnen folgende Dokumente mitzuführen, die in der Übersicht zusammengefasst sind. An dieser Stelle wird noch nicht auf die Zollabwicklung und die dazu benötigten Papiere eingegangen.

Tipp

Informieren Sie sich darüber im Lernfeld 9, Abschnitt „Internationaler Versand".

Begleitpapiere:

Fahrzeugpapiere	▪ Fahrzeugschein, Anhängerschein ▪ Prüfbescheinigungen vom Geschwindigkeitsbegrenzer ▪ HU-, AU-, SP-Prüfberichte (empfohlen) ▪ Lkw-Maut, Vignette (nur für einige europäische Länder) ▪ Versicherungsnachweis für das Fahrzeug
Persönliche Papiere	▪ Personalausweis/Reisepass ▪ Führerschein ▪ Fahrerbescheinigung (Bestätigung für einen ausländischen Fahrer, dass er legal beschäftigt ist) ▪ Fahrerkarte mit Nachweis von Fahr- und Arbeitsdaten (für Fahrzeuge, die nach dem 01.06.2006 zugelassen sind, zusätzlich digitale Tätigkeitsnachweise) ▪ Schaublätter (Mitzuführen sind das Schaublatt für den laufenden Tag und die vorangegangenen 28 Tage, um die Einhaltung der vorgeschriebenen Ruhezeiten nachzuweisen) ▪ Bestätigung über arbeitsfreie Tage
Beförderungspapiere für den nationalen Güterkraftverkehr	▪ Erlaubnisurkunde oder beglaubigte Kopie der EU-Lizenz ▪ Begleitpapier (Frachtbrief, Ladeliste oder Lieferschein) ▪ Nachweis der Güterschadenhaftpflichtversicherung
Beförderungspapiere für den internationalen Güterkraftverkehr	▪ beglaubigte Kopie EU-Lizenz oder CEMT-Genehmigung ▪ bilaterale Genehmigung ▪ CMR-Frachtbrief
Gefahrguttransporte	▪ Begleitpapiere GGVS/ADR ▪ ADR-Bescheinigung des Fahrzeugführers ▪ schriftliche Weisung ▪ Fahrwegbestimmung ▪ Prüfbescheinigung (z. B. von Tanks) ▪ Ausnahmegenehmigung

3.1.7 Güterschaden-Haftpflichtversicherung für Transporte innerhalb Deutschlands

Für Gütertransporte innerhalb Deutschlands hat der Unternehmer eine Güterschaden-Haftpflichtversicherung abzuschließen. Sie übernimmt im Schadensfall den Schadenersatz, den der Transporteur nach dem HGB zu leisten hat. Es ist eine Mindestversicherungssumme von 600 000,00 € je Schadensfall vorgeschrieben. Nicht versichert sind Schäden, die vorsätzlich verursacht wurden, sowie Schäden durch höhere Gewalt und Schäden bei der Beförderung besonders wertvoller Güter. Der Unternehmer hat dafür zu sorgen, dass während der Beförderung ein gültiger Versicherungsnachweis mitgeführt wird, der Kontrollberechtigten auf Verlangen auszuhändigen ist. Der Versicherer teilt dem Bundesamt für Güterverkehr den Abschluss und das Erlöschen der Versicherung mit.

Werkverkehr und grenzüberschreitender Güterkraftverkehr sind von der Güterschaden-Haftpflichtversicherung befreit.

3.1.8 Sozialvorschriften im Straßenverkehr

Die Sozialvorschriften dienen der Sicherheit des Straßenverkehrs, dem Schutz der Fahrer und regeln schließlich den Wettbewerb. Sie gelten für den Fahrer und den Frachtführer. Gemäß den Vorschriften der Europäischen Union und dem europäischen Übereinkommen über die Arbeit des im internationalen Straßenverkehr beschäftigten Personals (AETR)[1] sind die Arbeitszeiten und die Überwachung der Arbeitszeiten international geregelt. Festgelegt sind insbesondere die Arbeitszeiten als tägliche und wöchentliche Lenkzeiten, Unterbrechungen der Lenkzeiten, tägliche und wöchentliche Ruhezeiten, Schichtzeiten von Fahrern und Beifahrern sowie Vorschriften über EG-Kontrollgeräte und mitzuführende Schaublätter.

Lenkdauer	▪ 4,5 Stunden
Lenkzeitunterbrechung	▪ nach 4,5 Stunden Lenkdauer mindestens 45 Minuten oder ▪ innerhalb von 4,5 Stunden Lenkdauer erste Fahrtunterbrechung von mindestens 15 Minuten und zweite von mindestens 30 Minuten
Tägliche Lenkzeit	▪ maximal 9 Stunden ▪ Erhöhung auf 10 Stunden zweimal pro Woche zulässig
Wöchentliche Lenkzeit	▪ maximal 56 Stunden ▪ maximal 90 Stunden in Doppelwoche
Tägliche Ruhezeit	▪ mindestens 11 Stunden ▪ Aufteilung in 2 Abschnitte möglich: Dann sind mindestens 12 Stunden Ruhezeit, zuerst 3 und dann 9 Stunden, zu nehmen. ▪ Reduzierte Ruhezeit von 9 Stunden ist dreimal wöchentlich möglich.
Wöchentliche Ruhezeit	▪ mindestens 45 Stunden einschließlich einer Tagesruhezeit ▪ Verkürzung auf 24 Stunden ist möglich, wenn innerhalb von zwei Wochen eingehalten wird: a) zwei Ruhezeiten von 45 Stunden oder b) eine Ruhezeit von 45 Stunden zuzüglich einer Ruhezeit von mindestens 24 Stunden. ▪ Wöchentliche Ruhezeit ist nach sechs 24-Stunden-Zeiträumen einzulegen.

2 *AETR: Accord Européen des Temps Routiers*

Fahrzeuge zur Güterbeförderung müssen mit einem **EG-Kontrollgerät (Fahrtenschreiber)** ausgerüstet sein, wenn das zulässige Gesamtgewicht 3,5 Tonnen übersteigt. Das Gerät zeichnet auf eingelegten Scheiben (Schaublätter) die Lenk- und Ruhezeiten automatisch auf. Der Lkw-Fahrer hat die Schaublätter oder Ausdrucke für die laufende Woche und für den letzten Arbeitstag der Vorwoche mitzuführen. Seit dem 01.05.2006 müssen neu zugelassene Lkw mit einem **digitalen Kontrollgerät** ausgerüstet sein.

Digitaler Fahrtenschreiber

3.1.9 Informations- und Kommunikationstechnologien im Güterkraftverkehr

Moderne Informations- und Kommunikationssysteme (IuK-Systeme) haben im Güterkraftverkehr wachsende Bedeutung für den Datenaustausch

- zwischen den am Güterkraftverkehr beteiligten Unternehmen – unternehmensexterne IuK-Systeme – sowie
- innerhalb der einzelnen Unternehmen – unternehmensinterne IuK-Systeme.

Unternehmensexterne Informations- und Kommunikationssysteme dienen dem Datenaustausch zwischen Speditionen z. B. als **Frachtenbörse**. Eine Frachtenbörse vermittelt Laderaum und Ladung im deutschen und europäischen Güterkraftverkehr. Angebot und Nachfrage von Ladungen werden in ein computergestütztes Informationssystem laufend eingegeben. Spediteure, Lkw-Unternehmer und andere Interessenten können jederzeit gegen Entgelt ihre Daten abrufen oder eingeben.

Der **Informationsaustausch innerhalb der Transportkette** zwischen den Verladern, Spediteuren und Empfängern ist für den Transporterfolg ebenfalls sehr bedeutsam. So können beispielsweise beim kombinierten Transport mit verschiedenen Transportmitteln Daten über den Transportverlauf, z. B. gegenwärtige Position des Transportgutes auf dem Transportweg, genutzter Verkehrsträger, Übergabestellen und Zwischenlager oder voraussichtliche Ankunftszeiten, abgefragt werden. Durch Datenübertragung während des Transportvorgangs werden auch nachträgliche Weisungen des Versenders ermöglicht.

Die bei der Informationsübermittlung eingesetzten Telekommunikationssysteme sind recht unterschiedlicher Art. Sie reichen von technisch recht einfachen Funktelefonsystemen bis zu komplizierten Satellitensystemen.

Erdgestützte Systeme	
Funktelefonsysteme	Die Kommunikation erfolgt zwischen einer Mobilstation und einem mobilen oder stationären Partner.
Betriebsfunk/Bündelfunk	Es ist der klassische Betriebsfunk mit Gegensprechbetrieb ohne Zugang zu anderen Netzen. Das System steht in begrenzten Bereichen mehreren Benutzern zur Verfügung.
Funkrufdienste	Sie sind die einseitige Übertragung kurzer Nachrichten von einem stationären Sender an einen mobilen Empfänger.
Mobile Datenkommunikation	Sie ist eine Erweiterung der Bündelfunk- und Funktelefon-Dienste durch eine Non-voice-Komponente zur Direktübertragung.
Satellitengestützte Systeme	
Geostationäre Systeme	Die Satelliten befinden sich in einer erdfernen Laufbahn ca. 36000 km über dem Äquator.
Erdnahe Satellitensysteme	Das Satellitensystem setzt sich aus einer größeren Anzahl erdnaher Satelliten zusammen. Sie befinden sich auf verschiedenen Umlaufbahnen und ermöglichen eine weltweite Datenübertragung. Einige Satelliten sind: EUTELSAT (European Telecommunication Satellite Organisation) INMARSAT (International Maritime Satellite Organisation) GPS (Global Positioning System) GLONASS (Global Navigation Satellite System)

Unter dem Stichwort **Verkehrsmanagement** werden erd- und satellitengestützte Systeme der Kommunikation und Navigation zur optimalen Durchführung des Straßengüterverkehrs zusammengefasst. Der Verkehr soll dabei so gesteuert werden, dass der Schadstoffausstoß reduziert und eine günstige zeitliche und räumliche Auslastung der Straßen ermöglicht wird.

Aber auch individuelle Verkehrslösungen zwischen einzelnen Fahrzeugen und zentralen Leitsystemen werden dadurch möglich. Dazu gehören beispielsweise **Fahrerassistenzsysteme**. Sie dienen der Sichtverbesserung, Hindernisfeststellung, Spur- und Abstandhaltung, der Antriebsschlupfregelung oder als Einparkerleichterung. Ebenso ermöglichen sie die automatische Zielführung mittels CD-ROM gestützter Straßenkarten und Satellitenortung (GPS-System). Zahlreiche Zusatzinformationen beispielsweise über Notdienste, Hotels, Tankstellen sind ebenfalls über diese abrufbar.

Verkehrsleitsysteme verwenden eine Vielzahl von Informationen über Verkehrssituationen. Ein Navigationsrechner leitet den Fahrer unter Berücksichtigung der jeweiligen Verkehrslage an sein Ziel. Die Information zwischen der Leitzentrale mit ihrem Verkehrsleitrechner und dem Fahrzeug mit seinem Bordcomputer geschieht mittels Funk- oder Infrarot-Signal über Baken entlang der Fahrstrecke.

Der Bordcomputer gehört zu den **unternehmensinternen Informations- und Kommunikationssystemen**. Er übermittelt dem Fahrer fahrzeugspezifische Daten wie Drehzahlen, Kraftstoffverbrauch, Brems- und Beschleunigungsvorgänge. Ebenfalls informiert er den Fahrer über allgemeine Daten der zu fahrenden Tour. Die vom Disponenten geplante Tour wird über ein Datenmodul dem Fahrer übergeben und von diesem in den Bordcomputer in seinem Lkw eingesetzt. Von dort aus erhält der Fahrer über ein Display Informationen über den nächsten anzufahrenden Kunden. Hierbei sind Informationen über Lademengen, Fahrkilometer, Adresse usw. abgelegt. Der Fahrer kann den Fahrbericht über seine Tastatur im Bordcomputer ergänzen und aktualisieren, z. B. Standzeiten, Meldung der Ankunft beim Kunden, Ladearten oder Zahlungsweisen.

3.1.10 Bundesamt für Güterverkehr

Das Bundesamt für Güterverkehr (BAG) überwacht Kraftfahrzeuge zur Güterbeförderung auf der Straße. Das BAG kontrolliert jährlich ca. 600 000 Lkw an Rast- oder Parkplätzen von Autobahnen, Bundes- oder Landstraßen. Außerdem werden Kontrollen an den Außengrenzen der EU durchgeführt. Das BAG überprüft deutsche und ausländische Kraftfahrzeuge und führt seine Kontrollen teilweise mit anderen Behörden, z. B. Polizei, Zoll, Gewerbeaufsicht durch.

Kraftfahrzeuge zur Güterbeförderung unterliegen folgenden Kontrollen durch das BAG:

- mitzuführende behördliche Urkunden: Erlaubnis, Gemeinschaftslizenz, CEMT-Genehmigung
- Beförderungs- und Begleitpapiere: Frachtbrief, Rollkarte, Bordero, Ladeliste
- Schaublätter des Kontrollgerätes oder andere vorgeschriebene Arbeitszeitnachweise
- Ladegut und Ladegewicht
- Abmessungen, Achslasten und Gesamtgewichte von Kraftfahrzeugen und Hängern sowie Fahrzeugkombinationen
- Sicherheitsvorschriften für die Beförderung gefährlicher Güter
- mitzuführende Gebührenbescheinigung nach dem Autobahnbenutzungsgebührengesetz
- bestimmte Vorschriften des Kraftfahrzeugsteuergesetzes und des Umsatzsteuergesetzes
- Bestimmungen des internationalen Übereinkommens über sichere Container
- bestimmte Vorschriften des Lebensmittel- und Weinrechts
- bestimmte Vorschriften des Abfallrechts
- die zulässigen Werte für Geräusche und für verunreinigende Stoffe im Abgas von Lkw

Werden bei den Kontrollen bestimmte Zuwiderhandlungen, z. B. gegen das Straßenverkehrsgesetz oder das Tierschutzgesetz, festgestellt, übermittelt das BAG derartige Feststellungen an die zuständige Behörde. Die Kontrolleure treffen bei Beanstandungen verschiedene Maßnahmen. Sie fertigen Kontrollberichte, erteilen Sicherheitsauflagen oder Verwarnungen. Bei schwerwiegenden Verstößen gegen bestimmte Sicherheitsvorschriften untersagen die Kontrolleure die Weiterfahrt des Fahrzeugs.

Die Beauftragten des Bundesamts können auch während der üblichen Geschäftszeit Grundstücke und Geschäftsräume der Güterkraftverkehrs-Unternehmer betreten und Einsicht in die Bücher und Geschäftspapiere einschließlich der Unterlagen über den Fahrzeugeinsatz nehmen.

Marktbeobachtung: Das BAG beobachtet und begutachtet die Entwicklung des Marktgeschehens im Güterverkehr. Die Beobachtung umfasst den Eisenbahn-, Straßen- und Binnenschiffsverkehr. Dadurch sollen Fehlentwicklungen auf dem Verkehrsmarkt frühzeitig erkannt werden. Das BAG berichtet dem Bundesminister für Verkehr über das Marktgeschehen und eine absehbare künftige Entwicklung. Das Bundesamt führt folgende Dateien:

Unternehmensdatei: Sie enthält alle im Inland niedergelassenen Unternehmen des gewerblichen Güterkraftverkehrs, um unmittelbar feststellen zu können, über welche Berechtigungen (Erlaubnis, Gemeinschaftslizenz, CEMT-Genehmigung) die jeweiligen Unternehmer verfügen.

Werkverkehrsdatei: Sie enthält alle im Inland niedergelassenen Unternehmen, die Werksverkehr mit Lastkraftwagen, Zügen und Sattelfahrzeugen durchführen, deren zulässiges Gesamtgewicht 3,5 Tonnen übersteigt, um unmittelbar feststellen zu können, welche Unternehmen Werkverkehr mit größeren Kraftfahrzeugen betreiben. Jeder Unternehmer, der Werkverkehr betreibt, ist verpflichtet, sein Unternehmen vor Beginn der ersten Beförderung beim Bundesamt anzumelden.

Datei über abgeschlossene Bußgeldverfahren: Die Datei enthält Informationen über abgeschlossene Bußgeldverfahren zum Zweck der Verfolgung und Ahndung weiterer Ordnungswidrigkeiten desselben Betroffenen sowie zum Zweck der Beurteilung der Zuverlässigkeit des Unternehmens. Das BAG übermittelt die Daten bei Bedarf an inländische Erlaubnisbehörden und auf Ersuchen auch an Gerichte und Behörden.

Kernwissen

1. Der Güterkraftverkehr ist die geschäftsmäßige oder entgeltliche Beförderung von Gütern mit Kraftfahrzeugen, die einschließlich Hänger ein höheres zulässiges Gesamtgewicht als 3,5 Tonnen haben.

2. Die wichtigsten Lkw-Arten sind: Einzelfahrzeuge, Sattelzüge und Gliederzüge.

3. Für Kraftfahrzeuge gelten nach StVZO höchstzulässige Maße, Achslasten und Gewichte.

Breite	allgemein bis 2,55 m; Kühlfahrzeuge bis 2,60 m
Höhe	4,00 m

Länge	Gliederzug bis 18,75 m bzw. 20,00 m; Sattelfahrzeuge bis 15,50 m bzw. 16,50 m
Höchstzulässige Achslast	10 t; sie erhöht sich je nach Achszahl, Achsabstand, Bremsen und anderen Größen
Höchstzulässiges Gesamtgewicht	40 t 44 t im Vor- und Nachlauf des Kombi-Verkehrs und bei Gliederzügen, Sattelkraftfahrzeugen mit mehr als 4 Achsen

4. Im Güterkraftverkehr unterscheidet man zwischen gewerblichem Güterkraftverkehr und Werkverkehr. Der gewerbliche Güterkraftverkehr ist erlaubnispflichtig, der Werkverkehr ist erlaubnisfrei.

5. Lkw-Unternehmer benötigen zur gewerblichen Güterbeförderung behördliche Genehmigungen:

Berechtigung	Geltungsdauer	Verwendung
Erlaubnisurkunde	10 Jahre	Beförderung im Inland
Gemeinschaftslizenz	10 Jahre	Beförderung innerhalb der EU und Staaten des Europäischen Wirtschaftsraums
CEMT-Genehmigung	1 Jahr	grenzüberschreitende Beförderung in CEMT-Staaten
Bilaterale Genehmigungen	fahrt- oder zeitbegrenzt	Beförderung in Drittländern

6. Der Lkw-Unternehmer hat eine Güterschaden-Haftpflichtversicherung abzuschließen. Den Versicherungsnachweis hat der Fahrer während der Beförderung mitzuführen.

7. Lenk- und Ruhezeiten der Lkw-Fahrer sind gesetzlich vorgeschrieben. Der Fahrer hat den Nachweis darüber anhand der Schaublätter der laufenden Woche und des letzten Arbeitstags der Vorwoche mitzuführen.

8. Im Güterkraftverkehr kommen zunehmend IuK-Systeme zum Einsatz. Unternehmensexterne Informations- und Kommunikationssysteme dienen dem Datenaustausch zwischen am Transport beteiligten Unternehmen in Form der Frachtenbörse oder zum Informationsaustausch innerhalb der Transportkette. Der Bordcomputer gehört zu den unternehmensinternen Informations- und Kommunikationssystemen. Er übermittelt dem Fahrer fahrzeugspezifische Daten sowie Informationen über seine Tour.

Aufgaben

1. ***Ein Großhandelsbetrieb für Heizungs- und Sanitärbedarf beliefert täglich seine Kunden, Klempner und Installateure, mit firmeneigenen Lkw.***
   a) Nennen Sie Gründe, die in diesem Fall für den Transport mit dem Lkw sprechen.
   b) Benötigt das Unternehmen für diese Transporte eine Genehmigung bzw. Lizenz? Begründen Sie Ihre Aussage.

2. *Welches Transportmittel würden Sie für folgende Transporte einsetzen? Begründen Sie Ihre Entscheidung.*
   a) *1 000 t Sandsteine vom Natursteinbetrieb Dresden nach Hamburg*
   b) *1 Wechselbrücke mit Maschinenteilen von Bremen nach Ingolstadt*
   c) *1 Kühlcontainer mit Seefisch von Rostock nach Erlangen*
   d) *Orchideen aus Zuchtanbau in Mailand zum Großhandel nach Berlin*
   e) *32 Europaletten mit Gehäuseteilen von Oldenburg nach Braunschweig*
   f) *60 t Stahlrohre zu je 12 m von Duisburg nach München*
3. *Nennen Sie fünf Nachteile des Güterkraftverkehrs.*
4. *Am 1. Januar 2005 wurde die Mautpflicht für Lkw auf deutschen Autobahnen und auf einigen Bundesstraßen eingeführt. Beurteilen Sie diese Maßnahme für den deutschen Wirtschaftraum.*
5. *Auf welcher Rechtsgrundlage beruhen vorgeschriebene Höchstmaße und -gewichte für Lkw in Deutschland?*
6. *Welche maximale Länge, Höhe und Breite sind beim Lkw in Deutschland zulässig?*
7. *Frank Kleinschmidt möchte sich nach seiner Ausbildung als Fachkraft für Lagerlogistik als Fuhrunternehmer mit einem Sattelzug selbstständig machen.*
   a) *Welches Gesetz regelt den gewerblichen Güterkraftverkehr in Deutschland?*
   b) *Welche Voraussetzungen muss Frank erfüllen, um eine Erlaubnisurkunde für den gewerblichen Güterkraftverkehr zu erhalten?*
   c) *Frank möchte zukünftig auch Kabotagetransporte durchführen. Erklären Sie die Bedeutung des Kabotageverkehrs.*
   d) *Frank braucht natürlich Transportaufträge und möchte sich einen Kundenstamm aufbauen. Wo kann Frank seine Dienstleistung anbieten und Frachtverträge abschließen?*
   e) *Wann sollte Frank bei Vertragsabschluss auf Ausstellung eines CMR-Frachtbriefes bestehen?*
   f) *Welche Beweiskraft hat der CMR-Frachtbrief?*
8. *Unterscheiden Sie zwischen unternehmensexternen IuK-Systemen und unternehmensinternen IuK-Systemen.*
9. *Welche technischen Systeme kennen Sie zur Datenübertragung innerhalb von IuK-Systemen? Unterscheiden Sie zwischen erdgestützten und satellitengestützten Systemen.*
10. *Was kontrolliert das BAG bei Kraftfahrzeugen zur Güterbeförderung?*

3.2 Kurier-, Express- und Paketdienste (KEP-Dienste)

3.2.1 Bedeutung der KEP-Dienste in der Wirtschaft

Ab Mitte der Siebzigerjahre erzeugten strukturelle Änderungen auf Absatz- und Beschaffungsmärkten von Industrie und Handel eine **veränderte Nachfrage nach Transportdienstleistungen**. Um Produktionskosten zu senken, reduzierten die Betriebe ihre Lagerbestände oder verzichteten ganz darauf. Das führt schließlich dazu, dass eine genau auf den Bedarf des Güterempfängers abgestimmte Transportmenge termingenau befördert wird, sodass sie beim Empfänger zum Zeitpunkt der Weiterverarbeitung eintrifft (just in time). Damit werden die Mengen der zu transportierenden Güter kleiner und die Sendungszahlen nehmen zu.
Der Bedarf an KEP-Dienstleistungen wird verstärkt durch die EU-Erweiterung, die Öffnung neuer Märkte nach Osteuropa, die Globalisierung der Märkte sowie den Handel über das Internet.

KEP-Dienstleister bieten neben der eigentlichen Transportleistung noch zusätzliche Serviceleistungen an, wie beispielsweise Inkassodienste, Verpacken, Kommissionieren und Lagerhaltung.

Im Zuge zunehmender Globalisierung wird die Anbindung an Weltmärkte zum entscheidenden Wettbewerbsfaktor der Unternehmen. Um die Transportleistungen weltweit zu ermöglichen, ist seit den neunziger Jahren eine zunehmende Vernetzung zwischen den KEP-Unternehmen zu verzeichnen.

3.2.2 Service-Bereiche des KEP-Markts

<table>
<tr>
<td>Kurierdienst</td>
<td>
<ul>
<li>Beförderung von kleinteiligen, zeitkritischen Sendungen und Dokumenten in der Haus-zu-Haus-Zustellung, d. h. direkte Abholung beim Kunden und sofortige Zustellung beim Empfänger.</li>
<li>Bietet hohe Transportsicherheit, da die Sendung i. d. R. während des Transports in der Obhut des Kuriers ist.</li>
<li>Einteilung in Stadtkuriere, nationale Kuriere und internationale Kuriere.</li>
<li>Einsatz von Pkw, Transporter, Fahrrad und Motorrad, vor allem im Stadtbereich und in Ballungsgebieten.</li>
<li>Die Beförderung über große Entfernungen erfolgt im Verbundtransport. Der Kurier nutzt neben den regionalen Transportmitteln das Flugzeug zur schnellstmöglichen Beförderung.</li>
<li>Service:
<ul>
<li>Sameday: Die Zustellung erfolgt am selben Tag.</li>
<li>Overnight: Beförderung der Sendung erfolgt über Nacht mit festen Laufzeiten.</li>
</ul>
</li>
<li>Die Beförderungskosten sind durch den hohen Personalaufwand relativ hoch.</li>
</ul>
</td>
</tr>
<tr>
<td>Expressdienst</td>
<td>
<ul>
<li>Die Beförderung der Sendungen erfolgt im Sammeltransport über Umschlagzentren (HUBs).</li>
<li>Eine Haus-zu-Haus-Zustellung mit festen Zustellzeiten wird garantiert.</li>
<li>Service:
<ul>
<li>Sameday</li>
<li>Overnight</li>
<li>Innight: Nachtzustellung bis spätestens 8:00 Uhr morgens.</li>
</ul>
</li>
<li>Beschränkungen der Sendungen in Größe und Gewicht sind sehr selten vorgegeben.</li>
</ul>
</td>
</tr>
<tr>
<td>Paketdienst</td>
<td>
<ul>
<li>Die Beförderung kleinteiliger Sendungen erfolgt im Sammeltransport über Umschlagzentren (HUBs).</li>
<li>Es gibt keine garantierten Zustellzeiten, aber eine Regellaufzeit (3 Tage innerhalb Deutschlands) macht die Transportdauer kalkulierbar.</li>
<li>Die Beförderungskosten sind im Vergleich zum Kurier- und Expressdienst günstig.</li>
<li>Die Sendungen sind in Größe und Gewicht beschränkt. Die Größe wird nach dem Gurtmaß berechnet. Das Gurtmaß darf maximal 3 Meter betragen: Gurtmaß = Umfang (2x Höhe + 2x Breite) + längste Seite.
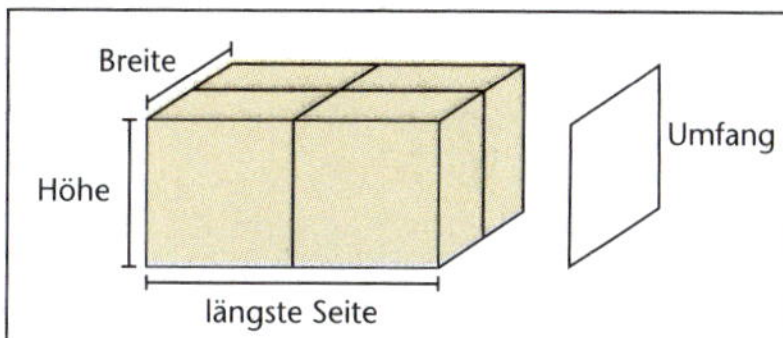

Umfang = 2 x Höhe + 2 x Breite
Gurtmaß = Umfang + längste Seite
Gurtmaß maximal = 3 m
Das zulässige Höchstgewicht für Pakete unterscheidet sich zwischen den Anbietern und liegt zwischen 30–40 kg.</li>
</ul>
</td>
</tr>
</table>

KEP-Unternehmen haben sich im „Bundesverband der Kurier-, Express- und Paketdienste“ (BdKEP) und im „Bundesverband Internationaler Express- und Kurierdienste“ (BIEK) zusammengeschlossen.

Die KEP-Branche verzeichnet in den letzten Jahren ein deutliches Wirtschaftswachstum. Die Anzahl der KEP-Sendungen ist in den Jahren von 2000 bis 2012 um 51 % gewachsen.

3.2.3 Anbieter von KEP-Diensten

In Deutschland wurden Mitte der Siebzigerjahre die ersten Kurierdienste gegründet. Mittlerweile haben sich zahlreiche Anbieter etabliert, die ihre Dienste im nationalen und internationalen Transport von Gütern anbieten. Kennzeichnend für den KEP-Bereich ist, dass die Unternehmen bemüht sind, ihren Kunden ständig neue und verbesserte transportlogistische Konzepte anzubieten. Damit sind häufig strukturelle Veränderungen in den einzelnen Unternehmen und auch zwischen den Unternehmen verbunden. So hat z. B. die Deutsche Post World Net im Jahre 2003 die ehemals eigenständigen Unternehmen Deutsche Post Euro Express, DHL und Danzas zu einer Marke fusioniert.

Neben zahlreichen kleinen Unternehmen sind folgende Branchenführer zu nennen, die unter folgenden Internetadressen zu erreichen sind. Die Reihenfolge wurde alphabetisch gewählt:

Deutsche Post DHL Group	Deutsche Post DHL	www.dp-dhl.de
DHL	DHL	www.dhl.de
DPD	DPD Dynamic Parcel Distribution GmbH & Co. KG	www.dpd.de
FedEx Express	FedEx Express Europe, Inc.	www.fedex.com/de
GO! Express & Logistics	GO! Express & Logistics (Deutschland) GmbH	www.general-overnight.com
Hermes	Hermes Logistik Gruppe Deutschland GmbH	www.hermesworld.com
TNT The People Network	TNT Express GmbH	www.tnt.de
trans-o-flex Logistics Group	trans-o-flex Logistics Group GmbH	www.trans-o-flex.com
ups	United Parcel Service Deutschland Inc. Co. OHG	www.ups.com/de

3.2.4 Vorteile der KEP-Dienste

KEP-Unternehmen bieten gegenüber anderen Dienstleistungsbetrieben im Transportgewerbe folgende Vorteile:

- KEP-Dienste bieten **Just-in-time-Lieferungen**. Damit ist es möglich,
  - die eigenen Lagerbestände niedrig zu halten,
  - auf Kundenwünsche flexibel zu reagieren,
  - kleinere Losgrößen zu produzieren und damit eine größere Produktvielfalt zu erreichen.
- KEP-Dienste bieten hohen **Lieferservice**. Manche KEP-Dienste sind in dringenden Fällen rund um die Uhr an 365 Tagen im Jahr erreichbar. Die Sendungen werden flächendeckend zum vereinbarten Zeitpunkt im Einzelfall oder regelmäßig beim Kunden abgeholt und zugestellt. Vielfach enthalten die Serviceleistungen feste Zustellzeiten, z. B. vor 09:00 Uhr.
- KEP-Dienste bieten **Sicherheit** durch Barcode-Kontrolle, Scanning von Maßen und Gewichten, Sendungsverfolgung (Tracing & Tracking) im eigenen Netz und zu jedem Zeitpunkt bis zum Ablieferungsnachweis. Hat der Kunde einen eigenen Internetanschluss, kann er selbst die Sendungsverfolgung durchführen. Auf Wunsch erhält der Versender einen Ablieferungsnachweis.
- KEP-Dienste bieten **Pünktlichkeit**. Die genaue Auslieferungszeit ermöglicht dem Kunden eine bessere Planung. Viele KEP-Dienste bieten eine Geld-zurück-Garantie. Bei verspäteter Anlieferung wird das dreifache Frachtentgelt zurückerstattet.
- KEP-Dienste bieten **Laufzeitüberwachung**. Die Ursachen für Lieferzeitüberschreitungen werden ermittelt und Verbesserungsmöglichkeiten erarbeitet.
- KEP-Dienste bieten **individuelle Transportlösungen in den Bereichen** B2B und B2C. B2B steht für Business-to-Business, gemeint ist damit der Handel von Dienstleistungen und Gütern zwischen Unternehmen.
  B2C steht für Business-to-Consumer und gemeint ist der Handel zwischen Unternehmen und Endverbraucher. Die Kundenansprüche bezüglich zusätzlicher Serviceleistungen können in beiden Bereichen recht unterschiedlich sein. KEP-Unternehmen passen sich in ihren Leistungsangeboten den speziellen Kundenbedürfnissen im B2B- und B2C-Bereich an, z. B. durch
  - rationelle Arbeitsabläufe beim Warenein- und -ausgang,
  - spezielle Transportbehälter,
  - Lagerung, Kommissionierung, Verpackung,
  - mehrmalige Zustellversuche,
  - Zustellung an Zweitadresse,
  - Zustellnachweis,
  - Rückholservice,
  - Abholung der Sendung (z. B. beim ePaket),
  - Inkasso (Entgegennehmen der Zahlung),
  - Versicherung,
  - Zollabfertigung.

3.2.5 Transportsysteme

Bei allen standardisierten Massensendungen, wie beispielsweise Paketen und Expresssendungen, werden die Sendungen zunächst in regionalen Depots gesammelt und zu einem zentralen Umschlagzentrum (HUB) weitergeleitet. Dort werden die Sendungen entsprechend der Empfängeranschrift sortiert und weitergeleitet. Die einzelnen KEP-Unternehmen nutzen unterschiedliche Verteilsysteme.

Hub-and-Spoke-Systeme

Die Sendungen werden vom Auftraggeber abgeholt und im jeweiligen Quelldepot gesammelt. Dann werden die Sendungen zu einem zentralen Umschlagzentrum (HUB) transportiert.

Dort werden die eingehenden Sendungen nach ihren Zieldepots sortiert und weitergeleitet. Von den Zieldepots startet die Zustellung an den Empfänger.

Wie die Speichen (spoke) eines Rades im Zentrum, der Nabe, zusammenkommen, treffen sich die Fernverkehrslinien der Depots im HUB. Ins Deutsche ließe sich HUB auch als Haupt-Umschlags-Basis übersetzen.

Vorteile:
- Depot 1–6 wird über das HUB mit nur 6 Lkw erreichbar (weniger Lkw und Fahrer).
- Die Transportmittel werden besser ausgelastet.

Nachteile:
- Verlängerung der Transportwege über das HUB.
- Ein zusätzlicher Sendungsumschlag im HUB wird nötig.
- Investition und Betriebskosten für ein großes Umschlaglager fallen an.

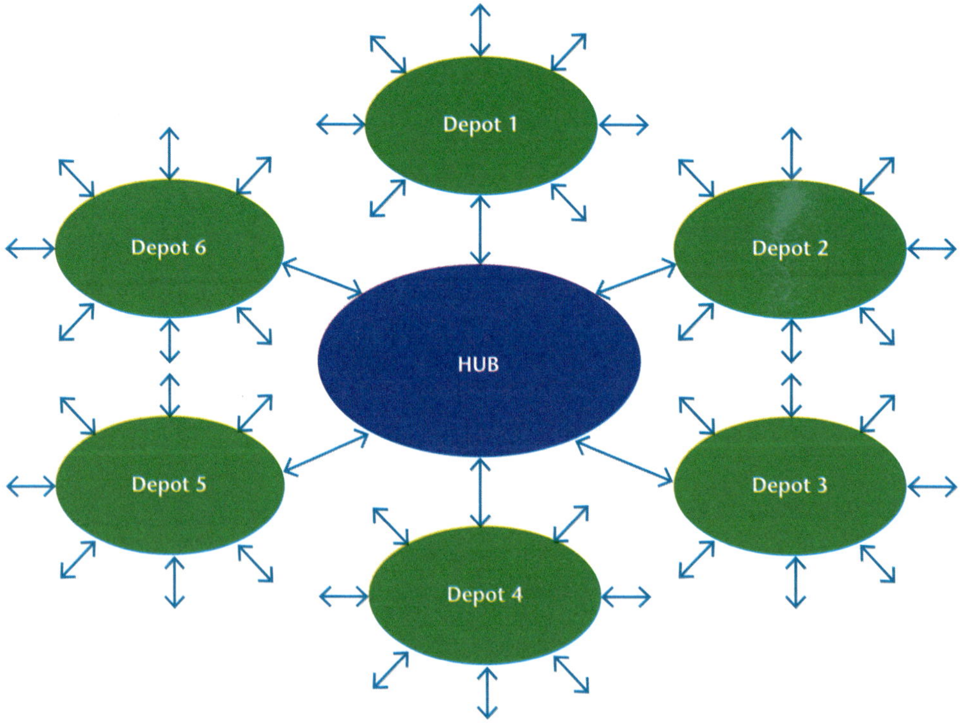

Abbildung: Hub-and-Spoke-System

Multi-HUB-System

Die Beförderung der Sendungen erfolgt über mehrere zentrale HUBs. Demzufolge ist ein mehrfacher Umschlag der Sendungen nötig. Multi-HUB-Systeme sind nur in großen, weltweiten Transportnetzen sinnvoll und wirtschaftlich. Sie werden vor allem in der Luftfracht genutzt.

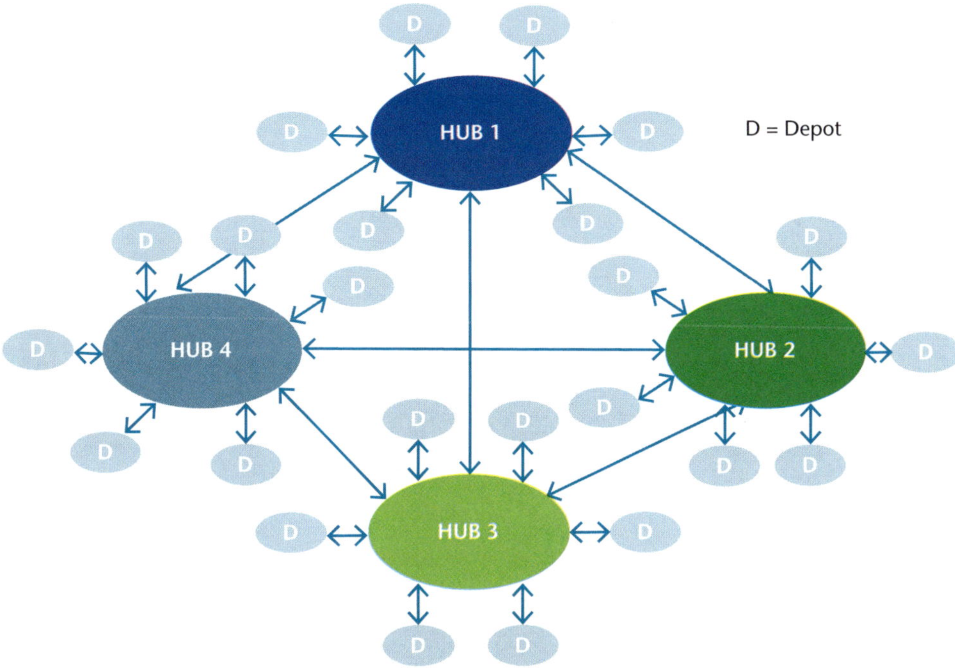

Abbildung: Multi-Hub-System

3.2.6 Handling von eingehenden und ausgehenden Sendungen im DHL-HUB Leipzig

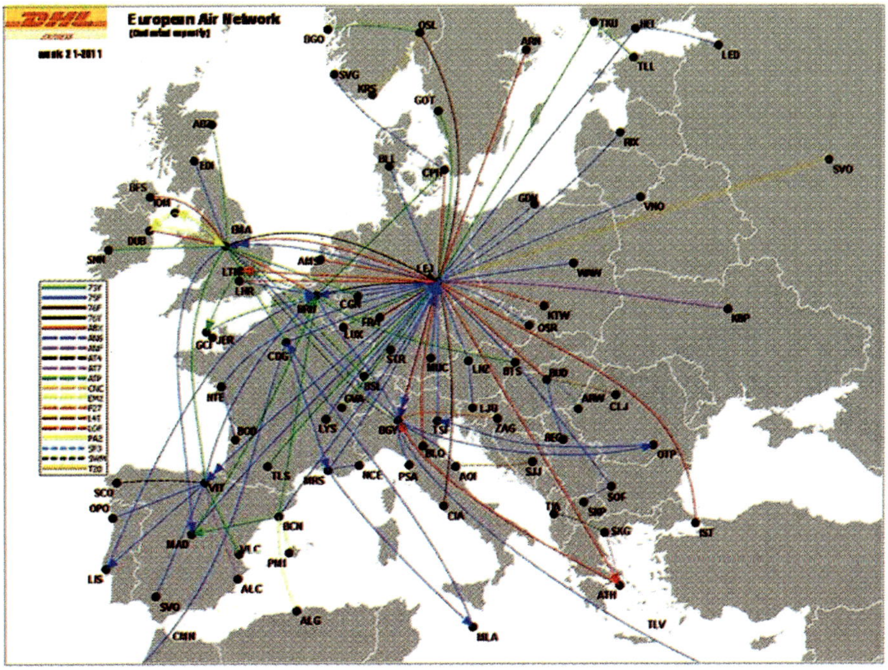

DHL-Fluglinien zwischen den DHL-HUBs

IATA – Kürzel der Flughäfen (Auszug):
BGY – Flughafen Bergamo/Mailand
LEJ – Flughafen Leipzig
JFK – Flughafen John F. Kennedy New York

„Handling der DHL-Sendungen von der Landung bis zum Abflug"

0:55 Landung BGY-LEJ
1:10 Container wird aus Flugzeug entladen

1:20 Container erreicht die Entladestelle
1:30 Sendung wird auf Sortierband gelegt

1:33 Sendung wird gescannt
1:37 Sendung wird zur Beladestelle verbracht

1:45 Sendung wird in Container verladen
2:00 Container wird zum Flugzeug transportiert

2:30 Container wird ins Flugzeug verladen

2:50 Abflug nach JFK

3.2.7 Logistikdienste bei E-Commerce

Der Handel von Gütern und Dienstleistungen über das Internet wird als E-Commerce bezeichnet. Der Internethandel bewirkt einen zunehmenden Bedarf an KEP-Dienstleistungen hinsichtlich der Transportmenge sowie neue Tätigkeitsfelder für KEP-Dienste. Die vom Kunden im Internet bestellte Ware wird über KEP-Dienstleister zugestellt. Dabei übernehmen diese häufig auch die Verpackung und Zwischenlagerung der Sendungen. Auch Auspacken und Aufstellen von Haushaltsgeräten, dazugehörige Installationsarbeiten sowie die Entsorgung von Altgeräten zählen zu den neuen Tätigkeitsbereichen der Branche. Neben der Zahlung über das Internet oder Zahlung per Nachnahme wird zunehmend die Möglichkeit genutzt, dass der KEP-Dienstleister ein mobiles Kartenterminal mit sich führt und den Kunden zur sofortigen

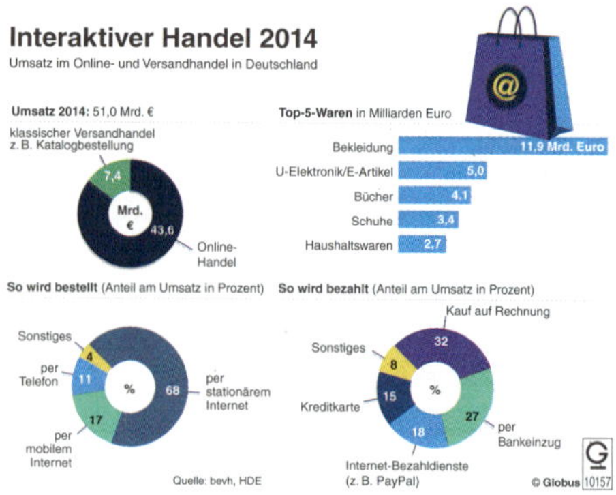

Zahlung veranlasst. Der Auslieferungsfahrer kann nach Zahlung mit Karte die Daten über das Datennetz an die Bank senden. Diese Technik ermöglicht eine Onlineprüfung des Kontostands des Kunden und garantiert somit dem Versender und dem Transportunternehmen ein Maximum an Sicherheit. Unbeliebte Zahlungsformen, wie Barzahlung, Zahlung per Nachnahme oder Kartenzahlung über das Internet können so vermieden werden.

Der E-Commerce stellt hohe Anforderungen an die KEP-Dienstleister. Bestellt ein Kunde ein Produkt zeitsparend über das Internet, so darf diese Zeitersparnis nicht wieder durch die verlangsamte Auslieferung des Produkts beim Kunden zunichte gemacht werden. Der Kunde erwartet nicht nur schnelle und termingerechte Zustellung. Viele Kunden wollen sich online über den Status ihrer Sendung im Sendungsverfolgungssystem informieren. Unternehmen als Großkunden von KEP-Diensten erwarten eine schnelle und rationelle Abwicklung des Warentransports. Aufwendige Schreibarbeiten und manuelle Bearbeitung von Belegen im Warenein- und -ausgang können unter Einsatz moderner Technologien (z. B. der RFID-Technologie) weitestgehend verringert werden.

Kernwissen

1. Die KEP-Unternehmen stellen sich folgenden wirtschaftlichen Anforderungen für Transportdienstleistungen:
   - Transport kleiner Sendungen in hoher Stückzahl
   - Termingarantien für Transportleistungen
   - kurze Beförderungszeiten
   - Europa- und weltweite Transporte in der Haus-zu-Haus-Zustellung
   - auf individuelle Bedürfnisse zugeschnittene Serviceleistungen
2. KEP-Dienste umfassen:

Kurierdienste	Expressdienste	Paketdienste
sind gekennzeichnet durch die permanente, persönliche Begleitung und Zustellung der Sendung durch einen Kurier.	befördern nicht direkt und persönlich, sondern über Umschlagzentren (HUB). Sie garantieren einen festen Ausliefertermin.	befördern ebenfalls über Umschlagzentren mit bestimmten Laufzeiterwartungen. Pakete sind meist in Größe und Gewicht beschränkt.

3. Der Internethandel bewirkt ein erhöhtes Sendungsaufkommen sowie neue Tätigkeitsfelder für KEP-Dienste.

Aufgaben

1. *Erklären Sie die Bezeichnung KEP.*
2. *Nennen Sie fünf bedeutende Anbieter von KEP-Dienstleistungen.*
3. *Führen Sie aus, welche Vorteile die KEP-Dienste bieten.*
4. *Was versteht man bei KEP-Diensten unter dem Begriff HUB?*
5. *In der Abbildung „Handling von eingehenden und ausgehenden Sendungen im DHL-HUB Leipzig" finden Sie die wichtigsten Arbeitsabläufe zwischen der Landung und dem Start eines Transportflugzeugs.*

a) Welche Arbeiten fallen im HUB dabei an?
b) Wie viel Zeit wird zwischen Landung und Start des Flugzeugs zur Transportbearbeitung benötigt?
c) Was erfahren Sie über Abgangs- und Zielflughafen dieser Sendungen?

3.3 Deutsche Post DHL

3.3.1 Das Unternehmen Deutsche Post

An dieser Stelle sollen beispielhaft für die anderen KEP-Unternehmen Dienstleistungsbereiche und Serviceleistungen der Deutschen Post DHL vorgestellt werden. Die Deutsche Post ist ein Unternehmen, das traditionelle Erfahrungen in Postdienstleistungen mit innovativen technischen und organisatorischen Lösungen in Transport und Logistik vereint. So deutet das Posthorn, das sich auch noch heute im Firmenlogo findet, auf eine lange Vorgeschichte hin. Der Beginn der Deutschen Post wird auf das Jahr 1490 datiert. Kaiser Maximilian I. beauftragte die Familie Taxis (später von Thurn und Taxis), eine regelmäßig verkehrende Postlinie quer durch Deutschland einzurichten. Das Postwesen wurde 1597 unter Kaiser Rudolf II. zum kaiserlichen Regal (Recht) erklärt. Das Posthorn wurde zum Kennzeichen des kaiserlichen Auftrags und nur der taxissche Postillon hatte das Vorrecht, dieses zu tragen. Auf sein Signal hin öffneten sich für den Postillon Stadttore und Schlagbäume, mussten Fähren kostenlos übersetzen und andere Kutschen und Reiter ausweichen.

Die Unternehmensstruktur der Deutschen Post wurde in den letzten Jahren grundlegend verändert. Mit der Umsetzung zweier Postreformen (1989 und 1995) wurde die Behördenstruktur der Deutschen Bundespost schrittweise abgebaut und die Privatisierung vollzogen. Die Deutsche Post AG, die Deutsche Telekom AG und die Deutsche Postbank AG entstanden. Mit der Liberalisierung der Postdienste muss der Konzern sich dem weltweiten Wettbewerb stellen. Um seine Wettbewerbsposition zu stärken, hat der Konzern seine Aktivitäten in den Bereichen Express und Logistik neu geordnet. Seit dem 1. April 2003 ist Danzas gemeinsam mit Deutsche Post Euro Express und DHL unter dem Dach der Marke DHL zusammengeführt. Im Dezember 2005 übernahm DHL den britischen Logistik-Dienstleister Exel und bietet seitdem neue Dienstleistungsbereiche an.

DHL steht übrigens für die drei Unternehmensgründer Adrian **D**alsey, Larry **H**illblom und Robert **L**ynn, die 1969 in den USA mit Kurierdienstleistungen für Reedereien angefangen haben.
Seit 2009 tritt der Konzern unter dem Namen Deutsche Post DHL auf und bietet umfassende Dienstleistungen im Logistikbereich an:

Logistikdienstleistungen:

- nationale und internationale Brief- und Paketdienstleistungen
- Dialog-Marketing (Werbepost)
- Outsourcinglösungen für das Briefgeschäft (vgl. Kapitel 1.3 Mehrwertdienstleistungen und Kontraktlogistik)
- Expressdienstleistungen
- Luftfracht
- Seefracht
- europäischer Straßentransport
- Kontraktlogistik

3.3.2 Der Paket- und Expressdienst

FR

Das Kernstück der **Produktpalette** stellt das Normprodukt „**Paket**" dar. Es ist durch folgende **Leistungsmerkmale** gekennzeichnet:

- einfache Entgeltstruktur
- Frei-Haus-Preis
- planbare Laufzeiten
- DV-gestütztes Sendungsverfolgungssystem
- Gewicht bis 31,5 kg
- Bescheinigung der Einlieferung
- Auslieferung gegen Empfangsbestätigung
- Haftung für Verlust und Beschädigung bis 500,00 €
- vorgeschriebene Mindest- und Höchstmaße
- Verschiedene Serviceleistungen können durch ein Zusatzentgelt genutzt werden.

Die Einlieferung der Pakete erfolgt über Geschäftsstellen der Post oder durch Abholung beim Kunden. Jedes Paket wird bei der Einlieferung mit einem **Identcode** versehen. Über den Identcode ist die Sendung im Betriebsablauf jederzeit identifizierbar. Außerdem kann der Lauf von der Einlieferung über die Bearbeitung in den **HUB** bis zur Zustellung verfolgt werden. HUB steht für die Bezeichnung **H**aupt**u**mschlags**b**asis (ehemals Paketzentren der Post). Die eingelieferten Sendungen werden in Sammelfahrten zum entsprechenden Abgangs-HUB befördert. Hier wird die Sendung zur Steuerung der automatischen Sortierung in der Abgangs- und Eingangs-HUB videocodiert. Sie erhält im Abgangshub den Leitcode. Zwischen den HUBs erfolgt die Beförderung im Direktverkehr, d. h., jede HUB steht mit den anderen HUBs in direkter Verbindung. Die Auslieferung der Pakete erfolgt direkt ab HUB oder über einen angeschlossenen Zustellstützpunkt.

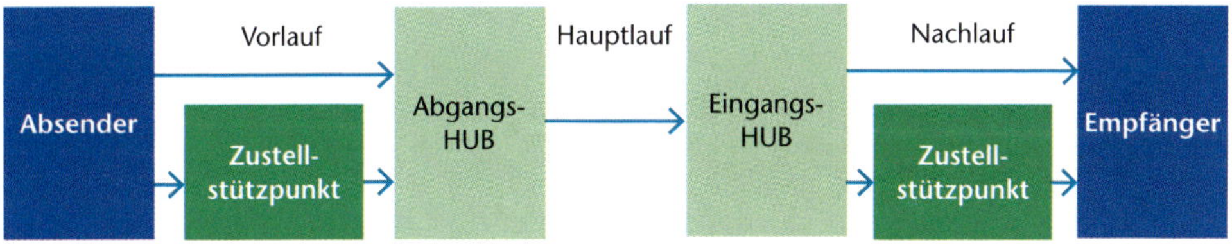

Wege eines Postpakets

Identcode

Der zwölfstellige Identcode kennzeichnet Sendungen als Postpaket und enthält die wichtigsten Absenderangaben wie zuständige Abgangs-HUB, Absenderkennung, Einlieferungsnummer und Prüfziffer. Der Identcode wird bei der Abgabe am Schalter, beim Abgangs-HUB, beim Eingangs-HUB, beim Beladen durch die Zustellkräfte sowie der Auslieferung gescannt. Er ist wichtige Grundlage für die Betriebsdatenverarbeitung. Mit einem Informationsverarbeitungssystem und einem Sendungsverfolgungssystem ist es somit möglich, den Laufweg einer Sendung zu verfolgen und zu dokumentieren. Auch Kunden können diesen Service nutzen und sich über den Transportverlauf ihrer Sendung, z. B. im Internet, informieren.

Leitcode

Der Leitcode enthält Informationen über die Sendung (z. B. Paket, Ausland), ggf. Zusatzleistungen (Nachnahme), die Postleitzahl, den Straßennamen und die Hausnummer des Empfängers. Alle Paketsendungen werden mit einem Leitcodelabel beklebt. Einlieferer von Infopost-Schwer müssen den Leitcode selbst anbringen.

DBP POSTDIENST Frachtpost

12.345 678.903 8

Identcode

FZ xx

11111.222.333.44 5

Leitcode

DHL PAKET

Von/From CKB Verlags GmbH
Annagraben 35
53111 Bonn
DEUTSCHLAND

An/To Martin Muster
Danziger Str. 11
33605 Bielefeld
DEUTSCHLAND

Day Time

GOGREEN

Abrechnungsnr. : 5000000000 01 01
Gewicht : 1,0 kg
Sendungsnr. : 00340433836023509319
Referenznr. :

Leitcode/Routingcode
(2L) DE33605+99000900016011

Identcode/License Plate
(00) 340433836023509319

DHL Paketzettel

Sendungsarten für Privatkunden

Die wesentliche Aufgabe im Paket/Express-Bereich ist die Übermittlung von „Kleingut“ im gesamten Bundesgebiet von der Einlieferung durch den Absender bis zum Empfänger.

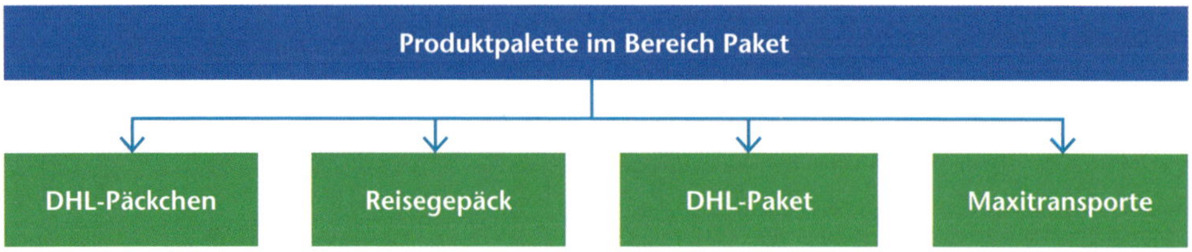

Sendungsarten	Mindest- und Höchstmaße sowie Höchstgewicht	Merkmale
Paket	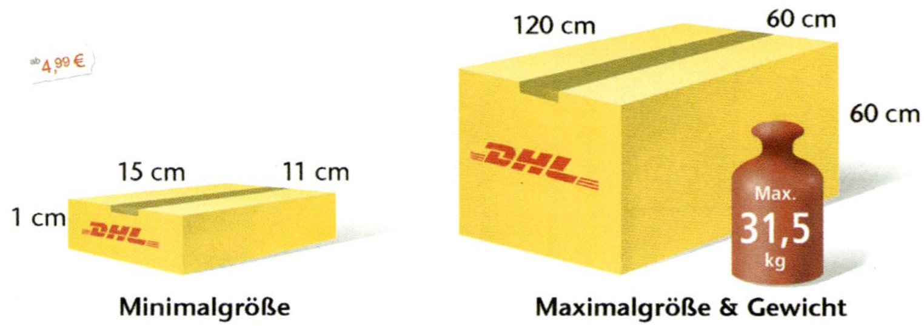 *Quelle: Deutsche Post AG: DHL Paket – Produktinformationen, Zugriff am 14.09.2015 unter: www.dhl.de/dhl-paket*	▪ Preise nach Gewichtsklassen ▪ nachzuweisende Sendung ▪ Haftung bis 500,00 € bei Verlust oder Beschädigung ▪ Sendungsverfolgung inklusive ▪ Zusatzleistungen möglich ▪ Laufzeit in der Regel 1 Werktag ▪ 100 % klimaneutraler Versand
Päckchen	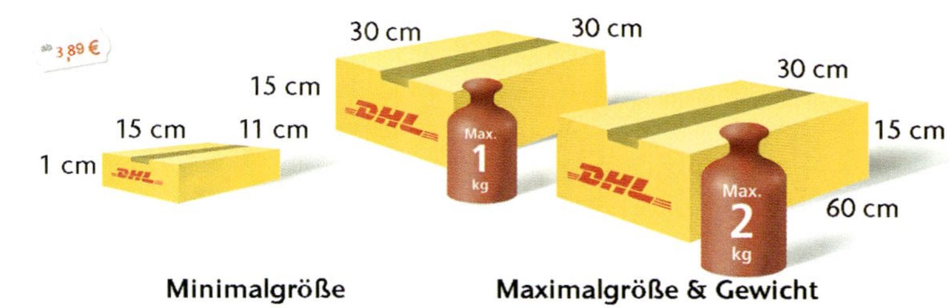 *Quelle: Deutsche Post AG: DHL Päckchen – Produktinformationen, Zugriff am 14.09.2015 unter: http://www.dhl.de/dhl-paeckchen*	▪ Preise nach Gewichtsklassen und nach Größen ▪ keine Haftung bei Verlust oder Beschädigung ▪ keine Zusatzleistungen buchbar ▪ keine Sendungsverfolgung ▪ Laufzeit in der Regel 1 Werktag ▪ 100 % klimaneutraler Versand

Postpakete können im Bundesgebiet entweder freigemacht oder unfrei versendet werden. Bei unfreien Paketen muss der Empfänger das Paketentgelt zahlen. Verweigert er jedoch die Annahme der Sendung, geht diese an den Absender zurück und der Absender hat die Kosten zu tragen.

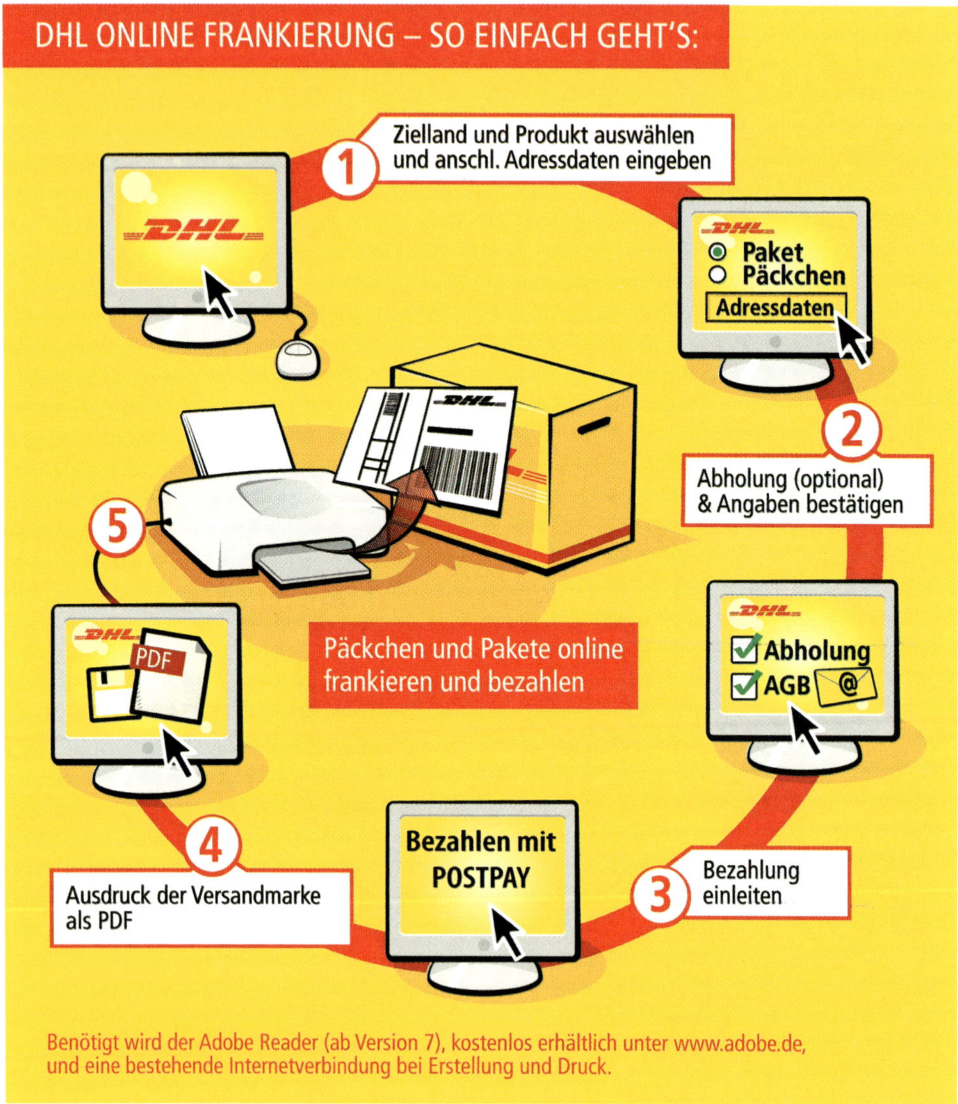

Beförderungsdokument für Pakete ist der Paketschein. Er besteht aus einer Versandmarke und dem Einlieferungsbeleg. Die Versandmarke mit Adressdaten und gewählten Serviceleistungen wird auf das Paket geklebt. Der Einlieferungsbeleg dient als Nachweis der Übergabe der Sendung an DHL und bestätigt die gewählten Serviceleistungen. Pakete können manuell oder online versandfähig gemacht werden.

Versandfertige und gekennzeichnete Pakete können
- durch Übergabe am Schalter einer Postfiliale,
- durch Abholung vom Absender oder
- durch Einlegen in eine Packstation von DHL

zur Beförderung übergeben werden.

ePaket

Per Internet kann der Kunde sein Paket online frankieren und seinen Paketauftrag, angefangen von der Abholung bis zur Zustellung beim Empfänger, ordern.

Serviceleistungen im Paketdienst

Privat- oder Geschäftskunden von DHL können bestimmte Serviceleistungen gegen Zahlung eines zusätzlichen Entgelts wählen. Einige Serviceleistungen sind entgeltfrei. Die Serviceleistungen können auch miteinander kombiniert werden.

DHL Paket Service National

Service Sicher	Service Inkasso	Sonstiger Service
Identitäts- und Altersprüfung	Nachnahme	Einzelabholung
eigenhändig	unfrei	DHL Retoure
Transportversicherung		Sperrgut
Rückschein		GoGreen
		Vorausverfügung

Die Serviceleistungen werden in der folgenden Übersicht kurz erklärt:

Identitäts- und Altersprüfung	Der Zusteller überprüft anhand des Ausweises die Identität des Empfängers und, wenn gewünscht, auch dessen Alter.
Eigenhändig	Die Auslieferung erfolgt nur an den Empfänger persönlich oder an eine durch ihn besonders bevollmächtigte Person.
Transportversicherung	Die Transportversicherung garantiert Ersatzleistungen bei Verlust oder Beschädigung der Sendung.
Rückschein	Der Empfänger bestätigt per Unterschrift den Erhalt der Sendung. Der unterschriebene Rückschein wird dem Absender anschließend zugestellt.
Nachnahme	Der Empfänger erhält die Sendung nur gegen Bezahlung des Nachnahmebetrags. Das eingezogene Geld wird nach Abzug des Übermittlungsentgelts auf das Konto des Absenders überwiesen.
Unfrei	Dabei übernimmt der Empfänger die Versandkosten. Verweigert der Empfänger die Annahme oder ist die Sendung unzustellbar, hat der Absender das Entgelt zu zahlen.
Einzelabholung	Die Abholung der Sendung beim Absender oder dessen Kunden kann bis zu 30 Tage im Voraus gebucht werden. Bei Bedarf bringt der Zusteller ein versandfertiges Label mit.
GoGreen	Dieser Service setzt den Schwerpunkt auf umweltfreundliche Versendungen.
Vorausverfügung	Mit der Vorausverfügung kann man festlegen, wie bei Unzustellbarkeit mit der Sendung verfahren werden soll.
Sperrgut	Hierunter versteht man Sendungen, die die Paketmaße überschreiten oder von besonderer Beschaffenheit sind, d. h. ohne Kartonverpackung oder nicht stapelfähig.
DHL Retoure	Der Empfänger kann bestellte Ware kostenlos an den Absender zurücksenden.

DHL Paket international

Die Vertragsbedingungen sind in den AGB Paket International geregelt. Bei Postpaketen ins Ausland unterscheidet man vier Entgeltzonen, die vom Zielland abhängig sind:

Zone 1: Belgien, Bulgarien, Dänemark, Estland, Finnland, Frankreich, Griechenland, Großbritannien, Irland, Italien, Lettland, Litauen, Luxemburg, Malta, Niederlande, Österreich, Polen, Portugal, Rumänien, Schweden, Slowakei, Slowenien, Spanien, Tschechische Republik, Ungarn, Zypern
Zone 2: Rest Europa
Zone 3: Welt: Ägypten, Algerien, Israel, Jordanien, Kanada, Libanon, Libyen, Marokko, Syrien, Tunesien, USA, Vereinigte Arabische Emirate
Zone 4: Rest Welt

Der Versand von **Päckchen ins Ausland** erfolgt normalerweise auf dem Land- und Seeweg. Für eine schnellere Beförderung kann der Versand per Luftpost gewählt werden. Das Höchstgewicht ist auf 2 kg begrenzt.

3.3.3 Angebote für Geschäftskunden

Der Auftraggeber lässt sich als Geschäftskunde bei DHL registrieren und erhält daraufhin eine E-Mail mit allen Zugangsdaten. Er kann die Versandsoftware von DHL nutzen und seine Pakete selbst für den Versand vorbereiten:

- Paketaufkleber ausfüllen und drucken
- unterschiedliche zusätzliche Serviceleistungen wählen
- Transportgewichte ermitteln
- Belabeln der Pakete
- Buchen der Sendungsaufträge

Nach der Auftragserteilung durch den Auftraggeber werden die Sendungen am nächsten Werktag kostenlos von DHL zum Versand abgeholt. Der Geschäftskunde kann den Status seiner Sendung online verfolgen. Er kann auch zwischen verschiedenen Abrechnungsvarianten wählen.

Für Geschäftskunden von DHL gibt es verschiedene Grundangebote. DHL unterscheidet zwischen nationalem und internationalem Versand.

Nationaler Versand	Internationaler Versand
DHL Paket	DHL Weltpaket
DHL Retoure	DHL Europaket
DHL Express	DHL Express
DHL Infopost	DHL Retoure

Sendungen ins Inland

DHL Paket und DHL Retoure

Das Selbstbucher-Paket muss die üblichen Standardmaße eines Postpakets haben und darf maximal 31,5 kg wiegen. **Folgender Service** kann gewählt werden:

- Service Sicher: Transportversicherung, Rückschein, Identitäts- u. Altersprüfung, Eigenhändig, Zustellnachweis
- Service Rücksendung/Abholung: Einzelabholung, Rücknahme

- Service Abrechnung: unfrei, Rechnung an Dritte, Mengeneinziehungsverfahren
- Service Sonderleistungen: Nachnahme, Sperrgut, Termin-Auftrags-Service, Vorausverfügung, GoGreen

Infopost
Druckwerke desselben Absenders (meist Kataloge) können preiswert als Infopost versendet werden, wenn sie format- und gewichtsgleich sowie palettierfähig sind.

Bestimmte Serviceleistungen sind auch bei diesem Produkt wählbar.

Sendungen ins Ausland

Für Sendungen von **Geschäftskunden** ins **Ausland** stehen u. a. folgende Angebote zur Auswahl:

DHL Europaket
Es gilt für den Paketversand im Bereich B2B (Business-to-Business) bis 31,5 kg innerhalb von Europa mit taggenauen kalkulierten Laufzeiten. Dem Produkt steht folgender Service zur Verfügung

- Umfuhren (bei Unzustellbarkeit der Sendung eine alternative Empfängeradresse für erneute Auslieferung beauftragend)
- Zustellnachweis
- dritter Zustellversuch
- Transportversicherung
- Retoure (Rücksendung)

Weltpaket
Es ist geeignet für den weltweiten Versand von Paketen bis 31,5 kg in den Bereichen B2C (Business-to-Consumer) und B2B (Business-to-Business). Folgender Service ist wählbar:
- Nachnahme
- kalkulierbare Laufzeiten
- Sperrgut International
- Transportversicherung
- Paketmarke International

Eine postalische Verzollung in Nicht-EU-Länder ist ohne Aufpreis. Es erfolgt eine einheitliche Abwicklung durch die internationale Auslandspaketkarte oder EDV-gestützte Versandvorbereitung per Versandsoftware.

Als Begleitpapiere für jede Sendung sind in einer selbstklebenden Versandtasche auf der Aufschriftenseite der Sendung folgende Unterlagen vollständig ausgefüllt erforderlich:
- Zollinhaltserklärung
- Handelsrechnung in zweifacher Ausführung
- ggf. andere zollrelevante Papiere (z. B. Gesundheitszeugnis)

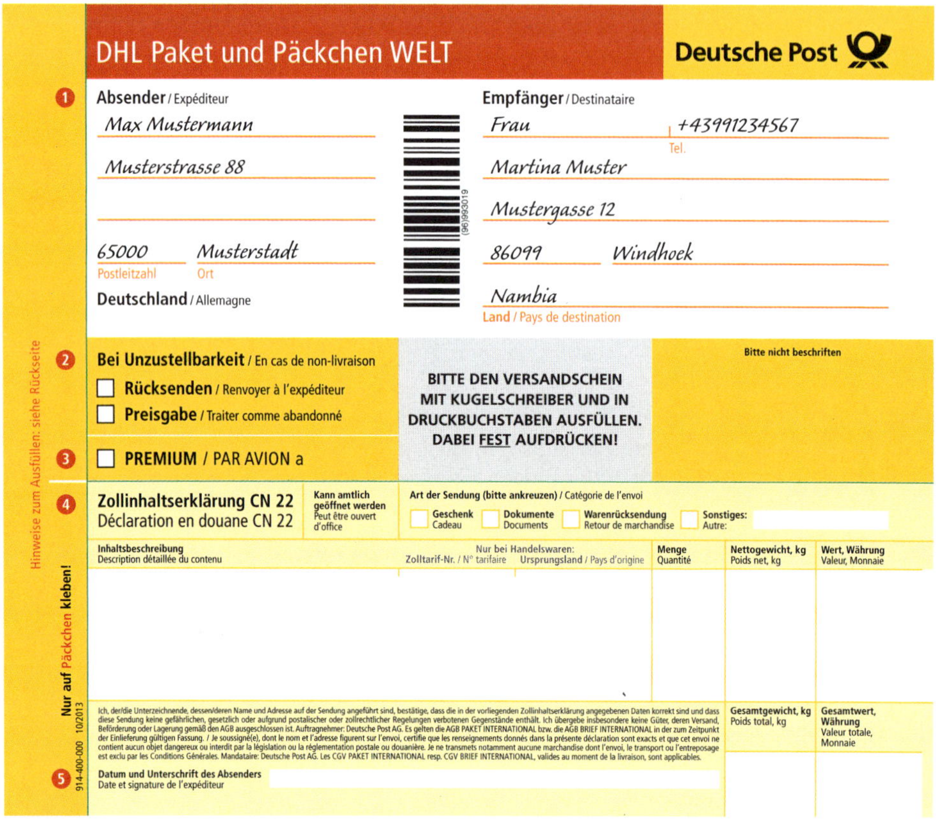
DHL Paket und Päckchen WELT

Deutsche Post

Hinweise zum Ausfüllen: siehe Rückseite

Nur auf Päckchen kleben!

914-400-000 10/2013

1 Absender / Expéditeur

Max Mustermann

Musterstrasse 88

65000 Musterstadt

Postleitzahl Ort

Deutschland / Allemagne

(96)993019

Empfänger / Destinataire

Frau | +43991234567

Tel.

Martina Muster

Mustergasse 12

86099 Windhoek

Nambia

Land / Pays de destination

2 Bei Unzustellbarkeit / En cas de non-livraison

☐ Rücksenden / Renvoyer à l'expéditeur

☐ Preisgabe / Traiter comme abandonné

BITTE DEN VERSANDSCHEIN MIT KUGELSCHREIBER UND IN DRUCKBUCHSTABEN AUSFÜLLEN. DABEI FEST AUFDRÜCKEN!

Bitte nicht beschriften

3 ☐ PREMIUM / PAR AVION a

4 Zollinhaltserklärung CN 22
Déclaration en douane CN 22

Kann amtlich geöffnet werden
Peut être ouvert d'office

Art der Sendung (bitte ankreuzen) / Catégorie de l'envoi

☐ Geschenk / Cadeau ☐ Dokumente / Documents ☐ Warenrücksendung / Retour de marchandise ☐ Sonstiges: / Autre:

Inhaltsbeschreibung Description détaillée du contenu	Nur bei Handelswaren: Zolltarif-Nr. / N° tarifaire	Ursprungsland / Pays d'origine	Menge Quantité	Nettogewicht, kg Poids net, kg	Wert, Währung Valeur, Monnaie

Ich, der/die Unterzeichnende, dessen/deren Name und Adresse auf der Sendung angeführt sind, bestätige, dass die in der vorliegenden Zollinhaltserklärung angegebenen Daten korrekt sind und dass diese Sendung keine gefährlichen, gesetzlich oder aufgrund postalischer oder zollrechtlicher Regelungen verbotenen Gegenstände enthält. Ich übergebe insbesondere keine Güter, deren Versand, Beförderung oder Lagerung gemäß den AGB ausgeschlossen ist. Auftragnehmer: Deutsche Post AG. Es gelten die AGB PAKET INTERNATIONAL bzw. die AGB BRIEF INTERNATIONAL in der zum Zeitpunkt der Einlieferung gültigen Fassung. / Je soussigné(e), dont le nom et l'adresse figurent sur l'envoi, certifie que les renseignements donnés dans la présente déclaration sont exacts et que cet envoi ne contient aucun objet dangereux ou interdit par la législation ou la réglementation postale ou douanière. Je ne transmets notamment aucune marchandise dont l'envoi, le transport ou l'entreposage est exclu par les Conditions Générales. Mandataire: Deutsche Post AG. Les CGV PAKET INTERNATIONAL resp. CGV BRIEF INTERNATIONAL, valides au moment de la livraison, sont applicables.

Gesamtgewicht, kg
Poids total, kg

Gesamtwert, Währung
Valeur totale, Monnaie

5 Datum und Unterschrift des Absenders
Date et signature de l'expéditeur

DHL-Express

Same Day, Time Definite, Day Definite

Der Unternehmensbereich Express befördert eilige Dokumente und Waren zuverlässig auf festen Routen und mit standardisierten Abläufen von Haus zu Haus. Drei Produktlinien stehen dem Kunden zur Auswahl.

- Same Day: schnellstmögliche Abholung und Zustellung am selben Tag für äußerst dringende Sendungen
- Time Definite: schnelle Haus-zu-Haus-Lieferung mit variablen Zeitoptionen, in der Regel am nächsten Tag
- Day Definite: Haus-zu-Haus-Lieferung innerhalb einer bestimmten Anzahl von Tagen

Unterschiedliche Serviceleistungen, wie beispielsweise zeitlich fixierte Abholung, Sonderzustellung, Transportversicherung, GoGreen oder Zollabwicklung können genutzt werden.

3.3.4 Ausschluss von der Paketbeförderung

DHL schließt in bestimmten Fällen Sendungen von der Beförderung aus, wenn durch die Beförderung Handlungen unterstützt würden, die bestimmte Rechte verletzen, z. B. gegen Strafgesetze verstoßen. Des Weiteren werden Sendungen nicht befördert, von denen Gefahren für Personen und Sachen ausgehen, sowie lebende Tiere.

Ausschluss von der Paketbeförderung

- Inhalt, äußere Gestalt, Beförderung oder Lagerung verstößt gegen ein gesetzliches Verbot bzw. ist besonders genehmigungspflichtig
- Inhalt und äußere Beschaffenheit können Personen verletzen oder infizieren oder Sachschäden verursachen
- Tierkadaver, lebende Tiere, sterbliche Überreste von Menschen (mit Ausnahme von Urnen)

3.3.5 Briefsendungen

Die Deutsche Post bietet ihren Kunden verschiedene Leistungen zu Briefsendungen an. FR
Dabei geht der Leistungsumfang über die ausschließliche Beförderung und Zustellung „gewöhnlicher" Briefe hinaus und bietet durchaus auch Möglichkeiten für den Warenversand. Im Internet unter www.deutschepost.de findet man nähere Informationen über diese Produkte. Die nachfolgende Übersicht gibt einen Überblick über wesentliche Sendungsarten der Post.

Briefsendungen

Basisprodukte

Standardbrief
Kompaktbrief
Großbrief
Maxibrief
Postkarte

Besondere Briefsendungen

Verbilligte Sendungen

Infobrief
Infopost
Postwurfsendung
Büchersendungen
Warensendungen
Werbeantwort
Pressesendungen
Blindensendungen

Beschleunigte Sendungen

Eil International
Expressbrief
Telegramm

Gesicherte Sendungen

Einschreiben
Nachnahme
Postident
Wert International

Kernwissen

- Paket- und Expressdienste der Deutschen Post werden vom Unternehmensbereich DHL erbracht.
- Pakete sind durch folgende Leistungsmerkmale gekennzeichnet:

einfache Entgeltstruktur
Frei-Haus-Preis
planbare Laufzeiten

DV-gestütztes Sendungsverfolgungssystem
Gewicht bis 31,5 kg
Bescheinigung der Einlieferung
Auslieferung gegen Empfangsbestätigung
Haftung für Verlust und Beschädigung bis 500,00 €
vorgeschriebene Höchst- und Mindestmaße
zusätzliche Serviceleistungen können genutzt werden

- Ein Paket wird mit einem Aufschriftfeld, Identcode und Leitcode versehen. Der Identcode kennzeichnet die Sendung als DHL-Paket und enthält wichtige Absenderangaben. Der Leitcode enthält Informationen über das Produkt und den Empfänger.
- Mit dem Sendungsverfolgungssystem T&T kann über den Identcode der Sendungsverlauf eines Pakets verfolgt werden.
- Für Pakete können bestimmte Serviceleistungen gegen ein zusätzliches Entgelt genutzt werden: Service Sicher – Service Schnell – Service Inkasso – Sonstiger Service.
- Für Pakete haftet die Post bis zu einer Summe von 500,00 €, für Päckchen besteht keine Haftung.
- Kunden mit einem hohen jährlichen Sendungsaufkommen können als Geschäftskunden günstigere Entgelttarife bekommen. Grundangebot ist das DHL-Paket (Selbstbucherpaket) oder für eilige Sendungen Express Paket.
- Beim Versand ins Ausland sind in jedem Fall die Einfuhr- und Zollbestimmungen des jeweiligen Landes zu beachten.
- Briefsendungen der Deutschen Post umfassen Briefprodukte und briefähnliche Sendungen, beispielsweise Warensendungen, Büchersendungen, Infopost, Postwurfsendungen und Pressesendungen.

Aufgaben

1. *Was symbolisiert das Posthorn im Firmenlogo der Deutschen Post World Net?*
2. *Nennen Sie die Leistungsmerkmale des Postpakets.*
3. *Beschreiben Sie den Ablauf der Paketbeförderung.*
4. *Wozu dient der Identcode auf einem Postpaket?*
5. *Unterscheiden Sie zwischen Päckchen und Paket. Ergänzen Sie dazu die folgende Tabelle:*

	Höchstmaße/ Mindestmaße	Höchst-gewicht	Haftung	Besondere Merkmale
Päckchen				
Paket				

6. *Was versteht man unter Business-to-Business-Versand und Business-to-Consumer-Versand?*
7. *Welche Sendungen sind vom Postversand ausgeschlossen?*

3.4 Schienengebundener Güterverkehr

3.4.1 Bedeutung des Schienengüterverkehrs

Der Schienengüterverkehr bietet rentable Transportlösungen vor allem für Massengüter, schwere Güter, Güter in großen Transportmengen sowie Gefahrgut über große Entfernungen. Gegenwärtig liegt der Anteil des Schienengüterverkehrs bei 17 % der gesamten Güterverkehrsleistung. Betreiber des Schienengüterverkehrs in Deutschland sind DB Schenker Rail des Konzerns Deutsche Bahn und zahlreiche Privatbahnen. Die Privatbahnen haben Kooperationen geschlossen und sich im Netzwerk Privatbahnen – Vereinigung europäischer Eisenbahngüterverkehrsunternehmen organisiert, um sich gegenseitig im Wettbewerb zu unterstützen und ihre Marktposition zu stärken. Informationen über die Vereinigung der Privatbahnen findet man im Internet unter der Adresse: www.netzwerk-privatbahnen.de.

Das deutsche Schienennetz umfasst eine Länge von 38 000 km und bildet das Zentralstück des europäischen Eisenbahnnetzes. Es ist mit den Nachbarländern durch zahlreiche Anschlüsse verbunden. Viele europäische Verkehrslinien kreuzen Deutschland in allen Richtungen.

Die Bahn ist bestrebt, ihr Schienennetz weiter auszubauen, eng mit Partnern im Ausland zu kooperieren und mit ihnen gemeinsame Projekte zu entwickeln und umzusetzen.

Besondere Beachtung findet der weitere Ausbau des Hochgeschwindigkeitsnetzes für den Verkehr von Hochgeschwindigkeitszügen im Personen- und Güterverkehr.

Der Schienenverkehr bietet gegenüber anderen Verkehrsträgern viele Vorteile, denen aber auch einige Nachteile gegenüberstehen:

Vorteile	Nachteile
▪ **kostengünstige Massentransporte,** vor allem auf Langstrecken ▪ **Unabhängigkeit vom Straßenverkehr** und dessen verkehrstechnischen Einschränkungen (Verkehrsverzögerungen, Stau, Aquaplaning, Glatteis, Unfallrisiko) ▪ **Unabhängigkeit von Sonn- und Feiertagsfahrverboten** ▪ **Pünktlichkeit und Zuverlässigkeit** durch feste Fahrpläne ▪ **Spezialwagen** für unterschiedlichste Transportgüter, auch für schwere und sperrige Güter geeignet ▪ **Transportsicherheit** ▪ **geringe Einschränkung bei Gefahrguttransporten** ▪ relativ **umweltfreundlicher Transport** durch geringen Energieverbrauch und geringe CO_2-Emission	▪ **Gebundenheit an das Schienennetz** ▪ Absender muss über einen **Gleisanschluss** verfügen oder ▪ **Rollfuhren** am Versand- und Empfangsort werden erforderlich. ▪ **Verladen und Umladen** erhöhen Transportkosten und Transportzeit.

3.4.2 Fuhrpark

Die Bahn verfügt zurzeit ungefähr über 3400 elektrisch betriebene Lokomotiven und Diesellokomotiven. Zum Wagenfuhrpark zählen ca. 110000 eigene Wagen. Die Wagen unterscheiden sich in ihrer Bauart durch Laderaum, Ladefläche, Lastgrenze, durch zusätzliche technische Einrichtungen zum Be- und Entladen, zum Kühlen oder Heizen, zum Behältertransport, zum Transport flüssiger oder rieselfähiger Güter u.a. Viele Wagen sind für hohe Geschwindigkeiten eingerichtet, andere sind übergangsfähig wie beispielsweise einige Autotransportwagen. Im Anschriftenfeld auf der linken Außenwand des Wagens sind Informationen über die wichtigsten Eigenschaften des Wagens als Buchstaben- und Zahlenkombination verschlüsselt dargestellt. Es wird deshalb auch als „Visitenkarte" des Waggons bezeichnet. Die Güterwagen sind international einsetzbar und austauschbar, wenn das Kurzzeichen **RIV**[1] in der Anschrift enthalten ist. Diese Wagen entsprechen den Anforderungen des AVV (Allgemeiner Vertrag für die Verwendung von Güterwagen). Damit entsprechen sie den Vorschriften der Technischen Einheit im Eisenbahnwesen (TE) und erfüllen den UIC[2] -Standard. Die Wagen sind zwischen allen am AVV teilnehmenden Bahnen zugelassen.

Visitenkarte des Güterwagens

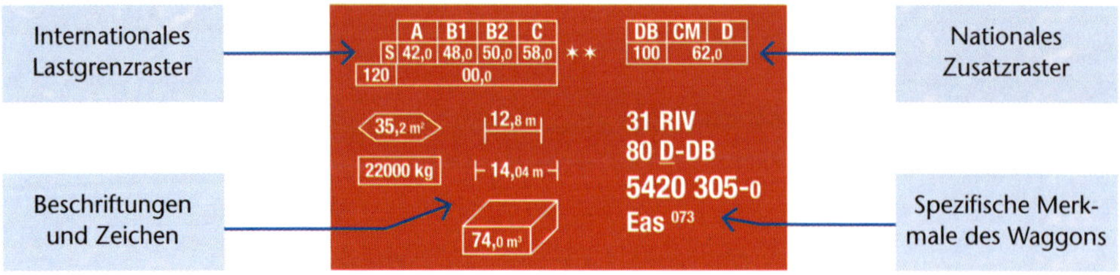

1 *RI 2 V: Regolamento Internazionale Veicoli*

2 *UIC: Union Internationale des Chemins de Fer (Internationaler Eisenbahnverband)*

Internationales Lastgrenzraster (ABC-Raster):

Im Lastgrenzenraster ist zu erkennen, mit welchem Gewicht der betreffende Wagen beladen werden darf, wenn er über bestimmte Streckenklassen befördern soll. Es wird auch ABC-Raster genannt, da die Strecken, ihrer Befahrbarkeit entsprechend, nach dem ABC eingestuft sind.

	A	B1	B2	C
S	42,0	48,0	50,0	58,0
120	0,00 t			

Die Lastgrenze beträgt in unserem Beispiel auf den Strecken der Klasse A 42,0 t, B1 48,0 t, B2 50,0 t, C 58,0 t bei maximaler Geschwindigkeit von 100 km/h. Der Buchstabe S verschlüsselt eine maximale Geschwindigkeit von 100 km/h. Die Geschwindigkeit von 120 km/h darf nur mit leerem Wagen gefahren werden.

Nationales Zusatzraster:

Dieser Zusatz informiert darüber, dass auf bestimmten nationalen Strecken die Lastgrenze auf 62 Tonnen erhöht ist.

Beschriftungen und Zeichen (Beispiele ohne Bezug auf unsere Visitenkarte):

Beschriftungen und Zeichen	Bedeutung
⟵15,5 m⟶	Länge über Puffer
13 900	Eigenmasse
14,2 m (├───┤)	Ladelänge
⟨33,2 m²⟩	Bodenfläche
125,5 m³	Laderaum
50 000 l	Fassungsraum der Behälterwagen
⟶ 8,00 m ⟵	Zeichen für den Abstand zwischen ▪ den Endradsätzen in Drehgestellen ▪ den Endradsätzen in Wagen ohne Drehgestelle ▪ den Drehzapfen von Drehgestellwagen
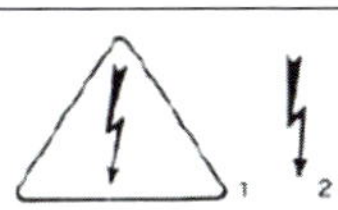	Warnzeichen für Hochspannung 1 (schwarz auf gelbem Grund) 2 (gelb auf dunklem oder rot auf hellem Grund)
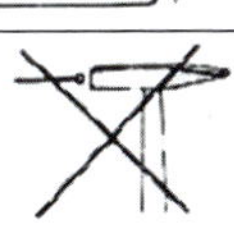	im Wageninneren nicht nageln oder klammern
	Befahren des Wagenbodens durch Gabelstapler nur mit Radkraft ≤ 12 kN.

FR

In unserem Beispiel beträgt die Ladefläche 35,3 m², die Ladelänge 12,8 m und die Gesamtlänge 14,04 m. Der Waggon hat eine Eigenmasse von 22 000 kg und einen Laderaum von 74 m³.

Spezifische Merkmale des Waggons:

31 RIV	→ Kennzahl und Kurzzeichen für das Austauschverfahren
80 D-DB	→ Ländercode und Halterkurzzeichen
5420 305-0	→ Gattungskennzahl, laufende Nummer, Kontrollziffer
Eas ^{073}	→ Gattung und Bauart des Wagens, hier offener Drehgestellwagen

Die Gattungsbuchstaben kennzeichnen den **Wagentyp.** So kann man beispielsweise unterscheiden:

Gattung E	offene Wagen, haben zwei oder vier Radsätze	Gattung K	zweiachsiger Flachwagen
Gattung F	offene Schüttgutwagen	Gattung R	vierachsiger Drehgestellflachwagen
Gattung G	gedeckte Wagen	Gattung S	Drehgestellflachwagen der Sonderbauart, z. B. für Coiltransporte[1]
Gattung H	gedeckte großräumige Schiebewandwagen	Gattung T	Wagen mit öffnungsfähigem Dach
Gattung I	Kühlwagen	Gattung U	Wagen für Druckluftentladung

Güterwagen Gattung E

[1] *Coil: dünnes, aufgewickeltes Walzblech, häufig für den Karosseriebau in der Automobilbranche verwendet*

Güterwagen Gattung F

Drehgestellflachwagen für Coiltransporte Gattung S

3.4.3 Leistungsangebote im schienengebundenen Güterverkehr

Die Deutsche Bahn hat sich im Güterverkehr auf den Transport großer Transportmengen, auf Massengüter spezialisiert. Träger des **Ladungsverkehrs** ist die DB Schenker Rail. Intermodal vermarktet Leistungsangebote für den internationalen **kombinierten Verkehr**. Die Bahn ist Hauptbetreiberin des deutschen Schienennetzes. Der Unternehmensbereich Fahrweg mit der Führungsgesellschaft DB Netz AG ist für das **Schienennetz** des DB Konzerns und die Organisation des dazugehörigen Bahnbetriebs zuständig.

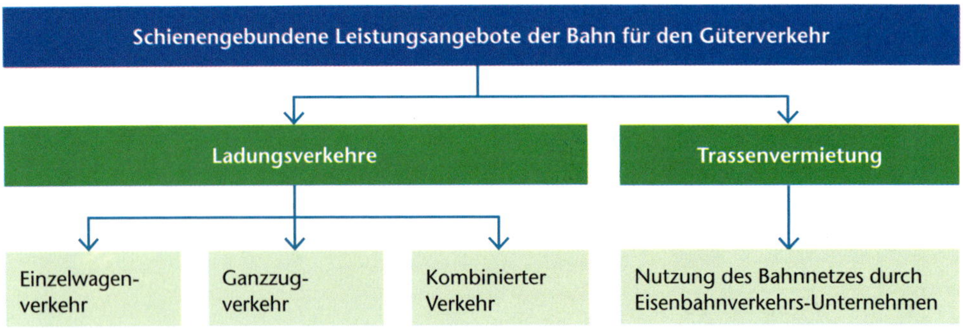

3.4.3.1 Einzelwagenverkehr

Aufträge für den Transport von einzelnen Waggons nimmt das Kundenservicezentrum Duisburg entgegen. Die Bestellung muss folgende Angaben enthalten:
- Verladetag (ggf. Beginn der Verladeschicht)
- Anzahl und Gattung der Güterwagen
- Wagengattungen, die unter Umständen als Ersatz verwendbar sind
- Gestellungsort
- Gewicht der Wagenladung (wenn erforderlich, Anzahl, Länge und Gewicht der Einzelstücke)
- Empfangsbahnhof
- geforderte Beförderungsart

Auf Bestellung befördert die Bahn den Güterwagen zu einem **Anschlussgleis** des Kunden und hält ihn zur Beladung bereit. Verfügt der Kunde über keinen eigenen Gleisanschluss, kann er den bestellten Waggon auch auf einem **öffentlichen Freiladegleis** der Bahn beladen. Allgemein üblich ist im Einzelwagenverkehr, dass der Kunde die Wagen selbst be- und entladen muss. Er hat bereitgestellte Wagen vor dem Verladen auf ihre Eignung für den vorgesehenen Verwendungszweck sowie auf sichtbare Mängel zu prüfen und die Bahn über Beanstandungen unverzüglich zu informieren.

Die Bahn holt die Einzelwagen nach dem Beladen von den Anschlussgleisen oder Güterverkehrsstellen ab und transportiert sie zur nächstgelegenen Rangieranlage. Dort werden die Wagen oder Wagengruppen zu Zugverbänden zusammengestellt. Die **Zugbildungsanlagen** sind meist in der Nähe großer Wirtschaftszentren angesiedelt. Das Arbeitsprinzip dieser Anlagen ist gleich: Der Zug kommt im Bahnhof an und fährt zunächst in ein Gleis der Einfahrgruppe. Dort trennt der Rangierer die Wagen und Wagengruppen anhand einer Zerlegeliste, auf der alle wichtigen Daten des Zugs stehen. Stellt der Rangierer keine Unstimmigkeiten fest, wird der Wagen von der Abdrücklokomotive über einen künstlichen Hügel, den Anlaufberg, geschoben. Von dort rollen die Wagen weiter in das vorgesehene Gleis der Richtungsgruppe. Ein Computer stellt für jeden Wagen, der den Hügel hinunterrollt, die Weichen und steuert die Gleisbremse. Im Richtungsgleis rollen die Waggons bis ans Ende der bereits wartenden Fahrzeugschlange und werden wieder aneinandergekuppelt. Hat der Wagenmeister den neu zusammengestellten Zug technisch gecheckt, kann der Zug den Bahnhof verlassen.

Die Bahn versucht, zeitaufwendige Rangierarbeiten effektiver zu gestalten durch:
- automatische Kupplungen
- computergesteuerte elektropneumatische Bremsen
- automatische Wagenidentifikation

- funkferngesteuerte Triebfahrzeuge
- Einsatz mobilfunkgesteuerter Handterminals für Rangierer

Der **Kunde ist für die Entladung** zuständig. Er ist auch dafür verantwortlich, dass entladene Wagen verwendungsfähig, d.h. vollständig geleert und vorschriftsmäßig entseucht und gereinigt am vereinbarten Ort zurückgegeben werden.

Einzelwagentransporte lassen sich in Bezug auf Zeitpunkt, Mengen und Relationen flexibel beauftragen. Sie bieten dem Kunden wesentliche Vorteile:

- Order des Transports bis zu zwei Stunden vor Abholung ist jederzeit möglich,
- entgeltfreie Stornierung oder Umbestellung jedes Transportauftrags,
- Angabe der Regellaufzeit des Transports mit dem Angebot,
- flexible Handhabung bei der Be- und Entladung der Güterwagen und abgestimmte Ladefristen,
- Spezialausrüstung für unterschiedliche Transportanforderungen,
- Sendungsverfolgung ist über das Internet für den Kunden möglich.

Die Bahn transportiert im Einzelwagenverkehr täglich 50000 Güterwagen. Das entspricht einer Größenordnung von 75000 Lkw – einer Lkw-Schlange von ca. 1400 km. Die Bahn holt Transporte aus ca. 4000 Gleisanschlüssen ab und bedient ungefähr 1400 Güterverkehrsstellen.

3.4.3.2 Ganzzugverkehr

Ganzzüge sind komplette Güterzüge von bis zu 700 Meter Länge und Ladungsgewichten weit über 1000 Tonnen. Sie werden in der Regel von einem Kunden (Verlader) voll ausgelastet und fahren von der Beladestelle zur Entladestelle.

Ganzzüge sind das ideale Transportmittel für große Mengen von Gütern, wie beispielsweise Kohle, Erze, Stahl, Baustoffe, Mineralöl, Pkw, Fahrzeugteile, Halb- und Fertigteile oder Getreide. Da die Züge ohne Unterbrechung laufen, haben sie eine entsprechend kurze Transportzeit. Die Höchstgeschwindigkeit für Ganzzüge wird mit 120 km/h angegeben, auf Schnellfahrstrecken bis 160 km/h.

Die Bahn bietet folgende **Ganzzugprodukte**:

Plantrain	Ist für den Transport von Massengütern geeignet, die regelmäßig und in großen Mengen transportiert werden. Der Zugbedarf ist langfristig zu planen. Der Kunde legt für die gesamte Vertragslaufzeit ▪ Relation, ▪ Verkehrstage, ▪ Verkehrszeiten zwei Monate vor Beginn des ersten Transports verbindlich fest. Beispiele für den Plantrain sind Transporte von Rohstoffen in der Industrie, von Erzen und von Kohle im Montanbereich oder Containerzüge von den Seehäfen in das Hinterland.
Variotrain	Ist für den Transport von Massengütern geeignet, wenn im Voraus kalendarisch nicht genau geplant werden kann. Der Kunde reserviert für die gesamte Vertragslaufzeit ▪ Relation, ▪ Verkehrstage, ▪ Verkehrszeiten. Er kann aber relativ kurzfristig entscheiden, wann der Zug zum Einsatz kommt. Der Variotrain ist beispielsweise für den Gütertransport zu Großbaustellen geeignet. Baustoffe werden dort in großen Mengen benötigt, doch witterungsbedingt muss häufig umdisponiert werden.
Flextrain	Der Kunde kann kurzfristig den Transport bestellen. Er bestimmt ▪ Transporttermin, ▪ Transportmenge, ▪ Relation. Die Bahn stellt den Zug bereits 24 Stunden nach Eingang der Bestellung zur Verfügung. Im Bereich der Konsumgüter ist der Flextrain geeignet, wenn beispielsweise für einen günstigen Wareneinkauf ein schneller Warentransport erforderlich wird.

Für spezielle Wünsche und Bedürfnisse können alle Basisprodukte durch Zukauf von Servicebausteinen um **zusätzliche Serviceleistungen**, wie beispielsweise innerbetriebliche Werkslogistik oder Kesselwagenmanagement, erweitert werden.

3.4.3.3 Kombinierter Verkehr (KV)

Im **Kombinierten Verkehr** (vgl. Kapitel 1.2 im Lernfeld 9) werden die **Güter** mit **unterschiedlichen Verkehrsmitteln** transportiert. Dabei müssen die Transportvorgänge der einzelnen Verkehrsträger so aufeinander abgestimmt werden, dass an den Schnittstellen keine zeitlichen Verzögerungen entstehen. Man spricht in diesem Zusammenhang von einer geschlossenen Transportkette.

Im Kombinierten Verkehr Straße – Schiene sind Container, Wechselbehälter und Sattelanhänger als Ladungseinheiten eingesetzt. Diese müssen für den internationalen KV zugelassen sein. Die DIN EN 13044 stellt zwei wesentliche Forderungen an LE im KV:

1. Die Ladeeinheiten haben eine bahnspezifische Zulassung. Sie sind durch das gelbe Kodifizierungsschild gekennzeichnet, das alle wichtigen Informationen für den Bahnbetrieb aufführt.
2. Die LE ist mit dem ILU-Code[1] zu kennzeichnen, wodurch der Eigentümer der LE identifiziert werden kann.

[1] *ILU: Intermodal Loading Unit (Intermodale Ladeeinheit)*

Für ISO-Container gilt diese Regelung nicht. Sie sind mit dem BIC-Code[1] gekennzeichnet. Somit sind Standardisierung und Information über den Eigentümer gewährleistet.

Die Bahn bezeichnet die Beförderung von Lkw, Sattelaufliegern, Containern und Wechselbrücken auf Bahnwagen als **Huckepackverkehr.** Dabei lassen sich drei Varianten unterscheiden.

Begleiteter Kombinierter Verkehr

Technik A:
- Lastzug oder Sattelzug bis 44 Tonnen Gesamtgewicht
- Verladen durch Auffahren auf einen sehr niedrigen Spezialwaggon
- Lkw-Fahrer reist in einem Liegewagen mit
- Rollende Landstraße

Unbegleiteter Kombinierter Verkehr

Technik B:
- Sattelanhänger bis 33 Tonnen Gesamtgewicht
- Verladen durch einen Kran oder Auffahren auf einen Wagen

Technik C:
- 1–2 Wechselbehälter oder Container
- 2 Wechselbehälter oder Container je 16 Tonnen bis 15,65 Meter Gesamtlänge
- 1 Wechselbehälter oder Container bis 33 Tonnen
- Verladen durch Kran auf Spezialwaggon

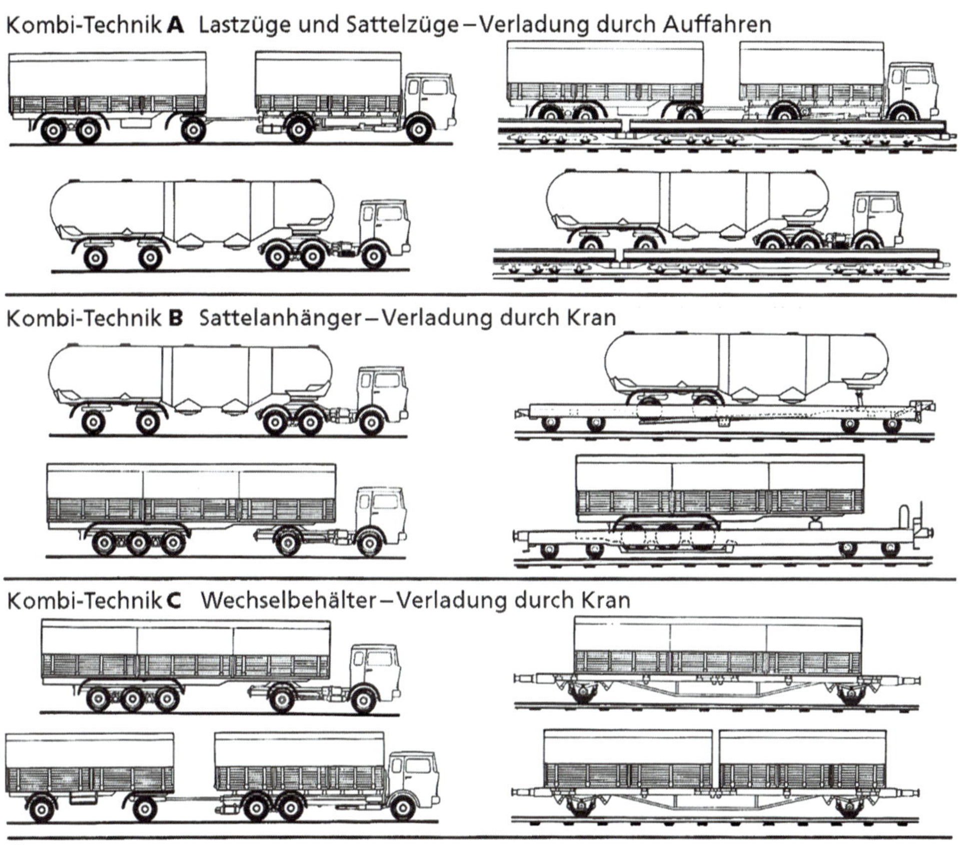

[1] *BIC: Bureau International de Containers*

3.4.3.4 Trassenvermietung der Deutschen Bahn AG

Der Unternehmensbereich Fahrweg mit der Führungsgesellschaft **DB Netz AG** ist für das Schienennetz des DB Konzerns und die Organisation des gesamten Bahnbetriebs darauf zuständig. Seine wichtigste Aufgabe ist, auf dem Streckennetz und in den Terminals des kombinierten Ladungsverkehrs einen zuverlässigen und sicheren Betrieb zu gewährleisten.

Das Netz der Deutschen Bahn steht jedem Eisenbahnverkehrsunternehmen aus der Bundesrepublik Deutschland und auch Eisenbahnunternehmen aus anderen Staaten der Europäischen Union zur Verfügung. Bevor ein Eisenbahnverkehrsunternehmen das Netz der Deutschen Bahn nutzen kann, sind bestimmte rechtliche Bedingungen zu erfüllen und einige wichtige Voraussetzungen zu beachten. Diese sind zusammengefasst in
- EU-Richtlinien und deutschen Gesetzen,
- Bedingungen der Genehmigungsbehörde,
- Bedingungen der DB Netz AG und
- den technischen Voraussetzungen.

Grundlage für die Nutzung des DB-Netzes durch Dritte ist der Abschluss eines individuellen Infrastrukturnutzungsvertrages zwischen dem Eisenbahnverkehrsunternehmen und der DB Netz AG. Die Angebote der DB Netz AG beziehen sich auf die Vermietung von **Trassen**.

Unter **Trasse** versteht man im Eisenbahnwesen die zeitlich begrenzte Nutzung des Eisenbahnschienennetzes zwischen zwei Orten mit einem Zug bestimmter Bauart.

Güterverkehrs-Standard-Trassen	Diese Trassen stehen allen Zügen des Güterverkehrs zur Verfügung. Sie sind über Anschlüsse miteinander verknüpft oder unterliegen bestimmten Einschränkungen, beispielsweise festen Ankunftszeiten beim Empfänger.
Güterverkehrs-Express-Trassen	Sie bieten möglichst schnelle und direkte Verbindungen mit hoher Zuverlässigkeit zwischen den wichtigsten Zentren in Deutschland. Sie erhalten höchste Priorität bei der Durchführung des Verkehrs.
Güterverkehrs-Zubringer-Trassen	Für die Überführung beladener und leerer Wagen zwischen den Güterverkehrsstellen und den Zugbildungsanlagen im Nahbereich kann der Kunde Güterverkehrs-Zubringer-Trassen bestellen. Diese müssen im unmittelbaren Zusammenhang mit der Nutzung einer Güterverkehrs-Standard-Trasse oder Güterverkehrs-Express-Trasse stehen.
Internationale Trassen	Sie werden für Züge des internationalen Güterverkehrs auf vorkonstruierten internationalen Trassen angeboten. Sie bieten günstige Transportzeiten durch optimierte grenzüberschreitende Konstruktionen. Die Trassenmietung kann aber auch nach individuellen Wünschen des Kunden erfolgen.

Internationale Trassen sind durch Vereinbarung der beteiligten Bahnunternehmen für verschiedene Transportverbindungen geschaffen worden.

Ziel ist die Verbesserung der Qualität und Wettbewerbsfähigkeit internationaler Bahntransportverbindungen. Geschaffen wurden grenzüberschreitende Bahnverbindungen, durch die die Aufenthalte an den Grenzen verkürzt oder beseitigt werden. Die internationalen Trassen werden von den beteiligten Bahngesellschaften gemeinsam verwaltet und vermarktet. Interessierte Kunden wenden sich an die jeweilige Vermarktungsagentur ihres Landes, dem **One-Stop-Shop (OSS)**, um Trassennutzungsverträge abzuschließen.

Grundleistungen für Trassennutzungsverträge sind:
- Benutzung der Trasse zu vertraglich fixierten Zeiten
- Energie ab Fahrdraht
- sichere und zeitgerechte Betriebsabwicklung
- zeitlich begrenzte Gleisbenutzung in den Bahnhöfen

Zusatzleistungen können beispielsweise sein:
- Rangieren in Rangierbahnhöfen
- Abstellen von Eisenbahnfahrzeugen
- Freihalten von Trassen für nicht regelmäßig verkehrende Züge

3.4.4 Auftragsabwicklung bei der DB

Das Kundenservicezentrum (KSZ) in Duisburg ist Kontaktstelle zwischen Kunden und der DB. Hier werden Aufträge angenommen, organisiert, gesteuert, überwacht und kontrolliert sowie abgerechnet. Die Abbildung zeigt einzelne Tätigkeitsbereiche des KSZ beim Durchlauf eines Kundenauftrags.

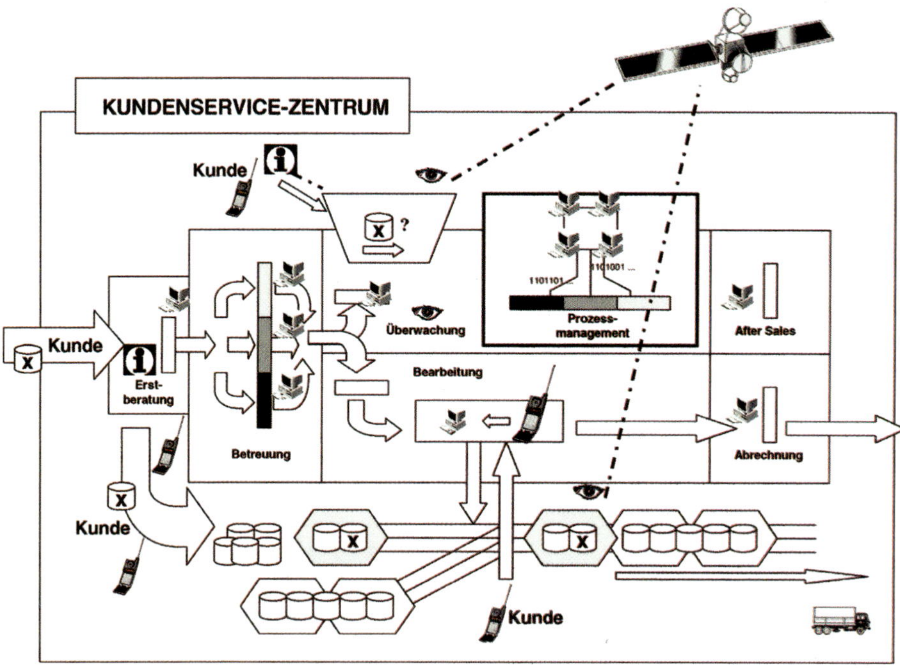

Abbildung: Kundenservicezentrum – die zentrale Schaltstelle der DB

1. Erstberatung	2. Betreuung	3. Bearbeitung	4. Überwachung	5. Abrechnung	6. After Sales
Interessenten erreichen den Neukundenservice über die Hotline. Der Kundenberater ermittelt die Kundenwünsche und vermittelt dem Interessenten den jeweiligen Branchenexperten aus verschiedenen Marktbereichen.	Experten aus den einzelnen Marktbereichen beraten und betreuen ihre Kunden.	Die Mitarbeiter im KSZ organisieren die lückenlose Transportabwicklung. Die Daten jedes Transportauftrags werden vom Kunden telefonisch, per Fax oder als E-Mail übermittelt.	Wenn der Kunde es wünscht, kann sein Transport jederzeit lokalisiert werden. Dies geschieht über Computerprogramme und das Satelliten-Navigationssystem GPS.	Das KSZ übernimmt auch die Abrechnung der erbrachten Leistungen für Einzelwagenverkehre oder Ganzzugverkehre. Die Höhe des Preises richtet sich nach dem Gewicht, der Entfernung, der Wagenart und der Zahl der Wagenachsen.	Dieser Bereich nimmt Reklamationen entgegen. Kundeninformationen werden überprüft und zur Entwicklung weiterer Produkt- und Logistikkonzepte verwendet.

3.4.5 Der Frachtvertrag mit der Deutschen Bahn

3.4.5.1 Frachtdokumente

Grundlage für die von der DB zu erbringenden Leistungen ist ein **schriftlicher Leistungsvertrag** mit dem Kunden. Dieser hat eine Laufzeit von 12 Monaten. Verlängerung, Änderung oder der Abschluss eines neuen Leistungsvertrags bedürfen ebenfalls der Schriftform. Der Leistungsvertrag enthält wesentliche Leistungsdaten, die für den Abschluss von Einzelverträgen, insbesondere Frachtverträgen, erforderlich sind, z. B. Relation, Ladegut, Wagentyp, Ladeeinheit, Entgelt. Einzelverträge kommen durch Auftrag des Kunden und Annahme durch Railion zustande.

Vom Kunden ist ein **Frachtbrief** nach dem von der Deutschen Bahn vorgegebenen Muster auszustellen, der als Transportauftrag gilt. Erteilt der Kunde den Transportauftrag ohne Verwendung eines Frachtbriefs, haftet er entsprechend § 414 HGB für die Richtigkeit und Vollständigkeit sämtlicher im Transportauftrag enthaltenen Angaben.

Für den **Inlandverkehr** ist ein Frachtbrief als Begleitpapier **nicht gesetzlich** vorgeschrieben, bei **internationalen** Eisenbahntransporten ist ein CIM[1]-Frachtbrief **zwingend notwendig**. Inhalt und Form des CIM-Frachtbriefs sind streng geregelt und dürfen nicht eigenmächtig verändert werden. Der Frachtbrief ist in drei Sprachen zu drucken, i. d. R. in Deutsch, Französisch und Englisch.

Der **CIM-Frachtvertrag** ist ein Durchfrachtvertrag, d. h., er gilt für alle Staaten, durch die das Frachtgut transportiert wird.

Der CIM-Frachtbrief besteht aus fünf Durchschreibeblättern:
1. **Frachtbrief** – reist mit für den **Empfänger**
2. **Frachtkarte** – für **Empfangsbahnhof** als Abrechnungsblatt
3. **Empfangsschein** – für die **Empfangsbahn**
4. **Frachtbriefdoppel** – für den **Absender** zur Disposition
5. **Versandschein** – für die **Versandbahn**

Inhalt des CIM-Frachtbriefs
Der Frachtbrief muss in jedem Fall enthalten
- a) die Bezeichnung des Bestimmungsbahnhofs,
- b) den **Namen** und die **Anschrift** des **Empfängers**,
- c) die **Bezeichnung des Gutes**,
- d) die **Masse** oder stattdessen eine ähnliche Angabe, die den für den Versandbahnhof geltenden Vorschriften entspricht,
- e) die **Anzahl der Frachtstücke** und die **Art der Verpackung** bei Stückgut sowie bei Wagenladungen, die im Eisenbahn-Seeverkehr umgeschlagen werden müssen,
- f) die **Nummer des Wagens**, bei Privatwagen außerdem die Eigenmasse, wenn der Absender das Verladen der Güter übernimmt,
- g) ein **genaues Verzeichnis** der durch **Zoll- oder sonstige Verwaltungsbehörden** vorgeschriebenen **Papiere** für die Fracht,
- h) den **Namen** und die **Anschrift** des **Absenders**.

---
[1] *CIM: Convention Internationale concernant le Transport des Marchandises par Chemins de Fer = Internationales Übereinkommen über den Eisenbahnfrachtverkehr*

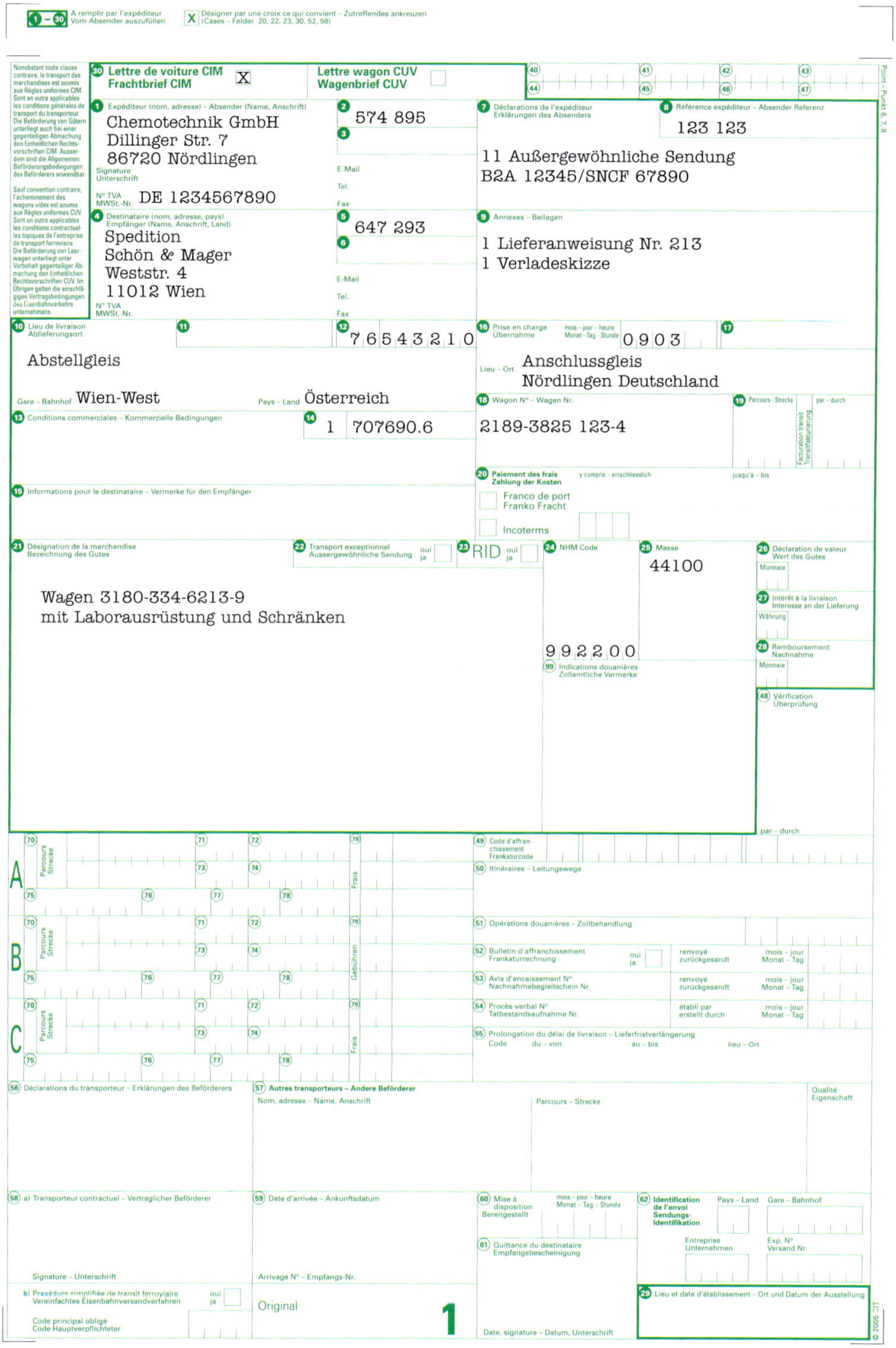

1 – 30 A remplir par l'expéditeur / Vom Absender auszufüllen
X Désigner par une croix ce qui convient – Zutreffendes ankreuzen (Cases – Felder 20, 22, 23, 30, 52, 58)

Nonobstant toute clause contraire, le transport des marchandises est soumis aux Règles uniformes CIM. Sont en outre applicables les conditions générales de transport du transporteur. Die Beförderung von Gütern unterliegt auch bei einer gegenteiligen Abmachung den Einheitlichen Rechtsvorschriften CIM. Außerdem sind die Allgemeinen Beförderungsbedingungen des Beförderers anwendbar.

Sauf convention contraire, l'acheminement des wagons vides est soumis aux Règles uniformes CUV. Sont en outre applicables les conditions contractuelles topiques de l'entreprise de transport ferroviaire. Die Beförderung von Leerwagen unterliegt unter Vorbehalt gegenteiliger Abmachung den Einheitlichen Rechtsvorschriften CUV. Im Übrigen gelten die einschlägigen Vertragsbedingungen des Eisenbahnverkehrsunternehmens.

30 Lettre de voiture CIM / Frachtbrief CIM: X
Lettre wagon CUV / Wagenbrief CUV

1 Expéditeur (nom, adresse) – Absender (Name, Anschrift):
Chemotechnik GmbH
Dillinger Str. 7
86720 Nördlingen
Signature – Unterschrift
N° TVA – MWSt.-Nr. DE 1234567890

2 574 895

3

E-Mail / Tel. / Fax

7 Déclarations de l'expéditeur – Erklärungen des Absenders:
11 Außergewöhnliche Sendung
B2A 12345/SNCF 67890

8 Référence expéditeur – Absender Referenz: 123 123

4 Destinataire (nom, adresse, pays) – Empfänger (Name, Anschrift, Land):
Spedition
Schön & Mager
Weststr. 4
11012 Wien
N° TVA – MWSt.-Nr.

5 647 293

6

9 Annexes – Beilagen:
1 Lieferanweisung Nr. 213
1 Verladeskizze

10 Lieu de livraison – Ablieferungsort: Abstellgleis
Gare – Bahnhof: Wien-West
Pays – Land: Österreich

11

12 7654321 0

16 Prise en charge – Übernahme: mois – jour – heure / Monat – Tag – Stunde: 0903
Lieu – Ort: Anschlussgleis Nördlingen Deutschland

17

13 Conditions commerciales – Kommerzielle Bedingungen

14 1 707690.6

18 Wagon N° – Wagen Nr.: 2189-3825 123-4

19 Parcours – Strecke / par – durch / Facturation transit – Transitfakturierung

20 Paiement des frais – Zahlung der Kosten: y compris – einschliesslich / jusqu'à – bis
Franco de port – Franko Fracht
Incoterms

15 Informations pour le destinataire – Vermerke für den Empfänger

21 Désignation de la marchandise – Bezeichnung des Gutes:
Wagen 3180-334-6213-9
mit Laborausrüstung und Schränken

22 Transport exceptionnel – Aussergewöhnliche Sendung: oui – ja

23 RID oui – ja

24 NHM Code: 992200

25 Masse: 44100

26 Déclaration de valeur – Wert des Gutes: Monnaie

27 Intérêt à la livraison – Interesse an der Lieferung: Währung

28 Remboursement – Nachnahme: Monnaie

99 Indications douanières – Zollamtliche Vermerke

48 Vérification – Überprüfung

par – durch

A / B / C: 70 Parcours – Strecke, 71, 72, 73, 74, 75, 76, 77, 78, 79 Frais / Gebühren

49 Code d'affranchissement – Frankaturcode

50 Itinéraires – Leitungswege

51 Opérations douanières – Zollbehandlung

52 Bulletin d'affranchissement – Frankaturrechnung: oui – ja; renvoyé – zurückgesandt; mois – jour – Monat – Tag

53 Avis d'encaissement N° – Nachnahmebegleitschein Nr.: renvoyé – zurückgesandt; mois – jour – Monat – Tag

54 Procès-verbal N° – Tatbestandsaufnahme Nr.: établi par – erstellt durch; mois – jour – Monat – Tag

55 Prolongation du délai de livraison – Lieferfristverlängerung: Code; du – von; au – bis; lieu – Ort

56 Déclarations du transporteur – Erklärungen des Beförderers

57 Autres transporteurs – Andere Beförderer: Nom, adresse – Name, Anschrift; Parcours – Strecke; Qualité – Eigenschaft

58 a) Transporteur contractuel – Vertraglicher Beförderer
Signature – Unterschrift
b) Procédure simplifiée de transit ferroviaire – Vereinfachtes Eisenbahnversandverfahren: oui – ja
Code principal obligé – Code Hauptverpflichteter

59 Date d'arrivée – Ankunftsdatum
Arrivage N° – Empfangs-Nr.

Original 1

60 Mise à disposition – Bereitgestellt: mois – jour – heure / Monat – Tag – Stunde

61 Quittance du destinataire – Empfangsbescheinigung
Date, signature – Datum, Unterschrift

62 Identification de l'envoi – Sendungs-Identifikation: Pays – Land; Gare – Bahnhof; Entreprise – Unternehmen; Exp. N° – Versand Nr.

29 Lieu et date d'établissement – Ort und Datum der Ausstellung

Point – Punkt 6.7.8

© 2006 JIT

Internationaler Frachtbrief (CIM)/Wagenladung

3.4.5.2 Beförderungspflicht

Im **nationalen** Eisenbahnverkehr ist die Beförderungspflicht **aufgehoben**. Im grenzüberschreitenden Eisenbahnverkehr haben die Bahnverwaltungen der **Vertragsstaaten** die **Beförderungspflicht**, d.h., sie müssen von jedermann auf jedem Wagenladungsbahnhof oder jeder Güterverkehrsstelle Wagenladungen zur Beförderung nach jedem anderen Güterbahnhof oder jeder anderen Güterverkehrsstelle eines Vertragsstaates annehmen, sie an der Grenze übernehmen und weiterleiten bzw. für die Ablieferung an den Empfänger sorgen. Gemäß den CIM-Vorschriften ist die Deutsche Bahn im internationalen Eisenbahnverkehr zur Beförderung von Wagenladungen verpflichtet, wenn

- der Absender die einheitlichen Rechtsvorschriften und Bestimmungen einhält,
- die Beförderung mit normalen Beförderungsmitteln möglich ist,
- die Beförderung nicht durch Umstände verhindert wird, welche die Bahn nicht abzuwenden vermag (höhere Gewalt).

3.4.5.3 Rechte und Pflichten des Absenders aus dem CIM-Frachtvertrag

Rechte des Absenders	Pflichten des Absenders
▪ Bestimmung des Beförderungsziels und des Beförderungswegs durch Eintragungen im Frachtbrief ▪ Abänderung des Frachtvertrags durch nachträgliche Verfügung ▪ Lieferfristeinhaltung ▪ Eintragung eines besonderen Lieferinteresses (z. B. Nachnahmesendung)	▪ Zahlung der Kosten (Fracht, Nebengebühren, Zölle u. a. Kosten) ▪ Erstellen des Frachtbriefs ▪ Verpackungspflicht ▪ Kennzeichnungspflicht ▪ Lieferungs- und Verladungspflicht (ist abhängig von den Bestimmungen des Versandbahnhofs) ▪ Bereitstellung der Begleitpapiere gemäß der zoll- oder verwaltungstechnischen Bestimmungen

Der Absender ist zur Frachtzahlung verpflichtet, kann aber die Kosten ganz oder teilweise auf den Empfänger durch entsprechenden Zahlungsvermerk im CIM-Frachtbrief (Feld 24) übertragen. Folgende Zahlungsvermerke sind im Frachtbrief vorgesehen:

Zahlungsvermerk	Absender übernimmt folgende Kosten
Franko Fracht	Er übernimmt nur die Fracht.
Franko Fracht einschließlich ...	Er übernimmt neben der Fracht noch weitere Kosten, die er genau zu bezeichnen hat (z. B. Zölle).
Franko Fracht bis *Bahnhof X*	Er übernimmt die Fracht bis *Bahnhof X*.
Franko Fracht einschließlich ... bis *Bahnhof X*	Er übernimmt neben der Fracht bis *Bahnhof X* noch weitere Kosten ...
Franko aller Kosten	Er übernimmt alle Kosten (Fracht, Gebühren, Zölle).
Franko ...	Er übernimmt einen bestimmten Betrag; Angaben in der Währung des Versandlandes.

Kernwissen

Vorteile des Schienengüterverkehrs	Nachteile des Schienengüterverkehrs
▪ kostengünstige Massentransporte, vor allem auf Langstrecken ▪ Unabhängigkeit vom Straßenverkehr und dessen verkehrstechnischen Einschränkungen ▪ hohe Pünktlichkeit und Zuverlässigkeit ▪ Unabhängigkeit von Sonn- und Feiertagsfahrverboten ▪ Spezialwagen für unterschiedlichste Transportgüter, auch für schwere und sperrige Güter geeignet ▪ Transportsicherheit ▪ geringe Einschränkung bei Gefahrguttransporten ▪ relativ umweltfreundlicher Transport	▪ Gebundenheit an das Schienennetz ▪ Absender muss über einen Gleisanschluss verfügen oder ▪ Rollfuhren am Versand- und Empfangsort werden erforderlich. ▪ Verladen und Umladen erhöhen Transportkosten und Transportzeit.

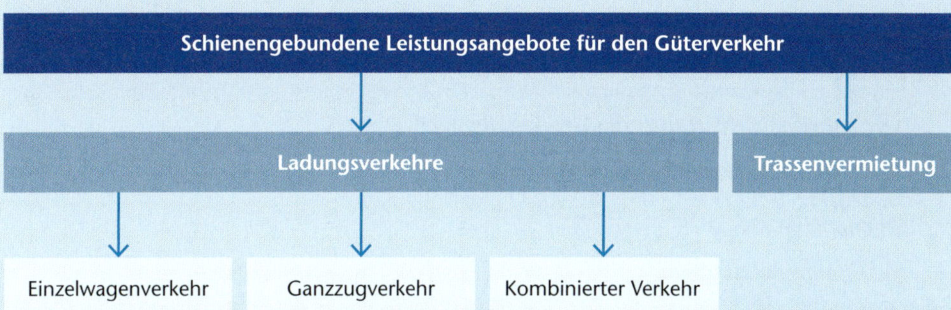

- Das Kunden-Service-Zentrum ist Ansprechpartner für Kunden, die Waggons bestellen wollen. Es ist zuständig für die Auftragsbearbeitung, gibt Auskunft zum Transport und Transportverlauf.
- Im Kombinierten Verkehr unterscheidet man:

Begleiteter Kombinierter Verkehr	Der Fahrer fährt mit dem Zug, auf dem sein Lkw verladen ist, mit und übernimmt den Lkw nach dem Bahntransport wieder.
Unbegleiteter Kombinierter Verkehr	Sattelanhänger, Wechselbehälter oder Container werden von einem anderen Verkehrsträger auf Bahnwagen umgeschlagen und auf dem Bahnweg weitertransportiert.

- Die Deutsche Bahn AG vermietet Trassen, Anlagen zur Zugbildung und für den Güterumschlag.
- Internationale Trassen sind europäische, grenzüberschreitende Fahrbahntrassen für den Schienengüterverkehr, die von allen Eisenbahnverkehrsunternehmen mit Sitz in der EU zu gleichen Bedingungen benutzt werden dürfen.
- Im internationalen Schienengüterverkehr besteht Beförderungspflicht und Frachtbriefzwang. Der CIM-Frachtbrief ist nach einem von den beteiligten Bahngesellschaften vorgegebenen Muster aufgebaut und hat genau festgelegte Inhalte.

Aufgaben

1. *Welchen Anteil hat die Bahn am gesamten Güterverkehrsaufkommen?*
2. *Nennen Sie die im Netzwerk Privatbahnen organisierten privaten Eisenbahnunternehmen. Informieren Sie sich dazu unter der im Lehrbuch angegebenen Internetadresse.*
3. *Vergleichen Sie Vor- und Nachteile von Gütertransporten mit der Bahn mit den Vor- und Nachteilen des Gütertransports mit anderen Verkehrsmitteln.*
4. *Welchen Wagentyp bezeichnen die Buchstaben E, F, G, H und I?*
5. *Unterscheiden Sie die Ladungsverkehre und nennen Sie ihre typischen Merkmale.*
6. *Sie arbeiten im Baustoffhandel Lindner GmbH in Bremen und bestellen im Naturstein-Schotterwerk, Regensburg, 130 Tonnen Splitt. Sie melden den Transport im Kundenservicezentrum der Bahn an.*
   a) Welchen Wagentyp und welche Gattung wählen Sie?
   b) Wie viel Waggons werden für den Transport benötigt? Ihnen liegt folgendes Lastgrenzraster vor:

	A	B1	B2	C
S	35,5	37	43	55,5

   Der Transport erfolgt über die Streckenklassen A, B und C.

7. *Was verstehen Sie unter den Bezeichnungen*
   a) Trasse,
   b) One-Stop-Shop?
8. *Was ist ein Bahnterminal?*
9. *An wen würden Sie sich wenden, wenn Sie für Ihr Unternehmen Güter als Wagenladungsverkehr zu organisieren hätten?*
10. *Was ist ein CIM-Frachtbrief?*
11. *Nennen Sie die Angaben, die ein CIM-Frachtbrief enthalten muss.*
12. *Erklären Sie die Blätter des CIM-Frachtbriefs.*
13. *Welche Rechte hat der Absender aus dem CIM-Frachtvertrag?*
14. *Was bedeuten die folgenden Zahlungsvermerke auf dem CIM-Frachtbrief?*
    a) Franko Fracht
    b) Franko aller Kosten
    c) Franko bis 230,00 €

3.5 Schifffahrt

Einer der wichtigsten Verkehrsträger in der Bundesrepublik Deutschland ist die Schifffahrt. Man unterteilt die Schifffahrt wie folgt:

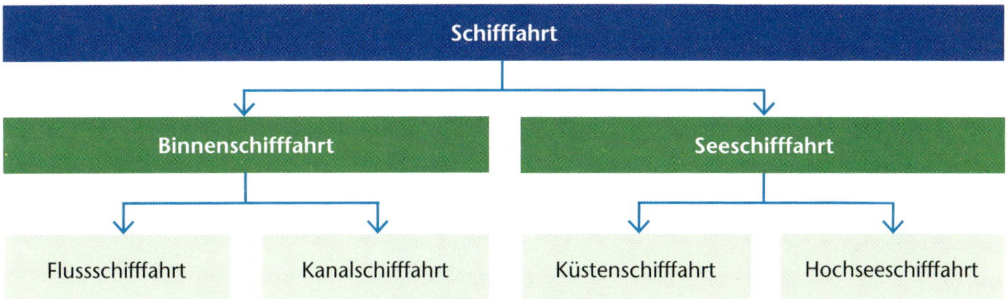

Wie die Deutsche Bahn AG ist die Binnenschifffahrt ein Streckenverkehrsmittel, da sich der Transport auf den schiffbaren Flüssen und künstlich angelegten Kanälen auf etwa 7 367 km Länge vollzieht.

Schiffbar sind folgende **Flüsse**: Rhein, Main, Neckar, Donau, Mosel, Weser, Elbe, Oder, Havel, Saale, Spree, Dahme, Elde, Peene, Saar, Ruhr, Ems.

Die **Kanalschifffahrt** wird u. a. auf folgenden Strecken ausgeübt:
Dortmund-Ems-Kanal, Rhein-Herne-Kanal, Dattel-Hamm-Kanal, Mittellandkanal, Elbe-Havel-Kanal, Küsten-Kanal, Elbe-Trave-Kanal, Oder-Spree-Kanal, Oder-Havel-Kanal, dem auch für Seeschiffe zugänglichen Nord-Ostsee-Kanal, dem Elbe-Seiten-Kanal und dem Main-Donau-Kanal (Europa-Kanal).

Als **Küstenschifffahrt** bezeichnet man die Seefahrt entlang der Küsten von Nord- und Ostsee. In der Regel führen kleine Schiffe diese Fahrten durch.

Kleine Seeschiffe, die hauptsächlich in der Küstenschifffahrt eingesetzt werden, können auch Duisburg, den bedeutendsten Binnenhafen Deutschlands, anlaufen und bei günstigen Wasserständen des Rheins auch Köln und manchmal Mannheim erreichen.

Der **Seeverkehr** findet auf den Weltmeeren statt, die mehr als 70 % der Erdoberfläche bedecken. Hier herrscht der Grundsatz der „Freiheit der Meere", d. h., jede Nation hat die Möglichkeit, frei auf den Meeren zu fahren.

Seehäfen sind die Versand- und Empfangsorte für die Seeschifffahrt. Die bedeutendsten deutschen Seehäfen sind Hamburg, Bremen, Brake, Nordenham, Wilhelmshaven, Emden, Brunsbüttel und Cuxhaven, die Zugang zur Nordsee haben. An der Ostsee liegen u. a. Lübeck, Kiel, Flensburg, Wismar, Rostock, Stralsund, Saßnitz und Greifswald.

3.5.1 Binnenschifffahrt

Als **leistungsfähiger, umweltschonender, energiesparender Verkehrsträger** kann die Binnenschifffahrt Straße und Schiene entlasten. Der geringen Geschwindigkeit, dem weniger dichten Verkehrsnetz und der zeitweiligen Abhängigkeit vom Wasserstand stehen niedrige Transportkosten gegenüber.

Wegen der unterschiedlichen Tiefen und Breiten der Flüsse bzw. Seen und der Größen der Schleusen sind verschiedenartige Schiffstypen entwickelt worden, die eine Traglast von 300 t bis 4 000 t (auf dem Niederrhein) transportieren können.

Zur **Deutschen Binnenflotte** zählen Motorschiffe, Schubschiffe, Schleppkähne, Trägerschiffsleichter (Lastschiffe) und Tankschiffe.

Motorschiffe mit eigenem Motorantrieb werden als **Selbstfahrer** bezeichnet. Sie stellen die häufigste Art von Binnenschiff dar.

Schubschiffe fahren meist im **Schubverband**. Schubverbände bestehen aus einem starken **Motorschubboot**, das selbst keine Lasten trägt und antriebslosen, unbemannten, offenen oder gedeckten **Schubleichtern** oder **Schubprahmen**, die das Motorschubboot vor sich herschiebt.

Schleppkähne, also Schiffe, die ihre Ladung ziehen, sind nur noch selten im Einsatz.

Quelle: Bundesministerium für Verkehr, Bau und Stadtentwicklung, März 2013, Karte W 161 k
Kartographie: Fachstelle für Geoinformationen Süd, Regensburg, zur Verfügung gestellt gemäß GeoNutzV
Bundeswasserstraßen, die eine Länge von unter 5 km aufweisen, sind maßstabsbedingt teilweise nicht dargestellt.

Klassifizierte Binnenwasserstraßen

Graphisches Symbol auf der Karte	Klasse der Binnenwasserstraße	MOTORSCHIFFE UND SCHLEPPKÄHNE Typ des Schiffes: Allgemeine Merkmale					SCHUBVERBÄNDE Art des Schubverbandes: Allgemeine Merkmale					Brückendurchfahrtshöhe
		Bezeichnung	Länge L (m)	Breite B (m)	Tiefgang d (m)	Tonnage T (t)	Formation	Länge L (m)	Breite B (m)	Tiefgang d (m)	Tonnage T (t)	
	I	Peniche Westlich der Elbe	38,5	5,05	1,8-2,2	250-400						4,0
		Gross Finow Östlich der Elbe	41	4,7	1,4	180						3,0
	II	Kempenaar Westlich der Elbe	50-55	6,6	2,5	400-650						4,0-5,0
		BM-500 Östlich der Elbe	57	7,5-9,0	1,6	500-630						3,0
	III	Gustav Koenigs Westlich der Elbe	67-80	8,2	2,5	650-1000						4,0-5,0
		Östlich der Elbe	67-70	8,2-9,0	1,6-2,0	470-700		118-132	8,2-9,0	1,6-2,0	1000-1200	4,0
	IV	Johann Welker	80-85	9,5	2,5	1000-1500		85	9,5	2,5-2,8	1250-1450	5,25 od. 7,0
	Va	Große Rheinschiffe	95-110	11,4	2,5-2,8	1500-3000		95-110	11,4	2,5-4,5	1600-3000	5,25 od. 7,00 od. 9,1
	Vb							172-185	11,4	2,5-4,5	3200-6000	
	VIa							95-110	22,8	2,5-4,5	3200-6000	7,0 od. 9,1
	VIb		140	15	3,9			185-195	22,8	2,5-4,5	6400-12000	
	VIc							270-280 195-200	22,8 33,0-34,2	2,5-4,5	9600-18000	9,1

nicht klassifizierte BinWaStr — keine BinWaStr

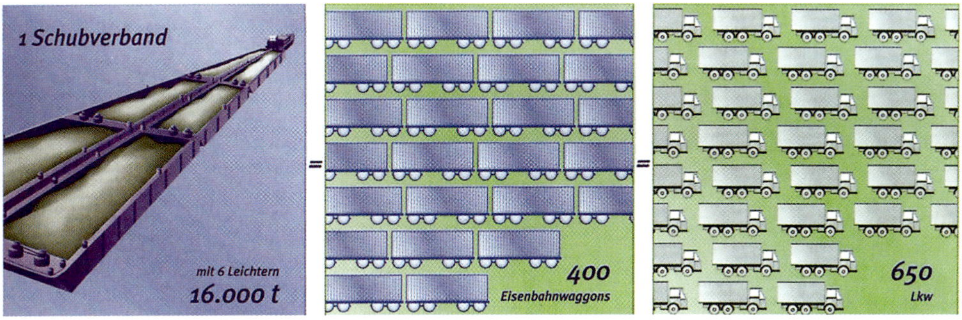

Vergleich der Transportkapazität von Verkehrsmitteln

Eigentümer

Eigentümer dieser Schiffe sind meist Genossenschaften oder auch Einzelpersonen, die ein bis drei Schiffe besitzen (Familienunternehmen) und an der Frachtenbörse, z. B. in Duisburg, ihre Fahrt „kaufen" können. Man bezeichnet diese Schiffer als **Partikuliere**.

Vielfach haben sich die **Partikuliere** zu Schiffsbetriebsverbänden zusammengeschlossen, damit sie am Gesamtfrachtaufkommen einen angemessenen Anteil erwerben, oder sie haben sich einer Reederei angeschlossen, in deren Auftrag sie die Fracht befördern.

Eine **Reederei** ist eine Schifffahrtsgesellschaft, die heute meist die Rechtsform einer Aktiengesellschaft aufweist, ganze Flotten von Binnenschiffen besitzt und ein verzweigtes Netz von Niederlassungen, eigenen Ladestationen, Kaianlagen und Schuppen unterhält.

Betriebsweise

Die Binnenschifffahrt wird als **Linien-** oder **Trampschifffahrt** betrieben.

Die **Linienschifffahrt** findet man hauptsächlich im Personenverkehr und beim Containertransport, also bei Fahrten, die eher regelmäßig durchgeführt werden.

Trampschifffahrt dagegen bezeichnet den Umstand, dass Güter je nach Bedarf per Binnenschiff transportiert werden.

Versandart

Man unterscheidet zwischen Stückgut- und Massengutversand.

Reines Stückgut, also der Transport von einzelnen Gütern wie Kisten, Körben, Ballen, Eimern, Fässern usw., kommt in der Binnenschifffahrt hauptsächlich im Containerverkehr vor. Wegen der niedrigen Brückendurchfahrtshöhen sind nur zweilagige Containertransporte erlaubt.

Meist werden Massengüter befördert, wie Erze, Kohle, Sand, Steine, Gas, Öl, Autos oder auch Getreide.

Tipp

Erkundigen Sie sich bei einem Autohändler, wie Automobile aus Japan nach Deutschland transportiert werden.

Charterung

Beim Versand von Massengütern kann man ein ganzes Schiff mieten; dann bezeichnet man diesen Vorgang als **Vollcharterung**.

Werden nur einzelne Laderäume oder Teile eines Laderaumes belegt, dann bezeichnet man dies als **Teilcharterung**.

Die Charterung wird für eine bestimmte Reise oder eine bestimmte Zeit vorgenommen, wenn in fremdem Eigentum befindliche Schiffe eingesetzt werden. Der schriftliche Kontrakt (Charter) enthält die näheren Bestimmungen über Ausrüstung des Schiffes, Laden, Löschen, Hafenabgaben, Frachtkosten und Lademenge.

Begleitpapiere

Frachtbrief

Der Frachtführer (Schiffer) kann bei Übernahme der Fracht vom Absender einen Frachtbrief verlangen. Der Frachtbrief dient als Urkunde über den Abschluss des Frachtvertrags und enthält Angaben über Absender, Empfänger, Bestimmungsort, Ladungsgüter und Verfrachtungsbedingungen.

Der Frachtbrief begleitet die Sendung und wird dem Empfänger mit dem Gut ausgeliefert. Der Frachtbrief ist eine **Beweisurkunde**, aber kein Warenwertpapier.

Innerhalb der Europäischen Union werden keine Zollpapiere verlangt.

Ladeschein

Eine höhere Sicherheit bietet der Ladeschein, den der Frachtführer oder Absender erstellt. Eine Durchschrift des Ladescheins dient dem Frachtführer als Begleitbrief und ersetzt den Frachtbrief. Die Urschrift des Ladescheins wird an den Empfänger gesandt. Der Empfänger darf gegen Vorzeigen und Rückgabe der Urschrift vom Frachtführer die Güter in Empfang nehmen.

Der Ladeschein ist damit ein **Warenwertpapier**, durch das sich der Verfrachter verpflichtet, dem rechtmäßigen Inhaber des Ladescheins die versendeten Güter auszuliefern. Der Ladeschein kann als Namensladeschein oder Orderladeschein ausgestellt werden.

- Der **Namensladeschein** ist auf den Namen des Empfängers ausgestellt.
- Mit dem **Orderladeschein** kann das Eigentum an der Ware durch einen Übertragungsvermerk (Indossament) vom berechtigten Empfänger auf eine andere Person übertragen werden.

Meldeadresse

Um die Güter bei einem Orderladeschein auch an den richtigen Empfänger abliefern zu können, wird auf dem Ladeschein eine Meldeadresse eingetragen, an die sich der Frachtführer (Schiffer) wenden muss, um den berechtigten Empfänger zu erreichen. Besonders dann ist die Meldeadresse von großer Wichtigkeit, wenn der Empfänger weder seinen Wohnsitz noch eine Niederlassung am Ablieferungsort hat.

Ladeliste

Werden einzelne Güter verschiedener Art übernommen, werden sie in eine **Ladeliste** eingetragen. Das Gleiche gilt, wenn die Güter an verschiedenen Stationen ein- oder ausgeladen werden. Meist wird auch ein **Stauplan** angefertigt, der beim Frachtführer bleibt und auch oft als Kopie an die Löschstelle vorausgesandt wird, um die notwendigen Löscheinrichtungen (Krane, Saugheber usw.) bereitzustellen.

Ladezeiten, Löschzeiten, Transportfristen

Lade- bzw. Löschzeit ist die für das Laden und Entladen vorgesehene Zeit, die mit der Frachtvergütung abgegolten ist. Ab wann die Lade-/Löschzeit zählt, steht in den Konnossementsbedingungen. In der Regel richten sich diese Zeiten nach der Art und dem Gewicht der Ladung.

Sind Lade- oder Löschzeiten im Konnossement nicht eingetragen oder vereinbart worden, so treten die gesetzlichen Lade-/Löschzeiten nach der Verordnung über Lade- und Löschzeiten sowie das Liegegeld in der Binnenschifffahrt (BinSchLV) in Kraft.

Liegegeld
Das dem Frachtführer geschuldete Standgeld (**Liegegeld**) beträgt bei einem Schiff bis zu 1 500 Tonnen für jede angefangene Stunde, während der der Frachtführer nach Ablauf der Lade- und Löschzeit wartet, 0,05 € je Tonne Tragfähigkeit. Über 1 500 Tonnen Tragfähigkeit beträgt das für jede angefangene Stunde anzusetzende Liegegeld 75,00 € zuzüglich 0,02 € für jede über 1 500 Tonnen liegende Tonne.

Tipp

Geben Sie im PC den Begriff „Binnenschifffahrt" in eine Suchmaschine ein, um weitere Informationen zum Thema zu erhalten.

Lade- und Löschzeiten bei der Tankschifffahrt
Nach § 5 BinSchLV betragen die Voranmeldezeiten bei der Tankschifffahrt mindestens acht Stunden, wobei diese von montags bis freitags zwischen 07:00 Uhr und 16:00 Uhr oder samstags zwischen 07:00 Uhr und 13:00 Uhr erfolgen müssen.

Tipp

In der Verordnung zur Ladung und Löschung von Binnenschiffen finden Sie genauere Angaben zu Liegegeld, Lade- und Löschzeiten beim Transport verschiedener Güter. Diese Verordnung können Sie z. B. im Internet einsehen oder auch herunterladen.

Die Abhängigkeit der Binnenschifffahrt von Wasserstand und Wetter (Eis, Nebel) lassen es nicht zu, bindende Lieferfristen wie etwa beim Güterkraftverkehr oder über Schiene festzulegen. Der Transport muss deshalb in einer den Umständen entsprechend angemessenen Lieferfrist durchgeführt werden.

Frachtberechnungen

FR

Die Binnenschifffahrt kennt keine Güterklassen. Nach der Art der Transporte sind die **Frachtraten** unterteilt nach
- allgemeinen Frachten,
- Chemie-Frachten,
- Eisen-Frachten.

Nach dem Tarifaufhebungsgesetz von 1994 werden die Frachten **frei** vereinbart.

Die Frachtberechnung erfolgt nach **Maß (m^3)**, **Zahl** oder **Gewicht** der zu befördernden Güter für eine bestimmte Strecke.

Wird **Leergut** mit einem Binnenschiff zurücktransportiert, gewährt der Reeder in der Regel einen Nachlass.

Zahlreiche **Zuschläge** können die eigentliche Frachtrate erhöhen, wie z. B. Schleusengeld, Ufergeld, Liegegeld, Hochwasserzuschläge, Niedrigwasserzuschläge, Kran- und Wiegegeld, Zollgebühren, Hafengebühren, Stempelgeld, Eiszuschläge, Winterzuschläge und Optionszuschläge für wahlweise Löschorte.

Die Frachtentwicklung in der Binnenschifffahrt und beim Landverkehr wird von der Bundesanstalt für den Güterverkehr (BAG) überwacht.

Schadenersatz

In der Schifffahrt gibt es eine besondere Art der Schadensregulierung. Man spricht von **Havarie** oder Haverei = Seeschaden. Es gibt die

- große Havarie und
- besondere Havarie.

Große Havarie
Als große Havarie bezeichnet man gemäß § 78 BSchG alle Schäden, die dem Schiff und/oder der Ladung durch den Schiffer oder auf dessen Weisung vorsätzlich zugefügt werden, um beide aus einer gemeinsamen Gefahr zu retten; z. B. werden Waren über Bord geworfen, um das Schiff zu retten; anschließend wird das Schiff auf Grund gesetzt.

Der Schaden wird von Schiff und Ladung gemeinschaftlich getragen. Eine Havarieverteilung findet jedoch nur statt, wenn Schiff und Ladung, d. h. beide, ganz oder teilweise gerettet werden.

Besondere Havarie
Alle durch einen Unfall verursachten Schäden und Kosten, die nicht zur großen Havarie gerechnet werden, bezeichnet man als besondere Havarie. Die Schäden und Kosten werden durch die Eigentümer des Schiffes und der Ladung von jedem für sich allein getragen. Wer für den Schaden verantwortlich ist oder ihn verursacht hat, muss für den zugefügten Schaden aufkommen.

3.5.2 Seeschifffahrt

Hafenanlagen

Die Hafenanlagen bestehen in der Regel aus dem Hafenbecken mit Liegeplätzen an den Kais und an den Pfählen (Dalben) im Strom und aus Spezialanlagen.

Das Laden der ausgehenden und das Löschen der eingehenden Seeschiffe wird hier durchgeführt. Ein Teil des Hafens ist vielfach als **Freihafen** zollrechtlich abgetrennt worden. Im Freihafen (Zollausschlussgebiet) können ausländische Waren umgeschlagen, gelagert und bearbeitet werden, ohne dass dafür Zoll erhoben wird. Erst dann, wenn die Waren über die Zollgrenze des Freihafens gebracht werden, fällt der Zoll an.

Seeschiffe
Die Seetüchtigkeit eines Schiffes bzw. seiner Maschinenanlage wird durch eine international anerkannte Klassifikationsgesellschaft bewertet. Darüber wird ein sogenanntes **Schiffsklasseattest** ausgestellt. Die Klassifikation der Schiffe ist beim Abschluss der Seetransport-Versicherung von Bedeutung, da die Prämienhöhe von der Klasse des Schiffes abhängt.

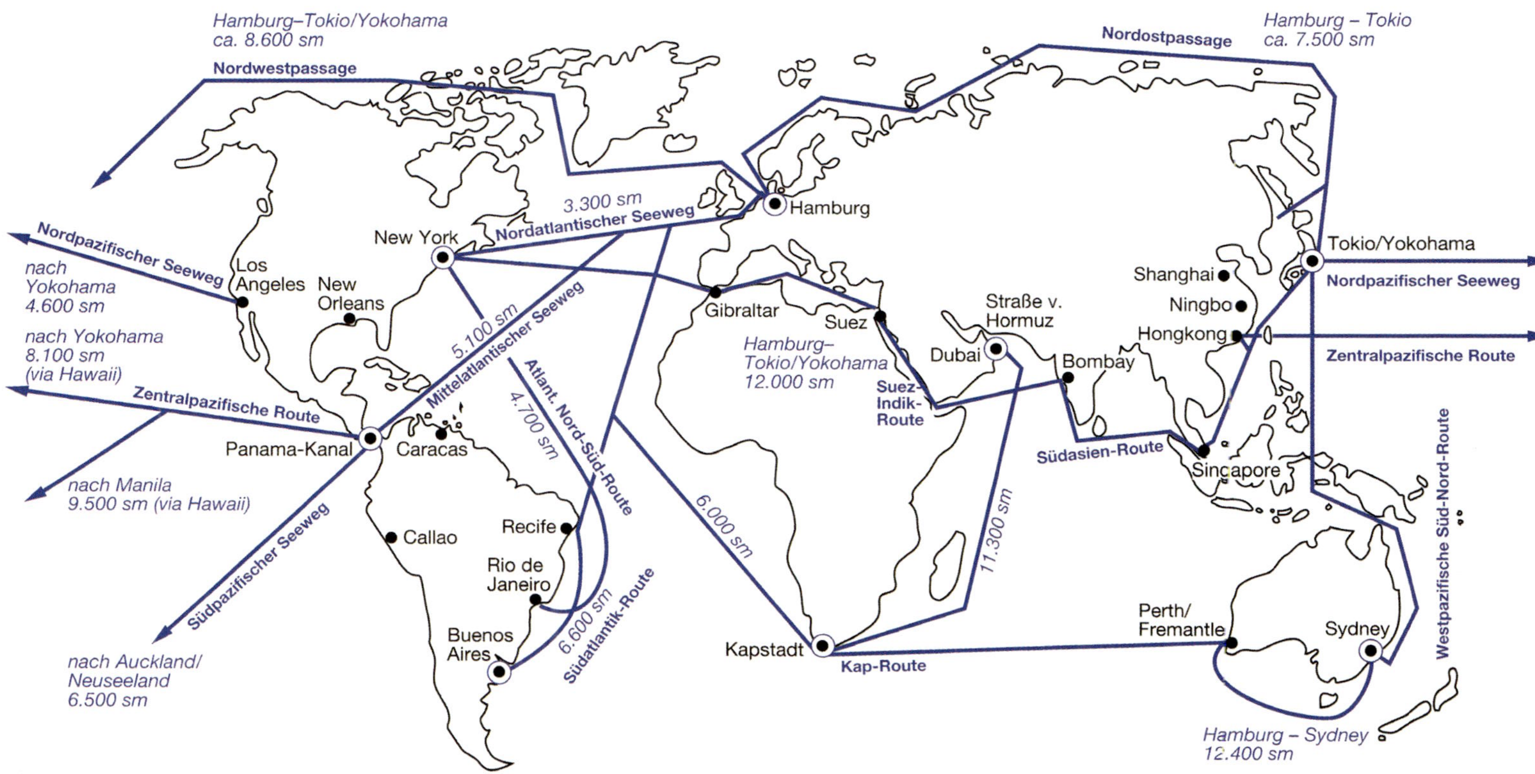

Legende:

3.300 sm — Hauptseeroute mit sm-Angabe (1 sm = 1,852 km)

6.600 sm — Distanzen zwischen Hamburg und großen Überseehäfen/Verkehrsknoten

Seeverkehrswege (Auswahl) und Circa-Distanzen in sm

Containerschiff im Hamburger Hafen

Nach Schiffstypen oder Schiffsarten kann man folgende Unterteilung vornehmen:

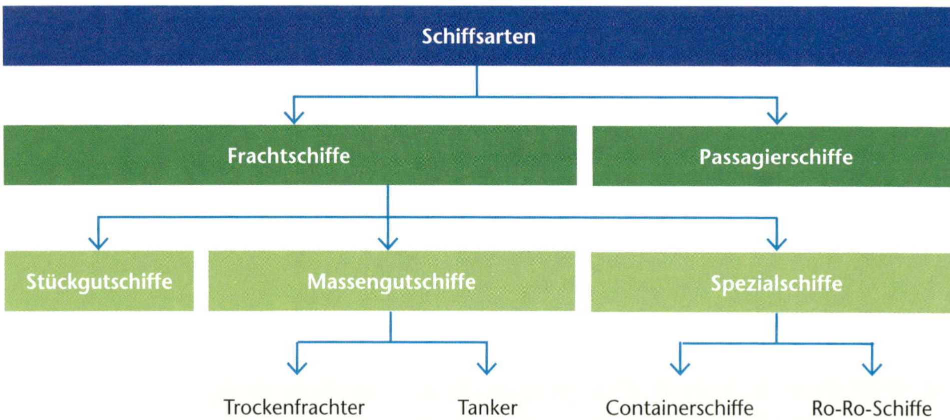

Stückgutschiffe herkömmlicher Bauart sind für den Versand vieler kleiner Sendungen in Kisten, Ballen, Fässern usw. geeignet. Äußere Kennzeichen sind Ladebäume, Krane, Zwischendecks und große Luken.

Massengutschiffe befördern unverpackte Ladungen und sind für verschiedene Güterarten geeignet. Massengutschiffe werden unterteilt in:

- **Trockenfrachter** für Schüttladungen wie Getreide, Kohle, Erze, Steine, aber auch für Autos
- **Tanker** für flüssige, gasförmige und staubförmige Ladungen wie Öl, Chemikalien, Gas, Zement usw. Besondere Konstruktionsmerkmale wie Kühleinrichtungen, Pumpen, Rohrleitungen usw. erleichtern Transport und Umschlag. So wird Gas am Verladeort gekühlt, verflüssigt und zu 1/600 seines Volumens verdichtet. Damit kann es in speziellen Gastankern bei wesentlich geringerem Raumbedarf befördert werden.

Zu den heute am meisten eingesetzten **Spezialschiffen** zählen **Containerschiffe** und **Ro-Ro-Schiffe**. Bei den Containerschiffen ist zwischen Voll-Containerschiffen und Semi-Containerschiffen zu unterscheiden. Letztere sind sowohl für den Transport von Containern als auch von herkömmlichem Stückgut gebaut.

Im Laderaum dieser Schiffe sind bis zu neun Container übereinandergestapelt. Die Ladekapazität dieser Schiffe beträgt mehrere Tausend Stück 20-Fuß-Container. Den schnellen Umschlag von Containern ermöglichen **Container-Terminals** in den Häfen.

Tipp

Auf verschiedenenen Seiten im Internet können Sie Containerschiffe und Container-Terminals betrachten.

Laden und Löschen

Zum Laden und Löschen der Seeschiffe hat man neben den Container-Terminals verschiedene Transportmittel entwickelt, um das Schiff möglichst schnell abzufertigen. Das Liegen im Hafen bedeutet Kosten für den Reeder. Man unterscheidet zwischen **Roll-on/Roll-off**, **Truck-to-Truck-Verkehr** und **LASH-Verkehr**. Dabei ist der Roll-on/Roll-off-Verkehr von besonderer Bedeutung.

Roll-on/Roll-off (Ro/Ro) ist ein kombinierter Verkehr über See. Die Lastzüge fahren aus eigener Kraft zu den Seehäfen, rollen über Rampen durch die aufklappbaren Heck- oder Bugpforten des Schiffes, werden dort gelascht (vertäut). Im Bestimmungshafen rollen sie wieder mit eigener Kraft von den Schiffen und können auf den Straßen zum Bestimmungsort fahren. In gleicher Weise können Eisenbahnwagen verladen werden.

Roll-on/Roll-off

Als **LASH-Verkehr** (**L**ighter **A**board **SH**ip) bezeichnet man Folgendes:
Trägerschiffe (sogenannte Barge Carrier) laden oder löschen große Schwimmcontainer (**Bargen**) an Sammel- und Verteilungspunkten in günstiger Lage vor der Küste oder in Häfen mit kurzen Zufahrtswegen. Der Umschlag der Bargen erfolgt meist in der Art, dass sie ähnlich wie in einem Schwimmdock in das abgesenkte Trägerschiff eingeschwommen werden, das anschließend wieder angehoben wird. Im Bestimmungshafen setzt das Trägerschiff die Bargen wieder ins Wasser, wo sie in der Regel im Schubverband auf dem Wasserwege zum Bestimmungsort gebracht werden.

Tipp

Unter www.intship.com/waterman finden Sie im Internet die folgende Beschreibung eines Carriers. Übertragen Sie die enthaltene Information ins Deutsche und informieren Sie sich über die Ausmaße einer Barge.

	Lighter Aboard SHip Specifications
	SHIPS
Flag of Registry:	U.S.A.
Classification Society:	American Bureau of Shipping
Gross Tonnage:	37,460 (average)
Capacity:	82 barges (Lighters)
Length Over All:	237.4 m
Draft:	12.7 m
Beam:	32.2 m

Begriffe in der Seeschifffahrt

Die Beförderung der Güter erfolgt entweder im Linienverkehr oder im unregelmäßigen Verkehr (Trampverkehr).

Linienverkehr
Der Verkehr zwischen den Häfen bestimmter Verkehrsgebiete wird als Linienverkehr bezeichnet, wenn er regelmäßig nach festgelegten Fahrplänen abgewickelt wird. Die Linienschifffahrt wird von Schifffahrtsgesellschaften (Reedereien) betrieben. Sie bedient in besonderem Maße die Beförderung von zahlreichen kleinen Ladungspartien. Ein besonderes Merkmal der Linienschifffahrt ist, dass der Transport in der Regel auf der Grundlage von Stückgutverträgen erfolgt. Die Transportpreise sind in Frachttarifen, die durch ein Rabattsystem ergänzt werden, zusammengestellt.

Trampverkehr
Im Gegensatz zur Linienschifffahrt übernehmen die im Trampverkehr fahrenden Seeschiffe Ladungen für eine oder mehrere Reisen zwischen den nach Vertrag bestimmten Häfen. Wenn es sich um eine Reise handelt, nennt man den darüber abgeschlossenen Vertrag Reisecharter, bei zeitlich befristeter Dauer des Vertrages handelt es sich um eine Zeitcharter. Wird das Schiff im Ganzen oder werden Teile davon gechartert, spricht man von einer Ganzcharterung (Vollcharterung) oder von einer Teilcharterung. Die Charterraten unterliegen in ihrer Höhe dem Ladungs- oder Schiffsraum-Angebot und sind daher starken Schwankungen unterworfen. Die Frachtraten werden auf den Schiffsfrachtbörsen in wichtigen Welthandelszentren ermittelt.

Schifffahrts-Konferenzen
Der Zusammenschluss verschiedener Linien-Reedereien zu Schifffahrts-Konferenzen im überseeischen Verkehr innerhalb bestimmter Verkehrsgebiete soll der besseren Verkehrsbedienung, der Ausschaltung eines sinnlosen Wettbewerbs und der Entwicklung einer einheitlichen Tarifgestaltung dienen. Die Schifffahrts-Konferenzen stellen einheitliche Beförderungsbedingungen und gemeinschaftliche Fahrpläne für ihre Fahrtgebiete auf. Die in den Konferenztarifen enthaltenen Frachtsätze werden Konferenzraten und die Beförderungs- und Abrechnungsbedingungen Konferenzbedingungen genannt.

Frachten-Pool
Schließen sich mehrere Schifffahrtsgesellschaften zu dem Zweck zusammen, einen einheitlichen Tarif und einheitliche Bedingungen anzuwenden, und einigen sie sich, alle Einnahmen nach einem vorgegebenen Schlüssel zu verteilen, nennt man diesen Zusammenschluss Frachten-Pool.

Outsider
Schifffahrtsunternehmungen, die ein Verkehrsgebiet bedienen, das auch von Konferenzlinien befahren wird und die der Konferenz nicht angehören, werden als Outsider (Außenseiter) bezeichnet. Die Outsider bieten ihre Leistungen meist zu einer Frachtrate an, die unter der Konferenzrate liegt.

Beförderung mit Containerschiffen
Je nach Ladung unterscheidet man zwischen **Full Container Load (FCL)** und **Less Container Load (LCL)**.
FCL bedeutet **Komplettcontainer** (Haus-Haus-Container), für dessen Beladen (packing) und Entladen (unpacking) **ein** Ablader (Versender) bzw. **ein** Empfänger verantwortlich ist. Unter **LCL** versteht man den **Stückgutversand** per Container. Von **verschiedenen Abladern** wird der Container mit Stückgütern beladen (Sammelladung) und **an einen Empfänger** versandt.

Beteiligte

Der Reeder ist der Eigentümer eines ihm zum Erwerb durch die Seefahrt dienenden Schiffes (HGB § 484). Beim Abwickeln der Frachtgeschäfte tritt der Reeder vielfach nicht unmittelbar in Erscheinung. Er bedient sich hierbei meistens eines Schiffsmaklers oder Reederei-Agenten. Außerdem sind am Seefrachtgeschäft i. d. R. der Befrachter, der Ablader und der Empfänger beteiligt.

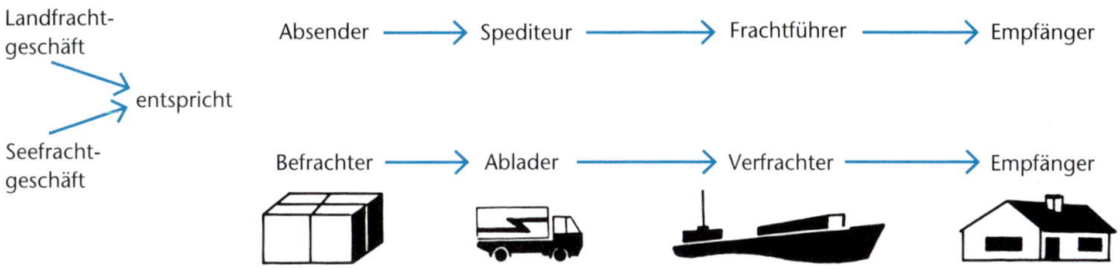

Verfrachter (Carrier)
Der Verfrachter (in der Regel die Reederei) übernimmt es, Güter gegen Zahlung der Fracht über See zu befördern. Der Verfrachter im Seefrachtgeschäft ist vergleichbar dem Frachtführer im Landfrachtgeschäft.

Befrachter (Shipper)
Der Vertragspartner des Verfrachters ist der Befrachter. Er schließt mit dem Verfrachter den Frachtvertrag ab und schuldet ihm die vereinbarte Fracht. Der Befrachter des Seefrachtgeschäfts entspricht dem Absender im Landfrachtgeschäft, auch Verlader genannt.

Ablader
Der Ablader ist die Person bzw. das Unternehmen, die (das) die Güter aufgrund eines geschlossenen Frachtvertrages an das Schiff heranbringt, also vielfach der Seehafenspediteur als Hafenspezialist.

Empfänger (Consignee)
Der Empfänger wird durch den Ablader im Konnossement (Seefrachtbrief) benannt. Als berechtigter Empfänger (legitimierter Konnossementbesitzer) hat er einen Auslieferungsanspruch auf die im Konnossement bezeichneten Güter gegen das Schiff, wenn es im Bestimmungshafen ankommt.

Chartervertrag

Man unterscheidet in der Seeschifffahrt folgende Charterverträge:
- Ganz- oder Vollcharter = ganzes Schiff
- Teilcharter = ein Teil des Schiffes
- Raumcharter = ein bestimmt bezeichneter Raum des Schiffes
- Zeitcharter = für eine bestimmte Zeit
- Reisecharter = für eine bestimmte Reise

Der Abschluss eines Stückgutvertrags wird als **Buchung** bezeichnet. Ist ein Transport zu einer bestimmten Seefrachtrate fest gebucht, so hat ihn der Ablader in der vereinbarten Frist anzuliefern. Im Allgemeinen laufen die Buchungsfristen drei Monate über den Abschlussmonat hinaus.

FR

Seefrachtberechnung

Das Beförderungsentgelt im Chartergeschäft wird i. d. R. zwischen den Vertragspartnern vereinbart.

Wenn zu einem festen Gesamtbetrag für die Ladung ohne Rücksicht auf das Gewicht oder das Raummaß abgeschlossen wird, spricht man von **Pauschalfrachten (lumpsum)**.

Schwere Güter werden meist nach Gewicht abgerechnet, leichte Güter nach dem Rauminhalt in Kubikmetern.

Zuschläge

Neben den Seefrachten werden in verschiedenen Verkehrsverbindungen für bestimmte Güter und in bestimmten Fällen Zuschläge erhoben:

- wegen der Art des Gutes:
  Längenzuschläge und Schwergutzuschläge
- wegen naturbedingter Erschwernisse:
  Winterzuschläge, Eiszuschläge
- wegen besonderer Aufwendungen in den Häfen:
  Hafengebühren (port dues), Kaigebühren (wharfage), Ladungsgebühren (lading charges), Tonnengeld (tonnage dues), Auslieferungszuschlag (delivery surcharge), Löschgebühren (discharging dues), Hafenwartekosten (congestion surcharge)
- wegen notwendiger Umwege:
  Zuschlagsfrachten (surcharges)
- aus sonstigen Gründen:
  Nachnahmezuschläge, Währungszuschläge

Die Höhe dieser Gebühren ist in den betreffenden Frachttarifen festgelegt.

Dokumente

Beim Abschluss des Seefrachtvertrages durch den Befrachter, bei der Anlieferung der Güter durch den Ablader und bei Übernahme der Güter durch den Verfrachter werden verschiedene Formulare ausgefertigt.

Konnossement (bill of lading)

Das wichtigste Dokument des Seefrachtvertrages ist das Konnossement (bill of lading). Es enthält

- die **Empfangsbescheinigung** des Verfrachters, dass er die im Konnossement aufgeführten Güter übernommen hat,
- das **Beförderungsversprechen** des Verfrachters, dass er die Güter auftragsgemäß zwischen Abgangs- und Bestimmungshafen befördert,
- das **Ablieferungsversprechen**, dass der Verfrachter die Güter gegen Vorlage des Originals des Konnossements an den rechtmäßigen Empfänger ausliefert,

TRANS-WORLD-REEDEREI
Hamburg/Bremen

Bill of Lading
Nr. BR 227-88-54

Shipper
INTERSPED
MERKURSTRASSE 14
40223 DÜSSELDORF
as Agent of
DEGENER & LUTZ
HOLZHEIMER WEG 33
41464 NEUSS

Voyage-No. 3874
ECB-No. HLCU3-12171882

Shipper`s Reference
1075/6599

Carrier:
Trans-World-Reederei
Europe – North America Services

Consignee
BROWN & CO. LTD.
POB 27745,
CHICAGO, USA

Notify address

Ocean vessel: PROVIDENCE BAY
Port of loading: BREMEN

Port of discharge
CHICAGO

Container Nos. Marks and Nos.	Number and kind of packages; Description of goods	Gross weight (kg)	Measurement (cbm)
EISU 135442-0	1 X 20' STANDARD-CONTAINER, S.T.C MOTOR VEHICLE ACCESSOIRES (TACHOMETER, TANK INDICATOR, OIL PRESSURE INDICATOR) AS PER TARIFF-NO. 83850000 TOTAL:	17.000 KGS	

SHIPPED ON BOARD

AKKREDITIV-NO. 1289/G/177
FREIGHT PREPAID

TRANS-WORLD-REEDEREI
20(0)-10-23

Received by the Carrier in apparent good arder and condition the goods or packages specifeied herein and to be discharged at the above mentioned port of discharge. The weight, measure, marks, numbers, quality, contents and value, being particular furnished by the Shipper, are not checked by the Carrier on loading. The Shipper, Consignee and the Holder of this Bill of Lading hereby expressly accept and agree to all printed, written or stamped provisions, exceptions and conditions of this Bill of Lading, including those on the back hereof.
In witness whereof, the Carrier or his Agents has signed Bills of Lading all of this tenor and date, one of which being accomplished, the others to stand void. Shippers are requested to note particularly the exceptions and conditions of this Bill of Lading with reference to the validity of the insurance upon their goods.

Movement: FCL/FCL
Total No. of containers received by the Carrier: - 1 -
No. of original Bs/L 3/THREE

Freight payable at: BREMEN
Place and date of issue: BREMEN; 20(0)-10-23

ORIGINAL

Trans-World-Reederei Bremen

- die **Verfügungsgewalt** über die noch transportierte Ware. Der rechtmäßig ausgewiesene Empfänger auf dem Konnossement kann das Warenwertpapier an eine andere Person verkaufen und diesen Verkauf auf dem Konnossement durch einen Übertragungsvermerk (Indossament) rechtmäßig absichern.

Buchungsnote
Beim Stückgutvertrag ist der Abschluss eines schriftlichen Vertrages nicht üblich. Die zur Beförderung bestimmten Güter werden beim Verfrachter oder dessen Agenten angemeldet und von diesem „gebucht". Mit der Buchung kommt der Vertrag zustande, wobei der Verfrachter eine Buchungsnote (booking note) erteilt.

Verladungsschein
Mit einem Verladungsschein (shipping order) – in Hamburg „Schiffszettel" genannt – werden die Güter vom Ablader an den Kai oder das Schiff geliefert. Es handelt sich um einen Vordruck des Verfrachters, auf dem Art, Anzahl, Inhalt, Gewicht, Marke und Nummer der Güter sowie der Bestimmungshafen, eventuell auch schon das Schiff, vom Ablader einzutragen sind. Der in mehrfachen Ausfertigungen einzureichende Verladungsschein dient u.a. als Kaiannahmeschein (dock receipt, Empfangsbestätigung der Kaiverwaltung) und als Bordempfangsschein (mate's receipt, Empfangsbestätigung des Ladungsoffiziers). Die Konnossemente werden vom Schiffsmakler nach Rückgabe des Bordempfangsscheines ausgestellt.

Verladungsschein (shipping order), Auszug:

SEEREDEREI AHRENS & BEHRENS
Holstenwall 16, 20355 Hamburg

Empfangen in äußerlich guter Verfassung und Beschaffenheit von
Fa. Jan Jansen GmbH, Intern. Spedition
an Bord des Schiffes **Westerwind**
zur Beförderung von **Hamburg**
nach (Löschhafen) **Singapur**
mit Marken und Nummern versehen wie unten stehend und auszuliefern an
John Newton & Cie
oder dessen Verfügung, gegen Bezahlung der Fracht wie unten stehend:

Marke	Nummer	Packstücke		Inhalt	Bruttogew. kg
		Zahl	Art		
20	**207**	**10**	**4**	**Ersatzteile**	**1500**

Fracht zahlbar in **Hamburg**

Frachtberechnung
bezahlt

Über diese Verladung sind **5** Original-Konossemente gleichen Inhalts und Datums ausgefertigt; mit Erfüllung eines Original-Konnossements sind die anderen erledigt.

Hamburg, den **15. Mai . .**

Kapitän oder Agent

Haftung des Verfrachters

Der Verfrachter haftet für den Schaden, der durch Verlust oder Beschädigung der Güter in der Zeit von der Annahme bis zur Ablieferung entsteht. Er ist verpflichtet, beim Einladen, Stauen, Befördern, Behandeln und Ausladen mit der Sorgfalt eines ordentlichen Verfrachters zu verfahren. Er kann sich von seiner Haftung nur befreien, wenn der Verlust oder die Beschädigung auf Umständen beruht, die auch durch die Sorgfalt eines ordentlichen Verfrachters nicht abgewendet werden konnten.

Von der Haftung ausgeschlossen sind Schäden, die entstehen

- aus Gefahren oder Unfällen auf See oder anderen schiffbaren Gewässern,
- aus kriegerischen oder ähnlichen Ereignissen,
- aus gerichtlicher Beschlagnahme,
- aus Streik, Aussperrung oder sonstigen Arbeitsbehinderungen,
- aus Handlungen oder Unterlassungen des Abladers oder Eigentümers der Güter, seiner Agenten oder Vertreter,
- aus der Rettung oder dem Versuch der Rettung von Leben oder Eigentum zur See,
- aus Schwund an Raumgehalt oder Gewicht, aus verborgenen Mängeln oder der eigentümlichen natürlichen Art oder Beschaffenheit der Güter sowie aus Fällen höherer Gewalt.

Der Verfrachter ist von jeder Haftung frei, wenn der Befrachter oder Ablader wissentlich falsche Angaben über Art und Wert des Gutes gemacht hat, die im Konnossement eingetragen sind.

Beispiel
Im Konnossement stehen Werkzeuge, in Wirklichkeit sind Kriegswaffen in den Kisten enthalten.

Ein Schaden ist vor der Annahme der Güter durch den Empfänger von einem amtlich bestellten Gütersachverständigen, durch einen vom Transportversicherer benannten **Havariekommissar** oder durch die zuständige Behörde festzustellen. Die Gegenpartei (Verfrachter oder Empfänger) ist möglichst hinzuzuziehen.

Gefährliche Güter

Werden gefährliche Güter durch ein Schiff befördert, müssen die Güter entsprechend gekennzeichnet sein. Auch aus dem Konnossement muss die Gefährlichkeit zu ersehen sein. Die Gefährlichkeit der verschiedenen Stoffe und Gegenstände hat man in Klassen eingeteilt und ihnen unterschiedliche Kennzeichen (Symbole) zugeordnet.

Kernwissen

Deutsche Schifffahrt

Binnenschifffahrt		Seeschifffahrt
auf Flüssen und Kanälen	Wo?	an der Küste und auf hoher See
Einzelunternehmer, Partikuliere, Reedereien	Wer?	meist Reedereien
Linienverkehr, Trampverkehr	Wie?	Linienverkehr, Trampverkehr, als Outsider, im Frachtenpool
nicht eilbedürftige Massengüter	Was?	alle nicht eilbedürftigen Güter, meist in Containern

Bei Schäden (Havarien) ermitteln Sachverständige (sogenannte „Havariekommissare“) deren Ursache und die Höhe.

Aufgaben

1. *Suchen Sie die Flüsse und Kanäle, auf denen die Binnenschifffahrt in Deutschland betrieben wird, z.B. auf einer Landkarte, in einem Atlas usw.*
2. *Erklären Sie das „Ro-Ro“-Verfahren.*
3. *Reedereien bieten auch im Internet Frachtrechner an.*
   a) Finden Sie einen solchen Frachtrechner.
   b) Berechnen Sie die Frachtkosten für eine Sendung Ihrer Wahl.
4. *Stellen Sie Vor- bzw. Nachteile der Schifffahrt gegenüber dem Straßentransport dar.*

3.6 Luftfrachtverkehr

In den letzten Jahren hat das Frachtaufkommen per Flugzeug ständig zugenommen. Auch die Schnelligkeit und Sicherheit haben dazu beigetragen, dass das Flugzeug trotz der höheren Frachtkosten für den Versand nach Übersee oft günstiger ist als der Transport per Schiff, oft auch noch günstiger als der Transport mit Bahn oder Lkw auf dem Festland.

3.6.1 IATA

Viele Luftverkehrsgesellschaften haben sich international zum „Internationalen Verband der Luftverkehrsgesellschaften“ (IATA – International Air Transport Association) zusammengeschlossen, um ein einheitliches System für die Nutzbarmachung des Luftraums zu schaffen.

Die Mitgliedschaft in der IATA ist freiwillig und steht allen Gesellschaften offen, die einen **regelmäßigen internationalen Flugverkehr nach einem veröffentlichten Flugplan** durchführen. Die Fluggesellschaft muss von einem Staat zugelassen sein, der Mitglied der UNO ist. Fluggesellschaften, die sich ausschließlich mit dem Charterverkehr befassen, werden nicht zugelassen.

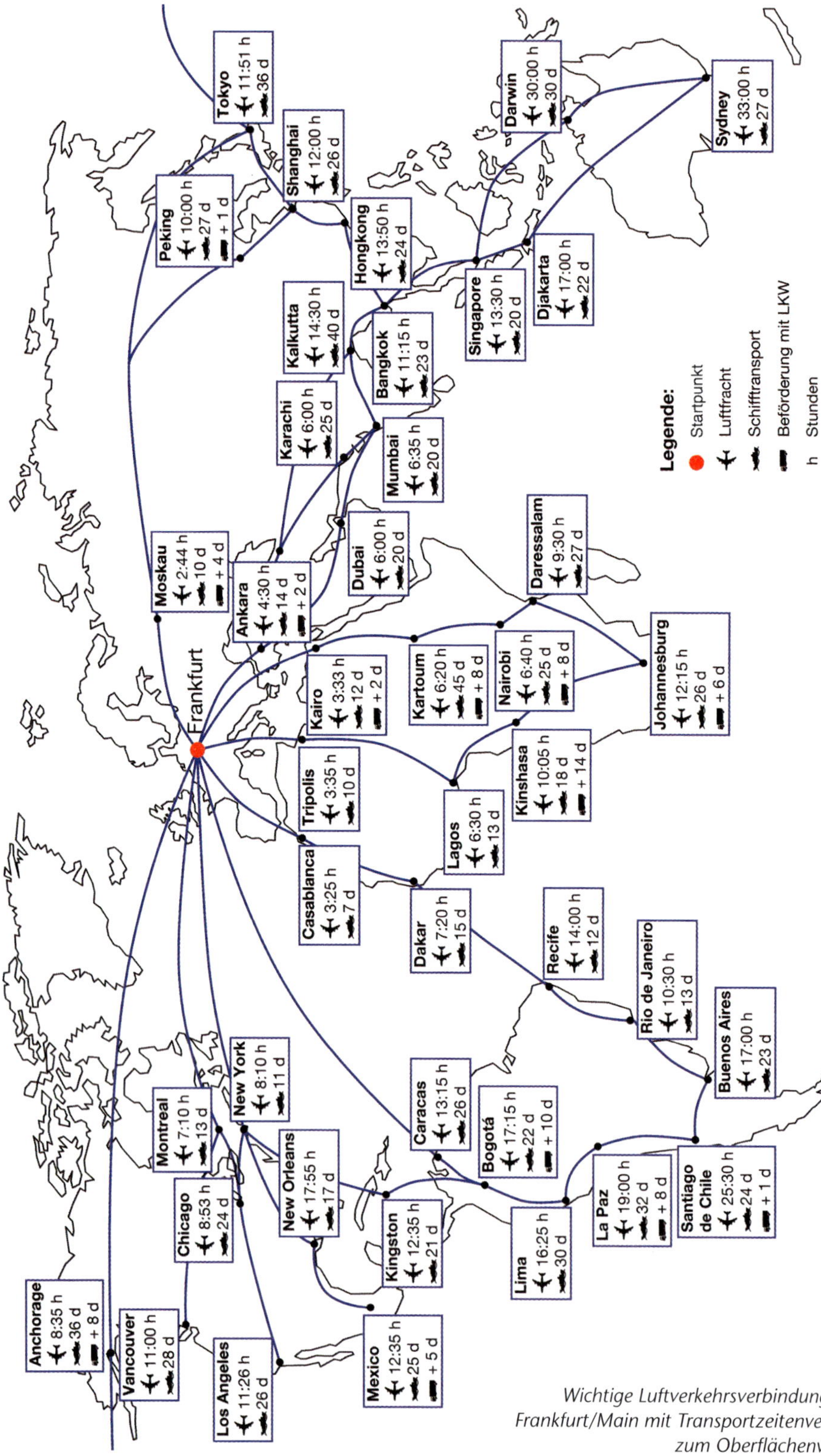

Wichtige Luftverkehrsverbindungen ab Frankfurt/Main mit Transportzeitenvergleich zum Oberflächenverkehr

In der Bundesrepublik Deutschland ist z. B. die Deutsche Lufthansa AG mit Sitz in Köln Mitglied der IATA.

3.6.2 Flughäfen

Die größten **Flughäfen** der Bundesrepublik Deutschland befinden sich in bzw. bei Frankfurt am Main, Berlin, München, Hamburg, Hannover, Köln, Düsseldorf, Nürnberg, Stuttgart, Leipzig und Dresden.

Regional gibt es in einzelnen Bundesländern noch weitere kleinere Flughäfen, die nicht von den internationalen Fluggesellschaften angeflogen werden, aber als Zubringer für die großen Flughäfen dienen.

Tipp

Mehr zu diesem Thema erfahren Sie, wenn Sie im Lernfeld „Touren planen" nachlesen.

3.6.3 Beförderung

Beförderungszwang

Einen Beförderungszwang gibt es bei der Luftfracht nicht.
Der Luftfrachtführer (Carrier) ist nicht gezwungen, mit dem Versender einen Luftfrachtvertrag abzuschließen. Im Linienverkehr besteht dagegen grundsätzlich eine Beförderungspflicht. Die Güter müssen aber den geltenden Beförderungsbedingungen entsprechen und für eine Beförderung geeignet sein.

Eignung der Güter als Luftfracht

Verschiedene Güter eignen sich besonders für die Beförderung als Luftfracht.

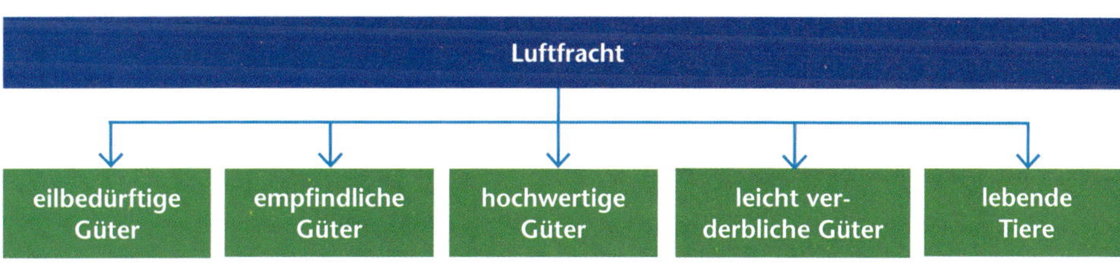

Eilbedürftige Güter
Dies sind Güter, die schnellstmöglich zum Kunden transportiert werden müssen und deshalb nicht mit anderen Transportmitteln befördert werden können.

Empfindliche Güter
Nicht immer können z. B. hochempfindliche Präzisionsinstrumente eine längere Fahrt per Lkw oder Schiff vertragen. Die Luftfracht bietet sich hier förmlich an. Auch witterungsempfindliche Geräte zählen zu diesen Gütern.

Hochwertige Güter
Hochwertige Güter wie Gold, Silber, Platin, Perlen und Diamanten schickt man zweckmäßigerweise per Luftfracht. Vom Volumen her sind diese Sendungen klein, doch ihr

Wert ist sehr hoch. Eine Luftfrachtrate können diese Güter leichter verkraften als geringwertige. Die kurze Transportzeit verringert auch das Risiko eines Diebstahls.

Leicht verderbliche Güter
Zu den durch Luftfracht versandten leicht verderblichen Gütern zählen vor allem Blumen und Obst.

Lebende Tiere
Der Transport lebender, wertvoller Tiere erfolgt vornehmlich mit dem Flugzeug. Urwaldtiere für die Zoologischen Gärten oder Reitpferde zur Olympiade sind als Beispiele zu nennen. Neben der besseren Betreuungsmöglichkeit der Tiere spielt die Kürze der Versandzeit über die Kontinente hinweg eine entscheidende Rolle.

3.6.4 Luftfrachtbrief (Air Waybill)

Ausfüllhinweise

Luftfrachtbriefe sind sorgfältig und gut leserlich auszufertigen. Wörter und Zahlen müssen deutlich in lateinischen Buchstaben und arabischen Ziffern geschrieben sein. Für alle Textangaben soll die englische, französische, deutsche oder spanische Sprache verwendet werden. Jeder Luftfrachtbrief trägt im Briefkopf den Vermerk: „not negotiable“ – nicht begebbar. Das heißt, dass der Frachtbrief nicht an dritte Personen „verkauft“ werden darf. Diese Worte dürfen nicht gestrichen werden. Der IATA-Luftfrachtbrief ist ein nicht übertragbares Beförderungsdokument.

Airbus A300–600

Type	Airbus A300–600
Length	54.08 m
Height	16.54 m
Wingspan	44.84 m
Max. Altitude	12200 m
Cruising Speed	860 km/h
Average Cargo Capacity*	12000 kg

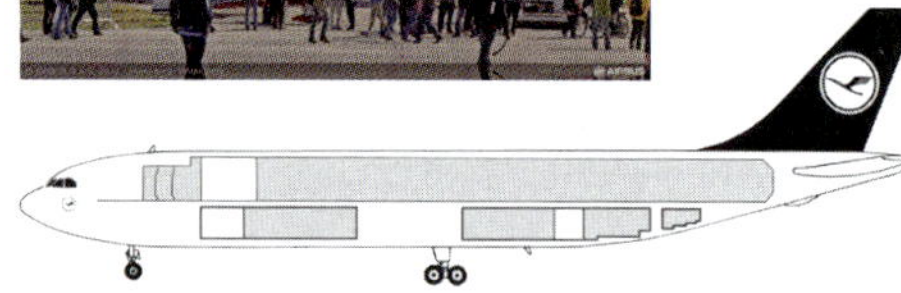

* depending on routing, weather conditions, number of passengers, baggage, mail, catering material etc.

Loading Height
Lower Deck: 163 cm

Lower Deck
Forward-Compartment: 4 positions max. 318 x 244 cm or 12 LD3 container
Aft-Compartment: 10 LD3 container Compartment 5: only loose cargo

MD-11F

Type	MD-11F
Length	61.20 m
Height	17.60 m
Wingspan	51.8 m
Max. Altitude	13 200 m
Cruising Speed	945 km/h
Average Cargo Capacity*	93 230 kg

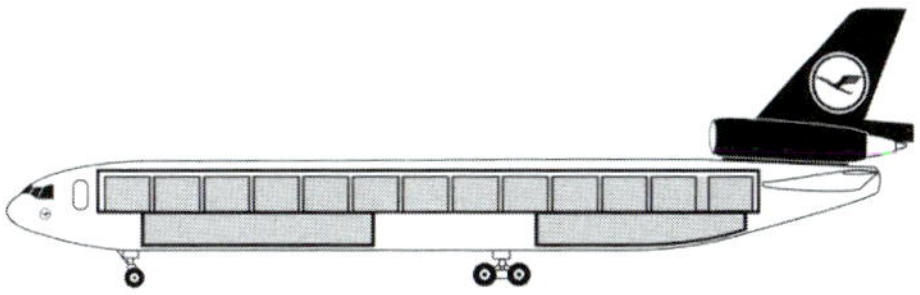

*depending on routing, weather conditions, mail etc.

Rechtsfolgen

Der Luftfrachtbrief gilt als Beweis für den Vertragsabschluss zwischen dem Versender (Shipper) und der Luftverkehrsgesellschaft (Carrier). Gleichzeitig ist der Luftfrachtbrief ein Warenbegleitpapier und bestätigt den Abschluss einer Versicherung für die Beförderung.

Ausfertigungen

Der IATA-Luftfrachtbrief besteht aus drei Originalen für die Luftverkehrsgesellschaft, den Empfänger und den Absender und mindestens sechs bis höchstens 12 Kopien.

Die Deutsche Lufthansa benutzt Frachtsätze mit acht Kopien, also insgesamt 12 Ausfertigungen.

Die Zahl der benötigten Kopien ist abhängig von der Strecke und den beteiligten Beförderern.

Für die hand- und maschinenschriftliche Ausfertigung gibt es die Manual-IATA-Air-Waybill. Werden die Ausfertigungen mithilfe von Computern geschrieben, verwendet man die Transmittable-Air-Waybill.

Haftung des Absenders

Der Absender haftet gegen den Luftfrachtführer für die Richtigkeit und Vollständigkeit aller Angaben. Luftfrachtbriefe, deren Eintragungen abgeändert oder radiert sind, braucht der Luftfrachtführer nicht anzunehmen.

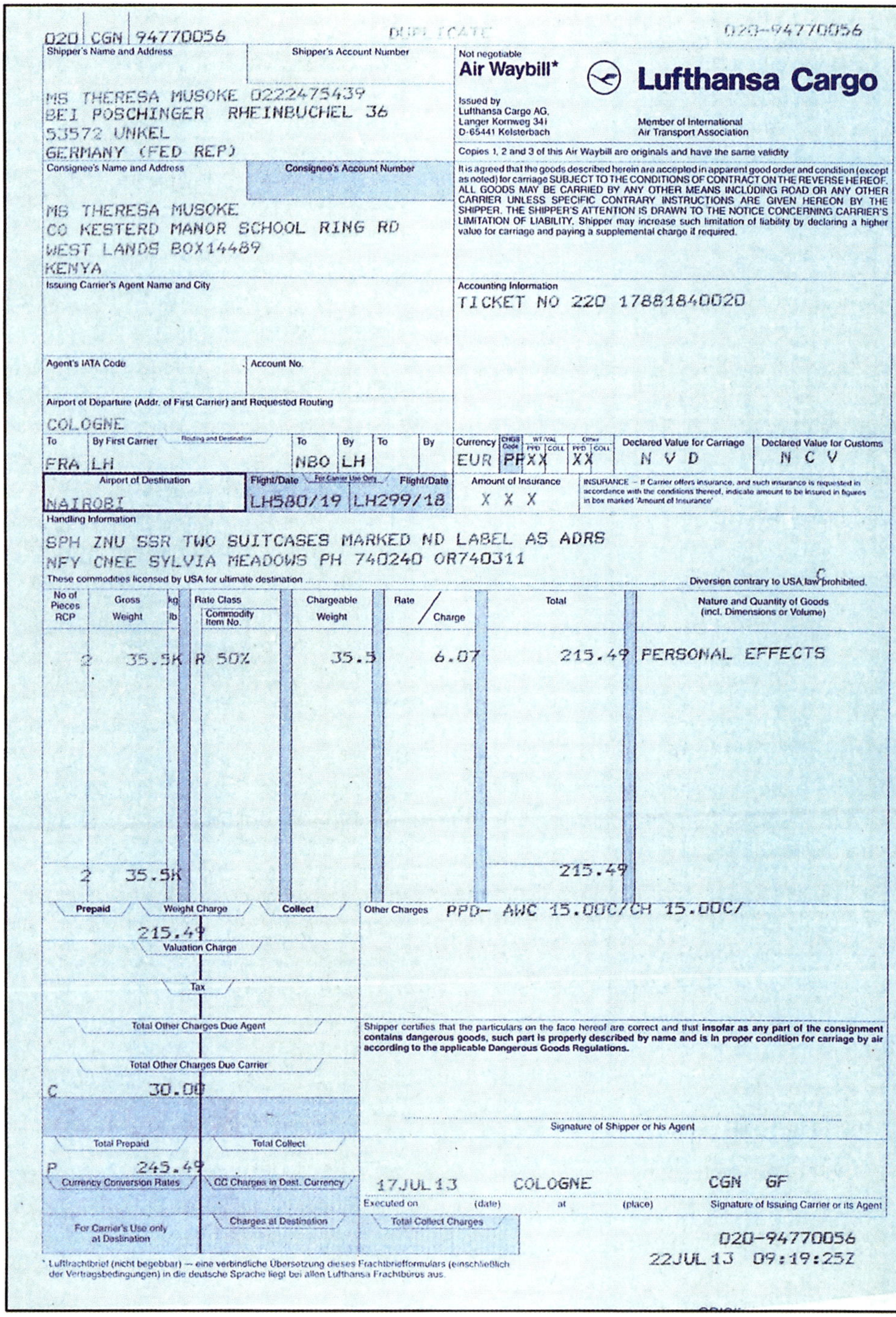

020 CGN 94770056 DUPLICATE 020-94770056

Shipper's Name and Address | Shipper's Account Number

MS THERESA MUSOKE 0222475439
BEI POSCHINGER RHEINBUCHEL 36
53572 UNKEL
GERMANY (FED REP)

Not negotiable
Air Waybill*
Lufthansa Cargo

Issued by
Lufthansa Cargo AG,
Langer Kornweg 34 i
D-65441 Kelsterbach

Member of International Air Transport Association

Copies 1, 2 and 3 of this Air Waybill are originals and have the same validity

Consignee's Name and Address | Consignee's Account Number

MS THERESA MUSOKE
CO KESTERD MANOR SCHOOL RING RD
WEST LANDS BOX14489
KENYA

It is agreed that the goods described herein are accepted in apparent good order and condition (except as noted) for carriage SUBJECT TO THE CONDITIONS OF CONTRACT ON THE REVERSE HEREOF. ALL GOODS MAY BE CARRIED BY ANY OTHER MEANS INCLUDING ROAD OR ANY OTHER CARRIER UNLESS SPECIFIC CONTRARY INSTRUCTIONS ARE GIVEN HEREON BY THE SHIPPER. THE SHIPPER'S ATTENTION IS DRAWN TO THE NOTICE CONCERNING CARRIER'S LIMITATION OF LIABILITY. Shipper may increase such limitation of liability by declaring a higher value for carriage and paying a supplemental charge if required.

Issuing Carrier's Agent Name and City

Accounting Information
TICKET NO 220 17881840020

Agent's IATA Code | Account No.

Airport of Departure (Addr. of First Carrier) and Requested Routing
COLOGNE

To: FRA | By First Carrier: LH | To: NBO | By: LH | To | By | Currency: EUR | CHGS Code: PP | WT/VAL PPD COLL: XX | Other PPD COLL: XX | Declared Value for Carriage: N V D | Declared Value for Customs: N C V

Airport of Destination: NAIROBI | Flight/Date: LH580/19 | For Carrier Use Only | Flight/Date: LH299/18 | Amount of Insurance: X X X

INSURANCE – If Carrier offers insurance, and such insurance is requested in accordance with the conditions thereof, indicate amount to be insured in figures in box marked 'Amount of Insurance'

Handling Information
SPH ZNU SSR TWO SUITCASES MARKED ND LABEL AS ADRS
NFY CNEE SYLVIA MEADOWS PH 740240 OR740311

These commodities licensed by USA for ultimate destination .... Diversion contrary to USA law prohibited.

No of Pieces RCP	Gross Weight	kg lb	Rate Class / Commodity Item No.	Chargeable Weight	Rate / Charge	Total	Nature and Quantity of Goods (incl. Dimensions or Volume)
2	35.5	K	R 50%	35.5	6.07	215.49	PERSONAL EFFECTS
2	35.5	K				215.49	

Prepaid | Weight Charge | Collect
215.49
Valuation Charge
Tax
Total Other Charges Due Agent
Total Other Charges Due Carrier
C 30.00
Total Prepaid | Total Collect
P 245.49
Currency Conversion Rates | CC Charges in Dest. Currency
For Carrier's Use only at Destination | Charges at Destination | Total Collect Charges

Other Charges PPD- AWC 15.00C/CH 15.00C/

Shipper certifies that the particulars on the face hereof are correct and that insofar as any part of the consignment contains dangerous goods, such part is properly described by name and is in proper condition for carriage by air according to the applicable Dangerous Goods Regulations.

Signature of Shipper or his Agent

17JUL13 COLOGNE CGN GF
Executed on (date) at (place) Signature of Issuing Carrier or its Agent

020-94770056
22JUL13 09:19:25Z

* Luftfrachtbrief (nicht begebbar) – eine verbindliche Übersetzung dieses Frachtbriefformulars (einschließlich der Vertragsbedingungen) in die deutsche Sprache liegt bei allen Lufthansa Frachtbüros aus.

Luftfrachtbrief

3.6.5 Luftfrachttarif (TACT, The Air Cargo Tariff)

Der Luftfrachttarif enthält alle zur Ermittlung der Beförderungsentgelte erforderlichen Angaben. Er ist in fünf Frachtratengruppen unterteilt.

Mindestfrachtbeträge (Minimum Charges)

Für die Beförderung von Kleinsendungen sind Mindestfrachten festgesetzt. Sollten die Gewicht- oder Volumenfrachtkosten niedriger sein als die Mindestfracht, so wird die Mindestfracht berechnet.

Allgemeine Frachtraten (General Cargo Rates)

Die Allgemeine Frachtrate wird unterteilt in die Normalrate und die Mengenrabattrate. Die Normalrate gilt für Sendungen bis 45 kg. Die Mengenrabattrate liegt etwa um 25 % niedriger als die Normalrate. Bei verschiedenen Verkehrsverbindungen sind Staffelungen vorgesehen.

Warenklassenraten (Class Rates)

Für genau gekennzeichnete Warenarten, die innerhalb oder zwischen bestimmten Gebieten befördert werden, sind Warenklassen festgelegt worden. Die Frachtraten für diese Warenklassen liegen entweder höher oder niedriger als die allgemeinen Raten. Die Raten werden auch nicht mit festen Beträgen, z. B. je kg, festgesetzt, sondern sind in Prozenten von der Normalrate angegeben. Warenklassenraten sind festgelegt worden für Zeitungen, Zeitschriften, Bücher, für unbegleitetes Reisegepäck, für lebende Tiere oder sterbliche Überreste und Wertgegenstände.

Spezialraten (Specific Commodity Rates)

Für eine große Anzahl von Gütern sind Spezialtarife festgelegt worden, die gegenüber den Normalraten stark ermäßigt sind.

Dazu gehören z. B.:

Behälter- und Palettentarife (Unit Load Devices Charges)
Speziell für den Luftfrachtverkehr ließ die IATA eine ganze Reihe von Behältern und Containern entwickeln, damit der Frachtraum des Flugzeuges voll ausgenutzt werden kann. Dabei wird die Frachtrate entsprechend dem Behälter oder der Warenklasse berechnet.

Laufzeitbestimmte Cargo-Produkte
Die Lufthansa Cargo AG beispielsweise wirbt für ihre Luftfrachtgeschäfte mit dem Kürzel **„td"**. Dahinter versteckt sich die englische Bezeichnung **„time definite"**, wobei der Frachtkunde die Wahl zwischen Schnelligkeiten hat.

- **„td.Pro"**
  Bei diesem Standardangebot soll die Luftfracht **zu einem fest vereinbarten Zeitpunkt** am Zielort zur Verfügung stehen.
- **„td.Flash"**
  Für schnelle Sendungen bis zu 200 kg/1,200 m^3 räumt die Lufthansa Cargo AG dem Kunden eine Versandgarantie ein. Die späteste Annahme kann 1,5 Stunden vor dem geplanten Abflug erfolgen.

Tipp

Unter www.lufthansa-cargo.com/de finden Sie auch „Value Added Services" der LH-Cargo.

Für spezielle Güter werden weitere besondere Tarife geboten.

Beispiele dafür sind:
Care/td
Cool/td
Safe/td 2
Live/td

3.6.6 Zusatzleistungen der Fluggesellschaften

Zusätzlich zu den Frachtraten sind Entgelte für verschiedene Nebenleistungen zu entrichten.

Als Nebenleistung sind zu nennen:
- Abholung und Zustellung
- Lagergeld
- Versicherungsprämien
- Nachnahmegebühren
- verauslagte Kosten, z. B. für Telefon, Porto
- Kosten der Zollabfertigung
- Frachten bei Umladung und Rückbeförderung

FR

3.6.7 Frachtberechnung

Die Frachtrate wird grundsätzlich nach dem Bruttogewicht berechnet, das auf halbe oder volle Kilogramm aufgerundet wird. Für sperrige Güter gilt ein Verhältnis von 6 : 1, was bedeutet, dass **6 dm³ als 1 kg** gelten (6 dm³ = 6000 cm³).

Berechnung:

$$\frac{\text{Länge} \cdot \text{Breite} \cdot \text{Höhe in cm}}{6000} = \text{Volumen-Kilogramm}$$

Tipp

Im Internet können Sie sich über spezielle Frachtraten informieren. Fast jede Fluggesellschaft stellt einen Tarifrechner bereit.

3.6.8 Beförderungsbeschränkungen

Luftfrachtgüter werden nur dann zur Beförderung angenommen, wenn das Flugzeug über die notwendigen Einrichtungen verfügt und ausreichend Laderaum zur Verfügung steht.

Allgemein gilt:
- Die Beförderung sowie die Aus- oder Einfuhr der Luftfrachtgüter darf **nicht** durch Gesetze bzw. Bestimmungen eines Landes **verboten sein**, wie z. B. bei Waffen oder Drogen.
- Das Luftfrachtgut muss in **geeigneter Art verpackt** sein.
- Die **erforderlichen Verladepapiere** müssen vorliegen.
- Die zu befördernden **Güter dürfen weder** das **Flugzeug** noch die **Personen** oder **andere Güter gefährden**.

Die Luftverkehrsgesellschaften sind verpflichtet, den Inhalt der Sendungen zu prüfen. Weltweit wird jede Sendung und jeder Fluggast kontrolliert, um z. B. Terroranschläge zu vermeiden.

Für genau bezeichnete Güter gibt es Sonderbestimmungen, z. B. für lebende Tiere, ätzende, explosionsgefährliche, leicht entzündbare, giftige, gesundheitsschädliche oder auch radioaktive Stoffe und Flüssigkeiten. Magnete und Mobiltelefone werden nur unter bestimmten Voraussetzungen befördert, da sie die Instrumente der Flugzeuge beeinflussen können.

10-ft-Container (AMH, AMJ)

Typ:	10-ft-Container
Code:	AMH, AMJ
Abmessungen außen:	318 x 244 cm
Höhe außen:	244 cm
Nutzbares Volumen:	15 m^3
Abmessungen innen:	306 x 230 x 240 cm
Verladbarkeit:	B747–200F (nur Maindeck), MD11F (nur Maindeck)

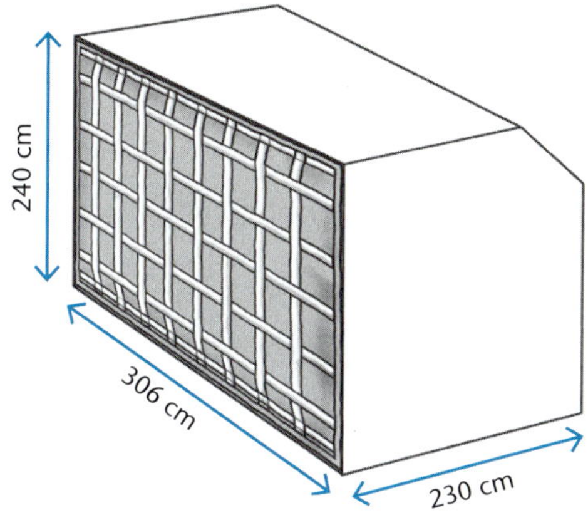

A320/A321-Container

Typ:	A320/A321-Container
Code:	AKH
Abmessungen außen:	156 x 153 cm
Höhe außen:	114 cm
Nutzbares Volumen:	3,5 m^3
Abmessungen innen:	145 x 144 x 111 cm
Verladbarkeit:	A300, A310, A320, A321, A340, B747–200F, B747–400, MD11F

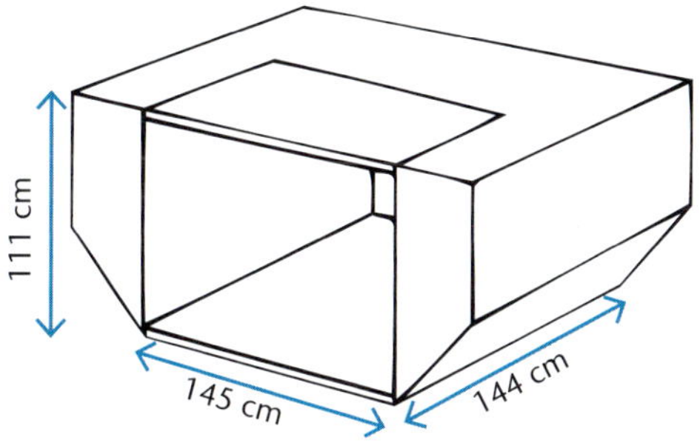

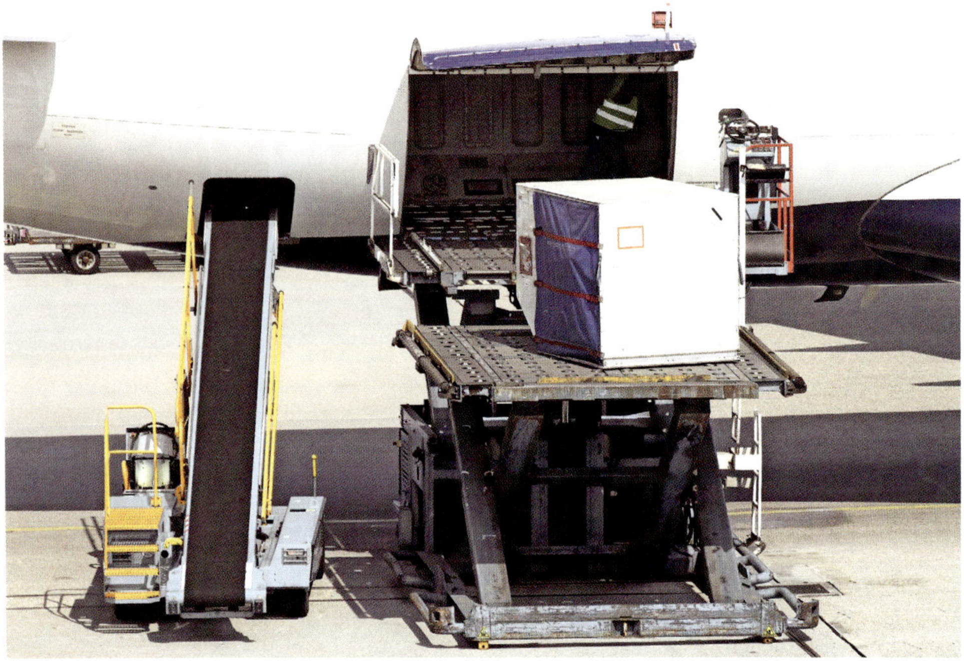

3.6.9 Nachträgliche Verfügung

Auch im Luftverkehr kann der Absender nachträglich Weisungen erteilen.

- Der Absender kann sich die Fracht am Abgangs- oder Bestimmungsflughafen zurückgeben lassen.
- Er kann die Fracht während einer (Zwischen-)Landung anhalten.
- Er kann am Bestimmungsort oder unterwegs die Fracht an eine andere Person aushändigen lassen als die im Luftfrachtbrief als Empfänger angegebene.
- Er kann die Fracht zum Abgangsflughafen zurückbringen lassen.

Das Verfügungsrecht über die Fracht kann nur ausgeübt werden, wenn der Absender oder sein Agent den Teil des Luftfrachtbriefs vorlegt, der ihm ausgehändigt wurde.

3.6.10 Chartergeschäft

Neben dem Linienfrachtgeschäft der Luftverkehrsgesellschaften besteht die Möglichkeit, Flugzeuge für den Luftfrachtverkehr zu chartern. Dies kann sowohl in einer Vollcharterung als auch in einer Split-Charterung (Teilcharterung) geschehen.

Bei der Teilcharterung mieten verschiedene Beförderungsteilnehmer (Charterer) Teile des Frachtraums eines Flugzeugs.

3.6.11 Haftung des Frachtführers

Der Luftfrachtführer unterliegt der sogenannten **Gefährdungshaftung**. Das heißt, dass er unabhängig vom eigenen Verschulden für alle Schäden, die während seiner Aufsicht entstanden sind, auch eintreten muss.

Nach dem „Montrealer Abkommen" und dem „Montrealer Protokoll Nummer 4" sind lediglich Schäden aufgrund
- der Eigenart der Güter,
- in den Gütern vorhandener Mängel,
- von Krieg oder bewaffneten Konflikten,
- hoheitlichen Handelns oder
- des Fehlens des Absenders

von dieser Haftung ausgenommen.

Nach IATA-Bedingungen hat der Geschädigte der betreffenden Fluggesellschaft zu beweisen, dass diese den Schaden verschuldet hat.

Kernwissen

- Das Kürzel „IATA" steht für den internationalen Verband der Luftfahrtsgesellschaften.
- Der Versand per Luftfracht eignet sich vor allem für hochwertige, eilbedürftige, empfindliche oder leicht verderbliche Güter.
- Beim Versand sperriger Güter werden 6 dm^3 Rauminhalt als 1 kg Transportgewicht berechnet.
- Der Transport als Luftfracht unterliegt bestimmten Beförderungsbeschränkungen.

Aufgaben

1. *Suchen Sie im Internet Informationen über einige größere deutsche Flughäfen (z. B. Passagierzahlen, Frachtaufkommen, Größe), stellen Sie diese tabellarisch dar und präsentieren Sie Ihre Ergebnisse.*

2. *Eine Kiste mit 80 kg Gewicht weist folgende Maße auf:*
   Länge 2,00 m Breite 0,80 m Höhe 0,60 m
   Prüfen Sie, ob diese Kiste zum Normaltarif oder als sperriges Frachtgut befördert wird. Geben Sie außerdem an, wie hoch die Frachtkosten bei drei verschiedenen Fluggesellschaften sind.

3. *Ihr Unternehmen verschickt ein Maschinenersatzteil per Luftfracht nach Hongkong. Erläutern Sie in Stichworten drei mögliche Gründe, warum in diesem Fall der Transport mit dem Flugzeug gewählt wurde.*

4 Internationaler Versand

Einstiegssituation

Die „Süddeutsche Ein- und Ausfuhrgesellschaft mbH" bietet neben Speditionsdienstleistungen im Inland auch weltweite Transporte von und nach Deutschland an.

Für nächste Woche sind u. a. die folgenden Transporte zu planen:

- *100 Pkw vom Hersteller in Wolfsburg zur Verschiffung im Hafen Hamburg; Empfänger ist die Niederlassung in New Orleans*
- *200 t Kartoffeln von einer Erzeugergemeinschaft in Niederbayern zur Weiterverarbeitung im Raum Hannover*
- *40 Kisten mit Ersatzteilen für optische Geräte von Jena nach Mailand*

Handlungsaufträge

1. *Bestimmen Sie, welche Staaten von den Transporten betroffen sind.*
2. *Welche Unterschiede bestehen bei diesen Transporten bezüglich der Empfängerstaaten?*
3. *Was ist deshalb bei diesen Transporten unter Umständen zu beachten?*

Tipp

Unter www.zoll.de erfahren Sie viele Einzelheiten zum Zollwesen.

Der Zoll ist eine **Steuer**, die beim Grenzübertritt für eine Ware erhoben wird. Waren im Sinne des **Zollkodex (Art. 4)** sind alle beweglichen, greifbaren Güter. Man unterscheidet zwischen **Einfuhr** und **Ausfuhr** sowie **Durchfuhr** durch das Zollgebiet.

4.1 Begriffe zum Zollgebiet

Einfuhr ist das Verbringen der Waren in das **Zollgebiet der Gemeinschaft**, während als Ausfuhr das Verbringen von Waren aus dem Zollgebiet bezeichnet wird.

Unter Zollgebiet versteht der Zollkodex (ZK) das **Hoheitsgebiet der Gemeinschaft** mit den **Zollanschlüssen**, aber ohne die **Zollausschlüsse**. Das Zollgebiet wird von der **Zollgrenze** umschlossen.

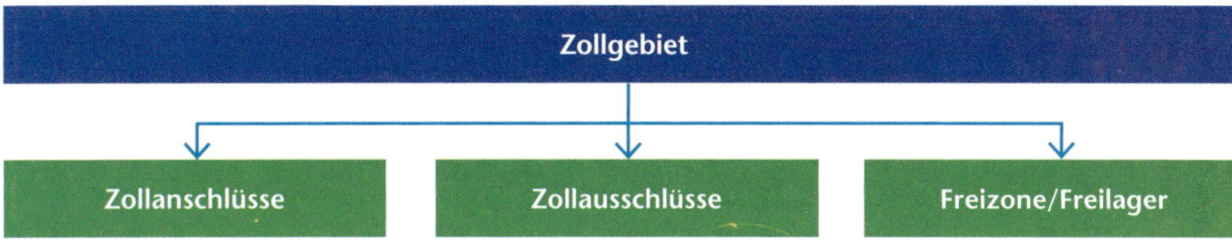

Zollanschlüsse

Zollanschlüsse sind ausländische Staatsgebiete, die dem Zollgebiet der Europäischen Gemeinschaft angeschlossen sind, z. B. Monaco (Frankreich) oder San Marino (Italien).

Zollausschlüsse

Zollausschlüsse sind Hoheitsgebiete, die einem **Nicht-EU-Zollgebiet** angeschlossen sind. So untersteht z. B. das Gebiet von Büsingen an der Grenze zwischen Deutschland und der Schweiz dem schweizerischen Zollrecht.

Freizone und Freilager

Freizonen und Freilager nach Artikel 166 des Zollkodex sind **Teile des Zollgebiets** der Gemeinschaft oder in diesem Zollgebiet gelegene **Räumlichkeiten**, die vom übrigen Zollgebiet getrennt sind und in denen **Nichtgemeinschaftswaren** ohne Erhebung der Eingangsabgaben gelagert werden, z. B. im Hamburger Hafen, Duisburger Hafen, auf Flughäfen oder in privaten Lagerhäusern, die von der Zollstelle eine Genehmigung erhalten haben.

Erst wenn die Ware die Freizone oder das Freilager im Inland verlässt, unterliegt sie dem einheitlichen Zollrecht des **Europäischen Wirtschaftsraums (EWR)**.

Zollstraßen

Nur auf Zollstraßen dürfen Waren aus dem Zollgebiet der Gemeinschaft ein- und ausgeführt werden. Dies gilt nicht für die Einfuhr und Ausfuhr von Waren im öffentlichen Eisenbahnverkehr und im Luftverkehr.

Zollstraßen sind diejenigen Landstraßen, Wasserstraßen, Rohrleitungen und anderen Beförderungswege, die als Zollstraße öffentlich im Bundesanzeiger bekannt gegeben worden sind.

Schiffe dürfen nur an Zollladungsplätzen an- und ablegen und ebenso Flugzeuge nur auf Zollflugplätzen starten und landen.

Waren, die auf Zollstraßen befördert werden, dürfen während der Öffnungszeiten der Zollstelle ein- oder ausgeführt werden. Die Öffnungszeiten werden dort durch Aushang bekannt gegeben.

4.2 Zollarten

Der Zoll wird nach einem bestimmten Tarif für die Einfuhr der Ware erhoben. Daneben ist auch die Einfuhrumsatzsteuer zu erheben. Ausfuhrzoll und Durchfuhrzoll werden in der Gemeinschaft nicht erhoben.

Bei den Zollarten unterscheidet man zwischen dem **Wertzoll** und dem **Präferenzzoll**.

4.2.1 Wertzoll

In den meisten Fällen wird der Wertzoll erhoben, d.h., der Warenwert frei EU-Grenze (Rechnungspreis zuzüglich Frachtkosten und Versicherung) gilt in der Regel als Grundlage für den Zollwert, von dem nach bestimmten festgelegten Sätzen der Zoll erhoben wird.

4.2.2 Präferenzzoll

Präferenzzölle sind Ausnahmetarife, die mit vielen Ländern vereinbart worden sind. Besonders für Waren aus den Entwicklungsländern gelten diese Ausnahmetarife. Auch für Waren aus den **Rest-EFTA-Ländern** (Europäische Freihandelszone) – Schweiz, Island, Norwegen – sowie den Ländern, mit denen die EU (Europäische Union) Präferenzabkommen abgeschlossen hat, werden keine oder nur geringe Zölle erhoben, sofern der Ursprung der Waren durch Präferenzpapiere nachgewiesen wird.

4.3 Zollabfertigung

Bevor eine Ware aus dem Inland ins Ausland befördert werden kann, muss bei der zuständigen Zollstelle die Zollanmeldung eingereicht werden (Gestellung). Die Zollstelle prüft die Richtigkeit der Angaben, eventuell auch die Ware selbst.

4.3.1 Zollanmeldung

Für den Warenverkehr mit Drittländern ist die Ware durch das elektronische Verfahren ATLAS anzumelden.

Nur bei technischen Störungen darf auf ein Papierverfahren zurückgegriffen werden. Dafür ist dann grundsätzlich das Formular EPAS (Einheitspapier Ausfuhr/Sicherheit) zu verwenden.

Neben der elektronischen Anmeldung sind aber für bestimmte Waren nach wie vor Einfuhrgenehmigungen, Ausfuhrgenehmigungen oder Ursprungszeugnisse für einzelne Staaten erforderlich.

Die Güter aus der Europäischen Gemeinschaft, die innerhalb der EU bleiben, sind **Gemeinschaftsgut**, der Handel wird **INTRA**-Handel genannt und zollamtlich nicht überwacht.

Der Handel mit Drittländern wird als **EXTRA**-Handel bezeichnet, dazu gehört auch der Handel mit den EFTA-Ländern (Europäische Freihandelszone) Island, Norwegen und der Schweiz.

Mit der Einführung des Einheitspapiers wurde ein **„Harmonisiertes System zur Bezeichnung und Codierung der Waren (HS)“** angewendet. Das HS ist ein internationales System zur **Klassifizierung von Waren**. Es erleichtert das Erfassen und Auswerten statistischer Daten des internationalen Handels.

EUROPÄISCHE GEMEINSCHAFT - EPAS

1 ANMELDUNG | Bes. Umst. (S32)

A VERSENDUNGS-/AUSFUHRZOLLSTELLE

1

Exemplar für das Versendungs-/Ausfuhrland

2 Versender/Ausführer Nr.

3 Vordrucke | 4 Ladelisten

5 Positionen | 6 Packst. insgesamt | 7 Bezugsnummern

8 Empfänger Nr.

Nummer des Zollverschlusses (S28)

14 Anmelder/Vertreter Nr.

Beförderungskosten, Code für die Zahlungsweise (S29) | 15 Vers./Ausf.L.Code a b | 17 Bestimm.L.Code a

Codes für die zu durchfahrenden Länder (S13)

18 Kennzeichen und Staatszugehörigkeit des Beförderungsmittels beim Abgang | 19 Ctr. | 20 Lieferbedingungen

21 Kennzeichen und Staatszugehörigkeit des grenzüberschreitenden aktiven Beförderungsmittels | 22 Währung u. in Rechn. gestellter Gesamtbetr. | 23 Umrechnungskurs | 24 Art des Geschäfts

25 Verkehrszweig an der Grenze | 26 Inländischer Verkehrszweig

1

29 Ausgangszollstelle | 30 Warenort

31 Packstücke und Warenbezeichnung — Zeichen und Nummern - Container Nr. - Anzahl und Art

32 Positions Nr. | 33 Warennummer

34 Urspr.land Code a b | 35 Rohmasse (kg)

37 VERFAHREN | 38 Eigenmasse (kg)

40 Summarische Anmeldung/Vorpapier

41 Besondere Maßeinheit | Nummer des Zollverschlusses (S28)

44 Besondere Vermerke/ Vorgelegte Unterlagen/ Bescheinigungen und Genehmigungen

Code B. V.

46 Statistischer Wert

47 Abgabenberechnung

Art	Bemessungsgrundlage	Satz	Betrag	ZA
		Summe:		

48 Zahlungsaufschub | 49 Bezeichnung des Lagers

B ANGABEN FÜR VERBUCHUNGSZWECKE

50 Hauptverpflichteter Nr. Unterschrift:

vertreten durch

Ort und Datum:

ECS/AES NOTFALLVERFAHREN

KEINE DATEN IM SYSTEM VERFÜGBAR

Begonnen am (Datum/Uhrzeit) ....

Ticket-Nr.: ....

PRÜFUNG DURCH DIE AUSGANGSSTELLE (K) — Stempel:

Ankunftsdatum:

Prüfung der Verschlüsse:

Bemerkungen:

E PRÜFUNG DURCH DIE VERSENDUNGS-/AUSFUHRZOLLSTELLE — Stempel:

Ergebnis:

Angebrachte Verschlüsse: Anzahl:

Zeichen:

Frist (letzter Tag):

Unterschrift:

54 Ort und Datum:

Unterschrift und Name des Anmelders/Vertreters:

033025/1 Einheitspapier Ausfuhr/Sicherheit **(2009)**

Quelle: Bundesministerium der Finanzen, Berlin: Einheitspapier Ausfuhr/Sicherheit EPAS, das nur in Ausnahmefällen verwendet werden darf, Zugriff am 05.03.2014 unter: http://www.zoll.de/SiteGlobals/Forms/FormularMerkblattSuche/FormularMerkblattSuche_BegriffSuche_solr_form.html abgerufen am 02.10.2015.

4.3.2 Zollbeschau

Wird die Zollanmeldung angenommen, so bestimmt die Zollstelle Zeit und Ort der **Zollbehandlung**.

Ist eine „**befundgerechte Anmeldung**“ abgegeben worden, kann auf eine Zollbeschau verzichtet werden. Bei **angeordneter Beschau** hat der Zollbeteiligte (Versender oder Empfänger) dafür zu sorgen, dass die **Zollbeschau** nach zollamtlichen Anweisungen durchgeführt werden kann. Der Zollbeteiligte hat ohne Entschädigung jede erforderliche Prüfung des Zollgutes in dem dafür unerlässlichen Umfang, auch die Entnahme von Mustern und Proben, zu dulden. Kisten und Behälter müssen geöffnet werden, und Hohlräume in Autos werden nach verstecktem Zollgut überprüft.

Seit Vollendung des Binnenmarktes zum 1. Januar 1993 sowie der Anwendung der Verordnung (EWG) Nr. 2913/92 (Zollkodex) und der Verordnung (EWG) 2454/93 (ZK-Durchführungsverordnung) werden Gemeinschaftswaren im Verkehr zwischen den Mitgliedstaaten **grundsätzlich nicht mehr** im internen gemeinschaftlichen Versandverfahren (gVV) befördert. Es entfällt folglich die zollamtliche Erfassung und Überwachung des grenzüberschreitenden Warenverkehrs mit Gemeinschaftswaren an den EU-Binnengrenzen.

Folgende Ausnahmen sind aber vorgesehen:

1. Die Beförderung von Gemeinschaftswaren über Drittländer ist weiterhin im internen gVV durchzuführen.
2. Der Zollkodex lässt die Möglichkeit offen, beim Versand aus Mitgliedstaaten über Drittländer, die nicht der EFTA angehören, in ein Mitgliedsland aus Gründen der Überwachung das interne gVV zu verwenden (z. B. von Kroatien nach Griechenland).
3. Das Gleiche gilt für die Beförderung von Gegenständen von den Kanarischen Inseln, den französischen überseeischen Departements, dem Berg Athos oder den Inseln im „Ärmelkanal“. In diesen Gebieten gelten andere Umsatzsteuerrichtlinien.

Wenn auch die Kontrollen an den bisherigen Binnengrenzen weggefallen sind, können mobile Einheiten der Zollverwaltung mit „BAG“ (Bundesamt für Güterverkehr) bedruckten Jacken oder Westen im Bereich der Binnengrenzen den Verkehr mit Nichtgemeinschaftswaren, die Einhaltung der Vorschriften über Verbote und Beschränkungen im Warenverkehr (z. B. für Rauschgift, Waffen, radioaktive Stoffe, Abfälle, geschützte Tierarten) sowie den Verkehr mit steuerpflichtigen Waren (Mineralöl, Alkohol und alkoholische Getränke, Tabakwaren, Kaffee) überwachen.

Außerdem überprüfen sie, ob die Fahrer im Personen- und Güterbeförderungsgewerbe ihren Sozialversicherungsausweis mit sich führen, wozu sie gesetzlich verpflichtet sind.

4.3.3 Nämlichkeitssicherung

Werden Räume, Beförderungsmittel oder Behälter zollamtlich verschlossen, so hat der Zollbeteiligte dafür zu sorgen, dass die Zollverschlüsse nicht erbrochen werden können (**Zollplombe**).

4.3.4 Überführung in den zollrechtlich freien Verkehr

Nach der Zollbehandlung und dem Entrichten der Eingangsabgaben durch den Zollbeteiligten oder seinen Vertreter wird die Ware dem Verkehr überlassen. Nunmehr kann die Weiterbeförderung der Gemeinschaftsware beginnen.
Bei der Ausfuhr überwacht die Ausgangszollstelle den körperlichen Ausgang der Ware aus dem Zollgebiet der Gemeinschaft und dokumentiert dies auf dem Drittstück der Ausfuhranmeldung.

4.4 Ausfuhrbeschränkungen und Ausfuhrverbote

Die meisten Güter, die die Bundesrepublik in andere Staaten exportiert, unterliegen keinen Beschränkungen (freie Warenausfuhr). Trotzdem dürfen bestimmte Güter nur mit Erlaubnis der zuständigen Behörden oder überhaupt nicht ins Ausland befördert werden.

Gründe für derartige Einschränkungen des freien Warenverkehrs können z. B. darin liegen, dass zwischenstaatliche Vereinbarungen eingehalten werden müssen: Wenn die UNO ein sogenanntes **Embargo** gegen ein Land erlässt, dann dürfen Waren dorthin meist nicht oder nur mit Genehmigung geliefert werden.

Andere Gründe sind u. a. der Schutz der eigenen Sicherheit (Ausfuhr von Kriegsgerät, Waffen usw.) oder die Sicherstellung der inländischen Versorgung (z. B. mit lebenswichtigen Gütern). Auch der Schutz der eigenen Wirtschaft ist ein Ziel.

4.4.1 Genehmigungspflicht

Für bestimmte Güter gelten Vorschriften, in welchem Umfang, wann und wohin sie befördert werden dürfen. Eine Erlaubnis des Bundesamts für Ausfuhr muss vorher eingeholt werden.

Ob für die Ausfuhr von Gütern eine Erlaubnis beantragt werden muss, regelt die Außenwirtschaftsverordnung hauptsächlich in den Paragrafen 5 und 6.

Dabei sind in einer **„Ausfuhrliste“** Waren genannt, die bis zu einem bestimmten Wert in Länder einer bestimmten **„Länderliste“** ohne Genehmigung exportiert werden dürfen. Güter aus dem Rüstungssektor, aber auch z. B. Anlagen, die dem Bau von Waffen dienen können, fallen zum Teil unter die Genehmigungspflicht. Außerdem unterliegen bestimmte landwirtschaftliche Erzeugnisse der Genehmigungspflicht, weil sie gewisse Qualitätsnormen erfüllen müssen und deshalb der Kontrolle bedürfen.

In bestimmte Länder (nach Länderlisten) dürfen Güter nur mit Genehmigung exportiert werden.

4.4.2 Ausfuhrverbot

Den Ausfuhrverboten liegen meist Total- oder Teilembargos der UNO zu Grunde.

Vor allem in solche Länder, die den Weltfrieden stören, in denen Bürgerkrieg herrscht oder die versuchen, den Demokratisierungsprozess im eigenen Land zu behindern, ist die Ausfuhr von vielen (zum Teil auch lebenswichtigen) Gütern und Medikamenten untersagt.

Vor allem Kriegswaffen, Munition und Ähnliches unterliegen einem strengen Ausfuhrverbot.

Tipp

Suchen Sie im Internet nach der „Außenwirtschaftsverordnung". Dort erfahren Sie weitere Einzelheiten.

4.4.3 Erhebung der Handelsstatistik

Den gesetzlichen Rahmen des Erhebungssystems bildet die „Verordnung (EWG) Nr. 3330/91 über die Statistiken des Warenverkehrs zwischen den Mitgliedstaaten". Sie enthält Grundsätze für die Statistik des Handels zwischen den Mitgliedstaaten, die Durchfuhrstatistik und die Statistik des Lagerverkehrs.

Das **„permanente statistische Erhebungssystem (Intrastat)"** ist in Form einer **direkten Firmenanmeldung** bei den zuständigen Erhebungsstellen – in Deutschland beim **Statistischen Bundesamt** – eingeführt.

Das Erhebungsverfahren legt fest, dass grundsätzlich jede beteiligte natürliche oder juristische Person, die in Deutschland umsatzsteuerpflichtig ist und sich am Handel mit anderen Mitgliedstaaten der Gemeinschaft beteiligt, auskunftspflichtig ist. Auskunftspflichtige sind grundsätzlich aber nur dann zu einer statistischen Meldung verpflichtet, wenn der **Wert ihrer im Intrahandel** getätigten Versendungen in andere Mitgliedstaaten eine bestimmte Höhe überschreitet.

Berichtszeitraum für die Intrahandelsstatistik ist der **Kalendermonat**, aber auch kürzere Zeitabschnitte sind möglich.

Tipp

Das Statistische Bundesamt hält im Internet die Ausfüllanleitung bereit und stellt ein Beispiel dar.

EUROPÄISCHE GEMEINSCHAFT **VORDRUCK N**

Versendung X

INTRASTAT

1 Steuernummer aus der USt.-Voranmeldung: 2 4 6 8 1 0 1 2 2 4 | Zusatz: | Bundesl. FA: 0 6

Auskunftspflichtiger (Name und Anschrift)
Maschinenfabrik Schmidt-Schulze GmbH
An der Fuldaschleuse 11 - 15
34125 Kassel

2 Monat: 0 2
Jahr: 0 7
3

4 Drittanmelder (Name und Anschrift)
Eurosped GmbH, Internationale Spedition
Waldauer Wiesen 28 - 30
34123 Kassel

5
– Statistische Meldung –

An das Statistische Bundesamt
Außenhandelsstatistik
D-65180 Wiesbaden

6 Warenbezeichnung	7 Pos.-Nr.	8 Best.-Land (a)	Urspr.-Reg. (b)	9	10 Art d. Gesch.	11	12	13 Warennummer	14	15	16 Eigenmasse in vollen kg	17 Menge in der Besonderen Maßeinheit	18 Rechnungsbetrag in vollen Euro	19 Statistischer Wert in vollen Euro
Siebdruckmaschinen zum Bedrucken von Spinnstoffen	1	A T	0 6		1 1			8 4 4 3 5 9 2 0			1 2 4 0	1	4 6 2 5 0	
Farbwalzenwerk für Flexodruckmaschinen	2	D K	0 6		1 1			8 4 4 3 9 0 9 0			1 4 0		9 8 0	
...	0 3													
...	0 4													

Erläuterungen:
Feld 8a: Bestimmungsmitgliedstaat
8b: Ursprungsregion (Bundesland)
10: Art des Geschäfts

20 Ort/Datum/Unterschrift des Auskunftspflichtigen/Drittanmelders
Kassel, den 5. März 20..
Susanne Altpeter, Versand

StBA - 92/5

NV 2002

4.5 Dokumente im internationalen Versand

Außer der Zollanmeldung sowie Einfuhrgenehmigungen, Ausfuhrgenehmigungen oder Präferenznachweisen (Zollvergünstigungen durch Warenverkehrsbescheinigungen) sind oftmals noch weitere Dokumente als Begleitpapiere erforderlich.

Handelsfaktura

Zum Zweck der Berechnung der Abgaben ist die Warenausgangsrechnung des Lieferers (Handelsfaktura) den Zollpapieren möglichst in mehrfacher Ausfertigung beizufügen.

Ursprungszeugnis

Sollen Gemeinschaftswaren ins Ausland verbracht werden, fordern manche Staaten außerhalb der EU Ursprungszeugnisse. Die Industrie- und Handelskammern am Ursprungsort stellen diese Zeugnisse aus und beglaubigen sie.

Auch die Gemeinschaft verlangt für bestimmte Waren, die aus Drittstaaten in die Gemeinschaft eingeführt werden, dieses Dokument.

Zollinhaltserklärung

Postpaketen muss eine sogenannte Zollinhaltserklärung beigelegt werden.

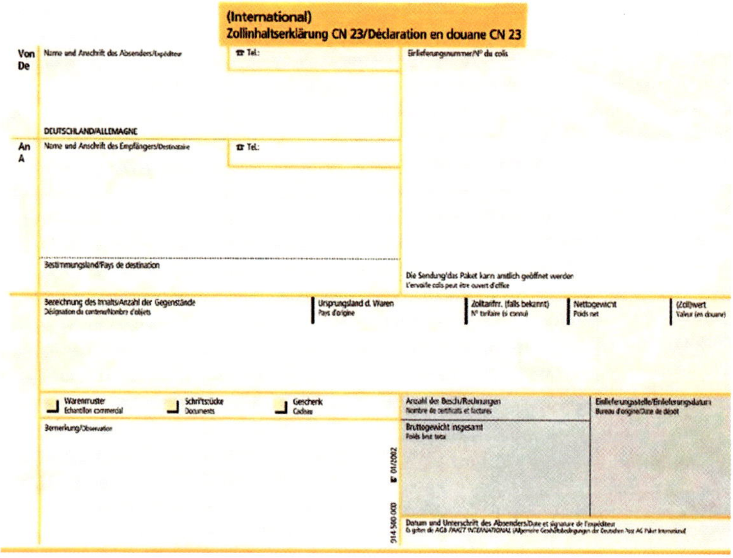
(International)
Zollinhaltserklärung CN 23/Déclaration en douane CN 23

Von / De — Name und Anschrift des Absenders/Expéditeur — Tel.:
DEUTSCHLAND/ALLEMAGNE
An / A — Name und Anschrift des Empfängers/Destinataire — Tel.:
Bestimmungsland/Pays de destination
Einlieferungsnummer/N° du colis
Die Sendung/das Paket kann amtlich geöffnet werden
L'envoi/le colis peut être ouvert d'office

Bezeichnung des Inhalts/Anzahl der Gegenstände Désignation du contenu/Nombre d'objets	Ursprungsland d. Waren Pays d'origine	Zolltarifnr. (falls bekannt) N° tarifaire (si connu)	Nettogewicht Poids net	(Zoll)wert Valeur (en douane)

Warenmuster / Échantillon commercial — Schriftstücke / Documents — Geschenk / Cadeau
Bemerkung/Observation
Anzahl der Besch./Rechnungen / Nombre de certificats et factures
Bruttogewicht insgesamt / Poids brut total
Einlieferungsstelle/Einlieferungsdatum / Bureau d'origine/Date de dépôt
Datum und Unterschrift des Absenders/Date et signature de l'expéditeur
Es gelten die AGB PAKET INTERNATIONAL (Allgemeine Geschäftsbedingungen der Deutschen Post AG Paket International)
914 580 000 01/2002

Gesundheitszeugnis

Werden lebende Tiere ins Ausland oder aus dem Ausland ins Inland befördert, wird ein Gesundheitszeugnis verlangt, in dem die letzten Impfungen vermerkt worden sind.

Andernfalls müssen die Tiere für eine längere Zeit in Quarantäne (abgetrennter Raum), wo sie tierärztlich beobachtet, untersucht und betreut werden. Durch diese Maßnahme sollen ansteckende Tierkrankheiten außer Landes gehalten werden.

Ebenso sind Gesundheitszeugnisse bei der Ein- oder Ausfuhr gewisser tierischer Erzeugnisse oder bestimmter Pflanzen erforderlich.

4.6 Carnet-TIR-Verfahren

Die Abkürzung Carnet-TIR bedeutet Carnet **T**ransport **I**nternational de Marchandises par la **R**oute – Zollbegleitscheinheft für den internationalen Straßengüterverkehr.

Das Carnet-TIR-Verfahren begünstigt den grenzüberschreitenden Kraftwagenverkehr zwischen Ländern, die diesem Verfahren angeschlossen sind. Angeschlossen sind alle europäischen Staaten einschließlich Russland, Türkei, Afghanistan, Iran, Israel, Jordanien, Kuwait, Marokko, Vereinigte Staaten von Amerika, Chile, Kanada, Uruguay, Korea und Japan.

Der Transport wird von einer Abgangszollstelle des Lieferers durch Zollverschluss gesichert. Die Beförderung erfolgt innerhalb der EU sowie der EFTA-Staaten im Versandverfahren. Der Lkw kann ohne Umladung und Zollbeschau über die Grenzen gefahren werden und wird bei der Bestimmungszollstelle des Empfängers geöffnet.

Beim Grenzübertritt muss der Frachtführer lediglich die Wagenpapiere und das Carnet vorzeigen und die Begleitpapiere abstempeln lassen. Kontrolliert wird der Zollverschluss. Das Fahrzeug muss vorne und hinten das **TIR-Kennzeichen** tragen **(blaues Schild mit weißen Buchstaben)**. Das Carnet gilt nur für eine Fahrt. Ausgestellt wird das Carnet beim Bundesverband des Deutschen Güterfernverkehrs. Das Beförderungsunternehmen muss für den einwandfreien Transport eine Bürgschaft übernehmen, die ein Jahr lang gilt.

Dem Carnet-TIR-Verfahren ist das **Cargo-Manifest** im Luftverkehr gleichgestellt. Die Internationale Zollanmeldung gilt auch im Eisenbahnverkehr, wenn die Verwaltung der Deutschen Bahn AG den Antrag stellt.

Kernwissen

Zoll
- wird erhoben, wenn Waren aus Drittländern importiert werden,
- wird unterschieden in Wert- und Präferenzzoll,
- fällt zunächst nicht an, wenn die Güter in Freilager und Freizonen transportiert werden,
- wird nicht erhoben, wenn die Waren innerhalb der EU befördert werden.

Zollpapiere
- sind das Einheitspapier,
- Ursprungszeugnisse, Zollinhaltserklärungen, Warenrechnungen des Lieferanten usw.

Ein- und Ausfuhr von Waren
- können Beschränkungen unterliegen,
- können verboten sein,
- werden statistisch erfasst,
- werden durch BAG kontrolliert.

Aufgaben

1. *Was versteht das Gesetz unter Zoll?*
2. *Unterscheiden Sie zwischen Zollanschluss- und Zollausschlussgebiet.*
3. *Erklären Sie den Begriff „Zollstraßen".*
4. *Erklären Sie die Unterschiede bei den Zollarten.*
5. *Was versteht man unter Zollbeschau?*
6. *Geben Sie an, wann ein Ursprungszeugnis dem Dokument beigefügt werden muss.*
7. *Ab welchem Umsatz ist ein Unternehmen verpflichtet, im Intrahandel dem Statistischen Bundesamt seinen Umsatz zu melden?*
8. *Führen Sie aus, was der Begriff „Carnet-TIR-Verfahren" bedeutet.*

Lernfeld 10
Logistische Prozesse optimieren

1 Logistik

Einstiegssituation

Nachdem dem Geschäftsführer der Emder Elektrogroßhandels-GmbH, Herrn Bruns, die statistischen Zahlen des letzten Geschäftsjahres vorgelegt worden waren, hat er zu regelmäßigen Abteilungsleitersitzungen eingeladen. Er ist mit der Situation des Unternehmens überhaupt nicht zufrieden. Aufgrund der starken Konkurrenz ist der Absatz leicht gesunken. Auch die Kostensituation hat sich gegenüber der der Vorjahre verschlechtert.

In der heutigen Sitzung hat Frau Janssen, die Leiterin der Einkaufsabteilung, den Auftrag, über eine Fortbildungsveranstaltung der Industrie- und Handelskammer über ***Optimierung logistischer Prozesse*** *zu berichten, an der sie teilgenommen hatte. Anschließend soll darüber diskutiert werden, ob und ggf. in welcher Weise die vorgestellten Konzepte auf die Emder Elektrogroßhandels-GmbH übertragbar sind. Der Leiter der Verkaufsabteilung, Herr Oltmanns, hält dies angesichts der ernsten Situation für Zeitverschwendung. Er ist der Meinung, dass man sich mehr auf den Absatz und die „Mitbewerber am Markt" konzentrieren solle. Wenn der Absatz stimme, seien die Kostenprobleme auch lösbar, ist er sich sicher. Frau Janssen widerspricht ihm energisch und weist darauf hin, dass logistische Prozesse und deren Optimierung nicht auf den Beschaffungsbereich allein begrenzt seien.*

Handlungsauftrag

Informieren Sie sich darüber,

a) was mit dem Begriff „Logistik" gemeint ist,

b) welche Zielsetzung und Aufgaben der Logistik zugewiesen werden und

c) wie die Logistik in Ihrem Ausbildungsbetrieb organisatorisch verankert ist (z. B. eigene Abteilung oder als Funktion mehreren Abteilungen zugeordnet).

1.1 Der Begriff Logistik

Definition

Unter Logistik werden die aus den Unternehmenszielen abgeleiteten planerischen, ausführenden und kontrollierenden Maßnahmen zur Gewährleistung eines optimalen Informations-, Material- und Werteflusses vom Beschaffungs- bis zum Absatzmarkt verstanden.

Der Begriff „Logistik" entspringt dem Militärwesen. Dort verstand man unter Logistik alle Arbeiten, die mit der Versorgung der Truppen mit Nahrung, Kleidung, Unterkünften, Fahrzeugen, Waffen oder Munition zusammenhingen.

In den Siebzigerjahren des vorigen Jahrhunderts wurde der Begriff in der privaten Wirtschaft übernommen. Zunächst war die Logistik eine reine Verkaufs- und Versandlogistik, die für die optimale Belieferung der Käufer zu sorgen hatte.

Durch Marktsättigung, nachlassendes Wachstum, verstärkten Wettbewerb und individuelle Kundenwünsche mussten die Unternehmen immer stärker auf die Kosten achten. Damit kamen auch die Beschaffungs-, Lager- und Transportkosten zunehmend in den Blick.

Trotz der Bedeutung der Logistik gibt es in der Praxis und in der Literatur noch keine einheitliche Auffassung über die Logistik. Häufig werden die Begriffe Beschaffung, Einkauf, Materialwirtschaft und Logistik nebeneinander verwendet. Die Beschaffung von Anlagen, Personal und Kapital wird dabei zur Logistik im weiteren Sinn gerechnet und soll in diesem Zusammenhang nicht weiter betrachtet werden.

1.2 Aufgaben der Logistik

Vorrangiges Ziel unternehmerischen Handelns ist die **Erwirtschaftung eines möglichst hohen Gewinns**. Die Logistik muss, wie die übrigen Unternehmensbereiche auch, dazu beitragen, dieses Unternehmensziel zu erreichen.

Aufgabe der Logistik ist es, dafür zu sorgen, dass

- die richtigen **Objekte** (Material, Energie und Informationen),
- in der richtigen **Menge**,
- in der richtigen **Qualität**,
- zur richtigen **Zeit**,
- zu richtigen (minimalen) **Kosten**,
- am richtigen **Ort** sind.

Als Ort kann dabei der Kunde, aber auch die Produktion in einem Industriebetrieb oder die Werkstatt in einem Handwerksbetrieb gemeint sein.

Definition

In diesem Sinn umfasst die Logistik im Rahmen der betrieblichen Leistungserstellung alle Maßnahmen zur Gewährleistung eines optimalen Material- und Informationsflusses vom Lieferanten in das Unternehmen, innerhalb des Unternehmens und vom Unternehmen zum Kunden.

Diese Definition der logistischen Aufgaben soll anhand einer Reihe von Beispielen verdeutlicht werden.

Beispiele für

- die **betriebliche Leistungserstellung**: Herstellung, Reparatur oder Verkauf von Gütern, Erbringung von Dienstleistungen (Transport, Lagerung, Kreditgewährung, Versicherung)
- **Maßnahmen** in der Logistik:
  - **planende** Maßnahmen im Hinblick auf den Lagerplatz, die Bestellmenge oder die Fahrroute
  - **durchführende** Maßnahmen wie Einlagern, Auslagern, Verpacken, Transportieren
  - **kontrollierende** Maßnahmen: Lieferscheine mit Waren vergleichen, Bestände überprüfen
- **Material:** Rohstoffe, Handelswaren oder Energie

Unter **Informationen** versteht man zweckgebundenes Wissen, das beispielsweise in Form einer Mitteilung oder Nachricht weitergegeben wird. In diesem Zusammenhang fließen Informationen

- innerhalb des Betriebs zwischen den Mitarbeitern sowie
- zwischen Betrieben, z. B. gegenüber Lieferern, Kunden oder Transportunternehmen.

Die **Form** des Informationsaustauschs (= **Kommunikation**) ist vielfältig:

- mündlich oder fernmündlich (Telefon)
- schriftlich oder fernschriftlich (Fax)
- elektronischer Datensatz (E-Mail, Internet, Intranet)
- Etikett mit Strichcode oder Speicherchip

Zu jedem **Materialfluss** gehört ein **Informationsfluss**, der dem Materialfluss vorausgeht, ihn begleitet oder ihm nachfolgen kann.

Beispiel

Anlieferung von Ware per Lkw

Die Informationen sind

- *vorausgehend, wenn eine Avisierung der Warenlieferung durch den Lieferer erfolgt,*
- *begleitend, wenn die Daten im Lieferschein mit den Waren verglichen werden und*
- *nachfolgend, wenn der ordnungsgemäße Empfang dem Lieferer bestätigt wird.*

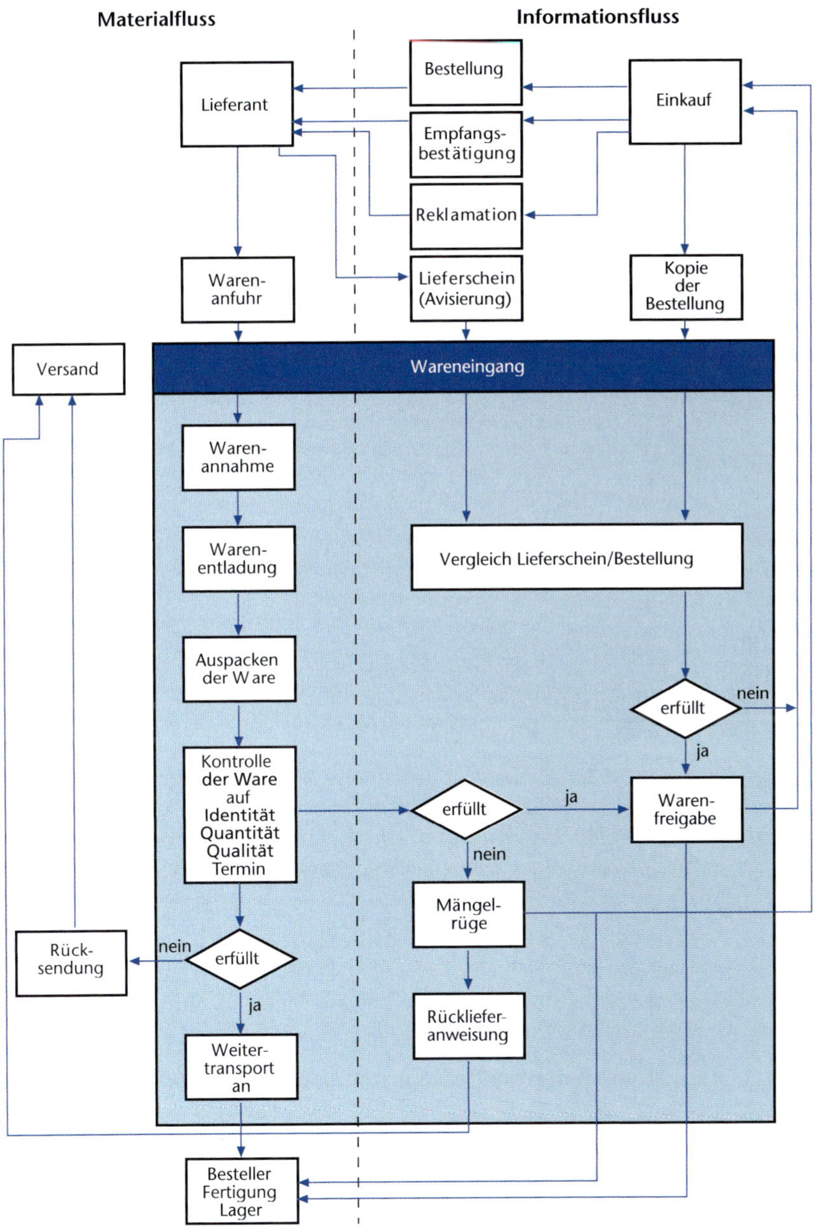

1.3 Logistische Einsatzbereiche im Unternehmen

Im Unternehmen finden logistische Maßnahmen in nahezu allen Unternehmensbereichen statt. Dazu zählen insbesondere Beschaffung, Lager, Transport, Verkauf, Entwicklung und Forschung, Fertigung, Instandhaltung, Entsorgung, Informationswesen.

Logistikbereiche	Logistische Maßnahmen: Planung, Durchführung und Kontrolle von Maßnahmen
Beschaffungslogistik	zur optimalen Beschaffung der Objekte (Material, Energie, Information) bei den Lieferanten bis in die eigenen Lager und die eigene Produktion
Lagerlogistik	zur optimalen Standortwahl, Lagerorganisation und Lagertechnik
Produktionslogistik (Fertigungsplanung, Fertigungssteuerung)	zur optimalen Gestaltung des Fertigungsprozesses von der Übernahme des bereitgestellten Materials bis zur Abgabe der hergestellten Produkte an die Distribution
Transportlogistik	zur optimalen Gestaltung des innerbetrieblichen und außerbetrieblichen Transports hinsichtlich Transportwege, Transportmittel, Be- und Entladung
Ersatzteillogistik	zur optimalen Beschaffung und Bereithaltung von Ersatzteilen
Instandhaltungs-logistik	zur Gewährleistung der ständigen Betriebsbereitschaft der Anlagen (Maschinen, Werkzeuge, Fördermittel, Fahrzeuge)
Distributionslogistik	zur optimalen Übernahme der Produkte aus der Fertigung oder dem Lager und deren Weiterleitung zum Kunden
Entsorgungslogistik	zur kostengünstigen und umweltfreundlichen Entsorgung nicht mehr benötigter Materialien
Informationslogistik	zur Gestaltung eines reibungslosen Informationsflusses und zum Aufbau eines betriebsinternen wie betriebsübergreifenden Informationssystems mithilfe der EDV

1.4 Ziele der Logistik

Ziel des Logistikkonzepts eines Unternehmens muss sein, die einzelnen Logistikbereiche nicht isoliert für sich arbeiten zu lassen, sondern die logistischen Aktivitäten sachlich und zeitlich aufeinander abzustimmen und zu einer **Konzeptkette** zu verknüpfen. In vielen Unternehmen sind solche **integrierten Konzepte** bereits vorhanden.

Die **Logistikkette** beginnt und endet nicht an den Toren des Unternehmens, zunehmend werden Lieferanten und Kunden in die Kette mit einbezogen. Man spricht in diesem Zusammenhang von **Supply Chain** (Versorgungskette). Es geht darum, die Geschäftsprozesse besser aufeinander abzustimmen und Reibungsverluste an Schnittstellen zu vermeiden. Auf dieses Problem wird an späterer Stelle (Kapitel 2.7) ausführlich eingegangen.

Es geht letztlich um die **Optimierung der Logistikleistung**. Konkret kann dies bedeuten:

- kurze Durchlaufzeiten der Fertigung (Fertigungszeit)
- kurze Lieferzeiten (Auftragsbearbeitungszeit, Fertigungszeit, Zeit für Kommissionierung, Verpackung, Verladung, Transport)
- hohe Lieferzuverlässigkeit (vollständige, mangelfreie Lieferung)

- hohe Lieferflexibilität (Abnahmemenge, Abnahmezeitpunkt, Verpackung)
- hoher Servicegrad (Reaktionen bei Lieferstörungen)
- hohe Informationsqualität (Onlineverbindungen mit Lieferanten, Kunden)
- geringe Bestände
- wenig Leerfahrten
- geringe Wartezeiten der Lkw und der Fördermittel
- geringe Kosten (Bestandskosten, Lagerkosten, Transportkosten, Handlingkosten, Verwaltungskosten)
- Vermeidung unnötiger Fehler
- Einsatz umweltschonender Transportmittel und Materialien

1.5 Einbindung der Logistik in die Unternehmensorganisation

In welcher Form die Logistik in die Unternehmensorganisation eingebunden ist, hängt vor allem von folgenden **Faktoren** ab:

- **Unternehmensbranche** (Industrie, Handel, Handwerk oder Dienstleistung)
- **Unternehmensgröße** (Zahl der Mitarbeiter, Umsatz, Marktanteil)
- **Anforderungen des Marktes** (Lieferer und Kunden) an die Logistikleistungen des Unternehmens

In der Praxis kommen verschiedene Möglichkeiten vor:

- Die logistischen Aufgaben sind auf die einzelnen Abteilungen (Einkauf, Fertigung, Verkauf) aufgesplittet. Es gibt keine eigene Abteilung Logistik. Die Bedeutung der Logistik kommt durch die Unternehmensorganisation nicht zum Ausdruck.

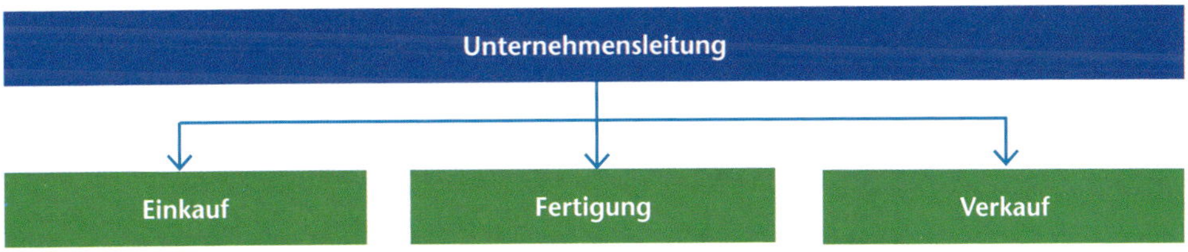

- Im Unternehmen wird eine eigene Abteilung Logistik geschaffen, die gleichberechtigt neben anderen Abteilungen angesiedelt wird. Probleme kann es geben, wenn die Logistikabteilung als Konkurrenzabteilung angesehen wird.

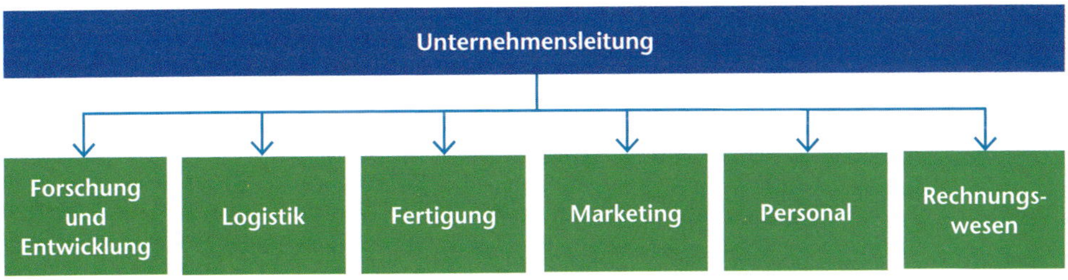

- Die Abteilung Logistik wird als eigener Bereich unterhalb der Führungsebene über den einzelnen Sparten angesiedelt (Stabsabteilung). Hier kommt die Bedeutung der Logistik für das Unternehmen am besten zum Ausdruck.

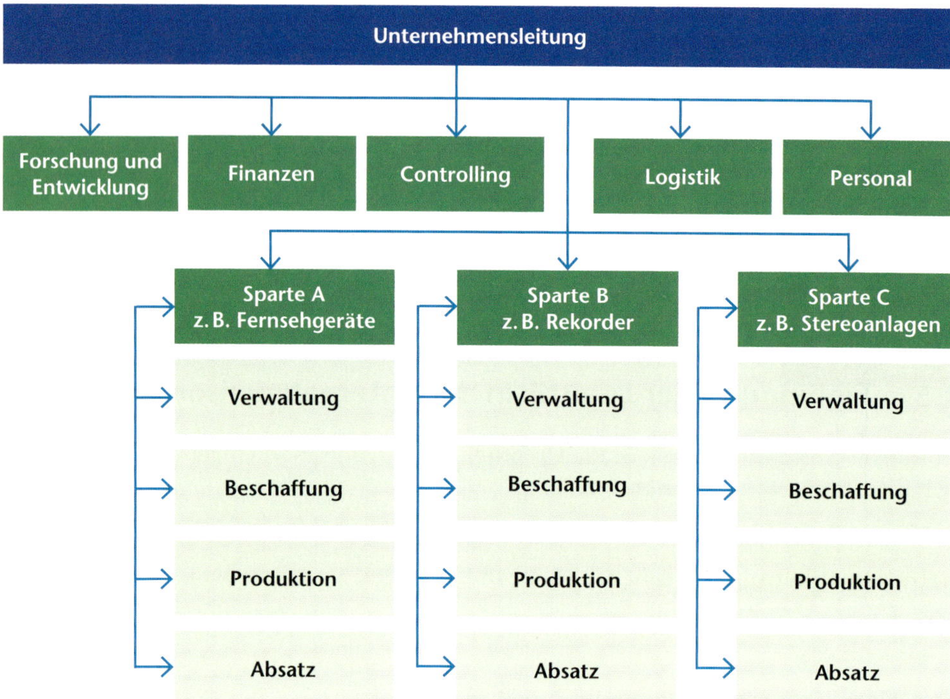

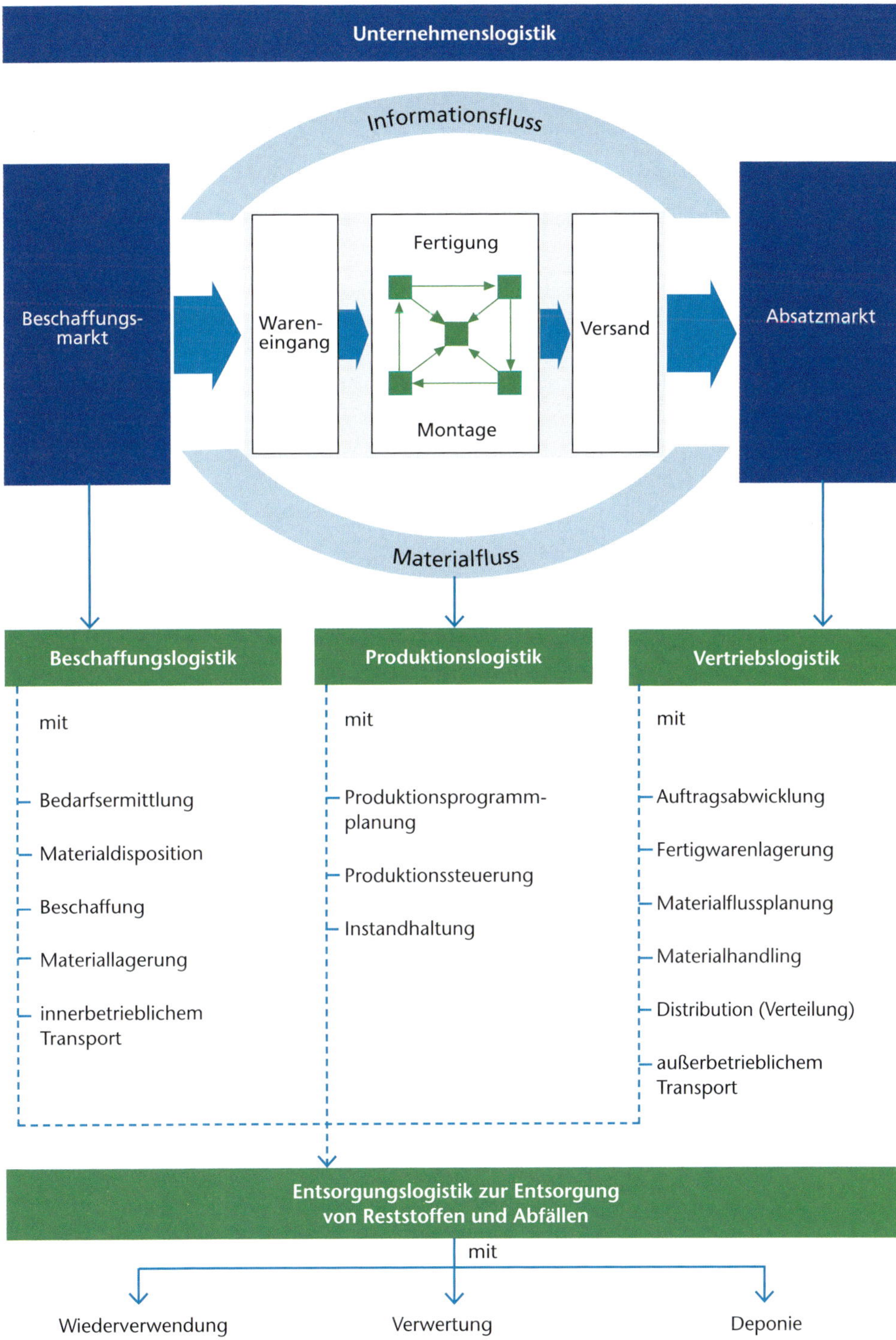
Unternehmenslogistik
Informationsfluss
Beschaffungs-
markt
Waren-
eingang
Fertigung
Montage
Versand
Absatzmarkt
Materialfluss
Beschaffungslogistik
mit
Bedarfsermittlung
Materialdisposition
Beschaffung
Materiallagerung
innerbetrieblichem
Transport
Produktionslogistik
mit
Produktionsprogramm-
planung
Produktionssteuerung
Instandhaltung
Vertriebslogistik
mit
Auftragsabwicklung
Fertigwarenlagerung
Materialflussplanung
Materialhandling
Distribution (Verteilung)
außerbetrieblichem
Transport
Entsorgungslogistik zur Entsorgung
von Reststoffen und Abfällen
mit
Wiederverwendung
Verwertung
Deponie

Kernwissen

- Unter **Logistik** werden alle planerischen, ausführenden und kontrollierenden Maßnahmen zur Gewährleistung eines optimalen Informations-, Material- und Werteflusses verstanden.
- **Aufgabe der Logistik** ist es, dafür zu sorgen, dass die richtigen Materialien in der richtigen Menge und Qualität rechtzeitig zu möglichst geringen Kosten an den richtigen Ort geschafft werden.
- **Informationen** sind zweckgebundenes Wissen. Sie werden in Form von Mitteilungen oder Nachrichten weitergegeben. Sie fließen innerhalb des Betriebs und zwischen Betrieben.
- Zu jedem **Materialfluss** gehört ein **Informationsfluss**, der dem Materialfluss vorausgeht, ihn begleitet oder ihm nachfolgen kann.
- Die Logistik bezieht sich auf nahezu alle **Unternehmensbereiche**, insbesondere auf die Beschaffung, das Lager, den Transport und den Verkauf, aber auch auf Entwicklung, Fertigung, Instandhaltung, Entsorgung und das Informationswesen.
- **Ziel der Logistik** (Optimierung logistischer Prozesse) ist es, die einzelnen Logistikbereiche sachlich und zeitlich aufeinander abgestimmt zu einer Konzeptkette zu verknüpfen.
  Die Logistikkette bezieht die Zulieferer und Kunden mit ein (Supply Chain).
- Die Logistik ist unterschiedlich in die **Unternehmensorganisation** eingebunden. Abhängig von Branche und Größe des Unternehmens werden logistische Aufgaben entweder in den einzelnen Abteilungen erledigt (keine eigenständige Logistikabteilung) oder einer Logistikabteilung zugewiesen.

Aufgaben

1. *Definieren Sie den Begriff „Logistik".*
2. *Erläutern Sie, auf welche Weise die Logistik dazu beitragen kann, das Unternehmensziel zu erreichen (Aufgaben der Logistik).*
3. *Erklären Sie den Zusammenhang zwischen dem Informations- und dem Warenfluss.*
4. *Nennen Sie die Logistikbereiche.*
5. *Schildern Sie, wie die Logistik in die Unternehmensorganisation eingebunden sein kann.*
6. *Erläutern Sie die Bedeutung von Logistikkonzepten und Logistikketten.*

2 Optimierung logistischer Prozesse

Einstiegssituation

In der wöchentlichen Abteilungssitzung der Einkaufsabteilung der Emder Elektrogroßhandels-GmbH wird darüber diskutiert, ob bei den Arbeitsabläufen in der Beschaffung Probleme auftreten und wie die Zusammenarbeit zwischen den Abteilungen, aber auch mit den Lieferern zu bewerten ist und an welchen Schnittstellen eventuell Reibungsverluste auftreten.

Die Abteilungsleiterin legt großen Wert auf die Meinung der Mitarbeiter. Sie sind es schließlich, die bei ihrer täglichen Arbeit auf Probleme stoßen und die sich Gedanken darüber machen, wie diese überwunden werden können. Der junge Mitarbeiter Günther ist mit der Beschaffung von Elektroinstallationsbedarf beschäftigt. Vor Kurzem fand er in einer Fachzeitschrift folgende tabellarische Übersicht:

Mögliche Prozess-Schritte einer Bestellung			
Bedarfsermittlung	**Einkauf**	**Warenannahme**	**Lagerung**
▪ Erfassung der Bedarfsmenge ▪ Erfassung der Lagermenge ▪ Schreiben der Bedarfsanforderung ▪ Weiterleitung an Einkauf	▪ Bezugsquellenermittlung ▪ Anfragen erstellen ▪ Terminüberwachung ▪ Angebote auswerten ▪ Prüfen von Vertragsinhalten ▪ Preisverhandlungen ▪ Auftragserteilung ▪ Auftragsbestätigung prüfen ▪ Vergleich Bestellung mit Lieferung ▪ Rechnungsprüfung ▪ Zahlungsanweisung ▪ Bearbeitung von Störungen (Lieferungsverzug, mangelhafte Lieferung)	▪ Prüfung auf Menge und äußere Beschaffenheit ▪ Quittierung ▪ ggf. Tatbestandsaufnahme bei Transportschäden ▪ ggf. Rücklieferung ▪ Transport zum Lagerort	▪ interner Transport ▪ Prüfung auf Art, Qualität und Güte ▪ Wareneinlagerung ▪ Warenpflege ▪ Bestandskontrolle ▪ Statistikerstellung

Die Übersicht hat ihm bewusst gemacht, wie groß der Beschaffungsaufwand ist. Er fragt sich, ob dieser Aufwand für alle ca. 5 000 Güter des Sortiments notwendig sei, und gibt diese Frage in die Runde weiter.

Am Ende der Sitzung erzählt die Kollegin Kruse, sie habe in der Zeitung gelesen, dass ein bekanntes Industrieunternehmen ein Qualitätszertifikat erhalten habe. Sie ist der Meinung, dass nicht nur in der Produktion, sondern auch im Handel die Qualität der Arbeit wichtig sei, daher fragt sie, ob es sinnvoll wäre, ein Qualitätszertifikat anzustreben. Die Abteilungsleiterin will diese Frage auf der nächsten Abteilungsleitersitzung zur Sprache bringen.

Handlungsaufträge

Überlegen Sie,

a) unter welchen Bedingungen Mitarbeiter dafür gewonnen werden können, sich konstruktiv und kreativ für eine Verbesserung der Geschäftsprozesse einzusetzen.

b) welchen Vorteil eine Qualitätszertifizierung für ein Unternehmen haben könnte.

c) ob es möglich ist, den Beschaffungsaufwand für bestimmte Güter zu verringern, und nach welchen Kriterien die Güter zu unterscheiden wären.

2.1 Optimierungsbereiche und Voraussetzungen

In den vorangegangenen Lernfeldern wurden bereits Optimierungsprobleme angesprochen, wenn es um die Reduzierung von Kommissionierzeiten geht oder die günstigste Bestellmenge ermittelt werden soll. Optimierung soll nicht nur Kostenreduzierung zur Folge haben.

Weitere **Optimierungsbemühungen** können sich beziehen auf

- ökologische Aspekte,
- die Energieeffizienz oder
- ergonomische Erfordernisse.

Die Berücksichtigung dieser Ziele muss nicht zwingend im Gegensatz zur Kostenreduzierung stehen. Das Gegenteil ist oft der Fall: Energieeffizienz führt auch zu Kosteneinsparungen, ergonomische Arbeitsplätze reduzieren das Krankheits- und Unfallrisiko und erhöhen die Motivation der Mitarbeiter. Die für die ergonomische Gestaltung der Arbeitsplätze erforderlichen Investitionen zahlen sich auf längere Sicht aus. Schließlich wird häufig in der Werbung herausgestellt, dass das Unternehmen sich ökologischen Zielen verpflichtet fühlt. Dies soll zu einer Verbesserung des Images (Ansehen) führen. Vielfach ist in diesem Zusammenhang von **Green Logistik** die Rede.

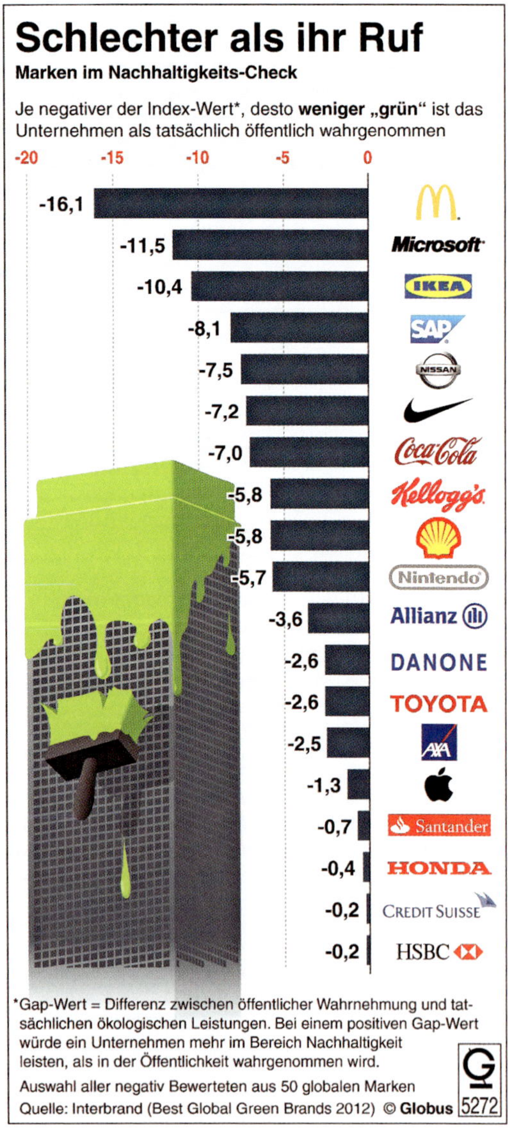

Wie bereits im Zusammenhang mit der Zielsetzung der Logistik deutlich geworden ist, geht es darum, durch Optimierung logistischer Prozesse den **Unternehmenserfolg** und die **Konkurrenzfähigkeit** des Unternehmens zu stärken. Der Logistik wird in diesem Zusammenhang eine Dienstleistungsfunktion zugewiesen. Moderne Technik, insbesondere die Kommunikationstechnologie, hat es möglich gemacht, sowohl Waren- als auch Informationsströme effizienter zu machen. Es geht aber gar nicht immer um große Investitionen. Vielmehr sind es oft einfache Mittel, die zu einer Verbesserung der Arbeitsabläufe führen, z. B. bessere Markierungen, Kennzeichnungen oder Beschilderungen, Schulungen der Mitarbeiter. Es ist wichtig, die Mitarbeiter mit einzubeziehen. Sie wissen oft über die konkreten Prozesse an ihrem Arbeitsplatz mehr als ihre Vorgesetzten oder mit der Optimierung betraute Experten. Aber auch aus einem anderen Grund ist die Mitwirkung der Mitarbeiter notwendig, wenn Verbesserungen erfolgreich sein sollen. Nur so lassen sich Widerstände abbauen, die notwendigerweise mit Veränderungen verbunden sind. Im Folgenden soll auf diese Sachverhalte eingegangen werden.

2.2 Lean Management

Anfang der Neunzigerjahre des letzten Jahrhunderts wurde vom Massachusetts Institute of Technology eine Untersuchung von Automobilunternehmen verschiedener Länder durchgeführt.

Dabei stellte sich heraus, dass es große Unterschiede zwischen den Unternehmen gab, und zwar im Hinblick auf

- die Qualität der Produkte,
- die Fertigungskosten und -zeiten,
- die Höhe der Lagerbestände sowie
- die Flexibilität gegenüber Kundenwünschen.

Insbesondere die japanischen Autobauer waren den europäischen und amerikanischen Herstellern überlegen. Die Ursache wurde u.a. in der schlanken (lean) Managementstruktur gesehen. **Flachere Hierarchien** z.B. ermöglichten eine flexiblere und raschere Reaktion auf sich verändernde Bedingungen. Drei Prinzipien bilden dabei die Basis des **Lean Managements**:

- das **Kaizen-Prinzip** (siehe Kapitel 2.3)
- das **Prinzip des Total Quality Managements** (siehe Kapitel 2.4)
- das **Just-in-time-Prinzip** (im Lernfeld 11 – Güter beschaffen – wird unter dem Gliederungspunkt „Wann soll eingekauft werden?“ auf dieses Prinzip der produktionssynchronen und kostengünstigen Materialbeschaffung eingegangen)

Lean Management setzt auf Seiten der Mitarbeiter **Engagement und Arbeitsfreude** voraus.

Aber auch auf der Seite der Vorgesetzten wird ein Umdenken erforderlich: Kompetenzen müssen an Untergebene abgegeben werden, Entscheidungen werden zunehmend in **Teams** getroffen, den Vorgesetzten bleibt die Aufgabe der **Information und Koordination** (siehe Kapitel 2.5 Kontinuierlicher Verbesserungsprozess – KVP).

2.3 Kaizen-Prinzip

Das Kaizen-Prinzip (Kai = Wandel, zen = das Gute) ist eine philosophische Grundlage des japanischen Managements. Der wichtigste Unterschied zwischen japanischen und westlichen Managementkonzepten besteht darin, dass Kaizen **prozessorientiertes Denken** erfordert, während westliche Konzepte eher **innovations- und ergebnisorientiert** sind. Die folgenden Grafiken machen den Unterschied deutlich:

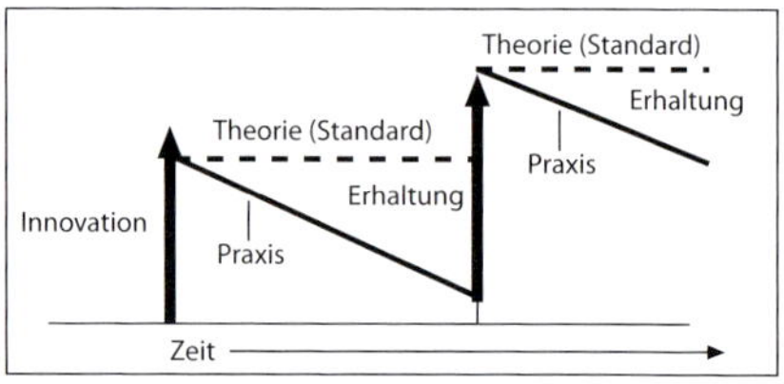

Innovation allein

Wie zu erkennen ist, reichen Innovationen allein nicht aus. Es bedarf der Ergänzung durch Kaizen, um **nachhaltig** erfolgreich zu sein und nicht nach einem Innovationsschub wieder zurückzufallen. Konkret umfasst Kaizen z. B. **Kundenorientierung** und **Arbeitsdisziplin**, aber auch Verfahren wie **Kanban** (siehe Lernfeld 11, Kapitel 1.3.3 oder **Just-in-time** und Modelle der Qualitätssicherung wie **TQM**).

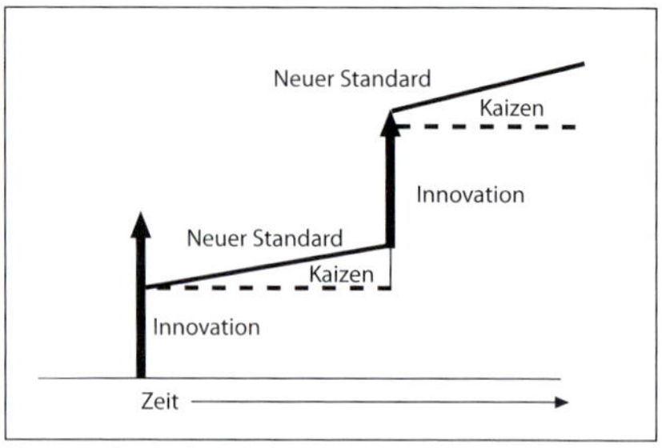

Innovation plus Kaizen

2.4 Total Quality Management (TQM)

Der Qualitätsbegriff hat sich in mehrfacher Hinsicht gewandelt:

- Wenn in Fertigungsunternehmen von Qualität die Rede war, verstand man vor allem die technische Qualität der Produkte darunter und Qualitätskontrolle bezog sich auf die Produktprüfung am Ende der Fertigung. Die Globalisierung der Märkte hat u.a. dazu geführt, dass die Qualität inländischer Produkte immer mehr an der ausländischer Produkte gemessen wird. Dabei geht es nicht nur um die technische Beschaffenheit der Produkte, sondern auch darum, ob die Produkte den Ansprüchen der Nutzer gerecht werden.
- Während Qualitätssicherung sich früher lediglich auf die Produktion bezogen hat, werden heute auch andere Funktionen des Unternehmens mit einbezogen. Die Qualitätssicherung fängt daher bereits bei der Beschaffung an. Bei den Lieferanten wird zunehmend darauf geachtet, dass diese nachhaltig und zuverlässig fehlerfreie Produkte liefern. Während des Fertigungsprozesses wird die Qualität von Material und Fertigungsmethoden kontrolliert. Schließlich werden die Abnehmer laufend gebeten, ihre Meinung zur Qualität von Produkten und Leistungen zu äußern.

Für diese umfassende und kundenbezogene Sicht der Qualitätssicherung hat sich der Begriff **Total Quality Management** herausgebildet, der drei Dimensionen umfasst:

- **Ergebniskontrolle:** Durch Mess- und Prüfvorgänge soll herausgefunden werden, ob das hergestellte oder bezogene Produkt den technischen und funktionalen Vorgaben und Wünschen der Kunden entspricht.
- **Null-Fehler-Strategie:** Dieses Konzept der Fehlervermeidung erfolgt prozessbegleitend und bezieht sich z.B. auf Wareneingangskontrollen oder Kontrollen einzelner Arbeitsschritte in Produktion und Absatz. Die Kontrollen erfolgen durch die Mitarbeiter selbst, aber auch durch sogenannte Qualitätsbeauftragte.
- **Umfassendes Qualitätsbewusstsein:** Bei allen Mitarbeitern auf allen Ebenen soll sich eine Kultur der Verantwortung für die Qualität der eigenen Arbeit entwickeln.

Qualität wird zunehmend zu einem **Wettbewerbsfaktor**, der z.B. für die Berücksichtigung bei Ausschreibungen entscheidend sein kann. Die **Deutsche Gesellschaft für Zertifizierung von Qualitätssicherungssystemen mbH** ist berechtigt, **Zertifikate** auszustellen. Wenn Unternehmen eine Zertifizierung anstreben, müssen sie Qualitätsstandards im Sinne des TQM schaffen. Dabei ist dies keine einmalige Anstrengung. Vielmehr muss Qualitätssicherung immer wieder neu erreicht und an veränderte Bedingungen angepasst werden.

Durch Einsatz moderner Softwaresysteme können Durchlaufzeiten verkürzt werden.

2.5 Kontinuierlicher Verbesserungsprozess (KVP)

KVP ist eine erprobte Methode, bei der die **Mitarbeiter das Wissen um die Arbeitsabläufe ihres Arbeitsplatzes einbringen** und damit Veränderungen in Gang setzen. Verbesserungsvorschläge von Mitarbeitern werden durch systematische Projektorganisation unterstützt.

Die Mitarbeiter werden damit als potenzielle Träger des Wandels in den Mittelpunkt gestellt. Damit wird der Idee Rechnung getragen, dass der notwendige ständige Erneuerungsprozess nicht nur von oben nach unten angeordnet werden kann, sondern vor allem von den Beschäftigten mitgetragen und mitgestaltet werden muss.

Die Einführung eines KVP kann in mehreren Schritten erfolgen:
- strategische Planung: Ziele, Rahmenbedingungen, Benennung von KVP-Coaches
- Information und Einbindung der Führungskräfte (Gewinnung von Multiplikatoren)
- Information und Einbindung der Mitarbeiter
- Analyse der Ist-Situation, Sammlung von Problemen und Schwachstellen
- Generierung und Umsetzung von Maßnahmen
- Controlling, Feedback und Visualisierung

Während das TQM vorwiegend in Fertigungsunternehmen entwickelt und angewendet wurde, ist der Einsatz von KVP prinzipiell in allen Unternehmensbereichen möglich. Voraussetzung für eine erfolgreiche Umsetzung von KVP ist, dass die Mitarbeiter bzw. Teams eine gewisse **Autonomie** gegenüber vor- oder nachgelagerten Bereichen haben.

Außerdem ist es ratsam, die Beteiligten frühzeitig über geplante Maßnahmen zu informieren und einzubeziehen. Ein faires und transparentes Honorierungssystem und die rasche Umsetzung der eingebrachten Veränderungsvorschläge kann die Motivation der Mitarbeiter steigern und die Akzeptanz gegenüber diesem System erhöhen. Es versteht sich, dass eine Unternehmensorganisation mit flachen Hierarchien und Teamstrukturen KVP begünstigt.

2.6 Warehouse Management (WMS)

Ein Lagerverwaltungssystem im herkömmlichen Sinne beschreibt die Verwaltung von Mengen und (Lager-)Orten und insbesondere deren Beziehung zueinander. Dies geschieht heute überwiegend EDV-gestützt. Es handelt sich also um Lagerbestandsverwaltungssysteme.

Das **Warehouse Management** bezeichnet hingegen die Steuerung, Kontrolle und Optimierung komplexer Lager- und Distributionssysteme. Dabei geht es insbesondere darum, die für die einzelnen Lagerfunktionen vorhandenen Steuerungs- und Verwaltungssysteme aufeinander abzustimmen, effizient zu nutzen und ein auf die jeweiligen Anforderungen speziell zugeschnittenes System zu entwickeln. So muss z. B. das richtige Logistiksteuerungssystem ausgewählt und fehlerfrei umgesetzt werden (Implementierung). Des Weiteren soll mehr Transparenz geschaffen und die Reaktionsgeschwindigkeit verbessert werden.

Das Schaubild auf der nächsten Seite verdeutlicht die Grundelemente von Warehouse Managementsystemen und deren Bezug zu den Funktionen im Lager.

An folgendem Beispiel soll verdeutlicht werden, wie die Steuerung einzelner Lagerfunktionen mithilfe von Datenfunk und WMS aufeinander abgestimmt und damit die Lagerprozesse optimiert werden können.

Beispiel

In einem Produktionsbetrieb werden sämtliche Anlieferungen mit Handhelds (Scannern) datentechnisch erfasst. Mithilfe des Datenfunks gelangen die eingescannten Werte an das Warehouse Management (WMS), wo sie mit der Lieferanzeige (Lieferavis) abgeglichen werden. Ein großer Teil der Lieferungen kommt in das automatische Kleinteilelager (AKL). Für die für das Palettenlager bestimmten Paletten erstellt das WMS einen Transportauftrag. Holt ein Fahrer eine Palette an der Übergabestelle ab, muss er die Prüfziffer des Abholplatzes in sein Headset sprechen. Stimmen die eingesprochenen Daten mit denen des Transportauftrags überein, wird die Palette zum Weitertransport ins Palettenlager freigegeben. Erst wenn der Ladungsträger an einem exakt definierten, ebenfalls mit einer zu bestätigenden Prüfziffer versehenen Ort abgestellt wurde, wird der Abholauftrag für die nächste Palette erteilt. Ein Transportauftrag wird nur an jeweils ein Voice-Terminal gegeben. Mit dieser Verfahrensweise, die ein Verwechseln oder falsches Abstellen von Paletten praktisch ausschließt, konnte die Prozessgenauigkeit bei den Transportabläufen erheblich erhöht werden. Verlorene oder verstellte Paletten gehören der Vergangenheit an.

Quelle: FM Das Logistik-Magazin 5/2007, Seite 34 und 35

Für die akustisch durchgegebenen Transportaufträge wurde der Begriff Move-by-Voice eingeführt. Der mit einem Headset und einem am Gürtel befestigten Talkman-Terminal ausgerüstete Fahrer hat auf diese Weise die Hände frei.

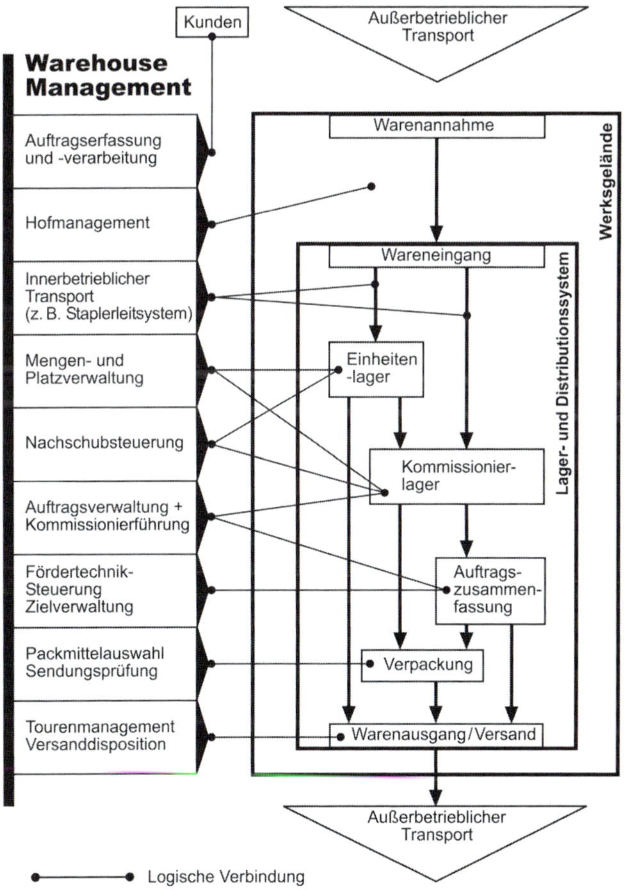

Quelle: ten Hompel, Michael/Schmidt, Thorsten: Warehouse Management, 2. Aufl., Berlin, Springer Verlag, 2005 , S. 24

2.7 Supply Chain Management (SCM)

Unter Supply Chain Management versteht man ein **Management-Konzept**, das sich zum Ziel gesetzt hat, die Prozesskette vom Rohstofflieferanten bis zum Endkunden zu optimieren. Dabei ist der Fokus auf die **Schnittstellen** zwischen den beteiligten Unternehmen gerichtet. Voraussetzung eines erfolgreichen SCM ist eine durchgängige Planung aller Prozesse über alle Abteilungs- und Unternehmensgrenzen hinweg. Grundlage hierfür ist die **Transparenz des Informationsflusses**. Konkret könnte dies z. B. **Informationen** betreffen **über**

- Kundenbedarfe,
- Lagerbewegungen,
- Kostensituationen.
- Auftragsbestände,
- Produktionskapazitäten und

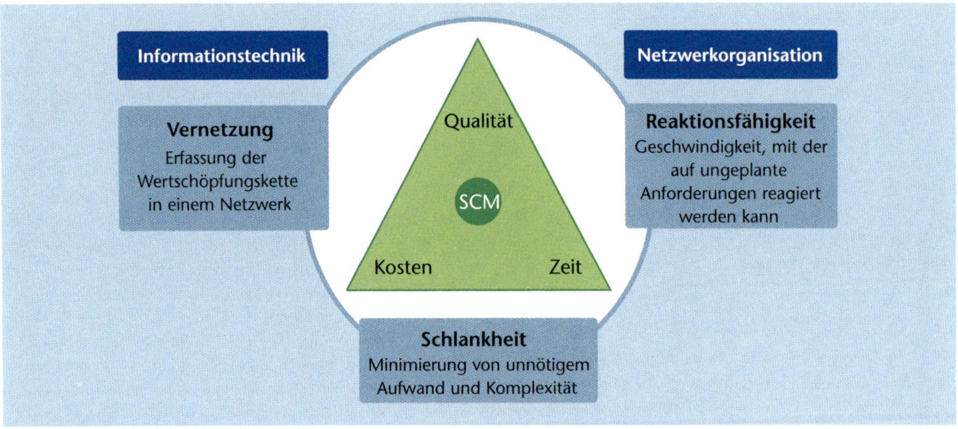

Zielkriterien für SCM-Projekte

Die Informationen müssen zusammengeführt und auf ein **übergeordnetes Ziel** ausgerichtet werden. Diese **ganzheitliche Gestaltung von Wertschöpfungsprozessen** soll durch folgende **Managementbereiche** erreicht werden:

Methode	Zielsetzung	Umsetzungsbereiche
Szenariomanagement	strategische Bewertung alternativer Zulieferketten	Standortwahl, Beschaffungsstruktur, Distributionsstruktur
Prozessketten-management	Reduzierung von Verschwendung in Zulieferketten	Verkürzung der logistischen Kette und Schnittstellenreduzierung, Definition von logistischen Verantwortungsbereichen, Controllingsysteme (Standardreporting)
Logistikmanagement	Bewertung der logistischen Leistung	Kosten für Lagerbestände, Durchlauf- und Lieferzeiten, Service- und Kapazitätsausnutzungsgrad
Netzwerkmanagement	Organisation der Netzwerknutzung	Entwicklung von Netzwerkregeln, Begleitung der Veränderungsprozesse und Entwicklung der Fähigkeiten zur Nutzung von Netzwerken

Um **Netzwerke** aufbauen zu können, ist eine „gemeinsame Sprache“ in Form von **Standards und Regeln** notwendig. Bei den Vereinten Nationen wurde das computerunterstützte Informationssystem **EDI** (**E**lectronic **D**ata **I**nterchange) weiterentwickelt zu **EDIFACT** (**E**lectronic **D**ata **I**nterchange **F**or **A**dministration **C**ommerce and **T**ransport). Diese Norm ermöglicht einen Daten- und Informationsaustausch zwischen Unternehmen, Branchen und Ländern, unabhängig von der jeweils benutzten Hard- oder Software. Zum Umsetzen von EDIFACT-Nachrichten aus dem bzw. in das vom jeweilig eingesetzten Anwendersystem verwendeten Datenformat kommt ein sogenannter **Konverter** zum Einsatz.

Die Realisierung von SCM setzt eine partnerschaftliche Beziehung der Beteiligten voraus. Es müssen gemeinsame Ziele und Strukturen vorhanden sein. Das stößt auf Widerstände, weil die unternehmerische Freiheit der einzelnen Unternehmen beschränkt wird. Außerdem ist die Frage, wer in die Kette hineindarf und unter welchen Umständen die Kette wieder verlassen werden kann, zu klären. Kritiker dieses Konzeptes sehen durch SCM den Wettbewerb außer Kraft gesetzt und halten deshalb SCM für eine Utopie. Sie setzen stattdessen auf lose und flexible Netzwerke mit dezentraler Entscheidungsstruktur.

2.8 Die ABC-Analyse

Während in den vorangegangenen Kapiteln Konzepte vorgestellt wurden, die die gesamten Geschäftsprozesse betrafen, soll hier eine Methode erläutert werden, mit deren Hilfe der **Beschaffungsaufwand** optimiert werden kann.

In der Einstiegssituation wurden mögliche Prozess-Schritte einer Bestellung dargestellt. Die Übersicht macht deutlich, dass der Beschaffungsaufwand erheblich sein kann. Weil es ein Ziel der Logistik ist, die Kosten möglichst gering zu halten, stellte sich die Frage, ob für die Beschaffung aller ca. 5 000 Artikel des Sortiments ein derartiger Aufwand notwendig ist.

Auf dem Lager sind Güter mit ganz unterschiedlichem Wert und unterschiedlicher Menge gelagert. Es leuchtet ein, dass die Beschaffungs- und Lageranstrengungen vom Wert und der Menge der Güter abhängen sollten. Um die Güter entsprechend unterteilen zu können, wird die sogenannte **ABC-Analyse** angewendet.

Zu den **A-Gütern** zählen alle Güter mit **hohem Wert** und meist **geringen Mengen**. Als kostensparende Maßnahmen kommen bei den A-Gütern in Betracht:

- sorgfältige Auswahl geeigneter und günstiger Lieferanten
- optimale Planung der Bestell- und Lagermengen
- genaue Kontrolle der Lagerbestände
- genaue Überwachung des Materialverbrauchs

Zu den **C-Gütern** gehören Güter mit **geringem Wert**, die meist in **großen Mengen** eingekauft und gelagert werden. Bei ihnen wird auf kostenintensive Einkaufsplanungen und Lager- und Entnahmekontrollen weniger Wert gelegt (siehe hierzu Lernfeld 11, Kapitel 1.3.3; Ausführungen zum Kanban-System).

Bei **B-Gütern** mit **mittleren Werten und Mengen** ist zu prüfen, ob sie mehr den A- oder C-Gütern zuzurechnen sind.

Beispiel
ABC-Analyse

Wertgruppe	Anzahl der Artikel	Prozentanteil an der Gesamtmenge	Wert der Artikel	Prozentanteil am Gesamtwert
A-Güter	220	10	5 100 000,00 €	75
B-Güter	550	25	1 360 000,00 €	20
C-Güter	1 430	65	340 000,00 €	5
Gesamt	2 200	100	6 800 000,00 €	100

Grafische Darstellung der ABC-Analyse:

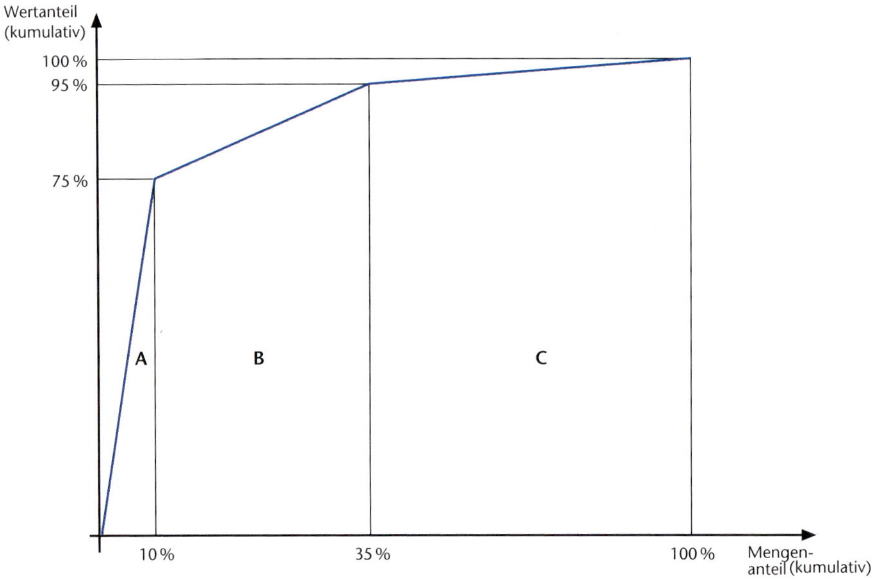

Ergänzt werden kann die ABC-Analyse durch die **XYZ-Analyse**. Hier werden die Verbrauchsschwankungen berücksichtigt. Die Unterscheidung in X-, Y- oder Z-Güter wird wie folgt vorgenommen:

- X = Güter mit gleichmäßigem Verbrauch
- Y = Güter mit schwankendem Verbrauch
- Z = Güter mit unregelmäßigem Verbrauch

Diese Analyse ist für die Vergabe von Lagerplätzen von Bedeutung. Werden beide Analysen miteinander kombiniert, ergibt sich folgende Darstellung:

	A	B	C
X	hoher Wert, gleichmäßiger Verbrauch	mittlerer Wert, gleichmäßiger Verbrauch	geringer Wert, gleichmäßiger Verbrauch
Y	hoher Wert, schwankender Verbrauch	mittlerer Wert, schwankender Verbrauch	geringer Wert, schwankender Verbrauch
Z	hoher Wert, unregelmäßiger Verbrauch	mittlerer Wert, unregelmäßiger Verbrauch	geringer Wert, unregelmäßiger Verbrauch

AX-, AY- und BX-Güter eignen sich besonders für die Beschaffung im Just-in-time-Verfahren. Dagegen ist es sinnvoll, vor allem die BZ-, CZ- und CY-Güter zu lagern.

Kernwissen

- Unter **Lean Management** versteht man eine Unternehmensorganisation mit flachen Hierarchien. Entscheidungen werden vielfach in Teams getroffen, Vorgesetzte haben Informations- und Koordinationsaufgaben.
- Das **Kaizen-Prinzip** ist Grundlage japanischer Managementkonzepte, bei denen mit vielen kleinen Schritten (prozessorientiert) versucht wird, den Unternehmenserfolg und die Konkurrenzfähigkeit zu steigern.
- Total Quality Management (**TQM**) bedeutet: umfassende, kundenorientierte Sicht der Qualitätssicherung, bezogen auf
  - **Ergebniskontrolle** (Qualität im Sinne der Abnehmer)
  - **Null-Fehler-Strategie** (Fehlervermeidung bei allen Geschäftsprozessen)
  - **umfassendes Qualitätsbewusstsein** aller Mitarbeiter auf allen Ebenen
- Als „**kontinuierlichen Verbesserungsprozess**“ (**KVP**) bezeichnet man eine Methode, bei der die Mitarbeiter durch Einbringung ihrer Kenntnisse über die Arbeitsabläufe ihres Arbeitsplatzes Veränderungsprozesse in Gang setzen und dadurch als Träger des Wandels in den Mittelpunkt gerückt werden.
- Das **Warehouse Management** bezeichnet die Steuerung, Kontrolle und Optimierung komplexer Lager- und Distributionssysteme.
- **Supply Chain Management** (**SCM**) ist ein Konzept zur ganzheitlichen Gestaltung der Wertschöpfungsprozesse vom Rohstofflieferanten bis zum Endkunden, bei dem vor allem **Reibungsverluste an den Schnittstellen** zwischen Unternehmen und Abteilungen vermieden werden sollen.
- Durch **SCM** soll die Qualität gesichert, Kosten gesenkt und Zeit gespart werden, indem
  - die Wertschöpfungskette in einem Netzwerk erfasst wird (**Vernetzung**),
  - die Geschwindigkeit der Reaktion auf ungeplante Anforderungen gesteigert wird (**Reaktionsfähigkeit**),
  - Aufwand und Komplexität minimiert werden (**Schlankheit**).
- Die **ABC-Analyse** ist eine Methode, Güter mit hohem Wert, aber geringer Menge (A-Güter) von Gütern mit geringem Wert, aber meist großer Menge (C-Güter) zu unterscheiden. Güter mit mittlerem Wert und Menge (B-Güter) sind entweder den A- oder C-Gütern hinzuzurechnen.
- **A-Güter** erfordern einen entsprechenden Beschaffungsaufwand sowie eine genaue Kontrolle der Lagerbestände und Verbräuche.
  C-Güter ermöglichen ein vereinfachtes Beschaffungsverfahren und erfordern keine intensive Mengen- und Verbrauchskontrolle.
- Bei der **XYZ-Analyse** werden Güter mit gleichmäßigem Verbrauch (X-Güter), mit schwankendem Verbrauch (Y-Güter) sowie Z-Güter mit unregelmäßigem Verbrauch unterschieden.
  ABC-Analyse und XYZ-Analyse können kombiniert werden.

Aufgaben

1. *Erläutern Sie die Merkmale des Lean Managements.*
2. *Nennen Sie die drei Prinzipien, welche die Basis des Lean Managements bilden.*
3. *Vergleichen Sie die japanischen und westlichen Managementkonzepte und erklären Sie den wesentlichen Unterschied.*
4. *Welche veränderte Sichtweise der Qualitätskontrolle zeichnet das Total Quality Management (TQM) aus?*
5. *Nennen Sie die drei Dimensionen des Total Quality Managements.*
6. *Was bedeutet es, wenn ein Unternehmen ein Qualitätszertifikat erhält, und wer kann diese Zertifikate ausstellen?*
7. *Diskutieren Sie mögliche Vorteile der Methode des kontinuierlichen Verbesserungsprozesses (KVP).*
8. *Schildern Sie, warum das Warehouse Management sich von herkömmlichen Lagerbestandsverwaltungssystemen unterscheidet.*
9. *„Beim Supply Chain Management ist der Fokus auf die Schnittstellen zwischen den beteiligten Unternehmen gerichtet." Nehmen Sie Stellung zu dieser Aussage.*
10. *Erklären Sie die Zielsetzungen der Managementmethoden des SCM und nennen Sie Bereiche, in denen diese Ziele umgesetzt werden können.*
11. *Erläutern Sie die Unterscheidungskriterien bei der ABC-Analyse.*
12. *Aus welchem Grund werden ABC-Analysen vorgenommen?*
13. *Schildern Sie die Vorgehensweise bei der XYZ-Analyse und stellen Sie praktische Anwendungsmöglichkeiten dieser Analyse dar, ggf. in Verbindung mit der ABC-Analyse.*

Lernfeld 11
Güter beschaffen

1 Bedarfsplanung

Einstiegssituation

Bei der Emder Elektrogroßhandels-GmbH findet eine Krisensitzung statt. Die Statistiken des zurückliegenden Kalenderjahres liegen vor. Leider sind nicht alle Zahlen erfreulich. Der Absatz konnte nicht gesteigert werden. Man ist schon froh, dass er zumindest nicht gesunken ist.

Dem Lagerleiter macht es Sorgen, dass die Lagerkosten gegenüber dem Vorjahr gestiegen sind. Dies ist einerseits auf die Erhöhung der Personal- und Energiekosten zurückzuführen. Andererseits wurde aber festgestellt, dass sich die durchschnittliche Lagerdauer eines Artikels um fünf Tage verlängert hat.

Im kommenden Jahr kann aufgrund der verbesserten Wirtschaftslage mit einer Absatzsteigerung gerechnet werden. Da das Lager ohnehin schon sehr eng ist, wird überlegt, ob eine neue Lagerhalle angebaut werden muss. Dies wäre natürlich mit hohen Kosten verbunden, die man gerne vermeiden möchte. Der Lagerleiter soll deshalb überlegen, ob er Möglichkeiten sieht, mit der vorhandenen Lagerfläche auszukommen, wenn die Lagerbestände reduziert und die Lagerdauer verkürzt werden könnte.

Die Leiterin der Einkaufsabteilung wird beauftragt zu prüfen, ob die Bestellmengen und -zeitpunkte verändert werden können.

Handlungsaufträge

1. *Überlegen Sie, wovon*
   a) die Höhe des Lagerbestands eines Artikels abhängt,
   b) der Bestellzeitpunkt abhängt.
2. *Erkundigen Sie sich in Ihrem Ausbildungsbetrieb, wie dort Bestellmengen und Bestellzeitpunkte festgelegt werden.*

Wie die oben dargestellte Situation deutlich macht, geht es darum, die **Kosten der Lagerhaltung möglichst gering** zu halten. Mit Ausnahme der „Just-in-time"-Lieferung, auf die in Kapitel 1.3.4 noch eingegangen wird, kann auf ein Lager nicht völlig verzichtet werden. Das Lager hat sicherzustellen, dass die **Wünsche der Kunden jederzeit erfüllt** werden können. Bei Produktionsbetrieben ist es die Aufgabe des Lagers, durch Bereitstellung der benötigten Materialien eine **störungsfreie Produktion** zu gewährleisten.

Tipp

Die Sicherungsaufgabe des Lagers ist in Lernfeld 2, Kapitel 1.1 genau beschrieben.

Die Einkaufsabteilung eines Betriebs, die für die Beschaffung der Güter zuständig ist, muss in Zusammenarbeit mit der Verkaufs- bzw. Produktionsabteilung und der Lagerhaltung den Bedarf der einzelnen Waren ermitteln. Hierbei sind u. a. folgende Fragen zu beantworten:

Was soll eingekauft werden?	Beschaffungsplanung
Wie viel soll eingekauft werden?	Mengenplanung
Wann soll eingekauft werden?	Zeitplanung
Wo soll eingekauft werden?	Bezugsquellenermittlung

1.1 Was soll eingekauft werden?

1.1.1 Verbrauchsgesteuerte Bedarfsermittlung

Beim Elektrogroßhändler aus der Einstiegssituation wird die Beantwortung dieser Frage vor allem davon abhängen, welche Waren bisher verkauft wurden. Außerdem ist zu prüfen, um welche Waren das **Sortiment** (Gesamtheit der Waren, die der Großhändler seinen Kunden anbietet) ergänzt werden sollte. Hier ist vor allem die Verkaufsabteilung gefordert. Sie kennt die Wünsche ihrer Kunden und muss sich über Neuheiten auf dem Markt informieren.

1.1.2 Programmgesteuerte Bedarfsermittlung

Bei Produktionsbetrieben wird der Materialbedarf aus dem Produktionsprogramm abgeleitet, mit dem die Menge der herzustellenden Fertigerzeugnisse **(Primärbedarf)** in einem bestimmten Zeitraum festgelegt wird. Aus dem Primärbedarf ergeben sich der **Sekundär- und Tertiärbedarf.** Die folgende Tabelle soll den Zusammenhang verdeutlichen:

	Primärbedarf	Sekundärbedarf	Tertiärbedarf
Erklärung	herzustellende Fertigerzeugnisse	– Rohstoffe – Halbfertigfabrikate	– Hilfsstoffe – Betriebsstoffe – Verpackungsmaterial – Verschleißwerkzeuge und Ersatzteile
Beispiel	Kleiderschrank	– Holz (-platten) – Beschläge	– Leim – Öl für Maschinen – Wellpappe (Verpackung) – Sägeblätter
Bedarfsermittlung	Produktionsprogramm entsprechend der erwarteten Nachfrage	ergibt sich aus den Stücklisten	wird meist verbrauchsorientiert ermittelt

Bruttobedarf – Nettobedarf

Die benötigte Menge (= Nettobedarf) kann dabei vom ermittelten Gesamtbedarf abweichen, wie die folgende Berechnung deutlich macht:

Gesamtbedarf
\+ Zusatzbedarf (Mehrbedarf für Ausschuss, Prüfzwecke, Minderlieferungen)

= Bruttobedarf
– Lagerbestand (im Lager befindliche Teile)
– Bestellbestand (bereits bestellte Menge, die sich noch nicht auf Lager befindet)
\+ Vormerkbestand (reservierter Bestand für bereits vorliegende Aufträge)

= Nettobedarf

1.1.3 Eigenherstellung oder Fremdbezug

In Industriebetrieben stellt sich zusätzlich die Frage, ob eine Eigenfertigung oder ein Fremdbezug der Teile erfolgen soll. Ob bestimmte Teile selbst hergestellt werden sollen, hängt ab

- von den eigenen Kosten,
- von der erzielbaren Qualität,
- von den vorhandenen technischen Möglichkeiten,
- von der Kapazitätsauslastung,
- von der Zuverlässigkeit des Lieferers.

Beispiel
Kostenvergleich für ein Produkt in Eigenherstellung oder im Fremdbezug bei einer benötigten Menge von 100, 500, 1 000, 1 500 Stück

Kosten bei Eigenherstellung		Kosten bei Fremdbezug	
Fixkosten (z. B. Zinsen, Abschreibungen):	20 000,00 €	Fixkosten:	0,00 €
variable Kosten pro Stück (z. B. Materialkosten):	20,00 €	variable Kosten pro Stück (Preis für gekauftes Stück):	40,00 €

Tabellarische Lösung

Menge	Eigenherstellung			Fremdbezug	günstiger
	Fixkosten	variable Kosten	Gesamtkosten		
100	20 000,00 €	2 000,00 €	22 000,00 €	4 000,00 €	Fremdbezug
500	20 000,00 €	10 000,00 €	30 000,00 €	20 000,00 €	Fremdbezug
1 000	**20 000,00 €**	**20 000,00 €**	**40 000,00 €**	**40 000,00 €**	**gleich**
1 500	20 000,00 €	30 000,00 €	50 000,00 €	60 000,00 €	Eigenherstellung

Wegen der hohen Fixkosten bei Eigenherstellung ist bis zu einer Menge von 999 Stück der Fremdbezug günstiger. Ab einer benötigten Menge von 1 001 Stück wird die Eigenherstellung günstiger, da sich die anfallenden Fixkosten auf eine größere Herstellungsmenge verteilen. Bei einer Herstellungsmenge von 100 Stück betragen die fixen Stückkosten 200,00 €, bei einer Herstellungsmenge von 1 000 Stück betragen die fixen Stückkosten nur noch 20,00 €. Das Sinken der fixen Stückkosten bei zunehmender Produktionsmenge wird auch Fixkostendegression genannt.

Grafische Lösung:

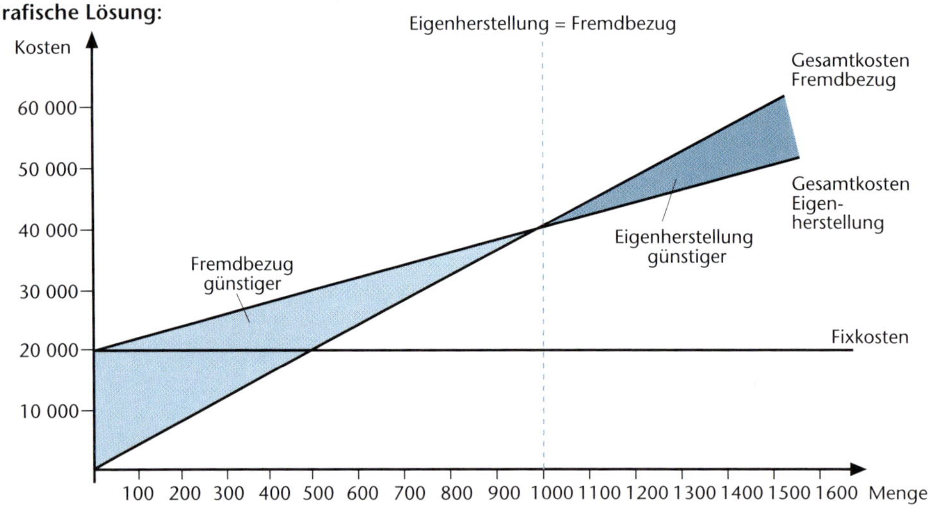

Mathematische Lösung

Bei welcher Menge sind Fremdbezug und Eigenherstellung gleich teuer? Lösung über eine Gleichung mit der Menge x.

Fremdbezug		Eigenherstellung	
40 x	=	20 000,00 € + 20 x	
20 x	=	20 000,00 €	
x	=	20 000,00 €/20	= 1 000 Stück

1.2 Wie viel soll eingekauft werden?

1.2.1 Ermittlung der Bestellmenge

Bei der Kalkulation der einzukaufenden Menge sind folgende Fragen zu klären:

- Welcher Absatz ist geplant (Information aus der Verkaufsabteilung)?
- Welcher Lagerplatz steht zur Verfügung (Lagerkapazität)?
- Wie wird sich der Preis für dieses Gut entwickeln?
- Können eventuell Sonderangebote genutzt werden?
- Wie hoch ist der noch im Lager befindliche Bestand?
- Welche Haltbarkeit hat das zu beschaffende Gut?
- Welches Kapital steht für die Beschaffung zur Verfügung (Liquidität)?

1.2.2 Bestellmenge zu hoch

Große Bestellungen führen zu **hohen Lagerbeständen** und haben verschiedene **Nachteile**:

- hohe Lagerkosten (Raum-, Personal- und Energiekosten)
- Gefahr des Verderbs, Veraltens oder Diebstahls

- erhöhte Kosten für Ein- und Umlagerungen sowie Pflege der Güter
- hohe Kapitalbindung und entsprechend hohe Zinsen
- Gefahr zukünftiger Preissenkungen

Vielfach wird ein **Höchstbestand** festgelegt, der von einem Gut höchstens auf Lager gehalten werden soll. Dieser Höchstbestand muss bei der Bestellung berücksichtigt werden.

1.2.3 Bestellmenge zu niedrig

Fehlmengenkosten fallen an, wenn nicht genügend Güter auf Lager sind und dadurch die Produktion verzögert wird bzw. Kunden nicht beliefert werden können. Je größer die Bestellmenge, desto geringer werden Fehlmengenkosten sein, vorausgesetzt, es wird rechtzeitig bestellt. Im Einzelnen ergeben sich folgende **Nachteile bei zu geringen Bestellmengen**:

- Kundenverlust, da Ware nicht vorrätig ist (Folge u. a.: entgangene Gewinne)
- Produktionsverzögerungen
- Mengenrabatte können nicht ausgenutzt werden
- höherer Bestellaufwand, da mehrmals bestellt werden muss
- höhere Transportkosten für mehrmalige Lieferungen
- Gefahr zukünftiger Preissteigerungen

1.2.4 Optimale (bestmögliche) Bestellmenge

Je größer die Bestellmenge, desto höher werden die Lagerkosten (Kosten für Lagerräume, gebundenes Kapital usw.). Je größer die Bestellmenge, **desto niedriger sind auf der anderen Seite die Bestellkosten pro Stück** (Mengenrabatte, weniger Verwaltungsaufwand und geringere Transportkosten).

Definition

*Die **optimale Bestellmenge** ist die Menge, bei der die Summe der Bestell- und Lagerkosten am geringsten ist.*

Sie ist von Ware zu Ware, wie auch von Einkauf zu Einkauf verschieden und hängt von der Entwicklung des Absatzes ebenso ab wie von der Preisentwicklung. Die Ermittlung der optimalen Bestellmenge ist nur modellhaft durchführbar, wobei man von verschiedenen **Annahmen** ausgeht:

- Die (Jahres-)Bedarfsmengen sind bekannt.
- Die Beschaffungskosten sind bekannt und bleiben konstant.
- Die Lagerhaltungskosten sind bekannt und bleiben konstant.
- Die Lagerabgänge sind gleichmäßig.

In der Praxis treffen diese Annahmen oft nicht zu. Trotzdem eignet sich die Modellrechnung dazu, den Zusammenhang von Bestellmenge und Kosten deutlich zu machen.

Beispiel

Ermittlung der optimalen Bestellmenge

Ein Unternehmen hat für das Teil A einen Jahresbedarf von 2 500 Stück. Die Bestellkosten pro Bestellung betragen fest 50,00 €. Die Lagerkosten pro Stück liegen bei 1,00 €. Auf Lager befindet sich im Durchschnitt die halbe Bestellmenge.

Wie hoch sind
a) die Bestellkosten
b) die Lagerkosten
c) die Gesamtkosten bei 1, 4, 5, 20 Bestellungen?

1. Tabellarische Lösung

Zahl der Bestellungen	Bestell-menge in Stück	Bestellkosten in Euro	Durchschnitt-licher Lagerbestand	Lager-kosten in Euro	Gesamt-kosten in Euro
1	2500	50,00	1250	1250,00	1300,00
4	625	200,00	312,50	312,50	512,50
5	500	250,00	250	250,00	500,00
20	125	1000,00	62,50	62,50	1062,50

2. Grafische Lösung mit Lagerkosten, Bestellkosten und Gesamtkosten sowie der optimalen Bestellmenge

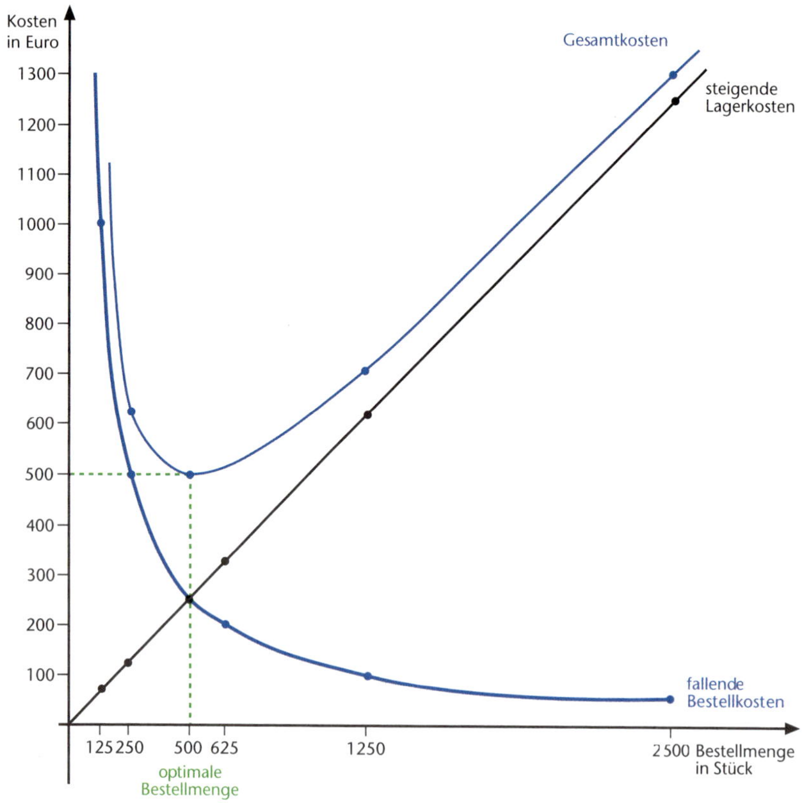

Es handelt sich hier um eine **vereinfachte Modellrechnung**. Dieses vereinfachte Beispiel berücksichtigt z. B. folgende Einflussfaktoren nicht:

- Größere Mengen können häufig günstiger eingekauft werden (Mengenrabatt).
- Die anteiligen Transportkosten sind oft niedriger bei größeren Bezugsmengen.
- Die Verbrauchsmengen sind nicht immer gleichmäßig.

1.3 Wann soll eingekauft werden?

1.3.1 Das Bestellpunktverfahren (Meldebestand)

Grundsätzlich soll so früh bestellt werden, dass die vorhandene Ware ausreicht, bis die neue Ware eintrifft. Der Zeitpunkt der Bestellung hängt deshalb besonders vom täglichen Verbrauch (Verkauf) und der Lieferzeit ab. Die **Lieferzeit** umfasst in der Praxis mehrere Zeitabschnitte:

- Zeit für den internen Bestellvorgang
- Zeit für die Übermittlung der Bestellung
- eigentliche Lieferzeit des Lieferers
- Transportzeit
- Zeit für Materialannahme und -prüfung

Um auch eventuelle Lieferverzögerungen (Lieferengpass bzw. Transportschwierigkeiten) bzw. einen unerwarteten Mehrverbrauch oder -verkauf ausgleichen zu können, ist es erforderlich, stets einen **Mindestbestand** (auch Reservebestand, eiserne Reserve oder Sicherheitsbestand genannt) auf Lager zu halten. Außerdem soll der Mindestbestand als Sicherheit dienen, wenn im Lager Fehlmengen oder Ausschuss festgestellt werden. In der Praxis wird der Mindestbestand mit drei Tagesumsätzen kalkuliert und bei der Ermittlung des Meldebestands berücksichtigt. Der Mindestbestand soll nur in Notfällen und auf Weisung der Betriebsleitung angegriffen werden.

Beispiel

Der Tagesumsatz einer Ware liegt bei zehn Stück, die Lieferzeit beträgt acht Tage, der eiserne Bestand wird mit drei Tagesumsätzen kalkuliert.

Bei welchem Bestand muss nachbestellt werden?

Lösung

Meldebestand	=	*Tagesumsatz*	·	*Lieferzeit*	+	*eiserner Bestand*
	=	*10*	·	*8*	+	*30*
	=	*110 Stück*				

Schaubild mit Erklärung

Zu Beginn wird ein Bestand von 130 Stück angenommen. Am zweiten Tag wird der Meldebestand erreicht, es muss nachbestellt werden. Am zehnten Tag erfolgt die Lieferung. Der Mindestbestand braucht nicht angegriffen zu werden. Ist ein Höchstbestand von 200 Stück festgelegt, könnte der Einkauf maximal 170 Stück bestellen.

maximale Bestellmenge = Höchstbestand – eiserner Bestand

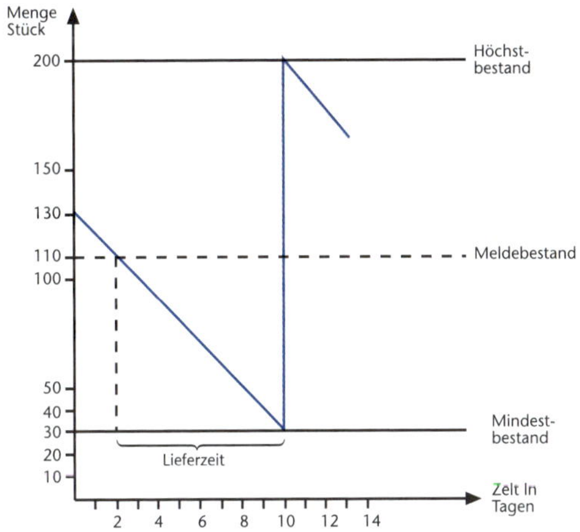

Meldebestand

Aus dem Schaubild ist auch zu erkennen, dass der Mindestbestand

- eine **Lieferverzögerung** bis drei Tage bzw.
- einen **Mehrverbrauch** von 30 Stück innerhalb der Lieferzeit

absichert. Sollte der Mehrverbrauch innerhalb der Lieferzeit über 30 Stück steigen, muss beim Lieferanten eine beschleunigte Lieferung verlangt werden, da sonst die vorhandene Ware nicht bis zum Eintreffen der Lieferung ausreicht und dann mit Fehlmengenkosten (z. B. Kundenverluste, teure Ersatzbeschaffungen) zu rechnen ist. Wenn erkennbar ist, dass dauerhaft der Verbrauch höher oder die Lieferzeit länger ist, muss der Meldebestand entsprechend angepasst werden.

Voraussetzung für das **Bestellpunktverfahren** ist die ständige **Bestandsfortschreibung** (Lagerbuchführung), sodass jederzeit der Lagerbestand überprüft werden kann.

Hinsichtlich der **Bestellmenge** kann unterschieden werden:
- Bestellmenge ist die Menge, die notwendig ist, um bis zum Höchstbestand auffüllen zu können (siehe Schaubild).
- Bestellmenge ist die **optimale Bestellmenge**, bei der die Summe der Lager- und Bestellkosten am geringsten ist (siehe Kapitel 1.2.4).

1.3.2 Das Bestellrhythmusverfahren

Wiederholen sich die Bestelltermine in festen Zeitabständen unabhängig vom Bestand (tägliche, wöchentliche oder monatliche Bestellung), so liegt das **Bestellrhythmusverfahren** vor.

Auch hier kommt als Bestellmenge infrage:
- die Menge, die notwendig ist, um bis zum Höchstbestand auffüllen zu können
- eine bei jeder Bestellung gleichbleibende Menge oder
- die optimale Bestellmenge

Bei diesem Verfahren erfolgt keine Kontrolle der Lagerabgänge, was den Verwaltungsaufwand minimiert, jedoch die Gefahr von Fehlmengen oder zu hohen Beständen mit sich bringt. Dieses Verfahren ist deshalb vor allem für C-Güter geeignet (siehe ABC-Analyse).

1.3.3 Das Kanban-System

Eine Methode, die sich besonders bei Handlagern für Kleinteile (C-Güter – siehe ABC-Analyse) in der Fertigung bewährt hat, ist das aus Japan stammende **Kanban-System** (Kanban = Karte).

Beispiel
In einem Industriebetrieb befinden sich im Handlager am Arbeitsplatz Schrauben, Muttern und Unterlegscheiben. Je Schraubenart stehen zwei Behälter im Fachbodenregal. Ist ein Behälter leer, so entnimmt der Monteur eine Karte, die an der Seite des Behälters angebracht ist, und wirft diese in einen dafür vorgesehenen Kasten. Die Behälterkarten enthalten in codierter Form Informationen über den Artikel, den Lagerort, die Bestellmenge, die Behälterart und den Kunden. In bestimmten Abständen werden die gesammelten Karten eingescannt und eine Bestellung beim Zulieferer ausgelöst. Während der Lieferzeit der neuen Behälter ist genügend Material im zweiten Behälter vorhanden.

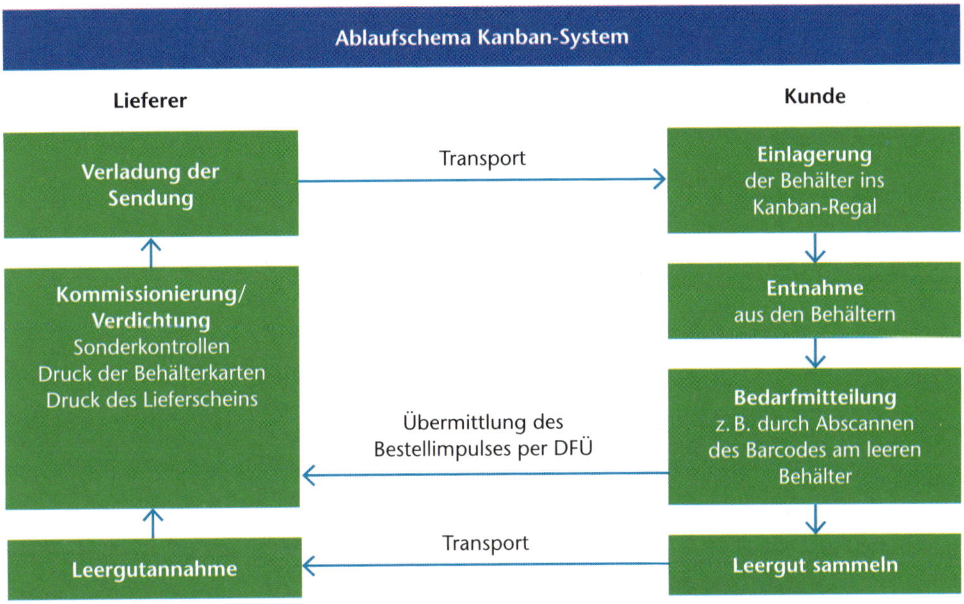

Beispiel eines Kanban-Regals am Montageband

1.3.4 Das „Just-in-time"-Verfahren

Eine besondere Form der bedarfsgemäßen Bestellung ist das „Just-in-time"-Verfahren (JIT). Vor allem in mittleren und größeren Betrieben wird diese **lagerlose Materialversorgung** praktiziert.

Beim JIT-Verfahren handelt es sich um eine **fertigungssynchrone Beschaffung**. Der Zulieferer fertigt die vom Kunden benötigten Teile und liefert sie diesem dann direkt an dessen Produktionsort, wenn die Teile dort benötigt werden, eben „just in time".

Das Fertigungsunternehmen lagert die mit der Beschaffung zusammenhängenden betrieblichen Funktionen an den Zulieferer aus, der sich darauf spezialisiert hat. Man nennt diesen Vorgang auch **Outsourcing** (vgl. Kapitel 1.2.5 des Lernfelds 2).

Vereinfachte Darstellung des Ablaufs:

Lieferer	**Fertigungsunternehmen** – betriebliche Funktionen –							Kunde
	Wareneingang	Qualitätskontrolle	Einlagerung	Auslagerung	Fertigung	Lagerung	Versand	
	wird vom Lieferer gemanagt (Outsourcing) →				wird vom Fertigungsbetrieb gemanagt (Kerngeschäft) →			

Ziel dieses Verfahrens ist es vor allem, Kosten einzusparen. Da die benötigten Teile jedoch erst kurz vor ihrer Montage angeliefert werden, besteht die Gefahr, dass es bei Lieferverzögerungen zum Produktionsstopp kommen kann. Deshalb müssen für einen **reibungslosen Ablauf** folgende **Voraussetzungen** erfüllt sein:

- Bereitschaft zur vertrauensvollen, engen Zusammenarbeit zwischen Lieferant und Kunde über einen längeren Zeitraum hinweg
- Abstimmung der Informationssysteme zwischen Lieferant und Kunde
- höchste Qualitätssicherheit und Lieferbereitschaft des Lieferanten
- möglichst gemeinsame Bestandsführung
- Bereitschaft des Lieferanten, möglichst in Werksnähe zu produzieren
- gute Verkehrswege zwischen Lieferant und Kunde

Vorteile und Nachteile des „Just-in-time"-Verfahrens:

Vorteile

- Senkung der Kosten für die Warenbestände, die Lagerräume und -einrichtungen und das Handling (z. B. Personalkosten für Ein-, Um-, Auslagern)
- Verkürzung der Durchlaufzeit
- Erhöhung der Produktivität
- Aufbau einer engen Zusammenarbeit zwischen Lieferanten und Kunden

Nachteile

- Möglichkeit, vom Lieferanten oder umgekehrt vom Kunden abhängig zu sein
- Erhöhung der Transportkosten durch häufigere Lieferungen
- Gefahr von Produktionsausfällen bei Lieferstörungen (Lieferverzug, Transportprobleme)
- Umweltbelastungen durch erhöhtes Transportaufkommen

Das Just-in-time-Verfahren wurde weiterentwickelt zum **„Just-in-sequence"-Konzept**. Hierbei geht es nicht nur um die rechtzeitige Bereitstellung der Materialien in der benötigten Menge, sondern auch darum, dass die Module (Materialien) **in der richtigen Reihenfolge** geliefert werden.

Beispiel

Automobilherstellung: *Die farblich unterschiedlichen Stoßfänger werden genau in der Reihenfolge angeliefert, wie die dazugehörenden Autos auf das Band gelegt worden sind. Dies setzt* *einen entsprechenden Datenaustausch voraus, wobei die Informationssysteme aufeinander abgestimmt sein müssen.*

Kernwissen

- Bei der Lagerhaltung gilt es, die **Kosten gering** zu halten, ohne die **Lieferbereitschaft** (bzw. störungsfreie Produktion) zu gefährden.
- Die Beschaffungsplanung hat die Fragen zu klären, **was, wie viel, wann und wo** gekauft werden soll.
- In Handelsbetrieben ist eine **verbrauchsgesteuerte Bedarfsermittlung** sinnvoll.
- In Fertigungsbetrieben bietet sich die **programmgesteuerte Bedarfsermittlung** an.
- Die benötigte Menge (= **Nettobedarf**) ergibt sich aus dem ermittelten Gesamtbedarf + Zusatzbedarf – Lagerbestand – Bestellbestand + Vormerkbestand.
- In Produktionsbetrieben ergibt sich aus dem Primärbedarf (herzustellende Fertigerzeugnisse) der Sekundärbedarf (Rohstoffe und Halbfertigfabrikate) sowie der Tertiärbedarf (Hilfs- und Betriebsstoffe, Verpackungsmaterial, Verschleißwerkzeuge und Ersatzteile).
- Ob sich **Eigenfertigung** statt **Fremdbezug** lohnt, hängt von folgenden Faktoren ab: eigene Kosten, erzielbare Qualität, vorhandene technische Mittel und Kapazitäten.
- Die **Einkaufsmenge** kann abhängen vom voraussichtlichen Absatz, von der Lagerkapazität, der erwarteten Preisentwicklung, dem vorhandenen Lagerbestand, der Haltbarkeit der Ware, den eigenen finanziellen Mitteln sowie den Bestell- und Lagerkosten.
- **Nachteile** bei

zu großem Lagerbestand	zu kleinem Lagerbestand
▪ hohe Lagerkosten ▪ Gefahr des Verderbs ▪ hohe Kapitalbindung ▪ hohe Lagerzinsen ▪ Gefahr bei Preissenkungen	▪ Kundenverlust ▪ entgangener Gewinn ▪ Mengenrabatte entfallen ▪ Produktionsverzögerungen ▪ höhere Bestellkosten ▪ Gefahr bei Preissteigerungen

- Die **optimale Bestellmenge** ist die Menge, bei der die Summe der Bestell- und Lagerkosten am geringsten ist.
- Beim **Bestellpunktverfahren** erfolgt die Bestellung, wenn der Meldebestand erreicht worden ist. Die Formel für die Errechnung des Meldebestands lautet:
Meldebestand = Tagesumsatz · Lieferzeit + Mindestbestand
- Der **Mindestbestand** soll Sicherheit gegen unvorhersehbare Lieferverzögerungen oder höhere Tagesumsätze bieten. Er entspricht meist drei Tagesumsätzen.
- Beim **Bestellrhythmusverfahren** wiederholen sich die Bestelltermine in festen Zeitabständen unabhängig vom Bestand.
- Beim **„Just-in-time"-Verfahren** werden für die Fertigung benötigte Teile vom Lieferer „gerade zur richtigen Zeit" angeliefert. Eine Lagerung im Fertigungsbetrieb entfällt. Damit werden die sich auf die Beschaffung bezogenen betrieblichen Funktionen ausgelagert (**Outsourcing**).
- Das **„Just-in-sequence"-Konzept** ist eine Weiterentwicklung des „Just-in-time"-Verfahrens. Hierbei geht es darum, die Materialien **in der richtigen Reihenfolge** anzuliefern.

Aufgaben

1. *Erklären Sie am Beispiel der Fertigung von Hosen die Begriffe Primär-, Sekundär- und Tertiärbedarf.*

2. *Ein Fahrradhersteller beabsichtigt, die Naben und Speichen nicht selbst zu produzieren, sondern von einem Lieferanten zu beziehen. Welche Gründe könnte er dafür haben?*

3. *Folgende Zahlen zur Eigenherstellung und zum Fremdbezug liegen vor:*
   Kosten bei Eigenherstellung: Fixkosten 120 000,00 €, variable Kosten pro Stück 15,00 €, Bezugskosten bei Fremdbezug 45,00 € pro Stück
   a) Bei welcher Herstellungsmenge sind Eigenherstellung und Fremdbezug gleich teuer?
   b) Wie hoch sind die Kosten für die Eigenfertigung und für den Fremdbezug bei einer Fertigungsmenge von 2 000 bzw. 5 000 Stück?
   c) Wie hoch sind die fixen Stückkosten bei den Fertigungsmengen 100 Stück, 1 000 Stück, 4 000 Stück und 5 000 Stück?

4. *Eine Möbelfabrik erhält den Auftrag zur Herstellung von 2 000 Regalen. Ermitteln Sie den Nettobedarf an Regalböden, wenn jedes Regal 4 Regalböden hat.*
   Der Zusatzbedarf für Ausschuss wird mit 100 Regalböden angesetzt. Derzeit sind noch 370 Regalböden auf Lager und bereits 1 500 Regalböden bestellt. Für einen weiteren Auftrag sind 800 Regalböden vorgemerkt.

5. *Welche Nachteile kann eine*
   a) zu große Bestellung bzw. b) zu kleine Bestellung für den Betrieb haben?

6. *Ein Unternehmen hat für das Teil B einen Jahresbedarf von 20 000 Stück. Die Bestellkosten pro Bestellung betragen fest 400,00 €. Die Lagerkosten pro Stück liegen bei 4,00 €. Auf Lager befindet sich im Durchschnitt die halbe Bestellmenge. Ermitteln Sie rechnerisch und tabellarisch*
   a) die Bestellkosten,
   b) die Lagerkosten,
   c) die Gesamtkosten bei 1, 2, 5, 10, 20 u. 50 Bestellungen im Jahr sowie
   d) die optimale Bestellmenge.

7. *Ermitteln Sie den Meldebestand für eine Ware bei folgenden Angaben:*

Zeit für den Bestellvorgang	2 Tage
Postweg	2 Tage
Lieferzeit des Lieferanten	14 Tage
Transportzeit	3 Tage
Zeit für die Materialannahme und -prüfung	1 Tag
Tagesumsatz	5 Stück
Mindestbestand	3 Tagesumsätze

8. *Erklären Sie den Zusammenhang zwischen Lieferzeit und Meldebestand.*

9. *Schildern Sie die Voraussetzungen für einen reibungslosen Ablauf des „Just-in-time"-Verfahrens.*

10. *Wägen Sie Vor- und Nachteile des „Just-in-time"-Verfahrens gegeneinander ab.*

11. *Erläutern Sie das „Just-in-sequence"-Konzept.*

2 Wareneinkauf

2.1 Wo soll eingekauft werden?

Einstiegssituation

In der Einkaufsabteilung der Emder Elektrogroßhandels GmbH ist heute viel zu tun. Mitarbeiter Günther ist damit beschäftigt, die Bedarfslisten auszuwerten, die regelmäßig mithilfe des EDV-Warenwirtschaftssystems erstellt werden. Unter anderem entnimmt er der Liste, dass beim Artikel Nr. 379/005 der Meldebestand von 180 Stück unterschritten wurde.

Die Abteilungsleiterin hatte ihm am Morgen ein Angebot vom Hersteller Lampenwelt AG in Bremen auf den Tisch gelegt, in dem u. a. eine ähnliche Deckenleuchte angeboten wird, wie sie bereits im Sortiment vorhanden ist. Der Preis scheint sehr günstig zu sein, und Günther soll nun überprüfen, ob es eventuell sinnvoll sein könnte, zu diesem Lieferanten zu wechseln.

Außerdem liegt aus der Verkaufsabteilung eine Anfrage vor, herauszufinden, welche Lieferanten für Schreibtischlampen der gehobenen Klasse infrage kommen könnten. Eine Aufstellung mit den gewünschten Eigenschaften ist beigefügt. Kunden hatten in letzter Zeit verstärkt nach entsprechenden Lampen gefragt und man erhofft sich einen guten Absatz, wenn der Verkaufspreis stimmt. Der Preis – das weiß Günther – hängt natürlich wesentlich davon ab, zu welchem Preis die Lampen beschafft werden können.

Handlungsaufträge

Informieren Sie sich über das Bestellwesen in Ihrem Ausbildungsbetrieb und überlegen Sie,

1. *was Günther bei den Artikeln, deren Meldebestand unterschritten wurde, zu veranlassen hat und woher er die dafür benötigten Daten erhält.*
2. *auf welche Weise Günther prüfen kann, ob der neue Lieferant der Deckenleuchte günstiger ist als der bisherige. Welche Informationen benötigt er dazu, und was ist bei einem eventuellen Lieferantenwechsel zu bedenken?*
3. *welche Quellen Günther zur Verfügung stehen, wenn er herausfinden will, welche Lieferanten für die gewünschten Schreibtischlampen infrage kommen könnten.*

2.1.1 EDV-gesteuerte Warenwirtschafts- und Informationssysteme

Der technologische Wandel in der Informationsverarbeitung hat dazu geführt, dass es heute nicht mehr vorstellbar ist, ohne elektronische Datenverarbeitungsanlagen (EDV) zu arbeiten. Die Programme (Software) sind zumeist auf die speziellen Bedürfnisse des Betriebs abgestimmt. Aus Karteien, wie sie früher geführt wurden, sind **Dateien** geworden. Mithilfe der EDV können die gewünschten Daten über das sogenannte **Intranet**, also das betriebsinterne Datennetz, abgerufen werden. Dies hat eine Reihe von **Vorteilen**:

- Die innerbetrieblichen Informationsströme werden beschleunigt.
- Die Fehlerquote kann verringert werden.
- Die Arbeit wird vereinfacht, weil auf einen gemeinsamen Datenbestand zurückgegriffen werden kann und nicht jede Abteilung eigene Listen und Karteien anlegen muss.
- Bestimmte Vorgänge können automatisiert werden.
- Es steht eine Fülle von statistischen Auswertungsmöglichkeiten zur Verfügung.

Im Beschaffungs- und Lagerbereich werden EDV-gesteuerte **Warenwirtschaftssysteme** eingesetzt. Die Einkaufsabteilung kann sich z. B. Bedarfslisten ausdrucken lassen, aus denen sie entnehmen kann, bei welchen Artikeln der Meldebestand unterschritten wurde, wo also eine Bestellung zu veranlassen ist. Unter Umständen kann durch die EDV direkt der Bestellvorgang ausgelöst werden.

2.1.2 Bezugsquellendatei

Bei den oben erwähnten Bedarfslisten handelt es sich um Waren, die bereits zum Sortiment gehören. Hier kann auf die bisherigen Lieferanten zurückgegriffen werden. Der **Artikel-Datei** kann entnommen werden, welche Lieferanten bisher geliefert haben. Der **Lieferanten-Datei** wiederum sind die Daten zu entnehmen, die für eine Bestellung notwendig sind. Unter anderem sind neben den Preisen auch die weiteren Bedingungen des Lieferers festgehalten. Eventuell können auch Erfahrungen mit diesem Lieferer entnommen werden. Die Artikel- und Lieferanten-Dateien werden auch als **Bezugsquellendatei** bezeichnet.

2.1.3 Bezugsquellenermittlung

Sollen – wie bei den Schreibtischlampen – neue Lieferer ausfindig gemacht werden, stehen andere Hilfsmittel zur Verfügung:

- Branchen-Adressbücher bzw. CD-ROM oder DVD (z. B. ABC der Wirtschaft, Gelbe Seiten der Post)
- Anzeigen in Fachzeitschriften
- Besuch von Messen und Ausstellungen
- Vertreterbesuche
- Internet

2.2 Anfrage

Häufig liegen bereits Kataloge von Lieferanten vor. Auch können dem Internet konkrete Informationen über Sortiment, Produkteigenschaften sowie Liefer- und Zahlungsbedingungen eines Lieferers entnommen werden. Ist dies nicht der Fall oder soll geklärt werden, ob ein Lieferer bereit ist, zu besonderen Bedingungen zu liefern, wird an den betreffenden Lieferer eine **Anfrage** gerichtet. Die Anfrage hat zum Ziel, vom Lieferer ein Angebot zu erhalten.
Sie ist **formfrei** und **unverbindlich**.

2.3 Angebot

2.3.1 Wesen und Inhalte des Angebots

Das Angebot ist rechtlich eine **Willenserklärung des Verkäufers an eine bestimmte Person**. Der Verkäufer ist an dieses Angebot gebunden und muss entsprechend dem Angebot liefern.

Durch eine **Freizeichnungsklausel** („Solange Vorrat reicht“, „Unverbindlich“, „Preis freibleibend“ usw.) entbindet sich der Verkäufer von seiner Lieferpflicht.

Keine Angebote im rechtlichen Sinn sind Schaufensterauslagen, Zeitungsanzeigen, Anzeigen auf Plakaten, Fernseh-, Rundfunk-, Kinowerbung usw. Hier liegt eine Anpreisung von Waren an die **Öffentlichkeit** vor, die nicht an eine bestimmte Person gerichtet ist.

Der Verkäufer ist **an sein Angebot gebunden**:

- bei befristetem Angebot bis zum Fristablauf (z. B. Monatsende)
- bei unbefristetem Angebot so lange, wie der Verkäufer üblicherweise vom Käufer eine Bestellung erwarten kann

Das **Angebot erlischt**,

- wenn die Frist für die Annahme des Angebots abgelaufen ist,
- wenn der Käufer in der Bestellung das Angebot abändert,
- wenn der Verkäufer das Angebot rechtzeitig widerruft.

Einem **verlangten** Angebot geht eine Anfrage voraus. Fehlt eine Anfrage des Käufers, spricht man von einem **unverlangten** Angebot, z. B. wenn sich der Verkäufer in Erinnerung bringen oder den Käufer auf neue Produkte hinweisen möchte.

Auch das Angebot kann **formlos**, also mündlich, schriftlich, telefonisch usw. erklärt werden.

Der **Inhalt des Angebots** ist nicht vorgeschrieben, doch sollte es Angaben über folgende Bedingungen enthalten, damit der Käufer die Angebote miteinander vergleichen kann:

- Art, Güte, Beschaffenheit und Menge der Ware
- Versandart und Beförderungskosten
- Zahlungsbedingungen
- Erfüllungsort und Gerichtsstand
- Gewährleistungsbedingungen
- Preis der Ware
- Verpackungskosten
- Lieferzeit
- Eigentumsvorbehalt

Tipp

Im Buch „Wirtschafts- und Sozialprozesse" finden sich im Kapitel 3.3 – Der Kaufvertrag – ausführliche Informationen zum Thema „Anfrage und Angebot".

WSP

Im Außenhandelsverkehr sind zur Vermeidung von sprachlich bedingten Missverständnissen internationale Lieferkonditionen geschaffen worden, die sogenannten **Incoterms® 2010**[1] (International Commercial Terms, Urheberschaft: Internationale Handelskammer, Paris). Die Incoterms® 2010 regeln vor allem folgende Vertragsbestandteile zwischen Verkäufern und Käufern bzw. Im- und Exporteuren:

- **Aufteilung der Kosten** der Verpackung, Fracht und Transportversicherungen
- Beschaffung der notwendigen **Ein- und Ausfuhrdokumente**
- Bezahlung von **Zöllen und Steuern**
- **Übergang der Gefahr** vom Verkäufer auf den Käufer

Wenn die Gefahr auf den Käufer übergegangen ist, bleibt der Käufer zur Zahlung des Kaufpreises verpflichtet, selbst wenn die Ware untergegangen oder im Wert gemindert ist.

---

[1] *Seit dem 01.01.2011 sind die Incoterms® 2010 gültig. Incoterms® ist ein eingetragenes Markenzeichen der Internationalen Handelskammer ICC – International Chamber of Commerce; www.iccgermany.de.*

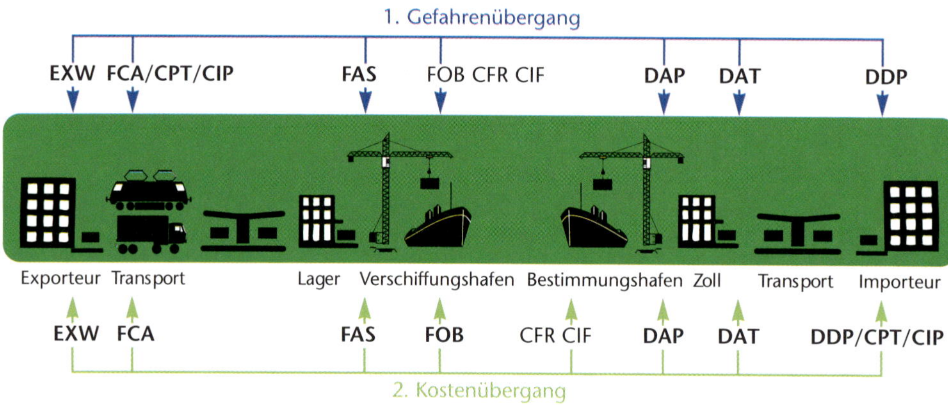

Diese Übersicht ist nicht als einzige Informationsquelle zu nutzen, sondern soll immer zusammen mit dem Originaltext der Incoterms 2010® genutzt werden.

Klauseln für alle Transportarten	
EXW	ex works (insert named place of delivery)
	ab Werk (fügen Sie den benannten Lieferort ein)
FCA	free carrier (insert named place of delivery)
	frei Frachtführer (fügen Sie den benannten Lieferort ein)
CPT	carriage paid to (insert named place of destination)
	frachtfrei (fügen Sie den benannten Bestimmungsort ein)
CIP	carriage and insurance paid to (insert named place of destination)
	frachtfrei versichert (fügen Sie den benannten Bestimmungsort ein)
DAT	delivered at terminal (insert named terminal at port or place of destination)
	geliefert Terminal (fügen Sie den benannten Terminal am Bestimmungshafen/-ort ein)
DAP	delivered at place (insert named place of destination)
	geliefert benannter Ort (fügen Sie den benannten Bestimmungsort ein)
DDP	delivered duty paid (insert named place of destination)
	geliefert verzollt (fügen Sie den benannten Bestimmungsort ein)

Klauseln für den See- und Binnenschiffstransport	
FAS	free alongside ship (insert named port of shipment)
	frei Längsseite Schiff (fügen Sie den benannten Verschiffungshafen ein)
FOB	free on board (insert named port of shipment)
	frei an Bord (fügen Sie den benannten Verschiffungshafen ein)
CFR	cost and freight (insert named port of destination)
	Kosten und Fracht (fügen Sie den benannten Bestimmungshafen ein)
CIF	cost, insurance and freight (insert named port of destination)
	Kosten, Versicherung und Fracht (fügen Sie den benannten Bestimmungshafen ein)

2.3.2 Angebotsvergleich

Liegen mehrere Angebote für ein bestimmtes Produkt vor, so muss zunächst mithilfe des **rechnerischen** Angebotsvergleichs geprüft werden, welcher Lieferer günstiger ist.

Günther hatte von der Leiterin der Eingangsabteilung den Auftrag erhalten zu prüfen, ob es günstig sein könnte, den Lieferanten für eine bestimmte Sorte Deckenleuchten zu wechseln (siehe Situation).

Der **Liefererdatei** entnahm er, dass die Firma Lehmann & Schwarz GmbH in Oldenburg die Deckenleuchte (Artikel-Nr. 388/0122) zu folgenden Bedingungen liefert:

Beispiel
Preis 49,90 € pro Stück, bei Abnahme von mindestens 200 Stück werden 10 % Rabatt, bei Abnahme von mindestens 500 Stück 15 % Rabatt gewährt. Die Zahlungsbedingung lautet: zahlbar sofort ohne Abzug. Die Lieferung erfolgt frei Haus, für Verpackung werden 5,00 € pro 10 Stück berechnet. Die Lieferzeit beträgt 6 Tage.

Vom Hersteller „Lampenwelt AG" aus Bremen liegt folgendes Angebot vor:

Lampenwelt AG

Weserstraße 25–29
28279 Bremen

Lampemwelt AG || Weserstraße 25 || 28279 Bremen

Emder Elektrogroßhandels GmbH
Dollartstraße 33
26723 Emden

Angebot

12. Januar 20..

Sehr geehrte Frau Janssen,

auf der Messe *Lichterwelten* in Bremen Ende letzten Jahres konnten wir Ihnen unsere Produkte vorstellen.
Sie interessierten sich besonders für unsere Deckenleuchte Luxor DLL/99 und baten um ein entsprechendes Angebot. Wir bieten Ihnen diese Lampe zu folgenden Bedingungen an:

> Preis je Stück 45,90 EUR einschließlich Verpackung, bei Abnahme von mindestens 400 Stück gewähren wir einen Preisnachlass von 12,5 %.
> Die Zahlungsbedingung lautet: zahlbar innerhalb 8 Tagen unter Abzug von 2 % Skonto oder innerhalb von 14 Tagen ohne Abzug.
> Die Lieferung erfolgt ab Werk innerhalb 10 Tagen.

Eine ausführliche Produktbeschreibung ist wie auch unsere Allgemeinen Geschäftsbedingungen der Anlage beigefügt. Das Angebot gilt bis Ende Februar.

Sollte Ihnen unser Angebot zusagen, würden wir uns freuen. Ihrer Bestellung sehen wir gerne entgegen.

Mit freundlichen Grüßen
Lampenwelt AG
R. Wilhelms
p.p.a. Robert Wilhelms

Anlagen
Prospekt Deckenleuchten
AGB
Katalog

Rechnerischer Angebotsvergleich

Die Firma Lampenwelt liefert ab Werk, d.h., die Bezugskosten werden vom Käufer getragen. Günther setzt hierfür den Erfahrungswert 0,80 € pro Stück ein. Davon ausgehend, dass die Bestellmenge 500 Stück betragen wird, führt er nun folgenden rechnerischen Angebotsvergleich durch:

Angebotsvergleich				
Artikel	**Deckenleuchte**			
Menge	**500 Stück**			
Lieferer	**Lehmann & Schwarz**		**Lampenwelt AG**	
Listenpreis	49,90 €	24 950,00 €	45,90 €	22 950,00 €
./.Rabatt	15 %	3 742,50 €	12,50 %	2 868,75 €
Zieleinkaufspreis		21 207,50 €		20 081,25 €
./.Skonto	0 %	– €	2 %	401,63 €
Bareinkaufspreis		21 207,50 €		19 679,63 €
Bezugskosten				
(Verpackung,	5,00 €/10 Stück	250,00 €		
Versand)	frei Haus		ab Werk	400,00 €
Bezugspreis		21 457,50 €		20 079,63 €
Lieferzeit	6 Tage		10 Tage	

Der rechnerische Vergleich zeigt, dass das neue Angebot der Firma Lampenwelt AG günstiger ist als das des bisherigen Lieferers.

Bezugspreis beim bisherigen Lieferer	21 457,50 €
neuen Lieferer	20 079,53 €
Das ergibt einen Preisvorteil beim neuen Lieferer von	1 377,97 €

FR

Tipp

Vertiefen Sie das Thema Angebotsvergleich im Buch „Fachrechnen".

Qualitativer Angebotsvergleich

Nun reicht ein rechnerischer Vergleich allein nicht aus, um sich entscheiden zu können. Vielmehr müssen weitere Gesichtspunkte berücksichtigt werden. So ist zu fragen, welche Erfahrungen mit dem bisherigen Lieferer im Hinblick auf **Qualität** und **Zuverlässigkeit** gemacht wurden. Eventuell spielen auch die **räumliche Nähe**, der **Service oder Garantieleistungen** eine Rolle. Schließlich ist beim obigen Vergleich zu erkennen, dass die **Lieferzeit** des neuen Lieferers erheblich länger ist als beim bisherigen. Sollte gerade dieser Aspekt wichtig sein, muss ggf. dem teureren Lieferer der Vorzug gegeben werden. Im vorliegenden Fall ist auch zu prüfen, ob der bisherige Lieferer bereit ist, sein Angebot nachzubessern.

2.4 Bestellung

Wenn der günstigste Lieferer ermittelt worden ist bzw. sowieso feststeht, kann die benötigte Ware bestellt werden. (Bestellmenge und -zeitpunkt müssen natürlich ebenfalls geklärt sein – siehe Kapitel 1.2 und 1.3).

2.4.1 Rechtliche Wirkung der Bestellung

Die Bestellung ist die rechtlich verbindliche **Willenserklärung des Käufers**, eine bestimmte Ware kaufen zu wollen.

Die Bestellung verpflichtet den Käufer zur Abnahme und Zahlung der Ware. Stimmen Angebot und Bestellung überein, kommt es zum Kaufvertrag.

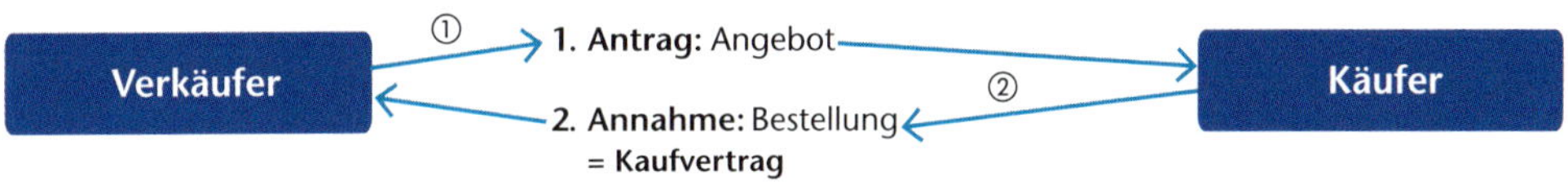

Weicht die Bestellung vom Angebot ab oder bestellt der Käufer zu spät, erlischt das Angebot. In diesem Fall gilt die Bestellung als neuer Antrag zum Abschluss eines Kaufvertrages, den der Verkäufer durch eine **Auftragsbestätigung** oder durch umgehende Lieferung annehmen kann.

Informieren Sie sich im Buch „Wirtschafts- und Sozialprozesse" über den **Abschluss und die Arten des Kaufvertrages**.

2.4.2 Form der Bestellung

Die Bestellung kann per Brief, Fax oder E-Mail erfolgen. Auch mündliche oder fernmündliche Bestellungen sind denkbar. Hier ist es üblich, eine schriftliche Bestellung hinterherzuschicken, um möglichen Missverständnissen vorzubeugen.

2.4.3 E-Procurement

FR

Eine besondere Form mit Lieferanten oder auch Transportunternehmen in Verbindung zu treten, bietet das Internet, das sogenannte E-Procurement. Es erfolgt in verschiedenen Formen:

- **Shop-System.** Hier kann der Einkäufer sich in elektronischen Produktkatalogen einzelner Anbieter informieren und bereits bestellen. Allerdings sind noch keine Produktvergleiche verschiedener Anbieter möglich.
- **Elektronische Broker.** Diese sammeln die Angebotsdaten verschiedener Lieferanten und für bestimmte Produkte und bieten sie den Kunden an. Der Kunde erhält einen Überblick über das aktuelle Marktangebot und kann vergleichen. Broker verlangen für die Informationen eine Vermittlungsgebühr.
- **Desktop-Purchasing-System (DPS).** Dieses System erlaubt dem Benutzer unter einer einheitlichen Benutzeroberfläche den Zugriff auf bestimmte Produktkataloge. Durch seine einfach zu bedienende Oberfläche eignet es sich besonders für selten bestellende Mitarbeiter. Es unterstützt interne Beschaffungsprozesse, Bestellungen können z. B. direkt im Lager vorgenommen werden.

2.5 Auftragsbestätigung (Bestellungsannahme)

Eine Auftragsbestätigung durch den Verkäufer ist zum Abschluss eines Kaufvertrages in folgenden Fällen **erforderlich:**

- wenn der Bestellung kein Angebot vorausging,
- wenn das Angebot freibleibend war,
- wenn die Bestellung vom Angebot abweicht,
- wenn die Bestellung beim Lieferer zu spät eintrifft.

Die Auftragsbestätigung ist aber auch **üblich**

- bei umfangreichen Bestellungen,
- bei neuen Kunden,
- wenn der Käufer eine Auftragsbestätigung wünscht,
- wenn zwischen Bestellung und Lieferung ein längerer Zeitraum liegt.

Kernwissen

- Die Nutzung eines betriebsinternen Datennetzes (**Intranet**) kann den Beschaffungsvorgang beschleunigen, eventuell automatisieren und die Fehlerquote verringern.
- Der **Bezugsquellendatei** (Artikel- und Lieferanten-Datei) sind Informationen über bisherige Lieferanten zu entnehmen.
- Als Hilfsmittel bei der **Bezugsquellenermittlung** kommen Branchen-Adressbücher, Anzeigen in Fachzeitschriften, Vertreterbesuche, Besuche von Messen sowie das Internet infrage.
- **Anfragen** dienen der Einholung von Angeboten, sind formfrei und unverbindlich.
- Das **Angebot** ist eine Willenserklärung des Verkäufers an bestimmte Personen, an die er grundsätzlich gebunden ist (Ausnahme Freizeichnungsklauseln).
- Das **Angebot** sollte Angaben enthalten über
  - Art, Güte, Menge und Preis der Ware,
  - die Liefer- und Zahlungsbedingungen,
  - die Verpackungskosten,
  - die Lieferzeit,
  - den Erfüllungsort und Gerichtsstand,
  - einen eventuellen Eigentumsvorbehalt sowie
  - Gewährleistungspflichten.
- Die **Incoterms® 2010** sind internationale Lieferbedingungen, bei denen es vor allem um die Aufteilung der Kosten zwischen Verkäufer und Käufer sowie den Übergang der Gefahr auf den Käufer geht. Sie werden in Klauseln für alle Transportarten und Klauseln für See- und Binnenschifffahrtstransporte unterteilt.
- Beim **rechnerischen Angebotsvergleich** soll der Lieferer herausgefunden werden, der den günstigsten Bezugspreis anbietet.

- Beim **Bezugspreis** werden neben dem angebotenen Preis eventuelle Rabatte, Skonto, Verpackungs- und Versandkosten berücksichtigt.
- Beim **qualitativen Angebotsvergleich** wird die Warenqualität, die Zuverlässigkeit und Servicebereitschaft des Lieferers sowie die Lieferzeit bei der Liefererauswahl berücksichtigt.
- Die **Bestellung** ist eine rechtlich verbindliche Willenserklärung des Käufers, eine bestimmte Ware kaufen zu wollen. Sie ist an keine Form gebunden.
- Unter **E-Procurement** werden verschiedene Systeme verstanden, die es dem Besteller ermöglichen, über das Internet eine Waren- und Liefererauswahl zu treffen und zu bestellen.
- Eine **Auftragsbestätigung** ist unter bestimmten Umständen üblich, ist aber für das Zustandekommen eines Kaufvertrages notwendig, wenn z. B. vom Lieferer kein verbindliches Angebot vorliegt.

Aufgaben

1. *Der Einsatz von elektronischer Datenverarbeitung hat den Aufbau eines betrieblichen Intranets möglich gemacht. Beschreiben Sie*
   a) die Vorteile bei der Nutzung des Intranets allgemein.
   b) die Möglichkeiten, die das Intranet bei der Beschaffung bietet.
2. *Um die Frage „Wo soll eingekauft werden?" zu klären, werden Informationen über (mögliche) Lieferanten benötigt.*
   a) Wo sind Daten über Lieferanten gespeichert, mit denen bereits eine Geschäftsverbindung besteht?
   b) Wo können Informationen über mögliche Lieferer beschafft werden?
3. *Erläutern Sie Funktion und rechtliche Wirkung der Anfrage.*
4. *In welchen Fällen liegt aus rechtlicher Sicht ein Angebot vor?*
   a) Ein Lieferer schickt seinem langjährigen Kunden einen Brief, in dem er ein bestimmtes Produkt anbietet.
   b) Ein Elektrogeschäft bietet im Schaufenster einen Toaster an.
   c) Ein Lebensmittelgeschäft veröffentlicht die wöchentlichen Sonderangebote in einem Zeitungsinserat.
   d) Ein Antiquitätenhändler bietet einem Kunden im Laden einen Schrank an.
   e) In einer Hauswurfsendung bietet ein Baumarkt günstig Gartenmöbel an.
5. *Erläutern Sie den Begriff „Freizeichnungsklausel" und nennen Sie Beispiele.*
6. *Nennen Sie Inhalte, die in einem Angebot geregelt werden sollten.*
7. *Welches Angebot ist rechnerisch am günstigsten?*
   (Beabsichtigte Bestellmenge: 100 Stück)

	Lieferer A	Lieferer B
Preis pro Stück	25,80 €	28,00 €
Rabatt	ab 50 Stück 10 %	ab 100 Stück 15 %
Skonto	Zahlung ohne Abzug	bei Zahlung innerhalb 8 Tagen 2,5 % Skontoabzug

	Lieferer A	Lieferer B
Verpackungskosten	im Preis enthalten	20,00 €/100 Stück
Versandkosten bzw. Lieferbedingung	ab Werk (Versandkosten pro Stück: 0,40 €)	frei Haus

8. *Erläutern Sie die Bedeutung der Incoterms® 2010 für den internationalen Geschäftsverkehr und erklären Sie je ein Beispiel der beiden Klauselarten.*
9. *Diskutieren Sie die Kriterien, die außer dem rechnerischen Vergleich bei der Entscheidung für einen Lieferer von Bedeutung sein können.*
10. *Nennen Sie die Vorteile, die das E-Procurement bietet.*
11. *Erläutern Sie die rechtliche Wirkung der Bestellung und schildern Sie, in welcher Form sie vorgenommen werden kann.*
12. *Schildern Sie, in welchen Fällen eine Auftragsbestätigung*
    a) notwendig für das Zustandekommen des Kaufvertrags ist bzw.
    b) nicht notwendig, aber üblich ist.

Bildquellenverzeichnis

1a-Handelsagentur, Malchow: S. 171.2

3M Deutschland GmbH, Neuss: S. 314.2

Absortech Europe GmbH, Bochum: S. 250.1, 296.3, 296.4

Airbus S.A.S., Toulouse/Frankreich: S. 502.1 (S. Ramadier)

AKA-Prüfung Sommer 2001, Teil 3, Technische Kommunikation: S. 28.1

Alfotec GmbH, Wermelskirchen: S. 175.2

Alfred Geltinger, Marklkofen: S. 244.1, 290.1

allsafe JUNGFALK GmbH & Co. KG, Engen: S. 247.1, 379.1 bis 379.3

ARS Altmann AG, Wolnzach: S. 435.6

BAKO Systemintegration GmbH & Co.KG, Eisenberg: S. 292.6

bekuplast GmbH, Ringe: S. 268.2

Berliner Stadtreinigungsbetriebe, Berlin: S. 147.1

Bernhard Lenk: „Kennzeichen der Logistik", FM Das Logistik-Magazin, Nr. 9/2001, S. 23.3: S. 167.1

Berufsgenossenschaft Handel und Warenlogistik, Bonn: S. 200.1

BilderBox.com, Thening/Österreich: S. 71.1, 104.1

Bildungsverlag EINS GmbH, Köln: S. 43.1, 43.2, 43.3, 43.4, 43.5, 66.1, 66.2, 235.1, 332.1, 346.2, 347.1, 348.1, 349.1, 491.1, 500.1

BITO-Lagertechnik Bittmann GmbH, Meisenheim: S. 92.1, 215.1, 215.2

Brother International GmbH, Bad Vilbel: S. 29.3

Bundesministerium der Finanzen, Berlin: S. 513.1

Bundesministerium für Umwelt, Naturschutz, Bau und Reaktorsicherheit (BMUB), Berlin: S. 241.1

Büro- und Lagersysteme Hänel GmbH & Co. KG, Bad Friedrichshall: S. 80.2

Carglass GmbH, Köln: S. 50.1

Clariant Produkte (Deutschland) GmbH, Moosburg: S. 301.3, 301.4

Collico Verpackungslogistik und Service GmbH, Duisburg: S. 266.1, 266.2, 271.1, 271.2, 271.3, 271.4

Continental Automotive GmbH, Villingen: S. 445.1

Cordstrap GmbH, Tönisvorst: S. 247.2, 381.1, 381.2, 381.3, 382.1, 382.2, 382.3, 382.5

Corpac Deutschland GmbH & CO. KG, Oberstenfeld: S. 297.1

Daimler AG, Stuttgart: S. 268.3, 435.1

Datalogic ADC Germany, Darmstadt: S. 140.1

DB Schenker Rail AG, Frankfurt: S. 472.1, 473.1, 473.2

Demag Crane AG, Düsseldorf: S. 176.1

DENIOS AG, Bad Oeynhausen: S. 122.1, 142.1

Deutsche Bahn AG, Berlin: S. 417.3 (Martin Busbach); 282.1 (Wolfgang Klee)

Deutsche Gesetzliche Unfallversicherung e.V., Berlin: S. 110.3

Deutsche Post AG, Bonn: S. 452.1, 452.2, 460.1, 461.1, 461.2, 462.1, 466.1, 456.5, 455.2, 456.1, 456.2, 456.3, 456.4, 456.6

Dexion GmbH, Laubach: S. 79.1, 79.2

DGUV Berufsgenossenschaften Bayern und Sachsen: S. 201.1, 201.2, 201.3, 201.4, 201.5, 201.6

DGUV, Berlin: S. 249.1

Digital Grafik, Wolfgang Müller, Bad Homburg/Bildungsverlag EINS: S. 173.2, 174.1, 174.2, 261.4, 262.1, 262.2, 364.1, 365.1, 369.1, 369.2, 369.3, 369.4, 369.5, 370.1, 370.2, 371.1, 372.2, 373.1, 373.2, 373.3, 373.4, 374.1, 375.1, 375.2, 375.3, 377.1, 378.1, 477.1, 477.2, 477.3

DIN Deutsches Institut für Normung e.V., Berlin: S. 41.1, 41.2, 41.3, 41.4, 41.5, 41.6, 41.7, 41.8, 41.9, 41.10, 41.11, 41.12, 41.13, 41.14, 41.15, 41.16, 41.17, 41.18, 41.19, 41.20, 41.21, 41.22, 41.23, 41.24, 41.25, 42.1, 42.2, 42.3, 42.4, 42.5, 42.6, 42.7, 42.8, 42.9, 42.10, 42.11, 42.12, 42.13, 42.14, 42.15, 42.16, 42.17, 42.18, 42.19, 42.20, 42.21, 42.22, 42.23, 42.24, 116.1, 116.2, 116.3, 118.1, 119.1, 119.2, 119.3, 119.4, 119.5, 119.6, 119.7, 120.1, 120.2, 120.3, 121.1, 121.2, 121.3, 128.1, 128.2, 128.3, 128.4, 128.5, 233.1, 233.2, 233.3, 233.4, 233.5, 233.6, 233.7, 233.8, 233.9, 233.10, 233.11, 233.12, 233.13, 233.14, 300.1, 300.2, 300.3, 300.4, 300.5, 300.6, 300.7, 300.8, 300.9, 300.10, 300.11, 306.1, 306.2, 306.3, 306.4, 306.5, 306.6, 306.7, 306.8, 306.9, 306.10, 306.11, 306.12, 306.13, 306.14, 306.15, 306.16, 306.17, 306.18, 306.19, 306.20, 306.21, 306.22, 306.23, 309.1, 399.1, 399.2, 399.3, 399.4, 399.5, 400.1, 400.2, 401.1, 404.1, 404.2

Dolezych GmbH & Co. KG, Dortmund: S. 202.2

dpa Infografik GmbH, Hamburg: S. 191.1, 319.1, 328.1, 330.1, 333.1, 335.2, 408.1, 456.7, 530.1, 532.1

dpa Picture-alliance GmbH, Frankfurt: S. 142.3 (Adie Bush); 142.4 (Armin Weige); 392.1 (Jürgen Mahnke); 184.5, 425.1 (Kai Remmers); 359.1 (Martin Gerten); 447.1 (Michael Hanschke); 412.1 (Michael Lindner); 356.1 (Patrick Pleul); 220.1 (Rolf Vennenbernd); 126.1, 273.2, 285.3, 416.1

DPD Dynamic Parcel Distribution GmbH & Co. KG, Aschaffenburg: S. 452.3

Duales System Holding GmbH & Co. KG, Köln: S. 318.1, 320.1, 321.2

ELBETEC GmbH & Co. KG | Lager-, Betriebs- & Umwelteinrichtungen, Gummersbach: S. 76.2

Elisabeth Galas, Bad Breisig/Bildungsverlag EINS: S. 105.1, 149.1, 149.2, 179.2, 185.1, 196.1 bis 3, 203.1, 216.1, 216.2, 218.2, 217.1, 218.1, 227.1, 227.2, 228.1, 228.2

F.A. Herbig Verlagsbuchhandlung GmbH, München: S. 532.1, 532.2

Fachstelle für Geoinformationen Süd, Regensburg: S. 486.1

Fechtel Transportgeräte GmbH, Borgholzhausen: S. 184.7, 184.8, 184.10

Federal Express Corporation, Frankfurt: S. 452.4

FEIL GmbH, Bestwig-Nuttlar: S. 273.1

Fipal-Paletten, Diestedde/Wadersloh: S. 171.1

Fotolia.com: S. 296.2 (acnaleksy); 541.1 (adoleo); 29.4 (Albert Lozano-Nieto); 184.1 (pavlodargmxnet); 184.11 (Andrey Popov); 143.1 (Benjamin Haas); 508.1 (Björn Wylezich); 260.7 (Boyan Dimitrov); 234.1 (Chlorophylle); 246.1 (Christian Stoll); 295.2, 549.1 (Dmitry Vereshchagin); 225.1 (Eisenhans); 445.2 (Falko Matte); 268.1 (fefufo); 257.2 (Friedberg); 257.1 (gl0ck); 176.2 (ikonoklast.hh); 245.5, 245.6 (JiSIGN); 65.1, 422.1 (Klaus Eppele); 56.1 (LianeM); 72.1, 242.2 (markobe); 417.5 (Markus Mohr); 435.2 (mhp); 243.1, 20.1 (minicel73); 142.2 (mrkob); 141.5 (mysteria1981); 70.1 (ngo Bartussek); 492.1 (nmann77); 334.1 (Oliver Hauptstock); 277.2, 296.1 (Photographee. eu); 46.1 (pio 3); 520.1 (pressmaster); 248.3 (PRILL Mediendesign); 84.1 (RABE); 302.1 (schenkArt); 510.1 (scusi); 469.1 (soleg); 435.3 (starekase); 475.1 (Starpics); 283.1 (Steve Young); 81.1 (Tatty); 550.1 (thomaslerchphoto); 171.3, 274.1, 274.2, 33.1 (topae); 90.1 (Trojanowski); 417.4 (Tyler Olson); 339.1 (Udo Kroener); 533 (WavebreakmediaMicro); 29.2 (WoGi); 213.2, 260.8

GEBHARDT Logistic Solutions GmbH: S. 276.1

Georg Utz AG, Bremgarten/Schweiz: S. 307.1

Georg Utz GmbH, Schüttdorf: S. 269.1, 269.5, 270.1, 270.2, 270.3

Gerhard Schubert GmbH, Crailsheim: S. 313.4

GLORIA GmbH, Wadersloh: S. 129.1

GO! Express & Logistics (Deutschland) GmbH, Bonn: S. 452.5

GRÜN Identisys GmbH, Stadtallendorf: S. 219.2

Gütegemeinschaft Paletten e.V., Düsseldorf: S. 278.1, 280.1, 280.2

Hapag-Lloyd GmbH, Hamburg: S. 286.1, 286.2, 286.3, 286.4, 287.1, 287.2, 493.1

Hawesta Feinkost GmbH & Co. KG, Lübeck: S. 245.2

Hebezone GmbH, Hanau: S. 184.2

Heidi Capl, Bad Neuenahr/Bildungsverlag EINS: S. 226.1

HERMES Logistik GmbH & Co. KG, Hamburg: S. 452.6

Hörmann KG Verkaufsgesellschaft, Steinhagen: S. 360.3, 360.2

Hüdig + Rocholz GmbH & Co. KG, Velbert-Tönisheide: S. 312.1

Informationsforum RFID e. V., Berlin: S. 275.1

International Chamber of Commerce, ICC: S. 556.1

INTERSEROH Dienstleistungs GmbH, Köln: S. 321.1

Intrastat, Statistisches Bundesamt, Wiesbaden: S. 517.1

iStockphoto LP, Calgary/Kanada: S. 83.1 (alacatr); 82.1 (Baloncici); 228.3 (Baloncici); 76.1 (espion)

Jungheinrich AG, Hamburg: S. 68.1, 68.2, 73.1, 73.2, 74.1, 75.1, 77.1, 177.1, 177.2, 177.3, 180.1, 180.2, 181.1, 184.12, 186.2, 199.1a-d, 199.2

Kardex Deutschland GmbH, Neuburg/Kammel: S. 222.2

KASTO Maschinenbau GmbH & Co. KG, Achern/OTRS Lizenz/Wikimedia Commons: S. 80.1

Klaus-Peter Zander GmbH, Hamburg: S. 141.1, 141.2, 141.3

KNAPP AG, Hart bei Graz/Österreich: S. 220.2, 221.1

Knüppel Verpackung GmbH und Co. KG, Hann. Münden: S. 295.1, 316.2

Lehrstuhl für Fördertechnik Materilafluss Logistik der TU München: S. 221.2, 222.1

Lift Quality BV, Raamsdonksveer/Niederlande: S. 105.2

Loxsystem AB, Trollhättan/Schweden: S. 382.6

Lufthansa Cargo AG, Frankfurt: S. 502.2, 503.1, 503.2, 504.1

MAN Nutzfahrzeuge Vertrieb GmbH, München: S. 417.2, 435.4, 435.5

mauritius images GmbH, Mittenwald: S. 18.1 (cultura)

MEV Verlag GmbH, Augsburg: S. 62.1, 95.1, 206.1, 346.1, 417.1, 433.1

Michael Baumgart, Niederaichbach: S. 492.2

Michael ten Hompel, Thorsten Schmidt, Warehouse Management, 2. Auflage 2005, Springer Verlag: S. 31.1, 535.1

MLR System GmbH, Ludwigsburg: S. 182.1, 182.2

Moderne Verpackung Carl Bernh. Hoffmann GmbH & Co. KG, Kaarst: S. 293.3, 293.4

obs/Kraft Foods Deutschland, Bremen: S. 245.1

PackSynergy AG, Ravensburg: S. 293.6

Paul Craemer GmbH, Herzebrock-Clarholz: S. 275.2

Project Photos, Augsburg: S. 245.4

Rainbow Containers GmbH, Apensen: S. 284.1

Ratioform Verpackungsmittel GmbH, Pliening: S. 242.1, 248.1, 257.3, 265.2, 265.3, 265.4, 265.5, 266.3, 266.4, 275.1, 277.1, 291.3, 291.4, 292.1, 292.2, 292.3, 292.4, 292.5, 292.7, 294.2, 294.3, 298.3, 298.4, 298.5, 299.2, 307.1

RB-DESKKART, Hamburg: S. 335.1, 336.1

Resy Organisation für Wertstoffentsorgung GmbH, Darmstadt: S. 321.3

romwell GmbH & Co. KG, Ellerau: S. 293.5

Sartorius AG, Göttingen: S. 145.1

Schoeller Arca Systems GmbH, Schwerin: S. 239.1

Sealed Air Verpackungen GmbH, Alsfeld: S. 294.1

Solcon Systemtechnik GmbH, Lübeck: S. 219.1

SSI SCHÄFER, FRITZ SCHÄFER GMBH, Neunkirchen/Siegerland: S. 213.1

Starlinger GmbH, Neuzeug/Österreich: S. 272.3, 272.4

Strapex GmbH, Holzgerlingen: S. 314.1

TAKKT AG, Stuttgart: S. 75.2, 184.3, 184.4, 184.6, 184.9, 265.1, 281.2, 282.3, 282.4

TCI Transport Control International GmbH, Oststeinbeck: S. 300.12, 300.13, 301.1, 301.2

TNT Express GmbH, Hoofddorp/Niederlande: S. 452.7

trans-o-flex Logistics Group GmbH, Weinheim: S. 452.8

Tyco Fire & Security Holding Germany GmbH, Ratingen: S. 130.2, 130.3, 130.4, 130.5, 131.1, 138.1

United Parcel Service Deutschland Inc. & Co. OHG, Neuss: S. 452.9

Verband für Lagertechnik und Betriebseinrichtungen e.V., Hagen: S 78.4, 78.5, 125.1

Verlag Günter Hendrisch GmbH & Co. KG 41844, Wegberg: S. 382.4

viastore systems GmbH, Stuttgart: S. 143.2

WEBER Paletten & Verpackung, Neulingen: 261.1, 261.2, 261.3

Wikimedia Commons: S. 334.2 (Thomas Römer); 267.2, 269.2, 269.3

Wiltsche Fördersystem & Co. KG, Freilassing: S. 175.1

Umschlagfoto: Fotolia Deutschland GmbH, Berlin (Kelvin Cantlon)

Literaturverzeichnis

BITO, Bittmann GmbH, Lagertechnik, Meisenheim, Gesamtkatalog, 2003

Bundesministerium für Verkehr, Bau- und Wohnungswesen, Wirtschaft und Technologie, Bildung und Forschung, Auswirkungen neuer Informations- und Kommunikationstechniken auf Verkehrsaufkommen und innovative Arbeitsplätze im Verkehrsbereich, Berlin, 2001

Cargo aktuell, August 2002, Dezember 2002, Juni 2003, Oktober 2003

Dolezych GmbH & Co. KG, Gesamtkatalog Hebezeuge und Anschlagmittel, Dortmund, 2003

Duken u. a., Ladungssicherungshandbuch, Gesamtverband der Deutschen Versicherungswirtschaft GDV, 1997

Ehrmann, Harald, Logistik, Kiehl Verlag, Ludwigshafen, 4. Auflage 2003

Fachhandbuch Lagertechnik und Betriebseinrichtung, Herausgeber: Verband für Lagertechnik und Betriebseinrichtungen, 3. Ausgabe, Hagen, 2000

FM – Das Logistik-Magazin, Bielefeld, Februar 2004

Gefahrgut-Vorschriften, Verlag Heinrich Vogel, München

Gönner, Kurt/Wiegel, Robert, Gesetzessammlung für Wirtschaftschulen, Bildungsverlag EINS Gehlen, 45. Auflage 2004

Jungheinrich AG, Der Katalog, Hamburg, 2002/2003

Kettner, Hans/Schmidt, Jürgen/Greim, Hans-Robert, Leitfaden der systematischen Fabrikplanung, Carl Hanser Verlag, München, Wien, 1984

Koether, Reinhard, Technische Logistik, Hanser Verlag, München, Wien, 2. Auflage 2001

Krautwurst, Monika/Döring, Ingo, Einführung in das ADR 2007, Verkehrsverlag Fischer, Düsseldorf, 1. Auflage 2007

Kugele, Martin u. a., DEKRA Praxisratgeber Ladungssicherung, Verlag Günter Hendrisch, Wegberg, 1. Auflage 2007

Lampen, Alfred, LaSi INFO, Ladungssicherung, Verlag Günter Hendrisch, Erkelenz 2003

Nowaczyk, Roland, u. a., Die neue Betriebssicherheitsverordnung, Universum Verlagsanstalt, Wiesbaden, 2002

Oelfke, Wolfgang/Brandenburg, Hans/Waschkau, Siegfried/Oelfke, Dorit, Güterverkehr Spedition – Logistik, Bildungsverlag EINS Gehlen, 35. Auflage 2002

o. A., Werksplanung, Schwerpunkt Logistik, Verlag moderne Industrie, Landsberg, 1992

Pflaum, A., Transporttechnologie und Supply Chain Management, Deutscher-Verkehrs Verlag GmbH, 2001

Schäfer, Gesamtkatalog für Einrichtungssysteme für Lager, Betrieb, Büro, Abfalltechnik und Recycling, 2003

Schiffner, Harald, Praxisleitfaden Abwicklung von Gefahrguttransporten, Landau/Isar, Eigenverlag, 2003

Seifert, Wolfgang, Praxishandbuch Logistik 2003

Speditions- und Transportrecht, Textsammlung, Deutscher Verkehrs-Verlag, Hamburg, 2000

StVZO EG/ECE, Moravia Druck und Verlag, 2003

Ten Hompel, Michael u. a., Materialflusssysteme, Springer Verlag, Berlin, 3. Auflage 2007

Torzewski, Horst, Gefahrgut Straße, Mitarbeiterschulung, Verkehrsverlage Fischer, Düsseldorf, 2. Auflage 2007

Vogt, Gert, Lagerplanung, Sonderpublikation der Zeitschrift Materialfluss, Verlag moderne Industrie, Landsberg, 1996

Wieske, Thomas, Transportrecht schnell erfasst, Springer Verlag, Berlin, Heidelberg, New York, 2003

Sachwortverzeichnis